# MÉMOIRES

Beate et Serge Klarsfeld ont consacré leur vie à traquer et à traîner devant les tribunaux les responsables de la Shoah, et à défendre la mémoire des victimes de la déportation, notamment des Juifs de France. Ils sont aujourd'hui encore très actifs sur le front de la mémoire, en particulier à travers l'Association des fils et filles des déportés juifs de France.

BEATE ET SERGE KLARSFELD

# *Mémoires*

FAYARD/FLAMMARION

© Flammarion / Librairie Arthème Fayard, 2015.
ISBN : 978-2-253-18578-9 – 1re publication LGF.

BEATE

# Une enfance allemande

Trois semaines après ma naissance, Hitler entrait à Prague. Mon père, à Berlin, a rangé sagement ses crayons d'employé d'assurances, embrassé ma mère, Hélène, et sa fille unique, Beate-Auguste. Puis il a quitté pour un long voyage le Hohenzollerndamm, à Wilmersdorf, ce quartier résidentiel où le prolétariat occupait encore quelques arrière-cours, dont la nôtre. Le fantassin Kurt Künzel avait rejoint son unité ; il passa l'été 1939 à manœuvrer et celui de 1940 quelque part en Belgique.

On peut le voir sur une photographie monter la garde, tout souriant, devant une Kommandantur à Neufchâteau, près de Bastogne. Pendant l'été 1941, son régiment fit mouvement vers l'Est. L'hiver venu, une double pneumonie fort opportune le ramena du front russe vers diverses casernes allemandes où il se consacra à la comptabilité militaire. Rapidement libéré par les Anglais en 1945, il rejoignit sa petite famille dans le village de Sandau où, chassées par les bombardements de Berlin, ma mère et moi avions été recueillies à contrecœur par une parente boulangère. C'est là, dans une étable, que nous avons assisté, au milieu d'un groupe terrorisé de vieillards, de femmes et d'enfants, à l'arrivée des Mongols sur leurs petits chevaux à frange. Des travailleurs de force polonais s'installèrent dans la maison de notre cousine et nous privèrent de nos affaires. Juste retour des choses, sans doute, puisque, en 1943, nous avions passé quelques mois prospères chez mon parrain, haut fonctionnaire nazi en poste à Lodz qui portait depuis peu le nom de Litzmannstadt.

Pour ceux qui estiment que les impressions enfantines sont déterminantes dans les choix fondamentaux d'une existence, je précise que les Mongols soviétiques ne nous firent aucun mal et que ni ma mère ni sa fillette de six ans ne furent molestées ou violées.

Fin 1945, nous rentrâmes à Berlin. Nous avons partagé une chambre tous les trois jusqu'en 1953. Uhlandstrasse, puis Holsteinische Strasse, toujours à Wilmersdorf.

Nous occupons une pièce dans l'un de ces appartements que leurs habitants légitimes sont contraints par les Alliés de sous-louer à des réfugiés. Nous sommes hébergés chez un chanteur d'opéra qui ne trouve plus d'engagement pour chanter que lors de funérailles. Une dame seule qui travaille comme cuisinière vit avec nous. C'est une période bizarre pour la petite fille que je suis. On pourrait croire que ce mode de vie nomade et incertain a quelque chose d'amusant, mais l'anxiété de mes parents, leur chagrin d'avoir vu leurs biens s'envoler en fumée, l'atmosphère de désarroi général se répercutent sur mon moral. L'air est chargé d'une espèce d'épais malaise

investi par la tristesse des endeuillés et l'amertume
de ceux qui doivent subir la promiscuité des appartements collectifs. Il est très difficile pour  Kurt et
Hélène, mes parents, de vivre comme des étrangers
auprès d'autres étrangers.

J'ai sept, huit, neuf ans, et la situation de la famille
Künzel ne paraît pas vouloir s'améliorer. Certaines
de mes camarades, comme mon amie Margit Mücke,
ont désormais un vrai appartement pourvu d'une
cuisine, d'une salle de bains, de chambres rien que
pour elles et leurs parents. Nous sommes, quant à
nous, toujours à la merci des sautes d'humeur et de
l'impatience de nos logeurs. En attendant que notre
sort s'arrange, je m'adapte, comme une fillette sait
s'adapter à la réalité, quelle qu'elle soit – c'est-à-dire
plutôt mieux qu'une adolescente ou qu'un adulte.
Sans m'en rendre compte, je crois que je m'endurcis.
Dans le bon sens du terme, en m'abstenant de pleurnicher et de maudire la terre entière, ou d'envier
ceux qui ont davantage de chance. Je vois cet épisode de ma vie comme une expérience formatrice :
j'y ai appris à résister aux difficultés, à affronter les
situations critiques, si pénibles et graves soient-elles.

À l'école communale, la Volksschule, j'étais une
élève sage et consciencieuse. Dans les classes, le
manque de places scindait notre présence quotidienne en deux périodes, le matin ou l'après-midi.
À cela s'ajoutait, l'hiver, le manque de charbon ;
nous étions alors entièrement libres. Ma mère faisait
des ménages ; quant à mon père, avant de devenir

employé au greffe du tribunal de Spandau, il retaillait pour la reconstruction les briques des champs de ruines. Dans ces espaces chaotiques, les clefs de l'appartement accrochées autour du cou, je passais des journées entières avec mes camarades à jouer à cache-cache, à essayer de monter jusqu'au toit des demeures sinistrées, et surtout à rechercher des trésors inaccessibles.

Dans les rangs de l'école, il y a des filles qui ont perdu leurs pères pendant la guerre, et d'autres qui attendent sans fin leur retour des camps soviétiques où ils sont retenus prisonniers. L'école se dresse sur une place circulaire à cinq minutes de chez moi. Elle est installée dans un imposant bâtiment blanc à la façade criblée d'impacts de balles et a été amputée d'une partie de sa surface par les combats. J'adore me rendre à l'école. Nos maîtres sont attentifs et bienveillants, on nous distribue chaque jour du lait chaud accompagné de chocolat, et puis j'y retrouve Margit Mücke à qui me lie une amitié très forte.

Le matin, je quitte la maison en emportant mon déjeuner dans une gamelle de fer. Je ne me rappelle pas avoir souffert de la faim. Je me souviens en revanche d'avoir mangé des pommes de terre, énormément de pommes de terre ! Rarement accompagnées de viande.

Nos repas gagnent un peu en variété lorsque ma mère rapporte des maisons où elle est employée des produits qu'on lui a donnés. Parfois, elle stocke entre le double vitrage des fenêtres, pour la conserver au frais, une sorte de graisse faisant office de beurre. Mais la première vitre est cassée et des oiseaux se glissent quelquefois à l'intérieur. Silencieuse, dans une béatitude ravie, je les observe depuis l'autre bout de la pièce en train de picorer la graisse.

Les jours fastes, mon père m'achète une glace, unique gâterie que mes parents sont pour l'instant en mesure de m'offrir. Je me souviens aussi des femmes qui se rendent en train à la campagne, portant sur le dos de grands sacs d'œufs et de légumes dont elles font provision. Je me souviens de mes chaussures à semelles de bois, du tissu que ma mère se procure en échange de coupons semblables à des tickets de rationnement et avec lequel elle confectionne nos vêtements. Je me souviens de la faculté des Berlinoises à métamorphoser un manteau trop petit en robe, et de leur science de la débrouille.

On évitait de parler de Hitler. Je me souviens d'avoir récité de petits poèmes par cœur à la maternelle pour le Führer avant avril 1945. Je vivais mon enfance dans des ruines et ne savais pas pourquoi Berlin avait été détruit et divisé en quatre secteurs d'occupation. L'univers où j'évoluais était inexpliqué, ses données se résumaient à : « Nous avons perdu une guerre, maintenant il faut travailler. » Mon père n'était pas loquace ; ma mère ne l'était que lorsqu'elle faisait des reproches à mon père, ce qui n'était pas rare.

Quand j'eus atteint l'âge ingrat, vers quatorze ans, l'entente entre mes deux parents se raffermit, et je devins l'objet de leurs récriminations. Tous deux

n'avaient rien oublié ni rien appris des grands bouleversements qu'ils avaient traversés avec inconscience.
Ils n'étaient pas nazis, mais ils avaient voté Hitler
comme les autres et ne se reconnaissaient aucune responsabilité dans ce qui s'était passé sous le nazisme.
Quand ma mère et ses voisins discutaient, ils en
venaient toujours à pleurnicher sur l'injustice de
leur sort et à évoquer le souvenir des chers objets
disparus dans la tourmente. Jamais un mot de pitié
ou de compréhension à l'égard des autres peuples,
surtout pas des Russes, qu'ils critiquaient âprement.

Berlin était plein du grondement des avions qui
nous ravitaillaient. C'était le blocus. Je ne posais
pas de questions, ni aux autres ni à moi-même.
J'avançais sur le chemin qui m'était tracé : en 1954,
j'ai été confirmée à l'église évangélique luthérienne
de la Hohenzollernplatz, mais déjà je n'avais pas
la foi : jusqu'à aujourd'hui, je suis restée étrangère au problème de Dieu. À cette époque, pourtant, la Providence s'est manifestée, car nous avons
emménagé dans un deux-pièces et j'ai enfin eu ma
chambre.

J'éprouve une joie qui peut difficilement se
décrire. Pour la première fois de ma vie, je vais
habiter un logement normal avec mes parents. Le
numéro 9 de l'Ahrweilerstrasse est un immeuble au
charme rudimentaire. Mais il possède à mes yeux
une qualité merveilleuse : il abrite notre foyer, nous
offre une adresse qui n'appartient qu'à nous, et se
situe, comble de bonheur, dans mon quartier chéri.
Les fenêtres de l'appartement donnent à la fois sur

la cour et sur une rue arborée et peu fréquentée, construite d'immeubles similaires au nôtre.

Les lieux sont équipés d'une cuisine, d'une salle de bains, il y a l'eau chaude et des radiateurs reliés au chauffage central ; ma chambre et celle de mes parents ont chacune leur divan que nous déplions le soir avant de nous y étendre. Ce luxe inouï, ce confort moderne avec un vrai chauffage – l'hiver, le froid régnait à l'intérieur de toutes les pièces des appartements que nous occupions auparavant ; je me souviens du poêle minuscule autour duquel nous nous serrions afin d'y puiser quelques degrés de chaleur supplémentaires –, cette révolution dans nos existences, nous la devons à la tante Ella, incomparablement plus débrouillarde que mes parents. J'ai passé là sept années, jusqu'à mon départ de Berlin en 1960.

Tout près de chez nous, Rüdesheimer Platz, se trouve un square où, durant les trois mois d'été, les habitants des environs viennent avec leurs enfants pique-niquer, se distraire, échanger des nouvelles entre voisins. J'y emmène en promenade mon nouvel ami, un basset appartenant à une dame juive pour laquelle ma mère fait des ménages, qui m'en laisse la garde au retour de l'école ou après mes devoirs. Elle vit au numéro 7 de l'Ahrweilerstrasse, et est dorénavant la seule Juive de ce quartier qui, m'a-t-on dit, en comptait tant avant 1933.

À seize ans, je quitte le lycée pour intégrer la Höhere Wirtschaftsschule de Schöneberg, une école commerciale dont je compte me servir comme d'un tremplin pour entrer le plus vite possible dans la vie active. Je m'ennuie au lycée. Je désire apprendre un métier et m'émanciper de la tutelle familiale.

Car rien ne va dans ma vie d'adolescente. Mon père boit et ne se soigne pas, ce qui a pour effet d'aggraver la mauvaise humeur de ma mère. Il ne tarde pas à être rongé par un cancer qui l'emportera en 1966, à l'âge de cinquante-huit ans. Les disputes quotidiennes rendent l'atmosphère insupportable. J'étouffe.

Je ne me connaissais pas et ne cherchais pas à me connaître, mais, à force d'attendre – quoi ? – et de ne rien voir venir, j'ai dû ressentir une certaine insatisfaction. Je l'ai exprimée par un manque total d'enthousiasme pour les perspectives qu'élaborait ma mère pour moi : un livret de caisse d'épargne, la composition de mon trousseau, un mariage convenable comme celui de ma cousine Christa. La famille décréta aussitôt que j'étais une mauvaise fille. Sans doute me suis-je sauvée moi-même. J'ai tenu bon ; jamais plus je n'ai repris ce « droit » chemin qui aboutissait, je le constatais, à tout, sauf au bonheur.

Dès mes vingt et un ans, que j'ai fêtés le 13 février 1960, je n'ai plus eu qu'une idée en tête : quitter cette ville pour laquelle j'éprouvais pourtant un profond mais inexplicable attachement. Passant fréquemment de Berlin-Ouest à Berlin-Est, surtout le dimanche, je faisais miens les monuments, les musées, les rues même des deux Berlin. Berlin ne s'arrêtait pas pour moi à la porte de Brandebourg, comme pour ceux de mon entourage, à l'Ouest : au-delà, la ville se prolongeait par Unter den Linden, qui m'appartenait tout autant que le Tiergarten. La politique, l'histoire étaient totalement absentes en moi : seule vibrait cette sensation indéfinissable que, en dépit des apparences, Berlin n'était qu'une seule ville.

Je préférais même le charme de la zone Est, si sombre et si pauvre, mais où il me semblait qu'un passé inconnu me donnait des rendez-vous insolites. Sans doute, dans ces vagabondages étrangers à toute préoccupation sauf à la rêverie, ai-je forgé à contretemps cette certitude surprenante de l'unité de mon pays. J'étais solitaire, mais, au-delà du terreau dispersable des deux Allemagnes, mes racines s'accrochaient profondément au sol allemand.

## Rencontre sur un quai de métro

Le 7 mars 1960, à 7 heures du matin, j'ai fait connaissance avec Paris ; gris était le ciel, grise la gare du Nord, grise et lourde mon humeur. Ma mère m'avait prédit les pires mésaventures. J'étais plus qu'une fille en perdition pour elle, une fille déjà perdue. Mon père m'avait tourné le dos ; Paris, à ses yeux, était le bordel de l'Europe ; il me voyait déjà livrée au trottoir. Je ne savais que quelques mots de français et je me suis inscrite immédiatement à l'Alliance française. Trois jours plus tard, j'étais fille au pair et le suis restée plus d'un an. Là où j'ai vécu et travaillé, j'ai regretté de ne pas être considérée un peu comme la fille aînée de la famille. Beaucoup d'Allemandes sont devenues filles au pair pour apprendre le français, nouer des liens avec les Français, se frotter à la culture et aux idées françaises. Mais peu d'entre elles ont vraiment profité des possibilités qu'offre Paris, et elles sont souvent reparties déçues, n'ayant pas mené la vie qu'elles avaient imaginée.

Les gens pour lesquels je travaille habitent rue du Belvédère, à Boulogne. Je couche dans le grenier répugnant d'un pavillon où je tremble de peur à cause des araignées. Je conduis et vais chercher à l'école l'enfant que je garde deux fois par jour. Sept heures par jour, je lave, repasse, cuisine, nettoie. Dure à la tâche et amoureuse de la propreté, je n'ai pas encore pris le pli de freiner mon zèle et, le soir, quand il s'agit d'étudier mes leçons dans le livre bleu de l'Alliance – dans lequel les Français modèles, M. et Mme Vincent, ne donneraient certainement pas autant de travail à des jeunes filles venues découvrir et aimer la France –, je suis trop épuisée.

Heureusement, un jour, on me chasse : un dimanche, en l'absence de mes patrons, j'ai osé inviter un couple d'amis, et le maître des lieux est rentré alors que nous regardions la télévision. Sa télévision : « Vous auriez pu la casser ; et ce n'est pas vous qui auriez payé la réparation ! Vous pouvez vous chercher une autre place… »

Place que je trouve en bordure du bois de Boulogne, rue Darcel, chez les Fallaud. Le maître des lieux tente de me faire la cour, Mme Fallaud se désintéresse de son foyer et bavarde interminablement au téléphone avec ses amis. Je m'occupe presque entièrement de Dominique et de Marc, quatre et six ans ; j'apprends à faire les pâtes, encore des pâtes. Voilà deux mois déjà que je suis arrivée. Je me risque à parler français quand je fais les courses, car je ne rencontre que des étrangers à l'Alliance, et j'ai encore trop peur pour répondre à ceux qui m'accostent au Quartier latin, attirés par mon plan de Paris qui trahit l'étrangère.

Je connais encore bien mal la ville, mais elle m'enchante. Que de découvertes ! Quelle différence avec la monotonie des nouveaux immeubles de Berlin-Ouest ! J'aime marcher le nez levé dans les vieilles rues du Marais ou dans celles qui relient la Seine et le boulevard Saint-Germain, admirant les façades harmonieuses et si empreintes de personnalité. Ici, les gens semblent animés par une soif de vivre, chacun est différent de l'autre ; une promenade à Saint-Germain ou aux Champs-Élysées, c'était comme aller au spectacle. J'avais, et j'ai toujours gardé, cette sensation excitante qu'il existait un lien solide entre cette ville et moi, que, à Paris, je m'épanouissais.

Un jour de mai, comme à l'accoutumée, j'attends le métro à 13 h 15 à la station Porte-de-Saint-Cloud, placée là où s'arrête la tête de rame en prévision de la correspondance à Michel-Ange-Molitor. Je sens sur moi un regard insistant. Je lève les yeux : un jeune homme aux cheveux noirs en complet prince-de-galles, un porte-documents à la main, me demande : « Êtes-vous anglaise ? »

C'est un piège, bien entendu ; il m'avouera plus tard qu'une Allemande répond toujours « non » lorsqu'on lui pose cette question. Ensuite, il est trop tard pour se taire. À Sèvres-Babylone, il s'en va vers Sciences Po, mon numéro de téléphone en poche. Trois jours plus tard, il m'appelle, pour mon plus grand bonheur. Nous allons voir *Jamais le dimanche* dans un cinéma de la rue du Colisée.

Serge finit ses études et est presque aussi pauvre que moi ; il me plaît tout de suite par son sérieux comme par sa fantaisie. Sur un banc du bois de Boulogne, j'apprends qu'il est juif, qu'il a perdu son père à Auschwitz. Je suis surprise, remuée. J'ai un premier mouvement de recul. À Berlin, je n'ai guère entendu parler des Juifs en bien. Pourquoi cette complication me tombe-t-elle dessus ? Mais le regard de Serge dégage une telle chaleur ; je me blottis contre lui.

Il me parle de son père dont l'exemple, je le sens, est vivant en lui : engagé volontaire en 1939 dans la Légion étrangère, un des rares survivants de son régiment à la bataille de la Somme, prisonnier évadé, il a été arrêté à Nice en septembre 1943. Il est mort dans la chambre à gaz d'Auschwitz.

Vacances d'été sur la côte basque avec ma nouvelle famille qui habite à Asnières, rue Roger-Poncelet, un pavillon de banlieue triste au milieu d'un jardinet où ne pousse que le gravier. Serge et moi nous écrivons régulièrement. Il corrige mes fautes. Je me vexe parfois de son ton docte et le traite en retour de « professeur ». Il s'irrite et me répond : « Il faut t'enrichir, il faut lire, puiser dans tout ce que les hommes nous ont laissé. Ce n'est pas pour gagner de l'argent que Dostoïevski, Tolstoï, Stendhal ont écrit ; c'est pour eux-mêmes et aussi pour toi, pour que tu deviennes consciente de ce que tu es. Alors tu as du pain sur la planche. » Parfois, je me plains : « Je t'envie d'avoir un travail moins terre à terre que le mien. Tu ne connais pas ton bonheur : tu sais où tu vas, mais moi, qu'est-ce qui m'attend ? Il me faut beaucoup de courage et tu n'es plus là pour m'en donner. »

Nous revoici ensemble à l'automne sur la passerelle des Arts. Nous ne nous quittons pas. Serge me fait vivre Paris, qu'il connaît remarquablement ; nous n'arrêtons pas de parler. Trop longtemps, je me suis tue ; avec lui, c'est comme une délivrance. Avec lui aussi pénètrent dans ma vie l'histoire, l'art, le monde des idées vivantes. Le temps dont je disposais jusqu'alors s'élargit : je dormais régulièrement dix heures par nuit, j'apprends comme lui à me contenter désormais de six heures de sommeil.

Constatant ma totale ignorance de l'histoire de mon pays, Serge, diplômé d'études supérieures d'histoire à la Sorbonne, entreprend de me la faire connaître. C'est ainsi que j'entre en contact avec la réalité terrifiante du nazisme.

Je ne m'en sentais pas du tout responsable en tant qu'individu, mais, en tant qu'élément même infime du peuple allemand, je prenais conscience de responsabilités nouvelles. Ai-je eu la tentation de ne plus être allemande ? Serge lui-même n'y a jamais pensé. Pas une minute ; c'eût été trop facile. Je me suis alors rendu compte qu'il est aussi exaltant que difficile d'être allemande après le nazisme. Un jour, Serge m'a raconté comment le récit de la brève vie de Hans et Sophie Scholl l'avait empêché de haïr avec intolérance les Allemands. Ce fut la remontée vers la lumière. Je me sentais de la famille des Scholl.

Les étudiants Hans et Sophie Scholl, Christoph Probst, le professeur Huber et quelques autres ont, en février 1943, rédigé et distribué des tracts à Munich, stigmatisant au nom de l'Allemagne le nazisme et ses crimes. Ils n'ont pas été écoutés, ont été arrêtés et sont morts en acceptant courageusement leur destin, décapités à la hache. J'ai lu ce qu'avait déclaré Thomas Mann aux Allemands à la radio américaine le 27 juin 1943 : «À présent, leurs yeux se sont ouverts et ils mettent leur tête juvénile sur le billot, en témoignage de leur foi et pour l'honneur de l'Allemagne [...]. Ils l'y mettent après avoir déclaré à la face du président du tribunal nazi : "Bientôt, c'est vous qui serez là où je suis", après avoir affirmé, face à la mort : "Il naît une foi nouvelle, la foi en l'honneur et en la liberté." Courageux, magnifiques jeunes gens ! Vous ne serez pas morts en vain, vous ne serez pas oubliés ! »

En marge des idéologies, des partis et des groupes, il n'y avait rien d'autre qui les poussait à agir au prix de leur vie que leur conscience de catholiques et d'Allemands. Apparemment inefficace et stérile en 1943, la portée de leurs actes n'a cessé de grandir avec le temps, jusqu'à atteindre Serge, jusqu'à m'atteindre. En eux, je me reconnais.

Novembre 1960, Serge est au service militaire. Il fait ses classes à Montlhéry. La séparation nous rapproche encore. Nous nous retrouvons souvent : tous les jours, nous nous écrivons. Dans mon français maladroit, je lui déclare :

« *Tes lettres font monter encore mes sentiments pour toi. Je ne me connais plus. Je lis et relis tes lettres, apprends les phrases qui parlent d'amour par cœur et n'hésite plus de le croire. Au début, j'ai douté toujours un peu à [sic] la véracité de ces mots puisque je craignais un désillusionnement. Mais dans les nuits où tu m'aimais je me suis rassurée, j'ai senti ton amour pour moi et je le réplique de tout mon cœur. Je t'écris pour la première fois consciemment que je t'aime.* »

Chaque soir ou presque, Serge me téléphone à Asnières. Ma « patronne », Mme Pontard, professeur de mathématiques qui n'a pas encore marié Monique, sa fille, me répète : « Beate, il ne vous épousera pas, ce n'est pas sérieux. Les Français ne se marient pas avec les étrangères. » Que m'importe ! En attendant, Serge m'arrache à ce qui pèse dans l'existence quotidienne. En manœuvres à Mourmelon, en février 1961, il m'écrit :

« *Il faut poétiser ta vie, Beate, la recréer, y participer non pas inconsciemment, en existant simplement, mais consciemment, en la vivant, en t'imposant. D'une petite expédition des Grecs à Troie, Homère a fait L'Iliade, et ce pouvoir nous l'avons tous, sinon dans le domaine de l'art, du moins dans celui de la vie. Un peu de courage, de bonne humeur, d'énergie, d'attachement à l'humanité. Beaucoup de poésie pour transfigurer ce que l'on vit et le hausser au niveau d'une expérience exaltante.*

*Petit chou, tu dois déjà dormir ou sourire de ces bons conseils, mais c'est ce que j'ai de mieux à t'offrir pour ton anniversaire et de plus sincère et de plus durable. Ce n'est pas "le professeur" qui t'écrit, mais ton Serge qui t'aime. »*

Et moi de répondre maladroitement :

*« Mon petit chat,*

*Il est neuf heures moins quart et je commence chaque matin à observer la boîte aux lettres. Et si je vois des lettres je me précipite à la porte et les ramasse, les ouvre, les parcours et les relis après minutieusement.*

*Ne te plains pas toujours de cette vie dans la caserne, encore quatre semaines et tu seras à Paris. Tu crois que je trouve intéressant d'enlever la saleté des autres ? Je sais pourquoi je fais ce travail, mais je le trouve triste comme un ciel gris ou un jour sans toi.*

*À l'école nous avons fait des exercices et j'ai fait des tas de fautes, mais des fautes bêtes, des fautes d'inattention.*

*Tu me demandes comment je te juge. Je t'aime trop pour être neutre.*

*Pour revenir à ta lettre d'hier, je me demande avec quelles idées tu t'occupes. As-tu l'intention d'écrire l'histoire sur ta vie dans un mémorial pour toi tout seul ou déjà pour la postérité pour qu'on ne t'oublie pas dans cent cinquante ans ?*

*As-tu vraiment envie d'être connu, d'imposer ta marque ou de laisser ton souvenir ? Il faut penser premièrement à faire quelque chose de beau, des choses très profitables pour les autres. Si tu y arrives, tu deviendras automatiquement très renommé.*

*Je comprends très bien que tu veux tout utiliser,
ce que tu as vu, tes voyages, ce que tu as appris, etc.
Mais tu auras l'occasion pour cela dans un métier
comme politique. Je crois, mon petit chat, que tu fais
des rêves trop grandioses. Je regrette de ne pas être
capable de te dire ces choses dans une bonne française
[sic] pour être mieux compris [sic]. »*

Juin 1961. Je fais connaissance avec Tania, la sœur
de Serge, aux Deux Magots. Elle est agrégée de
russe. Nous passons une soirée merveilleuse avec un
des meilleurs amis de Serge, Claude Nedjar, alors
assistant metteur en scène de Jacques Baratier pour
le film *La Poupée*, et la vedette du film, Zbigniew
Cybulski, un acteur polonais extraordinaire qui décé-
dera tragiquement quelques années plus tard, écrasé
par un train. Nous sommes tous si inspirés par cette
soirée au charme slave que Tania et Serge m'emmènent chez leur mère.

J'ai désiré et craint ce premier contact avec Raïssa.

J'ai pu constater chez les amis juifs de Serge que
ce qui s'est passé sous le nazisme a provoqué chez
eux et leurs parents des préjugés à l'égard des jeunes
Allemands. Parfois, on est agressif avec moi. Qu'en
sera-t-il tout à l'heure ? Serge a longtemps attendu
avant cette présentation : sans doute ai-je changé
depuis un an. Raïssa me prend la main. Il y a en
elle une grande distinction naturelle et aimable, ainsi
qu'une profonde bonté et une étonnante jeunesse
de caractère. Nous sympathisons très vite. Je l'aide
à faire le thé. Elle me raconte ses souvenirs d'Allemagne, où elle a étudié la chimie, où elle a vécu à

Charlottenburg, à Berlin, comment elle est arrivée de
Bessarabie à Paris, à l'âge de seize ans, pour bientôt être l'une des rares femmes de l'époque à être
inscrites en sciences à la Sorbonne, et son mariage
avec un séduisant Roumain à la mairie du V^e arrondissement. Enfin, toujours avec son charmant accent
russe, elle parle de la guerre. Et c'est à travers le récit
de la nuit où fut arrêté son mari que j'ai perçu toutes
les souffrances qui séparent les Juifs des Allemands.

Ce soir-là, je suis entrée dans cette petite famille
Klarsfeld, un peu bohème, où chacun tient à l'autre
plus qu'à lui-même, où il n'y a pas de problème
de génération, où la mère s'est sacrifiée pour ses
enfants, qui lui restent intimement liés sans pour
autant aliéner une seule parcelle de leur liberté.

Tania et Serge avaient parcouru, chacun de leur
côté, une bonne partie du monde dans des conditions tout à fait aventureuses.

C'est ce goût pour les voyages et la volonté de
Serge que je voie ce qu'il avait admiré de plus beau
qui le poussèrent à m'envoyer en 1961 visiter sans
lui la Grèce et la Turquie, qu'il avait parcourues,
souvent en auto-stop. Je voyage en compagnie d'un
groupe d'étudiants, d'abord en train jusqu'à Brindisi,
ensuite en empruntant un bateau qui nous dépose
sur des îles dont nous explorons villages et vestiges
archéologiques à dos d'âne.

Nous séjournons quelque temps en Grèce conti-
nentale avant de poursuivre vers Istanbul, puis à
bord d'un bateau où je m'aperçois que j'ai le mal

de mer. Le confort est spartiate. Nous dormons sur le pont lors des traversées et sous la tente en Grèce. J'ai des souvenirs épatants de ce voyage. Épatants et fourmillants de découvertes.

À l'été 1962, Serge, toujours au service militaire, m'inscrit dans un autre groupe, cette fois en partance pour la Roumanie, en pleine guerre froide. Il n'est toujours pas de ce voyage, qui se décline entre mer Noire et une journée à Bucarest, où je sonne à la porte de Lida, tante de Serge et troisième femme du clan Klarsfeld, après avoir faussé compagnie à la petite troupe retenue par la visite du zoo de la capitale. Lida vit entourée de chats, ce qui provoque mon enthousiasme. Mon départ de Berlin n'a pas émoussé l'affection que je porte aux chats et aux chiens, et peut-être ma réaction a-t-elle joué en ma faveur auprès de Lida, qui se montre très attention-née et généreuse, achevant de m'adouber au sein de la famille Klarsfeld. Pour le coup, cette visite n'a rien de fortuit. Malgré le rideau de fer, Raïssa veut que je connaisse sa sœur : elle attend d'elle un regard extérieur, une opinion aussi impartiale que possible, non pas afin de se forger un sentiment qu'elle a déjà, mais pour élargir le cercle, entretenir un lien familial privilégié et savoir si elle peut me confier son fils.

En mars 1963, Tania se fiança avec Alik, un ingénieur juif bessarabien qu'elle avait rencontré à Bucarest et qui avait quitté la Roumanie. Au milieu de la réception, Serge prit la parole : «En même temps que les fiançailles de Tania et d'Alik, Beate et moi fêtons aussi les nôtres ! »

Nous nous sommes mariés le 7 novembre 1963 à la mairie du XVIe arrondissement. Serge m'a révélé plus tard qu'il souffrait le martyre ce jour-là, à cause d'une rage de dents, et qu'il n'a pas pris conscience une seule minute de la réalité de ce mariage.

Le soir même, nous partions en voyage de noces en wagon-lit. Destination : Munich, grande ville d'art que Serge, mon Juif errant, ne connaissait pas. Il venait d'être reçu premier au concours des assistants de direction à l'ORTF. En juillet 1964, il fut promu chargé de mission à la Direction de la radiodiffusion. Quant à moi, je quittais la firme de soieries lyonnaises où je travaillais au 20, rue de la Paix, et j'entrais comme secrétaire bilingue à l'Office franco-allemand pour la jeunesse, l'OFAJ, qui venait d'être créé par de Gaulle et Adenauer, et dont la mission de consolider les relations entre nos deux pays me passionnait.

Heureux sur le plan personnel et familial, lancés l'un et l'autre dans une carrière active qui correspondait à nos centres d'intérêt, nous avions planté le décor qui nous permettrait de mener une vie rangée, stable, semblable à celle de tant d'autres couples.

SERGE

## Traqués par la Gestapo

J'ai huit ans à la veille de la rentrée scolaire, à Nice, le 30 septembre 1943. Au début de la rue d'Italie où nous demeurons, au numéro 15, dans un immeuble des années 1920, s'élève la basilique dont la façade donne sur l'artère principale de Nice, l'avenue de la Victoire. À l'autre extrémité, perpendiculaire à la rue d'Italie, la paisible avenue Durante qui monte vers la gare centrale. Sur le trottoir de gauche, à moins de cent mètres du croisement, l'hôtel Excelsior, édifié à la fin du XIX^e siècle. Depuis trois semaines, cet hôtel est devenu le quartier général de la Gestapo anti-juive ; les Allemands, qui occupent Nice depuis peu et viennent d'en chasser les Italiens, y rassemblent les Juifs qu'ils raflent et les envoient à Drancy dans des wagons de voyageurs réquisitionnés et ajoutés au train allant de Nice à Paris. Nous avons vite appris à éviter soigneusement l'avenue Durante.

Il est minuit et je dors profondément dans le trois-pièces meublé sommairement où nous vivons. Tout comme ma sœur, ma mère et mon père. Les fenêtres donnent sur la rue, sauf celle de la cuisine qui surplombe une cour étroite et sombre.

Des projecteurs illuminent soudain la façade de l'immeuble, immédiatement accompagnés de cris et d'ordres éructés en allemand. Nous nous levons précipitamment. Ma sœur et moi courons nous réfugier dans la cachette aménagée par mon père et deux amis hongrois dans un profond placard d'environ 1,50 mètre de large. Une mince cloison escamotant une partie du renfoncement nous dissimule aux regards. Elle s'ouvre par le bas avec un simple crochet à l'intérieur.

Le 8 septembre 1943, moins d'un mois auparavant, les Allemands ont fait irruption à Nice et achevé d'occuper les huit départements du sud-est de la France dont ils avaient confié le contrôle à leurs alliés italiens le 11 novembre 1942, au moment de l'invasion de la zone libre par le III<sup>e</sup> Reich.

Ces dix mois de répit, entre novembre 1942 et septembre 1943, ont été une période de bonheur pour de nombreuses familles juives que les nazis vont faire tant souffrir après le 8 septembre 1943. Notre famille et beaucoup d'autres étaient encore complètes : papa, maman et les enfants. Souvent les médias illustrent mon enfance par cette photo où tous les quatre, Arno, Georgette, Serge et Raïssa, nous avançons sur la Promenade des Anglais, ensemble pour la dernière fois. Notre sécurité paraissait assurée par les carabinieri et les bersaglieri ; des milliers de Juifs fuyaient la zone d'occupation allemande et se réfugiaient en zone italienne.

J'en ai conservé une profonde gratitude pour les Italiens et, dès mon enfance, l'Italie est devenue pour moi une autre patrie, salvatrice. En 1946, au Grand Prix des Nations, quand j'ai vu sur la route de la Reine, à Boulogne, Fausto Coppi foncer vers le Parc des Princes, il est devenu et il est resté mon héros. Adolescent, j'ai parcouru l'Italie en auto-stop et je n'ai cessé d'y revenir encore et encore ; j'ai transmis cette passion à nos enfants : Arno a vécu avec Carla ; Lida a épousé Carlo ; nos chiens ont parcouru chaque ruelle de Venise, et Beate et moi nous retrouvons encore souvent main dans la main sur un banc à Sant'Elena, admirant la Sérénissime, ou sur la Piazza Santo Spirito, à Florence, à contempler la façade nue de l'église de Brunelleschi.

Le 18 mars 1943 s'était tenue une rencontre entre Mussolini et l'ambassadeur allemand à Rome, Mackensen, venu obtenir du Duce qu'il oblige ses militaires à abandonner la protection accordée aux Juifs et qu'il confie le règlement de la question juive dans la zone d'occupation italienne à la police française. Mackensen a rapporté le point de vue antijuif du Duce : «En fait, étant donné l'état des choses, nous pouvions être heureux qu'il existe un gouvernement français prêt à exécuter ces mesures policières. C'était de la folie de lui mettre des bâtons dans les roues. Lorsque les Français agissaient contre les Juifs, ce n'était finalement pas autre chose que lorsqu'ils agissaient contre des criminels, situation dans laquelle il ne viendrait pas à l'idée des militaires de s'en mêler. Le comportement de ses généraux était

non seulement un résultat du manque de compréhension déjà souligné de la signification de l'action
engagée, mais aussi l'effet d'une fausse sentimen-
talité humanitariste qui ne convenait pas à notre
dure époque. Il donnerait au général en chef,
Ambrosio, dès aujourd'hui – je pouvais l'annoncer
à M. le ministre des Affaires étrangères du Reich –
les ordres adéquats afin que, dorénavant, la police
française ait les mains entièrement libres dans cette
entreprise[1]. »

Si cette décision avait été appliquée et si Vichy
avait pu se saisir des Juifs de la zone italienne, nous
aurions probablement tous péri ; mais, le général en
chef, Ambrosio, et le chef de la diplomatie italienne,
Bastianini, qui avait déjà protégé les Juifs de Croatie,
se rendent immédiatement chez Mussolini avec des
rapports d'officiers italiens sur les massacres de Juifs
à l'Est et un message des militaires et des diplomates italiens s'exprimant au nom du peuple italien :
« Aucun pays – pas même l'Allemagne alliée – ne
peut associer l'Italie, berceau de la chrétienté et du
droit, à ces forfaits pour lesquels le peuple italien
devra peut-être un jour rendre des comptes. »

Confronté à cette opposition résolue, Mussolini
s'est incliné et a confié le sort des Juifs dans la zone
d'occupation italienne en France à la police raciale
italienne, laquelle a poursuivi la politique salvatrice
des militaires italiens. Aucun Juif n'a été livré par
des Italiens à la police de Vichy ou à la Gestapo, à

---

1. Archives du tribunal militaire de Nuremberg, NG-2242.
Ambassade d'Allemagne. Rome, n° 1246.

l'exception du journaliste Theodor Wolff, réclamé par les Allemands pour des motifs politiques.

L'occupation d'une partie de la France par les Italiens a été une bénédiction pour les familles juives comme la nôtre. Plus de rafle meurtrière par la police de Vichy, comme celle du 26 août 1942, quand 560 Juifs considérés comme apatrides ont été arrêtés et transférés à Drancy dans des conditions abominables. Finies, les arrestations pour « situation irrégulière » ; finie, la peur du policier français. Une oasis s'ouvre pour les Juifs dans l'Europe assujettie du III$^e$ Reich. Les Italiens refusent l'apposition par les autorités françaises du tampon « Juif » sur les papiers d'identité et sur la carte d'alimentation ; ils s'opposent à toute arrestation de Juifs parce que Juifs par la police française ; ils protègent les Juifs italiens, étrangers et français. La pression exercée par l'opinion publique italienne sur Mussolini, pour sa part tout à fait disposé à livrer les Juifs aux Allemands, l'oblige encore à ne pas décider du pire – ce qu'il fera plus tard, après sa destitution en juillet 1943 et son retour au pouvoir en Italie du Nord en octobre 1943, quand il n'aura plus pour le soutenir que les fascistes purs et durs, les troupes allemandes et la SS.

Pour nous, la débâcle italienne est une catastrophe. Des soldats italiens ont tenté d'emmener des Juifs, de les mettre à l'abri. Mais la reprise en main par les Allemands a été si soudaine que la plupart de leurs tentatives ont échoué.

La terreur se répand comme une traînée de poudre. Les arrestations se multiplient d'emblée parmi les 25 000 Juifs présents à Nice. Des barrages sont dressés dans les rues, aux carrefours, aux entrées et aux sorties de la ville ; les voyageurs qui tentent de prendre le car ou le train sont systématiquement contrôlés ; un maillage méthodique se met en place, faisant courir à ceux qui essaient de s'échapper des périls encore plus grands que ceux encourus par ceux qui restent.

Face à l'ampleur du danger, mon père a décidé de bricoler une cachette qui se ferme de l'intérieur et devant laquelle il a refixé une tringle où sont suspendus des vêtements destinés à en renforcer la discrétion. Notre situation est cependant précaire. Une simple pression de la main ou un coup de crosse sur un mur qui n'est qu'une fragile cloison en bois suffirait à révéler le subterfuge, et notre présence.

Ma sœur a onze ans, j'en ai huit. Nous nous disputons souvent, mais, à l'instant où il fallu pénétrer dans le placard, nous avons montré une docilité et une discipline exemplaires. Notre mère, Raïssa, ma sœur et moi sommes serrés dans la cachette avec les habits que nous portions la veille et que nous avons saisis en sautant de nos lits. Raïssa ressort faire les lits. Il s'agit d'éliminer toute trace de notre présence récente dans l'appartement. Elle revient vite, ferme la porte.

Le scénario est prêt, et le déroulement des opérations minutieusement appris. Si la Gestapo vient nous prendre, mon père se livrera en prétendant que l'appartement est en cours de désinfection et qu'il a préféré nous envoyer à la campagne pour nous protéger d'une éventuelle intoxication. Le risque, s'il se cache aussi, est de voir les Allemands sonder à coups de crosse chaque mur, chaque placard, et nous découvrir.

Notre père nous a exposé le danger qui nous guette. Nous avons parfaitement conscience que ce refuge constitue notre unique espoir de salut. Quelques jours auparavant, il a voulu nous rassurer en nous expliquant que, dans le cas où les Allemands l'arrêteraient, il aurait davantage de chances de survivre que nous : «Je suis fort, je survivrai, mais pas vous.» Tous les trois, nous étions sûrs que notre arrestation signifierait notre mort.

Les Causansky avaient un logement à Moissac, où ma mère, ma sœur et moi avions habité au début de la guerre. Ils sont arrivés à Nice en 1943. Nous les avons abrités ici, mais cette cohabitation a fini par agacer mes parents. Le soir même de la rafle, sans se douter que cette décision allait les sauver, mon père leur a trouvé une planque chez des voisins résistants du premier étage, les Dussour. Les Causansky ont survécu. Paul Dussour fut arrêté quelques mois plus tard. Il est mort en déportation à Dachau. Depuis le 8 mai 1975, au-dessus de la porte d'entrée du 15 de la rue d'Italie, une plaque commémorative rappelle au souvenir de deux amis : Paul et Arno.

À Nice, la signature de l'armistice par l'Italie avec les Alliés et la fuite des Italiens à l'arrivée des

Allemands se sont enchaînées à une vitesse qui a tétanisé tout le monde. Alois Brunner, successivement responsable de la déportation des Juifs de Vienne, Berlin et Salonique, et nouveau commandant du camp de Drancy, vient d'enclencher à Nice l'une des rafles les plus brutales de la guerre en Europe occidentale. Dans les rues, on vérifie les identités de chacun, on force les hommes à se déshabiller pour voir s'ils sont circoncis, on fouille caves et greniers. Des centaines de personnes sont arrêtées en quelques jours.

Dans la nuit du 30 septembre au 1er octobre 1943, les hommes de la Gestapo investissent l'immeuble. Ils procèdent méthodiquement, étage par étage, frappent à toutes les portes, mais n'entrent pas chez les non-Juifs. Sans doute les familles juives qui, comme la nôtre, ne se sont pas signalées auprès des autorités lors de leur arrivée à Nice en octobre 1941 ont-elles été dénoncées. Les autorités locales n'ont toutefois aucune responsabilité dans ce drame : afin de priver les Allemands du moindre renseignement, le préfet Jean Chaigneau, Juste parmi les préfets, a détruit le fichier qui recensait les Juifs. Arrêté et déporté en 1944, Jean Chaigneau a survécu.

La planque donne sur l'appartement mitoyen où vivent les Goetz, qui se prétendent alsaciens et sont en réalité des Juifs polonais. Nous entendons les Allemands y pénétrer, et Yvonne, leur fille, crier de douleur après avoir reçu un coup de crosse en pleine figure pour avoir osé demander à voir leurs papiers. La petite Marguerite, l'amie de ma sœur, pleure : les Allemands la rudoient afin d'obtenir l'adresse du frère aîné, Lucien. Ils lui tordent le bras. Elle hurle : « Je ne sais pas, je ne sais pas ! » Ils menacent, molestent les membres de la famille les uns après les autres, et parviennent à leur arracher les précieux renseignements. Lucien est arrêté quelques heures plus tard.

Nous entendons leur père crier : « Au secours ! Police française, au secours ! Nous sommes français ! Sauvez-nous ! Sauvez-nous ! »

C'est une des chances de ma vie que ce cri de désespoir : contrairement à tant de mes amis survivants et fils ou filles de déportés juifs, ce ne sont pas des Français en uniforme qui sont venus arrêter mes parents, mes frères ou mes sœurs, ce sont des Allemands de la Gestapo. À l'époque, je ne savais rien des arrestations opérées par la police française aux ordres d'un gouvernement de collaboration, et je n'en saurai rien pendant longtemps. À l'inverse des autres enfants qui ont eu davantage peur des agents de police que des soldats allemands qui, en général, ne participaient pas aux rafles, je n'ai jamais craint la police française. À partir de l'été 1943, elle n'a plus déclenché de rafles de Juifs dans l'ancienne zone libre ; à Nice, en particulier, elle n'a pris aucune part à ces opérations menées par les Allemands et les séides français qui étaient à leur solde. Certes, nous étions à Nice le 26 août 1942 quand y fut opérée la grande rafle des Juifs considérés comme apatrides (ex-Allemands, Autrichiens, Polonais, Russes et Tchèques) et entrés en France depuis le

1$^{er}$ janvier 1936 ; mais les Roumains n'étaient pas visés par cette rafle.

Si nous étions restés à Paris en 1940 au lieu de fuir les Allemands, nous aurions été arrêtés le 24 septembre 1942 comme plus de 1 500 Juifs roumains « arrêtables » depuis la veille, au moment où la Gestapo a appris que le gouvernement roumain abandonnait sa souveraineté sur ses ressortissants juifs vivant à l'étranger. À l'aube du 24 septembre, ils furent arrêtés par la police française. À 8 h 55 le 25 septembre, ils furent déportés par le convoi n° 37 et, au matin du 27 septembre, les trois quarts des déportés du convoi furent gazés à Birkenau. Il ne s'était passé que soixante-douze heures entre leur brusque réveil à Paris par les « gardiens de la paix » et leur assassinat par les SS à l'autre bout de l'Europe. Aujourd'hui encore, en 2014, une lettre postée de France parvient moins rapidement à Auschwitz, en Pologne, qu'un Juif en 1942. J'y pense souvent en parcourant notre quartier : il n'y a que trois cents mètres entre le 196 de l'avenue de Versailles, notre ancien immeuble, et le commissariat de la rue Chardon-Lagache, à l'angle du boulevard Exelmans. De là, nous aurions été dirigés sur Drancy et, le lendemain, nous aurions connu le sort de tant de familles que fréquentaient mes parents.

Oui, j'ai été en quelque sorte un privilégié de ne pas avoir souffert comme tant d'autres enfants juifs de cette blessure à la France si dure à cicatriser, et qui n'a commencé à se refermer que par les discours de deux présidents de la République, celui du centre droit, Jacques Chirac : « La France, ce jour-là, accomplissait l'irréparable », et celui du centre gauche, François Hollande : « Ce crime a été commis en France, par la France. »

Cette nuit de la rafle est restée toute ma vie, comme pour tous les enfants juifs qui ont connu des rafles et perdu des êtres chers, une référence qui a forgé mon identité juive. Je n'ai hérité de cette identité ni par la religion ni par la culture : mon identité juive, c'est la Shoah en arrière-plan et un indéfectible attachement à l'État juif, l'État d'Israël. C'est mon passé en tant que Juif et c'est l'avenir du peuple juif.

Soudain, ils cognent à notre porte. Mon père leur ouvre. Une voix avec un fort accent allemand l'interroge en français : « Où sont votre femme et vos enfants ? » Mon père répond : « Ils sont à la campagne parce qu'on vient de désinfecter l'appartement. » Ma sœur souffre d'une bronchite. Pour s'empêcher de tousser, elle prend un mouchoir et s'en sert comme d'un bâillon qu'elle se fourre dans la bouche. Les Allemands entrent et entreprennent de fouiller l'appartement. L'un d'eux ouvre la porte du placard. Soixante-dix ans après, j'entends encore le bruit des vêtements coulissant sur la tringle. Il n'inspecte pas la cloison qui nous dérobe à sa vue, ne s'attarde pas, referme la porte. La voix reprend : « Habillez-vous et suivez-nous ! » Ils sortent.

Notre père est sur le point de partir, mais, au dernier moment, il se ravise. Il vient de penser aux clés. Comment prétendre que nous sommes absents et sortir sans emporter ses propres clés ? Mon père n'est pas censé savoir qu'il ne reviendra jamais. S'il sort sans fermer la porte à clé, les Allemands risquent d'en déduire que nous sommes dans l'appartement. Mon père s'approche du placard, se penche à l'intérieur et murmure : « Mes clés. » Ma mère, à quatre pattes, entrouvre la porte, tend les clés à mon père qui les saisit en lui baisant une dernière fois la main. Nous entendons encore sa voix de l'autre côté de la cloison, depuis le logement des Goetz où l'ont conduit les Allemands et où il tente de calmer nos voisins.

Puis le silence recouvre l'immeuble. Nous restons des heures dans le placard, pétrifiés de peur. Nous ne savons pas si un Allemand est demeuré sur le palier. Au petit matin, ma mère sort. Elle s'aventure sur le palier quand un voisin descend ; elle lui demande de vérifier que les Allemands sont partis. Alors nous nous glissons hors de la cachette. Nous nous habillons et quittons l'immeuble.

Ce fut le début d'une errance de quelques semaines où nous avons rusé avec la mort dans Nice et sa banlieue : de meublé en pension de famille, parce que les hôtels peuplés de Juifs sont la cible préférée des gestapistes. Dans la rue, ma mère marche sur un trottoir, et nous deux, ma sœur et moi, sur le trottoir d'en face. Dans le trolleybus, elle est à l'arrière et nous à l'avant. Nous avons nos instructions au cas où on l'arrêterait : chez quels amis aller, à qui écrire ; nous avons de l'argent pour nous débrouiller au cas où… Nous entrons régulièrement dans la basilique ;

nous y trouvons un sentiment de sécurité et de paix ; nous prions pour Arno.

Notre père a été emmené par la Gestapo à quelques centaines de mètres de notre appartement, à l'hôtel Excelsior, à proximité de la gare centrale. Cet hôtel est devenu une annexe du camp de Drancy. Dès qu'il y a plus d'une cinquantaine de Juifs dans l'hôtel, Brunner le vide. Notre mère a eu le courage d'aller à la gare le 2 octobre et de voir partir mon père. D'un coup d'œil, il lui a fait signe de s'écarter, car les Allemands peuvent se jeter sur ceux qui regardent avec insistance. À Nice, ils avaient fait leur voyage de noces en février 1929 ; à Nice, ils se sont séparés pour toujours le 2 octobre 1943.

C'est à Nice que j'ai perdu mon père ; c'est à Nice que j'ai perdu ma mère. En avril 1981, elle a voulu revoir encore le 15 de la rue d'Italie ; elle souffrait du cœur ; ma sœur l'accompagnait et l'a photographiée devant la porte de l'immeuble, près de la plaque commémorative. Puis elles sont retournées à l'hôtel Negresco. Un peu plus tard, chez sa belle-sœur, ma mère a dit : « Dépêchons-nous ; nous serons en retard au casino. » C'est alors qu'une crise cardiaque l'a emportée le 20 avril, jour anniversaire de la naissance de Hitler. Elle souhaitait pareille fin et ne voulait surtout pas terminer sa vie dans un hôpital. Le casino, ce n'était pas pour y jouer, c'était le Palais de la Méditerranée où mon père avait été inspecteur-interprète en 1942.

En 2007, ma sœur et moi avons vu à Osnabrück, entourés de Beate et d'une vingtaine de nos amis, un opéra allemand, *Die Bestmannoper*, du compositeur

Alex Nowitz, ayant pour thème l'arrestation de mon
père, notre nuit dans la cachette, le rôle d'Alois
Brunner, le meilleur homme d'Eichmann, et mon
destin de justicier. Quelle émotion de nous voir sur
scène et d'entendre notre père chanter son amour
pour sa famille et son angoisse que Brunner ne la
découvre !

Après ces semaines épuisantes à travers Nice, notre
mère a décidé de revenir dans notre appartement.
Elle en avait assez d'être traquée chez les autres. Elle
a préféré nous montrer ce qu'il fallait faire en cas de
rafle : nous entrerions dans la cachette ; elle ouvrirait
la porte aux Allemands. Chaque soir, nous mettions
nos vêtements dans la cachette avec les documents
nécessaires pour notre fuite et nous nous couchions,
notre mère entre nous, vigilante et lisant presque
toute la nuit des romans policiers des éditions du
Masque, à la couverture jaune. Je lisais avec elle
avant de m'endormir, et j'ai pris goût aux romans
policiers, dont la lecture sait toujours me calmer
quand il le faut. Nous sommes retournés au lycée
de jeunes filles, dont je fréquentais les petites classes,
qui était aussi celui de Simone Veil, qui s'appelait
alors Simone Jacob. Notre mère nous en a retirés
quand la Gestapo y a arrêté une fillette. Le soir, nous
ne savions pas en rentrant à la maison si nous allions
retrouver notre mère. Le ciel pouvait tomber sur la
tête d'un Juif à n'importe quel moment. Ce n'est
qu'en février 1944 que nous pûmes quitter Nice.

À l'arrivée du convoi n° 61 du 28 octobre 1943 qui l'avait déporté de Drancy vers Auschwitz, Arno Klarsfeld, mon père, a assommé le Kapo qui l'a frappé. Ce geste lui a coûté la vie. Il est mort à trente-neuf ans après avoir été intégré au Kommando de représailles de Fürstengrube, où il était pourtant parvenu à survivre neuf mois dans cette mine de charbon quand la durée de vie moyenne n'y excédait pas six semaines. Pourquoi au moins cette fois, cette seule fois de son existence, n'a-t-il pas courbé l'échine ? Je ne le saurai jamais, mais j'ai la conviction que, s'il n'avait pas riposté aux coups du Kapo, il aurait pu en réchapper.

## Arno, mon père

Mon père était grand et costaud, d'un tempérament indépendant. Égoïste, sans doute aussi, mais d'abord indépendant. C'était un homme magnétique. Il ressemblait à l'acteur Victor Mature, qui a incarné Samson…

Né en 1905 à Braïla, port fluvial sur le Danube, en Roumanie, mon père a vécu comme s'il savait qu'il mourrait jeune. Il a profité de la vie sans trop se soucier de l'avenir, partant très tôt à la découverte du monde. Il a passé beaucoup de temps à voyager ; je crois même qu'il a navigué un an sur un cargo allemand. Pourquoi s'appelait-il Arno ? Parce que ses parents avaient tant apprécié un séjour à Florence qu'ils avaient décidé de donner ce prénom à leur prochain enfant si c'était une fille, et celui d'Arno si c'était un garçon – et peut-être aussi parce qu'Arno est l'anagramme d'Aron.

Wolf, le grand-père d'Arno, était originaire de Stryj en Pologne autrichienne et était né en 1840. Ayant émigré à Bucarest avec son épouse Jente Waldman, ce diamantaire y mourut en 1912. Son fils, mon grand-père, Salomon, né en 1862, avait épousé Sophie Abramoff, née d'une mère Schatzman et d'un

père fils de convertis au judaïsme, tous deux obligés
de quitter la Russie en raison de cette conversion.
Salomon s'est installé à Braïla, sur le Danube ; il
y est devenu l'un des principaux armateurs, possé-
dant une centaine de bateaux et exportant du blé
jusqu'en Chine. Il était propriétaire d'une des plus
belles demeures de la ville, édifiée par un prince
grec. Braïla, patrie du romancier Panaït Istrati, que
mon père a bien connu, était une cité cosmopolite.
Arno, qui parlait sept langues, était le benjamin
de six enfants, trois filles et trois garçons. Il suffit d'indiquer où sont morts tous ces enfants pour
avoir une idée du destin juif au XX<sup>e</sup> siècle : l'aînée,
Rachel, à Quito en 1970, Myriam à Bucarest en 1940,
Moreno à Paris en 1985, Ernestine à São Paulo en
1982, Édouard à Paris en 1977 et Arno à Auschwitz
en 1944.

Au XIX<sup>e</sup> siècle, les Juifs de l'Empire austro-hongrois
ont dû abandonner leurs patronymes hébraïques
pour en adopter de germaniques : un champ (*feld*) de
couleur claire (*klar*) a donné « Klarsfeld » ; de même
qu'une montagne (*berg*) en or (*golden*) ou qu'une pierre
(*stein*) en argent (*silber*) ont donné Goldenberg et
Silberstein. Les Klarsfeld de 2014 sont probablement
issus de la même souche originaire de Stryj. Salomon,
mon grand-père, avait trois frères, Fritz, David et
Charles, et une sœur, Déborah. Les Klarsfeld se sont
éparpillés, les uns au Caire et à Beyrouth ; d'autres
aux États-Unis et en Amérique du Sud ; d'autres à
Paris, où David était un diamantaire réputé et son
fils, Henri, président de la Paramount en Europe et

au Proche-Orient. La photo géante d'Henri figurait dans l'exposition de 1941 « Le Juif et la France » à côté de celle de son ami Bernard Natan, cible n° 1 des antisémites dans la partie réservée aux « Juifs maîtres du cinéma français ».

Par rapport à mon grand-père, nous sommes financièrement déclassés. En 1900, il menait un grand train de vie, commandant à Londres les vêtements de sa famille, et disposant d'une fortune importante qu'il perdit en 1930. Son fils aîné, Moreno, refit fortune comme armateur et représentant de Bunge, grande firme internationale d'import-export de céréales, mais la perdit en 1948 quand les communistes au pouvoir l'arrêtèrent et le mirent aux travaux forcés. Les petits-enfants de mon grand-père sont devenus ingénieur en résistance des matériaux à Saint-Gobain, imprésario musical, hôteliers au Brésil, physicien à Orsay, agrégée de russe (ma sœur), avocat (moi-même), homme d'affaires au Guatemala, industriel dans l'agroalimentaire en Équateur.

À une centaine de kilomètres de Braïla, de l'autre côté de la rivière Pruth, en Bessarabie, devenue russe après avoir été province de l'Empire ottoman pendant des siècles, se situe la petite ville de Cahül – qui se prononce Cagoul. C'est là qu'est née ma mère en 1904. Arno et Raïssa se sont rencontrés dans un dancing rue de la Huchette, à Paris, dans le Quartier latin. Ma mère y était venue avec un ami ; mon père, avec une amie ; ils sont repartis ensemble. Ma mère habitait rue Lacépède ; mon père, rue de Miromesnil. Raïssa avait grandi dans une famille de riches pharmaciens. Accompagnée de sa sœur aînée, Lida, devenue dentiste après avoir fait ses études à Varsovie, Raïssa, à seize ans, était passée brièvement pour ses études supérieures à Odessa et à Prague, où étudiait son frère Leonid, à l'université de Padoue, puis à celle de Giessen, avant de choisir la Sorbonne en faculté des sciences. Elle y a été l'une des rares étudiantes avant de vagabonder en Europe entre Karlsbad, Berlin, Lausanne et Nice avec ses parents, qui avaient choisi de profiter de la vie. En 1927, elle avait repris ses études à la faculté de pharmacie de Paris.

Raïssa a vingt-quatre ans ; lui aussi. C'est le coup de foudre. Raïssa sollicite l'avis du second mari de sa mère, Avsiëe Abramovitch Tessarschi, qui se renseigne sur les Klarsfeld et, convaincu par la fortune familiale que la crise leur fera perdre un an plus tard, expédie ce télégramme concis : « Épouse ! » Ils sortirent mariés de la mairie du V^e arrondissement en février 1929, un mois après leur rencontre. Mon fils, ma fille et moi sommes sortis avocats de l'immeuble qui fait face à la mairie sur la place du Panthéon, la faculté de droit de Paris.

Ma sœur est née à Paris, dans le XVI^e arrondissement, le 2 novembre 1931 ; nos parents l'ont déclarée française à sa naissance. En hommage à Clemenceau, mon père l'a appelée Georgette, prénom qu'elle déteste. Il aurait mieux fait de l'appeler Georgia. Elle se fait appeler Tania ; mais, pendant la guerre, Georgette convenait parfaitement.

Ma première année, je l'ai vécue à Cahül, en Bessarabie, aujourd'hui en Moldavie, où ma mère profitait de la domesticité de ses parents et d'une grande demeure toujours pleine d'animaux. Je ne sais si mon père nous a rendu visite ; à cette époque, mes parents se disputaient souvent. Mais ils se réconciliaient toujours, parce que ma mère lui trouvait des circonstances atténuantes : «Les femmes se jetaient à son cou», et c'était vrai ; les contemporains de mon père l'ont toujours confirmé. Dans les années 1960, un des plus anciens serveurs de la Coupole m'a dit : «Quand votre père entrait, les femmes ne regardaient plus que lui. »

Au début des années 1990, j'ai eu la chance d'être contacté par deux demi-frères issus de deux femmes différentes, Michel et Georges, qui eux-mêmes ne se connaissaient pas. Leurs mères et eux conservaient vivant le souvenir d'Arno : un fils de Georges se prénomme Arnaud, et Michel a un petit-fils prénommé Arno. Tant de mes compagnons orphelins rêvaient encore qu'un des leurs ait pu survivre, et c'était à moi qu'il était échu de découvrir des frères qui sont devenus des amis chers. Georges est décédé ; Michel Soulas – qui a été adjoint au maire de Montpellier et a fait une thèse d'histoire sur le général Koenig – et sa famille font partie de notre famille. Raïssa a toujours pardonné les frasques d'Arno et elle nous a confié que l'année qui avait précédé son arrestation avait été la plus heureuse de sa vie de couple. « Il nous a sauvé la vie et s'est sacrifié pour nous », répétait-elle.

En 1937, nous sommes tous les quatre à Paris et
mes parents louent un deux-pièces dans la cour d'un
immeuble au 196, avenue de Versailles, à la Porte
de Saint-Cloud. Sur une photo datée du 29 avril
1938, ma sœur et moi sommes sur ce large trottoir, où j'aime me ressourcer encore aujourd'hui,
en face de ce marché qui remonte au Moyen Âge
et où le dimanche, après la Libération, je faisais
très longtemps la queue pour acheter des pommes
de terre. Le 29 avril 2013, ma sœur et moi nous
sommes photographiés à l'emplacement exact où la
photo fut prise soixante-quinze ans plus tôt, seuls
puis avec mes petits-enfants qui vivent aussi à la
Porte de Saint-Cloud. Depuis 1972, nous habitons
au-dessus du dépôt des autobus, et j'ai appris il y a
seulement quelques années que c'est de ce dépôt que
sont sortis les cinquante autobus réquisitionnés par
la préfecture de police pour la rafle du Vél'd'Hiv.
Notre fille et sa famille résident de l'autre côté de
la place. Ma sœur habite à proximité immédiate, rue
Chardon-Lagache ; son fils Maldoror et sa famille,
rue Boileau. La Porte de Saint-Cloud est ma petite
patrie et mon village. Quand le cardinal Verdier a
inauguré l'église Sainte-Jeanne-de-Chantal en 1938,
il m'a pris dans ses bras et m'a béni. L'église a été
détruite par les bombardements, puis reconstruite ;
j'ai joué dans ses ruines et dans celles du stade de
Coubertin avec mes camarades. Les fontaines monu-
mentales de la place de la Porte-de-Saint-Cloud étant
alors désaffectées, nous passions de l'une à l'autre
par les conduits vides.

En 1969, Jean-Marie Lustiger est devenu le curé de Sainte-Jeanne-de-Chantal, et nous sommes devenus amis. Plus tard, en 1978, il a fait de mon *Mémorial de la déportation* son livre de chevet et a été nommé évêque d'Orléans avant d'être promu archevêque de Paris et cardinal. Notre amitié s'est poursuivie ; il devait marier notre fille à Sienne en 2007, et j'ai conservé le billet d'avion qu'il devait utiliser le 8 juin pour s'y rendre ; mais la mort a frappé. En première page du *Monde* au lendemain de ses obsèques, une photo montrait Notre-Dame et, flottant devant elle, le drapeau des Fils et filles des déportés juifs de France avec l'étoile de David. Chrétien et juif, orphelin de la déportation, il était l'un des nôtres. Et c'est aussi l'un des nôtres par le cœur, le père Patrick Desbois, qui a marié notre fille à Sienne et qui a contribué à faire connaître la « Shoah par balles », la mise à mort systématique par des groupes spéciaux d'exterminateurs de centaines de milliers de Juifs soviétiques, dont les corps ont été enfouis dans une multitude de fosses communes dissimulées.

Quand mes parents traversaient des périodes difficiles, ma mère n'hésitait pas à requérir l'aide de ses parents. Et, même s'ils désapprouvaient les dépenses de leur gendre, ils cédaient toujours aux demandes de ma mère. Mes parents vivaient dans l'insouciance. Pour eux, habiter Paris était une passion : ils sortaient souvent et fréquentaient assidûment les cafés où ils retrouvaient leurs amis.

Arno et Raïssa appartenaient à un monde juif cosmopolite et polyglotte qui s'était éloigné de Dieu. L'Europe était leur patrie. Ils avaient visité ses cités les plus réputées, avaient séjourné dans plusieurs pays, connaissaient leur histoire, leurs habitants, parfois leur langue, les aimant tous, se sentant appartenir à tous.

Mes parents n'étaient pas religieux. Ni mon père, ni ses frères, ni le frère de ma mère, ni moi n'avons fait notre bar-mitsva. Ma mère se contentait de respecter des traditions : jeûner le jour de Yom Kippour et ne pas manger de pain pour Pessah, mais je ne l'ai jamais vue célébrer Shabbat.

En revanche, mon arrière-grand-mère maternelle était, paraît-il, très *croyante*, une sainte femme qui aura passé sa vie à porter secours aux Juifs les plus démunis et à faire le bien autour d'elle. Je rattacherais l'éloignement progressif de ma famille maternelle des traditions religieuses à la fin du XIXᵉ siècle. Ils étaient les seuls pharmaciens de cette ville de Bessarabie et s'étaient enrichis aussi grâce au commerce du blé qu'ils achetaient aux paysans et revendaient aux grandes compagnies. En gagnant en aisance financière, en accédant aux études, en participant à la vie économique et intellectuelle de leur région, en s'intégrant à la culture russe, leur perception de la réalité a évolué, leurs horizons se sont élargis, bouleversant leur ancien mode d'existence et les écartant d'une religion stricte et difficile à assumer si l'on n'a pas la foi.

Pourtant, les amis de mes parents étaient presque tous juifs ; mais ils respectaient les traditions avec autant de désinvolture qu'eux. Et, après la guerre, les amis de ma mère ne montraient pas davantage d'attachement au judaïsme traditionnel. Le fait d'être né juif avait été générateur de malheurs infinis, sans rien en contrepartie. Les victimes juives n'étaient pas héroïques, à l'exception des résistants juifs. Pendant l'Inquisition, les Juifs qui montaient au bûcher étaient des héros de la foi juive ; ils s'étaient vu proposer la conversion et l'avaient refusée. Pendant la Shoah, les nazis n'ont pas proposé aux Juifs de renoncer à l'être. Il suffisait d'avoir eu trois grands-parents de religion juive, ou même deux si le conjoint était juif, pour se voir imposer la mise à mort. Certains de ceux qui ont péri ne se considéraient plus comme juifs ; beaucoup de ceux qui se sentaient juifs auraient certainement accepté de renier leur judéité pour échapper à la mort.

Je me suis souvent demandé, au-delà de ce qui s'est passé, ce que signifie être juif. Enfant, j'ai intégré que cela impliquait de dissimuler cette part de mon identité, qu'il y avait là quelque chose qui me singularisait ; mais mes parents ne m'ont pas expliqué dans mon enfance ce que c'est qu'être juif, parce qu'ils en étaient incapables, faute de l'avoir été eux-mêmes. Si au sein de cette guerre n'avait pas été livrée la guerre contre les Juifs, je ne me serais probablement jamais considéré comme Juif, sinon d'origine.

Je connais superficiellement l'histoire juive, mais je ne connais pas réellement la culture juive. Je ne

parle ni le yiddish ni l'hébreu, que j'ai vaguement
appris pendant quelques mois lorsque j'étais scola-
risé à l'école Maïmonide, mais que j'ai oublié depuis.
Et je ne suis pas croyant. Mais enfin, je suis juif.
J'ai la volonté d'être juif et, pourtant, je n'ai pas le
désir de léguer ma judéité puisque j'ai épousé une
non-Juive. C'est un choix d'abord amoureux ; c'est
aussi un choix qui va au-delà de l'amour. Si j'avais
une épouse juive, mes enfants seraient juifs. Or ils
ne le sont pas selon la loi juive, puisque la judéité se
transmet par la mère. Quelle importance d'ailleurs,
puisque Arno se sent juif, même s'il ne l'est pas
pour les Juifs pratiquants. Le 14 février 2001, je
suis devenu citoyen d'Israël par décret du ministre
de l'Intérieur et par reconnaissance pour les services
que j'avais rendus. Arno ayant choisi d'être israélien,
ce qui était possible puisque son père était israélien,
et de faire son service militaire en Israël, le problème
de sa religion s'est posé administrativement. Arno
ne pouvait être considéré comme juif ; il a obtenu
que la case correspondante reste vide, malgré les
bureaucrates qui voulaient à tout prix qu'il ait une
religion. Pour l'État d'Israël, dont il est citoyen, Arno
est libre-penseur. Résolument athée, notre fille, qui a
épousé un catholique d'une vieille famille de Sienne,
a vu ses enfants bénis à Rome par les deux papes qui
se sont succédé depuis leur naissance, Benoît XVI
et François.

En septembre 1939, mon père s'est porté volontaire « pour la durée de la guerre » avec son neveu
Willy et des milliers d'autres Juifs étrangers. Il a

été affecté au 22$^e$ régiment de marche des volontaires étrangers au sein de la Légion étrangère. Arno
avait fait son service militaire en Roumanie de 1926
à 1928 comme caporal dans l'artillerie à Craïova.
La formation de ces volontaires, essentiellement des
Juifs polonais et roumains et des républicains espa-
gnols, s'est déroulée dans des conditions matériellement défavorables dans le camp de Barcarès ; au
point que, dès les premiers engagements, les soldats
allemands ont qualifié cette unité de « régiment de
ficelle ».

Arno est nommé caporal en février 1940. Début
mai, le 22$^e$ RMVE est envoyé dans le Haut-Rhin ;
puis, le 21 mai, c'est la plongée dans la bataille de
la Somme. Arno et Willy ont été sous les ordres
d'Albert Brothier, qui servait comme lieutenant
commandant la compagnie d'accompagnement du
3$^e$ bataillon du 22$^e$ RMVE et qui devint plus tard
général et chef de la Légion étrangère. Arno était
chef de pièce de mitrailleurs à la 2$^e$ section de la
CA 3 et mis à la disposition de la 9$^e$ compagnie. Il
a pris part aux combats de Villers-Carbonnel, Misery
et Marchélepot. Le 22$^e$ RMVE a stoppé les 5 et
6 juin les chars de Rommel avant d'être anéanti.

Le 2 juillet 1941, le 22$^e$ RMVE a été cité à l'ordre
de l'armée par le général Huntziger, alors secrétaire
d'État à la Guerre dans le gouvernement de Vichy :
«Complètement entouré par les unités blindées
ennemies, violemment bombardé tant par avion que
par l'artillerie, [le 22$^e$ RMVE] a résisté héroïquement
pendant quarante-huit heures à toutes les attaques,

réussissant pendant ce temps à conserver l'intégrité des localités qui constituaient l'ossature de la position confiée à sa garde. N'a cédé que faute de munitions et écrasé par une supériorité matérielle considérable. A par sa résistance fait l'admiration de l'ennemi. »

Willy Goldstein, le neveu d'Arno, a été tué à ses côtés. Il a été cité à l'ordre du corps d'armée le 2 juillet 1941 par le général Huntziger : « Volontaire ayant fait preuve de courage et de ténacité aux moments les plus durs des combats des 5 et 6 juin 1940 – a été mortellement blessé à Misery (Somme) au cours d'une liaison. » En 1999, devant le monument des volontaires juifs au cimetière de Bagneux, le général Brothier a déclaré : « La liste de ces étrangers qui sont tombés en se serrant autour de moi serait trop longue à établir ; mais, je l'ai déjà dit et je ne me lasserai jamais de le redire, le premier nom qui figure sur cette longue liste est celui d'un jeune Juif de vingt-cinq ans tombé héroïquement dans la Somme en s'opposant aux chars de Rommel. Il s'appelait Goldstein et, tant que j'aurai un souffle de vie, il y aura une place pour Goldstein dans mon cœur. » Le 28 mai 1943, Philippe Pétain décorait Wilhelm Goldstein de la Médaille militaire à titre posthume, ne pouvant ignorer qu'il était juif, et ce alors que sa police arrêtait et livrait aux Allemands des nourrissons : un des paradoxes de Vichy, pour qui les Juifs morts au combat étaient valeureux, et les enfants juifs des éléments potentiellement dangereux dont il fallait se débarrasser.

Autre ironie du destin : tandis que les Allemands mettaient à mort tant de Juifs qui n'avaient en rien attenté à leur sécurité, ils respectaient les conventions de Genève et épargnaient des milliers de Juifs prisonniers de guerre de l'armée française, dont beaucoup avaient combattu et tué des militaires allemands.

Ironie du destin, encore : les régiments de marche des volontaires ont été formés au camp de Barcarès, dans les Pyrénées-Orientales, en 1939-1940, alors que dans ce même département, à Saint-Cyprien, à Argelès, des milliers de Juifs allemands et autrichiens ressortissants du IIIe Reich, considérés comme des ennemis, étaient traités de façon dégradante et inhumaine par les autorités de la IIIe République.

Ironie du destin, toujours : c'est de la gare de Rivesaltes, dans les Pyrénées-Orientales, que sont partis en mai 1940 les volontaires juifs vers tous les fronts où ils allaient verser leur sang et celui de l'ennemi. Pouvaient-ils se douter que deux années plus tard, en août et en septembre 1942, des milliers de Juifs étrangers, hommes, femmes et enfants, allaient être déportés de cette même gare de Rivesaltes vers Drancy et Auschwitz, livrés à la haine antijuive hitlérienne par un maréchal de France, et que, à leur retour, beaucoup de volontaires étrangers qui avaient combattu et subi cinq années de captivité n'allaient pas retrouver leurs parents, leur épouse, leurs enfants, qu'ils allaient être trahis par la France de Vichy ? Le feu les avait épargnés, mais leurs familles ont péri par le gaz.

Fait prisonnier, Arno est emmené à Cambrai, d'où
il s'évade ; il est repris à Villers-Cotterêts, envoyé au
Frontstalag 131 à Cherbourg, où il se fait enregistrer
sous le nom de Klarstel. Transféré dans un autre
camp, il s'en évade en mars 1941 et nous rejoint en
zone libre dans la Creuse.

En 1981, à la mort de ma mère, nous avons acquis
une maison en Normandie, à Breteuil, entre Conches
et Verneuil. Nous avons choisi cette région parce
que, en 1939, nous avions été évacués de Paris à
Conches en prévision de bombardements et parce
que, à proximité, à Rugles, ma sœur et moi avions été
accueillis en 1947 et en 1948 dans une chaleureuse
colonie de vacances de l'association des Bessarabiens
de France.

Récemment, j'ai appris par les archives du ministère de la Défense que c'était de Verneuil que mon
père s'était évadé. S'il ne l'avait pas fait, il aurait survécu ; mais nous, qu'aurait été notre destin ? Quand
nous étions dans la Creuse en 1941, à Grand-Bourg,
une Juive autrichienne, Rosalie Glaser, a tenté de
convaincre ma mère, qui se refusait à la croire, de la
volonté de l'Allemagne hitlérienne d'anéantir les
Juifs. Ma mère, qui avait souvent et longtemps vécu
en Allemagne dans les années 1920, croyait connaître
les Allemands.

Nous étions parvenus dans la Creuse au terme
d'une année mouvementée. Le 2 septembre 1939,
je fus le « premier blessé » de la guerre, transporté
à l'hôpital Henri-Dunant de la Croix-Rouge, rue

Michel-Ange, parce que mes parents avaient crié si fort en entendant à la radio la déclaration de guerre que j'ai pris peur, j'ai couru, je suis tombé et je me suis profondément brisé l'arcade sourcilière droite. À l'hôpital, on m'a fêté comme celui qui avait versé le premier sang de cette nouvelle guerre. J'en ai gardé une cicatrice bien visible. L'exode de 1940 est aussi l'un de mes plus anciens souvenirs : une queue interminable à la gare d'Austerlitz, un train pris d'assaut à la veille de l'entrée des Allemands dans la capitale ; le mitraillage du train ; l'arrivée à Capbreton, dans les Landes, où les Allemands nous ont rattrapés peu après ; les premiers que nous ayons vus étaient en side-car. J'ai eu moins peur d'eux que de l'océan, dont les vagues m'effrayaient à juste titre, d'ailleurs, puisque plusieurs militaires allemands y trouvèrent la mort en se baignant imprudemment.

De Capbreton occupé, nous partîmes pour Moissac, en zone libre, où beaucoup de Juifs s'étaient regroupés. Ce fut à mon tour d'échapper à la noyade en eau douce ; je venais d'avoir cinq ans et je me souviens de ma sœur et d'enfants sur la rive me regardant me débattre en essayant d'attraper des herbes pour sortir de l'eau. À Moissac, ma mère, sans ressources, apprit qu'une organisation juive d'origine russe, l'OSE (Œuvre de secours aux enfants), disposait d'un centre dans la Creuse, au château de Masgelier près de Grand-Bourg, et qu'elle pourrait y envoyer gratuitement ses enfants pendant qu'elle s'installerait à Grand-Bourg. Elle suivit ce conseil à l'automne 1940. Le château de Masgelier était majestueux ; la discipline y était assez dure et peu appréciée par ma sœur. Je me souviens d'avoir travaillé de mes petites mains au potager, ce qui probablement m'a détourné à jamais du jardinage. Les menus étaient également très monotones – des pois chiches, tous les jours, ou presque, des pois chiches. Notre mère venait nous voir à pied chaque semaine. Les enfants – nous étions une centaine – étaient très majoritairement allemands, autrichiens, polonais ; ils doivent leur vie à l'OSE qui put obtenir pour certains, en 1941, le passage aux États-Unis et, pour les autres, sut les disperser à temps.

J'ai été à deux doigts de la mort à Masgelier. Je souffrais d'une appendicite non diagnostiquée qui empira ; ma fièvre monta à 41 °C. J'eus la chance que ce soir-là soit revenu à Masgelier un médecin roumain chargé du ravitaillement des centres d'enfants de la Creuse (Masgelier, Chabannes et Chaumont), Élysée Cogan. Ayant fait le diagnostic, il m'emmena dans la nuit à l'hôpital de Guéret, où l'on jugea qu'il était trop tard pour m'opérer ; mais le chirurgien décida qu'il fallait quand même tenter de me sauver. Il réussit l'opération, et je restai trois semaines à l'hôpital entre la vie et la mort, ma mère auprès de moi. Le chirurgien lui dit : « S'il a survécu, c'est parce que vous l'avez nourri longtemps au sein. » Je me souviens de mon lit très haut – je n'avais que cinq ans –, du changement quotidien et douloureux des pansements, et surtout de mon premier livre d'histoire illustré sur Charlemagne et les Lombards. Ma vocation d'historien est née à l'hôpital de Guéret, d'où je pouvais m'évader par la lecture. Je lisais couramment, paraît-il, depuis l'âge de trois ans ;

mais c'était la première fois que je lisais des heures entières pour échapper à la douleur et à l'ennui. Je ne devais effectuer un deuxième séjour à l'hôpital que soixante-sept ans plus tard, à Bichat, pour un quadruple pontage...

Au printemps 1941, mon père nous a rejoints. On devine notre joie sur une photo où, en uniforme, il nous enlace, ma sœur et moi, devant le château de Masgelier, que nous quittâmes pour Guéret. Arno avait eu le toupet d'écrire le 9 avril au maréchal Pétain ; cette missive étant restée sans réponse, il écrivit une lettre de rappel le 26 mai 1941 – que je possède encore parce qu'elle lui a été retournée ; elle porte le cachet « Envoyé par le Maréchal ». Mon père se plaignait de ce que sa missive soit restée sans réponse : «Dans cette lettre, je vous faisais un état complet de ma situation personnelle et je ne vous cachais pas le grand besoin que j'avais de trouver le plus rapidement possible du travail ; quinze jours après, j'ai reçu la visite d'un brigadier de gendarmerie, venu me demander des renseignements que je me suis empressé de lui fournir. Comme depuis je n'ai rien reçu, je suis à me demander si c'est bien au sujet de ma lettre qu'il est venu. »

La réponse n'a pas tardé, le 9 juin 1941 : Arno était invité à se présenter à l'Office départemental du travail et il fut engagé dans un bureau du Commissariat à la lutte contre le chômage. Trois mois plus tard, mes parents décidèrent de quitter Guéret pour Nice, où ma mère avait résidé à plusieurs reprises avec ses parents et où Arno et elle

avaient passé leur voyage de noces. Quel changement
pour nous, les enfants : la mer et une ville du Sud,
animée, avec des tas de gens proches de nous ; les
Juifs réfugiés à Nice étaient nombreux, nos parents
y retrouvaient des amis et retrouvaient la vie sociale
qui leur convenait. Nous vécûmes quelques mois
au Meublé du Parc, 18, rue Alberti. À la suite d'une
démarche de Raïssa à Monte-Carlo, où elle m'emmena en décembre 1941 et où elle fut reçue par
le baron de Gunzburg, célèbre Juif russe, encore
influent au casino, mon père fut engagé au Palais de
la Méditerranée à Nice comme inspecteur-interprète,
ce qui correspondait tout à fait à ses compétences
et à son tempérament.

Arno est entré en Résistance en 1942. Je sais
qu'il a servi sous les ordres du capitaine Conrad
Flavian, Juif roumain, dans les Groupes francs du
mouvement « Combat », mais aussi du commandant
Comboul et de Roger Nathan-Murat. La mort l'a
empêché de me confier ses souvenirs. J'ai su par
Pierre Merli, qui sera plus tard maire d'Antibes,
qu'ils avaient agi ensemble au sein de la Maison
du Prisonnier des Alpes-Maritimes, fondée sous le
contrôle du Commissariat au reclassement des prisonniers de guerre rapatriés. C'est sans doute ainsi
qu'il a retrouvé l'un des premiers résistants, Antoine
Mauduit, qui avait créé le réseau « La Chaîne » après
avoir été officier dans la Légion étrangère, où il for-
mait en 1940 les élèves caporaux, et s'être évadé
d'Allemagne. Son réseau aidait à l'évasion d'officiers
français retenus dans des stalags et faisait partie

du MNPDG, le Mouvement national des prisonniers de guerre. Son quartier général : le château de Montmaur, situé à proximité de Gap dans les Hautes-Alpes. Nous avons conservé une lettre du 22 décembre 1942 de Mauduit à Arno : «Je vous propose de venir avec votre famille pendant quelques jours en attendant que cette situation vous soit trouvée. Vous logerez dans une petite propriété que nous avons en annexe au château. Croyez bien, mon cher Camarade, à mes sentiments de fraternité et de solidarité. »

Nous sommes partis pour Montmaur et y avons passé quelques semaines avant de regagner notre appartement à Nice. Dans le sous-sol du « chalet » où nous vivions, proche du château, les résistants imprimaient la nuit de faux papiers. Notre mère n'était pas au courant du rôle de couverture que l'on avait attribué à notre famille pour faciliter cette activité clandestine. Quand elle s'en rendit compte, elle reprocha à Arno de mettre ses enfants en danger et exigea de partir avec nous. L'hiver était à ce point glacial que les draps étaient gelés, et c'est un de mes meilleurs souvenirs de mon père que ces nuits où, par ses grimaces, ses mimiques et ses plaisanteries, il nous exhortait à entrer dans notre lit. Il était toujours gai et de belle humeur. Il adorait manger. Je me rappelle que, lorsqu'on nous distribuait le contingent de sucre obtenu grâce aux cartes d'alimentation, il engouffrait une petite part de sa propre portion et confiait tout le reste à notre mère. Un jour, croyant que ma mère avait réussi à se procurer du cacao, il

avala une grosse cuillerée de cannelle qu'il recracha
aussitôt. Quel éclat de rire !

C'est pendant notre séjour que se tint au château, début février 1943, cette mémorable réunion
de Montmaur qui marqua le passage officiel dans la
Résistance de François Mitterrand, actif au Commissariat au reclassement des prisonniers de guerre,
créateur et animateur de la Maison du Prisonnier.
J'ai assisté à ces réunions, car nous nous réchauf-
fions le jour au château, et je me souviens même
du remue-ménage que j'ai suscité quand il a fallu
forcer la porte des toilettes que j'avais fermée de
l'intérieur et que je ne parvenais pas à ouvrir, parce
que l'ampoule avait grillé et que je n'y voyais rien.

Après l'arrestation de mon père à Nice, j'étais sûr
qu'il reviendrait. Il nous l'avait promis. Fait prisonnier au début de la guerre, il s'était évadé et il était
revenu ; il allait revenir une nouvelle fois. J'ai moins
souffert que d'autres qui apprennent soudainement
la mort d'un père ; le mien est mort peu à peu ;
il n'est pas rentré. Plus tard, en mai et juin 1945,
à l'hôtel Lutetia à Paris, où nous allions le chercher avec sa photo, l'espoir a graduellement dimi-
nué. En août, j'étais en colonie de vacances dans le
château des Rothschild à Ferrières quand ma mère
m'a écrit qu'un déporté grec survivant avait identifié
mon père, qu'il avait connu en août 1944 à l'infirmerie, qu'il était terriblement maigre, mais qu'il
savait encore remonter le moral de ses compagnons.
Comprenant alors que je ne reverrais plus mon père,
je me suis enfui de Ferrières, sans un sou, j'ai regagné

Paris et pleuré dans les bras de ma mère. Il m'est arrivé à plusieurs reprises dans ma vie de rêver de mon père et de son retour.

De Drancy, mon père a réussi à faire passer une lettre, que malheureusement nous n'avons pas gardée, dans laquelle il me disait : « Maintenant, c'est toi le chef de famille. » Il avait été transféré de Nice à Drancy avec quatre-vingt-un autres Juifs, dont Tristan Bernard et son épouse, qui furent libérés grâce à l'intervention de Sacha Guitry. Arno a été le voisin de chambrée de Raymond-Raoul Lambert, dirigeant de l'Union générale des israélites de France, l'UGIF, arrêté par la Gestapo pour être allé protester auprès de Pierre Laval le 14 août 1943 à Vichy, et qui avait refusé de mettre à l'abri en Suisse son épouse et ses quatre enfants afin de partager totalement le sort des Juifs qu'il représentait officiellement. Tous les six furent déportés le 20 novembre 1943.

À 5 h 30, le jeudi 28 octobre, eut lieu à Drancy le réveil dans les escaliers de départ. Mille personnes étaient concernées par ce convoi de vingt groupes de cinquante personnes. Le capitaine SS Brunner, qui depuis juin 1943 dirigeait le camp de Drancy, était fanatiquement antijuif et particulièrement rusé. Il voulait que ces départs se fassent dans l'ordre et lui causent un minimum de problèmes. Il avait réussi à faire croire à de nombreux internés qu'ils allaient retrouver, à l'arrivée du convoi, un camp dont les conditions étaient les mêmes qu'à Drancy, où il avait nettement amélioré la situation par

rapport à la période antérieure à juin 1943, quand
le camp était sous la direction de la préfecture de
police. Désormais, la gendarmerie était à l'extérieur
du camp qu'elle gardait étroitement. À l'intérieur,
quelques Allemands faisaient régner un régime de
terreur policière, mais ce camp était géré par des
Juifs. Ils étaient surtout originaires de l'est de la
France, parlant bien l'allemand et exemptés de
la déportation, avec les membres de leurs familles,
tant qu'ils servaient les objectifs de Brunner, qui
tenait à remplir Drancy en se rendant là où il
pourrait arrêter des masses importantes de Juifs, à
l'aide de son commando de SS autrichiens. Il y avait
même un service d'ordre juif à Drancy. C'est le seul
exemple de collaboration – forcée – juive en France
pendant l'occupation.

Pour abuser les internés sur le sort réel des déportés, la profession de chaque prisonnier était demandée ; les wagons étaient nettoyés par des détenus qui
portaient également les bagages des déportés pour les
charger dans les autobus les conduisant à la gare de
Bobigny, et ensuite dans les wagons. Le 27 octobre
à 15 heures, le train de vingt-trois wagons de marchandises et de trois wagons de voyageurs avait été
mis à la disposition de l'Office central de la sécurité
du Reich par le ministère allemand des Transports. Il
s'agissait non pas d'un train de la SNCF, mais d'un
train allemand, conduit jusqu'à la frontière allemande
sur des rails français par un cheminot français avec
probablement à ses côtés un cheminot allemand.

L'escorte du 28 octobre 1943 était constituée de 20 policiers venus spécialement d'Allemagne. Dans ce convoi se trouvaient 125 enfants : Sultana Arrovas et ses cinq enfants : Rachel 13 ans, Marcel 10 ans, Josette 8 ans, Germaine 6 ans et Sabine 4 ans ; Pessa Klajn et ses six enfants : Sarah 14 ans, Victor 13 ans, Max 10 ans, Jacques 9 ans, Icek 6 ans et Joseph 5 ans ; Sultana Bendayan et ses quatre enfants : Clarisse 17 ans, Simone 12 ans, Albert 10 ans et Georges 8 ans ; Pauline Blumenfeld et ses trois enfants : Jenny 8 ans, Mireille 4 ans et Henri 1 an ; Fanny Eskenazi et ses trois enfants : Daniel 6 ans, Arlette 5 ans et Charlotte 3 ans ; Sylvia Wajcenzang et ses cinq fils : Jacques 15 ans, Henri 14 ans, Charles 11 ans, Joseph 5 ans et Paul 1 mois, et tant d'autres… Un des amis de mon père qui faisait partie de la cinquantaine de survivants du convoi, Samuel Stern, a témoigné de ce qui s'est passé à l'arrivée à Auschwitz, où 284 hommes et 103 femmes furent sélectionnés pour le travail et 613 autres déportés immédiatement gazés : «Arno Klarsfeld devait être signalé à Auschwitz, car il fut frappé par le chef de bloc polonais dès son arrivée. Fait inouï jusqu'alors. Il riposta, car il était physiquement de taille à le faire, ce qui provoqua une certaine considération pour notre groupe de Français. Mais cela dut également être noté… il devait partir ultérieurement pour la "Fürstengrube" (la mine des princes)… J'appris qu'il en avait été ramené, complètement épuisé, et liquidé. »

Lors de mon premier voyage à Auschwitz, en février 1965, j'ai voulu savoir quel avait été le numéro de matricule de mon père. J'ai pu le déduire logiquement. Les 284 désignés pour les travaux forcés portaient les matricules 159546 à 159829. Quatre numéros sans identité figuraient sur une liste du Kommando de Fürstengrube : 159565, 159630, 159647 et 159683. Parmi les sélectionnés dont les noms étaient connus, le 159682 était celui de Klajn et le 159684 celui de Lempert ; le nom de mon père se trouvait alphabétiquement entre ces deux numéros, et il était absolument certain qu'il avait été envoyé à Fürstengrube ; il était donc le numéro 159683. Sur le registre de l'infirmerie, où étaient notés seulement les matricules des malades, j'ai pu découvrir le 159683 avec la mention « Fürstengrube » accompagnée d'une croix et d'un *v* (*verstorben*, décédé). La croix signifiait vraisemblablement qu'il avait été désigné pour la chambre à gaz. Ce raisonnement a été admis par le directeur du musée d'État d'Auschwitz, Kazimierz Smolen, qui me l'a confirmé par écrit le 20 février 1965.

Je voulais à tout prix connaître ce numéro matricule. Il devait faire partie de ma mémoire, comme si mon père me transmettait un message : les nazis avaient voulu déshumaniser les déportés qu'ils épargnaient un temps pour exploiter leur force de travail. Remplacer leurs noms par des matricules facilitait leur tâche et était caractéristique du mépris dont ils n'avaient cessé d'accabler les Juifs. Ne leur avaient-ils pas déjà imposé avant la guerre, dans l'Allemagne hitlérienne, de n'utiliser que les prénoms Israël et Sarah ? Dans l'univers concentrationnaire exterminateur, les nazis ont détruit immédiatement les papiers personnels des Juifs à leur arrivée au camp avant de gazer et de brûler presque aussitôt la grande majorité des arrivants. Ceux-là étaient transformés en cendres ; quant aux sélectionnés, ils étaient transformés en matricules. Ils perdaient leur identité, remplacée par ce matricule imprimé non sur du papier, mais dans la chair. Combien mon père avait dû haïr ce matricule auquel il avait été obligé de s'identifier ! N'être plus qu'un numéro avant de disparaître en cendres éparpillées. Mais à la volonté des nazis de détruire et d'anéantir le peuple juif, nous, Juifs, opposons notre volonté de mémoire juive précise et intransigeante.

## Raïssa et ses enfants

Au cours de mes recherches en 1965 au Centre de documentation juive contemporaine au mémorial du Martyr juif inconnu, aujourd'hui mémorial de la Shoah, j'ai mis la main sur une liste de la Gestapo où se trouvaient nos noms : «Klarsfeld, Raïssa et ses enfants». Il s'agissait d'une demande de rapatriement en Roumanie que ma mère avait faite fin 1943 à la suite d'une communication de l'ambassade roumaine informant que les Allemands acceptaient un pareil retour, qui devait avoir lieu en février 1944 à partir de Lyon. Plus tard, par un autre document, j'ai appris que c'était Klaus Barbie qui avait été chargé de ce rapatriement ferroviaire concernant soixante-dix-huit personnes. Je n'ai jamais su si les Juifs roumains de cette liste avaient été effectivement rapatriés ; ce que je sais, c'est que, prudente, ma mère avait donné nos noms, mais pas notre adresse, et qu'elle avait renoncé à ce projet qu'elle jugeait trop dangereux. Sur un autre document de la Gestapo, il est indiqué que notre adresse est « *unbekannt* » (inconnue).

En février 1944, les autorités ont décidé d'évacuer de Nice femmes et enfants ; certains départements sont désignés pour les accueillir, mais, chez
les Juifs qui se croisent furtivement dans Nice qua-
drillée par la Gestapo et que Brunner a quittée en
décembre 1943, il se murmure qu'en Haute-Loire le
risque est moins grand qu'ailleurs, et que le major
allemand qui siège au Puy-en-Velay ne s'intéresse
pas aux Juifs. Ce renseignement se révélera exact :
il n'y avait pas d'antenne de la Gestapo en Haute-
Loire et le major Julius Schmäling, enseignant dans
le civil, n'a déclenché aucune rafle de Juifs dans le
département pendant les vingt mois de l'occupation
allemande. Il était membre du parti nazi ; mais des
nazis en titre ont pu se montrer humains ou peu
sensibles à l'idéologie antijuive tandis que d'autres,
non inscrits au Parti, ont perpétré des crimes odieux.
Les quelques arrestations opérées en Haute-Loire
eurent lieu lors d'incursions de gestapistes depuis
les départements voisins.

Notre mère se décide à partir pour Le Puy ;
en cette période, le sort des Juifs était aussi une
question de chance et, cette fois-ci, la chance nous
a souri. Au Puy, Jean Poliatschek, fils du rabbin
Moïse Poliatschek et normalien qui n'avait pu se
présenter à l'agrégation de lettres parce que juif,
nous conseille d'aller nous installer à Saint-Julien-
Chapteuil, village où les Allemands ne se rendaient
pratiquement jamais.

Le 24 mars 1944, tout juste arrivés à Saint-Julien-
Chapteuil, nous trouvâmes un logis au deuxième

étage chez Mlle Adhémard, qui tenait un débit de boissons au rez-de-chaussée, où elle vendait aussi les rares journaux qui paraissaient à l'époque. La maison est toujours là, on y boit toujours des « canons » et on y achète toujours des journaux. Notre appartement était assez vaste. Raïssa avait sa chambre, ma sœur et moi en partagions une. Donnant sur la cour, il y avait dans une même pièce la cuisine, constituée d'une énorme cuisinière à bois et à charbon, avec une cuvette servant d'évier et de tub le samedi, et la salle à manger, symbolisée par la table et les chaises. Il n'y avait pas d'eau courante ni de chauffage dans les chambres, et les toilettes étaient au fond de la cour. On allait chercher l'eau avec des brocs à la pompe qui se trouvait à près d'une centaine de mètres plus haut dans l'unique rue du village.

Nous étions officiellement des réfugiés, comme la dizaine de Juifs qui vivaient dans ce bourg. À la mairie, on ne nous a pas demandé notre religion. Il nous avait suffi de déclarer à la préfecture que nous n'étions pas juifs. On n'a pas exigé que nous le prouvions ; nous étions prétendument des orthodoxes. Dès les premiers jours, notre mère alla nous inscrire à l'école, Georgette chez les sœurs de Saint-Joseph, et moi chez les frères des Écoles chrétiennes.

Saint-Julien se dresse sur la colline dans un paysage verdoyant et vallonné d'où émergent d'énormes masses de roches. On pouvait contempler les toits du village du parvis de l'église, qui les dominait et se voyait à des lieues à la ronde. Que j'ai aimé cette église où, à huit ans, j'ai brièvement cru en Dieu et prié ardemment pour le retour de mon père ! Le signe de croix m'est encore familier et j'ai continué de l'esquisser en pénétrant dans les centaines d'églises que j'ai visitées depuis mon enfance, sans jamais manquer d'y allumer des cierges pour le bonheur des êtres qui me sont chers.

Je rêvais d'être enfant de chœur et de porter les vêtements de cérémonie de mes camarades. J'aimais beaucoup l'histoire sainte. Au catéchisme, j'étais le seul qui écoutait sagement et retenait tout. Un jour, l'évêque vint inspecter l'école et interroger les élèves avant la communion ou la confirmation qui devait avoir lieu en mai. Je fus le premier à répondre à toutes ses questions :

— Mais qui est donc cet élève si doué ?

— Un petit réfugié, monseigneur.

— Et il est au moins enfant de chœur ?

— Non, monseigneur, nous ne pouvons pas le prendre, car il n'est pas catholique !

— Comment ! Mais il faut absolument le faire baptiser !

Et, dès le lendemain, les trois frères des Écoles chrétiennes qui professaient à Saint-Julien se rendirent en grande pompe chez nous : «Monseigneur a distingué votre fils. Il voudrait le baptiser pour qu'il puisse servir la messe. Et, qui sait, peut-être pourra-t-il entrer au séminaire, devenir prêtre, puis évêque ou même cardinal. » Ils essayèrent de persuader ma mère de me convertir. Raïssa était très ennuyée, car elle était très attachée à ce que nous restions juifs, considérant la conversion comme une lâcheté. « Mes frères, leur dit-elle, nous sommes chrétiens, nous aussi, nous sommes orthodoxes. Je n'ai rien contre le fait que Serge devienne catholique, mais c'est une très grave décision que je ne puis prendre seule, tant que mon mari est prisonnier des Allemands. Nous verrons à son retour. » L'argument parut convaincant.

Nous avons été heureux à Saint-Julien-Chapteuil, terre natale de Jules Romains et, paraît-il, de Pierre Arditi, né pendant la guerre de parents qui se cachaient, eux aussi, à proximité du bourg.

On nous indiqua les paysans qui pouvaient nous vendre des provisions ou en échanger contre des vêtements ou surtout du vin, qui était rationné mais très apprécié au village, où une maison sur deux, ou presque, abritait un débit de boissons ; les hommes y commençaient la journée avec un « canon », voire plus. Parfois, nous allions avec ma mère dans les fermes où nous trouvions du lait, du beurre, du lard, du jambon fumé et des œufs, et, de temps en temps, on tuait un poulet qui nous était destiné – c'étaient des merveilles pour nous qui avions connu tant de restrictions à Nice, où la nourriture était rare et incroyablement chère au marché noir. J'ai connu la moisson, les grands bœufs sous le joug, la période des foins, la nature, la gentillesse des gens, un mode de vie qui a maintenant disparu, même dans ce coin de la France profonde, et qui m'a laissé une puissante nostalgie, comblée par l'achat en 1981 de notre maison à Breteuil, face à l'église qui a abrité les noces de la fille de Guillaume le Conquérant, et dont j'aime à entendre sonner la cloche tous les quarts d'heure, comme dans mon enfance.

Dans le bourg de Saint-Julien, je fus impressionné par le sens de l'équité dont faisait preuve ma mère ; chagrinée d'apprendre par la radio la destruction de villes allemandes où elle avait vécu ou qu'elle avait visitées. Elle établissait une différence entre les Allemands coupables et les autres. Tout le monde au village disait du mal des Allemands, de tous les Allemands, sauf elle. Ce point de vue personnel, si différent de celui des autres et qu'elle justifiait auprès de nous, a certainement eu une profonde influence sur moi à un âge où l'on fait consciemment ou non des choix définitifs.

Nous n'avons pas vu un seul Allemand à Saint-Julien, où les maquisards étaient très présents et faisaient bon ménage avec la gendarmerie, qui fermait les yeux sur les lois de Vichy.

C'est aussi à Saint-Julien que nous avons eu notre premier chiot, Topsy, sauvé de la noyade par ma sœur, nourri au biberon, et qui devint une belle chienne noire qui nous accompagnait dans nos promenades.

Ma sœur est souvent revenue à Saint-Julien, et moi à trois reprises, dont l'une a été mémorable, puisque notre destin, à Beate et à moi, s'est joué en juillet 1967 dans « mon » village. Raïssa, Georgette, notre fils Arno, qui avait alors deux ans, Maldoror, le fils de ma sœur, âgé d'un an, et le chien Petia ont passé les vacances à Saint-Julien. Beate était secrétaire à l'Office franco-allemand pour la jeunesse et moi, attaché de direction à la Continental Grain. Nous avons rejoint la famille à Saint-Julien ; c'était la première fois que j'y retournais depuis la guerre ; nous logions de nouveau chez Mme Adhémard, où j'avais vécu vingt-quatre ans plus tôt. Beate et moi y travaillâmes ensemble sur son troisième article pour *Combat* contre le chancelier Kurt Georg Kiesinger, article qui parut le 21 juillet et qui provoqua le 30 août la révocation de Beate de l'OFAJ. Elle y avait écrit en particulier : «Les premiers pas de M. Kiesinger ont été modestes et feutrés, car cet homme, qui a su se faire une aussi bonne réputation dans les rangs des chemises brunes que dans ceux de la démocratie chrétienne, était bien conscient de ce qui se jouait dans les premières semaines de son avènement. »

Le 18 août 1944, la Haute-Loire a été libérée par les seules forces de la Résistance, et ce fut la fête à Saint-Julien-Chapteuil. Nous avons quitté le bourg le 24 septembre 1944 pour pouvoir reprendre les classes à Paris le 1er octobre. Ce fut un déchirement pour ma sœur que de se séparer de sa chienne. Le voyage fut interminable ; des ponts étaient détruits, il fallait prendre un bac. Quand nous parvînmes à la Porte de Saint-Cloud, notre appartement était occupé ; il avait été pillé en 1941 et attribué à d'autres locataires. Ce fut le début d'une nouvelle errance qui dura environ un an et demi, jusqu'à ce qu'un procès nous restitue notre titre de locataires. L'appartement était vide, il ne restait pas un clou, et

nos prédécesseurs avaient maculé les murs et déchiré
les papiers peints pour que nous ne puissions en rien
profiter de ce qu'ils y avaient investi.

Entre-temps, nous nous logeâmes tant bien que
mal à diverses adresses : boulevard de Grenelle,
rue Le Marois, rue des Peupliers à Boulogne. Je
me souviens en particulier des mois les plus froids
de l'hiver que nous passâmes dans une chambre
non chauffée d'un hôtel de dernière catégorie, Chez
Ernest, avenue de Versailles. Georgette, excellente
élève au lycée Molière, étudiait la nuit malgré le
froid, une couverture sur le dos et des mitaines aux
mains. Nous étions sans argent ; ma mère n'avait pas
encore trouvé d'emploi, et ses parents, qui avaient
survécu à Bucarest, ne savaient pas comment l'aider :
l'Europe était morcelée par des frontières et des bar-
rières militaires, politiques et financières infranchis-
sables pour des civils sans relations.

J'ai fréquenté plusieurs écoles communales, en
particulier celle du Parc des Princes, mais sans vraiment suivre quoi que ce soit – j'attendais le retour
de mon père, et ce fut pire encore quand je compris
qu'il ne reviendrait jamais. Puis ma mère a travaillé
au sein de l'Œuvre de secours aux enfants (OSE)
dans un dispensaire accueillant les survivants. Je
l'accompagnais parfois. J'ai écouté leurs récits ; j'ai
compris dans quel enfer Arno avait été englouti, j'ai
compris que nous devions notre vie à son sang-froid
et à son sacrifice. J'ai entretenu un lien fort avec
lui, m'imaginant ce que, affaibli, dans ses ultimes
moments, il avait pu penser ; ce n'était pas un

sentiment morbide, mais le besoin de poursuivre le dialogue avec lui et de lui rester fidèle. Un orphelin de ses deux parents déportés et qui avait été trop jeune pour les connaître m'a écrit un jour que, dans son enfance, le seul moyen qu'il avait trouvé pour créer un contact avec ses parents avait été de retenir le plus longtemps possible sa respiration, presque jusqu'à l'asphyxie, pour s'imaginer avec eux quand ils furent gazés.

À la rentrée 1945-1946, ma mère m'inscrit comme interne à l'école Maïmonide, rue des Abondances à Boulogne. Le presque chrétien que j'étais au printemps 1944 se retrouve petit Juif religieux à l'automne 1945. Religieux, je ne l'étais plus depuis que Dieu avait refusé de me rendre mon père ; mais rien ne me distingue des autres enfants couverts de bérets ou de kippas qui entourent Marcus Cohn, le directeur de l'école, dont la réputation fut si grande en France, puis en Israël. Je suis le plus près de lui sur la photo, car j'excelle en histoire juive. Mais je m'ennuie à la synagogue ; l'hébreu ne rentre pas dans ma petite tête, et le temps réservé à l'étude est limité pour les petits, car il fait très froid et on ne chauffe pas ou très peu. La femme économe qui a la main sur le chauffage est la future mère de Daniel Cohn-Bendit ; elle nous distribue des barres de chocolat à 4 heures et nous, les enfants, franchissons les haies qui nous séparent de la forêt vosgienne, partie de la propriété voisine, le jardin Albert-Kahn, alors fermé. Nous y jouons et pénétrons même dans le bâtiment principal où se trouvent de précieuses archives photographiques. Enfants juifs, nous n'y avons jamais rien volé, détruit ou abîmé.

Cette année 1946 se passe pour moi dans le brouillard ; je ne me réveille qu'à la rentrée, quand ma mère finit par obtenir tous les visas de transit nécessaires pour regagner la Roumanie. Prudente, parce que le sort de la Roumanie reste incertain et qu'il est question qu'elle bascule dans le camp communiste, ma mère ne renonce pas à notre appartement, enfin récupéré. Nous prenons le premier Orient-Express sur la ligne Paris-Bucarest le 9 novembre 1946 et, après trois jours de voyage à travers la Suisse, l'Autriche et ses zones d'occupation et la Hongrie, nous arrivons sur la terre promise et redevenons les bourgeois que nous n'étions plus. La Roumanie est le premier pays riche que j'aie connu : aucune restriction n'y existe pour ceux qui ont de l'argent ; les meilleurs produits y sont en vente et les gâteaux sont délicieux. Mes grands-parents sont propriétaires d'un grand appartement en plein centre de Bucarest, Strada Athena, dont les fenêtres donnent sur les Champs-Élysées de la capitale. Mes oncles et tantes du côté paternel sont riches et vivent dans des hôtels particuliers. Georgette et moi sommes immédiatement inscrits au lycée français. Ma mère souffle enfin après ces années de privations et d'efforts pour survivre malgré les persécutions et le manque d'argent, auquel elle n'était pas habituée.

Ce répit dure peu : les élections législatives vont avoir lieu début janvier 1947 et le parti communiste, le parti du soleil, son emblème, est favori.

Ses militants font de l'intimidation, sonnent aux portes, exigent qu'on vote pour le Parti. Ma mère s'indigne : « Après la Gestapo, je ne veux pas subir la Guépéou ; si les communistes gagnent, nous repartirons pour Paris. » Mes grands-parents tentent de la dissuader. D'ailleurs, comment partir ? Ma mère et moi sommes de nationalité roumaine et, pour quitter la Roumanie, il faut un visa de sortie que seule peut délivrer l'autorité militaire soviétique.

Le PC gagne les élections ; ma mère se rend aussitôt avec moi au QG du général Borissov, qui nous reçoit sans façon. Il est âgé, vêtu très simplement. Ma mère est russe ; elle lui raconte notre histoire et lui explique qu'elle souhaite que nous fassions nos études en France, et que sa fille est de nationalité française. Le général acquiesce et signe notre visa de sortie. Éperdue de reconnaissance, ma mère sort de son sac son porte-bonheur, un rouble en platine de la tsarine Élisabeth, et l'offre au général qui, courtois, nous raccompagne jusqu'à la sortie.

Grâce au cran de ma mère et à ce sauf-conduit, nous sommes les premiers à quitter ce pays qui va sombrer dans la persécution policière de la liberté et de la bourgeoisie. Grands-parents, oncles et cousins vont connaître les uns la prison, les autres les tracasseries à l'infini et la mise au ban de la société ; tous subiront les nationalisations et la confiscation des biens. En 1950, mes grands-parents mourront ; plus tard, oncles, tantes et cousins parviendront à fuir la Roumanie après qu'une rançon aura été payée pour eux. Seule Lida, la sœur bien-aimée de ma mère, restera à Bucarest sans être inquiétée. Dix ans après, je serai celui qui reprendra contact avec elle, mais aussi avec Nina, la sœur de ma mère qui vit à Leningrad, et avec son frère Leonid qui vit à Krasnodar. Ce sera l'un de mes rôles préférés que d'être celui qui réussit à reformer une famille unie en dépit de la guerre froide.

Des décennies plus tard, le jour du nouvel an juif 5775, le 25 septembre 2014, ma sœur et moi nous sommes rendus à Braïla, la ville natale de notre père, afin de nous recueillir à l'emplacement de la demeure familiale paternelle. Nous avons ensuite poursuivi notre route vers Cahül, la ville où notre mère a vu le jour, et nous sommes allés à l'endroit où se dressait autrefois la maison de son enfance. De là, via Tiraspol en Transnistrie, nous avons été à Odessa, où Raïssa avait commencé ses études supérieures.

## Retour à Paris

De retour à Paris en janvier 1947, ma mère ne retrouve pas son emploi, et je ne retourne pas à l'école Maïmonide : je deviens élève de sixième au lycée Claude-Bernard. Les années qui vont suivre seront très dures pour ma mère, qui n'a pas terminé ses études de pharmacie, n'a pas de spécialité ni de compétences commerciales, et devra naviguer entre plusieurs emplois et des périodes de chômage. Elle a été représentante en vêtements d'enfants, vendeuse dans une parfumerie rue Laffitte et finalement assistante de russe aux lycées Victor-Duruy et La Fontaine, sans oublier les travaux à la machine à coudre et le recopiage d'adresses sur des étiquettes pour des sociétés de vente par correspondance, activité qui nous a tenus tous les trois occupés des nuits entières.

Veuve de guerre, elle ne l'était pas pour l'administration, qui se refusait à admettre que mon père avait été arrêté pour faits de Résistance – et elle avait probablement raison puisqu'il est plus vraisemblable qu'il ait été arrêté dans une rafle antijuive –, mais un article de loi spécifiait que l'épouse française d'un étranger engagé volontaire dans l'armée française et mort en déportation avait droit à cette pension de victime civile de guerre. Comme la très grande majorité de ces veuves d'étrangers étaient elles-mêmes des étrangères pendant la guerre, il était évident que la volonté du législateur avait été d'accorder cette pension à des veuves devenues ultérieurement françaises ; mais il ne l'avait pas indiqué assez clairement dans le texte de loi. Je me suis attaché à obtenir cette pension pour ma mère ; ce fut une tâche ardue qui demandait de la patience. Je suis allé à l'Assemblée nationale explorer les travaux préparatoires de la loi ; ils étaient convaincants et ont fini par convaincre. Le 4 mars 1965, le tribunal des pensions de la Seine a accordé cette pension tant espérée par ma mère ; jugement confirmé en 1968 par le Conseil d'État, qui a rejeté le pourvoi du ministre :

« *Attendu qu'il résulte des pièces du dossier que Klarsfeld, après son évasion et sa démobilisation, a regagné Nice où il a servi dans les Groupes francs du mouvement Combat, qu'il a apporté son concours pour soustraire des patriotes aux Allemands, pour distribuer des tracts et pour fabriquer des fausses pièces d'identité, qu'il a été arrêté par la Gestapo le 30 septembre 1943 ; Attendu que le sieur Klarsfeld, ayant ainsi prêté son concours direct et personnel aux membres de la Résistance depuis sa démobilisation jusqu'à son arrestation, c'est-à-dire pendant deux ans et demi, doit être considéré comme membre de la Résistance [...] ; Attendu qu'à ce titre sa veuve a également droit à pension, attendu enfin qu'il y a lieu de souligner la situation particulièrement digne*

*d'intérêt de ces deux personnes d'origine étrangère qui
ont manifesté à la France leur attachement, les époux
Klarsfeld sont venus y résider depuis 1923, et surtout
la conduite élogieuse du mari qui s'est mis spontanément au service de son pays d'adoption jusqu'au
sacrifice de sa vie ; [...] Dit et juge que la requérante
a droit à une pension de veuve, et ce, à un double
titre, soit en tant qu'ayant cause française de victime
civile étrangère, qui avant le fait dommageable a servi
comme engagé volontaire dans l'armée française, soit
en tant qu'ayant cause de membre de la Résistance, à
compter du lendemain de la date présumée du décès
de son mari. »*

Je n'étais pas avocat et je ne pensais pas le devenir,
mais, en tant que fils, ce fut ma première victoire
judiciaire ; j'avais défendu au tribunal la cause de
ma mère, et elle méritait de l'être.

*
* *

Raïssa est née le 12 mars 1904 à Cahül, petite ville
de la Bessarabie russe, après avoir été ottomane. Son
père, Ghers Naoumovitch Strimban, appartenait à
une vieille famille remontant, paraît-il, à la conversion des Khazars au judaïsme au $X^e$ siècle. Il était
pharmacien diplômé à Moscou, et est mort d'une
crise cardiaque avant d'avoir quarante ans. Sa veuve,
ma grand-mère Perl née Herzenstein, était russe
également, issue d'une famille aisée de planteurs de

tabac ; un des Herzenstein, député à la Douma, fut assassiné par les anarchistes en 1906.

Je ne dispose ni de photos d'Arno ni de photos de Raïssa enfants. Une seule photo la représente à treize ans ; elle a été envoyée par Raïssa à une amie qui était interne au lycée avec elle à Ismaïl, autre petite ville au sud-est de Cahül.

La naissance de Raïssa, que l'on appelait par son diminutif « Raya », fut marquée par de nombreux et terrifiants pogroms en Bessarabie, dont celui de Kichinev, et les oncles de Raïssa participèrent activement à l'organisation de la défense des Juifs. Raïssa nous racontait comment il lui arrivait de se rendre à l'école à cheval. Leur demeure était vaste et pleine d'animaux, d'enfants et de domestiques. Elle avait deux sœurs et un frère. Nina a été envoyée étudier la médecine à Saint-Pétersbourg ; elle était interne à l'Institut Smolny quand Lénine y établit son quartier général pendant la Révolution. Elle abandonna ses études pour épouser un directeur de banque qui poursuivit sa carrière sous les communistes. Lida, la dentiste, a étudié à Varsovie. Leonid, le fils, étudiait à Prague quand il prit la malheureuse décision d'aller épauler en Russie le nouveau régime ; accusé de trotskisme, il passa des années au Goulag avant de recouvrer la liberté. Quant à Raïssa, après de brèves expériences universitaires dans plusieurs pays, elle passa son PCB[1] à la Sorbonne. Elle adorait la langue russe et la parlait parfaitement. Sa famille

---

1. Certificat d'études physiques, chimiques et biologiques nécessaire pour entreprendre des études de médecine.

était juive, mais de culture russe ; ma mère avait un vague sentiment religieux juif. Elle parlait aussi l'allemand, le yiddish, le roumain et le français avec un charmant accent russe.

Les photos de l'époque montrent une belle jeune femme, toujours à la mode, que ce soit à Berlin, à Nice ou à Bucarest, villes où elle rejoignait souvent ses parents ; sa mère s'était remariée avec un gentleman juif russe, pharmacien lui aussi, Avseï Abramovitch Tessarschi, et dans l'entre-deux-guerres ils ont beaucoup voyagé à travers l'Europe. Raïssa ne prenait pas assez au sérieux ses études et les a abandonnées dès qu'elle s'est mariée. Elle avait, à tort, confiance en l'avenir et en la fortune de ses parents en Roumanie. Leurs biens en Bessarabie furent confisqués lorsque cette région fut annexée de nouveau par l'Union soviétique. Les deux totalitarismes ont été efficaces : les nazis ont pris à Raïssa son mari ; les communistes, les biens de sa famille et de celle d'Arno. Ma mère n'avait jamais manqué d'argent ; après 1947 et pendant près d'une quinzaine d'années, elle eut beaucoup de soucis financiers jusqu'à ce que l'Allemagne fédérale lui verse des indemnités et une pension convenable, qui lui rendirent sa sérénité, lui permirent d'aller souvent chez ses sœurs et son frère, et de les aider matériellement. Pour ma part, en 1960, je n'ai pas voulu de la pension allemande de privation de santé, considérant que ma santé était bonne et souhaitant faire mon service militaire.

J'aimais tellement ma mère que je ne l'ai jamais quittée plus de quelques semaines ; ma sœur non plus, même si elle se disputait souvent avec elle – question de génération. Moi, j'étais un fils turbulent mais docile, qui ne sortait jamais en boîte, qui n'allait pas plus loin que le Parc des Princes ou le stade Jean-Bouin, qui lisait beaucoup, même s'il retenait peu – je prenais quatre livres trois fois par semaine à la bibliothèque publique de la rue de Musset. Ma sœur a passé ses deux bacs avec mention « bien » à une époque où cela signifiait beaucoup. Je n'ai eu que « passable » au premier et n'ai passé le second qu'après avoir redoublé. Ma mère n'avait d'yeux que pour moi et pensait que sa fille était dissipée et volage. Elle s'adressait à nous en russe ; ma sœur répondait en russe et moi en français.

Après son bac, au lieu de préparer Normale Sup qu'elle aurait certainement intégrée, ma sœur, pour aider les siens, réussit brillamment le concours d'institutrice, classée à la deuxième place devant des centaines de concurrents. Institutrice dans des quartiers difficiles, elle se heurta à l'hostilité de son inspectrice générale qui n'appréciait pas qu'elle continuât ses études de russe en Sorbonne. Elle fut reçue à l'agrégation, là encore à la deuxième place, et put enfin respirer. Elle fit, selon le vœu de ma mère, le plus sage des mariages. En 1962, dans la Roumanie communiste, le prédécesseur de Ceaușescu, Gheorghiu-Dej, était un dictateur raisonnable et non un mégalomane comme son successeur. Sous son règne, le boucher de ma tante fut même envoyé à Paris pour étudier le découpage de la viande, alors que sous Ceauşescu beaucoup de Roumains oublièrent ce qu'était la viande. Ma mère y fit alors connaissance d'un couple de Juifs bessarabiens de son âge, dont le fils, Alexandre, était ingénieur. Il plut à ma sœur et l'année suivante, quand la famille Davidovici parvint à quitter la Roumanie pour Paris, ils se fiancèrent.

Le mariage de ma sœur fut célébré le 12 mai 1963 et le mien le 7 novembre 1963 ; tous deux eurent lieu à la mairie du XVIᵉ arrondissement. Plus tard, Georgette et Alik divorcèrent pour incompatibilité de caractère après avoir eu un fils que ma sœur, par provocation, prénomma Maldoror, et qui se félicite aujourd'hui d'avoir un prénom si littéraire et original. Au grand dam de ma mère, Georgette, à l'hôpital, tricotait une layette noire pour son bébé.

La sixième au lycée Claude-Bernard en 1947 fut pour moi un désastre. Le professeur principal, celui de français et de latin, M. Laboesse, au menton balafré par une large cicatrice – souvenir laissé par un uhlan en 1914 –, me terrorisait et semblait y trouver jouissance, alors que je méritais peut-être de sa part une certaine bienveillance : j'étais orphelin et avais choisi d'étudier le latin. Sans doute étais-je nul en grammaire, mais de là à me faire peur à ce point ! Je ne le lui ai jamais pardonné ; ma répulsion m'a amené pendant deux semaines à ne plus aller au lycée, à falsifier un mot d'excuses, à vagabonder dans Paris jusqu'aux Grands Boulevards avant de pouvoir rentrer chez nous – j'étais demi-pensionnaire et allais à l'étude, je devais donc remplir une journée de 8 heures à 18 heures.

Chaque jour depuis des années, quand je me rends au bureau rue La Boétie, je passe au pied du Trocadéro et tourne à gauche au Grand Palais, empruntant l'essentiel de mon parcours de gamin d'il y a soixante-sept ans. C'est ainsi que j'ai pu épater par ma mémoire Danielle Mitterrand au cours du dîner qui précéda la remise du Prix de la Mémoire qu'elle avait fondé et qu'elle remit, au palais de Chaillot, au Dalaï-Lama et à moi-même. J'étais le seul à pouvoir réciter les quatre textes de Paul Valéry qui figurent sur les frontons de part et d'autre du palais de Chaillot. Je le dois à l'école buissonnière.

Au terme de l'année scolaire, le lycée conseilla fermement à ma mère de me changer d'établissement. Ce fut bien pire : ma mère m'inscrivit comme interne au collège de Châteaudun. J'y étais très isolé ; on y mangeait très mal ; les internes, fils de paysans, apportaient chaque semaine leur nourriture et ils n'étaient pas partageux. Les pions étaient méchants comme la peste et nous infligeaient des punitions corporelles. Ma mère ne me croyait pas parce qu'elle avait choisi ce collège sur le conseil d'une amie dont le fils, de quelques années plus âgé que moi, s'y plaisait beaucoup. Elle ne savait pas qu'il jouait aux cartes, qu'il gagnait très souvent et améliorait ainsi son ordinaire.

J'étais malheureux, sale, hirsute, malade : venue me rendre visite, ma sœur ne m'a pas reconnu à l'arrêt d'autocar et m'a pris pour un petit mendiant.

Elle en a pleuré. Ma mère a décidé de me reprendre
à Paris. Je n'avais rien appris. Si j'ai gardé de bons
souvenirs de Châteaudun, ce n'est pas celui du collège, mais celui du château du Dunois, si impressionnant, où j'allais de salle en salle aussi souvent
que je le pouvais et où je m'évadais en inventant des
aventures de chevaliers. Autre souvenir merveilleux :
pour une petite pièce, on pouvait louer une barque
et se laisser aller sur le Loir ; j'étais enfin seul, sans
mes condisciples si grossiers en groupe dans le dortoir et dans le réfectoire ; là, je rêvais les yeux au
ciel sous les feuillages, en communion avec la nature
qui m'enveloppait, comme dans les bras de ma mère.

Enfant meurtri par la guerre, Parisien au milieu
de provinciaux et maltraité par les pions, c'est à
Châteaudun, en mai 1948, que j'ai appris par un
journal local la naissance d'un État juif. Je n'avais
pas oublié que j'étais juif, sans autre contenu que la
traque menée par les Allemands, mais j'ai aussitôt
compris l'importance de l'événement que représentait la création de l'État d'Israël. J'ai pu lire aussi
dans le journal local que l'armée d'Israël combattait plusieurs armées arabes et que l'existence de
l'État juif allait dépendre de l'issue de la guerre.
Les informations ne me parvenaient que par le journal, et je me revois passant à quatre pattes devant
la loge du concierge du collège pour courir chez
le marchand de journaux. Je n'avais pas de quoi
acheter le journal : je lisais les titres, et je gardais
toutes mes joies et toutes mes angoisses pour moi,
sans pouvoir les partager avec quiconque, car je
n'avais aucun ami.

En octobre 1948, le lycée Claude-Bernard m'a repris en cinquième. Le professeur de lettres, M. Borot, a demandé à chaque élève de préparer un exposé. J'ai choisi les Nations unies, qui siégeaient alors à Paris, au Trocadéro. Dans la grande salle de l'Assemblée générale, le débat porte sur Israël et je suis impressionné par la violence des discours anti-israéliens des délégués des États arabes. Je n'ai que treize ans, mais il m'apparaît qu'il y a une suite à ce que j'ai vécu, et que, après les Juifs, c'est maintenant l'État d'Israël qui est la cible.

Les années qui suivent se ressemblent : les professeurs sont tous des agrégés. Ils instruisent, mais ne parviennent pas à éveiller ma personnalité et mon esprit critique. Je subis plus leur enseignement que je n'y participe. On ne parle jamais de la vie ordinaire ou d'événements tels que la dernière guerre ; nos livres, nos enseignants et leurs élèves évoluent dans un monde irréel, quelque part entre le XVIIe et le XIXe siècle. Au lieu de nous faire comprendre que Racine ou Victor Hugo sont des étapes vers notre avenir, on nous fixe dans le passé et on ne nous prépare pas à ce qui nous attend. Je n'en garde pas moins une véritable reconnaissance à mes professeurs de lettres, MM. Guyon, Bellay, Carnoy, Michel, qui ont fait de moi un adolescent sensible et délicat, immergé dans la culture classique gréco-latine, même si en grammaire j'étais vraiment mauvais ; mais j'aimais l'histoire ancienne et je ne voulais pas lâcher le grec pour l'allemand ou l'italien. Je suis sûr que cette culture m'a permis de faire les choix décisifs

que je n'aurais probablement pas faits si j'avais poursuivi ma scolarité à l'école Maïmonide. Mes héros
n'étaient pas David ou les Maccabées ; ils étaient à
Rome et à Athènes. Plus tard, j'ai mis au service de
la cause que je défendais des armes forgées dans une
culture antagoniste à cette cause. Qui sait ? Peut-être
au fond de moi ressemblé-je davantage à ceux que
je combats qu'à ceux que je défends.

À l'époque, nous vivons très isolés ; je n'ai que des
camarades et pas d'amis. Je partage mon pupitre avec
Henri Godard, le meilleur de la classe, qui deviendra professeur à la Sorbonne et grand spécialiste de
Louis-Ferdinand Céline. Je lis ; je vibre en apprenant
les exploits de Fausto Coppi, qui m'emmène un jour
avec lui de son hôtel de la rue de la Tour, où je
l'attends à la porte, jusqu'au Vélodrome d'Hiver, où
il me fait entrer sans payer ; je vois des films dans
l'un des quatre cinémas du quartier : le Porte de
Saint-Cloud Palace, l'Exelmans, le Palladium et le
Murat ; je préfère les films américains, ceux de Ford,
Walsh, Hawks, et Chaplin ; mes acteurs préférés sont
Errol Flynn, Stewart Granger, ou encore Humphrey
Bogart. L'été, ce sont les colonies de vacances : à
Saint-Raphaël en 1949, d'où je suis allé en pèlerinage
à vélo jusqu'à Nice ; à Paimpol, à Saint-Jean-de-Luz,
à Boulouris, à Rugles.
    Je commence lentement à m'éveiller en première,
en 1953. Mon professeur d'histoire, Louis Poirier,
Julien Graçq de son nom de plume, qui vient de
refuser le prix Goncourt, me qualifie ainsi de « très
bon élève, appliqué et éveillé ». Je reste fidèle au

souvenir de mon père. Je suis allé au cimetière de Bagneux pour assister au dévoilement du fier monument dédié aux volontaires juifs étrangers, et en 1953 j'ai assisté à la pose de la première pierre du mémorial du Martyr juif inconnu.

Cette même année, je décide d'aller au kibboutz en Israël. Lors de mon inscription pour ce voyage, une jeune fille juive qui part elle aussi me convainc de l'accompagner à la cérémonie en hommage aux victimes de la rafle du Vélodrome d'Hiver. C'est alors, et alors seulement, que j'apprends non par les discours des orateurs, mais par les commentaires de membres de familles détruites par la rafle, que les policiers responsables de l'opération étaient tous français. Je suis parti en Israël avec mon premier grand ami, Daniel Marchac, futur chirurgien réputé dans le monde entier dans son domaine d'expertise, la réparation faciale. Après une semaine de traversée sur le *Negbah* à cent dans le dortoir à fond de cale, et en dansant la *hora* sur le pont, vient l'instant exaltant de débarquer sur une terre juive et de voir en chair et en os un policier juif. Comment un Juif peut-il être policier alors que les Juifs avaient été traqués par les policiers ? Pour de jeunes Juifs, c'était tout à fait extraordinaire. Notre groupe de lycéens a été installé dans un vieux kibboutz des années 1920, fondé par des Juifs hongrois, à Geva, près d'Afula. Un animateur de l'Agence juive nous a pris en main pour nous apprendre l'hébreu et nous persuader de rester en Israël ; mais il l'a fait avec maladresse et arrogance. Il nous reprochait d'être « trop français » et nous culpabilisait en affirmant que notre place était là, en Israël. Conséquence : plusieurs d'entre nous se sont sentis français avant tout et l'ont mal pris, Daniel et moi en particulier. Nous sommes passés par la fenêtre du secrétariat du kibboutz, avons récupéré nos passeports et sommes partis à la rencontre d'Israël. Nous avions déjà eu le temps de faire des *tious*, c'est-à-dire des excursions avec notre groupe en Galilée et dans le nord du pays ainsi qu'à Jérusalem. Daniel et moi sommes donc allés en stop à Sodome pour voir la mer Morte, puis au bord de la mer Rouge, à Eilat, où il n'y avait à l'époque que quelques baraques. Ma tante Rachel, sœur de mon père, m'a accueilli à Haïfa, où elle vivait après avoir quitté la Roumanie, et avant de rejoindre son fils à Quito, en Équateur. Daniel et moi avons embarqué juste à temps sur le *Negbah* pour le voyage de retour.

Candidat en 1954 à une bourse de voyage Zellidja, mon projet « Ulysse, fils d'Ulysse » est retenu : il me faudra rédiger un rapport, tenir un journal de voyage et un carnet de comptes, et partir avec une toute petite bourse et un diplôme qui explique que, pour forger son caractère, le jeune homme que je suis est parti sans argent, mais avec un projet qu'il tient à réaliser. J'ai loupé le bac en juillet ; j'ai paniqué à l'examen et cru devoir disserter sur une question de logique en lisant le sujet : « Les problèmes de la vie », alors qu'il s'agissait de métaphysique. Je pars malgré tout en stop à Marseille. Un navire grec, l'*Aeolia*, me conduit à Athènes, à Delphes, puis dans le Péloponnèse. Je suis dans le ravissement de découvrir sur place les merveilles de mes livres de classe. Il n'y a pratiquement pas de touristes ; je dors une nuit à l'emplacement du trépied de la Pythie. Puis j'explore Constantinople et traverse la Grèce en stop d'est en ouest, et passe par Corfou, Brindisi. Je dors dans mon sac de couchage par terre, à la belle étoile, et me nourris de sandwiches et de fruits. Enfin, Capri, Naples, Rome et Florence, la découverte de l'Italie sublime.

Je loupe de nouveau le bac en septembre : catastrophe. Le proviseur écrit : «Élève brillant, dont l'échec a été une profonde surprise. » Pourtant, je n'étais pas mauvais en philo ; mon professeur m'avait même préparé pour le premier concours de la dissertation européenne des Écoles, et j'avais obtenu le deuxième prix à Paris avec remise du diplôme dans le grand amphithéâtre de la Sorbonne. Mon professeur s'appelait Maurice Gaït. À l'un de ses cours, il a évoqué les camps de concentration et affirmé qu'on avait exagéré à leur propos. Indigné, je me suis levé et j'ai quitté la classe. Passant dans les couloirs, le surveillant général m'a demandé ce que je faisais là à pleurer ; je lui ai dit la vérité. Il m'a alors appris que Maurice Gaït avait été commissaire général à la Jeunesse sous Vichy ; qu'il avait été condamné à la Libération, et que c'était la première année où cet agrégé de philosophie reprenait ses cours. J'ai été très distant par la suite avec mon professeur qui, à l'issue de l'année, avait porté la mention suivante sur mon bulletin : «Esprit vif. Résultats réguliers et souvent fort satisfaisants. » Maurice Gaït a ensuite quitté l'enseignement pour le poste de rédacteur en chef de l'hebdomadaire d'extrême droite *Rivarol*.

Pendant les vacances de Pâques 1955, grâce à une relation de ma mère, je m'embarque sur un petit bateau qui transporte du champagne de Gennevilliers à Londres : quatre jours à descendre la Seine avant de traverser la Manche. J'apprends même à tenir la barre. Du côté de Rouen, je fais la connaissance de l'abbé Pierre en visite dans ce qui était, je crois, son premier centre Emmaüs.

À Londres, je loue une chambre à Hampstead, au-dessus d'un pub. Je me réveille en entendant des cris : c'est le mannequin Ruth Ellis qui vient, dans une crise de jalousie, de tuer son amant d'un coup de revolver à la sortie du pub. En France, elle serait très vite sortie de prison, mais elle a écopé de la peine capitale – et a été la dernière femme à être pendue en Angleterre. Autres souvenirs marquants de ce Londres où les ruines du Blitz sont encore visibles : les hommes qui dans la rue arborent massivement le chapeau melon et balancent d'avant en arrière leur parapluie, ainsi que la grève des journaux qui plaque sur le visage des Londoniens un masque d'intense frustration.

De retour à Paris, je me mets à fréquenter le stade Géo-André en compagnie de deux copains, Weiss et Perec. Trois jeunes Juifs qui ont perdu un père ou une mère et qui ne parlent que de sport et de cinéma – l'un d'entre nous, Georges Perec, deviendra ce grand écrivain dont l'œuvre est fortement

marquée par la Shoah, ou en procède. À cette
période, j'ai lu le livre qu'Inge Scholl a consacré à
la résistance des jeunes Allemands du mouvement
de « La Rose blanche », dont son frère Hans et sa
sœur Sophie, décapités par les nazis, faisaient partie. En distribuant des tracts contre Hitler, quand
bien même ils savaient qu'ils ne pourraient échapper
aux enquêtes policières, ils avaient décidé de risquer leur vie pour une cause difficile : celle d'une
action vouée à l'échec, car ils ne pouvaient soulever
une Allemagne unie derrière son Führer. Mais ce
fut un échec fécond : le sang de leurs têtes tran-
chées garantissait l'existence d'une autre Allemagne
et, longtemps après, des Juifs comme moi, victimes
des Allemands, allaient entendre leur appel et faire
les justes distinctions qui s'imposaient. Sans Hans et
Sophie Scholl et leurs vaillants camarades exécutés,
eux aussi, je ne pense pas que j'aurais surmonté si
tôt des préjugés bien naturels.

Je suis passé par l'Allemagne pour la première
fois en 1955 pour mon second voyage Zellidja après
avoir reçu le troisième prix venant récompenser mon
premier voyage, qui m'a été remis à la Sorbonne lors
de la cérémonie de remise des prix du Concours
général. Philippe Labro avait gagné le deuxième prix
pour son étude sur le cinéma américain, et Daniel
Costelle partageait le troisième prix avec moi pour
son rapport sur le cinéma anglais. Pour ce deuxième
voyage, j'avais pris pour sujet « L'enseignement
secondaire en Scandinavie » : mon voyage m'a donc
conduit à Hambourg, Copenhague, Oslo, Narvik,

où j'ai réparé les verrières d'un producteur de fleurs, Tornio en Finlande, puis Stockholm, où j'ai été garçon de restaurant. Je découvre les paysages, mais aussi les filles, faisant plusieurs rencontres en route : Silke, Dorte, Sonia. De l'enseignement secondaire, je retiens surtout que, dans l'intérêt général, les élèves des pays scandinaves doivent apprendre au minimum trois langues vivantes en plus de la leur afin d'être tout à fait compétents dans les échanges internationaux ; ce qui n'est pas mon cas ni celui de la plupart des élèves en France.

## Une Allemande prénommée Beate

N'ayant aucune ambition, sinon celle d'être heureux, et étant de tempérament irréfléchi, je décide d'être professeur d'histoire ou de lettres. Un père m'a manqué dans un choix aussi important. Peut-être m'a-t-il malgré tout influencé : il a péri dans la condition d'un esclave, et être en situation de commander ou d'obéir m'a toujours répugné. Je suis apte à diriger une action collective menée par des égaux qui acceptent de suivre la ligne que je leur indique, je suis apte à me plier à des directives que j'accepte de plein gré, mais j'ai tenu à rester libre non seulement dans ma tête, mais aussi professionnellement. Je n'ai pas pour vocation d'être un salarié, et ne le suis d'ailleurs pas resté longtemps. J'aurais dû prendre en compte mon allergie à la géographie physique, indispensable pour la licence d'enseignement, ainsi que ma faiblesse grammaticale en thème latin et en grec.

Me voici en hypokhâgne au prestigieux lycée Henri-IV. Si l'on veut suivre les meilleurs, il faut vraiment beaucoup travailler ; je fais de mon mieux et j'y réussis dans mes matières préférées, mais en thème latin je suis largement au-dessous de zéro.

Je suis quand même admis en khâgne. Les enseignants sont si rigoureux et si dévoués à leur mission
que, en marge de mes dissertations, les commentaires
de mon professeur tiennent plus de place que mon
propre texte. Je travaille dur et me rends compte
que je deviens moins superficiel et plus intelligent.

Je n'ai plus peur des examens et, en juin 1956, en
propédeutique, où se présentent des centaines d'étudiants, j'obtiens les meilleures notes en histoire et en
littérature. En revanche, ma version latine moyenne
me prive d'une mention « Très bien ». Je n'en
reviens pas d'avoir tant progressé en maturité intellectuelle et, doté d'un autre prix Zellidja, je décide
de partir de nouveau seul vers l'Orient. Je voyage
en stop jusqu'à Istanbul, *via* Venise que je découvre,
émerveillé à jamais ; puis je me rends en train à
Belgrade et à Skopje, où un policier me jette hors
du train parce que je flirte avec une Yougoslave,
ce qui me permet d'assister à la gare de Skopje à
l'une des rares sorties officielles hors d'Albanie du
dictateur, Enver Hodja.

Je prends ensuite à Istanbul un train interminable
jusqu'à Erzeroum où, à la porte de la gare, les fiacres
parisiens de 1900 étaient encore en service ; puis je
voyage à travers l'Azerbaïdjan turc grâce à des autocars américains des années 1920 ou 1930 recyclés
au Moyen-Orient, dormant dans des caravansérails
et ne buvant que du thé, seul Européen dans les
parages. Exténué, je parviens à Téhéran ; ne sachant
où aller, je me traîne à l'ambassade de France. J'y
suis généreusement accueilli et logé. On m'emmène

même en excursion pour rendre visite à Mossadegh, le vieux révolutionnaire qui vit en résidence surveillée à proximité de la capitale. Je repars pour la ville exceptionnelle qu'est Ispahan, où je suis hébergé par les pères maristes, et pour les ruines de Persépolis. J'essaie d'atteindre l'Afghanistan ; mais je dois faire marche arrière parce que des inondations ont détruit des ponts. Je reviens par le même itinéraire ; à Salonique, je suis séduit par une belle jeune femme, Helga. Elle me console de ma déception amoureuse : Djinn, blonde à queue-de-cheval, élève au lycée Jules-Ferry, qui n'avait pas voulu de moi.

À la rentrée suivante, j'intègre la Sorbonne, où je prépare la licence d'histoire. Mes acquis du lycée Henri-IV m'aident à apprendre aisément ; en février, je pars pour Moscou où m'invite ma sœur, qui est chargée d'enseigner le russe aux diplomates de l'ambassade de France. C'est la guerre froide et, parti de Stockholm et Turku sur un brise-glace, je me retrouve seul dans le train Helsinki-Leningrad. Je découvre Moscou, où vient d'être divulgué le rapport Khrouchtchev critiquant pour la première fois de l'intérieur la gouvernance stalinienne. Ma sœur habite dans un quartier qui est un ghetto diplomatique. Nos conditions de vie sont bonnes ; avec le salaire modeste de ma sœur, nous pouvons fréquenter les restaurants des meilleurs hôtels : le Métropole, le Savoy ou le Moskva. Il faut se méfier de tous et il est difficile de deviner la véritable nature du régime,

où tout paraît en ordre et, socialement, au niveau
de la France de 1957.

Ma connaissance du russe me sert, mais mon
expérience de 1946 en Roumanie m'est encore plus
utile pour ne pas me laisser convaincre qu'il s'agit
du meilleur régime pour l'homme. D'autant qu'à
Leningrad j'ai repris contact avec ma tante Nina et
sa famille, qui habitent un bel immeuble décrépi qui
domine la Neva ; ils y vivent en commun avec une
autre famille. Ils m'apprennent que mon oncle, frère
de Nina et de Raïssa, est toujours reclus en Sibérie.

Peu après mon départ pour Paris en avril, ma
sœur, au cours d'une réception, a l'impertinence de
prédire à Mikoyan qu'il sera certainement disgra-
cié bientôt. Il lui tourne le dos ; mais la prédic-
tion se vérifie et très vite ma sœur se retrouve au
cœur d'une enquête menée par des agents spéciaux
de divers pays qui se demandent comment elle a
pu être informée avant tout le monde ; y compris
les Soviétiques, qui tentent en vain de l'intimider.
À l'époque, ce sont des procédés courants, mais ils
entraînent le rappel de ma sœur en France. Grâce
à ce retour, d'ailleurs, elle passera l'agrégation.

En 1958, je tombe amoureux de la première jeune
fille rencontrée dans l'amphithéâtre Descartes à la
Sorbonne. Mireille est née un 2 novembre, comme
ma sœur ; elle est de famille alsacienne protestante.
J'ai toutes les raisons d'avoir le coup de foudre :
elle est belle et brillante, d'une intelligence pétrie
de culture et de réflexion personnelle. À Pâques,
je suis parti de Rouen pour Casablanca sur un petit

cargo hollandais, essuyant une très violente tempête pendant la semaine qu'a duré cette traversée de l'Atlantique. À mon arrivée à Casablanca, j'ai trouvé à la poste restante une lettre dans laquelle Mireille m'écrivait qu'elle m'aimait. J'ai alors sauté dans un bateau qui levait l'ancre le lendemain et n'ai rien vu d'autre du Maroc que la poste de Casablanca. Nous envisageons un mariage, et puis c'est la rupture. Elle m'écrit : «Nous sommes trop différents. Je sais bien qu'il faut être différent pour se compléter, et j'ai voulu croire longtemps que c'était ainsi. Mais j'ai trop souffert de ces différences pour pouvoir encore me faire illusion. Serge, quand on n'a pas les mêmes réactions fondamentales à l'égard de rien, même pas les plus petites choses courantes, on ne peut être heureux ensemble. Et c'est ce qui nous est arrivé : nous nous sommes heurtés sans cesse malgré notre amour réciproque et c'est sans doute moi qui en ai le plus souffert, puisque c'est mon amour qui en a été le plus atteint. » Mireille avait certainement raison. Elle était raisonnable et lucide, je ne l'étais pas.

Je ne suis pas inconsolable ; je rencontre une étudiante finlandaise, puis une Hollandaise ; je passe ma licence, mais sans géographie. J'entre à Sciences Po en deuxième année dans la section Relations internationales. Je m'y sens à l'aise : les études sont à ma portée, et je fais partie avec mon ami Alain Sarfati de l'équipe de football de l'école. Je poursuis aussi mon diplôme d'études supérieures d'histoire à la Sorbonne avec le grand historien Pierre Renouvin. Mon sujet principal est : «La Perse et les grandes puissances de 1907 à 1914 », et le diplôme annexe, que je passe avec André Aymard, doyen de la Sorbonne, porte sur « Les mœurs de guerre des Romains et des Germains sous la dynastie julio-claudienne ».

Suzanne Bastid, mon professeur de droit international, m'obtient pour l'été 1959 une bourse à l'Académie de droit international de La Haye, où je passe un mois culturel et intellectuel intéressant entre les musées, le droit international public et privé et mon amie hollandaise – avant de partir en Israël, car un autre de mes professeurs, Georges Balandier, m'a également obtenu une bourse pour que j'étudie la centrale syndicale Histadrout.

Je rentre d'Israël par un bateau turc qui me conduit à Istanbul. Je me rends chez le consul roumain. J'essaie de le convaincre, en pleine guerre froide, de m'accorder un visa me permettant d'aller à Bucarest rendre visite à ma tante Lida que je crains de ne plus jamais revoir, car je dois effectuer mon service militaire en pleine guerre d'Algérie. Il accepte, et me voilà dans le train à Sofia, puis à la frontière roumaine. Je sais que je reste roumain pour les Roumains, même si ma mère et moi avons été naturalisés français en 1950 et que mon passeport est français ; mais il porte la mention « né à Bucarest ».

Effectivement, au contrôle des passeports, les policiers me font savoir que je suis considéré comme déserteur et que, dès mon arrivée à Bucarest, je devrai me rendre au siège de la police. Là, on examine mon cas et on décide de me laisser libre. Tante Lida ne sait rien de mon projet, mais quand je crie, en bas de chez elle : « Lida ! Lida ! », elle devine tout de suite que c'est moi. Notre joie est si grande de nous retrouver après douze ans de séparation. Je passe quelques jours chez elle et vais reprendre contact avec la famille de mon père : mon cousin germain, Sylvio, et sa femme Gaby ont un garçon de deux ans, André ; ils n'arrivent pas à croire que je suis celui que je prétends être, tant chacun se méfie de tout dans la Roumanie communiste ; mais je les convaincs. Vingt ans plus tard, à Paris, André sera reçu premier à Polytechnique et choisira Normale Sup. Ma cousine Sophie m'accompagnera dans le train jusqu'à la frontière hongroise. Elle rêve de liberté ; il lui faudra plus de dix ans pour s'évader.

1960 : j'ai réussi mon DES à la Sorbonne et j'ai obtenu le diplôme de Sciences Po – je me suis même classé cinquième de ma section. Mais je reste insouciant et imprévoyant. Au lieu de préparer sérieusement l'École nationale d'administration, je choisis de mettre fin à mon sursis. Je veux faire mon service militaire, alors que j'aurais pu y échapper en acceptant une pension allemande pour raison de santé. De plus, je ne présente que peu d'intérêt pour l'armée, la mort de mon père me dispensant d'être affecté en Algérie. Mais je suis têtu et je vais là où mon instinct me pousse.

Pourtant, je viens de rencontrer une jeune Allemande, et je commence à m'attacher à elle. J'ai déjà beaucoup voyagé, mais c'est à la Porte de Saint-Cloud, sur le quai du métro, que je l'ai vue pour la première fois. Elle portait une robe bleue serrée à la taille ; sa silhouette me plaisait, et quand elle s'est retournée son visage aussi m'a plu, clair et énergique. C'était le 11 mai 1960 ; ce jour-là, je devais me rendre à la Cité universitaire pour une réunion de boursiers Zellidja français et de boursiers allemands de l'école de Salem. J'étais bien habillé ; je portais mon seul complet convenable, prince-de-galles. J'allais alors à Sciences Po, métro Sèvres-Babylone ; elle tenait le livre bleu de l'Alliance française, métro Notre-Dame-des-Champs.

Elle devait donc changer à Michel-Ange-Molitor et à Sèvres-Babylone. Placé près d'elle dans le premier wagon, je n'ai cessé de la regarder ; à la première correspondance, nous avons gravi les escaliers côte à côte, et c'est sur le quai à Molitor que j'ai osé lui parler : « Êtes-vous anglaise ? », et elle m'a répondu : « Non, allemande. » À Sèvres-Babylone, elle m'a donné le numéro de téléphone de la famille où elle était au pair à Boulogne. Je l'ai appelée ; nous nous sommes donné rendez-vous devant la poste, boulevard Murat, et nous sommes allés au cinéma voir *Jamais le dimanche*. Nous nous sommes rencontrés le 11 mai 1960 ; le jour même de l'enlèvement d'Adolf Eichmann à Buenos Aires par les Israéliens. Était-ce un signe de notre destin ?

L'énergie chez une femme était pour moi une vertu essentielle ; ma mère était énergique, ma sœur aussi et les héroïnes de Stendhal également. Je pressentais que Beate avait à la fois l'énergie de Mathilde et la tendresse de Mme de Rênal. Ma mère le pressentait aussi ; elle a tout de suite aimé Beate et a confié son fils à une femme sur qui elle pouvait compter pour un amour de toute une vie, et qui, à la fin, fermerait les yeux de son fils. J'ai attendu un an pour présenter Beate à ma sœur et à ma mère. Et Beate est allée de l'autre côté du rideau de fer pour que ma tante Lida puisse la rencontrer.

De nous deux, c'est Beate la plus fiable et la plus solide. Elle entreprend tout, les plus petites choses et les plus grandes, avec conscience, intelligence et sang-froid. Elle est une excellente ménagère ; comme profession, elle déclare toujours « *Hausfrau* » (« ménagère ») ; elle peut rentrer de n'importe quelle expédition au bout du monde et, le lendemain, faire son marché comme si elle n'était jamais partie. Elle sait s'adapter à toutes les situations, toujours aimable et souriante. Elle ressemble en cela à Marlene Dietrich, berlinoise elle aussi, qui est d'ailleurs devenue son amie à la fin de sa vie et que nous considérons comme une des femmes les plus représentatives de son siècle. Le premier contact avec Marlene, ce fut une carte d'elle : «Chère, chère Madame. Je vous écris pour vous dire que je vous admire et que je vous aime profondément, et je suis certaine que vous savez pourquoi. Comme je suis devenue athéiste, je ne peux pas dire : "Que Dieu vous bénisse !" » Des années plus tard, grâce à Beate, la place Marlene-Dietrich a été inaugurée à Paris par le maire de la ville, Bertrand Delanoë.

Beate est la femme dont je rêvais, capable de se transcender et de m'élever au-dessus de moi-même malgré mes défauts. Je ne le sais pas encore, mais je le devine. Dès le début de notre liaison, je respecte sa personnalité : elle est allemande d'un seul tenant et je décèle en elle cette qualité exceptionnelle de ne se revendiquer ni de l'Est ni de l'Ouest, mais allemande, tout simplement. Quand elle se heurte à l'image de l'Allemagne hitlérienne, elle assume ; mais je sens déjà qu'elle accumule en elle de l'énergie pour réagir contre cette image ; non par le déni, mais par des actions positives. Ne serait-ce qu'apprendre par l'histoire de l'Allemagne comment on en est arrivé jusqu'à cette division de son pays ainsi que de sa capitale. Je lui donne les livres et articles qui lui permettent de suivre cet indispensable itinéraire historique. Elle veut comprendre ; elle veut aussi agir.

Pendant mon service militaire, qui dure de novembre 1960 à novembre 1962, nous restons très proches, même au cours des cinq mois de « classes », où je navigue de Montlhéry, où est implantée ma compagnie du 1er régiment du train, à la caserne située derrière le château de Vincennes et aux manœuvres de Mourmelon. À l'issue des classes, je suis affecté comme deuxième classe au bureau « Psychologie » qui vient d'être créé auprès du ministre des Armées, Pierre Messmer, et que dirige le colonel Bourdis. Tous deux sont Compagnons de la Libération, la plus belle des distinctions. Le bureau est dans la cour d'honneur du ministère, à droite en entrant au 14, rue Saint-Dominique.

Je sympathise aussitôt avec le colonel, qui a été un héros de la France libre et qui, en avril 1961, période de tension en France et en Algérie, est, avec son ami Messmer, un des fidèles du général de Gaulle. Quelques jeunes gens, deuxième classe comme moi, constituent ce service qui vient de démarrer. Je pars quelques jours en fausse permission en Italie, à Cortina, et reviens miraculeusement à la caserne Dupleix le 21 avril 1961. Le lendemain a lieu le putsch d'Alger ; nous sommes consignés à la caserne. Si je n'étais pas rentré à temps, j'aurais été considéré comme déserteur et, en ce cas, serais-je rentré ?

Être bloqué dans une caserne ne me convient pas ; je convaincs deux autres bidasses de sortir et de me suivre au ministère comme volontaires contre le putsch. L'un d'eux est Philippe Leprêtre, qui deviendra Philippe Gildas, et l'autre est un rédacteur de *La Croix* dont j'ai oublié le nom. Le poste de garde nous laisse passer, car ce jour-là, ne sachant pas quelle sera l'issue du putsch, les gradés sont remarquablement absents. Il en va de même rue Saint-Dominique, où les bureaux sont presque vides et où seuls demeurent quelques purs gaullistes. Le colonel Bourdis me met au standard en relation avec la police militaire en Algérie. J'y reste toute la nuit, notant et transmettant au cabinet du ministre l'évolution des événements. Le lendemain, échec du putsch. Notre colonel fait mettre à la disposition des trois bidasses que nous sommes une masse de documents de toutes origines décrivant ce qui s'est passé pendant le putsch avec pour mission d'établir chronologiquement la situation événementielle en Algérie et de faire une fiche par cadre supérieur de l'armée en liaison avec les événements. Nous disposons d'une armée de secrétaires et d'une salle de conférences pourvue d'une longue table où nous étalons notre documentation. Un juge d'instruction militaire travaille sur nos fiches ; des gradés arrêtés passent dans nos bureaux.

Cette compilation achevée, le ministre nous remercie. Pour ma part, on me met aux commandes, d'une part, de la revue *Notes et Documents*, destinée aux militaires, où je choisis et publie d'excellents articles puisés dans d'autres organes de presse ; d'autre part, de *Notes et études documentaires*, traitant de divers sujets, surtout économiques. Je reste en civil ; je ne dors plus jamais à la caserne et l'on me confie d'autres missions, comme de participer avec ordre de mission, mais officieusement, aux colloques organisés par le bâtonnier Thorp, en particulier sur la torture et les violations des droits de l'homme. Je me retrouve à cette occasion à Lille avec un petit groupe au sein duquel les discussions vont bon train et où le professeur Maurice Duverger brille le plus à mon avis, malgré la présence de François Mitterrand, Pierre Mendès France, Edgar Faure et Charles Hernu. Je profite de ma situation pour aider des camarades en difficulté en Algérie grâce à l'appui de Martial de La Fournière, qui joue un rôle important au cabinet de Pierre Messmer. Il m'est même arrivé de tirer Philippe Labro d'une situation dangereuse alors qu'il venait d'être muté de Tunis à Alger dans une caserne Algérie française où il était cruellement persécuté.

Je reste insouciant et ne me pose aucune question sur mon avenir ; je vis au jour le jour, sans jamais penser à me lancer dans la politique à partir de l'expérience que je viens de vivre. L'armée, ou plutôt les politiques qui dirigent l'armée et sont loyaux envers la République et fidèles depuis juin 1940 à de Gaulle, m'ont laissé les mains libres en une période où j'aurais dû normalement m'ennuyer terriblement. J'ai conservé de ces deux années un excellent souvenir, celui d'une expérience passionnante qui m'a ouvert l'esprit, m'a donné plus de maturité et a facilité plus tard mon passage à l'action.

Entre-temps, nous louons avec Beate un studio au 19, avenue de La Bourdonnais, au rez-de-chaussée. La propriétaire est la nièce de Charles Maurras. Nous n'y restons pas longtemps : une impulsion me pousse à acheter une mignonne chatte dans une animalerie installée dans le théâtre Sarah-Bernhardt. Dans ma famille maternelle, tous, oncles et tantes, ont un chat ; c'est désormais notre tour. Le soir même, nous allons la montrer à ma mère, qui refuse de la laisser partir ; de notre côté, nous refusons de la lui abandonner. Nous trouvons un compromis : ma sœur, qui vit avec notre mère, a vu notre studio, qui lui plaît beaucoup. Elle y emménage donc tandis que Beate et moi prenons sa chambre dans le petit appartement de ma mère, dont la jeunesse d'esprit est telle qu'elle ne se formalise pas de ce que nous ne soyons ni mariés ni fiancés. Or, à l'époque, c'est un comportement qui peut encore être jugé sévèrement.

Le soir, il m'arrive d'attendre Beate rue de la Paix, où elle travaille pour une entreprise lyonnaise de soieries, et nous prenons un verre au Harry's Bar voisin. Nous allons souvent au cinéma d'art et d'essai et à la Cinémathèque de la rue d'Ulm pour y savourer les classiques.

Fin 1962, je repars en Roumanie en mission pour mon oncle Moreno, enfin installé à Paris, et qui a enterré dans son jardin à Bucarest un coffret rempli d'actes de propriété de ses bateaux. L'un d'entre eux, réquisitionné par les Allemands, a été coulé en mer Noire par un sous-marin ; il a besoin de ses documents pour être indemnisé par les Allemands. Je choisis de partir pour Bucarest avec l'équipe de France de rugby afin d'écarter les soupçons de la police roumaine et fais connaissance avec André et Guy Boniface ; je ne les quitte pas d'une semelle, au point que les Roumains croient que je fais partie de l'équipe et me font signer des autographes. Je partage même leur hôtel. Peu après notre arrivée, je m'éclipse et vais récupérer le coffret chez ma tante, qui n'a pas encore reçu son visa pour la France. Puis, craignant d'être interpellé en route par la police, je me rends à l'ambassade de France, où l'on accepte de transmettre nos documents à Paris par la valise diplomatique. Beate constituera le dossier en allemand et mon oncle sera indemnisé.

Nous avons fixé la date de notre mariage quand j'ai été engagé à l'ORTF, en mai 1963 ; après avoir travaillé quelques jours à l'ancien siège, rue de Grenelle, j'ai été transféré dans l'immense bâtiment du quai de Passy, à côté de l'usine Peugeot où j'avais joué quelquefois au tennis sur le toit.

En octobre 1963, j'ai passé le concours des assistants de direction et me suis classé premier. Je l'ai appris alors que j'étais à Munich en voyage de noces. Ce fut un beau cadeau. Nous nous étions mariés le 7 novembre 1963 à la mairie du XVIᵉ arrondissement. Le maire qui nous a unis nous a demandé d'être un couple exemplaire, puisque franco-allemand.

Peu de temps avant notre mariage, un de mes amis du lycée avait tenté de me dissuader d'épouser Beate. Quelques jours plus tard, nous avons déjeuné, elle et moi, dans un petit restaurant russe du square de la Madeleine. Une diseuse de bonne aventure m'a proposé de me lire les lignes de la main. Je n'avais jamais fait cette expérience ; j'ai hésité, mais ai fini par céder. Elle a regardé ma main, m'a pris à part et m'a déclaré : « On te dit de ne pas épouser cette femme ; tu dois l'épouser. » Et je me souviens parfaitement de ce qu'elle a ajouté : « C'est la seule femme au monde avec laquelle tu peux être heureux. »

Aujourd'hui, après nos noces d'or et cinquante-quatre ans de bonheur, je peux affirmer que ce qu'elle m'a dit était vrai : aucune autre femme ne m'aurait apporté ce que Beate m'a offert dans notre vie privée et dans notre vie publique. Ensemble nous sommes unis, forts et heureux ; l'un sans l'autre, nous n'aurions probablement pas produit grand-chose. Elle me doit beaucoup, et moi, je lui dois beaucoup plus encore...

# 1965, à Auschwitz-Birkenau : le choc décisif

À la RTF, devenue ORTF, j'étais affecté au service des affaires commerciales et juridiques. Je me suis occupé des premiers contrats de produits dérivés. Cela ne m'intéressait pas, même si pour l'avenir c'était une expérience enrichissante dans un domaine nouveau et en expansion. J'ai demandé à changer de poste au président de l'Office, Robert Bordaz, que j'avais rencontré à Moscou, où il avait été conseiller économique à l'ambassade ; je fus nommé chargé de mission de Roland Dhordain, lui-même responsable de la nouvelle délégation aux stations régionales. Je l'ai aidé modestement à créer ou à renforcer ces stations à travers la France.

Roland Dhordain est doué d'une personnalité impressionnante ; il connaît sa radio à fond, il a le sens du service public chevillé au corps, ayant contribué à développer et favoriser l'émergence de la radio d'information dans tous les domaines. Il devient directeur adjoint de la radio auprès de Pierre de Boisdeffre, qui paraît plutôt son adjoint que son directeur et lui confie l'essentiel de ses responsabilités. Il me garde comme chargé de mission. J'ai assez de temps libre pour coopérer avec le réputé

service de la recherche de Pierre Schaeffer et avec
mon ami de Zellidja, Claude Nedjar, qui se lance
dans la production télé et a pour projet la première
coopération audiovisuelle franco-soviétique, un film
intitulé *Lénine et les Russes*. Je pars à plusieurs
reprises pour Moscou, où chaque mot du script est
scruté et parfois rejeté. J'essaie de régler ce genre de
problèmes, et le film finit par voir le jour.

Je me tourne vers un secteur qui m'intéresse : les
émissions historiques. On me confie en février 1966
la préparation de deux émissions anniversaires : dix
ans après Suez et Budapest. Je pars au Caire pour
y acheter des archives inédites. L'Égypte est une
splendeur et, comme c'est une période d'extrême
tension, il n'y a aucun touriste à Louqsor, où je fais
deux fabuleuses promenades, l'une seul en calèche
jusqu'à Karnak, l'autre en felouque sur le Nil vide de
bateaux de croisière. Je suis particulièrement frappé
par le colosse de Memnon, car l'empereur Hadrien,
venu l'admirer au IIᵉ siècle de notre ère, est plus
proche de nous que de l'édification de ce monument, sur lequel il a laissé la trace de son passage
de touriste antique. Il fait plus de 30 °C. L'avion de
la Malev me transporte à Budapest, où il fait 0 °C,
et deux jours plus tard je suis à Moscou, où il fait
– 30 °C. Le froid manque de m'asphyxier.

Je rapporte des séquences intéressantes, mais la
ligne politique a changé et il n'y a que deux chaînes
à l'époque : au lieu de deux émissions d'environ
une heure, il est décidé de ne produire que dix
minutes. Décision prise par qui ? Par le directeur
de la télé, Claude Contamine, et par son adjoint,

Jean-Claude Michaud, deux cadres du ministère des Affaires étrangères. La télé et la radio sont aux ordres du pouvoir politique. Je boude et proteste ; on me nomme à l'administration des émissions dramatiques aux Buttes-Chaumont. Je vais voir le directeur adjoint de l'ORTF, M. François, qui vient du ministère de l'Intérieur et qui a de la sympathie pour moi depuis que, le 1er avril, il a reçu une lettre du cabinet du ministre des Armées lui reprochant le contenu d'une émission récente de variétés où l'on brocardait l'armée. Dans tous ses états, il avait essayé en vain de joindre la personne qui avait signé cette lettre et qui n'existait pas. Quand il s'est rendu compte de la supercherie et qu'il a appris que je l'avais rédigée dans le style bureaucratique impeccable qui l'a pris en défaut, il a été fair-play.

Ce matin-là, en quittant le domicile familial où piaille déjà le petit Arno, je ne savais même pas que j'allais commettre un acte irréfléchi, contraire à tous nos intérêts et qui serait pourtant une des chances de ma vie : donner ma démission de l'ORTF, où j'étais un administrateur titulaire de mon poste, et me retrouver sans emploi. M. François, à qui j'annonce ma décision, essaie pendant une heure au moins de me dissuader ; je tiens bon. Je refuse ce poste de supervision de fictions dramatiques n'allant pas au-delà du XIXe siècle. Quand je reviens à la maison, mère et femme me reprochent ma décision. J'en viens à la regretter ; mais je m'étais dit que, la France traversant une période de plein emploi, je n'aurais pas de mal à retrouver un emploi équivalent et moins frustrant. Je ne me suis même pas inscrit au

chômage. J'ai cherché et trouvé quelques mois plus
tard : attaché de direction dans une multinationale
de commerce de céréales : la Continental Grain. Je
repars à l'Est pour de complexes opérations financières, où je ne suis qu'un rouage qui ne comprend
pas grand-chose, mais à qui l'on fixe des objectifs
précis à atteindre. Ceux qui sont compétents et
qui s'emploient à me former, Victor Mitz, Philippe
Lehmann et Claude-André Hesse, sont indulgents à
mon égard ; de plus, j'y retrouve mon ami Joseph
Fainas, qui a mon âge ; il me connaît depuis 1947
et me remonte le moral.

L'année précédente, le 27 août 1965, est né notre
fils ; nous lui avons donné pour prénoms Arno David
Emmanuel. Le relais allait lui être passé, un peu
comme si mon père m'avait transmis une valise sans
avoir eu le temps de me faire savoir quel en était
le contenu.

Quelque temps avant la naissance de mon fils, le
sentiment de perte lié à la disparition de mon père
est remonté en moi. J'allais établir le premier contact
avec mon enfant ; je devais rétablir le contact avec
mon père. J'ai alors entrepris de retracer précisément
la dernière étape de sa vie : ce qui lui était arrivé à
partir du moment où il nous a quittés jusqu'à celui
de sa mort. En passant par la Roumanie, où j'ai
obtenu le visa de transit *via* l'Union soviétique, je
suis arrivé à Katowice, par un froid glacial, et, de
là, à Auschwitz II-Birkenau.

Dans le camp mère, Auschwitz I, il y avait beaucoup de visiteurs, exclusivement de Pologne ou des

pays satellites de l'URSS. À Birkenau, station terminus du peuple juif, j'étais seul, absolument seul. J'y
ai éprouvé la certitude que mon destin aurait dû
se terminer là, que l'immense souffrance du peuple
juif assassiné n'avait pas été apaisée par la fuite
du temps. Il me semblait que j'entendais le cri de
mon peuple, un cri à la mesure du crime, un cri
impossible à interrompre, se prolongeant à l'infini.
Je ne pouvais me boucher les oreilles et le cœur : si
l'enfant rescapé du génocide par miracle et par le
sacrifice de son père restait sourd à ce cri, qui était
aussi un appel à assumer ses responsabilités de Juif,
ma vie ne serait-elle pas une trahison ? J'étais un
Juif rescapé de la Shoah, quand la plus grande terreur s'était abattue sur le peuple juif qui n'avait pas
d'État pour le défendre, et j'étais un Juif qui avait
assisté à la résurrection d'un État juif indépendant ;
un Juif appartenant à une génération exceptionnelle
ayant à assumer des responsabilités exceptionnelles.
C'était une révélation qui s'imposait à moi ; un peu
comme, je l'imagine, la conversion de Paul Claudel
dans une église.

Raïssa, ma sœur, nos deux conjoints, nos enfants
Arno et Maldoror, moi, nos deux chats Minette
et Nikita et le cocker Petia, nous sommes installés à la fin de l'année 1966 dans un autre coin du
XVIe arrondissement, à Passy, là où le métro sort
de terre pour s'élancer dans le ciel vers la station
Bir-Hakeim.

Quasi simultanément, deux événements vont nous
propulser, Beate et moi, d'une existence normale à

une situation de mobilisation totale, comme si chacun de nous avait accumulé une énergie extrême qui ne demandait qu'à se projeter au-dehors : pour moi, la guerre des Six-Jours en juin 1967 ; pour Beate, sa révocation, le 30 août de la même année, de l'Office franco-allemand pour la jeunesse où elle travaillait depuis 1964. Depuis décembre 1966, Beate se bat par ses articles dans *Combat* pour faire savoir et dénoncer la faute morale commise par la société politique ouest-allemande en se donnant comme chancelier un ancien nazi actif.

De mon côté, quand éclate la guerre des Six-Jours, le lundi 6 juin, je me concerte le matin même au bureau avec mon ami Josy Fainas ; nous achetons nos billets Air France pour Tel-Aviv. Au bureau, la direction ne nous empêche pas de partir, mais, bien que juive, elle est choquée par notre initiative ; pour les dirigeants, la firme est la patrie prioritaire des employés.

Nous prenons notre envol dans l'après-midi. L'avion presque vide est dérouté vers Athènes à cause de la bataille aérienne qui se déroule dans la région. Le lendemain, un avion d'El Al transporte à Tel-Aviv les volontaires bloqués à Athènes. Grâce à ma carte de l'ORTF que j'ai conservée, on m'accepte comme correspondant de presse pour suivre les opérations. À la suite de la destruction de l'aviation égyptienne au début des hostilités, Israël n'a plus besoin de volontaires sur les champs de bataille. J'assiste depuis le mur des Lamentations aux premières heures exaltantes de la libération de la Jérusalem juive, dans des mains étrangères depuis sa conquête par Pompée en 63 av. J.-C. et sa destruction en 70 ap. J.-C. par Titus, surnommé « les délices du genre humain ». J'accompagne les unités lancées dans la conquête du Golan jusqu'à Kouneitra en Syrie. Un groupe d'officiers et de soldats de l'unité décident que, après la guerre, face à Kouneitra, ils fonderont un kibboutz : ce sera Meron Ha Golan – treize ans plus tard, notre fils y fera sa communion laïque, que l'on fait dans certains kibboutzim, et y travaillera à faire le tri pendant la récolte des pommes.

Le 11 juin 1967, je suis reparti pour Bucarest voir ma tante et raconter dans le plus grand secret à des Juifs roumains ce qui s'était passé en Israël et qui déplaît tant à l'Union soviétique. Lundi matin, Josy et moi sommes de retour au bureau, mobilisés de nouveau par la recherche du profit pour notre multinationale.

BEATE

## Dactylo et militante

Mon enthousiasme pour les missions qui m'étaient confiées à l'Office franco-allemand pour la jeunesse était grand ; je projetais même d'écrire un guide et manifeste pour les jeunes Allemandes au pair à Paris. Et c'est ce que je fis. Le livre eut un vif retentissement en Allemagne ; il arrivait à point nommé : une de ces jeunes Allemandes venait d'être assassinée à Neuilly. Toute la presse en parla longuement.

Ce fut aussi pour moi le début de nombreuses frictions avec l'Office, son secrétaire général alors en poste à Bonn, François Altmayer, et le directeur de la section française, Robert Clément. Bien que l'Office ait donné son accord à la parution de ce guide, bien qu'en fin de compte dans les faits il ait suivi la ligne que je traçais dans le manifeste, il lui était désagréable d'admettre que les idées d'une jeune secrétaire pussent avoir quelque importance.

Dans les manifestations publiques et les conférences sur les échanges franco-allemands, invitée en tant que spécialiste, j'étais placée par les organisateurs aux côtés des dirigeants de l'Office ; ces derniers me battaient froid. Ils prenaient toujours la précaution d'intervenir après moi pour préciser : « Mme Klarsfeld ne parle qu'en son nom », alors que le public se rendait bien compte que je n'étais nullement en contradiction avec l'Office, mais que j'animais son action dans ce secteur en sensibilisant l'opinion publique à la situation des filles au pair. Je rendais service à mes camarades en leur donnant des conseils pratiques très précis pour les différentes démarches de leur vie quotidienne et culturelle. J'écrivais aussi au nom de mes camarades dans la partie « manifeste » de l'ouvrage intitulée « Une chance à ne pas compromettre » :

*« Français et Allemands se font encore une image fausse de leurs voisins : les jeunes Français voient les jeunes Allemands comme travailleurs, sérieux, sociables, corrects, disciplinés, courageux, intelligents, mais ils les considèrent aussi comme belliqueux, militaristes, autoritaires, orgueilleux, renfermés, lourds d'esprit, manquant de sens critique, faux, nationalistes. Alors que les jeunes Allemands jugent les jeunes Français gentils, charmants, heureux de vivre, ouverts, intelligents, mais aussi paresseux, antipathiques, superficiels, frivoles et négligés. Par contre, les clichés immuables sont modifiés favorablement par ceux qui ont pu établir des contacts durables. Du côté allemand, pour que les jeunes acquièrent au cours de leur voyage en France une sympathie solide pour ce pays, on peut noter en particulier la nécessité d'une expérience individuelle prolongée, d'une connaissance courante de la langue française, de contacts personnels durables et d'un élargissement de l'éventail social des jeunes qui voyagent.*

*Toutes ces conditions, les jeunes filles "au pair" sont les seules à les réunir. Elles ont su créer une forme de voyage spécifique qui correspond à ce que l'amitié franco-allemande réclame des jeunes. Ayant à faire le plus grand effort, revenant en général en Allemagne l'esprit plus ouvert et le caractère mieux trempé, elles ne sont pas les moins méritantes et il faut dépasser certains préjugés qui ne résistent pas à la critique et au bon sens pour les aider de notre mieux. »*

Mais une simple sténodactylo sans diplôme ne pouvait avoir voix au chapitre, c'est ce que je découvris amèrement.

La hargne des chefs de service de l'Office, pour la plupart reclassés là par hasard, s'accentuait. J'avais quitté la machine à écrire et étais désormais chargée du service de documentation de l'Office, fonction que j'occupais de fait, mais statutairement j'étais toujours secrétaire.

Un incident avec Voggenreiter, l'éditeur allemand de mon ouvrage à Bad Godesberg, refroidit un peu plus mes relations avec l'Office tout en révélant la sujétion de sa section allemande au gouvernement de Bonn, alors qu'en théorie il s'agissait d'un organisme binational indépendant, dont les employés ont un statut analogue à celui des fonctionnaires internationaux.

Dans un chapitre intitulé « L'Allemagne à Paris », j'indiquais les noms et adresses d'associations culturelles, et parmi celles-ci les « Échanges franco-allemands », qui organisaient en particulier des conférences sur l'histoire allemande à la Sorbonne. Or il s'agissait d'une association française d'amitié avec la République

démocratique allemande. Mon éditeur allemand, qui
espérait vendre de nombreux exemplaires directement
aux ministères de l'Éducation des différents Länder de
la RFA, se vit obligé de retirer de la vente tous les livres
et de supprimer la page qui contenait cette adresse. Le
ministère de la Jeunesse, qui projetait de distribuer le
guide aux jeunes filles sur le point de venir en France,
se désista au dernier moment.

J'eus droit à de sérieuses remontrances : «Vous
rendez-vous compte, vous avez cité une association
liée à l'Allemagne de l'Est, c'est insensé !… » Nous
ne pouvions pas nous comprendre : pour eux, l'Allemagne appartenait à la République fédérale ; pour
moi, elle appartenait au peuple allemand tout entier.

Printemps 1966. Je promène le petit Arno de la
Porte de Saint-Cloud au jardin des Poètes, à la Porte
d'Auteuil. Nous avons tenu à ce que notre fils soit
juif, qu'il soit circoncis par un rabbin et porte le
prénom du père de Serge. L'Office m'a accordé un
congé d'un an sans solde. Nous avons emménagé à
cent mètres de ma belle-mère, dans un trois-pièces
clair au sixième étage d'un immeuble du boulevard
Murat, près de la Seine, et qui domine de petites
allées bordées de maisons ouvrières, devenues des
hôtels particuliers. Je lange, je pouponne, chaque
sourire d'Arno est un précieux moment de bonheur.

Quand je le peux, je me rends à la mairie du
V$^e$ arrondissement. Là, dans une salle bien dissimulée dans un dédale de couloirs, se trouve la bibliothèque féministe de Marguerite Durand. Je m'y
documente pour un sujet qui me tient à cœur : «La

femme allemande vue par les Français », et dont j'espère pouvoir tirer un livre. En fin de semaine, nous flânons tous les trois le long des quais ; j'accumule chez les bouquinistes les témoignages pittoresques de Français voyageurs, prisonniers de guerre ou journalistes sur la vie amoureuse, domestique, professionnelle, sociale des Allemandes depuis le début du siècle. J'apprends beaucoup sur mes concitoyens et sur leurs observateurs. Un périodique, *La Femme du XX^e siècle*, m'a demandé à cette époque un article sur la femme allemande.

*« J'en viens à me demander ce qui m'a poussée, ce qui a poussé bien d'autres Allemandes, à quitter notre foyer. Certes, nous avons des raisons évidentes de faire quelque chose de précis en France ou ailleurs : l'étude poussée d'une langue et d'une civilisation. Mais cet effort recouvre à mon avis un élan plus profond et souvent inconscient : le désir d'une libération.*

*Sous Guillaume II, l'univers de nos aïeules se résumait dans les trois K (Kinder, Kirche, Küche – les enfants, l'église, la cuisine). Pendant une dizaine d'années, sous la République de Weimar, nos grand-mères ont pu enfin respirer et espérer. Puis Hitler les a rendues aux enfants et à l'usine lorsque les nécessités de la machine de guerre se sont fait sentir.*

*De nouveau, il a fallu le bouleversement de la perte d'une guerre mondiale pour donner à la femme allemande sa seconde chance. Nos mères ont travaillé, elles ont activement contribué à relever les ruines du pays. Pour cela, la société allemande leur a ouvert largement les bras, leur a serré leurs mains d'ouvrières,*

*d'ingénieurs, de médecins, de paysans, de professeurs
ou de chefs d'entreprise, sans oublier aussi de leur
demander de produire les hommes de demain. Et les
femmes ont contribué activement à reconstruire une
Allemagne neuve, qui n'est pourtant pas une Allemagne nouvelle et où elles ne jouent, aujourd'hui
comme hier, pratiquement aucun rôle politique. Politique, cela veut dire la participation aux véritables
responsabilités du destin de notre pays. Combien de
femmes les ont-elles assumées dans l'histoire de l'Allemagne ? De nouveau, l'opinion publique allemande
est en train de prendre le virage dangereux qui mène à
une femme domestiquée, consacrée à la mission d'apporter le plus grand bien-être possible à son époux et
à sa fonction naturelle de reproductrice. »*

J'ai adhéré au parti social-démocrate allemand en
1964. Après la parution de mon livre, Willy Brandt
m'a reçue dans son bureau de Berlin-Ouest, dont il
était le bourgmestre, et m'a parlé de son séjour à
Paris, tout jeune, en 1937, alors qu'il avait fui l'Allemagne nazie. Je sais que beaucoup d'Allemands le
considèrent comme un traître ; moi, je l'admire de
n'avoir point suivi le « *Recht oder Unrecht, mein
Vaterland* » (Juste ou injuste, c'est ma patrie).

J'ai revu Willy Brandt deux ans plus tard, au
cours d'une réception que donnait pendant l'été
1966 l'ambassade à Paris, à la villa Saïd ; j'ai
retrouvé un Brandt abattu par sa deuxième défaite
comme candidat chancelier. Les commentaires de la
presse allemande avaient été cinglants. On le traitait

d'« ivrogne », on lui refusait tout avenir politique. Je
lui ai dit de nouveau toute la confiance que je plaçais
en lui : « Vous avez derrière vous une Allemagne
jeune qui vous admire pour ce que vous avez fait
contre les nazis. C'est un Allemand comme vous qu'il
nous faut au poste de chancelier. Ne perdez pas
confiance ; moi, j'ai confiance en vous. »

Impulsivement, je lui ai pris la main. Il m'a souri
chaleureusement. Son regard exprime l'honnêteté, et
ses rides ses luttes incessantes à contre-courant du
flot allemand ; sa voix est celle du peuple. C'est pour
moi, qui le connais depuis mon enfance berlinoise,
le vrai visage de l'Allemagne.

De retour à l'Office en octobre 1966, mon poste
de documentaliste avait été supprimé : « raisons bud-
gétaires » ; je me retrouvais à la frappe et parfois
au standard, et me sentais frustrée d'une activité
féconde.

Décembre 1966. Toute la famille a loué un immense
appartement de 250 mètres carrés, six pièces, dans
un magnifique immeuble 1900 de la rue de l'Alboni,
dont une façade donne au-dessus du métro aérien,
l'autre sur la Seine. Ma belle-sœur, mon beau-frère,
leur fils de quatre mois, Maldoror, Raïssa et nous
trois sommes réunis. Nos animaux aussi sont là :
Minette, notre chatte de gouttière ; Nikita, le chat
blanc de Tania ; Petia, son gentil cocker, et Kroutch,
le hamster. Nous avons mis nos budgets en commun :
« Nous paierons deux cinquièmes du loyer, Tania

et Alik de même, Raïssa paiera un cinquième », avait proposé Serge.

J'étais chargée de la nourriture. Deux ou trois fois par semaine, j'allais aux Halles faire nos provisions. Nous pouvions engager une femme de ménage et deux filles au pair – matin et après-midi – pour les enfants. Pour ma belle-sœur et moi, c'était un appréciable accroissement de notre liberté. La vie s'était organisée à l'échelle d'une petite communauté. L'expérience était fascinante : un kibboutz familial à Passy.

En même temps que nous nous installions à Passy, Kurt Georg Kiesinger, ministre-président du Land de Bade-Wurtemberg, s'apprêtait à accéder à la chancellerie à Bonn. Quelques journaux français, *Le Figaro*, *Combat*, évoquèrent discrètement à ce propos son passé de propagandiste nazi. Je ne pouvais en croire mes yeux, et me précipitais sur la presse allemande. Seuls protestaient un grand écrivain et un grand philosophe. Günter Grass écrivait dans une lettre ouverte au candidat chrétien-démocrate à la chancellerie : « Comment la jeunesse de ce pays peut-elle opposer des arguments à ce parti d'avant-hier qui peut aujourd'hui ressusciter sous l'aspect du NPD, si vous-même écrasez du poids de votre passé la fonction de chancelier fédéral ? » Quant à Karl Jaspers, il était atterré : « Beaucoup d'Allemands, pas tous, certainement une petite minorité, peut-être un million, sont stupéfaits. Le fait que leur État, la République fédérale, soit dirigé par un ancien national-socialiste est pour eux effrayant, parce que de nouveau, comme dans l'histoire politique des États prussien et bismarckien et comme dans l'État nazi, ils doivent se sentir exclus. Par l'arrivée au pouvoir de Kiesinger, il y a eu en République fédérale une mutation qui pouvait déjà se percevoir avant lui. Nous y sommes. Ce qui paraissait impossible il y a dix ans s'est réalisé aujourd'hui presque sans résistance. Que d'anciens nazis réussissent à occuper de hauts postes, même politiques, était presque inévitable. Tenir en marche l'État, l'Éducation, l'Économie uniquement par des non-nazis était impossible, parce qu'il y en avait trop peu. Mais qu'un ancien national-socialiste dirige maintenant la République fédérale signifie que désormais le fait d'avoir été national-socialiste n'a plus d'importance. Quand il a été nommé ministre-président du Bade-Wurtemberg, on n'a pas fait d'objection. Mais chancelier ? Cela est bien autre chose… »

Je me suis rappelé ce dernier tract de Hans et Sophie Scholl, cet ultime appel : à qui s'adressait-il ? À nous tous, c'est-à-dire à chacun de nous : « Une fois la guerre finie, il faudra par souci de l'avenir châtier durement les coupables pour ôter à quiconque l'envie de recommencer jamais pareille aventure… N'oubliez pas non plus les petits salopards de ce régime, souvenez-vous de leurs noms, que pas un d'entre eux n'échappe ! Qu'ils n'aillent pas au dernier moment retourner leur veste et faire comme si rien ne s'était produit. »

J'espérais encore que Kiesinger ne serait pas élu, qu'ils prendraient conscience, ces députés de Bonn, qu'ils avaient des comptes à rendre à l'Allemagne. Mais non, il remporte les élections. Kiesinger dirige désormais le gouvernement ouest-allemand et, immédiatement, la conspiration du silence s'installe dans les journaux. D'autant que s'est constituée la grande coalition des chrétiens-démocrates et des sociaux-démocrates. Brandt est ministre des Affaires étrangères.

Il faut réagir, mais comment ? L'exemple Scholl me décide. L'essentiel, dans la lutte contre le nazisme, ce n'est pas d'être sûr de réussir avant de se lancer. Il faut avant tout courageusement essayer, suivre sa conscience, ouvrir les yeux et agir. Après, mes actes me suivront et me pousseront en avant, et d'autres s'en inspireront. Mon premier acte serait une proclamation publique, une prise de position nette.

Je rends visite à deux quotidiens du matin avec mon article. On m'éconduit gentiment en me conseillant d'aller voir à *Combat*.

J'ai eu quelque mal à découvrir, rue du Croissant, dans le quartier de Montmartre, le vieil immeuble abritant le journal qui conservait si vivace l'esprit de la Résistance française.

Le jeune rédacteur que je rencontre, Michel Voirol, paraît surpris de rencontrer une Allemande décidée à protester contre la nomination de Kiesinger. Ma première tribune libre paraît le jour de sa visite officielle à Paris, le 14 janvier 1967 :

«*L'Allemagne officielle a plusieurs visages : Willy Brandt est le seul qui ne devrait éveiller aucune suspicion parmi les Français. Au moment où l'Allemand se plaît plutôt à se reconnaître dans le personnage de M. Kiesinger, le destin accorde en contrepartie à l'Allemagne la chance de l'accession de Willy Brandt à un poste éminent du gouvernement.*

*M. Kiesinger a pour lui la chance de rassurer ses concitoyens d'un certain âge. Il a toujours marché de concert avec le peuple allemand. Comme lui, il s'est trompé pendant plus de dix années, celles de son adhésion au parti nazi... Willy Brandt fait plus peur aux Allemands qu'il ne les attire, même si les jeunes regardent de plus en plus vers lui. Car Willy Brandt a toujours marché à contre-courant quand il le fallait. Il a tort d'avoir toujours eu raison dans les grands choix de sa vie et d'avoir indissolublement lié la morale à la politique. On reproche aussi son courage à Willy Brandt, et il en fallait à un Allemand qui n'était ni juif ni communiste, mais qui était un Allemand libre, pour quitter l'Allemagne dont les passions troubles s'incarnaient en Hitler.*

*Il en fallait, du courage, pour être en Espagne du côté des républicains et non sous le casque nazi. Il en fallait, du courage, pour combattre en Norvège l'armée allemande, celle qui traînait derrière elle les "solutions finales". C'est son courage et sa lucidité que beaucoup d'Allemands n'admirent pas chez Willy Brandt, et que même ils ne lui pardonnent pas... Les Allemands dans leur majorité ne savent pas encore que c'est une chance pour l'Allemagne de demain de disposer d'un homme comme Willy Brandt. Les chefs d'État*

*des pays où il se rendra ces prochains mois pourront
lui serrer la main sans aucune arrière-pensée. C'est
toute l'Allemagne qui va tirer profit du crédit moral
et politique que son ministre des Affaires étrangères
met à sa disposition. Espérons qu'à l'heure du choix
électoral ce ne sera pas, pour une fois, M. Kiesinger
qui tirera les marrons du feu. »*

Ce n'est ni la haine contre Kiesinger, ni une fascina-
tion morbide du passé, et encore moins le désespoir,
qui m'anime. Il existe un avenir pour l'Allemagne,
à portée de nos mains. « Pourquoi il faut miser sur
Willy Brandt » – tel est le titre de ma deuxième tribune dans *Combat*, publiée en mars 1967 :

*« Allemande, je déplore l'accession à la chancellerie
de M. Kiesinger. Un ancien membre du parti nazi
– même s'il ne l'a été que par opportunisme – à la
direction des affaires allemandes, autant dire que pour
l'opinion publique c'est l'absolution d'une certaine
époque et d'une certaine attitude. À propos d'Eichmann, la philosophe Hannah Arendt a parlé de la
"banalité du mal". Pour moi, M. Kiesinger personnifie la respectabilité du mal. À l'âge de trente ans,
M. Kiesinger a adhéré au parti nazi, et nul doute
qu'en 1933 il fallait donner certaines marques de
confiance pour mériter cette carte de parti génératrice
de faveurs, de privilèges et de pouvoir. M. Kiesinger
resta nazi jusqu'en 1945 et se tira tant bien que mal
des tribunaux de dénazification sur le thème : "Si je
n'ai pas démissionné, c'était pour limiter les dégâts
de l'intérieur." Bien que née en 1939, je sais trop ce*

*qu'ont été l'univers concentrationnaire et la misère de*
*l'Europe en ruine pour remercier M. Kiesinger de la*
*façon dont il a limité les dégâts.*

*Cela n'empêche certainement pas M. Kiesinger*
*d'avoir bonne conscience et, par sa promotion, d'avoir*
*rendu leur bonne conscience au peu d'Allemands qui*
*l'avaient perdue...*

*Willy Brandt, lui, a choisi une voie contraire [...].*
*Les véritables démocrates allemands qui luttaient*
*l'arme à la main contre le nazisme étaient excessive-*
*ment rares. Paradoxalement, ils sont presque devenus*
*la mauvaise conscience de l'Allemagne en apportant la*
*preuve qu'il était possible de s'engager dans le camp*
*du bon droit et de la morale [...]. Aujourd'hui, l'Alle-*
*magne ne s'est pas encore dégagée de son passé parce*
*qu'elle n'a pas voulu l'assumer sincèrement [...].*

*Seuls Willy Brandt et son équipe peuvent donner un*
*cours nouveau à la vie politique de l'Allemagne, parce*
*qu'ils le veulent réellement et parce qu'ils ont fourni*
*les preuves de leur maturité politique. La conquête des*
*Affaires étrangères de la République fédérale est le*
*premier stade de leur conquête du pouvoir. L'intérêt,*
*donc, des pays qui craignent de malsaines ambitions*
*allemandes est d'aider Brandt à devenir chancelier.*
*Les pays de l'Est, en particulier, devraient l'accueil-*
*lir avec toute la considération et l'estime dues à un*
*homme qui fut leur allié dans le combat contre le*
*nazisme et qui le demeure. Ils devraient aussi le tenir*
*pour seul interlocuteur valable et refuser le dialogue*
*avec M. Kiesinger lui-même. Enfin, ils devraient aider*
*de leur mieux Brandt dans ses efforts de règlement du*
*problème allemand dans le sens d'un rapprochement*

*des deux Allemagnes dans un cadre socialiste. Ainsi
le peuple allemand s'habituerait-il sans doute avec
satisfaction à la perspective d'avoir pour chancelier,
plutôt qu'un ancien petit-maître du régime nazi, un
ministre des Affaires étrangères qui est l'honneur de
son pays. Dans cette affaire, l'intérêt de la France et
de l'Europe, toute l'Europe de l'Atlantique à l'Oural
et au-delà, est le même. »*

Brandt est alors presque un inconnu en France et
personne, pas même en Allemagne, n'ose évoquer en
de tels termes son destin et sa volonté.

Chacune de mes prises de position politiques
aggrave l'hostilité de mes supérieurs et de mes collègues de l'Office franco-allemand pour la jeunesse.
Personne toutefois n'évoque en ma présence ces
articles. Mais on cherche visiblement à rendre de
plus en plus insupportables mes conditions de travail. L'affrontement direct est proche.

Si au bureau je sens poindre l'orage, dehors les
joies de la famille m'absorbent. Notre vie personnelle
est gaie et facile, plus que si chaque élément de la
communauté que nous formons vivait à part. Arno
grandit et me ravit. Serge a démissionné de l'ORTF ;
il est attaché de direction à la Continental Grain à
Paris, une firme multinationale, une des premières
du monde dans le commerce des céréales. Destiné
à devenir un spécialiste d'affaires financières complexes dites de *clearing* et de compensation, il voyage
fréquemment, surtout dans l'est de l'Europe, où le
sert sa connaissance du russe.

Nous nous sommes si bien organisés que je peux partir seule en vacances à l'aventure, comme Serge il y a dix ans. Je voyage au mois de mai aux États-Unis et au Guatemala, où réside un cousin de Serge. De retour à Paris, je passe une journée avec Serge à discuter des événements du Moyen-Orient. Le lendemain, le 6 juin 1967, c'est la guerre. Serge et son ami de toujours, Josy, qui travaille également à la Continental, s'envolent pour Tel-Aviv. Je suis en larmes. Je n'ai pas dissuadé Serge de partir : j'avais visité Israël avec lui l'année précédente ; je savais son attachement pour la cause juive et quels périls menaçaient Israël.

Au sein d'une pareille famille, je me sentais forte de l'amour des miens. J'en eus besoin dans l'épreuve qui m'attendait.

## Révoquée de l'OFAJ

30 août 1967. J'ai été mise à la porte de l'Office. J'appelle immédiatement Serge au téléphone. J'ai la gorge nouée. Ma voix est à peine audible. Serge me fait répéter :

— Le directeur vient de me remettre une lettre du secrétaire général de l'Office qui m'informe de l'ouverture d'une procédure disciplinaire.

— Pour retards ?

C'est la première idée qui saute à l'esprit de Serge.

— Non, pour raison politique. Écoute ce qu'il écrit : « […] j'ai fait ouvrir à votre encontre une procédure disciplinaire tendant à votre révocation. En effet, l'article "Le sommeil trouble de l'Allemagne" paru sous votre signature dans le journal *Combat* du 21 juillet 1967 constitue une infraction grave aux obligations des agents de l'Office […]. Dans l'article mentionné ci-dessus, vous avez écrit en particulier ce qui suit : "Les premiers pas de M. Kiesinger ont été modestes et feutrés, car *cet homme qui a su se faire une aussi bonne réputation dans les rangs des chemises brunes que dans ceux de la démocratie chrétienne* était bien conscient de ce que son avenir se jouait dans les premières semaines de son avènement." »

— Articule mieux, je n'entends rien !

— Mais oui, écoute, je continue : «Votre article contrevient ainsi gravement à l'esprit de loyauté visé à l'article 3 du paragraphe 2 du statut du personnel de l'Office, d'après lequel tout agent, dans ses déclarations, activités et publications, doit s'abstenir de tout acte incompatible avec ses devoirs et obligations envers l'Office, ou de nature à porter préjudice moral ou matériel à l'Office […]. »

— Viens tout de suite à mon bureau, nous en discuterons, me propose Serge.

Cette lettre m'a bouleversée. Être révoquée sans préavis ni indemnité me donne l'impression d'avoir commis quelque crime dont la honte rejaillirait sur l'Office.

J'ouvre mes tiroirs, emporte quelques objets personnels. Personne, sauf la standardiste, ne se risque à me dire au revoir, à me serrer la main.

Je marche vite : j'ai besoin de me calmer. De la rue d'Artois à la rue de la Ville-l'Évêque, il n'y a que quelques centaines de mètres. Je pénètre dans l'immeuble de la Continental Grain. Serge a les mâchoires serrées ; il est fébrile comme chaque fois qu'une émotion violente l'envahit ; chez moi, les sentiments s'extériorisent moins, mais nous partageons la même rage.

Un des collègues de Serge s'efforce de nous apaiser :

— Arrêtez-vous là. Rétractez-vous, puisque l'on vous donne la possibilité de répondre, dans les quinze jours, aux griefs formulés contre vous.

— Évitez un procès complexe et inutile. Vous perdrez et serez sans travail, renchérit un autre cadre.

Un troisième ajoute :

— Voyez ce qu'il en coûte de mener une croisade. C'est la lutte du pot de terre contre le pot de fer...

C'en est trop. Je ne veux plus les écouter. Serge m'entraîne au Surville, un bistrot de la rue des Saussaies. Assis face à face, nous restons silencieux un long moment. Est-il possible de renoncer, de s'humilier ? J'essaie d'être forte. Il me faut faire face à cette injustice. Alors je pense à ceux qui sont le sens de notre combat. Ils viennent à mon secours. Comment pourraient-ils admettre, eux, que, vingt ans après leur supplice, des nazis reprennent le pouvoir ?

Des images cruelles défilent devant mes yeux. Le petit garçon du ghetto de Varsovie, toute la gravité du monde dans le regard, mains en l'air devant un soldat allemand. Il ressemble à mon fils, c'est mon fils. Non, je ne peux me taire. Serge me parle de son père, frappé par un Kapo dès son arrivée à Auschwitz, qui assomma son tortionnaire en retour : «Comment pourrais-je, moi, sans lutter, accepter que tu sois mise à la porte de ton travail, la première en France depuis la guerre, pour avoir dit la vérité sur un nazi ? Ce serait la pire des démissions », conclut Serge.

Il me prend la main par-dessus la table et l'embrasse. Je revois la photo de ce jeune couple, allongé sur les gravats des ruines du ghetto de Varsovie, au milieu d'autres Juifs qui, dans un moment, seront massacrés. Dressés devant eux, casqués et bottés, mitraillette au poing, des SS les dominent, en vainqueurs. L'homme et la femme s'appuient l'un contre l'autre. Il lui tient la main. Non, il ne la protège pas. Il n'est plus temps de se protéger, mais leur amour survit. Ils sont aux portes de la mort, et pourtant on peut deviner dans leurs yeux et sur leurs lèvres une expression indestructible, celle des gens qui s'aiment.

Cette image est passée fugitivement. Cet instant a été le tournant de notre vie. Notre décision est prise. Nous allons nous battre, et ce combat sera priori-taire. Nous avons décidé de tout sans une hésita-tion, presque sans un mot. Au même moment, pour chacun de nous, cela s'est imposé irrémédiablement. Nous nous battrons non pour nous donner bonne conscience, mais pour gagner, et nous savons que désormais notre combat sera un engagement total. La carrière de Serge, notre vie familiale, la sécurité matérielle passeront au second plan.

De la rue des Saussaies à l'Élysée où siège le général de Gaulle, il y a deux pas à faire. Je m'y rends sur-le-champ. Je demande le secrétaire général, Bernard Tricot. Hasard, erreur, j'arrive jusqu'à son bureau. M. Tricot est surpris de me voir. Il m'écoute toutefois. Son attitude réservée ne me laisse guère d'espoir.

Le 13 septembre, il m'écrira : «Je dois vous dire que j'estime que la présidence de la République n'a pas à intervenir dans cette affaire… Il ne m'appar-tient pas de m'immiscer dans le déroulement de la procédure qui est déjà engagée. » Les autorités fran-çaises à l'échelon le plus élevé se lavent les mains de cette situation. Et pourtant je suis française depuis quatre ans.

Je m'adresse alors à l'un des noms les plus célèbres de la Résistance française, Henri Frenay, qui créa et dirigea le mouvement « Combat ». Le 21 septembre, je reçois sa réponse ; je l'ouvre, le cœur battant – j'attends des encouragements, un soutien moral. Mes yeux se brouillent de larmes amères en lisant ce que m'écrit le grand résistant français. S'il avait été allemand, aurait-il résisté à Hitler ? ne puis-je m'empêcher de penser :

> « *Madame,*
> *J'ai bien reçu votre lettre du 9 septembre et les documents qui l'accompagnaient. Étant donné l'importance de ce problème, non seulement pour vous, mais encore sur un plan plus général, je les ai lus avec toute l'attention qu'ils méritaient. Je suis arrivé à cette conclusion, vous ne m'en voudrez pas de vous le dire, que je ne peux en aucune manière partager votre sentiment, ni approuver votre attitude, publiquement exprimée alors que vous étiez l'un des membres de l'Office franco-allemand pour la jeunesse.*
> *Il en aurait été tout autrement si le chancelier fédéral avait été un membre éminent du parti national-socialiste et investi par lui de hautes responsabilités. Or rien de ce que vous avez écrit publiquement ou de ce que vous me dites dans votre lettre ne me permet de penser qu'il en a été ainsi. Il faudrait donc, en suivant votre pensée, condamner définitivement tous les Allemands qui, à quelque moment que ce soit, ont*

*eu en poche la carte du NSDAP. Vous savez comme
moi que cela signifierait mettre à l'écart de la vie
publique la quasi-totalité des hommes âgés maintenant d'environ quarante ans et plus.*

*S'il me paraît absolument nécessaire que les crimi-
nels de guerre authentiques soient encore aujourd'hui
poursuivis et frappés, il ne me paraît pas souhaitable du tout de témoigner de cet ostracisme qui est
aujourd'hui le vôtre.*

*Je comprends les sentiments qui vous ont guidée,
mais, comme je vous le dis, il m'est impossible de
quelque manière que ce soit de les partager. »*

Aux réticences d'Henri Frenay s'oppose heureusement l'action de Jean Pierre-Bloch, qui écrira un
article virulent dans *Le Juvénal*. Résistant, socialiste,
ancien ministre du général de Gaulle à Londres et à
Alger, Jean Pierre-Bloch est le président de la Ligue
internationale contre le racisme et l'antisémitisme.

Il me faut engager la lutte sur deux plans : celui
de la justice, avec un procès, et celui de l'opinion
publique française et allemande, avec la démonstration éclatante du passé nazi du chancelier Kiesinger.

En fait, les deux luttes sont mêlées, car nous
décidons de porter l'affaire devant la justice française et non devant la commission arbitrale de
l'Office franco-allemand, composée de deux magistrats nommés par leurs gouvernements respectifs.
Pareille commission enterrerait discrètement cette
affaire, alors que, si nous sommes jugés par le tribunal d'instance du VIII<sup>e</sup> arrondissement de Paris,

elle aura une chance d'éclater aux yeux du public grâce à la presse.

Nous commençons à supporter quotidiennement les difficultés de notre combat. Il coûte cher. Nous avons cessé de payer nos impôts. Ils seront majorés, mais cela nous permettra d'ajourner leur règlement. Nous comprimons le budget nourriture. Notre vieille voiture, une Aronde, est liquidée. Nous avons supprimé la femme de ménage et gardé seulement une fille au pair. Les heures consacrées à la politique se juxtaposent au travail domestique. Je n'ai aucun mal à passer instantanément de l'un à l'autre. C'est avec la même conscience professionnelle que je lave le linge sale de la famille et celui de l'Allemagne.

Ma belle-mère redoute ce qui peut nous arriver ; elle comprend qu'un semblable engagement nous mènera loin des sentiers battus, qu'il nous écartera d'une existence normale. Elle nous rappelle nos responsabilités à l'égard d'Arno, émet des doutes sur l'efficacité de notre action. Nous faisons la sourde oreille ; je ne veux considérer que le but recherché ; l'avenir de notre fils passe par le succès de notre cause ; je mets des œillères pour ne pas voir le rivage paisible alors que la vague m'emporte. Mais, au fond de son cœur, ma belle-mère nous approuve. Elle prend soin d'Arno quand je m'absente et, lorsque nous avons besoin d'argent, c'est elle ou ma belle-sœur qui nous aident. Quant à ma mère, veuve depuis un an, elle critique aigrement ma campagne. Elle soutient qu'il est tout à fait normal d'être révoquée si l'on critique un chancelier.

La nécessité de constituer un dossier sur l'activité nazie de Kiesinger s'impose à nous. Serge, qui a rassemblé quelques documents au Centre de documentation juive contemporaine de Paris, me fait remarquer que les premières révélations sur Kiesinger dans la presse proviennent manifestement des archives de Potsdam, en Allemagne de l'Est. Il a alors l'idée de contacter son maître de conférences à Sciences Po, Georges Castellan, historien de l'armée allemande jouant un rôle actif dans les échanges franco-est-allemands. Il lui téléphone : « Je voudrais consulter les archives de Potsdam. Pouvez-vous me donner une indication pour entrer en relation avec les autorités compétentes ? » Georges Castellan lui indique le nom de M. Heyne, directeur des Amitiés franco-allemandes à Berlin-Est. Serge décide de partir pour la capitale est-allemande.

Berlin-Est, en 1967, est une des villes européennes les plus mystérieuses. Y aller sous le prétexte de consulter des archives peut éveiller les soupçons des services spéciaux, la France et la RDA n'ayant alors pas de relations diplomatiques. Serge connaît Martial de La Fournière, conseiller technique de Pierre Messmer, ministre des Armées ; il a travaillé sous sa direction au moment du putsch des généraux, en avril 1961, quand il effectuait son service militaire au ministère des Armées, rue Saint-Dominique. Sa lettre à Martial de La Fournière se résume ainsi : « Ma femme, française, a été révoquée en France pour avoir écrit qu'un Allemand avait été nazi ; la France n'a rien fait pour l'aider. Je suis obligé de l'assister moi-même ; il nous faut constituer un dossier sur Kiesinger ; les documents se trouvent à Berlin-Est ; je veux préciser ces faits afin qu'on ne me taxe pas d'imprudence, d'espionnage, de troubles dans les relations diplomatiques, etc. » Sa sincérité a dû fonctionner. Nous n'avons jamais eu d'ennuis.

Ayant pris quelques jours de congé, Serge arrive à Schönefeld, l'aérodrome de Berlin-Est, dont il se voit refuser l'accès faute de visa. De plus, il ne parle pas l'allemand et personne ne comprend ce qu'il cherche. On déniche une secrétaire franco-phone. Serge lui donne le numéro de téléphone de M. Heyne et obtient de ses services une autorisation de séjour.

Serge se rend au siège des Amitiés franco-allemandes, mais il n'y trouve pas M. Heyne. Son bureau est installé dans l'ancien ministère de la Propagande de Goebbels, à une cinquantaine de mètres de l'ancien bunker de Hitler, Ernst-Thälmann-Platz, dans un décor désolé, au premier étage de l'immeuble. Serge entre dans le salon où Goebbels donnait chaque matin une conférence de travail, à laquelle Kiesinger se rendait fréquemment. C'est à la Chambre du peuple, la Volkskammer, que Serge rencontre M. Heyne et lui expose sa requête. On l'oriente vers le ministère de l'Intérieur, où il est reçu le lendemain par un haut fonctionnaire. Après l'avoir écouté, ce dernier le fait attendre une heure avant de le présenter à une commission de sept ou huit personnes. Avec l'aide d'un interprète, il expose de nouveau notre projet de constituer un dossier sur le passé de Kiesinger, et ne cache pas avoir été

volontaire en Israël pendant la guerre des Six-Jours.
La réponse est favorable.

Durant trois jours, Serge consulte un épais dossier
et prend de nombreuses notes. Il me téléphone tous
les soirs : «Je travaille dans une annexe du ministère
de l'Intérieur, Mauerstrasse, à côté du Nationalrat,
le Conseil national, me raconte-t-il. J'entre par un
petit escalier gardé par un policier en armes. Je suis
annoncé par téléphone et un fonctionnaire vient me
chercher après avoir noté l'heure d'arrivée. Il en est
de même lorsque je sors. Pendant des heures, je pose
des questions à un jeune historien du ministère de
l'Intérieur, spécialiste des rouages administratifs du
III$^e$ Reich. Grâce à l'interprète, je peux me faire traduire l'essentiel des documents les plus importants.
Le reste, tu l'approfondiras toi-même. »

Au cours de ses recherches, Serge n'a eu aucun
mal à se mouvoir dans le dédale de l'organisation
radiophonique où Kiesinger avait joué son rôle de
propagandiste hitlérien, ayant trois ans plus tôt travaillé avec Roland Dhordain à la refonte des structures radiophoniques nationales.

Serge repart de Berlin-Est avec un énorme dossier
de photocopies. Il a remarqué lors de ses recherches
un livre sur la propagande radiophonique hitlérienne
dont l'auteur est Raimund Schnabel. Mais il n'en
existe qu'un seul exemplaire à Berlin-Est. Europa-
Verlag, son éditeur, est viennois. Simon Wiesenthal,
qui donne l'impulsion à tant de poursuites contre
les criminels nazis, habite également Vienne. Serge
y voit un signe et s'y rend immédiatement. C'est au
numéro 7 de la Rudolf Platz que Serge rencontre

Simon Wiesenthal. Malheureusement, il ne peut nous fournir aucun document : « Je regrette, dit-il, un homme politique comme Kiesinger n'entre pas dans mon domaine. Je me suis documenté surtout sur les SS, les bourreaux des camps, les maîtres d'œuvre de la solution finale de la question juive. »

En plus du dossier rapporté de Berlin, notre documentation s'enrichit d'éléments dénichés à la Wiener Library, à Londres, ainsi que de milliers de microfilms que nous avons achetés sur catalogue, pour 400 dollars, aux archives du ministère des Affaires étrangères de Washington.

L'exploitation rapide de ces documents me permet de rédiger et de faire imprimer à nos frais peu avant Noël 1967 une brochure intitulée *La Vérité sur Kurt Georg Kiesinger.*

Durant de longues soirées, j'ai parcouru des centaines de mètres de microfilms à la recherche des moindres éléments pouvant étayer ma thèse. Ainsi, par petits fragments, par un minutieux travail de Pénélope, ai-je pu reconstituer le rôle joué par Kiesinger. J'ai mis sur diapositives les documents les plus significatifs afin d'exposer, par des conférences illustrées, que ce que j'affirmais n'était pas un bluff. La chance fut de mon côté. Je rencontrai pendant l'été 1968, au Centre de documentation juive contemporaine, l'historien Joseph Billig, auteur d'un ouvrage remarquable, *L'Hitlérisme et le système concentrationnaire.*

Il est l'un de ceux qui ont le mieux compris et décrit le rôle que jouèrent certains diplomates allemands dans l'élaboration de la solution finale de la question juive. Joseph Billig s'est montré d'abord réticent lorsque je lui ai parlé de Kiesinger : «Qu'a-t-il fait ? Cela ne m'intéresse pas. Je doute d'ailleurs qu'il ait fait grand-chose », m'a-t-il répondu, sceptique, lors de notre premier entretien.

Il a tout de même accepté de lire le dossier. Il s'est bientôt avoué convaincu. Nous pûmes ainsi rédiger une étude plus approfondie que mes brochures. *Kiesinger ou le Fascisme subtil* constituait mon acte d'accusation et levait définitivement le voile sur le véritable visage de Kiesinger.

# Le dossier nazi de Kiesinger

Jeune avocat, Kiesinger a adhéré au parti nazi le 1er mai 1933. Il avait près de trente ans. Sa carte, qu'il conservera jusqu'à la fin de l'aventure nazie, porte le numéro 2633930.

Étudiant, il appartenait à des associations catholiques, mais, dès 1933, il cherche à intégrer son militantisme catholique dans l'ensemble de la politique de Hitler. Sa conscience de chrétien s'accommode de l'antisémitisme du régime hitlérien qui propose à la nouvelle Allemagne l'exaltation de sa grandeur.

En août 1940, le ministre des Affaires étrangères, Joachim von Ribbentrop, affecta Kiesinger au service politique de la radiodiffusion, à titre de « collaborateur scientifique auxiliaire ». Ce juriste de trente-six ans allait mettre à ce poste ses convictions et ses capacités au service de la victoire du IIIe Reich. Il deviendra progressivement le principal animateur de son service. Sa carrière le mènera du rang de collaborateur du service radio à celui de chef adjoint du département politique radiophonique. La position non titulaire de Kiesinger dans l'*Auswärtiges Amt* facilitait en outre son

rôle délicat d'intermédiaire entre les ministères de
Ribbentrop (AA) et de Goebbels (Propagande), en
perpétuelle opposition.

Kiesinger devait sa place à Martin Luther, secrétaire d'État aux Affaires étrangères. Nazi convaincu,
Luther avait été mis en place par Ribbentrop pour
introduire au ministère des Affaires étrangères l'esprit hitlérien qui y faisait défaut. Pour cette tâche,
Ribbentrop avait formé sous la direction de Luther
le département « Allemagne ». La collaboration
avec les membres du Parti dans les questions des
Affaires étrangères signifiait concrètement collaborer
avec Himmler, la SS étant devenue le seul garant
indiscutable de la mise en œuvre de l'idéologie hitlérienne. Au procès des hauts fonctionnaires nazis à
Nuremberg, le secrétaire d'État aux Affaires étrangères, Carl Friedrich von Weizsäcker, a dit du département « Allemagne » : « Ils ont créé leurs propres
sous-départements pour des affaires qui n'étaient pas
du tout de la responsabilité du ministère des Affaires
étrangères, telles la politique raciale, les affaires
juives, les questions de police et ainsi de suite. »
Kiesinger n'était pas dans l'AA parmi les représentants de la diplomatie classique, mais du côté des
hommes évoluant dans l'ombre inquiétante du Parti,
et tout particulièrement de la SS.
Depuis le décret du 8 septembre 1939, la propagande à l'étranger au moyen d'émetteurs implantés
en Allemagne ou dans les territoires occupés était
confiée à Ribbentrop, au détriment de Goebbels.
Le service devait en outre influencer ou diriger les

radios étrangères, et, au besoin, les acquérir pour qu'elles propagent les idées nazies.

Kiesinger monte rapidement en grade dans le service de la Rundfunkpolitische Abteilung, qui compte environ deux cents collaborateurs à Berlin même, et autant à l'extérieur du Reich. Dès 1941, Kiesinger devient chef du service B du département, un des deux services des affaires générales. Il est chargé de la prévision et du contrôle d'exécution des lignes directrices de la propagande de la radio allemande pour l'étranger, de la restructuration de l'ensemble des motifs et des méthodes de la propagande, des propositions d'actions déterminées et des suggestions pour l'utilisation de thèses efficaces. À cela s'ajoute la coordination du travail des onze différents bureaux d'émission vers l'étranger.

Kiesinger dirige aussi la censure de toutes les émissions à l'intention de l'étranger. Aussi, dès 1941, le contenu des émissions nazies vers l'étranger dépend-il directement de Kiesinger. Cette même année, il entre également au conseil d'administration d'Interradio. Cette gigantesque société radiophonique, fondée par Goebbels et Ribbentrop, véhicule la propagande de guerre nazie à l'étranger. Membre du conseil d'administration d'Interradio, Kiesinger est, au nom de l'AA, actionnaire de cette société pour 10 millions de Reichsmarks. Il est de plus agent de liaison entre l'AA et Interradio : si les services d'Interradio n'appliquent pas les directives élaborées par les services régionaux de son département, il a le pouvoir de les obliger à le faire. Interradio a été créé pour regrouper les émetteurs déjà contrôlés par le Reich, installer et mettre en service de nouveaux émetteurs à l'étranger et fonder des sociétés aux buts identiques. Interradio regroupait sept cents personnes, dont deux cents étaient chargées de l'écoute des émissions étrangères, le Sonderdienst Seehaus.

Les objectifs politiques d'Interradio sont définis dans un document du 5 novembre 1941 : « Les émetteurs étrangers possédés par l'Allemagne ou influencés par elle seront d'abord, sous la direction des services centraux à Berlin, un instrument de guerre pour effectuer par la suite un véritable travail d'avant-garde au service de la culture, de la science et de l'économie allemande, soutenant ainsi activement les grands desseins politiques du Reich. »

Ainsi, les responsables d'Interradio ne sont pas seulement des citoyens remplissant leur devoir de combattants dans le secteur civil de la patrie en guerre, mais également de futurs architectes de la nouvelle Europe dominée par Hitler.

Kiesinger est nommé en 1943 directeur adjoint du département de politique radiophonique, tout en conservant la direction du service B et en devenant directeur du second service général, le service A, chargé des émissions radiophoniques, des relations internationales de la radio, du droit de la radiophonie et des questions techniques de la radiodiffusion. Ainsi, il devient un élément moteur de toute l'organisation de la propagande radiophonique nazie vers l'étranger. Il est le seul à évoluer dans tous les rouages politiques et administratifs de l'extraordinaire toile d'araignée. Kiesinger se trouve en position d'adjoint tout-puissant du SS-Standartenführer Rühle ; il côtoie le nouveau chef du département de politique culturelle, le SS-Brigadeführer Franz Six, de retour de Russie où il vient de procéder à la liquidation directe de commissaires politiques et de milliers de Juifs, à la tête des *Einsatzgruppen*, les groupes d'intervention spéciaux.

Pendant l'été 1943, Kiesinger fait connaissance avec un des chefs de service du professeur Six, le Dr Ernst Achenbach, qui vient de revenir de France où il a été durant trois ans l'âme de la politique de *Kollaboration*.

Sur le point crucial de l'hitlérisme, la question juive, Kiesinger apportait un soin tout particulier. Il ne s'agissait évidemment pas de commenter les mesures d'oppression des Juifs ou la solution finale, mais d'attiser les sentiments antisémites de par le monde. Et il fallait le faire de façon appropriée, sans lancer d'affirmations grossièrement inexactes.

Ernst Otto Dörries, un des collègues de Kiesinger, ne comprenait pas cette méthode. Il le dénonça à la SS, qui classa la lettre. Le souci de Kiesinger d'observer la juste mesure pour augmenter l'efficacité de la propagande était partagé par le département « Allemagne » de l'AA et par la SS.

En dehors des émissions, le service de Kiesinger se chargeait de la diffusion à l'étranger du matériel de propagande antijuive *via* les responsables radio des ambassades allemandes. Une des tâches les mieux remplies par Kiesinger a été la propagation à travers

le monde de la haine et de la calomnie contre les
Juifs. Kiesinger n'aurait d'excuses que s'il avait ignoré
ce qu'il advenait des Juifs dans les camps d'extermination. Ce n'est pas le cas. En effet, il recevait
des bulletins « secrets » quotidiens et hebdomadaires
ainsi que des rapports d'écoute contenant toutes
les informations recueillies par le service. Dans sa
fonction, Kiesinger a été confronté aussi bien avec
l'*Endlösung*, la solution finale elle-même, qu'avec ses
préliminaires.

Dès janvier 1942, Kiesinger pouvait lire ou entendre Thomas Mann qui, *via* la BBC, lançait des appels
désespérés au peuple allemand et lui révélait l'atroce
vérité sur la façon dont les nazis assassinaient les
Juifs :

Janvier 1942. – «*La nouvelle paraît incroyable,
mais ma source est bonne. À ce que l'on m'a rapporté, de nombreuses familles juives de Hollande,
à Amsterdam et dans d'autres villes, sont plongées
dans une profonde tristesse ; elles pleurent la perte de
leurs fils, victimes d'une mort affreuse. Quatre cents
jeunes Juifs hollandais ont été déportés en Allemagne
afin que l'on expérimente sur eux des gaz toxiques.
La virulence de cette arme de guerre, chevaleresque
et essentiellement allemande, véritable arme de Sieg-
fried, a fait ses preuves sur ces jeunes hommes de race
inférieure. Ils sont morts…*
Septembre 1942. – «*À aucun degré la rage de les
tourmenter ne s'est arrêtée. À l'heure actuelle, on en
est arrivé à l'anéantissement, à la décision, empreinte*

*de démence, d'exterminer complètement la population*
*juive d'Europe[1]. »*

En novembre 1944, Goebbels souscrit avec
enthousiasme à la proposition de Hans Fritzsche de
placer Kiesinger au ministère de la Propagande et
de lui confier un poste très élevé. Kiesinger est un
des hauts fonctionnaires nazis dont on peut être sûr
qu'il a connu la vérité sur l'anéantissement des Juifs.
Cela ne l'a pas poussé à résister activement ou même
passivement en démissionnant d'un poste aussi com-
promettant. Sachant la vérité, il n'en a pas moins
répandu la propagande antisémite par les moyens
les plus efficaces à travers le monde entier.

À côté de Kiesinger, qu'est donc un bourreau
d'Auschwitz ? Un exécutant sadique. Mais celui qui
excite le sadisme des autres, celui qui répand les
calomnies sur un peuple dont il sait qu'il est voué à
l'extermination, occupe dans un crime exceptionnel
un rang exceptionnel.

En mai 1945, Kiesinger fut emprisonné par les
forces militaires américaines. Après dix-sept mois
d'incarcération, il fut libéré au début de la guerre
froide et dénazifié par une commission dont faisait
partie son beau-père, qui le classa malgré tout dans la
catégorie des nazis inaptes à exercer une activité politique. Quand Kiesinger décida de se lancer dans la vie

---

1. Thomas Mann, *Dehutsche Hörer ! Radiosendungen nach
Deutschland aus den Jahren 1940-1945*, 4e édition, Francfort,
Fischer, 2004.

politique du Bade-Wurtemberg, il lui fallut repasser de nouveau devant son beau-père. Il fut classé cette fois dans la dernière catégorie de nazis. Depuis, son dossier de dénazification a fort opportunément disparu.

*

* *

Je suis sûre que Kiesinger n'a pas simplement retourné sa veste, qu'il n'est pas devenu sans arrière-pensée un chrétien-démocrate. La faillite du III<sup>e</sup> Reich a été trop éclatante pour que quiconque ait le courage de se proclamer hitlérien. Ils étaient nombreux, pourtant, parmi les citoyens allemands, en 1967, ceux qui vivaient dans la conviction que la valeur spécifique de leur peuple lui imposait le devoir d'organiser une Europe vouée tout entière à l'épanouissement du génie allemand.

Kurt Georg Kiesinger, chancelier de la République fédérale d'Allemagne, a menti. Il a prétendu n'avoir adhéré au parti nazi que parce qu'il espérait, comme beaucoup d'autres catholiques, infléchir « de l'intérieur » le mouvement vers l'idéal chrétien. Il a affirmé s'être rendu compte, après l'élimination sanglante des SA, en 1934, de la véritable nature du nazisme et avoir cessé toutes relations avec le nazisme. Il a précisé qu'il n'avait été qu'un infime « collaborateur scientifique » au ministère des Affaires étrangères, sans aucune responsabilité.

Aucune de ses allégations n'a résisté à un examen approfondi des faits.

## De découverte en découverte

En plus du dossier Kiesinger, Serge est revenu d'Allemagne de l'Est avec une information qui devait renforcer encore mon dessein d'être jugée par un tribunal français et non par la commission arbitrale de l'Office.

Serge a demandé aux Allemands de l'Est de vérifier le passé du magistrat allemand de cette commission ; les documents que nous recevons sont formels : Walter Hailer, qui doit décider du bien-fondé de mon renvoi, est lui-même un ancien nazi. Comble de l'ironie, il a adhéré au Parti le même jour que Kiesinger, le 1er mai 1933 ; sa carte porte le numéro 3579848.

En 1967, un des plus hauts magistrats de l'Allemagne fédérale et président du tribunal administratif du Bade-Wurtemberg, Walter Hailer, était un ancien orateur régional du parti nazi, membre des SA, chargé pendant la guerre de diverses responsabilités administratives, en France et en Belgique.

Dans les propositions d'avancement à la fonction de conseiller du gouvernement, en 1936, on peut lire : «Le Dr Hailer, trente et un ans, est jugé très favorablement. Actuellement membre du NSDAP, le Dr Hailer a pris au sein du Parti les fonctions d'orateur de section. Pas d'hésitation au point de vue politique. »

Hailer a collaboré à l'Institut allemand de la connaissance de l'étranger, que dirigeait le professeur Franz Six et qui était surtout un centre d'espionnage.

J'ai aussitôt constitué un dossier sur Hailer que j'ai remis à l'Élysée ainsi qu'à Jacques Rietsch, conseiller au tribunal administratif de Paris et magistrat désigné par le gouvernement français à la commission arbitrale de l'Office. Jacques Rietsch m'a confié au téléphone sa surprise de constater que son collègue serait à la fois juge et partie dans l'affaire.

Son émotion a été encore plus grande lorsqu'il a appris que c'était Kiesinger qui avait fait nommer Hailer à ce poste. Alors qu'il était ministre-président du Land de Bade-Wurtemberg, Kiesinger avait été chargé par le gouvernement allemand d'étudier la constitution de l'Office franco-allemand pour la jeunesse. Et c'est tout naturellement qu'il a fait nommer son ami Hailer au sein de la commission arbitrale.

Voici donc mon juge, la plus haute autorité de l'Office ! Échaudée par l'exemple de Hailer, je me suis demandé si d'autres nazis n'avaient pas siégé ou ne siégeaient pas encore au conseil d'administration de l'Office. Mes recherches n'ont pas été vaines : dans le fichier « Criminels allemands » du Centre de documentation juive contemporaine figurait le nom du Dr Fritz Rudolf Arlt, administrateur de l'Office de 1964 à 1966. J'apprends que la revue de jeunes *Élan* de Dortmund avait consacré un article au Dr Arlt. Je téléphone à *Élan* ; son rédacteur en chef, Ulrich Sander, m'envoie sa revue. Ce que j'y lis est fort édifiant.

En 1936, Arlt avait rédigé une thèse intitulée *Contribution à la psychologie raciale*, tout à fait dans la ligne des thèses racistes hitlériennes. Ce brillant conférencier des « semaines racistes » avait mis au point « de sa propre initiative » le recensement des Juifs de Leipzig, classés en fichiers « Juifs complets », « trois quarts de Juifs », « demi-Juifs », « quarts de Juifs ». Ce travail, très utile pour le service des Affaires juives de la Gestapo de Leipzig, fut la base de la nouvelle étude du Dr Arlt : « La biologie ethnologique des Juifs de Leipzig ». Avec l'aide du SD (le service de renseignements de la SS, créé et dirigé par Heydrich), Arlt mit aussi en cartes les Juifs de Silésie. Membre du parti nazi, Arlt était SS, n° 367769. J'ai même découvert plus tard dans les archives d'État de Coblence un document étonnant. Il émane du II-112, le service des Affaires juives du SD, et rapporte que « le Dr Fritz Arlt, spécialiste des questions hébraïques, vient de se proposer pour enseigner aux membres du SD des notions d'hébreu moderne » leur permettant en quatre semaines de traduire des articles de l'hébreu. Un de ses élèves consciencieux s'appelait Eichmann.

La carrière du Dr Arlt dans la SS a été remarquable. Ce n'était pas seulement un théoricien de la question juive. SS-Standartenführer, Totenkopfträger, colonel SS à tête de mort, Arlt a surtout officié à

Katowice, à quelques kilomètres d'Auschwitz, en tant que responsable au service de politique raciale. Le 9 novembre 1941, il est nommé lieutenant-colonel au quartier général du commissaire du Reich pour les questions raciales par Heinrich Himmler. Arlt est considéré comme criminel de guerre en Pologne et en URSS, où il a été condamné par contumace.

À la création de l'Office franco-allemand pour la jeunesse, Arlt a été désigné comme un de ses administrateurs. Il était déjà directeur de l'Institut de l'industrie allemande à Cologne, responsable de la formation de dirigeants de l'économie allemande, membre de la direction du Groupement des employeurs allemands. Désigné une nouvelle fois en décembre 1965, Arlt démissionna bientôt lui-même de l'Office après la parution de l'article d'*Élan*, dont nul ne souffla mot en France ou à l'Office. Il n'y eut aucun scandale. Aucun des employés ne fut informé qu'un criminel nazi de la pire espèce était un des dirigeants de l'Office. Je pouvais apprécier la différence de traitement entre Arlt et moi. Il avait participé activement à une politique de crimes atroces, mais il restait pour les autres dirigeants de l'Office un homme considéré, peut-être même craint.

Au fil des semaines, je découvris que d'autres anciens nazis siégeaient au conseil d'administration de l'Office, notamment des représentants du ministère des Affaires étrangères : Karl Kuno Overbeck, qui fut membre des SA et de la section politique du ministère de Ribbentrop, ou bien Luitpold Werz, entré au parti nazi le 1er octobre 1934. Werz fut actif en particulier en 1944-1945 dans le département Inland-Intérieur II, chargé entre autres d'aider la SS dans le règlement de la question juive. Mon renvoi de l'Office s'inscrivait donc dans une certaine logique. J'ai su plus tard que l'Office avait agi sous la pression directe du cabinet du chancelier Kiesinger.

Mon affaire fit l'objet d'une interpellation au Parlement allemand, le 11 octobre 1967. Au cours du débat, le secrétaire d'État pour la Famille et la Jeunesse, M. Barth, dut répondre aux questions de deux députés sociaux-démocrates :

«M. Bruck. – *Est-il exact qu'une secrétaire de l'Office franco-allemand pour la jeunesse ait été congédiée parce qu'elle avait critiqué le chancelier Kiesinger ?*

Le secrétaire d'État. – *Il est exact qu'une secrétaire de l'Office a été congédiée à la suite d'une affaire dont le gouvernement fédéral a été informé seulement "après" expédition de la lettre de licenciement par le secrétaire général de l'Office.*

M. Bruck. – *Dois-je en conclure que le gouvernement fédéral n'approuve pas ce congédiement ?*

Le secrétaire d'État. – *L'affaire se présente de façon plus compliquée. D'après le traité du 5 juillet 1963, l'Office est un organisme bigouvernemental et indépendant. Le gouvernement fédéral n'a pas la possibilité d'exercer d'influence sur ses affaires.*

M. Bruck. – *Pourriez-vous néanmoins me dire quelle est la position du gouvernement fédéral ? Je crois que ce licenciement est contraire aux principes de la Constitution.*

Le secrétaire d'État. – *Je vous rappelle encore une fois qu'il s'agit d'une procédure au cours de laquelle on ne peut intervenir actuellement en donnant une appréciation.*

[...]

M. Fellermaier. – *Le gouvernement fédéral est-il disposé à communiquer, après conclusion de la procédure, son propre point de vue politique ?*

Le secrétaire d'État. – *Dans la mesure où, dans cette affaire particulière, un point de vue politique peut être pris, le gouvernement fédéral est disposé à répondre après conclusion de la procédure et après éclaircissement de tous les différends. »*

Il ne le fera jamais.

Le 19 février 1968, devant le tribunal d'instance du VIII<sup>e</sup> arrondissement, a lieu mon procès. La veille, je téléphonai à une quarantaine de journalistes déjà alertés par l'envoi de ma récente brochure. La presse française et la presse internationale furent bien représentées au tribunal. La télévision est-allemande envoya même une équipe. Les *Izvestia* de Moscou publièrent un grand article sous le titre : «Le passé se dévoile. » C'est sur le plan politique que se place tout de suite l'affaire.

*Le Monde* titre : «Secrétaire bilingue à l'Office franco-allemand pour la jeunesse, Mme Beate Klarsfeld pouvait-elle dénoncer le passé hitlérien du chancelier Kurt Kiesinger ? » *Le Figaro* : «Le chancelier Kiesinger est un ancien nazi », sous-titre :

« … avait affirmé dans un article l'employée de l'Office franco-allemand pour la jeunesse. »

Mon message, le passé nazi de Kiesinger, et ma protestation atteignent des centaines de milliers de lecteurs.

Le 19 février, le tribunal d'instance se déclarant incompétent, je fis appel devant la 21e chambre de la cour d'appel de Paris.

Quatre mois plus tard, le 18 juin 1968, celle-ci confirmait la décision du tribunal d'instance et renvoyait ma plainte devant la commission arbitrale de l'Office franco-allemand. Non seulement la Cour ne me condamnait pas aux dépens, mais elle manifestait de plus une certaine sympathie à mon égard. Elle laissait entendre que la récusation du juge allemand, Walter Hailer, dont le passé nazi avait été démontré, pouvait être demandée.

C'est dans une situation quelque peu kafkaïenne que je me trouvais en me tournant cette fois vers la commission arbitrale de l'Office franco-allemand, dernière juridiction qui m'était à présent ouverte. En effet, pour demander à la commission arbitrale la récusation du juge allemand, il fallait demander à celui-ci de se démettre lui-même, ce que je fis. J'écrivis aussi au magistrat français, second membre de cette commission arbitrale, en le priant de déclarer incompétent son homologue allemand.

Cette démarche ingénieuse et désespérée aboutit : en septembre 1968, Walter Hailer était récusé. « S'il n'avait pas accepté sa propre récusation, comme l'écrit l'*Annuaire français de droit international* de

1969, il est probable qu'alors la nécessité pour les deux membres de la commission de nommer un tiers arbitre de leur choix, comme cela est prévu à l'article 23 en cas de désaccord, aurait conduit à une véritable impasse. »

Dès lors, l'Office s'est engagé dans un lent processus administratif qui a abouti à une modification de ses statuts, car le juge n'avait pas de suppléant, fonction qu'il fallait créer pour la circonstance. Serge avait eu pour maître de conférences Suzanne Bastid, la grande spécialiste française de droit international. Elle l'avait même envoyé faire un stage pendant l'été 1959 à l'Académie du droit international de La Haye. Dans ce duel juridique avec l'Office, il fit honneur à son professeur. Que de recherches, que de mémoires ! Même sur ce plan, nous ne voulions pas être dominés. Sans cet acharnement, l'affaire aurait été très vite classée.

Je m'étais engagée dans une bataille juridique fort complexe qui fit jurisprudence. *La Gazette du Palais* en a abondamment traité du point de vue des conventions internationales et des immunités de juridiction. L'*Annuaire français de droit international*, à deux reprises, en 1969 et 1970, a exposé très longuement cette affaire et ses nombreuses implications, en particulier à propos de l'obligation de réserve des fonctionnaires. Les événements m'ont obligée à me battre. Esquiver ou abandonner eût été renoncer à ma lutte première, ce à quoi je ne pouvais me résoudre.

En septembre 1967, peu après ma révocation, j'avais écrit au ministre de la Justice allemande, Gustav Heinemann. Horst Ehmke, son secrétaire d'État à la Justice, me répondit que le ministre allait se rendre à Paris pour faire une conférence et que je pourrais le rencontrer. Cette rencontre eut lieu à l'église allemande de Paris, rue Blanche. Gustav Heinemann me promit de s'occuper de mon cas.

Il tint parole… pour me donner un bon conseil que je suivrais à la lettre, plus qu'il ne le pensait. Le 8 décembre 1967, Horst Ehmke m'écrivait :

*«Chère Madame Klarsfeld,*

*Occupé par différentes affaires, je n'ai pu étudier votre dossier plus tôt. Je ne connais pas les conclusions du procès que vous avez introduit devant le tribunal français le 27 novembre. Mais je suppose que celui-ci vous renverra, conformément à l'article 23 du statut de l'Office, devant la commission interne de cet Office. D'autre part, on ne pourrait attendre beaucoup d'une plainte devant une juridiction de prud'hommes en Allemagne. Si vous désirez néanmoins porter plainte, soyez très prudente et choisissez avec grand soin vos avocats.*

*Mon impression personnelle est qu'une tentative de jeter une lumière politique sur cette affaire de très longue haleine vous garantira une possibilité de succès plus grande que celle que pourrait apporter toute juridiction, tout tribunal…*

*M. Heinemann, qui m'a demandé de préparer un dossier également pour lui, vous envoie ses sentiments respectueux. »*

Le ministère de la Justice m'indiquait ainsi la voie à suivre : je devais politiser l'affaire en Allemagne plutôt que de m'y lancer dans de longues procédures juridiques. Mon combat se situera dorénavant sur un autre front.

# Une Allemande réunifiée

Février 1968. Par petits groupes, des journalistes entrent et sortent. Ils vont aux nouvelles, pas très loin, à l'Élysée, où se poursuivent les entretiens franco-allemands[1], puis reviennent échanger leurs informations, évaluer les commentaires que le porte-parole ou les attachés de presse viennent de faire. Le bar de l'hôtel Bristol est un centre névralgique. C'est dans cet hôtel qu'aime à descendre Willy Brandt. Le chancelier Kiesinger loge, quant à lui, à l'hôtel de Beauharnais, résidence de l'ambassadeur à Paris, rue de Lille.

La journée s'achève. Les ministres qui accompagnent le chancelier Kiesinger viennent un à un prendre la température de la presse. Ils s'installent au bar ou dans les salons pour bavarder dans une atmosphère détendue. Franz Josef Strauss, alors ministre des Finances, vient de se joindre au petit

1. Les entretiens franco-allemands, qui ont abouti à la déclaration commune du 16 février 1968, avaient pour objet de trouver un accord pour que les pays candidats à l'adhésion à la Communauté économique européenne puissent bénéficier d'arrangements économiques propres à la CEE, notamment liés au marché commun, en attendant leur adhésion.

groupe de journalistes qui m'entourent. Il est près de 21 h 30. Nous abandonnons la longue discussion au sujet de mes récentes révélations sur le passé de Kiesinger. Je me tiens à l'écart ; Strauss m'inspire une vive antipathie ; l'homme fort de la droite allemande est pratiquement ivre. Strauss répond volontiers aux questions. Les whiskies défilent sur la table basse. Bientôt, il ne prête plus attention aux propos de ses interlocuteurs et se lance dans un interminable monologue, les coudes posés sur ses genoux, la tête en avant, nichée dans le creux de ses deux mains, fixant les motifs du tapis. Le fils du magnat de la presse allemande, Axel Springer, me tient compagnie. Il est photographe. « Cette campagne contre Kiesinger est absolument inutile, tente-t-il de me convaincre. Il vaudrait mieux ne plus en parler, car, s'il est au pouvoir, c'est de façon démocratique qu'il y est parvenu. Il n'est plus temps de protester. »

Tard dans la soirée, Willy Brandt fait son apparition dans le hall du Bristol. Les journalistes se sont levés précipitamment pour aller à sa rencontre. Il s'est arrêté devant les ascenseurs. Il est bronzé, détendu, élégant dans un costume sombre à fines rayures claires, très différent de l'homme que j'avais rencontré pendant l'été 1966. J'en profite pour lui rappeler l'interview que je lui avais demandée pour *Combat* et pour laquelle je lui avais soumis un questionnaire portant principalement sur ses souvenirs personnels de son passage en France, avant la guerre : «Je me mettrai bientôt au travail pour y répondre », me dit-il. Il ne m'envoya jamais ce texte.

Plus tard, lorsque la campagne contre Kiesinger s'est faite encore plus âpre, son attaché personnel, M. Sonksen, devait me confier les craintes de l'entourage de Brandt : «Vous comprendrez bien que M. Brandt, en tant que ministre des Affaires étrangères du chancelier Kiesinger et comme membre de la grande coalition, ne peut se permettre de vous donner, à vous, cette interview. Cela voudrait dire qu'il soutient la campagne que vous menez contre Kiesinger. »

Le 14 février 1968, je donne à ma tribune libre de *Combat* le titre : « La grande coalition CDU-SPD est virtuellement condamnée. » Je publie assez régulièrement dans *Combat* de longs articles où je m'efforce de faire connaître aux Français mon point de vue sur l'évolution politique en Allemagne ; ce n'est pas inutile : il y a très peu de correspondants de presse français à Bonn. Les Français sont sous-informés sur l'Allemagne.

*« Vieille d'un an, la grande coalition des chrétiens-démocrates et des sociaux-démocrates a pu faire illusion et laisser croire que cette formule de barrage à la crise économique et à la montée néo-nazie représentait une réalité politique durable. Il n'en est rien… Les démocrates en Europe doivent se réjouir de la révolte d'une jeunesse qui aurait pu être vouée à la résignation, au conformisme, à la satisfaction de la consommation, ou bien même à l'évocation des années glorieuses où le drapeau à croix gammée flottait partout en Europe. Le mouvement n'a cessé de se développer dans les villes universitaires. Le 11 décembre 1967, l'organisation*

*officielle de la jeunesse du parti social-démocrate, forte de 170 000 membres, a franchi le pas et réclamé des décisions politiques de portée internationale qui seront sans doute inscrites au programme du SPD quand il aura achevé sa nécessaire réforme. Ce sont essentiel-lement la reconnaissance de la RDA par la RFA et celle de la ligne Oder-Neisse comme frontière orien-tale de l'Allemagne tout entière, la renonciation de la RFA à tout armement atomique, la création d'un Office de la jeunesse allemande réunissant par des activités communes les jeunes des deux Allemagnes. Le 10 février, au Bundestag, a eu lieu un débat très animé sur l'agitation des étudiants. Si animé qu'on a parlé d'"hystérie anti-estudiantine". M. Kiesinger a félicité la police pour sa "grande patience" alors que les journalistes stigmatisent en général ses excès de brutalité. M. Heinemann, ministre socialiste de la Justice, a été violemment attaqué par l'ensemble des députés quand il a suggéré d'étudier les causes du malaise estudiantin au lieu de penser seulement à la répression et de traiter les jeunes de "terroristes". […] Nous devons comprendre en France que le combat qui s'engage en Allemagne nous concerne tous, car un jour l'Allemagne sera réunifiée. »*

Je reprends ces thèmes avec encore plus de force le 22 mars 1968 : « La réunification est naturelle et souhaitable ; de plus, elle est inévitable. Mais nous ne voulons pas d'une réunification dangereuse pour le monde. Nous voulons une réunification pacifique qui permette à l'Allemagne sans armes nucléaires d'être l'indispensable pont entre l'Est et l'Ouest. » Moi-même, je me considère déjà comme une Allemande réunifiée.

Il est 9 heures du matin en ce 20 mars 1968. Je suis arrivée à Berlin-Ouest au terme d'un voyage de trois semaines seule à travers la République démocratique allemande, qu'il me semblait nécessaire de connaître. La petite rue résidentielle de Berlin-Dahlem (un quartier de cette ville) est encore déserte. Je sonne timidement à la porte du professeur de théologie Gollwitzer, qui donne asile à Rudi Dutschke. La maison paraît endormie. Après maintes tentatives infructueuses, plusieurs longues attentes dans les bureaux du 140, Kurfürstendamm, siège du SDS, l'organisation de Dutschke, je me suis décidée à venir le surprendre chez lui, au saut du lit.

Je voudrais obtenir l'aide des jeunes pour mener à bien, en Allemagne même, ma campagne contre Kiesinger. Je me rends compte qu'il est difficile, sinon impossible, de la lancer à partir de Paris. Mes premiers contacts avec des membres de la Fédération des étudiants socialistes de Berlin ne sont pas très prometteurs. J'ai tenté de les convaincre. Je leur ai répété : « Pour abattre la démocratie chrétienne, il faut que vous compreniez que le passé nazi de Kiesinger constitue un levier. S'il semble naturel, en Allemagne même, qu'un ancien nazi occupe un poste élevé dans le gouvernement, il n'en est pas de même à l'étranger, où l'on juge cela scandaleux. Mon procès, tout anodin qu'il était, a prouvé que l'on pouvait attirer l'attention de l'opinion publique

internationale sur ce passé nazi. C'est un des points
sur lesquels vous devez insister. »

Ils n'ont pu comprendre, car, voulant instaurer
sur-le-champ la révolution, ils trouvaient normal
qu'un ancien nazi soit porté par le capitalisme allemand à la tête de l'Allemagne fédérale. C'était dans la
logique d'une situation qu'ils souhaitaient combattre
en bloc.

Je carillonne plusieurs fois. La porte s'entrouvre
enfin. La tête d'une jeune fille à la chevelure ébou-
riffée apparaît dans l'embrasure.

— Je voudrais voir Rudi Dutschke.

— Il dort, mais rentre quand même.

Quelques jours auparavant, je m'étais entretenue
au téléphone avec lui. Il connaissait donc mon nom :

— C'est Beate Klarsfeld qui vient d'arriver, lance
la jeune fille à travers l'appartement.

— Ah oui, fais-la entrer !

Je me dirige vers la pièce d'où semble venir la
voix. C'est un salon occupé en son centre par un
canapé-lit. Les volets ne sont pas tirés. La pièce
baigne dans une demi-obscurité.

Je distingue à peine Rudi, qui est encore au lit.
À côté de lui sa femme Gretel et entre les deux leur
bébé Che, qui a quelques semaines. Rudi semble très
attaché à sa famille, et est l'un des rares parmi les
leaders SDS à pouvoir mener de front vie familiale
et politique. Gretel termine de langer le bébé et
s'apprête à lui donner un biberon.

Rudi se dresse sur un coude. Il est très naturel,
direct. Tout comme depuis les tribunes publiques

où je l'ai déjà vu parler. Il a une personnalité qui « accroche », intéresse dès le premier instant.

Je lui explique que, en collaboration avec des étudiants juifs de Berlin, je projette d'organiser à Paris une rencontre sur le thème : « Jeunes Allemands et jeunes Juifs combattent ensemble les forces néonazies », à laquelle j'aimerais qu'il participe. « Je suis d'accord sur le principe, répond-il, mais il est possible que je me rende dans les jours prochains à Prague, où la situation commence à se tendre. Je ne suis pas sûr d'être à temps à Paris. »

Rudi se démarque de bien des idéologues du SDS rencontrés ces derniers jours. Derrière leurs longs cheveux, l'anticonformisme qu'ils expriment par une panoplie vestimentaire extraordinaire ou une liberté sexuelle spectaculaire, les amis de Rudi se gargarisent d'un vocabulaire théorique et entortillé qui donne le change et masque le peu de profondeur de leurs idées. Beaucoup de filles gravitent autour d'eux, mais les garçons les traitent d'une façon bien plus autoritaire que la plupart des bourgeois qu'ils critiquent ; quand j'ai abordé ce sujet, l'un d'eux m'a répondu avec désinvolture : « Elles nous servent de matelas. »

Rudi est clair et précis, il n'est pas prétentieux. Il a la poigne d'un leader. Il pourrait, bien sûr, rentrer dans le rang, et nul doute que son intelligence, son talent oratoire et son dynamisme lui assureraient une existence matérielle tout à fait confortable. Mais Rudi n'est pas un produit de la société de consommation allemande. Il s'est exilé d'Allemagne de l'Est, où il a combattu les excès du dogmatisme. Il a continué à l'Ouest à attaquer les défauts fondamentaux de la société dans laquelle il vit. À force de travail et de talent, il a réussi à faire des étudiants berlinois, puis allemands, la jeunesse universitaire la plus politisée d'Europe, vers laquelle les étudiants des pays voisins ont tourné leurs regards.

Le Vietnam Congress du 17 février 1968 à Berlin-Ouest fut l'occasion d'un rassemblement international des jeunes contestataires. Les étudiants français, dont Alain Krivine, purent ainsi s'initier aux méthodes et aux techniques du SDS.

Le 11 avril 1968, trois semaines après notre rencontre, Rudi Dutschke est abattu à bout portant, sans défense, et atteint de plusieurs balles à la tête. Il passe de longues semaines dans le coma, perd pendant longtemps l'usage de la parole, et se trouve définitivement écarté de la vie politique allemande. Il mourra des suites de ses blessures quelques années plus tard. Son agresseur est, dit-on, un isolé, un fou. Mais on retrouve chez lui des croix gammées, des insignes SS, un buste de Hitler ; il lisait la presse Springer. Cet attentat est l'aboutissement de la campagne haineuse contre Dutschke qu'ont lancée Axel Springer dans ses journaux et des politiciens comme Kiesinger.

C'était la première fois qu'un jeune avait pu entraîner un grand mouvement derrière lui, et ses adversaires avaient compris le danger qu'il représentait. La presse Springer n'aurait pas déclenché une telle opération si elle n'avait pas senti son importance. D'ailleurs, elle a réussi son coup : après l'attentat, la jeunesse d'extrême gauche s'est divisée parce que le leader qu'était Dutschke lui faisait défaut. Au lendemain de l'attentat, la *Bild Zeitung* titrait : «Terreur à Berlin». C'était le début des « Pâques sanglantes ».

À Berlin, mais aussi à Hambourg, Hanovre, Essen, Cologne, l'Allemagne voit s'élever les barricades des jeunes. Les immeubles du trust Springer sont assiégés. Les étudiants berlinois manifestent en rangs compacts. Les heurts avec la police sont violents.

Je me sens proche de ces jeunes. L'attentat contre Rudi était la preuve du bien-fondé des thèses qu'il défendait : en Allemagne, le véritable danger est à droite. Kiesinger attaquait hier Dutschke avec véhémence. Aujourd'hui, il envoie à sa femme un hypocrite télégramme de sympathie. En réalité, il se frotte les mains de contentement, et il n'est pas le seul. Je puise dans le drame qui atteint Rudi une raison de plus pour poursuivre mon combat contre Kiesinger. C'est une tradition de l'extrême droite allemande que d'éliminer physiquement les opposants.

Mes accusations contre Kiesinger ne trouvaient pas jusque-là les échos espérés dans la grande presse française et allemande. Mon gros dossier sous le bras, j'ai écumé les salles de rédaction, insistant pour être reçue par les rédacteurs en chef ou les journalistes spécialisés. On me répondait invariablement : «Oui,

oui, c'est très intéressant, mais, que voulez-vous, il est déjà chancelier ! »

Il faut changer de tactique.

Durant ces dernières semaines, j'ai été impressionnée par l'ingéniosité des méthodes employées par les amis de Rudi Dutschke, alors que la violence ne s'était pas encore déchaînée.

C'est à la Commune n° 1 que j'ai découvert leurs tactiques pacifiques, mais spectaculaires. La Commune n° 1 s'est installée dans un très grand appartement à la Stuttgarter-Platz. Des papiers, de vieux objets traînent dans des pièces généralement vides de meubles, mais couvertes de poussière ; des matelas au sol servent de lits. Là vivent une douzaine de garçons et de filles partageant tout au sein de la Commune – activités politiques, vie quotidienne et rapports sexuels. J'y ai rencontré leurs deux têtes de file : Fritz Teufel et Rainer Langhans.

La Commune n° 1 savait mobiliser l'opinion publique en utilisant l'arme de l'humour. N'avait-elle pas annoncé que les étudiants s'apprêtaient à bloquer la circulation automobile sur le Kurfürstendamm, au centre de Berlin ? De gigantesques forces de police ont aussitôt été mises en place, détournant le trafic : c'est alors qu'un étudiant, tout seul, a descendu fièrement la grande avenue désertée.

Effet semblable lorsque les étudiants annoncèrent qu'ils avaient l'intention de brûler un chien sur la place publique. Les Berlinois, sensibles et scandalisés, se sont précipités dans la rue. Ce fut l'occasion d'un gigantesque forum au cours duquel les étudiants ont démontré que l'on pouvait déranger de paisibles citoyens lorsqu'il y avait menace d'immoler un chien, mais non pour les Vietnamiens qui brûlaient sous les bombes au napalm.

Pour la première fois, je pris conscience que mes dossiers n'auraient d'impact que si je les accompagnais de gestes spectaculaires que la presse, avide de sensationnel, s'empresserait de relater. Si le geste est bien choisi, si la signification s'impose à l'opinion publique, alors la cause pour laquelle je me bats sera mise en évidence. J'ai longuement réfléchi à la façon de procéder. Il fallait expérimenter cette méthode face à Kiesinger.

J'ai téléphoné de Paris au Parlement allemand à Bonn, sans donner mon nom. « J'aimerais assister à une séance du Bundestag. Je serai de passage le 1er avril. Comment faire pour entrer ? » Un fonctionnaire me répond : « Il suffit de retenir une place à votre nom et de retirer votre billet dix minutes avant la séance. »

Je retiens aussitôt ma place en donnant mon nom de jeune fille. J'avais appris quelques jours plus tôt que Kiesinger prendrait la parole à cette date.

Arrivée le 30 mars à Bonn, je me mis en quête d'un journaliste-photographe. J'ai téléphoné tôt dans la matinée à des étudiants, qui se sont montrés très méfiants. Finalement, ils m'indiquèrent un photographe de l'agence de presse allemande DPA, que je mis dans la confidence. Il fallait que

celui-ci me repère discrètement avant d'entrer au
Bundestag.

J'ai failli arriver en retard. Après avoir déposé mon
manteau au vestiaire, je suis montée à la tribune du
public, située en face du présidium. J'étais au bord
d'une travée gardée par des huissiers.

Peu de temps après mon arrivée, Kiesinger monta
à la tribune pour prendre la parole. C'était la première fois que je le voyais en chair et en os. Je ne me
suis pas attardée à le dévisager, à scruter ses traits,
ses expressions, pour savoir s'ils correspondaient à
l'image que je me faisais de l'homme.

L'homme lui-même, surtout celui qui joue un rôle
important, se résume selon moi à la somme de ses
actes, à leur signification. Autant je serais capable
de décrire très précisément notre cocker ou notre
chatte, autant j'essaie de ne pas m'intéresser à l'aspect physique des personnes que je rencontre. Je ne
me laisse jamais impressionner par les impulsions,
répulsions et autres magnétismes personnels, et je
conserve un certain équilibre pour ne pas perdre le
fil de mon action.

De Kiesinger, je dirais donc seulement que c'est
un bel homme de soixante-cinq ans qui en paraît
dix de moins, de taille élevée (environ 1,90 mètre),
la chevelure argentée, le regard souple et intelligent, l'image même du père de famille respectable
et un tantinet séduisant ; à mon goût, des yeux trop
petits dans un large visage. Quant à l'homme privé,
il m'intéresse encore moins que l'homme physique :
je sais que Kiesinger mène une existence familiale

irréprochable, qu'il adore les animaux et qu'il a même mis son bateau à l'eau sur le lac de Constance pour sauver un cocker de la noyade. Tout cela est honorable et pourrait constituer un frein à ma campagne si j'en tenais compte, mais je n'en fais absolument rien : s'il y a une chose dont je suis sûre, c'est que la moralité des actes privés d'un homme et celle de ses actes publics n'ont rien à voir.

J'avais décidé d'apostropher le chancelier allemand au milieu de son discours, en plein Parlement. Mais, contrairement à ce que je croyais, il est difficile de hurler dans une salle recueillie. Je craignais de ne pas avoir le courage physique d'ouvrir la bouche. Je regardais l'horloge de la salle. Comme dernier délai, je m'étais donné l'instant où l'aiguille des secondes arriverait au chiffre douze. Je fixais avec angoisse cette aiguille qui avançait, avançait, avançait. Et soudain, en brandissant les poings en l'air pour me donner de l'élan, je crie très fort : «*Kiesinger, Nazi, abtreten* (démissionne) ! » Une fois lancée, continuer de scander cette phrase a été facile.

Le chancelier interrompt son discours ; j'ai beau être loin, je le sens troublé ; il regarde dans ma direction, comme le font tous les députés. Voilà que, devant les représentants des Allemands de la République fédérale, son passé vient de lui sauter au visage et de s'agripper à lui.

Les huissiers se précipitent. L'un d'eux met une main devant ma bouche et me pousse brutalement hors de la salle, jusqu'à un petit bureau.

Je refuse de donner mon identité. On me traîne jusqu'au commissariat le plus proche. C'est là seulement que je réponds aux questions. Le commissaire, qui a entendu parler de moi, ordonne d'aller chercher ma valise dans la case de consigne où je l'ai laissée. Il me retient durant trois heures, puis me relâche. Je rejoins aussitôt les étudiants du SDS.

Le lendemain, les journaux allemands publièrent des photos sur lesquelles on me voyait debout le poing tendu, ce qui fit plaisir aux gauchistes, ou bâillonnée par la main de l'huissier, ce qui fit dire que la vérité était étouffée en Allemagne. Tous parlèrent, bien entendu, du passé nazi de Kiesinger et du dossier que j'avais constitué. Mon objectif était atteint : le mur du silence s'effritait.

Je risquais évidemment une amende ou une peine de prison avec sursis, mais l'affaire n'eut pas de suites pénales, le pouvoir ayant jugé plus habile de ne pas aggraver l'incident.

Une ou deux fois par semaine, de jeunes Allemands se donnaient rendez-vous dans un appartement proche de la place de la Contrescarpe, à Paris. Ils avaient appartenu au parti social-démocrate, mais, jugés trop à gauche, ils en avaient été exclus. Ils se joignirent alors au SDS de Dutschke. Ce petit groupe tentait de prendre contact avec des étudiants français : Alain Krivine vint à l'une de ces réunions.

C'est au cours de l'une d'entre elles que nous avons appris l'attentat contre Rudi. Ce soir-là, tard dans la nuit d'avril 1968, nous décidâmes d'organiser une manifestation de protestation à Paris. Krivine et ses amis nous apportèrent leur soutien. Ils se chargèrent de l'impression des tracts. À la maison, j'avais confectionné des banderoles.

Nous nous sommes donné rendez-vous à l'angle de l'avenue Montaigne et de la rue François-I$^{er}$, pour manifester devant l'ambassade d'Allemagne. J'ai la surprise d'y trouver un millier d'étudiants, mais aussi une douzaine de cars de CRS qui ont pris position sur le trottoir d'en face. Les drapeaux rouges sont nombreux. Nous ne sommes pas encore en mai, mais c'est là la première grande manifestation qui annonce l'explosion prochaine.

Les jeunes crient : « Springer, assassin ! » Quelques étudiants français brandissent des pancartes proclamant : « Kiesinger nazi ». J'en suis très étonnée. Ma campagne commencerait-elle à porter ses fruits ?

Après de brefs discours de Krivine et de Cohn-Bendit, la manifestation doit officiellement se dissoudre, mais, de bouche à oreille, rendez-vous est donné au Quartier latin. Par petits groupes, nous prenons le métro. Arrivés sur place, nous avons la surprise d'être accueillis par une multitude de CRS casqués, armés. J'ai confié mes pancartes à un jeune étudiant allemand. Devant ce déploiement de force, il cache mes banderoles sous une porte cochère et prend la fuite.

Il y a eu quelques accrochages avec les CRS, mais pour moi ce n'était pas l'essentiel. La violence détourne notre action de sa signification politique, lui fait perdre sa portée. Cette mobilisation exceptionnelle prouve néanmoins que les contacts

entre jeunes Allemands et jeunes Français ont été
fructueux.

Dès lors, nos petites réunions attirent un grand
nombre d'étudiants. J'y explique mon action. Nous
y discutons des méthodes employées par des extrémistes allemands qui viennent de mettre le feu à
un grand magasin de Francfort. Certains jeunes
désapprouvent cette action. Je suis de leur avis. Je
ne pense pas qu'un tel incendie puisse mobiliser la
masse, sans compter le risque de blesser ou de tuer
des innocents. La violence ne doit être utilisée qu'en
dernier ressort et toujours contre les coupables. Ce
rassemblement d'étudiants allemands à Paris ne reste
pas longtemps inaperçu de la police française. Un
soir, un étudiant nous signale qu'il a croisé devant la
porte deux hommes, à l'allure d'ouvriers, qui vont et
viennent en détaillant de façon curieuse les passants.
En nous penchant à la fenêtre, nous surprenons leur
manège : ils s'éloignent d'une cinquantaine de mètres
de l'immeuble pour revenir aussitôt.

J'ai appris quelque temps plus tard que la plupart
des participants à nos réunions avaient été contactés
par téléphone. Un rendez-vous urgent leur était fixé
à l'appartement où nous avions l'habitude de nous
réunir. Ils eurent la désagréable surprise d'être cueil-
lis par la police, qui avait astucieusement donné les
rendez-vous par téléphone à l'aide d'une liste des
membres. Ils furent amenés tout d'abord rue des
Saussaies, puis, après deux ou trois jours, renvoyés
en Allemagne.

Entre-temps, j'apprends que, au cours d'une réunion électorale au Bade-Wurtemberg, les jeunes de l'opposition extraparlementaire (APO) ont occupé les deux tiers de la salle. Ils ont crié : «*Kiesinger nazi, nazi !* » Celui-ci, pour les calmer, leur déclara : « Vous êtes jeunes, vous n'avez pas connu le nazisme, vous avez le droit de savoir ce que votre chancelier faisait dans ce temps. » Cette promesse, il ne l'a jamais tenue.

Je me rends aussi en avril à Esslingen, où j'ai appris que les partis politiques vont tenir un forum. J'ai emporté trois énormes valises bourrées de brochures imprimées par le Cercle de travail juif de Berlin, payées moitié par eux, moitié par moi. À la gare, je ne trouve aucun porteur et fais trois fois le quai, car je ne peux soulever plus d'une valise à la fois.

J'arrive directement sur la grande place publique, où le meeting a commencé. « Si vous voulez faire un petit discours et distribuer vos tracts, il faudrait saisir l'occasion, à présent », me dit un étudiant. Je ne suis pas connue et n'ai rien préparé. Les spectateurs pouvant librement prendre la parole, il faut faire la queue devant une camionnette de sonorisation. J'attends mon tour pendant près d'une heure.

Arrivée devant le micro, je suis prise de panique : cette grande place, tant de jeunes, et tout ce que j'avais à dire… Je me présente, expose mon combat. Quelques applaudissements me donnent du courage. Je me lance en rappelant le passé de Kiesinger. C'est probablement trop long. J'entends dans la foule :

« Abrège, abrège ! » Tant pis, je me borne à annoncer une distribution de documents.

Je me précipite aussitôt après vers la voiture et demande à deux garçons de m'aider à prendre les documents, confiant un instant mon précieux dossier sur Kiesinger à l'un d'eux. Je me retourne : plus personne. Ils ont filé avec mes documents. J'ai beau faire des appels au micro, chercher partout, ils sont introuvables. S'agissait-il de provocateurs de droite ou de voleurs ? Je ne l'ai jamais su. Furieuse, je suis repartie pour Berlin.

*
* *

Ce n'est qu'à la quatrième tentative que je réussis à avoir Günter Grass au téléphone. Il doit partir le même jour à Prague, invité à un congrès d'écrivains. « Je voudrais vous demander de participer à un grand meeting que nous organiserons prochainement à l'Université technique de Berlin. Je pourrais passer tout de suite, car je suis juste à côté. » Ma mère habitait en effet dans ce quartier, près du Südwestkorso. Il est d'accord pour me rencontrer.

Nous avions prévu, avec l'aide de Michel Lang, l'animateur du Cercle de travail juif de Berlin (le Jüdische Arbeitskreis), d'organiser un grand meeting à l'Université technique de Berlin-Ouest, la TU. Le groupe de Michel Lang, qui avait lui-même appartenu au SDS de Dutschke, s'était créé spontanément, en marge de la communauté juive de Berlin. Son audience était grande alors, car, en Allemagne

fédérale, tout mouvement juif est traité avec une
certaine complaisance. Compte tenu du sentiment
de culpabilité des Allemands, une attaque contre
Kiesinger menée par ces jeunes Juifs aurait certainement plus de poids que toute action des jeunes
de l'APO.

Le numéro 13 de la Niedstrasse, à Friedenau,
est un hôtel particulier vieillot avec un petit jardin donnant sur la rue. La porte de la grille est
grande ouverte. La façade de la maison est couverte
de lierre. Günter Grass me reçoit et me fait passer
par la salle à manger très moderne sur un balcon
isolé de la rue par une haie d'arbustes. Il fait déjà
sombre. Je peux à peine distinguer ses traits. Il me
laisse parler quelques instants de mon projet. « Je ne
tiens pas particulièrement à prendre la parole dans
ce milieu, les étudiants ont depuis quelque temps des
comportements scandaleux à mon égard. » Il semble
céder lorsque je lui explique qu'il s'agit d'étudiants
juifs. Par des insinuations subtilement amenées, il
m'interroge sur ma vie : « Vous habitez à Paris. Vous
m'avez envoyé une lettre avec la traduction d'un de
vos articles. Je vous conseille de lire beaucoup en
allemand, car vous perdez l'habitude de la langue
allemande, vous êtes déjà très francisée. On sent que
vous habitez à l'étranger et que vous ne parlez plus
cette langue. »

Tout dans son attitude ou ses intonations révèle
un homme conscient de son indéniable supériorité
intellectuelle. Grass est l'un des hommes qui ont
le plus agi pour changer l'Allemagne. Son œuvre
littéraire est dynamisante ; elle a libéré la jeunesse

de beaucoup de tabous et de carcans culturels. Son engagement résolu aux côtés de Brandt et de la social-démocratie en a fait à l'époque, avec le grand romancier catholique Heinrich Böll, l'écrivain allemand le plus célèbre et le plus discuté, une des consciences de l'Allemagne.

Je le quitte avec une promesse de principe qu'il participera à cette réunion.

Je suis de retour à Berlin le 9 mai, quelques heures avant le début du meeting, qui a été très difficile à monter. Par prudence, plusieurs orateurs se sont désistés. Avec l'aide de Serge, qui m'accompagne, j'ai préparé soigneusement mon intervention.

Les jeunes gens de l'organisation de Michel Lang vendent 30 pfennigs notre brochure sur Kiesinger. Ils ont collé sur les murs de la ville de grandes affiches annonçant le meeting et distribué des macarons autocollants.

Bien avant le début de la manifestation, près de 3 000 jeunes sont massés dans le grand auditorium de l'Université technique. Chevelus, barbus, ils ont un aspect romantique qui m'enchante. Les orateurs annoncés sont Günter Grass, Johannes Agnoli, Ekkehart Krippendorff, le professeur Jacob Taubes et Michel Lang. Le discours de Günter Grass enflamme la salle. Il attaque avec fermeté Kiesinger, « la plus lourde hypothèque morale de l'Allemagne ». Le ton est donné. Lorsque mon tour arrive, je me trouve propulsée devant le micro, impressionnée par la foule qui s'agglutine dans les travées, sous le podium, par terre et jusque dans les couloirs.

Je déclare qu'il faut poursuivre l'escalade : «Pour briser le mur du silence qui entoure le passé nazi de Kiesinger, je vous donne aujourd'hui ma parole que je giflerai le chancelier en public.» La salle réagit vivement. Des cris sont lancés, de-ci, de-là : «Naïve ! », « Stupide ! », « Fais-le si tu en as le courage ! » Un groupe scande : «Des promesses ! Des promesses ! »

À mes côtés, Günter Grass ne réagit pas.

Après les discours, les étudiants ont la parole. L'un d'eux lance à Günter Grass : «Monsieur Grass, tout ce que vous avez dit est très bien, mais demain vous aurez la possibilité de montrer votre hostilité à la CDU en venant manifester avec nous contre les lois d'urgence. Êtes-vous prêt à participer à la grande marche de protestation sur Bonn – mais pas confortablement, en avion : en train, sur des banquettes dures de deuxième classe, au milieu des étudiants qui viendront de tous les coins d'Allemagne ? »

Günter Grass se lève, cramoisi, furieux. Il se précipite sur le micro et hurle : «Mais c'est insolent ! C'est à moi que l'on pose ce genre de question ? Qu'importe si je pars en avion ou en train ! Si c'est ainsi, je ne viendrai pas demain.» Il bouscule sa chaise, saisit ses dossiers et sort, sans s'excuser ni saluer qui que ce soit. La salle est envahie de sifflets, de huées.

Une résolution « sommant » Kiesinger de démissionner a été votée par les trois quarts de la salle. La presse allemande en parle à l'Ouest comme à l'Est. J'ai pris le risque d'annoncer publiquement mon intention de gifler Kiesinger parce qu'il faut donner à l'acte que j'envisage un caractère prémédité, symbolique. J'ai choisi la gifle après mûre réflexion ; ce geste, je le pressens, impressionnera les Allemands.

Le lendemain soir 10 mai, je pris le train allemand le plus extraordinaire de l'après-guerre. C'était la *Sternmarsch*, ou « marche en étoile », sur Bonn. Les antifascistes avaient projeté de converger le jour suivant sur la capitale pour protester contre le vote prochain de la « loi d'exception » qui instituait en fait la dictature du chancelier en cas de troubles. Les dirigeants de la RDA mirent à la disposition du « Comité pour la sauvegarde de la démocratie » un train spécial de 800 places qui quitta la gare de Friedrichstrasse, à Berlin-Est, à 21 h 26, dans une ambiance exceptionnelle.

Les compartiments furent pris d'assaut par des garçons et des filles – les plus vieux avaient trente ans – en pantalons de velours, blue-jeans, longs anoraks verts. Dans les filets s'entassaient des casques et des sacs de camping. Aux fenêtres, des dizaines de drapeaux rouges de toutes les dimensions faisaient du train le symbole d'un retour aux sources révolutionnaires.

Les jeunes prouvèrent alors qu'ils étaient aussi critiques envers le régime de l'Est qu'envers la République fédérale. En traversant les gares de la RDA, ils criaient à tue-tête des slogans tels que : « La bureaucratie mène au fascisme et au stalinisme », « Faites des communistes de bons socialistes ! ».

Les Allemands de l'Ouest regardaient avec stupeur passer ce train. Pour la première fois depuis le début de la guerre froide, un train hérissé de drapeaux rouges traversait la RFA aux cris de : «Le capitalisme mène au fascisme», «Citoyens, cessez de regarder, venez nous rejoindre», «SPD et CDU, ne touchez pas à la Constitution», mais aussi, très souvent : «Kiesinger nazi».

Il était à craindre que notre train ne finisse son voyage dans quelque voie de garage. Mais la police évita tout affrontement.

Vers 8 heures du matin, le 11 mai, nous sommes entrés en gare de Bonn sous les regards inquiets des paisibles Bonnois qui n'avaient jamais vu pareille invasion populaire. Les étudiants venus des quatre coins d'Allemagne accueillirent par des acclamations les «durs» de Berlin.

La «marche en étoile» fut un succès complet. On attendait 40 000 manifestants, il en vint 60 000 qui défilèrent en bon ordre dans les rues de la capitale.

Le lendemain, Paris se hérissait de barricades. C'était le grand embrasement, les «journées de mai».

À la Sorbonne, je prends l'initiative de créer un Comité d'action franco-allemand. J'installe un stand dans la cour, illustré de photos de manifestations et de scènes de répression policière en Allemagne.

Il s'agit pour moi de faire comprendre aux jeunes Français la lutte d'une minorité de jeunes Allemands contre la renaissance du nazisme, pour la réhabilitation de tout un peuple. Je me rends bien vite compte que les étudiants français ne s'intéressent qu'à leurs

problèmes. Il me semble pourtant que la partie capitale va se jouer en Allemagne et non en France,
parce que la République fédérale a des problèmes
d'ordre extérieur : ses rapports avec les pays de l'Est
et avec l'autre Allemagne, qui déterminent l'avenir
de l'Europe. Il y a enfin une chance réelle pour
que la social-démocratie de Brandt prenne bientôt
le pouvoir et mette en œuvre une politique extérieure différente de celle des chrétiens-démocrates.
À mes yeux, l'enjeu de cette partie est beaucoup
plus important que l'enjeu de celle qui se joue dans
les rues de Paris.

Dans *Combat*, j'ai écrit le 4 mai : «Nous ne devons
pas laisser les démocrates allemands se battre seuls.
Nous devons les aider sur place. Il faut aider le SPD
à quitter la grande coalition et à redevenir le parti
de l'espoir et de l'honnêteté. C'est maintenant que
les jeunes Allemands épris de liberté vont compter
leurs amis. Ne cherchez pas à créer l'Histoire à votre
porte, ne l'y attendez pas non plus ; levez les yeux
et regardez avec lucidité ce qui se passe vraiment
en Europe, même si c'est loin. Aujourd'hui, c'est
l'Allemagne qui vous réclame.»

Le 29 mai, avec une demi-douzaine de jeunes, nous
occupons les locaux de l'Office franco-allemand.
Nous arrivons à 18 heures, trois minutes avant la
police qui, en l'absence d'instructions, se retire.
Nous demandons aux employés de laisser la place
libre. Nous suspendons aux fenêtres trois grandes
banderoles : *Office franco-allemand pour la jeunesse
occupé. – Non aux lois d'urgence en Allemagne.*

*– Solidarité des étudiants et travailleurs français avec les étudiants et travailleurs allemands.*

M. Clément, le directeur de la section française de l'Office, ne s'oppose pas à l'occupation. Le général de Gaulle a disparu de Paris ; M. Clément n'est pas assuré de la survie du régime. Les CRS se présentent une seconde fois dans la nuit, mais s'en vont après quelques palabres. Je descends même dans leur car, d'où ils demandent leurs instructions par radio au ministère de l'Intérieur, qui semble indécis. Ces vingt-quatre heures d'occupation pacifique sont marquées par l'apparition de nombreux dirigeants d'organisations de jeunesse faisant appel au soutien financier de l'Office et qui viennent discuter passionnément de l'avenir de l'Office et de ses nécessaires transformations. Mes anciens collègues sont scandalisés de me voir prendre gaillardement d'assaut les bureaux où je tapais à la machine quelques mois auparavant. Ils s'attendent à ce que je sois arrêtée, mais il n'en est rien. Nous nous retirons sans incident alors que le raz de marée gaulliste remonte les Champs-Élysées.

Pendant l'été 1968, je m'attache à faire connaître les réalités allemandes dans une série de tribunes libres de *Combat*. Dans celle du 3 août, intitulée « Entre Moscou et Bonn », j'écris à propos de la Tchécoslovaquie, où les chars russes n'ont pas encore fait leur entrée :

> « *L'actuelle situation européenne est extrêmement menaçante pour la paix. Seuls de graves événements pourront rétablir un équilibre rompu par la carence des*

*grandes puissances à régler les problèmes de l'Europe
centrale. À l'Est, la prolongation du stalinisme et de
la bureaucratie a gêné l'essor économique et comprimé
l'aspiration à la liberté individuelle qui, à l'échelon
national, s'exprime par la volonté d'une politique
indépendante. À l'Ouest, on a admis très facilement
comme éternelle la séparation de l'Allemagne en deux
États allemands. »*

Le 2 septembre, j'insiste de nouveau :

*« La clé de la sécurité européenne, de la paix, donc,
et de la libéralisation à l'est de l'Europe dépend de
la réunification de l'Allemagne dans un véritable
cadre socialiste, démocratique et pacifique. Tant que
le peuple allemand n'aura pas pleinement admis ses
responsabilités dans le drame qui a fait l'Europe telle
qu'elle est, tant qu'il n'aura pas de lui-même rejeté
de la vie politique les survivants et les miasmes du
III$^e$ Reich, tant qu'il n'aura pas mis au pas les trusts
qui régissent sa vie économique et intellectuelle,
tant qu'il confondra un sain sentiment national avec
l'expansionnisme pangermanique et la volonté de
puissance, le statu quo européen demeurera une réalité intangible. Cela dans un monde où des tragédies
autrement plus sanglantes qu'à Prague ne semblent
que peu émouvoir la conscience des bien-nantis des
blocs capitaliste et communiste figés dans une intolérable attitude de défiance l'un vis-à-vis de l'autre,
alors qu'ils ont des tâches plus exaltantes que la course
aux armements et des responsabilités envers le tiers
monde à la mesure des problèmes de celui-ci. Pour*

*rompre cet affrontement, pour éviter à l'Europe de se retrouver comme en 1948 en pleine guerre froide, la raison exige de commencer par le commencement : au commencement était l'Allemagne. »*

En Allemagne, où je repars en cet été 1968 pour donner une conférence à Francfort sur « Kiesinger et les Juifs », va bientôt commencer ce que la presse appellera le « duel Klarsfeld-Kiesinger ».

# La gifle

Dimanche 3 novembre, je quitte la Bahnhof Zoo, la gare de Berlin-Ouest, où je viens d'arriver tard dans l'après-midi. En me regardant m'éloigner hier dans la nuit gare du Nord, à Paris, Serge affectait un sourire optimiste qui dissimulait mal son souci. Je suis partie tenir une promesse. Ma belle-mère a tenté de me dissuader : « Tu as raison, mais tu risques de te faire tuer ; la police va croire à un attentat et tirer. Tu dois penser à ton enfant. » Y penser ! J'y pense ! J'ai enregistré en allemand et en français une déclaration destinée à éclairer la signification de mon acte quoi qu'il arrive :

*« En giflant le chancelier Kiesinger, j'ai voulu témoigner qu'une partie du peuple allemand, et surtout la jeunesse, est révoltée par la présence à la tête du gouvernement de la République fédérale d'Allemagne d'un nazi qui fut directeur adjoint de la propagande hitlérienne vers l'étranger.*

*Le III<sup>e</sup> Reich a signifié une idéologie aussi stupide que cruelle, la guerre et ses dizaines de millions de victimes, le racisme, les camps de concentration, la*

*chambre à gaz, le four crématoire, la culpabilité et la*
*honte de l'Allemagne.*

  *Nous ne voulons plus de cette Allemagne et nous*
*refusons aux Allemands qui ont joué un rôle dirigeant*
*dans le IIIᵉ Reich le droit de participer à la vie poli-*
*tique allemande. »*

Je constate immédiatement que la police contrôle
la ville ; des renforts nombreux sont venus de République fédérale.

Au Club républicain, le lieu de réunion de l'opposition extraparlementaire, l'ambiance est plutôt
morose. Les jeunes qui boivent de la bière en parcourant les revues politiques ne me cachent pas
qu'ils avaient prévu de grandes manifestations ; mais
la police a mis en place un dispositif trop fort pour
qu'ils puissent le surmonter.

Le congrès de la CDU aura donc lieu. Pourtant,
l'APO avait proclamé qu'elle parviendrait à empêcher
cette réunion « illégale » puisque Berlin-Ouest constitue une entité politique distincte de la République
fédérale.

« Il vaut mieux se retirer quand on sait ne pas
être le plus fort. » Je quitte le vaste appartement
wilhelminien de la Wielandstrasse, tout près du
Kurfürstendamm.

Je veux garder intacte ma détermination. La mobilisation de forces de police ne m'impressionne pas.
Une jeune femme doit découvrir plus facilement la
faille que de gros bataillons. Je passerai et je vain-
crai justement parce que je suis seule, parce que je
suis faible.

« Nous ne pouvons pas grand-chose pour toi. »
J'encaisse mal. Je m'attendais à trouver auprès des
jeunes antifascistes un minimum d'aide. « Pas même
une carte d'entrée au congrès, les contrôles mis en
place ne nous laissent aucune chance. »

Je ne connais pas la disposition des lieux ni le
programme des réunions qui commenceront le lendemain matin. Où irai-je dormir ce soir et les nuits
suivantes ? Je ne tiens pas à aller chez ma mère, ris-
quant, après mon geste, d'attirer la police chez elle.

J'ai accepté la proposition qu'un jeune révolutionnaire vient de me faire au quartier général des
étudiants : « Je te prête ma cave. Tu pourras l'habiter
autant que tu voudras. »

Je loge pour la première fois au sein d'une commune de jeunes. La maison, à deux étages, est
entourée d'un grand jardin en friche ; elle se tient
en bordure de Berlin-Wannsee, banlieue résidentielle. Un ménage avec un enfant et deux très jeunes
couples logent dans les étages. Aménagée en petit
appartement, la cave est bien chauffée, il y a de
l'eau. Je m'en satisfais en dépit du train qu'il me
faut prendre matin et soir.

« Vous dites bien journal *Combat* ? » La jeune
secrétaire cherche un instant dans ses fiches. Elle
ne trouve rien, bien sûr. Vais-je m'en retourner, sans
résultat, après avoir franchi trois barrages de police
pour parvenir au bureau de presse du congrès ?
J'insiste mollement. Il me faudrait pourtant cette

carte de presse qui m'ouvrirait les portes pour toute la durée des travaux.

J'ai pris la précaution de venir tôt ce matin, bien avant le début de la première séance : « Voulez-vous me montrer votre carte ? Je vais consulter mon chef. » Je ne puis plus faire marche arrière. La carte que m'a donnée Serge avant mon départ est une carte de service de l'ORTF périmée, et je comptais sur le ruban tricolore qui la barre pour impressionner le service d'ordre. J'ai enlevé sa photo pour la remplacer par la mienne. Ce subterfuge est très sommaire.

La jeune fille revient quelques instants plus tard. Souriante, très polie, elle s'excuse : « Malheureusement, toutes les places sont prises ce matin, il y a trop de journalistes. »

Où aller à présent, comment trouver le moyen d'approcher Kiesinger ?

« Viens lundi matin à la grande manifestation de soutien à Mahler, devant le tribunal d'appel, le Landgericht Tegeler Weg », m'avait dit la veille un dirigeant des groupes de gauche. Le jeune avocat Horst Mahler passe devant un tribunal d'honneur pour sa participation à la mise à sac des bureaux berlinois de Springer. Il est menacé d'être rayé du barreau.

L'atmosphère des rues de Berlin change à mesure que j'approche du tribunal. L'excitation s'est emparée des deux camps. En moins d'une demi-heure, c'est l'affrontement. Trois mille jeunes se trouvent, comme par miracle, tout autour du tribunal. Les brigades antiémeutes affluent. Les premiers cocktails

Molotov éclatent dès le début de la manifestation.
« File d'ici ! » me crie une jeune fille casquée, agrip-
pée à l'arrière d'une motocyclette qui bondit sur le
trottoir.

L'affrontement comptera parmi les plus violents
qui aient opposé la police aux étudiants allemands.
On relèvera plus de cent blessés chez les étudiants,
autant chez les policiers. J'ai contourné les barrages
de police. Là-bas, derrière moi, les explosions de
grenades lacrymogènes faisaient écho aux sourdes
déflagrations des bouteilles enflammées. Les hurle-
ments des sirènes de police prolongeaient ceux des
ambulances. Je savais avec quelle détermination les
jeunes de Berlin, aidés par les jeunes prolétaires,
les « Rockers », pouvaient se battre pour Mahler et
combien ils étaient amers de n'avoir pu faire échec
à la tenue du congrès de la CDU.

Au coin d'une rue, un jeune homme se retourne
et m'interpelle. Je reconnais Reinhard, que j'avais
invité à Paris il y a quelques mois pour y parler
de l'Allemagne au Cercle Anne-Frank. Il m'entraîne
dans un café proche. Je lui rappelle ma promesse
vieille de six mois de gifler en public le chancelier. Je
lui parle de la difficulté d'entrer au congrès. « Mets
dans le coup un photographe. En échange de sa
carte d'entrée, il pourra faire de bonnes photos de
la gifle », suggère Reinhard.

Il me donne le nom d'un photographe pigiste
au grand magazine illustré *Stern*, Michael, auquel
je téléphone aussitôt. Je le rencontre l'après-midi
même dans son petit appartement-laboratoire, près

du Sportpalast. Il me laisse longuement expliquer mes intentions. « Je suis avec toi. Je vais demander à mon journal une invitation », me déclare-t-il.

La première occasion, en effet, est un cocktail qui sera donné mardi en l'honneur du chancelier, à l'hôtel Hilton.

À Paris, Serge et moi avions justement imaginé que ce serait au cours d'une réception mondaine que j'aurais le plus de chances de réussir, lorsque Kiesinger serait séparé de ses gardes du corps.

Ce soir, j'ai la certitude d'aboutir.

Pour l'occasion, j'ai emporté une robe de cocktail légèrement dorée. Les abords de l'hôtel sont aussi bien protégés que le Palais des Congrès. La carte d'invitation que m'a remise quinze minutes avant d'entrer le photographe du *Stern* fait merveille.

Je passe sans encombre trois contrôles extérieurs, puis la dernière vérification à l'entrée des salons de réception. Beaucoup d'invités se pressent déjà. Les buffets sont somptueux : des montagnes de toasts au caviar, des paniers de petits sandwiches. La gorge serrée, je n'arrive pas à avaler une saucisse chaude.

J'ai peur, non pas de ce qui pourrait m'arriver, mais de l'échec, de gâcher cette chance, de ruiner les efforts des mois passés. Je ne suis pas très courageuse, je m'en suis rendu compte à plusieurs reprises ; je m'efforce d'éviter de penser au danger. Savoir que tout à coup l'attention de tous sera sur moi me rend mal à l'aise.

Pour l'instant, je suis concentrée sur mon objectif ; je trace mon plan de bataille. Les circonstances sont si peu prévisibles qu'il est inutile d'imaginer à l'avance les détails. Je préfère improviser sur le moment.

Je me mêle à un groupe de journalistes, d'autant plus tendue que je crains d'être reconnue par l'un d'eux. Dans le brouhaha des conversations, une phrase me fait sursauter. Quelqu'un dit près de moi : « C'est bien regrettable, Kiesinger a une forte grippe, il ne viendra pas ce soir. »

Il me faut plusieurs minutes pour me ressaisir et chasser la pâleur de mes joues. Pourrai-je cacher ma déception ?

Mon moral est bas. Seule me soutient la certitude que, si je tourne les talons et rentre à Paris sans avoir tout essayé jusqu'au bout, je serai encore plus malheureuse. Je cours à la poste de la Bahnhof Zoo confier ma déception à Serge au téléphone. La confiance qu'il a en moi est totale, bien plus forte que la mienne. Et quand je doute, c'est vers lui que je me tourne. Dans ses yeux ou dans sa voix, je me reconnais telle que je voudrais être.

Mercredi, je repasse chez Michael pour qu'il m'obtienne une autre carte. Kiesinger s'adressera ce soir à ses « chers Berlinois » à la Neue Welt, l'immense brasserie de la Hasenheide. Puis je m'en vais au château de Charlottenburg, dans cette aile du palais que j'aime tant parcourir. D'habitude, il y a peu de visiteurs ; aujourd'hui, je suis seule. *L'Enseigne de Gersaint*, l'extraordinaire chef-d'œuvre de Watteau, parvient à m'arracher à mes préoccupations et à me faire rêver. Je m'éloigne à regret de ce morceau de la plus belle France prisonnière du Brandebourg ; il me faut revenir à la réalité.

Autour de la brasserie, c'est l'état de siège. Des haies métalliques barrent les trottoirs. Les voitures manœuvrent au pas entre les chicanes formées par les rouleaux de fil de fer barbelé. La police, casquée, armée de longues matraques, protégée par des boucliers, a pris place aux points stratégiques. Des camions lance-eau, antiémeutes, stationnent dans les rues voisines. Les bus ont été détournés.

La grande brasserie prend des allures de place forte. Michael m'emmène en voiture. Le macaron « Presse » de notre pare-brise nous ouvre la voie. Dernier contrôle à l'entrée de la salle. Je m'accroche à Michael, nous passons.

Je me mêle à un groupe de journalistes, bloc-notes et stylos en évidence. Dans une travée, je suis hélée par un reporter qui travaille pour la télévision est-allemande et qui m'avait interviewée à plusieurs reprises : « Mais c'est bien vrai, tu vas tenir ta promesse ! » s'exclame-t-il. Je lui recommande la plus grande discrétion.

Mais lorsque j'aperçois la tribune, ma résolution fait place à l'amertume. Kiesinger, comme les personnalités de son parti, est assis derrière une table juchée sur une estrade de plus de deux mètres de hauteur. Les deux accès latéraux sont gardés par de solides gaillards du service d'ordre des jeunes de la CDU, la Junge Union.

Je pense un instant monter sur la tribune en feignant de vouloir lui demander une déclaration, mais je me rends vite compte que seuls les photographes y ont accès.

J'accroche Michael au passage et lui demande l'un de ses appareils-photo. Je me précipite vers l'estrade, mais le chemin est coupé par deux cerbères.

— Votre carte de photographe ?

— Je ne l'ai pas.

Ils me repoussent sans ménagements. Je bats en retraite. Deux heures durant, j'assiste à ce meeting, envahie par une rage froide. La salle est survoltée, tout acquise à Kiesinger. En réalité, les Berlinois n'ont pas eu accès à ce meeting. Après avoir fait distribuer des billets d'entrée gratuits aux guichets de tous les théâtres et cinémas de la ville, les organisateurs de la manifestation se sont bien vite rendu compte que la plus grande partie des places avait été raflée par les jeunes de mouvements de gauche qui espéraient ainsi occuper la salle et manifester bruyamment. À la dernière minute, ces billets ont été déclarés périmés et l'on a fait venir, par cars entiers, des militants de la CDU.

La salle n'en finit pas d'applaudir Kiesinger, de hurler des slogans : « À bas les rouges, ce sont tous des Cohn-Benditen ! » Gifler Kiesinger dans de telles circonstances aurait provoqué un déferlement incontrôlable. J'aurais pu être lynchée, piétinée. Rétrospectivement, j'ai eu peur.

Il ne reste plus qu'une matinée. Je dois saisir ma dernière chance, jeudi matin, au cours de la séance de clôture du congrès de la CDU au Palais des Congrès, édifié au cœur du parc de Tiergarten.

La journée commence mal. Vers 9 heures, le photographe m'annonce qu'il n'a pu obtenir de carte d'invitation. Il accepte tout de même de me faire franchir les trois barrages extérieurs dans sa voiture. Nous ne pouvons aller plus avant pour l'instant. Il me laisse sur le parking, terrée dans la voiture, sursautant chaque fois qu'apparaît une personne.

Nous étions convenus qu'il entrerait pour évaluer le déploiement d'agents du service d'ordre, prendre l'atmosphère de la salle, et qu'il reviendrait aussitôt.

Les minutes passent, longues. Mes doigts sont gelés, mes pieds se refroidissent aussi. Un quart d'heure, vingt minutes. Et s'il ne revenait pas avant la fin de la séance, jugeant mon entrée trop difficile ? J'envisage de sortir de la voiture et de tenter de franchir les derniers contrôles par mes propres moyens.

Vais-je encore échouer si près du but ? Mes nerfs sont tendus. Enfin, je l'aperçois qui se faufile entre les voitures.

Il part devant moi, ses appareils en bandoulière. Les gardes l'ont contrôlé et viennent de le voir sortir : ils le laissent passer. D'un geste décontracté, je présente un coin du laissez-passer vert. Je dépose au vestiaire mon manteau marron relevé d'une large bande blanche formant une grande croix de Lorraine. Au-dessus de ma jupe rouge à grosse ceinture, je porte un pull blanc à col roulé. Je garde mon sac à main et en extrais mon bloc. Me voilà de nouveau dans mon rôle de journaliste.

L'immense salle est comble. Surélevés, les rangs du fond sont aménagés pour la presse. Michael reprend possession de sa carte avec soulagement.

Les petits groupes bavardent dans les travées où l'on attend les interventions des dirigeants.

La parole est au rapporteur des Affaires sociales, Margot Kalinke. Son discours ne retient pas l'attention des congressistes. Sur la tribune, le président de séance et les hautes personnalités de l'appareil du parti CDU. En contrebas, de plain-pied avec la salle, une longue table recouverte d'une nappe blanche. Des fleurs partout. Le chancelier Kiesinger est au centre. À sa gauche, l'ancien chancelier Ludwig Erhard ; à sa droite, le secrétaire général de la CDU, Bruno Heck, et le ministre de la Défense, Gerhard Schröder. Kiesinger écrit et semble mettre la dernière main au discours de clôture qu'il doit prononcer une heure plus tard.

Il n'y a plus de place libre sur les bancs de la presse, où s'entassent environ trois cents journalistes. Je descends par l'allée à droite de la salle. Je marche doucement, m'interromps tous les cinq ou six pas pour prêter l'oreille au discours et jeter quelques notes sur mon calepin.

Arrivée tout en bas, je me rends compte que la table derrière laquelle se trouve Kiesinger est bien plus large qu'elle ne le paraissait de là-haut. Ce n'est pas en me penchant par-dessus que je pourrai atteindre Kiesinger, assis en face. Pendant quelques instants, je reste indécise. À chaque extrémité de la table, deux ou trois membres du service d'ordre. Je m'approche de l'un d'eux en brandissant mon bloc. Je dois improviser.

Levant soudain la tête, je fais un signe discret de la main, feignant de m'adresser à une personne se trouvant de l'autre côté de la table. Je recommence. Puis, avec naturel, je demande au surveillant : «Je voudrais rejoindre un ami. Puis-je passer derrière les fauteuils ? » Il hésite : «Ce n'est pas un passage. » J'insiste. «Faites le tour par l'extérieur, on ne passe pas ici. » Je reste au même endroit et lance quelques sourires de l'autre côté. Il me tire légèrement par la manche en me disant : «Allez, passez, mais faites vite. » Je me glisse rapidement derrière les personnalités.

Au moment d'arriver derrière Kiesinger, il sent une présence et se retourne légèrement. Soudainement, mes nerfs se détendent. J'ai gagné. Criant de toutes mes forces « *Nazi ! Nazi !* », je le gifle à la volée, sans même voir l'expression de son visage.

Ensuite, je me rappelle seulement que Bruno Heck s'est lancé sur moi et m'a ceinturée. Derrière moi, j'entends Kiesinger demander : «Est-ce que c'est la Klarsfeld ? »

On me pousse, on me traîne vers une sortie.

Avant d'être emmenée, j'ai le temps d'entendre l'immense salle bouillonner. Tous les députés se sont levés et s'avancent en désordre vers la tribune.

Les journalistes dévalent les travées.

Le vide s'est fait en moi, je refuse de penser.

Je me répète seulement : «Ça a réussi, ça a réussi ; toute cette attente, ce n'était pas pour rien. »

Le cortège qui m'escorte parcourt couloirs et escaliers, au grand étonnement de ceux que nous croisons. Un des policiers qui me tiennent par les bras et me donnent des coups de pied dans les mollets lance comme une litanie, d'une voix outrée : «Elle a giflé le chancelier. »

Nous pénétrons dans un bureau. Un policier relève mon identité. Je suis les événements avec détachement. L'essentiel est déjà derrière moi : je ne parviens pas encore à réaliser que j'ai vraiment agi.

« Ah ! c'est vous, me dit-il. J'ai aperçu vos brochures qui sont distribuées sur le Kurfürstendamm. » En effet, depuis l'ouverture du congrès, les jeunes antifascistes de Berlin, transformant en forum le carrefour de la Joachimstaler Strasse et du Kurfürstendamm, ont multiplié les groupes de discussion et distribuent à la foule *La Vérité sur Kurt Georg Kiesinger*.

Le vétéran Ernst Lemmer, représentant du chancelier Kiesinger à Berlin, pénètre dans le bureau, appuyé sur sa canne. Il a longtemps été ministre des « réfugiés ». Député au Reichstag en 1933, il a voté la loi des pleins pouvoirs pour Hitler. Propagandiste nazi, il a glorifié le III$^e$ Reich dans plus de deux mille articles. Il se place devant moi et me sermonne :

— Écoutez, ma chère enfant. Qu'est-ce que cela veut dire de gifler notre chancelier ? me dit-il d'un ton qu'il veut paternel.

— Je ne tolère pas qu'un ancien nazi puisse devenir chancelier. Je l'ai giflé pour le marquer et pour faire savoir au monde entier qu'il y a des Allemands qui refusent cette honte.

Lemmer sort de la pièce en hochant la tête. Il se tourne vers moi et me dit encore : «Je pourrais être votre grand-père. »

À peine a-t-il franchi la porte qu'il fait part aux journalistes de son jugement personnel : « Cette femme, qui serait jolie si elle n'était si pâlotte, est une femme sexuellement insatisfaite. » Deux semaines plus tard, le *Stern*, qui avait exposé le point de vue de Lemmer, publie une lettre d'excuses de sa part : « Quand j'ai fait cette remarque, je ne savais pas que Mme Klarsfeld était mariée, avait un enfant, et que son beau-père était mort à Auschwitz. »

Le téléphone ne cesse de sonner. Les policiers en civil me font sortir par une porte dérobée, et non par la porte principale où nous attend certainement une nuée de journalistes. Nous traversons le vaste sous-sol. Je découvre avec stupéfaction une multitude de policiers bottés, casqués, munis de visières transparentes, en tenue de combat. Ce congrès avait provoqué une véritable mobilisation policière. Nous débouchons sur une des sorties latérales. Je suis poussée dans une voiture de police. Quelques photographes se précipitent. J'aperçois Michael, qui me fait un petit signe de victoire. Il doit avoir réussi à photographier la gifle.

Le Polizeipräsidium est situé dans un grand immeuble qui fait partie de l'aéroport de Tempelhof, en plein centre de Berlin. Deux inspecteurs m'interrogent en détail et dressent procès-verbal. Puis ils me permettent de prévenir ma famille de mon arrestation, après m'avoir offert des saucisses et de la salade de pommes de terre, à la cantine. J'appelle Serge à son bureau. Il n'y est pas. À la maison, ma belle-mère répond : « Serge revient ici se changer. Il a téléphoné, il est dans tous ses états, il m'a dit : "Je savais qu'elle réussirait." Cet après-midi, il doit prendre l'avion et sera ce soir même à Berlin. Quelles affaires doit-il emporter pour toi si tu restes en prison ? »

Je savais que Serge viendrait. Rien de grave ne peut m'arriver s'il est là, j'en ai la conviction, renforcée par le hasard qui veut que nous fêtions ce jour-là l'anniversaire de notre mariage, cinq ans plus tôt, le 7 novembre 1963.

Je téléphone aussi au cabinet de Horst Mahler. Il est absent, mais je laisse un message. Lorsque Mahler arrive, vers 15 h 30, on me conduit dans un bureau voisin. Le policier nous laisse seuls. Les premiers mots qu'il m'adresse – lâchés à voix basse, car il faut se méfier des micros – sont : « C'est merveilleux, ce que vous avez fait là, merveilleux ! »

Je me rends compte dès lors que mon action reçoit l'appui total de l'APO. Je ne suis plus seule. Pendant une vingtaine de minutes, Mahler et moi avons fixé les grandes lignes de ma défense. Mais nous ne nous attendions quand même pas à ce que mon procès ait lieu le jour même.

Entre-temps, un tribunal s'est réuni en toute hâte. Un jeune procureur a été convoqué d'urgence au Polizeipräsidium. On le fait, du reste, monter dans la même voiture que moi pour nous mener au tribunal de première instance, l'Amtsgericht de Tiergarten. Après une demi-heure d'attente, un greffier vient m'annoncer que, vu l'heure tardive – il est près de 17 heures –, mon procès a été remis au lendemain. Deux policiers me conduisent, pour la nuit, dans une cellule. Je laisse à l'enregistrement mes affaires personnelles. Une gardienne me jette dans les bras une chemise de nuit, des draps.

La grille s'ouvre et se referme. Je suis en prison. Je rabats la planche dure et fais mon lit. Allongée, je tente de remettre mes idées en place, de me remémorer chaque détail de cette journée. La grille s'ouvre soudain : « Venez tout de suite, votre avocat vous attend. »

Mahler est là, en effet, tout indigné : « On va vous juger immédiatement. Plusieurs centaines de jeunes sont massés devant les portes du tribunal, la police en civil a occupé la plus grande partie des bancs de la salle : seule une dizaine de journalistes, parmi ceux qui sont arrivés les premiers, ont pu y pénétrer. »

Je crains à chaque instant de perdre ma jupe, car j'ai dû laisser ma ceinture à la réception. D'énervement, j'ai froid et jette mon manteau sur mes épaules.

Je suis enfermée dans une petite cage. Devant moi s'agite le procureur Neelsen. Je ne lui donne pas plus de trente-deux ans. Il relate les faits avec application. Chaque fois qu'il prononce les mots « le chancelier Kiesinger », je m'attends à le voir se lever et faire une grande révérence, tant il y met de respect.

J'apprends que Kiesinger, dont la première réaction a été de minimiser l'incident – « Je ne poursuis pas les dames qui me frappent », aurait-il affirmé –, vient, sous la pression de son entourage, de porter plainte. Il a signé le document dans sa voiture, alors qu'il se rendait à l'aéroport de Tempelhof pour regagner Bonn.

Le procureur parle longuement, sans passion, d'une voix monocorde. Il donne l'impression de s'ennuyer. Il passe sans cesse sa main gauche dans ses cheveux et fait des moulinets de la droite.

Depuis plusieurs mois, en signe de protestation contre la justice de classe, Mahler plaide au palais en complet, pull noir à col roulé. Il réplique : « Même si j'avais eu ma robe dans ma serviette, je ne l'aurais jamais revêtue pour un tel procès. Cette procédure expéditive est indigne. »

Le procureur fait citer comme témoin le commissaire Samstag, chargé de la sécurité du chancelier au cours du congrès. Il vient à la barre.

— Qu'avez-vous remarqué ?

— J'ai aperçu l'accusée alors qu'elle s'approchait de la table de la présidence. J'ai vu qu'elle ne portait pas de signe distinctif la désignant comme déléguée. Elle tenait néanmoins un bloc à la main. Quelques instants auparavant, le chancelier avait signé des autographes pour des personnes descendues de la salle. Étant donné qu'un membre du service d'ordre a échangé quelques mots avec l'accusée et l'a laissée passer, je n'ai pas eu d'inquiétude lorsqu'elle s'est glissée derrière la rangée des personnalités.

Le commissaire ajoute un détail auquel je préférais ne pas penser avant l'action : « Le chancelier était bien protégé, il y avait six gardes du corps armés de pistolets se trouvant dans la salle. L'un d'eux avait déjà saisi son arme, mais il ne pouvait tirer, car l'accusée était couverte par le chancelier et les autres personnalités qui faisaient écran. »

Les choses auraient pu très mal tourner pour moi. En tout cas, pour une gifle à Kiesinger, j'ai pris des risques que n'ont pas courus les fascistes qui ont physiquement éliminé en cette année 1968 Robert Kennedy, Martin Luther King et Rudi Dutschke.

Mon avocat réclame que Kiesinger soit cité comme témoin, compte tenu du fait qu'il se déclare victime de « coups et blessures ». « C'est un stratagème pour remettre le procès à une date ultérieure », répond aussitôt le juge Drygalla.

Mahler récuse alors la Cour, estimant que le juge est « partisan ». Le tribunal se retire quelques instants. Le juge déclare : « La Cour repousse la requête de la défense, qui est uniquement destinée à ajourner le procès. »

Le tribunal estime que le juge est impartial.

Le procureur se lève : « Il faut prendre en considération qu'un représentant de la politique de notre pays a été attaqué, et donc procéder au jugement sans tarder. Je requiers une peine d'un an de prison ferme et un mandat d'arrêt immédiat, sinon il suffirait à cette jeune femme de prendre un billet de S-Bahn [le métro aérien] pour fuir en secteur oriental. Je rappelle que l'accusée est allée chercher à Potsdam la documentation dont elle fait état dans son pamphlet. »

Tout au long des débats, le juge Drygalla s'est montré d'une amabilité froide. Il m'a laissée parler sans m'interrompre un instant lorsque je lui reprochai avec véhémence : « Votre procédure expéditive rappelle trop bien celle des tribunaux nazis. »

Cette gifle avait valeur de symbole, je n'avais donc pas l'intention de causer un préjudice physique au chancelier. Le procureur tente de démolir mon argumentation : «Cette violence est une atteinte à l'honneur de la personne giflée. Faut-il rappeler, pour la bonne appréciation juridique de cette affaire, qu'un coup au visage est un traitement désagréable ? La Cour n'a donc pas besoin de preuves ou du témoignage de l'offensé pour montrer que celui-ci a subi un préjudice physique et psychique du fait de la gifle. De plus, la personnalité de l'offensé joue un rôle et ne doit pas être négligée lorsque vous vous prononcerez pour une peine de prison sévère. »

Avant de se retirer pour délibérer, le juge fait une réflexion qui m'inquiète : «L'Allemagne a déjà été le théâtre de conflits politiques violents et l'histoire contemporaine a reproché plus tard à la République de Weimar de n'avoir pas arrêté à temps les troubles auxquels elle était confrontée. »

Le verdict est prononcé quelques minutes plus tard : «Un an de prison ferme. Les attendus du jugement seront portés à la connaissance du public et publiés dans six grands journaux nationaux aux frais de l'inculpée. » Cela doit me coûter plus de 50 000 marks.

Même Mahler, qui est habitué à la sévérité de certains verdicts, en a le souffle coupé. Je suis atterrée. Je sens une main de fer se refermer sur ma poitrine. Quoi ! Un an, coupée du monde, sans voir Arno, Serge !

J'entends à peine Mahler :

— Avez-vous quelques mots à dire au tribunal ? Ne vous inquiétez pas, nous ferons appel, bien entendu.

— Pour rien au monde je ne resterai en prison, il faut faire quelque chose.

C'est comme un cri qui sort du plus profond de moi-même. La rage me gagne, mal contenue, lorsque je m'adresse au président : « Je suis outrée par le jugement rendu. Il y a un an, un ancien nazi a asséné des coups de canne ferrée sur la tête de Rudi Dutschke. Cet homme que l'on sait avoir été un membre actif du parti nazi a été condamné à une amende de 200 marks. » Je suis haletante. Je parviens à grand mal à me maîtriser. « Et vous, vous me condamnez aujourd'hui à un an de prison pour avoir giflé une personnalité publique. À mes yeux, Rudi Dutschke est bien un homme public, tout comme le chancelier Kiesinger. »

Le juge me répond : « Je ne connais pas le jugement que vous venez d'évoquer. » Je ne puis plus m'arrêter de parler et je sors alors ma dernière carte : « Je vous demande de prendre en considération que je suis de nationalité française par mon mariage. Si vous m'emprisonnez, je demanderai à mon avocat d'entrer de toute urgence en contact avec le gouverneur français à Berlin et de voir avec lui si je peux être jugée par une juridiction française à Berlin. On verra alors si à Berlin-Ouest, territoire sous statut interallié, ma nationalité française n'est pas plus forte que ma nationalité ouest-allemande. »

Je touche là à l'un des points délicats des rapports entre la République fédérale et Berlin-Ouest.

L'intervention d'une puissance « occupante » n'est absolument pas souhaitable pour Bonn, surtout dans un cas si épineux.

Coup de théâtre, mon argument a porté. Le juge et ses assesseurs semblent très embarrassés. Ils sortent sans suspendre la séance. La tactique que Serge a mise au point avant mon départ de Paris a provoqué l'effet escompté. Lorsque le juge revient, il annonce que ma détention est suspendue. Je suis libre.

Le juge Drygalla a commis l'erreur de frapper trop fort et, comme je l'espérais, il n'a même pas la consolation de me voir mise à l'ombre. Il explique à la *Hamburger Morgenpost* : « En principe, je n'ai eu à traiter que des vols dans les gares, des cas de grivèlerie et de vagabondage. Le procès de B.K. a eu lieu dans une situation pour moi inhabituelle. C'était la première fois dans mon activité que j'étais confronté à un si grand cercle de gens intéressés et de représentants de la presse. »

Je quitte le tribunal en compagnie de Horst Mahler et d'un journaliste. Il est plus de 20 heures. Nous nous rendons directement au grand auditorium de l'Université libre de Berlin, où sont réunis depuis près d'une heure quelques milliers d'étudiants tout joyeux de voir le congrès de la CDU se terminer en queue de poisson et Kiesinger quitter Berlin l'œil poché.

Nous sommes accueillis par une explosion d'applaudissements.

Je dis au micro toute ma joie d'avoir tenu parole. Je demande aux jeunes de tirer parti des circonstances exceptionnelles que j'ai pu créer pour intensifier la campagne anti-Kiesinger à travers tout le pays.

Mahler monte à la tribune. Il parle quelques instants avec véhémence : «Ce jugement est sans précédent dans les annales de la justice de Berlin-Ouest. »

Des étudiants demandent le nom du juge sur l'air des lampions. J'apprendrai par la presse, quelques jours plus tard, que des inconnus ont brisé les vitres de l'appartement du juge Drygalla en lançant deux pavés entourés de la première page du *Stern* reproduisant la photo de la gifle au chancelier Kiesinger.

Cette gifle, cette victoire *in extremis*, a libéré des milliers de jeunes d'une frustration de trois jours durant lesquels toutes leurs manifestations se sont heurtées au déploiement des forces de police.

La jeunesse de gauche fait sienne cette gifle qui vient de renverser la situation. Le meeting se poursuit. Je suis entraînée à une conférence de presse organisée en dernière minute au Club républicain. Mon procès est du type même de ceux que dénonce la campagne menée par les antifascistes depuis plusieurs mois contre l'iniquité de la justice allemande : condamnations clémentes dans les procès de criminels nazis, mais lourdes peines lorsqu'il s'agit de jeunes. Dans la salle du Republikanische Klub, alors que je réponds aux questions des journalistes, Serge apparaît. Je suis si heureuse que je ne me gêne pas devant la presse pour me précipiter dans ses bras.

Au matin du 8 novembre, je me suis rendu compte que nous avions gagné. Au petit déjeuner, nos amis de la commune de Wannsee nous tendent quelques

journaux. Les titres sautent aux yeux. Toute la première page est consacrée à l'événement de la veille.
Des photos démonstratives : le chancelier, le visage
caché derrière sa main ou, un instant plus tard,
l'air maussade, les yeux dissimulés sous ses lunettes
de soleil, et moi, dans mon manteau à croix de
Lorraine, entourée de policiers, ou dans mon box
d'accusé penchée vers Mahler, ou lors de l'incident
du Bundestag, le poing levé, apostrophant Kiesinger.

L'outrage au chancelier éclipse le reste de l'actualité. Le mot « gifle » fait irruption dans le vocabulaire politique allemand. Tous les journaux titrent
en première page sur la gifle.

L'Allemagne a du mal à admettre que son chancelier ait été giflé. Tout en rapportant l'opinion
embarrassée de Kiesinger : « Cette femme fréquente
des voyous universitaires », et de son porte-parole
Günter Diehl : « Elle est obnubilée par le chancelier
– *kanzlerfixiert* », la presse accorde une place bien
plus importante à mes motifs réels : « Elle a giflé le
chancelier parce qu'elle voulait faire connaître au
monde entier son passé nazi et montrer le refus de la
jeunesse allemande de voir l'Allemagne représentée
par un ancien nazi. »

Il n'a pas été possible d'accréditer une version
plausible de la « femme hystérique ». Le travail de
fond que je mène depuis près de deux ans est en
train de payer : j'ai trop écrit, trop parlé, trop agité
pour que l'on puisse prétendre avec vraisemblance
qu'il s'agit du geste d'une exaltée.

À Paris, quelques minutes après mon action, Serge
a diffusé par les agences de presse un communiqué

qui met les choses au point : «En giflant le chancelier Kiesinger, ma femme a accompli un geste mûrement réfléchi qui visait à souligner le passé nazi du chancelier. »

Ma déclaration enregistrée avant mon départ de Paris est diffusée par quelques radios dans l'après-midi du jeudi.

Il est clair que les Allemands s'interrogent : comment notre chancelier a-t-il pu se mettre en posture d'être giflé pour son passé, lui qui a déclaré solennellement : «La jeunesse allemande a le droit de savoir où se tenait le chancelier pendant le III$^e$ Reich », et qui n'a pas tenu parole ?

À ce crime de lèse-majesté mêlé d'humiliation – unique dans les annales de l'histoire allemande – s'ajoute le scandale du verdict initial : un an de prison ferme. Il n'y a pourtant pas outrage au chef de l'État : le chancelier n'est que le chef du gouvernement.

L'acte lui-même et la réaction de la justice berlinoise vont tous deux entretenir pendant des semaines une âpre polémique. Il y a ceux qui approuvent l'acte et désapprouvent la sentence, ceux qui critiquent l'acte et la sentence, ceux qui désapprouvent l'acte et approuvent la sentence. Une polémique vivifiante s'instaure : elle se déroule aussi bien entre les éditorialistes qu'au niveau de l'homme de la rue, qui assaille les rédactions de lettres où il expose son point de vue. Elle s'élève enfin jusqu'aux plus grands écrivains allemands : Günter Grass et Heinrich Böll. Même les enfants en parlent : cette gifle remet en cause chez eux le caractère sacro-saint de l'autorité ; on ne doit pas respecter un chancelier parce qu'il est chancelier, mais parce qu'il est un homme respectable.

Un débat national s'établit sur ce forum moderne que sont les journaux. Pour la *Frankfurter Rundschau* : « Le thème de la gifle suscite de vives réactions : Beate Klarsfeld a enfreint la règle qui va du supérieur au subordonné. »

« Ce que cette femme impertinente a fait devait être puni encore plus sévèrement ; elle n'a pas seulement giflé le chancelier, elle a offensé publiquement tout notre peuple », estime encore un lecteur du *Bild*.

« Si l'on ne veut pas toucher dans le chancelier l'homme, mais le chancelier, il n'existe qu'un seul moyen, la gifle. La gifle possède une certaine force symbolique, probablement parce que la tête est considérée comme la partie la plus noble du corps. Donner un coup de pied dans les jambes manque de symbole », écrit Wolfgang Ebert dans le *Stern*.

« B.K. a lancé une nouvelle maladie : la klarsfeldéretis, qui est un produit de la schizophrénie féminine progressiste en République fédérale » : telle est la position du journal d'extrême droite *Deutsche Wochenzeitung*.

Pour Sebastian Haffner, éditorialiste du *Stern* : « Autrefois, une gifle était une provocation en duel, et dans des milieux très vieux jeu elle est toujours considérée ainsi. Peut-être Mme K. a-t-elle pensé à ce code de l'honneur déjà jauni. Mais ce code n'était valable qu'entre hommes. L'émancipation féminine n'y a rien changé. Une femme ne peut réclamer un duel. Une femme ne peut et ne pouvait, selon l'ancien code d'honneur, gifler un homme que pour repousser ses avances sexuelles. »

La *Süddeutsche Zeitung* de Munich prend à son tour position :

« La protestation de la jeune génération contre les situations régnant en Europe reçoit des impulsions franco-allemandes fortes et surprenantes : après Daniel Cohn-Bendit, voici maintenant Beate Klarsfeld.

« Le motif profond de cette lutte que la bien bâtie B.K., mini-terroriste en jupe courte, mène avec une fanatique obstination est le rêve préféré de tous les prêcheurs de vérité, mais qui a été dénoncé, il y a presque cinq cents ans, par Machiavel : c'est l'exigence d'élever la morale comme fondement suprême de la politique.

« B.K. exige cette morale, et cela sans concessions ni compromis. Une force intérieure la poussait à donner à Kurt Georg Kiesinger cette gifle dont l'écho a fait le tour du monde. »

« Si l'on écoutait B.K., il ne resterait comme candidats au poste de chancelier que des incapables ou d'anciens émigrés », lance encore un lecteur du *Bild*.

De l'autre côté du Mur, à l'Est, en République démocratique allemande, on exulte. Ma déclaration a été diffusée à la télévision et à la radio. Au lendemain de cette gifle administrée le jour anniversaire de la révolution bolchevique, une équipe de cameramen est venue me filmer en extérieur, au centre de Berlin-Ouest.

Les manchettes des journaux sont unanimes : « La courageuse B.K., au nom de millions de victimes, gifle symboliquement le vieux nazi Kiesinger » ; « Pour la mort d'un Juif, un jour de prison. Pour une gifle, un an de prison. »

Le vendredi matin suivant, un épais brouillard tombe soudainement sur l'aéroport de Tempelhof où nous devions prendre l'avion pour Francfort. Des centaines de passagers attendent une éclaircie, qui arrive à l'improviste alors que Serge et moi prenons un thé au bar. L'avion décolle sans nous. À notre arrivée, samedi matin, à Francfort, je découvre que la quasi-totalité des journaux étrangers accordent une large place à la gifle. La couverture médiatique de l'affaire est presque aussi importante qu'en Allemagne.

Les commentaires de la presse et la controverse publique ont fait place en Allemagne fédérale à la polémique Günter Grass-Heinrich Böll.

Le jour de mon retour à Paris, trente-six heures après la gifle, je reçois un bouquet de roses rouges. Je regarde la carte de visite : « Merci. – Heinrich Böll. » J'ai envie de pleurer et de rire à la fois. Böll, le romancier catholique si sensible à la chaleur humaine, aux sentiments simples et puissants, m'approuve.

Quelques jours plus tard, dans un discours prononcé à l'occasion de la remise du prix Ossietzky,

Günter Grass lance du haut de la tribune, après avoir longuement stigmatisé le passé nazi de Kiesinger :

« *On n'a pas voulu voir que chaque jour de la présence de Kiesinger à la chancellerie est une gifle pour les victimes du nazisme […], alors une jeune femme est venue de Paris et a giflé le chancelier. Ce que des arguments n'avaient pas obtenu, c'est-à-dire des cinq colonnes à la une et des commentaires, un acte irrationnel l'a obtenu.*

*Enfin quelque chose de photogénique, un truc sensationnel, ce que les journalistes appellent un "point d'accrochage".*

*Non, il n'y a point de raison de prêter des lunettes de soleil à Kurt Georg Kiesinger, ni d'envoyer des roses à Beate Klarsfeld. Autant je suis contre la présence à la chancellerie d'un homme qui a été nazi de 1933 à 1945, autant je suis intransigeant contre les gifles ou de pareils actes héroïques.*

*Une gifle n'est pas un argument. La gifle dévalorise les arguments, le courage de distribuer des gifles est à bon marché. Kiesinger ne mérite pas des gifles, il faut plutôt lui poser toujours la même question : "Êtes-vous conscient que votre passé nazi n'est pas seulement une tache sur votre charge de chancelier, mais aussi sur la République fédérale ? Êtes-vous conscient que votre présence comme chancelier est une dérision pour la Résistance antihitlérienne ?"* »

Heinrich Böll lui répond sans ménagements dans une tribune libre publiée par *Die Zeit* sous le titre « Des fleurs pour Beate Klarsfeld » :

«*C'est sur un ton de* magister *que Günter Grass a constaté qu'il n'y avait aucun motif pour envoyer des roses à Beate Klarsfeld. Or cette constatation me semble plutôt présomptueuse, gênante, et même, puisqu'elle a été faite de façon officielle, parfaitement déplacée. Je me demande, en toute modestie, s'il appartient à Günter Grass de juger si j'ai ou non le droit d'envoyer des fleurs à une dame. Or j'en avais le droit, et suis prêt à le revendiquer auprès de tous les* magisters *parmi mes confrères. Je devais ces fleurs à Beate Klarsfeld pour les motifs suivants :*

*1. Comme suite logique à mes activités d'écrivain, que celles-ci soient importantes ou insignifiantes, et de quelque manière que veulent les juger les* magisters *en question.*

*2. Ces fleurs sont une dette à titre personnel, de la part d'un homme qui a atteint trois fois l'âge de dix-sept ans, et qui était âgé de quinze ans et un mois lorsque Hitler fut porté au pouvoir par le politicien bourgeois qu'était Papen.*

*3. À cause de ma mère, en souvenir de cette femme qui mourut en novembre 1944 pendant une attaque aérienne et qui réunissait des qualités qu'il était bien rare de rencontrer ensemble : intelligence, naïveté, tempérament, instinct et sens de l'humour ! Elle qui m'a appris à haïr les nazis, en particulier ceux dont fait partie M. Kiesinger : les nazis bourgeois et soignés, ceux qui ne se salissent ni les mains ni les vêtements, et qui continuent, depuis 1945, à parcourir sans vergogne les régions d'Allemagne, et sont même invités à tenir des discours par le Comité central des catholiques allemands.*

4. À cause de la génération à laquelle j'appartiens : celle des tués et des survivants, parmi lesquels ces survivants qui ne peuvent se permettre d'envoyer des fleurs à Mme Klarsfeld, car ceux-là, s'ils lui exprimaient leur sympathie "avec des fleurs", perdraient leur situation d'instituteur, de professeur, de producteur de la télévision, de directeur de maisons d'édition… Moi, je peux me le permettre et me le permets, et c'est volontiers que je joue le "bouc émissaire" pour ceux dont la liberté ne peut aller aussi loin que la mienne.

a) Parce que – voyons le discours de Günter Grass – les critiques que nous formulons, que formulent tous les écrivains polémistes à l'égard de M. Kiesinger, finissent toujours par servir positivement la République fédérale. Nous jouons le rôle ridicule de la "conscience de la République fédérale", que l'on montre dans les pays étrangers – où l'on casse bien volontiers du sucre sur le dos des néo-nazis de la République fédérale – tandis que les chefs de gouvernement desdits pays prennent le petit déjeuner avec M. Kiesinger.

De quelque façon que nous poursuivions nos attaques contre Kiesinger, et quel que soit le calibre de nos armes, il ne nous arrivera rien puisque nous sommes les idiots "éminents" que notre gouvernement montre avec ostentation au public. Il se peut évidemment qu'un jour ou l'autre quelqu'un nous fasse un coup de Jarnac, bien discrètement, et présente ensuite la facture à la clique de M. Strauss – avec encore une fois Willy Brandt comme vice-chancelier…

b) *Parce que la psychologie primitive des bourgeois ne manque jamais de sortir de son sac ce mot dont, malheureusement, se sert également Günter Grass : le mot "hystérique".*

*Une remarque, pour finir : pour la troisième fois, je suis seul juge – en toute modestie, bien entendu – de savoir si j'ai ou non le droit d'envoyer des fleurs à une femme. Si je l'ai fait, c'est sciemment et spontanément, et je suis prêt à l'avouer devant les plus éminents maîtres de la plus profonde psychologie.*

*Lorsque j'ai appris le geste de Mme Klarsfeld, il était onze heures du soir : heure peu indiquée pour envoyer des fleurs à Paris. J'ai donc eu tout le temps d'en discuter en famille, de dormir, de reprendre la discussion au petit déjeuner, de réfléchir encore, et j'ai – à moitié exprès – laissé passer trois heures avant de finalement expédier mon second fils passer commande chez le fleuriste du coin.*

*Depuis, j'ai envoyé d'autres fleurs à Mme Klarsfeld et croyez bien que je lui en enverrai – pardonnez-moi – une troisième fois si l'occasion s'en présente. »*

La prise de position de Heinrich Böll enflamme l'opinion. Les journaux titrent : « Böll et Grass se disputent pour des fleurs » ; « Y avait-il lieu d'envoyer des roses à B.K. ? » ; « Böll combat Kiesinger » ; « Böll : il faut haïr les nazis ».

Je n'ai pas eu à payer la publication du jugement dans les six journaux indiqués par le juge Drygalla. En effet, le jugement mentionnant précisément les raisons pour lesquelles j'ai déclaré avoir décidé de gifler Kiesinger, on comprend que le chancelier n'ait pas été désireux du tout de voir diffuser dans la presse la période hitlérienne de sa carrière. Le *Spiegel* ironisa d'ailleurs à ce sujet : «Le chancelier Kiesinger fait économiser 50 000 marks à B.K. »

Il me faudra aller plus loin que cette gifle. C'est Serge qui me l'a fait comprendre : «Tu es dans la situation d'un de ces acteurs qui acquièrent une notoriété redoutable grâce à un feuilleton de télévision. Pour échapper au seul personnage de ce rôle, il leur faut se surpasser dans d'autres rôles. Rares sont ceux qui y parviennent. »

## Kiesinger, journal de la campagne
## (7 novembre 1968-octobre 1969)

Les onze mois qui suivirent la gifle, c'est-à-dire jusqu'à la défaite de Kiesinger et de son parti aux élections législatives de septembre 1969, je fus sans cesse en mouvement, restant rarement plus d'une semaine à Paris.

Le plus dur était de partir quand Arno était souffrant : grippe, oreillons, rougeole. Raïssa me faisait alors la morale. Elle faisait mine de ne pas vouloir s'occuper d'Arno pour que je reste, mais il fallait que je parte ; si je cédais et annulais une manifestation, une conférence, je sentais que le ressort allait se détendre. Dans cette campagne, toute action devait avoir la même importance, non pas en soi, mais vis-à-vis de moi-même. J'embrassais le front fiévreux d'Arno et m'en allais, le cœur lourd, vers les trains de nuit qui m'économisaient un temps précieux.

Ma belle-mère a pris d'emblée la mesure du combat que nous engagions ; elle en a compris l'importance. Elle s'y est ralliée sans réserve avec le courage et la force de caractère qui l'ont toujours animée. Il est de son devoir de me faire la morale et de me prévenir des dangers que je cours, mais chaque fois elle me supplée avec une bienveillance et une disponibilité qui ne se sont jamais démenties.

Combien de fois Serge et moi nous sommes quittés gare du Nord, gare de l'Est, sur un baiser dont la tendresse m'insufflait la force de continuer ! Combien de fois me suis-je éveillée sur une banquette, filant dans les matins blêmes de l'Allemagne, la bouche pâteuse, presque découragée physiquement déjà par l'immensité du pays, les gigantesques usines, les innombrables voitures, tous ces hommes et femmes qui me paraissent étrangers et dont j'essaie pourtant de modifier la moralité politique ! Ce que je cherche à atteindre semble en ces moments si irréel, si invérifiable que je m'interroge : cela vaut-il la peine d'y sacrifier tant d'énergie et de paix familiale ? Le nazisme me paraît n'appartenir qu'au passé, les morts me semblent définitivement morts, les souffrances apaisées par le temps : je me sens seule et toute petite. Alors je ruse : j'inventorie tous les avantages que je tire personnellement de mon action, je me raccroche à l'amour de Serge qui ne cesse de grandir, à la confiance que beaucoup de gens inconnus ont en moi, je me concentre si bien là-dessus que mon univers de la veille se reconstruit, et me voici de nouveau consciencieuse. Je reçois, en effet, des lettres du monde entier, de Juifs, de non-Juifs, d'Allemands et de Français.

Pourquoi, à travers le monde, des gens qui ne me connaissent pas telle que je suis réellement m'adressent-ils spontanément des mots si lourds de confiance ? Parce que mes actes incarnent l'Allemagne antihitlérienne, l'Allemagne qui a accepté le poids de son passé nazi pour mieux le combattre. C'est pourquoi il y a parfois vers moi cet élan né au plus profond d'hommes et de femmes qui n'ont pas encore admis que l'Allemagne a fait ce qu'elle a fait. Le peuple allemand a tant meurtri que la cicatrice est encore sensible dans la chair européenne : la méfiance s'est tellement accumulée que, par contrecoup, les Allemands estimés exemplaires à tort ou à raison attirent sur eux la confiance qu'on aimerait placer dans leur peuple tout entier.

Ces encouragements, les nombreux poèmes que m'écrivent de jeunes Allemands, les pétitions des élèves de l'Allemagne de l'Est sont la contrepartie des lâchages. L'appareil du SPD a fait savoir publiquement que je n'étais plus considérée comme membre de la social-démocratie ; l'association internationale des anciens élèves de l'école pratique de l'Alliance française à Paris m'a démissionnée de mon poste de secrétaire générale.

À travers les villes et la campagne allemandes, je poursuis consciencieusement la tâche que je me suis fixée : je passe d'une tribune à la tête d'une manifestation, je prépare des actions spectaculaires, je rédige des dossiers détaillés, je m'agrippe à Kiesinger comme un roquet au bas du pantalon d'un voleur, j'aboie et parfois je mords.

Le journal qui suit témoigne des moments forts de cette campagne.

*7 novembre 1968* – Je gifle le chancelier Kiesinger.

Les événements se succèdent ensuite si vite que je ne peux les repérer que par leurs dates et bien succinctement.

*11 novembre* – Bruxelles. Je suis arrivée la veille de Paris avec Raïssa, précédant Kiesinger de deux jours. Il doit parler de l'Europe, mercredi, devant les plus hautes autorités de l'Organisation du traité de l'Atlantique Nord.

J'ai demandé l'aide de l'Union des étudiants juifs de Belgique, et Michel Lang celle du Cercle juif de Berlin. Nous mettons au point une conférence qu'organise le Cercle du libre examen à l'Université libre de Bruxelles. Elle doit avoir lieu quelques heures avant que Kiesinger ne prenne la parole.

J'ai payé le voyage des Berlinois avec les 2 000 marks qui m'ont été versés pour un article publié dans *Horizont*, une revue est-allemande de politique internationale. Leurs valises contenant les brochures de *La Vérité sur Kurt Georg Kiesinger* ont été égarées à l'aérodrome de Berlin. On les retrouve dans l'avion suivant en provenance de Cologne-Bonn. Ma conférence est sauvée.

*13 novembre* – Il est 7 heures. On tambourine à la porte de notre chambre d'hôtel : «Police ! Vérification d'identité.» Ma belle-mère entrouvre la porte et tend nos passeports à deux policiers en civil. «Ça ne suffit pas. Il faut nous accompagner au ministère. Vous avez un quart d'heure pour vous habiller et nous suivre.»

Aussitôt la porte refermée, je me précipite sur le téléphone. J'appelle l'un des meilleurs amis de Serge, Philippe Lemaître, correspondant du *Monde* à Bruxelles, ainsi que Michel Lang, qui dort à l'étage au-dessous. Ma belle-mère alerte Serge, à Paris, qui lui promet de téléphoner immédiatement au secrétaire général de l'Union internationale de la Résistance, Hubert Halin. Ce dernier prévient ses amis au sein du gouvernement belge, et notamment au ministère de la Justice.

On frappe de nouveau à la porte : «Dépêchez-vous ! » Ma belle-mère répond : «Nous sommes des dames, nous avons besoin de temps pour faire notre toilette. »

Il faut bientôt sortir. Michel Lang est arrêté, lui aussi. Nous sommes directement conduits au siège de la police belge, où l'on nous fait longuement attendre. Je suis emmenée dans un petit bureau. Deux commissaires m'interrogent et enregistrent mes déclarations. Je suis convaincue que le but de cette arrestation est de m'empêcher de parler, de me garder jusqu'au soir et de me mettre dans un train pour Paris. Dans un premier temps, j'enrage, je regarde ma montre toutes les cinq minutes pour voir si je ne suis pas déjà en retard pour la réunion. Puis je raisonne. Tant pis ! S'ils ne me laissent pas parler, ils auront des ennuis avec les étudiants et le scandale sera encore plus grand. Le commissaire a beaucoup d'informations à taper. Je cite les fonctions de Kiesinger, les responsabilités qu'il a eues. Je cite aussi le voyage qu'il a entrepris en 1940 avec des journalistes étrangers en Belgique et en France occupées pour montrer la supériorité de l'armée allemande, et j'ajoute en regardant le commissaire : «Vous avez dû vivre sous le nazisme en Belgique, vous savez ce que cela représente. »

Ils m'avouent qu'ils sont eux-mêmes d'anciens résistants, « mais l'ordre, c'est l'ordre », l'ambassade allemande à Bruxelles a demandé aux autorités belges d'empêcher tout incident pendant la visite de Kiesinger. Le trouble-fête n° 1, c'est moi.

Vers 12 h 45, un inspecteur entre dans le bureau. Il me tend un petit papier et me demande de signer mon engagement de quitter Bruxelles immédiatement après ma conférence. L'inspecteur confirme : « On est intervenu de très haut en votre faveur. » Ma belle-mère et Michel Lang ont été relâchés quelques instants avant moi.

Je saute dans un taxi et me rends directement à l'Université libre, où la conférence vient de commencer. Michel Lang est en train de lire le début de mon texte. Je suis saluée par une ovation frénétique : « Nous ne laisserons pas Beate partir ! » hurlent les étudiants.

Certains d'entre eux proposent de bloquer les portes du campus à partir de 16 heures afin que j'y demeure à l'abri de la police. Je refuse.

Ma conférence terminée, une délégation d'étudiants obtient de la police que mon départ soit repoussé à 18 heures, ce qui me laisse le temps de m'entretenir longuement avec le correspondant du *Spiegel*. Je reprends le train à l'heure dite.

Kiesinger donne sa conférence dans la soirée. Les étudiants de Belgique sont allés manifester. J'en apprends les péripéties le lendemain matin, à Paris, en lisant la presse européenne.

*Abendzeitung*, de Munich, titre sur six colonnes : « Kiesinger vient. Ohrfeigen-Beate sous surveillance. »

« Ohrfeigen-Beate », c'est mon nouveau surnom :
« Beate la gifleuse ».

*Paris-Presse* écrit :

*« Les nouveaux amis de Beate Klarsfeld, les étudiants belges, sont allés chahuter le chancelier Kiesinger, sans que celle-ci soit là pour voir l'embarras de son adversaire.*

*Le chef de l'État allemand a d'abord eu la mauvaise surprise de se faire insulter par une centaine d'étudiants massés devant le palais des Beaux-Arts où l'ont invité les "Grandes Conférences catholiques". Ce n'était rien à côté de ce qui l'attendait.*

*À l'intérieur de la salle, des manifestants avaient en effet réussi à occuper quelques points stratégiques et, dès ses premiers mots, le chancelier d'Allemagne, qui parlait en français, a été interrompu par des slogans du style "Kiesinger nazi".*

*Une première fois, la police intervint. Le chancelier croyait en avoir terminé avec les perturbateurs quand, dix minutes plus tard, le chahut reprit avec plus d'intensité encore.*

*Du balcon de la salle explosaient des pétards, tandis que des tracts tombaient sur le public de l'orchestre. C'étaient de petits carrés de papier sur lesquels étaient inscrits ces mots : "Parti national-socialiste. Kiesinger Kurt Georg. Carte de membre n° 2633930. Date d'affiliation : 1ᵉʳ mai 1933."*

*Dans la salle, on leur criait : "Dehors ! À Moscou ! À Prague !" Un peu partout, on se battait. Quelques jeunes gens furent expulsés. Et, à chaque incident, le chancelier, qui devait parler plus d'une heure,*

*regardait le public sans le voir, l'air étonné, et croisait*
*les bras en attendant que l'orage passe.* »

Le journal belge *Le Soir* précise : « La police, très
nombreuse, équipée de casques de bagarre, emme-
nait les perturbateurs ; pendant ce temps, d'autres
jeunes distribuaient des tracts. Le calme revenu, le
chancelier reprit son exposé. À ce moment, nouvel
incident, cette fois aux fauteuils d'orchestre. Il ne
s'agit pas d'un jeune, mais d'un homme d'un certain
âge, qui évoque la mort de membres de sa famille.
La police le traite avec compréhension, mais finit par
le traîner hors de la salle. Le chancelier Kiesinger
poursuit. Troisième interruption, beaucoup moins
soutenue. M. Kiesinger force la voix. »

La *Frankfurter Rundschau* ajoute : « Kiesinger a
montré à quel point il avait été impressionné par les
manifestants. La dernière phrase de son discours sur
son manuscrit est : "Dès la première heure, j'ai été
partisan d'un État fédéral européen." Cette phrase,
le chef du gouvernement de Bonn n'a pu la prononcer qu'en bafouillant. »

À la sortie, des groupes se constituèrent devant le
palais des Beaux-Arts, affrontant un nombre presque
égal de policiers.

Les manifestations reprirent jeudi après-midi place
de Brouckère, où s'étaient donné rendez-vous les
étudiants. La police les dispersa dans les rues avoi-
sinantes. Une centaine d'étudiants parvinrent à se
regrouper à la gare centrale. Par la rue du Lombard,
ils tentèrent, en fin d'après-midi, de gagner les
grands boulevards et l'hôtel Amigo, où résidait le

chancelier. Mais ils s'y heurtèrent à un triple cordon de police. Bilan : trente arrestations, plusieurs dizaines de blessés des deux côtés.

Le lendemain, l'Office du tourisme allemand fut endommagé par un cocktail Molotov.

Ainsi Kiesinger avait-il été profondément humilié devant le gouvernement belge, le Premier ministre, Gaston Eyskens, le ministre des Affaires étrangères, Pierre Harmel, devant les dirigeants de l'OTAN et son secrétaire général, Manlio Brosio, devant les dirigeants de la Communauté économique européenne, devant tout le corps diplomatique – ce qui n'a pas manqué de se répercuter en Allemagne, où la presse a insisté sur la seconde humiliation reçue en moins d'une semaine par mon initiative, l'une au cœur de l'Allemagne, à Berlin, l'autre en dehors de l'Allemagne, à Bruxelles.

Le jour suivant, la *Süddeutsche Zeitung* de Munich publiait un dessin humoristique qui résumait la situation : on y voit un avion en train de voler en dessous duquel se trouve une sorcière à califourchon sur un balai auquel est attachée une banderole indiquant mon nom. La légende précise : «*Die Quartiermacherin des Kanzlers*» (l'avant-garde du chancelier).

Parmi tant d'autres, je retiens aussi ce petit dessin : le lapin Kiesinger qui court et le porc-épic Beate qui lui fait peur à trois étapes différentes : à Bonn (le Bundestag), à Berlin (la gifle), à Bruxelles (la conférence). Les commentateurs politiques ouest-allemands ont pris conscience que je peux frapper fort et qu'il n'est pas possible de réduire l'acte de Berlin à une simple anecdote. Avec sa résonance internationale et son prolongement à Bruxelles, il prend une dimension nouvelle et les Allemands commencent à comprendre la gêne à laquelle ils sont exposés en choisissant comme chancelier un homme dont la réputation est ainsi attaquée non seulement en Allemagne, mais aussi hors de l'Allemagne. Le grand hebdomadaire *Die Zeit* insiste d'ailleurs là-dessus en soulignant que la cote de Kiesinger et sa forme sont en baisse sensible, qu'un tournant vient de se produire. *Die Zeit* attribue ce phénomène pour une bonne part aux incidents de Berlin et de Bruxelles. D'après certains journalistes qui ont approché le chancelier à cette période, l'épreuve belge lui a été encore plus pénible que celle de Berlin.

*15 novembre* – Les journalistes allemands assaillent notre appartement : ils viennent voir comment vit « la jeune femme qui fréquente les voyous universitaires » (*dixit* Kiesinger), l'« hystérique ». Ils croyaient trouver un appartement en désordre ou mal tenu. En entrant, ils sont absolument stupéfaits de voir cette vaste réception et les trois salons qui s'ouvrent sur la Seine. Ils sont si surpris qu'ils prennent les reproductions au mur pour des originaux. Je me suis acheté pour la circonstance une robe de laine, plastron rouge et manches gris fer, qui a coûté fort cher. Mais elle produit son effet, surtout avec des chaussures laquées Dior.

On me photographie dans la cuisine méticuleusement propre, en train de cuisiner ; désormais, pour eux, je suis vraiment la bourgeoise qui, mue par une irrésistible impulsion, est sortie temporairement d'un univers bien ordonné, d'un intérieur cossu auquel elle est profondément attachée. La thèse alimentée par Kiesinger selon laquelle je serais une révolution-naire professionnelle tombe à plat.

*18 novembre* – L'Iliouchine 18 de la LOT où nous avons embarqué décolle du Bourget pour Schönefeld. Vol mouvementé. Au-dessus de Berlin-Est, interdic-tion d'atterrir, par manque de visibilité. L'avion se dirige vers Varsovie, mais se heurte à la tempête. Prague est fermé. C'est finalement à Budapest que nous passons la nuit. Plus d'hôtel, huit cents per-sonnes déroutées s'entassent à l'aérodrome.

*19 novembre* – Nous arrivons enfin à Berlin-Est, où les officiels, qui désespéraient de me récupérer, m'accueillent avec les fleurs de la veille et une grande Ziss noire. Je suis logée au palace Unter den Linden. À table, deux jeunes gens m'abordent : mes premiers autographes, que je signe sur le menu.

*20 novembre* – Je déclenche à Berlin-Est une petite panique. Bien qu'étant uniquement invitée à donner une interview à la télévision est-allemande, j'avais pris l'initiative, à Paris, d'annoncer à la DPA (l'agence de presse ouest-allemande) que je tiendrais une confé-rence de presse sur le passé nazi de Kiesinger dans les locaux des archives de Potsdam.

Stupéfaction de mes hôtes est-allemands, qui n'ap-précient pas qu'on leur force la main : aucun étran-ger n'a le droit d'inviter des journalistes occidentaux dans un service officiel. La conférence de presse n'aura pas lieu. L'incident n'entame pas pour autant l'enthousiasme. Un album contenant des centaines d'articles de presse et de dessins satiriques parus en Allemagne de l'Est à l'occasion de ce que l'on appelle ici mon « exploit » m'est offert cérémonieusement. Je découvre que la presse est-allemande m'a apporté un soutien considérable. Comment un État aussi rigidement communiste peut-il décerner tant d'éloges à un acte individuel, spectaculaire, qui, de plus, sape la notion d'autorité ?

Il s'agit maintenant de ne pas me laisser récupérer par le jeu politique et de conserver à mon action tout son sens moral. S'il arrive aux États, en fonction de leurs intérêts, de nouer des alliances contre nature, pourquoi les individus porteurs d'une cause ne pourraient-ils agir de même ?

*21 novembre* – À 7 h 30, je quitte la gare de Friedrichstrasse, à Berlin-Est. Michel Lang me rejoint à Bahnhof Zoo, à l'Ouest. Mon garde du corps mesure quelques centimètres de moins que moi. À Cologne, je suis reçue par les animateurs du cabaret politique Die Machtwächter, petite salle où l'on s'entasse avec, dans le fond, un drapeau à croix gammée, une petite table, une chaise. Avant que je prenne la parole, un sketch de l'équipe du cabaret présente Kiesinger témoignant dans un procès sur les diplomates nazis. Mon garde du corps s'est trouvé une petite amie à protéger de plus près que moi ; il a disparu.

Le lendemain, nous partons pour Dortmund, à une réunion de jeunes socialistes où Günter Grass et le chanteur Dieter Süverkrüp prendront également la parole.

Grass n'est pas ravi à l'idée de me passer la parole. Sans doute est-il un peu frustré par la publicité reçue pour ma gifle ; en effet, Kiesinger n'a même pas répondu à ses lettres ouvertes, à ses objurgations, tandis que mon acte a eu beaucoup plus de portée pratique que ses protestations verbales.

Un jeune lui pose la question suivante : «Comment se fait-il que vous attaquiez Kiesinger pour son passé nazi, et que Karl Schiller, le ministre de l'Économie, ancien nazi lui aussi et qui a été un spécialiste de l'exploitation économique des territoires conquis, soit le parrain de votre fils ? »

Furieux, Grass dit que cela n'a rien à voir. Karl Schiller, c'est son affaire privée, cela ne regarde pas les jeunes. Je suis déçue. Si Schiller avait été élu chancelier, j'aurais protesté de la même façon que pour Kiesinger. Je l'ai d'ailleurs déclaré et la presse n'a pas manqué de le souligner. Les nazis actifs ne se sont pas réintégrés seulement dans la démocratie chrétienne ; combien en retrouve-t-on au sein de la social-démocratie, où l'équipe de Brandt s'oppose vivement à celle de Schiller, locomotive électorale du SPD, mais détesté par les anciens résistants sociaux-démocrates !

*23 novembre* – J'enregistre à Dortmund un disque 33 tours intitulé *L'Affaire K. – L'histoire d'une gifle.* Les pièces du dossier sont lues par des acteurs.

J'y expose moi-même le sens de mon geste et récite
un poème que je viens de composer sur ce thème.
Ce disque va prendre place parmi les chansons socialistes et les chants révolutionnaires de l'éditeur Pläne-
Verlag. Pendant l'été 1969, le *Spiegel* en publiera
des extraits dans une anthologie de la poésie anti-
Kiesinger. La gifle inspire en effet dans la littérature
*underground* une floraison de poèmes, à laquelle je
participe de ma plume.

*29 novembre* – À Paris, j'explique devant les
membres du Mouvement contre le racisme, l'antisémitisme et pour la paix (MRAP) le sens de ma
croisade. J'ai décidé de répondre à toutes les invitations de conférence, en quelque lieu que ce soit,
de façon à pouvoir populariser le dossier Kiesinger.

*1er décembre* – À peine descendue du train, à
Munich, un basset vient à ma rencontre, suivi d'un
bonhomme tenant un petit bouquet de fleurs. Il
se présente : M. Koenig, journaliste. C'est lui qui
m'a invitée à Munich et a organisé la réunion au
Rationaltheater, cabaret politique. Il me propose de
passer cette journée de dimanche dans sa famille.
L'accueil de sa femme n'est pas chaleureux, loin de
là. Nous déjeunons et le repas se termine sur des
récriminations : M. Koenig ne veut pas aider son
épouse à faire la vaisselle.

Je suis très mal à l'aise et jure de ne plus jamais
accepter d'invitation dans les familles. Je préfère
encore manger une saucisse debout dans un bar

– mon budget pour les frais pendant les déplacements est extrêmement serré.

Ce n'est qu'en le quittant que je comprends enfin les intentions de ce monsieur : il projette de me « manager », de m'organiser une tournée de conférences à travers l'Allemagne – montrer la gifleuse comme on présente au cirque la femme canon. En prenant évidemment la moitié des recettes, car, à son avis, il faut faire payer les entrées. Il va jusqu'à me proposer un contrat.

Je l'éconduis fermement, et il en est tout étonné.

*2 décembre* – La salle du Rationaltheater est ce soir composée de tout ce que la ville compte de personnalités journalistiques et littéraires venues me regarder comme une bête curieuse. Ils s'attendent à un show sensationnel ; ils sont déçus, et tout particulièrement mon apprenti « manager », qui m'a recommandé de romancer mon récit et qui découvre amèrement que je ne serai jamais une démagogue. Le côté précis et méthodique de mes explications déroute le public. Mais je préfère qu'il se rende bien compte que je suis une simple femme raisonnable, et non un être exceptionnel et bouillonnant. M. Koenig promet de m'apprendre bien des choses. Pauvre homme ! Je ne l'ai jamais plus revu.

*3 décembre* – Je suis bien plus à mon aise au *teach in* de l'université de Munich.

J'annonce ce soir que je serai candidate aux élections législatives de septembre 1969 contre le chancelier Kiesinger, où qu'il se présente. En prenant cette décision, je pense pouvoir éviter la prison au procès d'appel qui a été intenté contre moi. Toute condamnation serait interprétée comme une manœuvre déloyale de mon adversaire électoral. Et je poursuivrai ma campagne avec encore plus d'impact. Reste à trouver la formation politique qui me présentera contre Kiesinger. Le SPD m'ayant exclue de ses rangs, je ne puis plus rien attendre de ce côté. Je pense à la future coalition des petits partis de gauche et du parti communiste. Je lance donc publiquement l'idée, afin de leur forcer la main.

*4-7 décembre* – Dortmund : je parle aux jeunesses communistes de la RFA et achève l'enregistrement de mon disque.

*10 décembre* – Auditoire exclusivement juif : le MEJ, Mouvement d'étudiants juifs, a organisé un débat au Centre Edmond-Fleg, à Paris : «Fallait-il gifler le chancelier Kiesinger ?» Les discussions sont passionnées. J'ai fait venir de Bonn quelques étudiants de l'APO parlant français, qui exposent à leurs camarades les difficultés de leur lutte antifasciste. Un nouveau dialogue s'ouvre entre jeunes Juifs et Allemands, mais dans la perspective d'une action commune. Soutenue par le MRAP et l'Amicale des anciens déportés juifs, la motion que je propose est adoptée. Elle reconnaît en particulier « la nécessité pour le peuple juif de ne pas laisser les démocrates allemands se battre isolément contre les mêmes forces qui ont assassiné plus de six millions de Juifs et qui réconcilient l'Allemagne avec son passé nazi ».

Un des dirigeants du MEJ se décide à se rendre avec moi à Berlin avec un drapeau représentant l'étoile de David. Il s'agit de protester contre le tout récent acquittement du juge nazi Rehse. L'ancien juge du tribunal du peuple nazi Hans-Joachim Rehse avait été condamné le 3 juillet 1967 à cinq ans de réclusion pour « assistance à des actes criminels ». La Cour de cassation fédérale avait cassé le premier verdict en avril 1968, considérant qu'un juge endossait la pleine responsabilité de ses actes.

Rehse avait en effet prêté son concours à au moins deux cent trente et une condamnations à la peine capitale. Il siégeait aux côtés de Roland Freisler, l'« assassin en robe de juge » du III<sup>e</sup> Reich. Loin de donner suite à l'appel *a minima* du procureur, qui réclamait la détention à perpétuité pour cinq jugements rendus par Rehse pendant la guerre « outrepassant les lois de la terreur nazie elle-même et constituant des meurtres purs et simples », le tribunal de Berlin-Moabit a considéré, « presque à l'unanimité », que Rehse avait agi de bonne foi, persuadé qu'il y allait de la nécessité de « consolider le Reich ».

Dans ses attendus, le juge Oske, qui présidait le tribunal, a développé une théorie affirmant que « tout État, même un État totalitaire, est tenu de s'affirmer ». On ne peut donc pas « reprocher à l'État de recourir en temps de crise à des mesures exceptionnelles d'intimidation ». La preuve en serait « l'adoption récente des lois d'urgence en République fédérale ».

Comme on peut le comprendre aisément, ces propos ont soulevé des remous dans l'auditoire. Les

spectateurs interrompirent à plusieurs reprises la lecture du jugement, et un ancien détenu de la Gestapo
parvint à gifler Rehse alors qu'il quittait l'audience
en homme libre.

Je paie le voyage du militant juif du MEJ, car il
lui aurait été impossible de réunir en quarante-huit
heures l'argent nécessaire au déplacement : j'estime
indispensable de montrer aux Allemands que des
Juifs viennent même de l'étranger pour protester
contre la réhabilitation de Rehse.

Combien de procès où des criminels nazis sont
acquittés auraient une autre issue, bien plus conforme
à la justice, si les Juifs témoignaient de leur volonté
de ne pas voir réhabilités les persécuteurs de leur
peuple ! Mais quand des jurés allemands ou autrichiens ne voient pas à l'audience l'ombre d'un Juif
ou n'entendent pas devant l'enceinte du tribunal
s'exprimer avec force les légitimes revendications
des Juifs, ils s'autorisent la plus aveugle indulgence.

*14 décembre* – Dix mille personnes se réunissent
devant l'hôtel de ville de Berlin-Schöneberg. On
scande : « Rehse assassin », « Les nazis à la porte
de la justice ».

Le podium est dressé sur la place. Il fait très froid,
je suis emmitouflée dans un manteau polonais de
cuir et de fourrure. Le correspondant de la *Pravda*
écrira : « Nous nous croyions revenus au temps de la
révolution en voyant cette jeune femme parler sur un
fond de drapeaux rouges. » Mais il omet de signaler
le drapeau à l'étoile de David qui flotte au-dessus de

ma tête et que montreront en gros plan les photos
de la presse allemande.

Je parle avec force :

« *Les dirigeants de Bonn ont agi comme si les douze
années du règne nazi n'avaient été qu'une erreur de
parcours de l'Allemagne ; ils ont proclamé comme mot
d'ordre Travail, Famille, Bien-être, et surtout, surtout
pas de conscience politique. Et, grâce au travail des
citoyens dépolitisés, ils ont vite rétabli et su renforcer un capitalisme prospère. L'entreprise Allemagne
marche bien, mais dans quelle direction ? L'objectif
maintenant, ne vous y trompez pas, est de repolitiser
le pays, mais à leur image. Pour cela, il leur faut
aller au-delà des condamnations au compte-goutte
qui ont réussi à accréditer dans la masse l'idée que
les crimes du Reich hitlérien n'étaient l'œuvre que
de quelques individus sanguinaires. Cette thèse a
ménagé les plus coupables moralement et efficacement,
c'est-à-dire les organisateurs politiques, juridiques et
administratifs des crimes. Aujourd'hui, leur système
va encore plus loin : ils réhabilitent. Dans les autres
pays, il arrive que l'on réhabilite les innocents ; en
République fédérale, soyez sûrs que ce sont les criminels qu'on réhabilitera. Les uns après les autres, en
partant des tortionnaires qui obéissaient aux ordres,
des policiers qui faisaient leur devoir, des généraux
qui défendaient leur patrie, des juges qui jugeaient,
de Himmler qui était résistant, puisqu'il a arrêté en
1944 les chambres à gaz qu'il avait créées en 1942.
Si l'on continue ainsi, on finira bien par réhabiliter
Hitler, et ce jour-là, nous qui sommes si nombreux*

*sur cette place, nous serons tout seuls, chacun de son côté. Quand Kiesinger a été nommé chancelier, j'ai compris que c'était le début de la vraie réconciliation de l'Allemagne avec son passé nazi ; c'est là le rôle historique de Kiesinger. J'ai voulu lui faire obstacle par mon action individuelle, mais la victoire, elle, ne se gagnera que par l'action collective. »*

Des observateurs est-allemands sont là. Leur presse monte en épingle mon intervention ; je perçois que tout va bien pour mon éventuelle candidature aux élections : de grands articles me popularisent en RDA et dans la presse communiste de la RFA et des pays socialistes.

*18 décembre* – Serge me rejoint à Berlin ; il y est venu pour affaires pour la Continental Grain. Il doit régler un problème de garantie bancaire avec la Banque du commerce extérieur de la RDA, l'Aussenhandelsbank. Je téléphone. Nous sommes reçus par la haute direction de la banque nationale de la RDA, la Deutsche Notenbank, dirigée par une ancienne déportée de la Résistance. Le problème est rapidement réglé de façon satisfaisante.

Je passe le réveillon du Nouvel An sans Serge : il est dans le train pour Londres, où il doit enrichir le dossier Kiesinger grâce à ses recherches à la Wiener Library.

*10 janvier 1969* – Un journal d'extrême droite a collationné, dans un article intitulé « La saga de Beate Klarsfeld », les surnoms dont les journalistes m'ont affublée. Je suis tour à tour la « Franco-Allemande à la main lourde », le « joli Machiavel », « Jeanne d'Arc », la « Némésis berlinoise », « Charlotte Corday ressuscitée », la « moderne Ravaillac », « Beate la Rouge », la « mini-terroriste court-vêtue », la « sainte Beate descendue de son ciel rouge », la « dame de gauche à la droite foudroyante », la « figure de proue de la nouvelle gauche ». Plus proche de la réalité, Serge m'a surnommée BKssine.

*8 janvier* – Je me rends à Brême, où le pasteur Wilhelm Garlipp, de la paroisse Sainte-Stéphanie, m'a invitée à venir parler devant ses ouailles. Quelle imprudence ! Ce brave pasteur fera le lendemain les frais d'une campagne de presse virulente.

*22 janvier* – Trois soldats ont été égorgés à Lebach, près de Sarrebruck. La presse de droite se déchaîne et impute ce crime à l'opposition extraparlementaire, l'APO. Il me paraît évident que des militants qui se disent de gauche ne peuvent pas, pour s'emparer d'armes, égorger dans leur sommeil des soldats qui sont des civils en uniforme. Il faut réagir, et très vite. C'est pourquoi je pars immédiatement pour Bonn. J'y rédige avec un militant du SDS un tract que je tire à plusieurs centaines d'exemplaires et que je dépose dans les boîtes aux lettres de tous les journaux de la Maison de la Presse. J'annonce la création d'une commission d'enquête menée par l'opposition extraparlementaire. Bien entendu, je n'ai personne pour conduire une enquête parallèle, mais cela suffit en tout cas pour que les journalistes écrivent que les

policiers de la Sarre ont reçu entre-temps le soutien de comités de l'APO. Je me rends moi-même
à Sarrebruck et y fais connaître également l'initiative
de l'opposition extraparlementaire.

On apprendra plus tard quels sont les auteurs de
cet attentat : ce sont des jeunes gens qui ont agi pour
se procurer des armes et qui vivent dans le milieu
des extrémistes de droite.

Début janvier, la *DVZ* de Düsseldorf, hebdomadaire para-communiste, m'a demandé d'être sa
correspondante à Paris. J'inaugure ma collaboration par un article destiné à attirer l'attention sur
une jeune Française dont la haute valeur morale et
intellectuelle m'avait beaucoup frappée : la trotskiste
Michèle Firk, frêle et dure, exigeante à l'égard des
autres comme à l'égard d'elle-même. En 1967, elle
était arrivée au Guatemala presque en même temps
que moi, qui n'étais qu'une touriste. Elle y a donné
stoïquement sa vie en montrant quel doit être l'engagement de révolutionnaires européens aux côtés
de ceux du tiers monde s'ils veulent être fidèles
à leurs idées, et non être des discoureurs de café
du commerce. Mais bien peu de jeunes d'extrême
gauche en France ressemblent à Michèle Firk. Ils
se plaisent dans l'Hexagone, somme toute paisible
si on le compare aux risques des autres continents.

Mes articles hebdomadaires dans la *DVZ* m'ont
permis de gagner 800 marks par mois. J'ai considéré
qu'il s'agissait d'une aide discrète de la RDA, bien
que les dirigeants de la *DVZ* aient toujours nié avoir
été incités à m'engager.

*30 janvier* – Ce soir, je suis à Cologne : mon discours sur la prison préventive contribue à chauffer l'atmosphère de la salle. D'autres orateurs évoquent le fascisme en Grèce, en Espagne, au Portugal ; il y a des travailleurs immigrés présents dans la salle ce soir-là. Les jeunes veulent agir, mais malheureusement pour n'importe quelle action. La réunion se termine prématurément ; une première colonne de manifestants se lance sur les consulats grec et portugais. Les fenêtres et les portes de la Maison américaine sont détruites : l'Office du chemin de fer espagnol est également détruit en partie, ainsi qu'un centre communautaire espagnol et le club grec. Dans la ville, on entend partout les sirènes de la police qui retentissent.

À Francfort, le même jour, des centaines de contestataires ont répondu à l'appel du SDS qui a voulu célébrer à sa manière le trente-sixième anniversaire de la prise du pouvoir par Hitler. On donne ce soir-là à l'Opéra de Francfort une soirée de gala au profit de la Fondation pour l'assistance au sport allemand et tout le gratin de l'*establishment* allemand est présent, disposé à passer une bonne soirée, alors que s'impose le recueillement pour une pareille date. C'est une véritable provocation pour les antifascistes. Les étudiants accueillent le chancelier aux cris de « *Sieg Heil !* Kiesinger nazi ! *Ohrfeigt Kiesinger !* [Giflez Kiesinger !] », et bloquent la circulation.

*31 janvier* – Discours à l'Auditorium Maximum de l'université de Hambourg : deux mille personnes et d'importantes forces de police sont présentes.

*1ᵉʳ février* – Duisbourg. Mon Dieu, qu'il fait froid ! J'ai pris la parole sur la place de l'Hôtel-de-Ville ; heureusement, mon discours est bref, car je dois tourner les pages avec ma main dégantée et, frileuse comme je suis, je gèle. De Duisbourg, je repars le soir en voiture vers Dortmund ; puis je prends le train de nuit pour Berlin, où je participe au meeting de l'Université libre.

*3 février* – Serge me rejoint dans un Berlin enfiévré pour m'aider à préparer le procès d'appel que j'affronterai bientôt. L'élection du président de la République a lieu aujourd'hui. Heinrich Lübke, président en exercice, a été déboulonné. Il doit céder prématurément son poste : accusé par les Allemands de l'Est d'avoir dessiné le plan de baraquements pour des camps de concentration, il avait nié être l'auteur des épures, mais des examens graphologiques l'ont confondu.

L'extrême gauche est opposée à ce que l'élection ait lieu à Berlin-Ouest, qu'elle considère comme une entité politique distincte de la RFA. L'arrivée des délégués néo-nazis du Bundesrat déclenche surtout une véritable émeute, la veille de l'élection... Les militants de l'APO sont réunis dans l'Université technique et y préparent une action. Manque d'idées, manque de décision – tout à coup, après une heure de phraséologie, le mot d'ordre imprudent est lancé :

tous à l'hôtel Am Zoo, où est logée une grande partie des éminences politiques. Mais, depuis le matin déjà, le Kurfürstendamm, et tout spécialement l'hôtel Am Zoo, est protégé par des centaines de policiers. Aux cris de « Kiesinger nazi ! », les manifestants se précipitent dans les bras de la police qui matraque tout ce qui se trouve sur son chemin. Serge et moi traversons l'avenue et sommes miraculeusement bloqués sur le terre-plein des tramways alors que, sur le trottoir de gauche et sur le trottoir de droite, deux vagues de policiers renversent à terre et frappent les manifestants.

Nous n'osions pas y croire : Gustav Heinemann est élu président de la République fédérale. C'est une grande défaite pour les chrétiens-démocrates, dont le candidat, Gerhard Schröder, ex-membre des SA, a été soutenu par les voix néo-nazies.

*4 février* – Je prends tôt le matin l'avion de Berlin pour Nuremberg ; l'après-midi, je parle aux élèves de l'École pédagogique ; je suis surprise de la faiblesse de l'argumentation de mes contradicteurs, de jeunes néo-nazis. Le soir, je conduis une manifestation publique dans la rue ; elle se dirige vers le Polizeipräsidium, le quartier général de la police. Une haie de jeunes portant des banderoles contre le fascisme conspue Kiesinger ; une espèce de griserie me saisit quand j'entends ma voix s'élever dans la nuit de cette ville où Hitler, trente ans plus tôt, s'apprêtait à mobiliser le peuple allemand pour une aventure diabolique. J'ai l'impression que ma voix est celle d'une autre Allemagne ; il y a derrière

moi beaucoup plus que moi-même. Mon discours
terminé, je me hâte vers l'aéroport pour reprendre
l'avion vers Berlin.

*14 février* – Hier, Arno m'a accompagnée à
Oldenbourg. Il m'a écoutée fort tard dans la nuit.
Pour la première fois, je prends aujourd'hui la parole
à Bonn devant les militants du parti pour l'action
démocratique et le progrès (ADF), qui m'a désignée comme candidate dans la circonscription de
Kiesinger, le numéro 188, à Waldshut, en Forêt-
Noire. C'est un grand pas en avant pour moi. Je
passe bien avant de nombreux militants communistes
endurcis, dont je sens l'hostilité. Ils m'en veulent :
je leur ai été imposée parce que j'attire la presse et
que j'ai le soutien de dirigeants en RDA. Sur les
invitations à la presse, je suis en vedette comme le
morceau de sucre destiné à appâter le chien. En
fait, je suis devenue une locomotive électorale de
l'ADF, même si je ne reçois pas son appui matériel.
Au moins chacun de mes voyages pour l'ADF me
sera remboursé, ce qui accroît ma liberté de déplacement. Étant candidate individuelle, je n'appartiens
à aucun des partis qui composent cette fédération
de l'extrême gauche. Cela me permet une liberté
de parole à peu près complète. Je peux mesurer
le chemin parcouru depuis ma révocation : l'*Einzel-
kämpferin* – la combattante individuelle – a pris
d'assaut à la force du poignet la plus petite des cinq
formations politiques ouest-allemandes.

Mon premier discours ce soir-là, à Bonn, ne ressemble certainement pas à ceux que les militants

d'extrême gauche sont habitués à entendre. Ils doivent se demander quelle haute protection me couvre à Berlin-Est pour que, à la place où j'ai été désignée, je puisse leur adresser des paroles dont les perspectives n'ont rien d'électoraliste.

Alors que la réunion bat son plein, les congressistes écoutant attentivement le professeur Hoffmann, président de l'ADF, la porte s'ouvre soudain en coup de vent… Arno fait irruption, la culotte sur les chevilles, les fesses nues, criant à tue-tête : «Maman, caca ! » La « locomotive » quitte un moment le congrès pour une tâche bien plus urgente…

*20 février* – Les néo-nazis du NPD tiennent leur congrès à Bayreuth. Je m'y rends. Si ce parti obtient 5 % des voix lors des élections de septembre prochain, il pourra entrer au Bundestag. Pour lui barrer la route, une seule tactique pour les antifascistes : s'opposer physiquement aux brutes de son service d'ordre, les contraindre à dévoiler leur véritable visage, qu'ils tentent de dissimuler derrière un masque de respectabilité. Peut-être l'électorat reculerait-il alors devant les excès de ces émules des SA. Ce rôle dangereux, ce sont les jeunes socialistes de la SPD, l'APO et les jeunesses communistes qui l'assumeront courageusement tout au long de la campagne électorale.

J'apprends en arrivant tard le soir que la municipalité de Bayreuth n'a pas autorisé la tenue de ce congrès, non pas par conviction, mais de peur que les visiteurs étrangers venus assister au festival Wagner ne puissent le boycotter. Les six cent cinquante délégués déménagent à quelques kilomètres de là, à Schwabach. Ils sont protégés par un imposant service d'ordre dont les représentants sont casqués, armés de matraques et de chaînes.

Utilisant une carte de presse de la *DVZ*, je m'introduis dans la salle Markgrafenhalle et suis aussitôt repérée par deux costauds qui me suivent de près.

Adolf von Thadden, le leader du NPD, harangue ses partisans. Je me dirige rapidement vers l'estrade et l'apostrophe en criant très fort : «Thadden, vous parlez toujours de démocratie, laissez s'exprimer les vrais démocrates ! »

Les membres du service d'ordre se jettent sur moi. Thadden les arrête en s'adressant à eux dans le micro : «Messieurs, messieurs, il faut se conduire correctement avec les dames ! Je peux m'estimer heureux que ma joue se soit trouvée plus loin de la main de cette dame que celle du chancelier lorsqu'elle l'a rencontré… »

La salle hurle. Après un *Deutschland über alles* scandé avec passion par les délégués, c'est la fin de la manifestation. Un journaliste soviétique se précipite pour me protéger, car, si la masse s'écarte de mauvaise grâce pour me laisser passer, certains convergent vers moi et m'insultent. Je parviens à gagner la sortie indemne et soulagée.

*27 février* – D'Augsbourg, je me rends à Waldshut, à l'extrémité de la Forêt-Noire, dans l'Oberschwarzwald, séparé de la Suisse par le haut Rhin. C'est une région surtout rurale. Des militants d'extrême gauche veulent m'indiquer où tenir mes réunions électorales pour parler aux paysans.

L'extrême gauche va-t-elle dissiper son énergie à gagner ici quelques voix alors que la social-démocratie est en mesure de supplanter avec un programme raisonnable la démocratie chrétienne ? Je me rappelle les explications de Serge qui m'avaient tant frappée, il y a cinq ou six ans, à propos de la période pré-hitlérienne : accordant la priorité à la lutte contre les sociaux-démocrates, les communistes, sur les directives du Kremlin, avaient négligé la menace hitlérienne et avaient parfois même uni leurs efforts à ceux des nazis pour saper les fondements de la République de Weimar. Bien entendu, ils avaient fini par se rétracter, mais trop tard. Cette ligne avait été fatale. Je leur explique que je n'ai pas l'intention de m'enfermer dans des salles vides, qu'il s'agit d'une campagne nationale et que mon rôle est de me trouver partout où Kiesinger tient un meeting. Je dois le harceler dans la rue, devant son hôtel, l'obliger à se déplacer escorté de nombreux policiers.

*12 mars* – M. Kiesinger vient en visite officielle à Paris. J'invite quelques amis de Berlin. Ils viennent pour parler avec moi aux étudiants le jeudi 13 à la Sorbonne ; mercredi soir, au moment où nous sortons tous les cinq dans la rue de l'Alboni, une douzaine d'hommes se précipitent sur nous : ce sont des policiers en civil. Ils nous emmènent dans trois voitures. Je me retrouve au commissariat de la Muette, où l'on me libère vers minuit, mais mes amis sont conduits aux Renseignements généraux.

Le lendemain, on les ramènera à leur voiture et ils seront accompagnés jusqu'à la frontière. De Paris, ils ne verront guère que les immeubles de la rue des Saussaies.

Toute la journée, Serge et moi avons été escortés par des policiers qui sont au pied de l'immeuble dans deux voitures. Nous engageons la conversation avec eux ; ils nous montrent nos photos : beaucoup de policiers parisiens les ont, dans la crainte sans doute que nous ne commettions quelque attentat contre le chancelier. L'un des policiers dit à Serge en plaisantant : « Il nous aurait fallu une autre photo. Sur celle-là, vous êtes bien plus mince qu'aujourd'hui. »

Le soir venu, toujours suivie, je prononce un discours à l'hôtel Moderne au cours d'une conférence organisée par des mouvements de gauche et dont les deux thèmes sont le général SS Heinz Lammerding et Kiesinger : « Contre la renaissance du nazisme, je fais mon devoir d'Allemande qui a compris la leçon du passé, mais je fais aussi mon devoir de Française, car c'est le devoir des Français d'aider ceux qui en Allemagne se battent pour empêcher qu'une main de fer ne s'abatte à nouveau sur l'ensemble du peuple allemand. »

Après avoir pris la parole à Waldshut le 22 mars et à Constance le 23, j'entame le 28 mars les marches de Pâques, qui sont traditionnellement l'occasion de s'élever contre le possible réarmement nucléaire de l'Allemagne. Je participe à des conférences à Hambourg, à Duisbourg, à Essen.

*Avril* – Nous travaillons comme des brutes. Pendant plus de quarante-huit heures, je ne dors pratiquement pas ; depuis dix jours, je tape inlassablement le texte allemand de *Kiesinger ou le Fascisme subtil* : c'est une œuvre collective due à l'historien Joseph Billig, à Serge et à moi ; elle décrit les structures de la propagande radiophonique hitlérienne vers l'étranger et définit très exactement les fonctions occupées par Kiesinger. *K. oder der subtile Fascismus* est l'arme que j'ai mise au point pour ce procès ; la presse lui assure un large écho, et l'opinion se rend compte que Kiesinger n'a pas publié de son côté la documentation que, le 22 avril 1968, il avait promise au sujet de son passé nazi ; en revanche, moi, la gifleuse, j'ai tenu parole et exposé sérieusement quel avait été ce passé.

*15 avril* – Premier jour de mon procès d'appel. Salle 700 du tribunal de Moabit, à Berlin-Ouest : je me présente à nouveau devant mes juges pour avoir giflé le chancelier de la République fédérale d'Allemagne. Le Kriminalgericht est un grand bâtiment sombre d'avant-guerre, d'une construction lourde, encerclé par trente camions de police.

La police est là, sur le pied de guerre ; il y a quatre contrôles à franchir.

Arno, Serge et le professeur Billig sont là ; plus de trente photographes, des dizaines de journalistes s'entassent dans la salle comble où quelques jeunes Allemands ont épinglé une étoile jaune sur leur poitrine… Dans leurs comptes rendus du lendemain matin, les journalistes décriront avec beaucoup de détails ma coiffure, ma robe à grosses mailles, mes chaussures à talons aiguilles. J'ai particulièrement soigné ma « silhouette parisienne », cet efficace certificat de bonnes vie et mœurs bourgeoises.

Les débats s'ouvrent sur une demande de récusation du président du tribunal, Taegener. Mes défenseurs font valoir que celui-ci avait confié à un journaliste avec lequel il prenait un café à la cantine du tribunal que mon procès serait « expédié en trois heures ». Après une brève délibération, la Cour rejette cette demande.

Mon interrogatoire est long. Le président du tribunal, froidement cordial, essaie de me prendre en défaut. Je réponds fermement et parviens – c'est l'impression que j'ai – à esquiver ses pièges. Une réplique qui fera son chemin m'est venue spontanément, comme si c'était une voix étrangère qui l'avait prononcée :

— Madame Klarsfeld, comment avez-vous pu vous décider à user de violence envers le chancelier de notre pays ?

— La violence, monsieur le Président, c'est quand on impose un chancelier nazi à la jeunesse allemande.

Je suis si prolixe sur la carrière de Kiesinger que Taegener, impatient, m'arrête par une phrase qui fera la joie des commentateurs : «Cela suffit, vous avez déjà démontré que Kiesinger était un des activistes du régime nazi. »

Très vite, le débat devient politique. Lorsque l'historien du Centre de documentation juive contemporaine, Joseph Billig, vient à la barre, l'attention du tribunal est tout entière concentrée sur le dossier de Kiesinger.

Quand le président Taegener demande si le témoin peut apporter la preuve que Kiesinger était informé de ce qui se passait dans les camps de concentration, je sais que j'ai gagné : le chancelier devient l'accusé principal du procès.

Joseph Billig a été accepté comme témoin grâce à Serge, qui a imaginé un stratagème original pour l'amener à la barre. Avant de gifler le chancelier, je serais allée le consulter, lui, expert du national-socialisme, pour savoir si les fonctions et le rôle exercés par Kiesinger dans le IIIᵉ Reich me donnaient le droit moral de le gifler. Après examen du dossier, Joseph Billig m'aurait répondu « oui » et c'est sur cette affirmation qu'il est venu s'expliquer. Docteur en philosophie, il parle l'allemand parfaitement et est d'une redoutable précision. Il dispense un véritable cours sur les structures du ministère des Affaires étrangères hitlérien.

Le lendemain matin, mes avocats n'ont pas le temps de sortir leurs dossiers que le président de la Cour annonce que le procès est repoussé à une date ultérieure, compte tenu du fait que le tribunal manque de temps et que M. Kiesinger ne peut venir témoigner à la barre.

Avant que nous puissions réagir, le juge et ses assesseurs s'éclipsent. C'est tout juste si nous voyons disparaître les pans de leurs robes noires. Ce procès se termine comme une farce. Mais il a atteint son but ; la presse titre : « Kiesinger recule devant Beate Klarsfeld. »

*29 avril* – J'affronte pour la première fois mes élec-
teurs de la province du Bade-Wurtemberg dans la
petite ville de Rheinfelden. Un permanent de l'ADF,
Gunnar Matthiessen, du siège de Bonn, m'accompagne. Très bon rhétoricien, il est prudent dans ses
choix politiques. Il y a peu de monde dans cette
arrière-salle de restaurant qui sert pour les banquets
de mariage et les réunions électorales.

Ils sont déçus, étant donné qu'ils s'imaginaient
trouver en moi une vraie Walkyrie, une femme agressive, bruyante, qui crée le scandale. Voir une femme
discrète, une femme normale, déplaît aux gens.

Je mets les choses au clair avec Gunnar Matthiessen :
je viendrai dans ma circonscription quand Kiesinger
y sera. Je me sers de l'ADF pour poursuivre ma
campagne contre le chancelier.

Après un bref passage à Paris, je me rends à
Berlin le 7 mai, puis à Hameln, dans le nord du
pays. Le 10 mai, je pars, toujours seule, par le train
de nuit vers Stuttgart, où doit se tenir pendant le
week-end le congrès des néo-nazis du NPD. J'arrive
fort épuisée dans la capitale du Bade-Wurtemberg.
Serge m'attend ; il est venu manifester avec moi.
Première déception : les sociaux-démocrates et les
militants des syndicats ont préféré partir en week-
end. Le féroce service d'ordre du NPD a transformé
le Palais des Congrès en véritable forteresse, mais
les assaillants ne sont tout au plus que deux cents.
Les néo-nazis ont utilisé de grandes plaques de bois
pour protéger l'entrée, et ont formé une barrière

humaine ; en culotte de cuir courte, ils se tiennent par la main, liés l'un à l'autre par une grosse chaîne.

Je cours dans une autre salle de la ville où se tient le congrès communiste du Land : «Votre réunion aura un tout autre retentissement si elle se tient là où les circonstances l'imposent, face aux néo-nazis. » J'ai beau argumenter, les militants « rouges » préfèrent chanter l'*Internationale*.

Notre groupe de contestataires est trop faible, paralysé. Nous décidons de porter un coup ailleurs, de dénoncer la passivité de la mairie de Stuttgart qui a permis un tel rassemblement. Notre protestation contre le NPD et ceux qui le protègent doit être connue : qu'il ne soit pas dit que le congrès NPD s'est tenu sans qu'aucune résistance soit opposée. La presse est là : elle diffusera une photo d'Adolf von Thadden à la tribune, puisque d'une façon ou d'une autre elle doit publier une photo illustrant le congrès. Alors donnons-lui l'occasion de prendre une photo qui répercute notre ligne, et non celle du NPD. Ce sera un renversement positif pour nous. Je propose de déployer un énorme drapeau nazi sur la place principale de la ville et de déclarer solennellement Stuttgart première ville nazie d'Allemagne. Rassembler tous les matériaux pour confectionner ce drapeau n'est pas chose facile ; le fabriquer correctement, point très commode, d'autant que je n'ai jamais fait de la peinture sur étoffe. Finalement, le drapeau à croix gammée, cercle blanc sur fond rouge, est très réussi. La photo du drapeau et de notre groupe apostrophant les Stuttgartois sera diffusée en Allemagne et à travers le monde entier avec comme légende : «Les Allemands protestent contre le congrès néo-nazi. » La presse véhicule une version des faits qui diffère de « la » réalité, mais qui peut aider à la transformer si l'on sait s'y prendre.

*12-15 mai* – Düsseldorf, Mannheim. Je commence à devenir un peu agressive dans les discussions des réunions électorales, tant certains jeunes se coupent les cheveux en quatre pour se décider à agir. Mais je me dis qu'il vaut mieux se laisser déprimer par les vrais adversaires que par les sympathisants qui préfèrent les débats à l'action. La campagne progresse : il n'est pas de meeting où Kiesinger ne reçoive un accueil tumultueux. Partout, l'épithète « nazi » le suit et lui nuit.

*28 mai* – De retour à Berlin-Est, je rassemble les photos des documents qui illustreront le livre sur Kiesinger que la maison d'édition Heinrich Heine, de Francfort, m'a commandé. De Berlin, je me rends à Francfort, puis je participe à deux meetings à Lebenstedt et à Hanovre avant de m'écrouler le 30 à Paris. Comment tiendrai-je le coup jusqu'en octobre ?

*21 juin* – Aux archives de Potsdam, je mets la dernière main à mon manuscrit. À mon retour à Paris, j'apprends que la 20e assemblée du Conseil mondial de la paix réuni à Berlin-Est vient de me décerner la médaille Grigoris Lambrakis, « pour son courage et la lutte qu'elle mène pour l'indépendance nationale ». Ce n'est certainement pas le motif de la lutte que je mène. Je n'en suis pas moins très émue d'être distinguée en tant qu'Allemande.

*30 juin* – Bremerhaven, dans le Nord. Les responsables de l'ADF pour cette région ont fait beaucoup de publicité autour de ma venue. Collage d'affiches, distribution de tracts. Nous sommes montés à Brême en voiture avec Arno. Nous avons encore une heure devant nous. Nous voulons jeter un œil sur l'installation sonore de la salle du Nordseehotel louée par l'ADF, mais nous trouvons porte close. Le propriétaire refuse de me voir entrer dans son hôtel. Aux autres partis, il n'a pas fermé sa porte – il a même logé l'amiral nazi Karl Dönitz, successeur de Hitler.

Après quatre réunions dans de petites villes de la région, j'arrive le 5 juillet à Oldenbourg, où Kiesinger doit tenir un grand meeting réservé aux membres de la CDU. Je suis parvenue à mobiliser environ trois cents jeunes dans cette ville de fonctionnaires et de retraités. Nous avons bloqué la porte centrale de la Weser-Ems-Halle. On fait atterrir l'hélicoptère du chancelier dans un terrain vague clôturé d'une haute grille qui se trouve derrière le bâtiment. Kiesinger en sort souriant ; il croit sans doute, trompé par le bruit du moteur, qu'il s'agit de sympathisants, et nous salue. Se rendant compte de son erreur et pour ne pas perdre la face, il continue à nous saluer ironiquement. Serge et moi nous sommes hissés sur une voiture accolée à la grille. Kiesinger se rapproche, suivi par les huées des jeunes. Il est là, devant moi, à quelques mètres, et m'aperçoit. Sa mâchoire se crispe, son sourire disparaît. Il s'arrête, me contemple. Mon bras est levé et, comme les autres, je crie ce qu'un jour j'ai été la seule à crier,

les « *Sieg Heil* » et « Kiesinger nazi » qui poursuivent
le chancelier. Kiesinger me fixe longuement ; il voudrait peut-être dire quelque chose, mais il a un geste
las de la main qui exprime l'impossibilité d'un dialogue. Il hoche la tête et repart, obligé d'entrer dans
la salle par la porte de service.

Un journaliste accrédité à la chancellerie à Bonn
m'a dit : «Les amis de Kiesinger lui ont répété à
plusieurs reprises : "Laissez-nous vous arranger un
rendez-vous avec cette femme ; il doit y avoir un
moyen de s'entendre avec elle." Kiesinger a toujours répondu : "Avec cette femme-là, il n'y a aucun
moyen de s'entendre." »

*24 juillet* – De Baden-Baden, je me rends à
Francfort. J'assiste à une féroce empoignade entre
les troupes d'assaut du NPD nazi et les jeunes de
l'APO. Je m'en tire indemne, mais d'autres sont
moins chanceux : les brancards emportent surtout
des antifascistes, la mâchoire ou le nez fracassés par
des chaînes de vélo ou des matraques plombées. Face
aux héritiers directs de Hitler, ces inconnus ont fait
ce qui devait être fait par des Allemands. C'est en
eux que je puise mes forces, ma volonté. Le *Stern*
publie des dizaines de photos impressionnantes sur
les brutalités commises, qui n'ont pas manqué d'influencer l'opinion publique : les néo-nazis n'entre-
ront pas au Bundestag, n'obtenant aux élections que
4,6 % des voix sur les 5 % nécessaires. Plus tard,
le directeur du *Stern*, Henri Nannen, ancien nazi,
sera accusé à tort d'avoir participé à des crimes de
guerre en Italie. Convaincue de son innocence par

l'examen des faits qui lui ont été reprochés, j'écrirai pour sa défense : «Henri Nannen est un ancien nazi à qui on peut serrer la main. »

Il me faut aussi tirer au clair à Francfort la situation de mon livre sur Kiesinger. L'éditeur est financièrement en mauvaise passe et je dois batailler sévèrement pour sauver l'ouvrage, dont la signification risquait d'être trahie. Un jeune éditeur juif, Melzer, publie finalement le livre à temps pour les élections.

*14 août* – Je pars avec Arno en campagne électorale à travers ma circonscription, car Kiesinger doit y faire campagne le week-end suivant. J'essaie de trouver un groupe avec une voiture pour suivre le cortège de Kiesinger. Nous roulons dans une Opel Kapitän avec cinq jeunes gens, puis utilisons le bus Volkswagen que nous a prêté un crémier sympathisant ; il transporte six jeunes, les tracts, les affiches, les tomates et les œufs que nous avons prévu de lancer. Première station : Uhlingen. Ce petit village est touchant de simplicité. Blotti dans une vallée souriante, c'est l'éternel modèle rêvé par des millions d'enfants qui dessinent à la maternelle l'église, l'alignement des petites maisons chapeautées de rouge, la grande rue et les sapins sombres tout autour. Sur la petite place, le podium croule sous les branches de sapin, les drapeaux, les guirlandes de fleurs. Pour les sept cent cinquante âmes d'Uhlingen, c'est jour de fête.

Le gros hélicoptère de la police des frontières, la Grenzschutz, manque de tout renverser en descendant sur le pré qui borde l'hôtel Alte Post. Kiesinger met pied à terre, et c'est le signal pour la fanfare ; des jeunes filles en costume régional se précipitent, en bon ordre, les bras chargés de fleurs.

Pour suivre la réunion et pour mieux l'inter-rompre, nous nous sommes juchés sur un banc. Dès les premiers mots de Kiesinger, nous crions en chœur : «Nazi !» Arno, en équilibre près de moi, s'en donne à cœur joie. Soudain, des sbires sur-gissent derrière nous et tirent le banc sur lequel nous sommes tous les dix dressés. C'est la dégringolade. Kiesinger suit la scène, excédé. Il lance avec fureur : «Ce sont toujours les mêmes visages que l'on voit, montrez-les bien pour qu'on puisse voir ce qu'ils sont. Je n'ai rien contre l'opposition, ajoute-t-il, mais si ces personnes veulent détruire l'État, alors nous ne les laisserons pas faire. »

Sur le chemin de Waldshut, où se tiendra la der-nière réunion électorale de la journée, nous nous sommes arrêtés dans un petit village pour y faire provision d'œufs pas très frais et de cageots de fruits avariés que nous entassons dans la voiture. La ville est décorée avec le plus grand soin. Les gens du pays ont mis leurs plus beaux habits, le maire et ses adjoints sont fébriles : le clou de la fête locale, la Chilbi, qui est célébrée aujourd'hui, sera l'appari-tion du chancelier. Nous avons donné rendez-vous à des jeunes à 20 heures dans la salle. Nous arrivons séparément et nous installons ici et là dans une salle déjà pleine. Le service d'ordre semble nerveux. La réunion commence sans Kiesinger. Le maire annonce enfin que le chancelier va faire une brève appari-tion. À l'instant où Kiesinger s'apprête à prendre la parole, une quarantaine de jeunes se lèvent dans la salle, bras tendus, et le conspuent.

Kiesinger est surpris par le nombre des perturbateurs. Le public, abasourdi, ne réagit pas : c'est la première fois qu'un tel incident arrive dans ce village traditionnellement de droite. Kiesinger bégaie quelques phrases que personne n'entend et, cramoisi, abandonne la tribune pour aller s'asseoir.

À la fin de la réunion, je suis harcelée par la population :

— C'est une honte, persifle une matrone, élever ainsi son enfant comme un fanatique. Il devrait dormir à cette heure, pauvre enfant, il est mort de fatigue.

Un attroupement se forme autour de nous.

— C'est tout de même curieux que, pendant la guerre, vous ne vous soyez jamais apitoyés sur les enfants juifs qu'on entassait dans des wagons avant de les brûler à Auschwitz...

La femme préfère ne pas répondre : elle fait marche arrière et disparaît. Les autres s'écartent lentement.

— Quelqu'un, à Waldshut, a-t-il protesté contre les crimes commis au Viêt Nam ? Quelqu'un, ici, a-t-il pris la défense des enfants brûlés au napalm ?

— Oh ! Ces Juifs, c'est dommage qu'on ne les ait pas tous exterminés ! lance un homme, furieux.

La presse couvre en long et en large ces incidents qui se renouvellent chaque jour. Arno a droit aux gros titres : il devient « le plus petit homme politique allemand ». Des journaux présentent la photo des leaders politiques pendant le week-end : on y voit

Brandt, Kiesinger et... Arno. Je suis devenue la mère qui fait campagne, son fils dans les bras.

*19 août* – Berlin. Conférence de presse, Arno à mes côtés. Mon livre *Kiesinger, une documentation*, préfacé par Heinrich Böll, vient de sortir, six jours avant mon second procès d'appel. Sur ce plan-là aussi, je fais du forcing. J'ai rencontré à plusieurs reprises Karl Gerold, le propriétaire de la *Frankfurter Rundschau*, grand ami de Brandt et ancien émigré antinazi. Convaincu, il m'a donné toute une page de son courageux et populaire journal : je m'en sers pour un article très détaillé sur « Kiesinger et la solution finale », que je dois à Joseph Billig. Gerold lui-même, dont l'autorité est grande, publie un éditorial retentissant, le plus fort de toute la campagne contre le chancelier ; il a pour titre explicite « Kiesinger, plus jamais » : « Nous écrivons dans la conviction intime que notre peuple se rappellera ces morts, victimes du nazisme. Ces morts dont Kiesinger n'a soi-disant rien su. Ce qui est sûr, c'est que l'ex-nazi Kiesinger ne doit plus devenir chancelier. Femmes et mères ! Rappelez-vous nos morts. »

Quant à Kiesinger, il s'est cherché dans son camp des hagiographes, mais même là il n'en a point trouvé de disposés à se compromettre avec lui : l'historien Gerhard Schulz, de Tübingen, refuse ; de même que celui de Stuttgart, Eberhard Jäckel, et l'écrivain Golo Mann. Pressenti, le professeur d'université de Mayence Hans Buchheim finit par renoncer : les conditions sont inacceptables – le chancelier voudrait qu'il ne travaille que sur la documentation que lui-même fournirait à Buchheim, sans que celui-ci puise à des sources diverses.

Beaucoup de journalistes sont présents à cette conférence de Berlin ainsi qu'à celle que je donne à Francfort le 23 août, et de très nombreux comptes rendus du livre paraissent les jours suivants. On souligne partout qu'il s'agit d'une arme pour le procès et pour les élections, et non d'un livre commercial. Et l'arme est efficace. Dans l'influent hebdomadaire *Die Zeit*, la conclusion de l'article intitulé « Un pénible rapport d'histoire contemporaine » est cruelle : « Kiesinger est même entré au parti nazi deux mois plus tôt que son collègue du ministère de la Propagande, le commentateur en chef Hans Fritzsche. Le chemin a mené l'un vers Nuremberg et l'autre vers Bonn. »

*25 août* – Deuxième procès en appel. Le premier point est de savoir si Kiesinger témoignera ou non à la barre, puisqu'il est le plaignant et l'offensé, et puisqu'il a enfin l'occasion de réfuter publiquement mes accusations si peu de temps avant les élections. Le président Taegener donne lecture d'une lettre dans laquelle Kiesinger répond à la convocation du tribunal en arguant que sa campagne électorale ne lui laisse pas un instant de liberté. Le juge conclut le chapitre : « En conséquence de quoi, le chancelier Kiesinger, pour nous, n'est pas présent... »

La procédure va prendre un tour amical, car le tribunal ne peut être agressif, bien au contraire. Mes juges ne peuvent envoyer en prison l'adversaire électoral du chancelier, car cela causerait un scandale retentissant. Ils vont donc se montrer généreux pour briser ma pugnacité. Pour y parer, je décide alors de ne pas prolonger ce procès qui ne m'apportera rien de plus. Je mets l'accent là-dessus et déclare qu'en l'absence du chancelier, qui se déconsidère par sa lâcheté, je refuse de répondre aux questions posées par le président : «Je ne continue plus cette farce, pour moi le procès est terminé. » Mes avocats refusent également de plaider. Tout se passe alors très vite : le tribunal délibère et revient avec la sentence prévue par tous, sauf par le procureur Neelsen qui réclame toujours un an ferme : quatre mois de prison avec sursis. La Cour explique cette réduction de peine par le fait que j'ai agi « par conviction ».

Serge passe une semaine de vacances à faire des allers-retours à Hambourg : il surveille l'impression d'un petit livre à couverture rouge. *Kiesinger ou le Fascisme subtil*. C'est la version française de ma première documentation. Nous l'éditons nous-mêmes, grâce aux droits d'auteur du livre allemand.

Georges Pompidou doit se rendre à Bonn le 8 septembre en visite officielle ; il faut à nouveau saisir l'occasion pour évoquer le passé de Kiesinger. Le 5 septembre, Serge rapporte une valise de livres sentant encore la colle. Nous faisons une grande tournée : les ministères, les Assemblées, l'Élysée, Matignon, pour les distribuer au haut personnel politique français et à ceux qui partent pour Bonn avec le président de la République.

*7 septembre* – J'arrive à Bonn. J'ai fait envoyer en gare de Bonn par l'imprimeur de Hambourg à mon nom de jeune fille, Künzel, toute une caisse de livres rouges. Avec le soutien de deux jeunes femmes de l'ADF, je pars distribuer les livres à la conférence de presse faisant suite à ces entretiens franco-allemands.

Chargées de grands paquets de « livres rouges », nous nous présentons à la Maison de la Presse.

Une centaine de journalistes allemands ou étrangers sont déjà installés dans la grande salle de conférences. La porte est entrouverte. Personne ne fait attention à nous. Nous nous glissons dans la salle et, méthodiquement, distribuons la brochure en commençant par le fond. Pour aller plus vite, nous déposons cinq exemplaires en début de table. Les journalistes commencent à s'agiter. Lorsque le service d'ordre se rend compte que ce n'est pas un document officiel que nous distribuons, mais un pamphlet anti-Kiesinger, il est déjà trop tard : la majorité des journalistes sont en train de le lire. Nous sommes mises à la porte, poursuivies par quelques correspondants qui n'en ont pas reçu et s'arrachent les derniers exemplaires.

En descendant, nous croisons Günter Diehl qui arrive. Ravie d'avoir réussi mon coup, je lui tends un exemplaire, qu'il repousse du revers de la main. « Diehl nazi ! » Il se retourne, surpris, ne trouve d'abord pas ses mots, puis lance : «*Kommunisten, Bolschewisten !* »

Günter Diehl était déjà pendant la guerre l'un des proches collaborateurs de Kiesinger. Dès son ascension à la chancellerie, Kiesinger lui confia le poste de directeur de l'Office de presse et d'information du gouvernement fédéral. Le porte-parole de Bonn était lui aussi un nazi expert de la guerre psychologique et de la propagande subversive. En décembre 1939, il fut l'homme de liaison entre le ministère des Affaires étrangères et le « Bureau Concordia » du ministère de la Propagande. Avec Otto Abetz, futur ambassadeur allemand en France occupée, Diehl organisa la propagande contre la France grâce à des émetteurs clandestins en langue française représentant les diverses tendances politiques françaises et diffusant avec toutes les couleurs de la vraisemblance des informations à même de semer la panique dans les populations. En novembre 1940, Diehl s'installa à Bruxelles en qualité de responsable radio et, jusqu'en mars 1943, occupa le même poste à Vichy. De là, il dirigea et contrôla la propagande radiophonique en France occupée. Il entra finalement en Allemagne au service du conseiller de légation Struve, qui avait la charge du groupe des fascistes français dirigés par Jacques Doriot.

Mon action de Bonn fait sourire les Allemands ; mais elle les fait aussi réfléchir : ils savent maintenant que les dirigeants français sont au courant des activités nazies de leur chancelier.

Kehl-Berlin-Hambourg – Je me souviens de ce grand meeting de l'ADF à Hambourg le 16 septembre, le plus grand de toute la campagne. Les orateurs y étaient d'un optimisme irréel. Ils parlaient de 8 % des voix. Quand ce fut mon tour, j'avouai franchement : « Nous n'aurons même pas 2 %. » J'étais encore bien trop optimiste pour l'ADF.

*20 septembre* – Karlsruhe. Avec des centaines de jeunes, nous assaillons la Gartenhalle où parle Kiesinger. Je n'arrive plus à entrer discrètement dans les salles pour y porter la contradiction. Il y a toujours quelqu'un pour me reconnaître et crier : «Voilà l'ennemie de Kiesinger ! » On m'éconduit alors fermement.

Ravensbourg, Waldshut, Rheinfelden, Esslingen...

*26 septembre* – Serge me rejoint avec Petia, notre cocker, qui va me servir de garde du corps pendant les deux jours de fièvre précédant les élections. Et en effet Petia intervient, car dans une des dernières réunions, le 27 septembre, à Waldshut, Serge, deux ou trois amis et moi traversons les rangs de sympathisants qui sont venus entendre le chancelier. Une femme avec une glace à la main s'élance vers moi ; elle me jette d'abord la glace au visage et, tandis que je ne vois plus rien, se jette sur moi en me frappant à coups de poing. Petia commence à sauter et à aboyer fortement. Serge se retourne, laisse tomber ses tracts, vient vers moi et la repousse.

Albruck, Waldshut, Dogezn, Unterbruckringen, Trengen, Sackingen, Gorwihl, Hochsal... Toute la journée s'égrènent les noms des villages où Kiesinger s'arrête et où nous manifestons. Parfois, Serge et moi sommes seuls de notre bord aux premiers rangs, interrompant sans cesse le chancelier ; les gorilles de la Junge Union de Kiesinger sont furieux de ne pas pouvoir intervenir. La presse est là et le scandale serait néfaste au chancelier.

*28 septembre* – Jour des élections. Les résultats seront proclamés aujourd'hui. J'arrive à Bonn avec Serge directement de Waldshut. En qualité de candidate, j'ai le droit d'assister, à l'Assemblée, au calcul des résultats du scrutin. J'y entre, mais non sans mal. Deux ou trois membres du service d'ordre me surveillent de près. Des journalistes m'entourent. Ils me demandent des pronostics. Je ne leur cache pas que mon parti, l'ADF, n'aura pas plus de 1 % des voix. Je croise dans la salle des responsables de l'ADF qui s'approchent avec quelque froideur.

Quelqu'un me met la main sur l'épaule : c'est le directeur de la police de Bonn, qui m'exprime ses réticences quant à ma ligne, mais ses « félicitations personnelles » pour mon « courage ». Ce soir-là, certains dirigeants chrétiens-démocrates me feront la même remarque. J'ai souvent eu l'occasion de constater le respect presque exagéré des hommes de droite en Allemagne, y compris les policiers, pour une femme faisant preuve d'une attitude ferme.

L'ADF ne remporte que 0,7 % des voix sur le plan fédéral. Qu'importe, le résultat est atteint : le NPD n'obtient pas les 5 % fatidiques ; pas de néonazis au Bundestag ; les conditions numériques d'une coalition entre les socialistes et les libéraux sont remplies. Brandt sera chancelier ; Kiesinger, rendu responsable de l'échec de la CDU-CSU, cédera la place de président fédéral du parti à Rainer Barzel, son rival, plus jeune que lui.

L'arrivée de Willy Brandt au pouvoir m'a apporté une joie sereine, une satisfaction que rien ne parviendrait plus jamais à effacer. C'est la confirmation que je n'ai pas lutté en vain, que ma cause n'était pas tournée vers le passé, que nulle malsaine vengeance ne m'avait guidée jusque-là. Mon combat est bien celui de l'avenir. Déchu, l'homme politique Kiesinger est instantanément oublié. En tout cas, pour moi, la page est tournée.

À cette victoire des forces du progrès, j'ai la conviction d'avoir apporté ma part, modeste mais tangible. Aurais-je eu la force de continuer si quelques centaines de milliers de voix de plus avaient confirmé Kiesinger dans sa fonction ? J'en doute. La lassitude d'un affrontement toujours identique m'aurait bien vite envahie. Le ressort aurait probablement craqué.

J'étais de nouveau, et pour mon plus grand bonheur, anonyme. Je retrouvais mon rôle de mère, j'avais le temps d'être une épouse. Deux, trois fois par semaine, au bras de Serge, nous avalions deux films, l'un après l'autre, à la Cinémathèque. Je me sentais rajeunir dans cette conscience d'une belle tâche accomplie, d'un combat rudement mené, de coups frappés sans ménagements sur un adversaire de taille.

Cette poignée de main mémorable entre Kiesinger et Brandt lors de la passation des pouvoirs au nouveau chancelier, comme je l'ai savourée ! Ce sourire crispé du nazi défait, s'efforçant de faire bonne figure face à cet autre Allemand issu d'une Allemagne que l'hitlérisme n'avait pas réussi à écraser.

## Non, Achenbach n'ira pas
## à la Commission européenne

Le 30 mars 1970, la *Süddeutsche Zeitung*, le grand quotidien de Munich, annonce qu'Ernst Achenbach, député libéral FDP, est candidat à la succession de Fritz Hellwig comme membre allemand de la Commission de la Communauté économique européenne à Bruxelles, et qu'il sera bientôt officiellement désigné par le gouvernement fédéral. Cet Achenbach, je l'ai déjà rencontré dans mes recherches sur Kiesinger. J'extrais de mes dossiers une note du 28 juin 1940 signée Schlottmann, du département culturel des Affaires étrangères, section radio. Adressée à Otto Abetz, l'ambassadeur allemand à Paris, entré en fonctions auprès du commandement militaire allemand peu après l'armistice, cette note précise que le secrétaire de légation, le Dr Achenbach, sera responsable de la ligne politique du service chargé des émissions sous contrôle allemand en France occupée.

Tiens ! Encore un nom familier, celui du chef de ce service, le Dr Sonnenhol. Il y a à peine quelques semaines, le président de la République d'Allemagne, le Dr Heinemann, intervenait personnellement contre sa nomination comme secrétaire d'État aux Affaires étrangères en raison du rôle de

nature plus policière que diplomatique qu'il avait
joué dans les années 1943-1944. Peut-être sera-t-il
également possible de faire renoncer Achenbach à
ses ambitions internationales. La nomination d'un
ancien diplomate nazi en poste à Paris sous l'occupation ne placerait-elle pas l'Europe de 1970 sous
l'égide de cette croix gammée qui prétendait entraîner l'Europe dans la croisade contre la démocratie,
les Juifs, la liberté ?

Selon le *Spiegel*, la candidature du collaborateur d'Abetz est le résultat d'un marché passé au
lendemain des élections de septembre 1969 entre
Walter Scheel, président du FDP, et l'aile droite
de son parti. La nomination à Bruxelles d'Achenbach, représentant d'importants intérêts industriels
– il est en particulier l'avocat à Essen de grands
industriels de la Ruhr –, faisait partie des conditions
posées par la droite du parti à l'investiture de Brandt
comme chancelier. Achenbach aurait même refusé
l'ambassade à Londres pour représenter Bonn à la
direction des affaires européennes. Quelle revanche
pour un diplomate de Ribbentrop, chargé il n'y a
pas si longtemps de vanter les mérites de l'« ordre
nouveau en Europe » ! Afin de pouvoir tenir sa promesse, affirme le *Spiegel*, Scheel, devenu ministre des
Affaires étrangères, a envoyé début mars 1970 un
émissaire à Paris pour dissiper les réserves françaises.
« Si les Français sont d'accord, les Hollandais et les
autres suivront », aurait-il déclaré.
Je ne me fais pas d'illusions ; le coup est bien
monté : quelques témoignages de complaisance,

quelques rappels de discours ou de prises de position favorables à la France, la mise en avant de son poste de vice-président du groupe parlementaire franco-allemand, de membre du conseil d'administration du Comité de coordination des associations franco-allemandes, sa parfaite connaissance de la langue française et ses bonnes manières, voilà sans doute le dossier Achenbach.

Pour répondre à mes questions, Serge et moi nous rendons au Centre de documentation juive contemporaine (CDJC).

Le CDJC est notre première piste, car nous savons qu'il renferme plusieurs cartons de documents originaux de l'ambassade allemande. Nous trouvons peu de fiches sur Achenbach ; nous remarquons seulement une protestation émanant de la Résistance à l'occasion de l'entrée d'Achenbach au Parlement européen quelques années plus tôt. Ce tract répète inlassablement « diplomate nazi », mais c'est la seule charge ; de la poudre détrempée si l'on ne montre pas ce que signifiait réellement la fonction de diplomate nazi en 1942. Quinze heures de travail acharné au CDJC et à la Bibliothèque de documentation internationale contemporaine nous permettent, au cours de la nuit du 1er avril, de rédiger une note de six pages en français et en allemand, base de ma lettre ouverte à Achenbach que publient l'un des grands quotidiens de Francfort, la *Frankfurter Rundschau*, le 4 avril, et le journal *Combat* le 8 avril :

«*Monsieur le Député,*

*J'ai appris avec regret que vous aviez posé votre candidature au poste de membre des commissions européennes à Bruxelles en paiement de la neutralité de l'aile droite des libéraux FDP lors du vote qui a permis à M. Brandt de succéder à M. Kiesinger.*

*Vous me permettrez de penser que votre activité sous le III^e Reich, vos convictions d'alors, votre rôle à Nuremberg et dans l'affaire Naumann ne vous recommandent pas pour représenter la RFA au sein d'une Europe qui ne doit en aucun cas se constituer sous le sigle d'un "nouvel ordre européen".* »

J'expose l'essentiel de la carrière d'Achenbach en France, restée inconnue jusqu'alors. Membre du parti nazi depuis 1937, Achenbach a fait partie de l'ambassade allemande à Paris peu avant la guerre ; il y est revenu avec Otto Abetz, dont il était le conseiller politique, sinon l'inspirateur. Dans le procès-verbal de sa déposition du 22 novembre 1945 aux Renseignements généraux, Abetz déclarait : « La section la plus importante de l'ambassade était la section politique dirigée par M. Achenbach. » À Nuremberg, le 23 août 1947, Schleier, le numéro deux de l'ambassade, admettait que les questions politiques de la plus haute importance, en particulier les directives de la collaboration franco-allemande, étaient traitées entre Abetz et Achenbach.

Trop souvent, on s'imagine en France les diplomates allemands comme des gens distingués essayant d'atténuer l'extrémisme de la Gestapo. Il n'en est rien. Les dirigeants de l'ambassade et ceux de la Sipo-SD – la police de sécurité nazie regroupant la Gestapo et la Kripo, la police criminelle – étaient des hommes qui avaient à peine dépassé la trentaine ; les uns et les autres avaient reçu une éducation supérieure : quand le centre de gravité s'est déplacé de l'ambassade vers la Sipo-SD, des SS comme Helmut Knochen ou Herbert Hagen ont pris le pas avec souplesse sur Abetz et Achenbach dans la détermination de la politique hitlérienne en France.

C'est le même Achenbach qui, le 13 août 1940, mettait au point le contrôle total de l'Allemagne sur la presse, la radio, le cinéma, l'édition et le théâtre français. Le même Achenbach qui, inspirateur de Montoire, assista au premier rang à l'entrevue Hitler-Pétain. Un ministre de Pétain, Henry du Moulin de Labarthète, dresse un portrait pittoresque d'Achenbach dans son recueil de souvenirs de Vichy, *Le Temps des illusion*s[1] :

> *« Mais la porte s'ouvre. Précédé d'un huissier, un grand gaillard, en uniforme vert, la tête presque chauve, quelques frisons blond-gris dans le cou, s'avance. C'est le premier Allemand que je vois à Vichy depuis trois mois. Présentation rapide par Laval. "M. Achenbach, conseiller de légation, qui vient de faire le voyage avec moi." M. Achenbach, de toute évidence, est un des collaborateurs d'Abetz : trente-cinq à quarante ans,*

---

1. Henry du Moulin de Labarthète, *Le Temps des illusions*, Paris, Déterna, 2012.

*l'air moins allemand que scandinave, assez d'allure, beaucoup de courtoisie.*

*[...] Je fixe l'œil gris de mon interlocuteur. Un œil caressant à certains moments, froid à d'autres, mais toujours fascinant. Et, pour rompre les chiens, je lui demande s'il est depuis longtemps à l'ambassade, ce qu'ont été ses postes antérieurs. Il me répond qu'il n'appartient à la Carrière que depuis peu. Il a, jadis, tiré le diable par la queue, faisant ses premières armes sur un chantier naval des États-Unis, puis s'essayant au journalisme. Le type du "nazi d'exportation", du* self-made-man, *que l'hitlérisme a révélé à son propre destin. Un moniteur, sans doute, de la cinquième colonne. »*

Un ami de Pierre Laval, Julien Clermont, montre Achenbach en contact avec le président du Conseil au cours d'une scène exceptionnelle :

*« C'est le 21 juin 1942. Le président doit parler le lendemain. Il met la dernière main à sa déclaration dont tous les termes ont été pesés, nous dit-il, "avec une balance de pharmacien".*

*Sur ces entrefaites, Cornet, l'huissier, annonce Achenbach, premier conseiller de l'ambassade d'Allemagne à Paris.*

*— Faites-le entrer ! dit le président.*

*Et, selon un procédé qui lui est coutumier, il fait asseoir son visiteur parmi ses collaborateurs.*

*— Je suis en train de dicter ma déclaration pour demain, dit-il de l'air le plus naturel du monde. Attendez une minute, et j'en ai fini.*

*Il se tourne alors vers les secrétaires et continue à
dicter quelques phrases insignifiantes, puis, comme s'il
était la proie d'une inspiration impérieuse et subite,
il s'écrie avec force :*

*— Après tout, je veux que l'on sache bien mon
sentiment et j'irai jusqu'au bout de ma pensée ! Écrivez : J*E SOUHAITE LA VICTOIRE DE L'A*LLEMAGNE PARCE
QUE, SANS ELLE, LE BOLCHEVISME S'INSTALLERAIT PARTOUT
EN* E*UROPE. Hein ? conclut-il familièrement en se tournant vers Achenbach.*

*Les pommettes du pâle Achenbach rougissent de
plaisir.*

*— Le gouvernement allemand n'en espérait certai-
nement pas autant, dit-il* [1]. »

Par l'intermédiaire d'Abetz, Achenbach et Zeitschel,
l'ambassade est à l'origine des premières mesures de
discrimination raciale. Elle a exercé une pression
continuelle sur Vichy pour que le gouvernement de
Laval ou de Darlan adopte une législation conforme
aux lois de Nuremberg. Elle a été l'un des pro-
moteurs de la liquidation définitive par la déportation vers l'Est ; elle a été le plus sûr soutien de
la Sipo-SD dans la conception et l'application des
mesures antijuives sur le territoire français, s'acharnant à lever à Berlin les obstacles diplomatiques
empêchant le service juif de la Gestapo d'inter-
ner et de déporter telle ou telle catégorie de Juifs
étrangers, s'obstinant à vaincre la répugnance des

---

1. Julien Clermont, *L'Homme qu'il fallait tuer. Pierre Laval*,
Paris, Les Actes des Apôtres, 1949.

autorités italiennes à persécuter les Juifs dans leur zone d'occupation.

Lors de la conférence de Wannsee qui décida de l'issue tragique de la solution finale à la question juive le 20 janvier 1942, le secrétaire d'État aux Affaires étrangères, le SS Martin Luther, avait obtenu de Reinhard Heydrich, le chef de l'Office central de sécurité du Reich (RSHA), que les services de son ministère seraient consultés en ce qui concernait toutes les questions ayant trait aux mesures antijuives et intéressant l'étranger. La liquidation du problème juif a été, dans son ensemble, le résultat de la collaboration des services de Himmler et de Ribbentrop. Cette collaboration entre les services allemands a de même été réalisée à l'échelon de la France.

Le 1er mars 1941, Theo Zeitschel, son subordonné, transmet à Achenbach un important dossier concernant l'action antijuive. Il contient le compte rendu de ce qui a été dit à une conférence sur le Zentrales Judenamt à Paris. Tout cela aboutit rapidement à la création de l'efficace Commissariat général aux questions juives. Cette conférence a eu lieu le 28 février 1941 à l'ambassade et réunissait Abetz, Achenbach, Zeitschel et le chef du service IV-J de la Sipo-SD, le SS-Obersturmführer Theodor Dannecker : «Il a été constaté à cette occasion que grâce aux travaux préalables du SD sous la direction de M. Dannecker, qui avait déjà une longue expérience, un fichier modèle est en voie d'être terminé, fichier dans lequel tous les Juifs de France sont enregistrés de quatre manières différentes. En outre, le SD s'est livré à des recensements très consciencieux[1]. »

Theo Zeitschel, l'expert des questions juives de l'ambassade, se prétendait fils naturel de l'empereur Guillaume II, et il l'était. En 1940, à l'âge de vingt-sept ans, il était commandant SS, conseiller d'ambassade et, sous l'autorité d'Achenbach, lui-même chef de la section politique, chargé des relations avec la Sipo-SD de Helmut Knochen et Kurt Lischka. Le 19 novembre 1941, il fut également nommé responsable des relations avec Fernand de Brinon, délégué général à Paris du gouvernement de Vichy. Un seul texte, daté du 21 août 1941, choisi entre des centaines d'autres et destiné à Abetz, suffit à caractériser Zeitschel : «Un appel à l'aide s'élève dans la presse juive de Palestine, émanant des Juifs de ce pays, et adressé aux dix millions de Juifs qui vivent en Amérique, pour leur rappeler que dans les régions que nous occupons actuellement en Russie vivent six millions – soit un tiers – des Juifs du monde, qui seraient voués à l'anéantissement. Je suis d'avis qu'il n'y a qu'une réponse à faire...[2] » Et il suggère à l'ambassadeur de proposer à Hitler et à Ribbentrop la stérilisation de tous les Juifs.

La proposition de Zeitschel allait être dépassée six mois plus tard par la décision de liquider physiquement le peuple juif.

---

1. CDJC-V62.
2. CDJC-V8.

En février 1942, l'ambassade et la Sipo-SD veulent se débarrasser de Xavier Vallat, le commissaire général aux Questions juives, qui n'a été installé à son poste par les Allemands que pour y réaliser, dans le cadre illusoire de la « souveraineté française », une action législative antijuive efficace.

Dans son rapport d'activité sur la période du 14 juin 1940 au 14 juin 1941, Abetz indique : « La section politique [dirigée par Achenbach] a donné au commandement militaire allemand et au gouvernement français l'impulsion en vue d'une législation contre les Juifs. La nouvelle étude de cette législation a été confiée à Xavier Vallat, commissaire aux Questions juives, et ce sur proposition de l'ambassade. »

Ayant rempli son rôle, Vallat gêne les nazis, car il n'est pas l'homme qui exécutera les mesures policières rendues possibles par la machine mise au point par ses soins. L'acte d'accusation dressé en 1949 contre Abetz par le commissaire du gouvernement auprès du Tribunal militaire permanent de Paris précise : « Après que le conseiller politique Achenbach ait donné ses instructions à Zeitschel, celui-ci s'entretint le 28 février 1942 avec de Brinon, lequel est d'accord pour le remplacement de Vallat par Louis Darquier de Pellepoix, dont le nom lui est suggéré. »

L'hostilité de la section politique de l'ambassade vis-à-vis des Juifs de France est permanente. Elle se manifeste déjà lors de la première déportation : un convoi de 1 000 Juifs français arrêtés en représailles d'attentats. Le secrétaire d'État aux Affaires

étrangères, Martin Luther, câble le 11 mars 1942
à l'ambassade allemande à Paris : Heydrich lui a
communiqué le projet « de transférer dans le camp
de concentration d'Auschwitz (Haute-Silésie) les
1 000 Juifs arrêtés à Paris le 12 décembre 1941 en
représailles des attentats perpétrés contre les soldats
de la Wehrmacht. Il s'agit exclusivement de Juifs de
nationalité française. Je serais reconnaissant de recevoir un avis notifiant qu'il n'existe pas d'objection
à la mise en exécution de cette action ». Luther
demande à l'ambassade : «Prière de prendre position. » C'est la section politique d'Achenbach qui,
par l'entremise de Nostitz, son subordonné, met au
point la très brève et fatidique réponse le même
jour sous la mention « secret » : «Pas d'objection à
l'action envisagée contre les Juifs. »

Le 18 mars 1942, la section politique de l'ambassade allemande exprime sa satisfaction à la nomination d'un SS de haut rang à la tête de la police
allemande en France, « qui aura des conséquences
favorables pour la solution finale du problème juif ».
Un peu plus tard, lors de l'introduction du port de
l'étoile jaune, une campagne de tracts et d'affiches
fut déclenchée. L'ambassade y participa avec une
affiche à gros tirage portant la mention suivante :
«Le Juif tue dans l'ombre, marquons-le pour le
reconnaître. »

Le 26 août 1942, un membre du service des Affaires
juives de la Gestapo rédige une note à la suite d'un
coup de téléphone du SS-Sturmbannführer Herbert
Hagen, le collaborateur direct du général SS Carl

Oberg, le « boucher de Paris ». Hagen a signalé qu'Achenbach l'a appelé pour être tenu au courant de l'état exact de la déportation des Juifs apatrides jusqu'à cette date. Achenbach doit rendre compte de la situation aux Affaires étrangères à Berlin. À cette preuve d'un contact direct entre Achenbach et Hagen s'ajoute une note du 4 février 1943 rédigée et signée par Hagen sur les difficultés créées par les Italiens dans l'action antijuive ; il indique à ce propos que « l'ambassade allemande [Achenbach] en a été informée » dans le dessein d'intervenir auprès des Italiens pour qu'ils cessent de protéger les Juifs. À la suite de cette note, Achenbach a adressé à Heinz Röthke, chef du service des Affaires juives de la Gestapo, une note signée par lui-même contenant le rapport de l'ambassade allemande sur cette affaire.

En 1971, Ernst Achenbach est l'avocat de Herbert Hagen. Tous deux étaient liés par leur complicité dans l'action antijuive.

Autre exemple de cette implication de la section politique dans les persécutions antijuives : le 21 octobre 1942, Zeitschel informe le général Oberg, chef des SS et de la police allemande en France, que les Affaires étrangères autorisent l'application des mesures antijuives en ce qui concerne les Juifs de nationalité grecque. Dix jours plus tard, le 30 octobre, Röthke, successeur de Dannecker à la tête du service antijuif de la Gestapo en France, adresse une note à ses chefs Knochen et Lischka : « Comme l'ambassade allemande l'a indiqué par écrit, on peut arrêter les Juifs grecs. »

Le même jour, Knochen télexe aux Kommandeurs de la Sipo-SD en France installés aux sièges des préfets régionaux, leur demandant de recenser les Juifs grecs dans leur zone d'action. En trois jours, toutes les réponses des Gestapos régionales affluent chez Röthke. Ainsi, le 4 novembre, l'ordre peut être donné de Paris aux Kommandeurs : arrêtez tous les Juifs grecs recensés. Le lendemain, Röthke informe Knochen et Lischka : « 1060 Juifs grecs ont été arrêtés. » Le 5 novembre, ces 1060 hommes, femmes, enfants, vieillards ont tous été transférés à Drancy et déportés les 9 et 11 novembre 1942.

En 1943, Achenbach est revenu au ministère des Affaires étrangères à Berlin où, sous l'autorité de Franz Six, il dirigeait deux des sections du département de politique culturelle. C'est à ce moment-là qu'Achenbach fit la connaissance du directeur adjoint du département voisin de politique radiophonique. Comme le sien, ce département était réputé pour les places qu'il accordait aux jeunes nazis activistes, intelligents et efficaces, plutôt qu'aux diplomates de carrière. Ce directeur adjoint s'appelait Kurt Georg Kiesinger.

Même après 1945, Achenbach a persévéré. En 1953, il est impliqué dans le complot Naumann, où il joue un rôle actif d'homme de liaison entre l'ancien secrétaire d'État à la Propagande de Goebbels et de grands industriels de la Ruhr. Son objectif, alors contrecarré par les autorités britanniques : infiltrer des nazis dans tous les partis politiques ouest-allemands pour revenir au pouvoir par la voie démocratique.

Cette même année, Achenbach préface un ouvrage d'Abetz, alors détenu en France : « Peut-on parler sérieusement d'entente franco-allemande si un des combattants d'avant-garde les plus convaincus de cette entente franco-allemande, l'ambassadeur du Reich à Paris pendant la guerre, se trouve encore en prison ? Rien ne souligne mieux la grandeur morale de cet homme qui, en dépit des injustices commises contre lui, demande toujours et toujours à ses amis allemands de tenir à la pensée de l'entente franco-allemande[1]. »

Il est intéressant de mettre ce texte en regard d'un autre document signé par Abetz le 2 juillet 1942 et révélateur de la « grandeur morale » des diplomates nazis :

> « *L'information de Berlin que le gouvernement hongrois a maintenant accepté que les mesures appliquées ici [en France] aux Juifs soient étendues aux Juifs ressortissants hongrois a été portée à la connaissance du rapporteur aux questions juives du SD. L'ambassade salue ce développement [...]. Enfin, en ce qui concerne la déportation de 40 000 Juifs dans le camp d'Auschwitz, l'ambassade a répondu ce qui suit :*
> *Par principe, l'ambassade n'a aucune objection à élever au sujet de la déportation de 40 000 Juifs dans*

---

1. Otto Abetz, *Das offene Problem : Ein Rückblick auf zwei Jahrzehnte deutscher Frankreichpolitik*, Cologne, Greven Verlag, 1951.

*le camp d'Auschwitz. Au point de vue psychologique, l'impression sera plus efficace aux yeux de la majorité de la population française si les mesures d'évacuation ne touchent en premier lieu que les Juifs étrangers et ne s'appliquent aux Juifs français que si le nombre de Juifs étrangers est insuffisant pour le contingent demandé. Une telle mesure ne signifie aucunement qu'une situation privilégiée soit accordée aux Juifs français, étant donné qu'au cours de l'épuration des Juifs de tous les pays européens les Juifs français doivent également disparaître. »*

*
* *

Les photocopies de tous les documents cités sont déjà en ma possession. Serge a quitté son emploi à la Continental Grain depuis trois mois ; nous vivons de ses indemnités de licenciement. Celles-ci vont en diminuant, alors qu'il nous faut diffuser notre note. La reproduction du dossier nous coûte peu de chose à l'échelle d'un Marché commun qui devrait choisir avec précaution ses dirigeants ; mais c'est terrifiant à l'échelle d'un budget familial. À chaque tintement de pièce dans la machine à photocopier installée à la poste, où Serge passa tant d'heures, j'ai l'impression de dilapider l'argent du ménage dans une machine à sous infernale.

Ce qui nous oblige à le faire, c'est la certitude d'être les seuls, désespérément les seuls, à agir comme les circonstances l'exigent : vite, en y engageant beau-coup de travail, et l'argent nécessaire.

Une fois constitué le dossier, j'entreprends de le dif-fuser. Tout d'abord aux hommes politiques : j'en envoie un exemplaire au président de la Commission de la Communauté économique européenne, aux ministres des Affaires étrangères des Pays-Bas, d'Italie, du Luxembourg, à Willy Brandt, aux Premiers ministres de Belgique et de Grande-Bretagne. À Paris, je me rends à l'Élysée, où un chargé de mission prend pos-session de ce dossier en me promettant qu'il sera étudié « comme il le mérite » ; je procède de même au Quai d'Orsay – nul doute que Maurice Schumann étudiera les documents que je dépose à son intention. Quelques mois plus tard, le 23 juin, le ministre des Affaires étrangères m'écrit à propos d'Achenbach, en réponse à une lettre où je lui demandais d'agir pour exclure celui-ci du groupe parlementaire franco-allemand : «Je saisirai les occasions qui me seront données d'exprimer notre sentiment commun. » Mais les hommes politiques ne bougeront que si la presse s'émeut. Pour ébranler cette presse, il faut réunir plusieurs conditions : tout d'abord qu'elle ait en main un dossier, puis susciter un événement qui permette aux journalistes de publier leur point de vue. Un rédacteur de politique étrangère me donne un jour ce conseil cynique : «Poussez Achenbach par la fenêtre et je publierai son dossier. »

Je passe la journée du 4 avril à faire le tour des agences de presse internationales, des grands quotidiens français et des représentants des journaux européens les plus importants. Je ne leur remets pas seulement le dossier, je discute avec eux. Je parviens à leur faire lire mes documents afin d'éviter qu'ils ne finissent dans un tiroir.

Quelques jours plus tôt, au terme de vives discussions avec notre ami Philippe Lemaître, journaliste au *Monde*, et avec une amie de la Communauté économique européenne, nous prenons une décision. Il existe une Association des fonctionnaires de la CEE déportés des camps et résistants. Ses responsables iront convaincre, dossier en main, les journalistes en poste à Bruxelles. La mission est parfaitement exécutée. Le 6 avril, l'AFP transmet sur tout son réseau la protestation de l'Association en précisant qu'elle réunit un dossier qui contient, en particulier, un document « où le député allemand propose l'arrestation et la déportation de 2 000 Juifs ». Le 7 avril, *Le Figaro* publie un bref article intitulé : « Vif remous autour d'une candidature allemande à la Commission européenne ». À 14 heures, *Le Monde* fait paraître un papier fondé sur notre documentation : « Avocat de talent et défenseur éloquent des criminels de guerre et de la prescription, M. Achenbach fit encore parler de lui en 1953, lors de l'"affaire Naumann". Député libéral à la Diète de Rhénanie-du-Nord-Westphalie et ministre de l'Économie présomptif, son nom fut prononcé à propos des tentatives faites par le Dr Naumann (ancien secrétaire d'État au ministère de la Propagande) pour rendre une audience et un rôle politique à d'anciens nazis, notamment par l'intermédiaire d'un "noyautage" du FDP. "Personne

ne parlera plus de dénazification dans quelques
semaines", dit-il un jour à Naumann qui rapporte
le propos. Il n'est pas certain que les Français aient
la mémoire si courte. »

Dès la parution du *Monde*, je mets en application
notre plan pour que cette affaire s'internationalise.
Seul un scandale à l'échelle du Marché commun peut
faire reculer le gouvernement allemand. La coalition
sociale-libérale ne dispose que de quelques voix de
majorité ; or deux députés libéraux de l'aile droite,
celle d'Achenbach, sont en train de faire défection
et de passer aux chrétiens-démocrates. Achenbach
pourrait être tenté de les suivre si le gouvernement
ne le soutenait pas dans cette affaire de Bruxelles.

Les communistes ne bougent guère ; la *Deutsche
Volkszeitung* de Düsseldorf, où j'écris régulièrement,
ne publie pas mon article sur Achenbach ; l'Allemagne de l'Est reste silencieuse. C'est qu'Achenbach, grand avocat d'affaires, représente de puissants
débouchés à l'Est. La morale se heurte trop souvent
aux raisons d'État.

Comment rompre tant de digues pour que cette
affaire déborde sur le plan international ? Voici notre
plan : ce qui est publié en ce 7 avril à Paris constitue
une base pour l'action, mais la seule dépêche de
l'AFP ne suffit pas. Nous allons remplacer la force
de l'information par sa multiplication géographique.
Je demande par télégramme une entrevue pour le
8 avril à Joseph Luns, ministre des Affaires étrangères à La Haye, à Gaston Eyskens, Premier ministre
de Belgique, à Jean Rey, président de la Commission

européenne, et pour le 10 avril à Conrad Ahlers, porte-parole du gouvernement allemand. Ainsi, en vingt-quatre heures, des dépêches des agences de presse en provenance de Hollande, de Belgique et d'Allemagne vont-elles s'entrecroiser, répétant la même information : « Réactions hostiles à Achenbach à l'égard d'un dossier sur le passé nazi du diplomate ». Les journaux européens recevront le même jour à trois reprises des dépêches sur le même sujet ; ils constateront qu'il existe une affaire Achenbach dans plusieurs capitales à la fois, et tout naturellement ils lui accorderont une place bien en vue.

Mardi 7 avril, j'atterris tard le soir à l'aérodrome de Schiphol. J'ai prévenu des journalistes rencontrés à La Haye lors de la conférence au sommet des Six en décembre dernier. Les caméras du journal télévisé m'attendent ainsi que de nombreux journalistes. Je m'y exprime sur le but de ma visite – remettre au gouvernement hollandais des éléments d'appréciation sur la candidature Achenbach. Cette séquence est diffusée à la dernière édition du journal et à nouveau le lendemain, d'autant que j'y remercie Joseph Luns, « seul homme d'État à avoir critiqué publiquement en son temps la désignation de Kiesinger comme chancelier ».

Je passe la nuit chez un couple de journalistes dans la banlieue d'Amsterdam et, dès 9 heures du matin, j'arrive au ministère des Affaires étrangères. Le directeur de cabinet de Joseph Luns me reçoit. Je ne pourrai pas voir le ministre hollandais des Affaires étrangères mais, convaincu par le dossier, celui-ci me promet d'intervenir personnellement auprès de son

collègue allemand, Walter Scheel. La presse hollandaise publie des comptes rendus illustrés de mon
interview télévisée, suivie par la presse belge.

Serge est parti pour Bruxelles afin de s'y entretenir avec des fonctionnaires de la CEE désireux
de prendre connaissance du dossier. Arno l'accompagne, car ma belle-mère n'a pu se libérer pour s'en
occuper. Bien entendu, c'est ce jour-là qu'il souffre
soudain d'une violente rage de dents, et Serge, tout
en parlant avec ses interlocuteurs, est obligé de lui
masser les gencives avec un sirop de miel pour empêcher que cris et gémissements ne rendent impossible
toute conversation. J'arrive à Bruxelles en début
d'après-midi et libère Serge, qui s'installe devant
une machine à photocopier mise à notre disposition
par Philippe Lemaître. Arno et moi partons chez le
Premier ministre belge. Pendant que je discute avec
le chef de cabinet du Premier ministre, les huissiers
s'occupent d'Arno. Je n'oublierai jamais l'expression
de leur visage et le ton de leur voix lorsqu'ils me
déclarent : «Si vous devez le supporter toute la journée, nous ne vous envions pas. » Puis je suis reçue
par Raymond Rifflet, chef de cabinet de Jean Rey. Le
soir même, Arno, Serge et moi partons pour Bonn.
    Au lieu d'être à Bonn, j'aurais dû m'embarquer en
ce 9 avril à bord de l'avion transportant aux États-
Unis les journalistes qui accompagnent Brandt pour
sa première visite officielle outre-Atlantique. Rüdiger
von Wechmar, adjoint de Conrad Ahlers, porte-
parole gouvernemental, avait réussi à me faire inviter par le département de presse de la chancellerie.

Mais, le 7 au soir, un télégramme arrivant à Paris annulait ma participation à ce voyage. La nouvelle fit du bruit en Allemagne : d'une part, parce que la « gifleuse » de Kiesinger avait été invitée par un service officiel à accompagner le nouveau chancelier aux États-Unis – geste que la presse de droite considérait comme éminemment discourtois à l'égard de Kiesinger, et qui provoqua une interpellation au Bundestag ; d'autre part, parce que la raison invoquée pour l'annulation était que « la CIA et le département d'État ont refusé pour motifs de sécurité que Beate Klarsfeld entre à la Maison-Blanche ».

En tout cas, ce jeudi 9, la presse internationale réagit comme nous l'espérions. Le grand quotidien de Hambourg, *Die Welt*, titre : « Attaques à Paris et à Bruxelles contre la candidature d'Achenbach. Le circuit européen de B.K. » La *Süddeutsche Zeitung* de Munich publie un article intitulé : « Le passé nazi d'Achenbach en cause. Le voyage de B.K. » En Italie, le *Messaggero* titre : « Stupeur et indignation à Bruxelles : un criminel nazi candidat à la CEE. »

À défaut de vol pour Washington, je passe ma journée dans la Pressehaus de Bonn, allant d'un bureau à l'autre avec mes documents pendant qu'Arno court et glisse dans les couloirs. Je dépose le dossier chez Horst Ehmke, ministre de la chancellerie, celui-là même qui me conseilla judicieusement en 1968 dans l'affaire Kiesinger : « Abandonnez la voie judiciaire, faites-en une affaire politique. » Le soir, nous partons pour Paris, où nous arrivons le 10 avril. Immédiatement, nous nous remettons au travail aux archives du CDJC.

Toute l'affaire Achenbach repose sur un document, le plus spectaculaire bien entendu : le fameux télégramme signé Achenbach du 15 février 1943 et adressé de Paris aux Affaires étrangères à Berlin.

> « *N° 1701 du 15.2.*
>
> *Le 13 février 1943, vers 21 h 10, le lieutenant-colonel Winkler et le major Dr Nussbaum, de l'état-major du III<sup>e</sup> détachement de la Luftwaffe, ont essuyé des coups de feu tirés par-derrière, alors qu'ils se rendaient de leur bureau à leur logement, à l'hôtel Louvre, à Paris, peu après qu'ils eurent franchi le passage du Louvre à la Seine. Trois balles blessèrent le lieutenant-colonel Winkler et deux le major Nussbaum. Tous deux moururent la nuit même après leur transfert dans un hôpital. Sur les lieux, on a retrouvé sept douilles, cal. 7,65 mm, provenant vraisemblablement de la même arme. L'enquête à charge du ou des auteurs poursuit son cours.*
>
> *Comme première mesure de représailles, il est prévu d'arrêter 2 000 Juifs et de les déporter vers l'Est.*
> Achenbach »

Ce document semble amplifier la responsabilité directe d'Achenbach dans les mesures de représailles. Il suffirait donc à Achenbach de dégager sa responsabilité dans cette affaire de représailles pour qu'il affermisse sa position vis-à-vis de son gouvernement et qu'il maintienne sa candidature. Or nous connaissons assez bien les rouages des autorités allemandes à Paris sous l'occupation pour constater qu'Achenbach ne transmet pas à Berlin dans ce document une décision qu'il aurait prise lui-même ; en réalité, il ne fait que rendre compte de l'attentat et des mesures qui ont été décidées – mais décidées par qui ? S'il se révèle que ce n'est pas par lui, Achenbach aura l'air d'être victime d'une cabale. Heureusement, Achenbach se défend sur des bases déjà publiques. En effet, ce télégramme avait déjà été publié pour la première fois en 1953 par un hebdomadaire de la communauté juive allemande. Le député FDP, alors dans une situation délicate en raison de son implication dans l'affaire Naumann, s'était expliqué dans une lettre ouverte. Au lieu de se contenter de prétendre : «Je n'ai fait que rendre compte», Achenbach est allé plus loin : «Le général Heinrich von Stülpnagel, commandant de la place de Paris, n'a fait expédier ce télégramme à Berlin, annonçant la déportation des Juifs, que pour éviter des exécutions d'otages en représailles. J'ai transmis le message et couvert Stülpnagel.» Achenbach reprend cette thèse et ajoute dans le *Spiegel* : «Il fallait faire beaucoup de bruit [*bramabasieren*] et, grâce à cela, tout s'est bien passé» – c'est-à-dire, tout s'est bien passé pour les Juifs.

Voilà la version qu'Achenbach essaie d'imposer pendant le week-end des 11 et 12 avril. L'excellent avocat qui avait si habilement justifié les crimes d'IG-Farben ou ceux des autorités allemandes en Belgique occupée était resté silencieux jusqu'à ce 12 avril. Pourquoi ? Il aurait pu, à la suite de ma lettre ouverte du 4 avril, m'intenter un procès en diffamation, réclamer un jury d'honneur d'historiens.

Rien de tout cela : Achenbach se réfugie dans le silence. Mais si jusque-là Achenbach se refusait à plaider sa propre cause, c'est parce qu'il se heurtait au plus redoutable des accusateurs : Achenbach lui-même, le nazi du temps de « Nuit et Brouillard ».

Achenbach n'avait contre-attaqué qu'avec l'interprétation donnée à son télégramme du 15 février 1943. Reprenant la version de 1953, il affirmait que ce n'était qu'un bluff, que les 2 000 Juifs n'avaient jamais été arrêtés ni à plus forte raison déportés. Pour un peu, ce télégramme aurait été de sa part un acte de résistance.

Nous devions apporter la preuve que la mesure de déportation qu'Achenbach reconnaissait avoir proposée à Berlin, mais comme un simple bluff, n'avait pas été seulement envisagée, mais appliquée. Pendant trois journées, nous menons l'enquête sur ce point, répertoriant des centaines de fiches et documents, pressés par le temps et par la nécessité, nous acharnant sur telle piste qui s'achève en impasse ou débouchant par hasard sur un document parfois passé inaperçu aux yeux des archivistes jusqu'alors.

C'est grâce à cette enquête que nous allons réellement pénétrer dans les mécanismes de la Sipo-SD, l'appareil nazi dont la connaissance se révélera si utile lorsque nous aborderons le problème des criminels nazis tels que Lischka et Hagen.

La politique de l'ambassade fixée le 7 décembre 1941 en ce qui concerne le choix des otages à fusiller en représailles d'attentats a été décidée par Abetz et son conseiller politique Achenbach. Selon eux, il faut éviter, dans l'intérêt du peuple allemand, que se répande l'idée que le peuple français s'insurge contre la collaboration. Abetz conseille de prendre les otages parmi les Juifs et les communistes, ou tout au moins de les baptiser comme tels.

Lorsque le commandement militaire l'informe que les mesures proposées ont été approuvées par le Führer, Abetz, dans un compte rendu téléphonique, le 12 décembre, heureux d'avoir pu faire triompher sa thèse, dit : «Ces mesures coïncident avec les principes établis dans mon rapport écrit du 7 décembre, chapitre IV.» Et parmi ces mesures figure l'exécution de 100 otages parmi les Juifs (52) et les communistes.

Désormais, l'ambassade participe à la rédaction du texte des communiqués relatifs aux représailles sanglantes. Elle câble à Berlin toutes les mesures de fusillade. J'ai retrouvé un rapport d'Achenbach du 17 mars 1943, long de douze pages, où se succèdent des dizaines et des dizaines de noms de fusillés.

Mais qu'est-il advenu des « 2 000 Juifs » pour qui tout s'est bien passé, selon Achenbach ? Au lendemain du télégramme de ce dernier, le 16 février 1943, le chef du service des Affaires juives de la Gestapo (le IV-B), le SS-Obersturmführer Heinz Röthke, écrit dans une note : «À titre de représailles pour l'attentat du 13 février 1943 contre deux officiers aviateurs allemands, 15 000 hommes aptes au travail doivent être déportés de France, et pour cela doivent être fournis des milliers de Juifs.» Le 23 février 1943, le SS-Obersturmbannführer Kurt

Lischka, Kommandeur de la Sipo-SD à Paris, avise
la Sipo-SD de Bruxelles que « le préfet de police
de Paris a été informé par mes soins qu'en application de représailles 2 000 hommes juifs de 16 à
65 ans doivent être arrêtés et transférés au camp juif
de Drancy ». Le 24 février, Röthke rend compte à
Lischka de son entretien avec Thomas Sauts, chef de
cabinet du préfet Jean Leguay : « Sauts m'a répondu
que l'arrestation de 2 000 Juifs [...] aurait été mise
en route. On aurait déjà interné dans les deux zones
jusqu'au 23 février plus de 1 500 Juifs aptes au travail âgés de 16 à 65 ans. Il aurait été ordonné que
l'arrestation ne comprenne que des Juifs apatrides ou
de nationalités qui correspondent à nos conditions
de déportation... »

Ajoutons ici que ces conditions étaient définies
essentiellement par les diplomates hitlériens, puisqu'il
s'agissait de savoir si les Juifs ressortissants de tel ou
tel pays pouvaient être déportés. Contrairement à
l'opinion généralement admise, la Gestapo respectait
les catégories définies par les Affaires étrangères.

Un rapport de février-mars 1943 de la Fédération
des sociétés juives de France sur « les rafles et déportations d'israélites étrangers » confirme les arrestations de Juifs étrangers de 16 à 65 ans dans l'ancienne
zone libre, leur rassemblement au camp de Gurs et
leur transfert vers Drancy le 26 février et le 2 mars.

Au matin du 4 mars 1943, Röthke, minutieux,
câble à Eichmann au bureau des Affaires juives du
RSHA ainsi qu'à la Sipo-SD de Cracovie et à la
Sipo-SD de Lublin : « Le 4.3.43, du Bourget-Drancy

près de Paris, départ en direction de Cholm avec 1 000 Juifs. Le chef de convoi est le lieutenant Ott, de la police d'ordre. » Il en est de même le 6 mars 1943. Seul change le nom du chef de convoi, le lieutenant Kassel. Les deux convois ont été dirigés sur le camp d'extermination de Sobibor, où les 2 000 déportés ont été immédiatement assassinés, à l'exception de deux groupes d'une cinquantaine de jeunes envoyés au camp voisin de Maidanek. En 1945, il ne restait que quatre survivants du convoi 50 et six du convoi 51.

Notre enquête était concluante. Achenbach avait menti ; il avait même voulu faire passer pour un acte de résistance sa participation à une décision qui, prise par Kurt Lischka au lendemain même de l'attentat du 13 février 1943, a entraîné l'arrestation de 2 000 Juifs, leur transfert à Drancy, leur déportation à Sobibor et leur extermination dès le 9 mars 1943. Moins d'un mois pour liquider 2 000 hommes en état de travailler.

Nous expédions les conclusions de notre enquête à Bruxelles. Le 11 avril, le commissaire allemand Wilhelm Haferkamp publie une mise au point à titre personnel où il annonce que, si Achenbach était nommé, il démissionnerait.

Par l'entremise d'Arno Scholz, directeur du *Telegraf*, le quotidien social-démocrate de Berlin, je prends rendez-vous avec Conrad Ahlers, le porte-parole gouvernemental, le jeudi 16 avril, afin de lui remettre le compte rendu de cette enquête. Achenbach, de son côté, s'accroche : «Tant que je serai attaqué de la sorte, je ne peux pas renoncer... Scheel m'a donné sa parole.» La coalition ménage Achenbach et le mécanisme de la journée du 16 avril est déterminant. Ahlers ne prendra possession qu'à 18 heures des résultats de l'enquête dont le *Spiegel* publiera de larges extraits le 20 avril. Deux heures auparavant, Brandt a déjà rendu publique une *Persilschein* – une «déclaration persil» – destinée à panser les blessures d'Achenbach et à l'empêcher de passer aux chrétiens-démocrates. La *Stuttgarter Zeitung* publie le 18 avril un dessin où un Achenbach aux vêtements couverts de taches brunes fait face à un Achenbach immaculé avec cette légende : «J'ai le plaisir de vous confirmer que votre produit de nettoyage l'Huile Brandt a fait des miracles : ma veste est de nouveau aussi propre que ma première couche.»

C'en est fini de la candidature Achenbach ; le secrétaire d'État parlementaire aux Affaires étrangères, le professeur Dahrendorf, est désigné en mai à la Commission européenne. Le 29 mai, quand la nomination de Dahrendorf est officielle, le gouvernement lui cherche un successeur comme secrétaire d'État.

Soucieux de revanche, Achenbach refait surface : il se porte de nouveau officieusement candidat. Heureusement, nous avions prudemment gardé un document du 11 février 1943 portant la mention «secret», dont l'original est conservé au CDJC ; le signataire de cette note destinée au SS-Obersturmführer Röthke, chef du service des Affaires juives de la Gestapo en France, n'avait pas été identifié. Ayant en notre possession un exemplaire de la signature d'Achenbach, nous n'eûmes aucune difficulté pour la reconnaître au bas de ce document qui représente le feu vert diplomatique nécessaire à la Gestapo pour « l'application des mesures antijuives dans la zone nouvellement occupée » : « Les Affaires étrangères ont donné là-dessus les directives suivantes à l'ambassade : il est demandé que les mesures prises soient appliquées dans le territoire nouvellement occupé. »

Le 30 mai au matin, j'arrive à Bonn avec une centaine de photocopies de ce document et autant d'exemplaires d'un communiqué où je reprends l'essentiel de l'affaire des 2 000 Juifs déportés. Je diffuse ces documents à la presse, aux services officiels, et rentre aussitôt à Paris. Le 1er juin 1970, Karl Moersch prend la succession de Dahrendorf : Achenbach décroche en guise de consolation le poste de porte-parole parlementaire du FDP en politique étrangère.

Je n'ai jamais rencontré ni vu Ernst Achenbach.

SERGE

## Aux côtés de Beate

Pendant ces années si fertiles en émotions, j'ai fait de mon mieux pour aider Beate dans ses campagnes et, progressivement, je me suis détaché de ma vie professionnelle pour m'engager dans l'action militante où le facteur « temps » est si essentiel, la révocation de Beate de l'OFAJ m'ayant plongé dans une colère mobilisatrice. Je suis français ; mon père a été assassiné à Auschwitz ; ma femme a acquis la nationalité française par mariage ; elle travaille à Paris et est révoquée de son emploi parce qu'elle a dénoncé publiquement la présence à la chancellerie allemande d'un ancien propagandiste nazi.

Si mon père a eu le courage de riposter à Auschwitz, je ne peux me résigner. Beate est prête à se battre, je me battrai avec elle pour obliger l'Allemagne à se séparer de Kiesinger. Je suis compétent pour constituer le dossier Kiesinger et je vais m'y atteler, redevenant historien. À la Continental, en dehors de Josy Fainas et des trois cadres de mon service, le personnel et surtout la direction n'apprécient guère que mon temps se partage entre le bureau et le soutien à Beate : je téléphone souvent à l'étranger et, le week-end, je rejoins Beate là où elle milite. J'apparais à côté d'elle dans les journaux allemands. Cette confusion des genres déplaît, même si la campagne menée par Beate – qui, elle, plaît aux dirigeants des pays de l'Est – me permet dans tel ou tel de ces pays de régler le problème que je me suis engagé à résoudre.

En 1970, je fais partie d'un licenciement économique concernant une vingtaine d'employés. Je ne peux même pas en vouloir à ceux qui ont pris cette décision ; j'étais un mauvais exemple pour mes collègues. Je reste confiant dans l'avenir. Aussitôt, le Crédit lyonnais m'engage : je suis chargé des relations avec les pays de l'Est, qui se développent alors. Quand je traverse l'immense hall de la banque qui s'étend des Grands Boulevards jusqu'à la rue de Réaumur, je me sens saisi d'une angoisse : si je m'installe ici, je n'en sortirai plus qu'à la retraite. Il s'agit de sauver ma personnalité, qui va se désagréger dans cet univers auquel je n'adhère pas. Alexis Wolkenstein, que je connais depuis longtemps et qui est l'une des têtes du Crédit lyonnais, essaie de me dissuader, mais c'est plus fort que moi – ou bien c'est moi qui suis plus fort que la crainte d'être victime de ma décision : je démissionne sans planche de salut.

C'est un tournant dans notre vie ; nous quittons Passy pour nous installer à Berlin-Ouest, où je deviens correspondant bénévole de *Combat* sous le pseudonyme de Henri Daru.

Je couvre la première visite officielle en RFA d'un ministre des Affaires étrangères soviétique et suis le premier à annoncer que Walter Ulbricht sera remplacé à la tête de la RDA par Erich Honecker. Les protestations de Beate à Varsovie et à Prague me ferment la RDA au moment même où je me rends compte de l'exceptionnelle impunité des criminels nazis qui ont opéré en France.

Nous revenons à Paris après quelques mois passés dans une ville passionnante où nous avons croisé Andreas Baader, Ulrike Meinhof et d'autres futurs terroristes. Je me souviens d'avoir discuté âprement avec l'ancien avocat de Beate, Horst Mahler. Il avait l'intention de s'engager dans l'action violente et je souhaitais le convaincre de ne rien en faire, mais en vain. Ces militants politiques aspiraient à la révolution ; ils avaient soutenu notre action, mais ne voulaient pas de Willy Brandt, le réformiste dont ils avaient facilité l'accession au pouvoir. Ils se sentaient trahis. La violence, même aveugle, leur paraissait désormais le seul moyen d'imposer leur volonté. Certains d'entre eux ont péri de mort violente, d'autres ont connu de longues peines de prison ; quelques-uns ont renoncé. Horst Mahler, idéologue du groupe, a été longtemps incarcéré avant de se positionner comme idéologue de l'extrême droite, fanatiquement antijuif et anti-israélien. À l'heure où j'écris ces lignes, il est encore en prison.

De retour à Paris, nous nous installons chez ma mère, qui est heureuse de retrouver notre petite famille. Arno dort dans la chambre de ma mère ; Beate et moi partageons l'autre pièce. Nous sommes

pauvres, déclassés, mais libres et disponibles pour la
longue campagne que nous nous apprêtons à mener.

La RDA nous est fermée, et à l'Ouest notre marge
de manœuvre est très étroite : la droite exècre Beate
et sa gifle ; l'extrême gauche est anti-israélienne ; les
sociaux-démocrates du SPD sont partagés : ils respectent Beate, mais n'ont pas le courage de dire
ouvertement au pays que l'accord judiciaire franco-
allemand doit être ratifié et que les principaux criminels condamnés par contumace en France doivent
être jugés en RFA. Les chrétiens-démocrates de la
CDU-CSU voteront contre et les libéraux du FDP,
qui font partie de la coalition gouvernementale avec
le SPD, se prononceront contre également sous
l'influence d'Ernst Achenbach, que nous venons de
repousser de Bruxelles, mais qui reste puissant au
FDP, où il représente la grande industrie. Il s'est fait
nommer au Bundestag rapporteur à la commission
des Affaires étrangères du projet de ratification de
la convention judiciaire franco-allemande.

Un grand article du *Nouvel Observateur* sur
Beate en 1971 incite le Fonds social juif unifié à
me proposer le poste de directeur de leurs centres
de vacances avec une période d'essai de six mois,
mais sous condition de ne pas prendre part publiquement à l'action de Beate. J'accepte parce que
nous avons besoin que l'un de nous gagne notre
vie ; mais je me demande comment respecter cette
condition et pourquoi la respecter. Il s'agit d'une
grande organisation juive et notre objectif est le
jugement des criminels nazis ; en quoi la discrétion est-elle de mise ? J'apparais bientôt dans les

médias quand Beate traverse de multiples péripéties en Bolivie et que je dois expliquer la situation à la presse écrite, à la radio ou à la télévision. À son grand regret, le directeur se dit obligé de mettre fin à ma période d'essai. Le valeureux président de la LICA, Jean Pierre-Bloch, intervient auprès du FSJU et obtient que mon salaire me soit versé pendant un an ; indemnisation qui nous soulage et facilite notre total engagement.

*
* *

En février 1971, quand nous avons entamé notre campagne pour faire juger Lischka et Hagen, et mettre fin au contentieux judiciaire existant encore entre la France et l'Allemagne et découlant de la Seconde Guerre mondiale, nous ne savions pas que notre patience allait être mise à rude épreuve. Ce n'est qu'en février 1980 que nous refermerons ce dossier, après l'avoir fait aboutir.

Nous avons commencé cette campagne à deux et, quand nous l'avons terminée, un millier d'orphelins de déportés étaient regroupés autour de notre couple. D'une initiative individuelle, nous avons fait œuvre collective et créé l'instrument et le groupe qui allait nous faciliter l'avenir et nous permettre dans les décennies à venir d'assumer en commun les objectifs que nous allions nous fixer.

BEATE

## La lutte contre l'antisémitisme
## portée à Varsovie et à Prague

C'est vers l'Est que je tourne mon regard en 1970. Si Willy Brandt a une œuvre historique à accomplir, c'est dans cette direction. Mais c'est aussi là qu'on entend gronder une rumeur antisémite dont l'ampleur nous angoisse.

Les élections allemandes passées, je téléphone à M. Dmowski, diplomate polonais qui m'a invitée quelques mois plus tôt à visiter la Pologne. Je suis prête à partir ; le tourisme m'intéresse, certes, mais je souhaite également m'adresser à la jeunesse polonaise. Je veux prendre la parole à Auschwitz. En dépit de plusieurs rappels, l'invitation reste lettre morte.

Quelque temps auparavant, le 5 octobre 1969, j'ai été invitée à Berlin-Est aux fêtes commémorant le vingtième anniversaire de la RDA. Les réceptions se succèdent. Je porte une robe de cocktail blanche tout à la fois parisienne et sage qui attire l'œil des dirigeants communistes venus en masse. Ce fut une des rares circonstances où je me suis sentie réellement séduisante, sans doute parce que j'étais une des seules femmes admises dans ce cercle restreint d'hommes. Je savoure un moment la stupéfaction légèrement amère des dirigeants du PC ouest-allemand et de l'ADF quand un officiel vient me chercher dans la grande salle de réception du Conseil d'État, au Staatsratsgebäude, et m'amène dans la partie réservée où Walter Ulbricht et le Politbüro reçoivent les dirigeants des pays socialistes.

Walter Ulbricht me serre chaleureusement la main. Je dois à mon intransigeance l'attention que me témoigne ce petit homme qui incarne l'Allemagne communiste. Un membre du Comité central m'a raconté qu'il était présent lorsque Ulbricht a été informé de la gifle au chancelier ouest-allemand : « C'était le jour de la célébration de la Révolution soviétique, le 7 novembre. Nous étions en réunion dans le bureau d'Ulbricht lorsqu'un secrétaire vint interrompre la séance pour annoncer à l'oreille du président que tu venais d'humilier Kiesinger. La discussion a alors dévié sur ce sujet. Je me souviens fort bien de la réflexion d'Ulbricht : "C'est une femme courageuse, a-t-il dit, nous devons la soutenir." »

J'étais sans doute trop habituée aux affrontements depuis deux ans pour me sentir complètement détendue dans un cercle politique. Les compliments, les sourires amicaux, les paroles prévenantes des dirigeants d'Europe de l'Est, Stoph, Honecker, Brejnev, Husák, Jivkov, Kádár ou d'autres, me faisaient grand bien, mais je n'adhérais pas à ce système. Je restais persuadée que la nation allemande ne pouvait s'exprimer qu'en actes de morale politique.

Ces réflexions m'empêchaient surtout, je crois, d'être subjuguée par mes tête-à-tête successifs. Ce fut une très belle soirée comme en rêvent les jeunes filles, comme j'en ai rêvé moi-même. On me filmait dansant dans les bras d'un maréchal soviétique à la chevelure de neige, à l'uniforme chamarré d'or et serti de décorations. Tchouïkov, je crois. La petite Allemande de six ans qui regardait, ahurie et effrayée, les cosaques envahir le village de Sandau où nous étions réfugiées en avril 1945, ma mère et moi, pouvait-elle s'imaginer qu'elle valserait un soir avec un des chefs de l'Armée rouge ? L'engagement pour une cause ne peut être total ; il laisse toujours une brèche par où l'on contemple, légèrement fasciné, sa propre aventure.

Je fis encore deux allers-retours entre Paris et Berlin en octobre pour des conférences, l'une sur le NPD, l'autre sur l'attitude à adopter vis-à-vis de Brandt. Je partageais l'opinion de la plupart des militants de l'APO, qui arrêtèrent immédiatement les contestations radicales. Une partie des gauchistes, et parmi eux mon avocat, Horst Mahler, s'opposèrent à cette ligne. Serge tenta de les dissuader, en particulier Mahler ; mais en vain.

À la fin de l'année 1969, je décidai de traiter pour la *DVZ* d'autres sujets que les problèmes français. Je partis pour La Haye, où se tenait le sommet européen des Six. Je voulais assister à l'entrée de Brandt sur la scène internationale et faire savoir aux

Hollandais que la jeunesse allemande était derrière le chancelier.

Le 19 mars 1970 devait avoir lieu à Erfurt, en RDA, le premier sommet interallemand. Je tenais plus que tout à être présente pour ce moment exceptionnel. L'autorisation du service de presse des Affaires étrangères de Berlin-Est tardait à arriver. Très peu de journalistes étrangers étaient admis à se rendre à cette conférence. En désespoir de cause, je pris l'avion pour Berlin-Est à mes frais, insistai, obtins le précieux papier et arrivai à Erfurt dans la voiture de deux journalistes de l'agence Gamma à qui je servis de couverture lors des contrôles de police, car eux n'avaient pas reçu le sésame.

Sur le quai de la gare d'Erfurt, au moment où Willy Brandt et Willi Stoph se sont serré la main en hommes qui s'estiment et se retrouvent après une longue séparation, j'ai ressenti à quelques mètres d'eux une certaine exaltation : Erfurt, c'est *de facto* le point final de la prétention de la Bonn adenauerienne à représenter exclusivement les intérêts de l'Allemagne, celle des frontières de 1937. C'est aussi un point de non-retour sur la voie qui mène à la reconnaissance *de jure* de la RDA comme État souverain par Bonn et par l'Occident, une étape sur la voie de la réunification.

Lorsque Brandt sortit de la gare, je me retrouvai si près de lui que son regard tomba sur moi et qu'il esquissa un sourire sur son visage sérieux, en cet instant attendu depuis plus de vingt ans.

L'après-midi, je suis allée en même temps que Brandt au mémorial de Buchenwald. Le froid était

vif. Il neigeait un peu. Le monument est situé sur
une petite hauteur : de là, on peut voir la ville de
Weimar. Willy Brandt était accompagné par le
ministre des Affaires étrangères est-allemand, Otto
Winzer. Ils se dirigeaient vers la tour commémorative, ceinte de drapeaux de la RDA, et vers la crypte.
Une formation d'honneur de l'armée nationale est-
allemande avait pris position devant le monument,
ainsi que l'orchestre militaire. Brandt, précédé de
soldats qui portaient une gerbe, descendit tout seul
dans la crypte tandis que l'orchestre jouait, je crois
pour la première fois en RDA, l'hymne de la RFA.
C'était le même hommage sans arrière-pensée que
Brandt et les dirigeants est-allemands qui l'entouraient rendaient à leurs morts, ceux de l'Allemagne
antihitlérienne. Il ne s'agissait pas pour les deux
camps d'un acte formel, mais d'un vrai retour aux
sources.

Quand Willy Brandt sortit de la crypte, à mon
tour, les bras chargés de fleurs que m'avaient remises
des dirigeants est-allemands, je me suis dirigée vers
la crypte pour les déposer. Mon regard est alors
tombé sur cette phrase inscrite sur l'un des murs :
« La destruction du nazisme et de ses racines est
notre but. »

Le 24 mai 1970, j'assiste à Kassel, en RFA, au
deuxième sommet entre Allemands de l'Ouest et de
l'Est. Le tournant des relations allemandes ne m'a
pas prise au dépourvu. Je raisonne sur des idées
simples : aucun grand peuple n'est resté divisé longtemps ; le peuple juif a su retrouver sa patrie après

deux millénaires, en dépit des persécutions et de sa faiblesse numérique ; le peuple allemand retrouvera son unité.

Ma vision n'est pas une utopie. Dans cette perspective, il me faut à l'Est comme à l'Ouest témoigner – non seulement en paroles, mais en actes – que les Allemands de l'Est comme de l'Ouest sont soumis à des impératifs moraux prioritaires par rapport à leurs engagements idéologiques respectifs. Après ce qui s'est passé sous le nazisme, tout Allemand ne doit-il pas combattre l'antisémitisme, s'efforcer d'écarter les anciens nazis actifs des hautes responsabilités politiques, empêcher la réhabilitation des criminels nazis ?

C'est pourquoi je pars le 15 mai pour l'Autriche m'opposer à la présence de Hans Schirmer comme ambassadeur de la RFA à Vienne.

Membre du parti nazi (n° 3143496) depuis le 1er mai 1933, collaborateur du ministère de la Propagande de Goebbels, Hans Schirmer fut le supérieur de Kiesinger de 1939 à 1943 en tant que chef adjoint du département de politique radiophonique au ministère des Affaires étrangères. Il était en outre le principal responsable de l'agence Radio-Mundial, réseau international de propagande radiophonique clandestine qui diffusait dans le monde l'idée de la « nouvelle Europe ».

Le ministre des Affaires étrangères ouest-allemand, Walter Scheel, avait déclaré : « Les Autrichiens ont déjà bien oublié l'Anschluss. » Il avait raison, cette fois. J'ai eu beau remuer la presse autrichienne, interroger le chancelier Kreisky au cours de sa

conférence de presse du 14 mai 1970, rien n'y fit.
Bruno Kreisky me répondit habilement que refuser
un ambassadeur est un acte d'hostilité grave envers
le pays qu'il représente, et que c'est à ce pays qu'il
appartient de vérifier si le passé de ses diplomates
est acceptable.

Je revins à la charge le 17 juin, à l'occasion du
congrès du parti socialiste autrichien. J'avais emporté
cette fois des tracts et emmené Arno, car ma belle-
mère séjournait à Bucarest chez sa sœur. Nous avons
pris le train à Paris tôt le matin et sommes arrivés
le soir même à Vienne, où je fus accueillie par un
responsable des syndicats autrichiens. Prévenu tardi-
vement et n'ayant pu trouver de chambre d'hôtel, il
nous a loué une chambre dans un hôtel de passe. Au
petit déjeuner, Arno a joué avec les jeunes femmes
très aimables qui y travaillaient.

Le lendemain, à l'ouverture du congrès, nous nous
sommes placés devant la porte principale – il commençait à pleuvoir et nous fûmes bientôt trempés.
J'avais donné à Arno, qui gambadait dans la pluie
comme un fou, quelques tracts pour le calmer, en
disant : «Distribue et aide maman.» Or, au lieu
de les distribuer, il s'amusait à les tremper dans
les flaques d'eau et à en faire des boules de papier
mouillé qu'il lançait sur les participants du congrès...

J'attendais une réaction des socialistes autrichiens,
j'espérais qu'ils prendraient position contre Schirmer.
C'est le contraire qui se produisit : au cours de ce
congrès, ils ont protesté de façon agressive contre
Simon Wiesenthal, qui leur reprochait de couvrir
au gouvernement d'anciens nazis actifs. Le service

d'ordre est venu me prier de quitter les lieux. J'étais
furieuse.

De Vienne, j'ai poursuivi ma route vers Bucarest,
pour présenter Arno à sa grand-tante. Une dizaine
de jours plus tard, je suis repartie pour Berlin. Ces
déplacements nous revenaient cher. Je suis allée à
l'ambassade de la RDA et j'ai expliqué mon cas.
Immédiatement, un billet Bucarest-Berlin sur la ligne
est-allemande Interflug a été mis à notre disposition.
À Berlin-Est, on m'a proposé, comme on l'avait déjà
fait souvent, de m'inviter pour des vacances d'été en
RDA avec Arno. Je n'avais jamais eu la possibilité de
m'y rendre. J'ai accepté et, du 5 au 20 août, Arno
et moi nous sommes reposés à l'hôtel Panorama, à
Oberhof, dans le Thüringer Wald.

Le seul séjour prolongé que j'avais effectué en
RDA avait eu lieu en mars 1968, quelques mois
après ma révocation. Pendant trois semaines, j'avais
pu voyager seule, à ma guise, pour découvrir le pays.
On me faisait confiance : je n'étais pas obligée de
suivre un itinéraire programmé. Souvent je manquais
un train, j'en prenais un autre, je descendais dans de
petits hôtels. En revanche, à Oberhof, nous vivions
dans un véritable palace au milieu d'une clientèle
« bourgeoise » d'Allemands de l'Est ; des gens for-
tunés qui n'affichaient aucune opinion politique et
avec lesquels je n'entretenais aucune relation. Ma
seule amie – le grand amour d'Arno – s'appelait
Marion ; elle s'occupait de l'entretien de notre étage.

J'ai donné rendez-vous à Serge chez ma mère, à Berlin, le 22 août. À Oberhof, je réfléchis longuement : l'antisémitisme a resurgi au grand jour en Pologne avec la bénédiction des autorités polonaises. Voilà plus d'un an que je m'étais promis sans succès de soulever le problème de l'antisémitisme devant la jeunesse polonaise.

Il faut armer la jeunesse est-allemande contre l'antisémitisme, et le faire non dans un discours, mais par une épreuve de force avec les autorités est-allemandes. Là-bas, ce n'est pas la haute direction du Parti qui est sensible à l'antisémitisme, mais bien une partie des hauts fonctionnaires alors âgés de quarante-cinq à cinquante-cinq ans et qui ont été élevés sous le nazisme. Eux n'étaient pas comme Walter Ulbricht aux côtés de l'Armée rouge, comme Erich Honecker dans une prison nazie, comme Albert Norden, Juif exilé en Amérique, ou comme Hermann Axen, Juif interné en France au camp du Vernet et déporté. Beaucoup de hauts fonctionnaires ne ressemblent pas à leurs dirigeants ; c'est dans leurs rangs que peut le mieux se propager la menace antisémite. J'ai toujours perçu chez eux une sourde hostilité à mon égard, identique à celle des hommes de la même génération en République fédérale.

Les Allemands de l'Est regardent et écoutent la télévision et la radio ouest-allemandes. Ils apprendront mon arrestation et ses motifs. Ils en seront très surpris, ils liront dans leurs journaux ce qu'on en dit. Ou bien la direction du Parti prendra la décision de me détruire, ou bien, reconnaissant la véracité du dossier de l'antisémitisme polonais, elle gardera le silence.

Par ailleurs, je n'ignore pas que, après l'action que je prévois, le silence se fera autour de moi en RDA ; que les communistes ouest-allemands prendront bien vite leurs distances ; que mon journal, la *DVZ*, fera son possible pour se séparer de moi.

Il ne s'agit pas de faire de l'antisoviétisme, de l'anticommunisme ou de montrer du doigt les Polonais ; il s'agit de ne pas rester silencieux ou inefficace devant l'ignominie et l'oppression.

J'ai été prudente dans l'évaluation du risque, car je n'ai aucune vocation au martyre. Comme pour l'épisode de la gifle, j'ai tout fait pour ne pas rester emprisonnée. Les Polonais ne croiraient jamais que j'ai agi isolément. Informés de l'appui moral que m'avait apporté Berlin-Est, il y avait de fortes chances qu'ils s'imaginent que la RDA était pour quelque chose dans mon incursion à Varsovie. Le plus habile, alors, pour eux sera de m'expulser rapidement de Pologne – à condition toutefois que les agences de presse occidentales aient diffusé aussitôt l'annonce de mon arrestation.

Je rédige un tract en allemand, en français, et le fais traduire en polonais. Ce tract en trois langues, je le photocopie ensuite en deux cents exemplaires.

Il me faut également obtenir le visa d'entrée en Pologne. À la mission militaire polonaise à Berlin-Ouest, un fonctionnaire me fait remplir différentes fiches. Je change mes marks contre des bons qui me permettent de payer mon hôtel à Varsovie. Mon petit dossier sous le bras, je me présente de nouveau au guichet des visas. Le même fonctionnaire examine longuement mon passeport français. « Vous êtes journaliste ? » me demande-t-il sans trop insister. Effectivement, j'ai inscrit cette profession. « Revenez dans deux semaines pour retirer votre visa. »

Le jour même, je me rends à l'ambassade de Pologne à Berlin-Est. Cette fois, je suis plus prudente. Je prends la précaution d'engager une longue conversation avec le fonctionnaire, lequel connaît mon action. Je détourne son attention. Il tombe néanmoins sur le mot fatidique :

— Vous êtes donc journaliste ?

Avant qu'il n'ait le temps de changer d'attitude, je réplique :

— Non. Je l'ai été pendant la campagne électorale, mais à présent je me consacre à mon foyer.

— Eh bien, inscrivez alors « sans profession », me suggère-t-il en m'accordant le visa.

Le 25 août, vers 21 heures, le train s'éloigne, traversant lentement les faubourgs de Berlin. L'avouerai-je ? Pour la première fois, j'ai vraiment peur. La démonstration que je m'apprête à faire le lendemain matin dans Varsovie est très différente de toutes celles que j'ai pu organiser dans les pays occidentaux. Des jeunes sont allés croupir dans des prisons communistes pour bien moins que cela. De son côté, Serge, dès mon départ, s'est rendu avec Arno à Bonn pour attendre de mes nouvelles à la Maison de la Presse.

Depuis quelques instants, un homme d'une quarantaine d'années, assis devant moi, ne me quitte
pas des yeux. Il n'engage la conversation que bien
après notre départ. Il est conseiller d'ambassade de
la RDA en poste à Varsovie. Je suis soulagée.

— Connaissez-vous Varsovie ?

— Non. Justement, j'ai l'intention d'y faire du
tourisme pendant deux ou trois jours.

— Je serais heureux de vous y guider. Ma famille
est restée à Berlin-Est, j'ai suffisamment de temps,
j'aimerais beaucoup vous faire visiter la Pologne.

Invitation bien embarrassante, car si ce diplomate
est-allemand est vu en ma compagnie, que d'ennuis
pour sa carrière dès demain midi ! À peine arrivés
au petit matin à Varsovie, le diplomate revient à
la charge. Il veut absolument m'aider à trouver un
hôtel. Je l'éconduis poliment.


Le temps presse ; je demande asile à une auberge
de jeunesse qui n'a pas de place libre pour l'instant,
mais accepte de garder ma valise.

Il ne me reste que quelques heures pour mettre
en place le dispositif d'alerte des agences de presse
occidentales. Je me sens toute petite, vulnérable
dans cette ville inconnue que je traverse en hâte.
Mon chauffeur de taxi tourne sans succès autour
du même pâté de maisons sans trouver l'adresse
du correspondant de l'AFP. Le temps passe. Je lui
demande de me déposer, je chercherai moi-même.
Peine perdue. Une seule solution : téléphoner. La
sonnerie se prolonge. Je suis sur le point d'abandonner. On décroche, mais mon interlocuteur ne parle

pas le français. Je ne sais pas un mot de polonais. Dans un allemand très hésitant, il m'explique qu'il est menuisier et fait des travaux dans les bureaux de l'AFP. Je réussis néanmoins à me faire indiquer le chemin.

Après une bonne heure d'attente, je vois arriver un homme de petite taille. Il s'exprime, me semble-t-il, avec un fort accent. Le correspondant de l'AFP serait donc un Polonais. Impossible de lui parler de mon projet. Il m'interroge :

— Je suis touriste française. Un ami de mon mari qui travaille à l'AFP à Paris m'a conseillé de vous rencontrer pour avoir quelques renseignements sur la ville.

Il semble étonné et peu convaincu. Je ne puis continuer ainsi. Je me jette à l'eau :

— Êtes-vous français, je veux dire de nationalité française ?

Il ouvre de grands yeux.

— Oui, mais pourquoi ?

— Ça change tout. Je voudrais vous mettre au courant de quelque chose. Est-ce que je peux parler ici ? lui demandé-je.

— Non, non. Il vaudrait mieux parler dans ma voiture.

Je suis un peu plus rassurée en découvrant que sa voiture est immatriculée en France. Je lui expose l'action que je projette de mener vers midi. Il ne semble pas ravi de la confidence. La censure est très sévère. Il accepte néanmoins de se rendre à mon rendez-vous. « Tout ce que je vous demande, c'est de passer, sans m'adresser la parole, et d'envoyer l'information à Paris. »

Derniers préparatifs. J'entre dans les toilettes d'un café pour fixer une chaîne autour de ma taille, sur ma robe. L'autre extrémité passe par la boutonnière de mon manteau.

Les rues s'animent. Midi. Au centre de Varsovie, sur la Marszalkowska, la foule est dense. Je choisis avec soin un arbre suffisamment robuste. Celui sur lequel je jette mon dévolu, proche d'un feu rouge, se trouve à hauteur d'un passage clouté très large et fréquenté. Il fera mon affaire. Les voitures, plus nombreuses que je ne l'imaginais, viennent faire halte à quelques mètres de moi. Je suis placée au cœur du flot de piétons qui traversent. Le moment est propice.

Discrètement et aussi vite que je le peux, je sors ma chaîne. Elle manque de m'échapper des mains. Je ne m'étais pas rendu compte que je tremblais. Je fais passer le bout de la chaîne autour de l'arbre et ferme le cadenas. Mais que faire de cette clef ? La foule s'écoule autour de moi. Cette minuscule clef dans le creux de ma main me semble lourde. Mon premier réflexe est de l'avaler. C'est stupide. La garder dans ma bouche ? J'essaie. C'est très désagréable. Je cherche des yeux un égout. Il n'y en a pas autour de moi. Je n'ai pas pensé à tout. La jeter à quelques mètres de moi ne serait pas très efficace, des passants pourraient la voir. Plus qu'une solution : la laisser glisser dans un interstice de la grille qui entoure l'arbre et mettre mon pied dessus.

Les passants commencent à me regarder. Je me déplace autant que la chaîne me le permet pour distribuer mes tracts. Les passants ralentissent et s'en saisissent. En moins de dix minutes, mes deux cents tracts ont trouvé preneurs. Je garde un dernier tract que je tiens sur ma poitrine, pour que les nouveaux arrivés puissent le lire :

> «*Citoyens polonais,*
> *L'élimination des Juifs qui se poursuit actuellement en Pologne n'a rien à voir avec une lutte contre de supposés traîtres sionistes, c'est tout simplement de l'ANTISÉMITISME. Ces nouvelles persécutions abaissent dans le monde entier la Pologne et le socialisme. Elles sont suscitées, en réalité, par des adversaires du socialisme, ambitieux de s'emparer du pouvoir en s'appuyant sur une base démagogique.*
> *L'hitlérisme a martyrisé la Pologne, mais rappelez-vous qu'à Auschwitz et à Treblinka on a exterminé des millions de Juifs polonais et que l'ensemble des Polonais sont restés passifs. Seuls alors les communistes polonais et la gauche ont combattu ce génocide de manière organisée. Suivez cet exemple et réclamez à votre gouvernement la fin des mesures qui poussent les derniers Juifs polonais, parmi lesquels beaucoup de patriotes et de socialistes, à quitter leur pays. Ce n'est pas une sioniste enragée qui vous rappelle à la justice, ni une Juive : c'est une antifasciste allemande.*
>
> *B.K.*
> *Médaille Lambrakis, décernée en 1969 à Berlin-Est par le Conseil mondial de la paix.*»

Je remarque un agent de police qui entre dans une cabine téléphonique et ressort sans me quitter des yeux. Quelques minutes s'écoulent. Les gens dans la foule sont bousculés, deux policiers se fraient un passage pour arriver jusqu'à moi. Ils viennent de descendre d'une Jeep. L'un d'eux me prend par le bras pour m'obliger à le suivre. Il ne va pas bien loin : la chaîne se tend. Des jeunes sourient sans se cacher. Je montre au policier ma chaîne. Décontenancé, il tourne autour de l'arbre, me réclame la clef. *Kloutch*, répète-t-il cinq ou six fois, sans succès.

Il part farfouiller à l'arrière de sa voiture. Je me garde bien de faire un pas, de peur de découvrir la clef qui se trouve sous mon pied. Le deuxième policier ne s'éloigne pas de moi. Il tente de repousser la foule, sans résultat. De rage, il se saisit d'un jeune homme qui lisait avec attention mon texte et lui confisque ses papiers d'identité.

Entre-temps, l'autre policier revient, portant des tenailles coupantes. Il me délivre sans mal. Pendant cette attente, j'ai aperçu à plusieurs reprises le journaliste français. Nous franchissons dans la Jeep le passage bordé de lourdes portes de fer de la Direction de la police. Le jeune homme nous accompagne. On m'entraîne dans différents bureaux avant de trouver un commissaire qui parle allemand. L'interrogatoire classique s'ensuit. Les officiers de police sont courtois. Ils ne comprennent pas la raison de ma démonstration publique.

— Avez-vous d'autres tracts ? me demandent-ils.

— Oui, dans mes bagages qui sont restés à l'auberge de jeunesse.

Nous nous y rendons aussitôt en voiture. En revenant, un autre policier tente de me convaincre de la disparition de l'antisémitisme.

De retour dans les bureaux de la police, la polémique continue. Un fonctionnaire d'un rang élevé prend le relais. Il me lance, sans ménagements :

— Votre acte est d'une extrême gravité. En tant qu'étrangère, vous avez manifesté contre un pays démocratique. Vous devez passer devant un tribunal, vous êtes passible de deux ou trois ans d'emprisonnement.

— Faites ce que bon vous semble.

Ma fermeté paraît le mettre dans l'embarras. Il me laisse seule pendant plus de deux heures, puis revient :

— Nous avons décidé de vous expulser. Nous avons pris en considération tout ce que vous avez fait avant votre erreur d'aujourd'hui.

La voiture de police m'emmène à l'aérodrome. Ils prennent dans mon sac l'argent qui s'y trouve et paient ainsi mon billet pour Paris. Le commissaire me confie ensuite aux pilotes français. Je quitte Varsovie installée dans le poste de pilotage de la Caravelle. Quelques minutes plus tard, l'équipage m'invite en première et m'offre une coupe de champagne pour fêter ma bienheureuse expulsion. Serge et Arno arrivent de Bonn à Orly quelques heures après moi. Nous fêtons l'anniversaire d'Arno en famille.

Les premières réactions de la presse ne se font pas attendre : «Globe-trotter au nom du socialisme et de l'antifascisme, cette jeune femme est peut-être un peu excentrique ; on peut rire de cette amazone qui aime se battre, mais elle est toujours conséquente dans ses opinions politiques, son regard n'est pas obscurci d'un côté, elle décèle aussi les défauts des pays communistes, et elle les dénonce », écrit un journal ouest-allemand chrétien-démocrate.

Je repars à Berlin battre le fer tant qu'il est chaud : mon action était surtout destinée à convaincre la jeunesse est-allemande ; je veux connaître la réaction de Berlin-Est. À Berlin-Ouest, j'avais imaginé un instant que ma mère changerait d'attitude à mon égard puisque la presse conservatrice m'était favorable pour la première fois. Erreur ! Ses préjugés sont plus puissants encore, elle demeure totalement allergique à toute action publique.

En traversant la ligne de démarcation par la S-Bahn, le métro aérien, au poste de contrôle de la Friedrichstrasse, j'ai quelques appréhensions : me laissera-t-on passer sans difficulté ? Il n'y a aucune réaction et tout se déroule comme à l'accoutumée. Je retrouve un de mes amis qui occupe un poste élevé à la radio et qui a été le premier à m'avoir aidée à établir des liens avec l'Allemagne de l'Est : « Je tiens à vous montrer le tract que j'ai distribué à Varsovie », lui dis-je en guise de préambule. Je pense le surprendre, mais il me répond qu'il en a déjà pris connaissance, en entier. Il me raconte que les dépêches d'agence qui sont tombées dans les rédactions ont provoqué un choc chez beaucoup de journalistes. Cela en a fait réfléchir certains, même s'ils ne l'ont pas montré.

Je contacte ensuite un fonctionnaire du ministère de l'Intérieur qui nous a aidés dans la recherche de documentation sur Kiesinger.

— Je souhaiterais vous rencontrer. Serge et moi pouvons-nous passer chez vous au bureau ?

— Je crois que cela n'est plus nécessaire après ce que vous avez fait en Pologne, me répond-il froidement.

— Mais pourquoi ne pas dénoncer l'antisémitisme en Pologne ?

Je tente d'engager une discussion, afin de fournir des explications, mais c'est peine perdue.

— Vous voyez l'affaire d'un mauvais point de vue historique.

Impossible d'aller plus avant, les ponts sont coupés. Aurai-je de meilleurs résultats à la rédaction du journal de Berlin-Est *BZ am Abend*, pour lequel j'écris régulièrement ? Quand Serge et moi arrivons, nous trouvons le responsable du service étranger, auquel je demande si l'article que j'ai remis trois semaines plus tôt va être publié : «Actuellement, nous ne pouvons plus publier des articles de vous, me répond-il. Nous ne sommes pas d'accord avec votre action, même s'il est vrai qu'il y a des défauts dans les pays communistes. Notre opinion est qu'il ne faut pas les exposer, car c'est une nouvelle arme que vous offrez au camp capitaliste. »

Cette fin de non-recevoir découvre le fossé qui se creuse entre nous. La peur de l'hérésie mène au dogmatisme le plus lâche.

Je tente un dernier contact en me rendant à l'Association des antifascistes est-allemands. La conversation s'engage sur un ton banal ; mes interlocuteurs évitent d'aborder le sujet qui me préoccupe. Quand je leur montre le tract distribué à Varsovie, les vieux résistants qui se trouvent en face de moi changent d'attitude. L'un d'eux, gêné, me déclare : «Oui, nous avons entendu parler de votre action, tout le monde en parle discrètement, mais bien peu osent en parler ouvertement. Beaucoup d'amis vous approuvent, car il existe depuis longtemps un malaise qui se manifeste particulièrement lors des cérémonies anniversaires à Auschwitz ou au ghetto de Varsovie. Seules des délégations de pays de l'Est s'y rendent. Nous avons essayé d'y porter remède par des discussions avec nos amis polonais, mais sans obtenir de résultats. »

C'est à cette époque que mes relations avec l'Allemagne de l'Est se sont détériorées inexorablement. J'y suis retournée une autre fois avec Serge. On nous a d'abord fait attendre à la frontière pendant deux heures pour nous annoncer enfin que nous n'avions plus le droit de venir en Allemagne de l'Est.

Quelques semaines après ma protestation, Willy Brandt, premier chancelier de la RFA invité à se rendre en Pologne, choisit de s'agenouiller au mémorial du ghetto de Varsovie, au grand déplaisir des Polonais et aussi de beaucoup d'Allemands.

Plus tard, quand Brandt se verra décerner le prix Nobel de la paix après la conclusion des traités normalisant la situation de la République fédérale avec l'URSS et la Pologne, les larmes, que j'ai difficiles, me monteront aux yeux. De toutes les actions dont j'ai pris l'initiative, l'une de celles qui m'ont donné le plus de joie est d'avoir depuis quatre ans fait connaître de mon mieux Willy Brandt ; d'avoir fait confiance une seule fois dans ma vie à un homme politique. La vigoureuse, la courageuse *Ostpolitik* de Brandt, les relations humaines qu'il a facilitées entre Berlinois de l'Ouest et Allemands de l'Est ont déjà leur place dans l'histoire.

Le revirement des autorités est-allemandes n'entame en rien mes convictions profondes. Je continue de penser que toute solution au problème allemand passe par la reconnaissance des deux États de la nation allemande. L'absence de l'Allemagne aux Nations unies est à mon avis déplorable. Il est temps que la RFA et la RDA y fassent simultanément leur entrée.

J'en témoigne publiquement quelques semaines plus tard, le 23 octobre 1970, à l'occasion du vingt-cinquième anniversaire de la charte de San Francisco, célébré officiellement au siège des Nations unies, à Genève. J'étais alors à Berlin-Ouest, et c'est un coup de téléphone qui m'a décidée : la mère de Michel Lang m'apprend le bruit qui court dans les milieux d'extrême gauche allemands : je serais un agent de la CIA. D'ailleurs, notre prédécesseur dans le spacieux appartement du quatrième étage du 1, rue de l'Alboni, que nous venons de quitter définitivement – et qui allait bientôt abriter le tournage du *Dernier*

*Tango à Paris* – pour revenir dans le deux-pièces de ma belle-mère, était le responsable de la CIA à Paris ; c'est en tout cas ce que prétendait une brochure soviétique qui donnait son nom et son adresse. Je suis atterrée. Mais, à bien y réfléchir, cela est d'une logique implacable. La façon qu'ont les différents systèmes, qu'ils soient capitalistes ou communistes, de se défendre contre les personnes qui dénoncent leurs excès est partout semblable. Il y a deux ans, la presse d'extrême droite affirmait que j'étais un agent à la solde de Walter Ulbricht. Elle racontait qu'à chacun de mes voyages en RDA j'allais recevoir directement mes instructions de lui. Aujourd'hui, c'est dans les milieux d'extrême gauche ouest-allemands qu'on tente de me salir. Je ne laisserai pas passer cette calomnie. J'y répondrai à ma manière, par un acte mobilisateur, simple, limpide, public, prouvant que je ne change pas de ligne.

Pour réaliser mon projet, il me faut des tracts et deux grands drapeaux des deux Allemagnes. Je déniche l'adresse d'une fabrique de drapeaux dans un annuaire téléphonique. Quelle est ma surprise quand on me livre les deux drapeaux : chacun mesure 2,50 mètres sur 1,50 ! J'avais prévu de les fixer sur deux manches à balai : impossible ! Il faut encore acheter deux hampes de 2 mètres. Les choses se compliquent lorsque je prends le train le lendemain à Berlin pour Genève. Mon long paquet ne tient pas en hauteur, il me faut le mettre en travers, ce qui gêne les autres voyageurs dans le compartiment. Au poste frontière suisse, un douanier soupçonneux veut connaître la nature de ce colis encombrant : «Ce sont des drapeaux de mon pays. Je vais participer à une réunion internationale de la jeunesse », lui dis-je sans me démonter.

À Bâle, j'ai un changement de train en pleine nuit. Je m'endors sur ma valise sur le quai, appuyée sur mon énorme paquet que je ne lâche pas une seconde.

Vers 6 heures du matin, mon train entre en gare. Je me précipite pour me recoucher rapidement dans un compartiment plus chaud que les quais gelés de la gare, mon colis rangé à mes côtés.

À Genève, je fais passer mon volumineux bagage par la porte. Plusieurs photographes m'attendent sur le quai de la gare. Je les avais prévenus de mon arrivée avant de quitter Berlin. Toujours embarrassée par mon chargement, je monte dans un taxi avec toit ouvrant qui file directement jusqu'au siège des Nations unies.

Je ne sais qui m'a dénoncée, mais le service de sécurité de l'ONU a été averti de ma visite et a pour consigne de m'empêcher d'entrer. Ils guettent l'arrivée d'une jeune femme seule brandissant ses deux drapeaux, ou peut-être même d'un groupe de jeunes venus à pied. Pas une seconde ils ne prêtent attention aux taxis. C'est ainsi que j'entre par la grande porte sans difficulté.

Une foule de congressistes se trouve par hasard sur le perron. Sans perdre un instant, je déroule mes deux drapeaux. Un jeune homme me propose son aide. Je les cloue, les deux hampes croisées, contre la façade près de l'entrée, et je distribue aussitôt les deux cents tracts imprimés à Berlin-Ouest. La réaction du service d'ordre des Nations unies ne se fait pas attendre. Ils commencent par arracher le drapeau ouest-allemand, puis celui de la République démocratique, mais les photographes ont eu tout le temps d'opérer.

À l'automne 1970, je me suis également rendue à Londres pour y protester contre les mesures d'expulsion décidées à l'encontre de Rudi Dutschke par le ministre britannique de l'Intérieur, Reginald Maudling. Je parcours les rédactions des grands quotidiens de Fleet Street. Vis-à-vis de l'opinion anglaise, j'insiste sur le fait que Dutschke a été grièvement blessé par un fanatique qui se réclamait de Hitler.

Des articles paraissent. L'ancien Premier Ministre, Harold Wilson, me répond : il me promet d'intervenir. Il le fera, mais les démarches n'aboutiront pas. Dutschke prendra de nouveau le chemin de l'exil vers le Danemark, où il mourra sans avoir accompli le destin qu'il méritait.

# En route pour la Tchécoslovaquie

En ce soir du 7 janvier 1971, la salle de la Mutualité est pleine à craquer. Le 14 décembre 1970, deux des cinq accusés du procès de Leningrad ont été condamnés à mort. J'ai participé avec la LICA et des milliers de Juifs au défilé de la synagogue de la Victoire jusqu'à la Trinité ; j'étais à la manifestation de la place de l'Hôtel-de-Ville. Aujourd'hui, un appel de la gauche a été lancé. On m'a demandé de parler. À mes côtés sur la tribune, Jean-Paul Sartre, le professeur Laurent Schwartz, Daniel Mayer, président de la Ligue des droits de l'homme, l'écrivain Vercors, l'historien et président des Amitiés judéo-chrétiennes, Jacques Madaule, et Eli Ben Gal, représentant du parti israélien Mapam en Europe. Je distingue beaucoup de jeunes. À l'appel de mon nom, les applaudissements fusent. J'en suis très touchée. Tout à l'heure, Eli Ben Gal s'approchera de moi ; il me serrera la main et me dira : «C'est la première fois de ma vie que je serre la main d'un Allemand ; après ce que tu as fait, je le peux et je le dois. » Il m'écrira quelques mots sur le programme : «À Beate, qui m'a apporté quelque chose d'unique dans ma vie, l'espoir d'une réconciliation un jour entre nos deux peuples et, en attendant ce moment lointain, une amitié vraie. »

Quelle distance j'ai parcourue sur un chemin bien rocailleux depuis ce jour d'été 1966 où, dans un kibboutz de Galilée, une jeune femme m'expliquait qu'on n'acceptait pas chez eux les Allemands ! Pour être agréés dans le cœur du peuple juif, pour pouvoir placer notre main dans la main d'un Juif sans arrière-pensée de sa part, ne devons-nous pas, Allemands, faire plus que vivre paisiblement ?

Dans la salle de la Mutualité, un journaliste de l'agence de presse allemande prend des notes. Il enverra à Hambourg un compte rendu détaillé de la réunion et dira son émotion de voir ainsi accueillie une Allemande par tant de Juifs. Ce paragraphe sera censuré : il ne faut pas que les Allemands prennent conscience que la voie scandaleuse que j'ai choisie aboutit à un respect si difficile à conquérir pour les autres Allemands, celui des Juifs.

Ce soir, je parle avec plus de chaleur que d'habitude ; je sens ma voix atteindre chacun des auditeurs. Peut-être est-ce parce que le combat que j'annonce va bientôt connaître un nouveau décor, celui d'un autre pays de l'Est, la Tchécoslovaquie :

« *L'expulsion de nombreux Juifs socialistes en Pologne, la persécution insidieuse de quelques milliers d'entre eux qui ne se résignent pas à quitter leur pays, la condition d'infériorité réservée à la majorité des*

*Juifs soviétiques, les obstacles qui les empêchent de vivre et de s'exprimer en tant que nationaux juifs, ou encore d'émigrer, le récent procès de Leningrad et son terrifiant verdict : tout cela, c'est de l'antisémitisme. De même, les attaques venimeuses centrées sur l'origine juive d'anciens dirigeants tchèques. Nous devons être lucides ! Tout cela, c'est de l'antisémitisme, qui se développera et se renforcera encore si, en dehors des pays de l'Est, les partis communistes, les forces de gauche, les antifascistes ne jettent pas ouvertement tout leur poids dans cette bataille ! »*

Je prends encore la parole plusieurs fois à propos de l'antisémitisme à l'Est ; une vive effervescence agite les milieux juifs et je sens partout – des grandes salles parisiennes aux petites salles bourrées de banlieue – combien la présence d'une Allemande de gauche aux côtés des Juifs d'URSS est appréciée. Les communistes occidentaux nient la volonté de beaucoup de Juifs soviétiques d'émigrer vers Israël ; je verrai même à Bruxelles, en février 1971, une délégation juive soviétique affirmer qu'il n'y a pas de problème juif en URSS. Il est évident pourtant que ce problème existe et qu'il ne suffit pas de le nier pour le supprimer.

Mais je ne peux me contenter de parler, la situation réclame plus que cela. Je ne me satisfais pas de ma signature au bas de communiqués et de pétitions. D'autant que, en RDA, le *Neues Deutschland*, organe du Parti, vient de prendre une position antisémite en approuvant le verdict de mort de Leningrad.

Si les Allemands de la RDA sont soumis à de
pareils bourrages de crâne, il me faut de nouveau
essayer de m'opposer publiquement à cette haïssable
politique, de façon à me faire entendre des citoyens
est-allemands. Il y a encore un certain nombre d'anciens nazis recasés dans le domaine de la propagande
en RDA. Ils ne sont pas à des postes déterminants,
mais ils peuvent jouer un rôle. L'occupation de la
Tchécoslovaquie, la persécution des Juifs en URSS,
les bonnes relations qu'entretient la RDA avec les
pays arabes leur donnent l'occasion de relever la tête.

En ce début de 1971, on assistait en Tchécoslovaquie
à un redoublement d'antisémitisme : la *Pravda* de
Bratislava venait d'attaquer les « intellectuels juifs qui
ont pu occuper nombre de postes excessivement élevés dans la vie culturelle tchécoslovaque ». Le 13 janvier, Radio-Prague rendait publiques les conclusions
du Comité central du PC tchèque du 10 décembre
1970 accusant des éléments sionistes d'avoir joué un
rôle considérable dans les événements qui provo-
quèrent l'intervention soviétique. Quand il est question d'un ex-dirigeant d'origine juive, la radio adopte
l'usage de faire suivre son nom de la mention : «né
Ben... », ou inclut des phrases telles que : « admira-
teur de Lev Davidovitch Bronstein, plus connu sous
le nom de Trotski ». Un procès de vingt-six jeunes
trotskistes doit avoir lieu le 8 février. Ils sont accusés
d'avoir exercé leurs activités en milieu étudiant et
parmi les jeunes ouvriers, et, rapporte Radio-Prague,
d'« avoir cherché à renverser le régime socialiste non
seulement en Tchécoslovaquie, mais dans les autres

pays socialistes, dont l'URSS ». Monumentale accusation. La moitié environ de ces jeunes sont juifs et
leurs noms, très souvent répétés, incitent la population à admettre que les « déviationnistes » de droite
ou de gauche ne sont animés en fait que par des
éléments « sionistes ».

Je décide d'agir devant le tribunal le jour de l'ouverture du procès : je vois d'ailleurs à cette date un
grand avantage, car, parcourant le *Neues Deutschland*,
j'ai remarqué que le Premier ministre est-allemand,
Willi Stoph, doit se rendre le 7 février en cure de
repos à Karlovy-Vary, en Tchécoslovaquie. Il ne fait
nul doute que Gustáv Husák, le premier secrétaire
du PC tchèque, m'ayant rencontrée à Berlin-Est, les
Tchèques et surtout les spécialistes soviétiques qui
encadrent leurs services spéciaux se tourneront vers
les Allemands de l'Est. Ceux-ci, j'en suis presque
sûre, ne voudront pas que leurs jeunes manifestent
si je suis jugée et emprisonnée. Ils ne pourraient leur
cacher la vérité à cause des informations en provenance de la RFA. Cette vérité susciterait de vives
protestations chez les jeunes Allemands de l'Est,
surtout chez les étudiants, ce sur quoi Willi Stoph,
étant sur place, aura son mot à dire. De plus, je sais
par un journaliste hollandais que jusqu'à la Pologne,
en tout cas, il appréciait fort mes actions. Quoi qu'il
en soit, lui et d'autres dirigeants est-allemands auront
un cas de conscience à résoudre : abandonner en
prison une Allemande dont ils savent qu'elle dit
vrai ou intervenir en sa faveur, en dépit des ennuis
qu'elle leur cause ? D'autant qu'en RDA on a pu se

rendre compte qu'en agissant en Pologne j'avais mis le doigt sur un point sensible, puisque entre-temps les émeutes des grands ports polonais ont provoqué le remplacement de Gomulka par Gierek.

La question du visa était importante. La secrétaire tchèque à l'ambassade à Paris pouvait connaître mon nom ou mon action à Varsovie et se méfier en me voyant demander un visa pour la Tchécoslovaquie. Au consulat, où je me rendis avec Arno, je jouai le rôle d'une bourgeoise assez snob attirée par un voyage d'agrément dans un pays un peu « exotique ». Arno était monté sur les meubles et sur les guichets, et jetait en l'air les formulaires : je le laissais faire. La secrétaire nous expédia rapidement et me donna le visa sur-le-champ, me réservant par télex une chambre d'hôtel. J'ai acheté un billet d'avion circulaire Paris-Vienne-Prague-Cologne-Paris et mis dans ma valise trois cents tracts, en français et en tchèque.

La séparation avec la famille a été très difficile : ma belle-mère, ravagée par l'angoisse, me voyait déjà noyée dans la Vltava comme un dirigeant juif du « Joint » l'avait été à Prague en 1968 par les bons soins des services tchèques. Serge dominait bien mal son inquiétude. Pour une fois, Arno n'était pas au courant.

Je quitte Serge à Orly. Tandis que je m'éloigne, nous nous regardons intensément. Je crois que les couples qui vivent délibérément avec un idéal et dans un climat de danger ont beaucoup plus de chances que les autres de voir leur amour croître avec le temps. Ce n'est pas se laisser vivre, c'est vivre vraiment ensemble.

J'ai atterri à Vienne le samedi 6 février. De Vienne, je voulais prendre le train pour Prague. En effet, la police des aéroports est bien plus scrupuleuse que celle des trains et je n'avais aucune chance de passer inaperçue en débarquant à Prague ; mes tracts auraient probablement été découverts. À l'aérodrome, quand j'ai montré mon passeport, les douaniers autrichiens m'ont fait attendre une heure parce que j'étais sur la « liste noire ».

Ayant trouvé un hôtel, j'ai téléphoné à Simon Wiesenthal, qui est venu le soir même me rencontrer dans un café. Je l'ai mis au courant de cette action et il m'a fourni encore quelques renseignements, en particulier que le procès des trotskistes n'aurait pas lieu le 8 février, car les autorités tchèques craignaient qu'il ne provoque des incidents au Congrès de la jeunesse communiste internationale qui se tenait alors à Bratislava.

Wiesenthal approuvait mon action, mais était très inquiet : « Ce n'est pas un pays comme les autres, la police y est beaucoup plus dure, vous risquez fort d'y rester très longtemps. » Je le savais, car, impliquée dans le procès des trotskistes, une jeune Allemande de l'Ouest de vingt-quatre ans, Sibylle Plogstedt, avait été arrêtée à Prague en décembre 1969. On lui reprochait d'avoir apporté des livres « subversifs » à ses amis tchèques et de les avoir aidés dans la rédaction de certains de leurs tracts. Depuis quatorze mois, elle était détenue en prison préventive à Prague.

Ma plus grande crainte était de ne pouvoir informer personne de mon arrestation et de disparaître. Bien entendu, j'avais les adresses de correspondants de presse occidentaux à Prague. Encore fallait-il les contacter sans éveiller de soupçons. Avec Serge, nous étions convenus que, si je réussissais à approcher dimanche soir un de ces journalistes, j'enverrais à Paris un télégramme confirmant mon action : « Suis bien arrivée, ville merveilleuse. »

Le dimanche, j'ai pris mon train. Mes trois cents tracts sur papier léger étaient cachés dans la doublure d'un petit sac de voyage. Il était rempli de victuailles, en particulier un camembert dont l'état avancé ferait, je l'espérais, reculer n'importe quel douanier trop consciencieux. J'avais aussi acheté un énorme bouquet de fleurs qui attirait immédiatement l'œil. J'affichais un air frivole. En un mot, j'étais insoupçonnable.

Tout s'est bien déroulé : le jeune policier m'a souri en regardant distraitement mon passeport, il a ouvert négligemment ma valise sans même jeter un coup d'œil au sac à provisions. Il m'a toutefois fallu me débarrasser d'un architecte autrichien qui voulait à tout prix me faire visiter Prague à notre arrivée et qui risquait, si on le voyait avec moi, d'inclure dans son programme une visite des prisons tchèques.

De l'hôtel Flora, j'ai pris un taxi pour me rendre chez le correspondant allemand de la DPA. Il habitait assez loin du centre-ville. Il faisait déjà sombre ; je me trouvais devant une rangée de bâtiments tristes. Je suis montée au troisième étage. Personne n'a répondu. Je me suis assise sur les marches de

l'escalier pour attendre. Je suis partie une heure plus
tard, trop pressée pour rester plus longtemps : je
devais mettre en place le dispositif avec la presse
le soir même.

Je suis allée chez le journaliste anglais de Reuters,
qui habitait dans le centre-ville. Après m'avoir écoutée, il m'a expliqué qu'il n'y avait pas d'antisémitisme
du tout à Prague. Je lui ai quand même donné l'heure
et le lieu du rendez-vous. J'avais choisi comme lieu
de l'action la faculté de philosophie de Prague, dont
faisaient partie la plupart des étudiants accusés dans
le procès.

Doutant de sa fiabilité, je me suis rendue chez un
journaliste allemand qui travaillait pour la radio de
Cologne. Sa femme était seule, car il était en repor-
tage au Congrès des jeunes communistes, à Bratislava.
Elle a prévenu un cameraman de la deuxième chaîne
ouest-allemande et nous avons passé le reste de la
soirée ensemble dans un café, où je pouvais enfin
parler librement, la jeune femme étant obsédée par
la présence de micros. Rentrée vers une heure du
matin, j'ai envoyé le télégramme convenu à Serge
avant de passer une bien mauvaise nuit.

Le lundi, je suis sortie vers 10 heures et me suis
promenée dans les rues de Prague pendant deux
heures. Comme à Varsovie, je regrettais de ne pas
pouvoir me consacrer davantage à la visite de cette
ville, si belle. Il avait neigé, les rues étaient recou-
vertes de boue. Je me suis réfugiée dans un café pour
me réchauffer. Beaucoup de jeunes gens discutaient
gaiement. J'étais crispée.

À midi, je me suis rendue à la faculté de philosophie, qui donne sur une grande place, et j'ai sorti mes tracts. Au recto, il y avait, imprimé en gros caractères et en tchèque : «Contre la restalinisation, contre la répression, contre l'antisémitisme. » Au verso, le même texte en français et en tchèque :

«*Citoyens tchécoslovaques,*

*Ce n'est pas une Juive qui s'adresse à vous ; c'est une antifasciste allemande. Au nom de toutes les forces de la gauche, j'ai mené la campagne des jeunes Allemands contre le chancelier nazi Kiesinger ; pour l'avoir giflé, j'ai été condamnée à un an de prison.*

*Aujourd'hui à Prague, comme le 26 août 1970 à Varsovie, je fais appel aux citoyens d'un pays de l'Est pour qu'ils s'opposent à la vague d'antisémitisme suscitée dans les pays socialistes par les partisans de la restalinisation.*

*Sous l'influence des pro-staliniens, la propagande tchèque ne cesse d'affirmer que la crise en 1968 est due au rôle néfaste et antinational des "sionistes". Cette propagande ne cesse de souligner l'origine juive de certains dirigeants libéraux ; elle veut vous convaincre qu'il ne faut pas faire de différence entre un Juif et un agent sioniste. Tout cela n'est pas de l'antisionisme, c'est de l'antisémitisme ; il prépare des procès préfabriqués à la Slansky par besoin démagogique de trouver un bouc émissaire.*

*Ne laissons pas cet antisémitisme discréditer le socialisme. Il n'est pas d'autre solution pour les antifascistes occidentaux sans œillères que d'agir ouvertement contre lui et contre ceux qui le propagent, comme en URSS où les droits nationaux des Juifs sont bafoués, comme en Pologne où l'ultra-nationaliste Moczar entre au Politburo pendant que les militants communistes juifs sont chassés de leur patrie, comme en République démocratique allemande où le* Neues Deutschland *ose approuver sans réserve le verdict de mort du procès de Leningrad.*

*Citoyens tchécoslovaques, ne vous laissez pas contaminer, résistez à l'antisémitisme !* »

Un étudiant parlant allemand a lu le texte, puis m'a demandé si c'était vraiment moi, Beate Klarsfeld. « On connaît toute votre action contre Kiesinger, on en a beaucoup parlé en classe ; c'est extraordinaire, ce que vous faites ; mais faites attention, la police est très dure. Vous devriez partir tout de suite. » Il m'a pris une vingtaine de tracts, me promettant de les distribuer à ses amis.

Au bout de trois quarts d'heure, je me suis rendue place Venceslas. Il y avait beaucoup de monde, mais les gens étaient si prudents que je devais insister pour qu'ils prennent mes tracts. Quelques minutes plus tard, un policier est passé, qui a observé la scène. Je lui ai donné immédiatement un tract. Il est entré dans une cabine téléphonique toute proche, où je l'ai vu lire le texte à haute voix. Je ne m'étais pas trompée. Quelques instants plus tard, un policier m'a saisie brutalement, m'arrachant les tracts et me poussant dans une voiture de police. Une longue discussion par radio a suivi et la voiture s'est dirigée vers un grand bâtiment moderne situé dans une rue

étroite. Ce devait être la Direction de la police (je
n'ai jamais su, en fait, où je me trouvais exactement).

J'ai été reçue dans un petit bureau par un commissaire d'une cinquantaine d'années, corpulent, complet sombre, large visage assez jovial, se durcissant
à chaque question, parlant assez bien l'allemand. Il
a vidé mon sac sur la table et y a étalé tous les
objets après avoir relevé les détails d'identité. Il a
ensuite téléphoné pour demander un interprète ;
nous l'avons attendu près d'une heure dans le silence.

La porte s'est ouverte et un homme d'une soixantaine d'années, assez maigre, est entré : il portait un
très long manteau de cuir gris sombre avec une ceinture, très manteau de gestapiste. J'en ai eu la chair de
poule. C'était l'interprète officiel, un ex-Autrichien.
Un interrogatoire extrêmement minutieux de plusieurs heures a alors commencé. Le commissaire voulait tout savoir (un secrétaire tapait le procès-verbal à
la machine) : qui avait rédigé les tracts ? qui les avait
traduits ? sur quelle machine avaient-ils été imprimés ? qui m'avait donné l'argent ? pourquoi y avait-il
tant de visas est-allemands sur mon passeport ? qui
étaient mes amis en RDA ? étaient-ils au courant de
mon voyage à Prague ? Je n'avais en général qu'à
dire la vérité, ce qui simplifiait mes réponses. Sur les
murs, il y avait une affiche protestant contre l'emprisonnement d'Angela Davis.

La première phase de l'interrogatoire était achevée. Le commissaire, un inspecteur et le traducteur
m'ont emmenée à l'hôtel pour chercher mes bagages.
En descendant, nous avons traversé une cour bordée
de fenêtres munies de barreaux. L'impression était

si étouffante que je me suis adressée au commissaire en attendant la voiture :

— Vous savez, vous serez obligés de me relâcher demain comme en Pologne, parce que vous ne pouvez pas vous permettre de faire le procès de l'antisémitisme.

— Non, non, me dit-il, pour la Pologne, ça a pu passer, et d'ailleurs moi-même je suis entièrement d'accord avec vous, parce qu'il y a un antisémitisme prononcé en Pologne : ce n'est pas un antisémitisme gouvernemental, c'est un antisémitisme qui est ancré dans le peuple polonais. Chez nous, ce n'est pas le cas. Vous auriez dû venir en voyage, vous auriez dû demander qu'on vous montre le pays et vous auriez pu vous rendre compte qu'il n'y a pas d'antisémitisme chez nous. Et puis vous avez écrit : « Contre la restalinisation, contre la répression. » Sans Staline, les nazis auraient gagné et les Juifs auraient été exterminés.

— Je ne mets pas sur le même plan, lui ai-je expliqué, l'antisémitisme en Pologne et celui qu'il y a chez vous. Je sais que le peuple tchèque n'est pas antisémite, mais il y a une équipe dans le gouvernement, surtout dans la propagande, qui se sert de l'antisémitisme comme bouc émissaire à tous vos problèmes.

— Comment avez-vous pu répéter cette même action dans deux pays de l'Est ? Vous comprenez très bien que cette répétition est fatale pour vous. Nous allons être plus fermes avec vous ; vous nous avez calomniés, vous avez agi contre la Tchécoslovaquie. Vous allez rester un certain temps chez nous.

L'inquiétude me gagnait. J'étais coupée de l'étranger. À l'Ouest, on peut compter sur un avocat, mais à l'Est sur qui peut-on compter ?

Trois policiers surveillaient le hall pendant que nous sommes montés dans ma chambre. Ils ont vidé entièrement ma valise et mon sac de voyage. Ils ont cherché sous le matelas, sous la couverture, dans les placards, où ils trouvèrent un paquet de tracts que j'avais laissé ; ils retournèrent même le tapis et inspectèrent soigneusement la salle de bains.

Tout à coup, je vis que celui qui s'occupait de ma valise avait passé sa main dans la doublure et en sortait quelque chose. Il venait de découvrir une dizaine de morceaux de microfilms, qu'ils essayèrent de déchiffrer à la lumière d'une lampe. Les microfilms contenaient des listes de noms de Juifs tchèques tués par les nazis pendant la guerre et décorés à titre posthume par le gouvernement tchèque ; je les avais emportés exprès pour faire enrager la police... Serge les avait trouvés au CDJC. Nous avions pensé que la police ferait tout de suite des recherches et que, après avoir vérifié quelques noms, elle comprendrait la supercherie et sa signification, que nous nous étions moqués d'elle puisque la découverte de microfilms est le rêve de tout policier. De fait, aucun policier ne m'en a plus jamais parlé.

J'avais faim, ayant sauté le déjeuner. La salle à manger de l'hôtel était luxueuse et de bonnes odeurs arrivaient de la cuisine. Je me suis dit : « Autant faire un dernier bon repas », et le commissaire a accepté. Nous nous sommes installés tous les quatre à une table, au milieu de touristes étrangers. Eux n'ont commandé qu'une bière ; moi, j'ai choisi sur la carte des plats copieux et chers, dont un *chachlik* et une demi-bouteille de vin.

Il était plus de 20 heures quand nous sommes revenus dans le même bureau, après que la voiture se fut arrêtée en route et qu'ils se furent acheté trois sandwiches. Ils avaient hâte de rentrer chez eux et ont remis l'interrogatoire au lendemain matin. Ils m'ont annoncé que je passerais la nuit ici, dans une cellule au sous-sol. Au-delà d'une grande grille, ils m'ont guidée dans une espèce de cave sale. J'ai laissé toutes mes affaires personnelles à un bureau qui se trouvait sur le chemin, lesquelles furent soigneusement rangées dans une enveloppe. Je ne gardai pratiquement rien sur moi, sauf un mouchoir, qui me servit d'ailleurs plus tard comme gant de toilette.

J'étais déjà très contente après tout ce qui s'était passé pendant la journée et, comme à Berlin, je pensais trouver dans ma cellule un lit pour m'allonger ; mais c'était un trou noir de 4 mètres sur 5, où deux filles étaient déjà installées, couchées par terre. Il y avait des matelas ; le mien était encore roulé et posé contre le mur, sans draps ; il était dégoûtant. J'ai eu droit à une couverture dure et sale, qui empestait. Les filles ne parlaient que tchèque. L'une d'elles m'a aidée à préparer le lit. Comme elles, je me suis couchée tout habillée. Leurs culottes et leurs bas séchaient sur la fenêtre. J'ai mieux dormi que la nuit précédente.

À 6 heures, on a tambouriné sur la porte. Une des jeunes filles a frappé contre le mur, je ne comprenais pas pourquoi. Quand elle eut frappé trois ou quatre fois, tout à coup l'eau jaillit du mur, d'un petit tuyau que je n'avais pas remarqué ; il ne dépassait du mur que de quelques centimètres. Le coin servait entre autres de toilettes et était entouré d'un rideau déchiré qu'on ne pouvait plus fermer. À côté, un seau si répugnant que j'ai cru que c'était un seau hygiénique. Pas du tout, c'était le seau où les jeunes filles recueillaient l'eau qui servait pour la journée. Les Tchèques étaient habituées ; elles économisaient chaque goutte. Elles se lavaient les dents, le visage ; puis ce fut le tour du linge – elles étaient vraiment bien organisées. Une des filles a même lavé la cellule avec l'ultime liquide noirâtre. Nous avons ensuite rangé les matelas contre le mur et plié les couvertures.

Nous n'étions gardées que par des hommes. Ils en profitaient pour nous regarder assez souvent par une espèce de judas. D'autant que les jeunes filles portaient des jupes qui leur arrivaient tout juste à mi-cuisse ; celle qui faisait le ménage n'a mis sa culotte qu'après avoir fini sa tâche. Le spectacle devait leur paraître intéressant.

La fenêtre de la cellule donnait sur la cour que j'avais traversée la veille. On ne pouvait que l'entrouvrir et l'odeur qui venait du coin où se trouvait le trou des toilettes était particulièrement nauséabonde. Au centre, une table et des tabourets. Les murs avaient été peints autrefois en gris. Un linoléum à moitié déchiré recouvrait le sol. À 6 h 30, le petit déjeuner arrivait : un café au lait extrêmement sucré et un morceau épais de pain noir rassis.

J'attendais qu'on vienne me chercher dans la cellule. Une grosse fille pleurait toujours. Elle avait été interrogée une ou deux fois dans la matinée. À chacun de ses retours, elle avait beaucoup à raconter aux autres, qui visiblement essayaient de la calmer. La plus jeune, celle qui avait lavé le sol, chantait des chansons occidentales à la mode. Elle frappait aussi au mur qui donnait sur la cellule voisine, d'où des voix d'hommes lui répondaient. J'aurais bien voulu savoir depuis combien de temps elles étaient emprisonnées et pour quelle raison, mais toute discussion était impossible. La bonne humeur régnait. De temps à autre, les filles frappaient à la porte. Le gardien arrivait et, presque chaque fois, elles lui demandaient une cigarette. Elles lui tenaient de grands discours en riant et le gardien cédait. Le reste du temps, elles étaient occupées à se fabriquer des cigarettes elles-mêmes, avec les mégots, quelques miettes de pain et un peu de poussière ; elles en savouraient chaque bouffée. Avec la mie du pain que nous ne mangions pas, la jeune fille joyeuse sculptait de petites figurines.

La journée s'écoula doucement. À midi, on servit une soupe qui contenait du chou et un petit bout de viande dans une graisse horriblement épaisse. J'ai goûté avec précaution, mais la soupe était tellement salée et grasse que je me suis arrêtée ; il n'était pas recommandable, dans cette petite cellule, d'avoir mal à l'estomac.

Dans l'après-midi, je commençai à avoir mal au dos sur mon tabouret. J'ai déroulé mon matelas et me suis allongée dessus. Après quelques minutes, la porte s'est ouverte et le gardien m'a crié quelque chose. Je savais ce qu'il voulait, mais je fis semblant de ne pas comprendre. Quand il est repassé et qu'il m'a vue toujours couchée, il est entré avec un air furieux dans la cellule, m'a prise par le bras, m'a soulevée brutalement et a lancé le matelas contre le mur. Cette fois, j'avais compris.

J'étais inquiète. La veille, on m'avait dit que je serais interrogée le lendemain matin, et personne n'était encore venu me chercher.

Vers 18 heures, la porte de la cellule s'ouvre tout à coup. Le gardien m'appelle et me fait sortir. Il me pousse vers le petit bureau où j'ai laissé mes affaires la veille ; on me les restitue. Dans un bureau plus vaste, au bout du souterrain, je reconnais, assis sur une chaise, un des policiers. Devant une grande table se trouve un jeune homme au crâne déjà chauve, mieux habillé que ses confrères, qui m'explique dans un allemand presque incompréhensible : « Vous allez être expulsée immédiatement de Tchécoslovaquie. Nous avons tout préparé. Une voiture vous attend et vous amènera vers la frontière autrichienne la plus proche. »

J'aperçois dans un coin une caméra dirigée sur moi et, sur une table basse, un magnétophone qui tourne. Le jeune homme ouvre un dossier, en sort un feuillet qu'il commence à lire en tchèque. Il m'interroge. Je lui réponds que je n'ai rien compris ; il me résume le texte en allemand.

J'ai seulement retenu qu'il parlait d'infractions à telle ou telle loi tchécoslovaque et de quatre ans d'interdiction de séjour dans ce pays. Il me présenta un stylo et me demanda de signer. Tout ce que disait cet homme était enregistré sur bande, tandis que la caméra me filmait toujours. Quand je sortis du bureau, un autre jeune homme me poursuivit, cette fois avec une caméra portative. La scène ne devait pas lui convenir, car j'ai dû recommencer ma sortie trois ou quatre fois. On m'a permis de me laver dans une salle de bains, cette fois-ci sous la surveillance d'une femme. Entre-temps, j'avais récupéré mes bagages, et une fois rhabillée, en manteau et bonnet de fourrure, je suis repassée par le couloir ; le cameraman, toujours là, ne cessait de me filmer.

Devant le bâtiment, de l'autre côté de la petite rue étroite, une grosse voiture noire assez étrange − une Tatra, je crois − attendait avec un chauffeur et un policier. Je suis montée à l'arrière avec la femme qui m'avait surveillée dans la salle de bains et un autre policier. Pour contenter le cameraman, j'ai dû répéter la scène plusieurs fois ; peut-être était-il débutant, ou peut-être voulait-il me prendre sous des angles différents. Vers minuit, après quatre heures de route, nous sommes arrivés à un petit poste frontière en pleine forêt. Il faisait très froid et la couche de neige était encore très épaisse. Après quelques formalités, on m'a fourré mes bagages dans la main et, escortée par deux policiers et un douanier en uniforme, je me suis mise en route vers le poste frontière autrichien.

Soudain, les deux policiers se sont arrêtés sans un mot. Il y avait encore quelques lanternes sur le chemin, puis plus rien − l'obscurité. Le douanier m'a alors fait comprendre qu'il ne pouvait aller plus loin. En m'enfonçant dans la neige, je me suis avancée

vers l'Autriche. Je me suis précipitée vers la petite
lumière que je voyais au loin. C'était un minuscule
poste frontière avec une seule pièce. Quand je suis
entrée, les deux douaniers autrichiens en uniforme
m'ont regardée, tout étonnés, comme si j'étais une
apparition. Qui pouvait franchir la frontière à cette
heure ?

— Vous êtes en voiture ?

— Non, dis-je, je viens à pied.

— Mais d'où venez-vous ?

— Je viens d'être expulsée de Tchécoslovaquie.

— Expulsée ! Vous avez de la chance, m'ont-ils
dit, qu'on vous ait expulsée et non gardée.

Ils étaient foncièrement anticommunistes et tout à
fait prêts à m'aider à trouver une chambre.

Tout était réglé quand, vers 0 h 25, leur rem-
plaçant arriva. Les deux autres lui expliquèrent ma
présence. Il reprit mon passeport, qui se trouvait
encore sur leur bureau, et commença à leur faire
des remontrances : «Il ne fallait pas donner le visa
d'entrée sans avoir demandé l'autorisation à la police
de Vienne. » Il prit les autres à l'écart et j'entendis
prononcer à plusieurs reprises le nom de Kiesinger.
Bien entendu, pas question d'avoir une réponse de
Vienne avant le lendemain. Le douanier qui voulait
m'accompagner en voiture ne pouvait plus attendre.
J'insistai pour qu'on rappelle Vienne en urgence, car
je ne tenais pas à passer le reste de la nuit dans ce
poste : «Écoutez, pourquoi attendre une autorisation
de Vienne ? Vous ne pouvez pas me renvoyer en
Tchécoslovaquie, on ne voudrait pas de moi. Quant

à moi, je ne veux pas rester en Autriche, je la traverse seulement pour prendre mon avion à Vienne. »

Mes arguments n'eurent aucun effet. J'ai finalement passé la nuit sur deux chaises, sous les yeux de ce charmant jeune homme.

À 6 heures du matin, la réponse de Vienne est arrivée : je pouvais entrer en Autriche. J'ai gagné la capitale autrichienne par bus et par train. De là, j'ai téléphoné à Paris ; j'ai rassuré ma belle-mère et appris que Serge était parti comme prévu à Bonn. J'ai pris un avion qui décollait pour Francfort et, de là, une correspondance pour Cologne où, à 16 heures, je retrouvai Serge. Lui-même avait diffusé la nouvelle de mon arrestation lundi à midi, car les journalistes qui y avaient assisté ne l'avaient pas transmise, la censure s'étant montrée la plus forte. Serge avait téléphoné à l'hôtel Flora, à Prague, où l'on n'avait pas su quoi lui répondre, sauf que j'étais partie. Sachant, à cause de mon télégramme, que j'avais pris contact avec les agences occidentales, il avait appelé celles-ci à Paris et leur avait demandé d'interroger leurs correspondants à Prague sur mon sort. C'est ainsi que fut confirmée mon arrestation et, mardi matin, la presse la faisait connaître, ce qui a peut-être joué dans mon expulsion. J'ai appris plus tard que Willi Stoph était immédiatement intervenu en ma faveur ; j'aime à penser que ce fut par un sursaut de conscience ; peut-être aussi pour que son séjour en Tchécoslovaquie ne soit pas gâché.

Le 2 mars, dans un de ses discours à usage intérieur, Gustáv Husák a critiqué ma « mauvaise

conduite » à Prague, sans doute parce que la radio
anticommuniste, Radio Free Europe, avait fait du
battage autour de cet épisode et que j'avais expliqué dans une interview diffusée à l'intention de la
Tchécoslovaquie les raisons qui m'avaient poussée
à agir.

Mon rôle n'est pas de faire plaisir, il est de dire la
vérité le plus fortement possible, brutalement s'il le
faut. Interdite de séjour en République démocratique
allemande, j'allais bientôt être arrêtée en République
fédérale.

SERGE

## Contre l'impunité
## des criminels nazis en France

Quand la Wehrmacht a évacué le territoire français, les policiers allemands, qui constitueraient l'essentiel de ceux contre lesquels la justice militaire française instruirait, s'étaient repliés sans ennuis en même temps que les troupes allemandes. Parmi eux se trouvaient les dirigeants de la Sipo-SD, la police de sûreté et le service de sécurité. Structurée sur le modèle de son centre directeur, l'Office de sécurité du Reich, la Sipo-SD en France occupée comprenait un département IV, la Gestapo, chargée de la lutte contre les terroristes et les Juifs.

La sinistre réputation de ce département s'étendit si vite que le nom de « Gestapo » fut appliqué à l'ensemble de la Sipo-SD. Si la justice militaire française a jugé les rares criminels allemands dont elle a pu se saisir, les autres se sont tenus prudemment à l'écart de la zone d'occupation française en Allemagne, souvent sous un faux nom. Nombre d'entre eux avaient été policiers ou agents de renseignements avant 1939. Après 1945, ils ont été protégés par leurs anciens collègues restés ou revenus dans les rangs de la police allemande de l'après-guerre. Quant aux dirigeants du nouveau service fédéral de renseignements

ouest-allemand, le Bundesnachrichtendienst, consacré depuis la guerre froide à la lutte anticommuniste,
ils ont récupéré avec la bénédiction des États-Unis
le maximum de spécialistes de la lutte « antisubver-
sive ». Ces spécialistes étaient d'anciens membres
de la Gestapo et du SD, ce qui explique que non
seulement les gestapistes n'ont guère eu à se dissimuler, mais encore qu'ils ont rétabli leur situation. Dès
1948, ceux qui se terraient dans la zone soviétique
ont afflué vers la zone américaine, où les attendaient
l'impunité et un emploi.

Condamné à vingt ans de travaux forcés dans un
des procès de Nuremberg pour massacres de Juifs
et de civils en URSS, le professeur et général SS
Franz Six quittait bientôt sa cellule. Le « général
gris » Reinhard Gehlen, placé par les Américains à la
tête des services de renseignements ouest-allemands,
n'avait pas oublié que Six avait été l'un des chefs de
la Sipo-SD en Russie ; il en fit un de ses principaux
adjoints.

On a trop tendance à croire que des hommes
comme Six n'étaient pas récupérables après la guerre
parce que trop âgés – on leur accorde l'âge de leurs
hautes responsabilités. C'est oublier que le nazisme
misait sur l'énergie des jeunes. Franz Six n'a fêté
ses quarante ans qu'en 1949. Helmut Knochen, son
élève et protégé au SD et au RSHA, n'avait que
trente et un ans quand il fut nommé chef de la
Sipo-SD en France occupée par Heydrich.

Ramené à Paris en 1947, Knochen fut jugé en
même temps que le général Carl Oberg, chef supérieur des SS et de la police allemande en France.

Étant donné l'étendue des forfaits qui leur étaient reprochés, le seul verdict possible était la peine capitale. Plus tôt le procès aurait lieu, plus la sentence risquerait d'être appliquée. Redevenu un puissant personnage, le Dr Six était resté fidèle à son ami Knochen. À cette époque, les États-Unis exerçaient une influence considérable en France ; aussi Knochen et Oberg ne furent-ils jugés qu'en 1954. C'est même avec un sourire confiant qu'ils entendirent la sentence de mort. Ils la savaient n'être que de principe. Et elle fut en effet commuée en réclusion à perpétuité. En 1962, le rapprochement entre de Gaulle et Adenauer permit au chancelier de satisfaire l'éminent professeur Six ; graciés, Oberg et Knochen regagnèrent l'Allemagne après dix-sept ans de réclusion.

Contrairement à eux, la très grande majorité des criminels de guerre allemands n'ont même pas été arrêtés. En 1954, la République fédérale devenue pratiquement indépendante, le problème du châtiment de ces criminels se posa de façon aiguë. Nombre d'entre eux avaient été condamnés par contumace par la justice militaire française. L'instruction des affaires restées en suspens en France fut accélérée pour que, une fois les accords de Paris signés, il n'y ait plus de nouveaux cas à instruire. Au total, de septembre 1944 à octobre 1954, 1 026 Allemands furent condamnés par contumace pour crimes de guerre. Les autorités françaises ont alors craint que les tribunaux allemands ne deviennent compétents à l'égard de ces contumax et ne se révèlent extrêmement indulgents. Grâce à l'appui de nombreux

magistrats nazis encore en exercice, on verrait alors
tel condamné à mort par contumace bénéficier en
Allemagne d'un non-lieu ou d'une peine de principe.
C'est pourquoi, par l'article 3 d'une convention du
29 octobre 1954, la France a interdit à la justice
allemande d'avoir compétence pour les dossiers non
classés en France concernant des criminels de guerre
allemands. La convention signée, les criminels, Heinz
Lammerding en tête, sont revenus tranquillement
chez eux, et se sont paisiblement réinstallés de plain-
pied dans la société allemande.

La France s'en est émue et a réclamé au gouvernement allemand l'extradition de ces criminels. Ce
à quoi la République fédérale a répondu : «Comme
puissance occupante, vous avez approuvé la loi fon-
damentale qui nous tient lieu de constitution. Dans
l'article 16 de cette loi, il est dit que la RFA n'extrade
pas ses nationaux : cette règle juridique est d'ailleurs
constante dans presque tous les États. »

Le gouvernement français a essayé de se dégager de ce maquis juridique et a fini par trouver la
faille en se référant à un arrêt de la Cour suprême
allemande du 14 février 1966 qui prévoyait la possibilité de conclure un accord spécial afin de supprimer toutes les entraves à l'exercice de la justice.
De mauvais gré, le gouvernement de Bonn a fini
par accepter que la justice allemande recouvre sa
compétence sur ces contumax. La signature de l'accord a été très retardée, sous des prétextes fallacieux.
Ni Adenauer, ni Erhard, ni Kiesinger ne voulaient
réellement régler ce problème, sinon, conformément
au vœu de la plupart des Allemands, en laissant le

temps passer jusqu'à ce que les criminels échappent à la justice des hommes.

Nous étions deux ; il nous fallait agir dans la ligne qui avait été la nôtre dans l'affaire Kiesinger. De nouveau s'annonçait un affrontement avec la société politique ouest-allemande. Il fallait obliger le Parlement allemand à ratifier l'accord judiciaire signé avec la France le 2 février 1971, alors que deux des trois partis représentés au Bundestag y étaient opposés et que la coalition SPD-FDP était en jeu. Quand nous aurions obtenu cette ratification qui transformerait en loi le contenu de l'accord, il nous faudrait obliger la justice allemande à faire son devoir : juger et condamner des criminels.

Comme avec la gifle, nous avons décidé de soulever le problème par une action retentissante : enlever le gestapiste Kurt Lischka pour le ramener en France, où sa condamnation par contumace l'attendait. Notre cause était légitime, mais la confrontation était de nouveau inégale. Notre stratégie était simple, mais délicate : agir illégalement et répétitivement, mais avec tact, et disposer ainsi d'une tribune. Certes, nous acceptions d'aller en prison, mais en créant une situation telle que les grands criminels restaient libres alors que les représentants des victimes étaient punis pour des actes qui n'avaient aucune commune mesure avec ceux commis par les criminels. Si nous tenions bon, les opinions publiques se mobiliseraient et réclameraient cette ratification que la France officielle se résignait à ne pouvoir obtenir.

BEATE

## Lischka traqué

Lors de sa visite officielle à Paris en janvier 1971, je rencontre Willy Brandt à l'ambassade allemande, avenue Franklin-D.-Roosevelt. Pendant ma campagne anti-Kiesinger, l'accès à l'ambassade m'était interdit. Cette situation n'avait pas changé après l'élection de Brandt à la chancellerie : hostile, le consulat avait même refusé le renouvellement de mon passeport. Excédée, j'avais appelé le porte-parole adjoint du gouvernement, Rüdiger von Wechmar, avec lequel j'avais sympathisé lors de la rencontre des deux chefs de gouvernement allemands Brandt et Stoph à Kassel, en mai 1970. Je déplorais d'avoir recours à de semblables interventions, mais c'était le seul langage que comprenaient les fonctionnaires, pour qui je n'étais qu'une brebis galeuse.

Ce jour-là, Brandt donne la traditionnelle conférence de presse qui clôture les entretiens officiels franco-allemands. Je lève la main.

— Monsieur le Chancelier, quand cessera l'impunité des criminels allemands condamnés par la France ?

— Bientôt, bientôt, *Gnädige Frau*. Dans quelques jours, les deux gouvernements signeront une nouvelle convention qui mettra fin à la situation actuelle.

À la fin de la conférence, Brandt se dirige vers moi. Ses mots me vont droit au cœur : « Votre courage est rafraîchissant ; nous avons parlé de vous aujourd'hui ; nous sommes surpris de la continuité de votre action, d'autant que nous pensions qu'elle prendrait fin avec le départ de Kiesinger. Votre engagement critique à l'Est et à Ouest est positif. »

En quinze mois, Brandt a beaucoup agi, surtout dans le domaine de la politique étrangère, marquée de son empreinte. Il a sorti la République fédérale des ornières où elle s'était enlisée.

Dix jours après être rentrée de Prague, je reçois un appel téléphonique de Yaron London, représentant de la télévision israélienne en France. Il aimerait que je lui raconte mes récentes péripéties. L'entretien a lieu dans son appartement, où nous sommes plus à l'aise qu'à la maison.

Nous avons quitté depuis plusieurs mois notre vaste appartement de la rue de l'Alboni. Les jouets de mon fils et les livres encombrent l'étroit couloir. Dans la chambre du fond s'entassent autour de notre lit des piles de dossiers. Après les grands espaces, c'est la vie les uns sur les autres. La liberté d'action est à ce prix, car nous ne payons pas de loyer et, le plus souvent, c'est Raïssa qui finance les courses. Quand je pars, Arno est entre les meilleures mains qui soient. Sans ma belle-mère, je n'aurais jamais pu agir.

Yaron London a terminé son interview. Nous discutons de mes actions futures :

— En ce moment, je suis préoccupée par le problème des criminels nazis contumax en France.

— Mais quels criminels pourront être jugés, dans la meilleure des hypothèses ? me demande London.

— Ceux qui ont apposé leur signature au bas d'ordres menant des victimes innocentes à la mort. Et encore, en prouvant qu'ils savaient que c'était à la mort qu'ils les envoyaient, dans le cas des Juifs déportés vers Auschwitz.

— Quelles conclusions en tirez-vous ?

— Seuls les plus grands « criminels de bureau », les *Schreibtischmörder*, ceux qui étaient à la tête de l'appareil policier nazi en France et qui ont signé de nombreuses directives de nature criminelle, pourront être jugés. À condition que leur dossier soit constitué, qu'ils sortent de l'ombre et que l'attention de l'opinion publique se porte sur eux, de sorte qu'ils ne filent pas d'Allemagne avant l'ouverture d'une instruction contre eux. Leur procès serait d'autant plus important pour la justice et pour l'histoire qu'il permettrait enfin de faire ce procès de la déportation des Juifs de France. Il serait l'occasion de comprendre quel a été le mécanisme policier qui a entraîné la déportation et la mort de plus de 75 000 Juifs de France et d'établir clairement les responsabilités.

— Y a-t-il quelque chance que ces procès aient lieu ?

— Oui. C'est par la condamnation de ces quelques très hauts responsables des crimes nazis ordonnés en

France que sera empêchée en Allemagne la réhabilitation de ce millier de criminels. Toute instruction
se terminant par un non-lieu, tout procès s'achevant
sur un acquittement amèneraient l'opinion publique
allemande à accuser la justice française d'avoir
condamné à tort des « patriotes allemands ». Or la
réhabilitation de ces criminels ne peut que salir l'Allemagne. Il faut obliger la société allemande à faire
son examen de conscience, si malaisé soit-il.

— Qui sont les plus hauts responsables demeurés
impunis des crimes nazis en France ?

— Il y en a surtout deux : Kurt Lischka et
Herbert Hagen.

— Et où sont-ils ?

— Ils vivent tranquillement en Allemagne.

— Où ?

— Lischka, qui fut le policier nazi n° 1 en France,
réside à Cologne. En étudiant son dossier, j'ai vu
qu'il avait été chef de la Gestapo de Cologne de
janvier à novembre 1940. J'ai pensé que, s'il était
vivant, il aurait choisi de vivre dans une ville où ses
anciens subordonnés et relations avaient fait leur chemin dans la police et l'administration. J'ai téléphoné
aux renseignements téléphoniques en Allemagne en
demandant s'il y avait un Kurt Lischka dans l'annuaire téléphonique de Cologne. Dix minutes plus
tard, on me rappelait : « Oui, il y a un Kurt Lischka,
son numéro est 631725, et son adresse 554, Bergisch-
Gladbacher Strasse. »

— Cela a été si facile ?

— Oui. C'est dans les romans policiers que les
nazis vivent traqués, tremblant à chaque grincement

de porte dans une lointaine Patagonie. À part l'affaire Eichmann, qui a été organisée et exécutée par les services officiels israéliens, il n'y a jamais eu d'action illégale contre les criminels nazis. Ces actions se mènent avec des dossiers, et non par des chasses à l'homme clandestines.

Les criminels ayant sévi en France vivent en paix depuis vingt-cinq ans. Un propos de Serge au sujet de Lischka me revient à l'esprit : « Pense au sentiment de puissance que doit éprouver un homme comme Lischka. Il a fait assassiner tant de Juifs, on le cite dans les ouvrages spécialisés sur le génocide, il est condamné en France et il laisse en même temps son nom dans l'annuaire téléphonique de Cologne. Le mépris qu'il doit avoir envers les Juifs est certainement grand. Si encore les Juifs ne mettaient pas les pieds en Allemagne, mais depuis des années Kurt Lischka peut rencontrer quotidiennement à Cologne des dizaines d'avocats ou de conseillers juridiques juifs spécialistes des problèmes de dommages et intérêts des victimes, qui viennent régulièrement de Paris. Ceux-ci se préoccupent des intérêts des victimes, et de leurs propres intérêts par la même occasion. Mais qui s'intéresse réellement aux bourreaux ? Personne, sinon tous ceux qui les maudissent pendant les cérémonies du souvenir de l'Holocauste, mais ne feront pas le moindre geste pour troubler la quiétude de ces dirigeants SS. Il faut réagir. Toi, en tant qu'Allemande ; moi, en tant que Juif. »

Notre entretien se poursuit :

— Comment comptez-vous faire ?

— D'abord, faire connaître Lischka et Hagen.
Nous avons déjà préparé un long article de deux
pages pour *Combat*.

— Mais pourquoi ne feriez-vous pas un film sur
eux ? Nous le diffuserions en Israël dans l'émission
*Panorama*, qui correspond à *Cinq colonnes à la une*
en France, me propose Yaron London.

Ravie, j'accepte. Le 15 février, Serge a terminé
de rédiger le scénario de l'émission, qui durera
douze minutes si nous réussissons à filmer Lischka
et Hagen. Le 19 février, mon article est publié par
*Combat*. Le 21 février, nous sommes à pied d'œuvre
à Cologne.

Le dimanche 21 février, à 8 heures du matin,
nous garons notre voiture en face de la maison de
Lischka, de l'autre côté de la large rue, la Bergisch-
Gladbacher Strasse, de manière à pouvoir observer
ses fenêtres. C'est un immeuble à trois étages de
Holweide, une banlieue de Cologne. Lischka habite
au troisième. Nous attendons qu'il sorte pour le
filmer. Le temps est gris, il pleut, les rues sont
désertes. Tout près se trouve une église, la Mariä-
Himmelfahrt-Kirche.

Nous attendons ainsi de 8 heures du matin jusqu'à
2 heures de l'après-midi, sans aucun succès. Lischka
ne montre pas le bout de son nez. Nous allons déjeuner. Je téléphone chez Lischka pour savoir s'il y a
quelqu'un chez lui. Sa femme répond. Je raccroche
et nous décidons de sonner à sa porte. Sans doute

regarde-t-il par la fenêtre et, voyant un cameraman, préfère-t-il ne pas répondre. Nous sonnons alors à tous les boutons des locataires de l'immeuble de façon à faire sortir les gens ; certains descendent l'escalier. Nous leur expliquons que nous voulons voir M. Lischka. Ils nous ouvrent la porte d'entrée et nous indiquent : «M. Lischka, c'est au troisième étage. »

Nous montons pendant qu'ils nous observent dans la cage de l'escalier. Sa porte s'ouvre. Mme Lischka apparaît : elle est blonde, bien coiffée, froide. Je lui dis que nous venons interviewer son mari pour une émission française. Elle réfléchit, puis nous fait entrer dans une petite pièce, probablement la salle à manger, ressort, ouvre une autre porte et lance : «Kurt, viens voir ce qu'il se passe ! »

Son mari arrive. J'explique que M. Klarsfeld est journaliste français et qu'il désire une interview. Je me présente comme traductrice. Lischka, prudent, se fait d'abord montrer la carte de presse de Serge établie à Berlin pour le journal *Combat*, puis il me demande mon nom. J'use de mon stratagème habituel et lui donne mon nom de jeune fille. Lischka se lève et se met debout à côté de sa femme. Il paraît énorme, avec une grosse tête rose, des cheveux blonds très rares, et parle avec des phrases courtes et sèches. Il est chaussé de pantoufles, porte un pantalon et une veste d'intérieur en laine. Quand je dis « M. Klarsfeld », je le regarde attentivement, mais il ne réagit pas. Puis je traduis mot à mot les propos de Serge :

— Après la signature de la convention franco-
allemande, j'ai fait une étude sur les criminels nazis
jugés par contumace en France. C'est vous, monsieur Lischka, qui en occupez la première place. Mais,
avant d'entamer une campagne contre vous, nous voulons savoir si vous avez quelque chose à dire pour
votre défense.

— Je n'ai pas de comptes à vous rendre ; si
j'ai éventuellement des comptes à rendre à la justice
allemande, je le ferai, mais seulement à la justice allemande. À vous et à la justice française, je n'ai rien
à dire.

— Est-ce que vous reconnaissez avoir occupé le
poste de chef adjoint de la Sipo-SD en France, celui
de chef de la police de sûreté à Paris, avoir été l'un
des principaux responsables de la persécution antijuive en France, avoir été le chef du service juif de
la Gestapo du Reich en 1938 ?

À tout cela, il nous répond par un silence glacé. Son
regard est tout à fait fermé, hostile. Serge lui demande
par mon entremise : «Est-ce que cela vous intéresse
de voir des ordres que vous avez signés vous-même ?
Vous pensiez peut-être qu'ils avaient été détruits,
comme la plupart des archives allemandes ; mais au
Centre de documentation juive de Paris les archives du
service juif de la Gestapo sont encore conservées, et
votre signature se retrouve au bas de plusieurs documents. Vous serez jugé et, je l'espère, condamné. »

Lischka était intéressé par ces documents. Je lui
ai tendu quelques photocopies. Il tenait les feuillets
entre les mains. Sa femme regardait aussi, penchée

par-dessus son épaule, et nous avons vu les mains de Lischka trembler. Je lui en avais passé une bonne liasse. Il les lisait attentivement l'un après l'autre et a paru frappé. Nous ne nous sommes pas attardés plus longtemps.

SERGE

# Le dossier Kurt Lischka

Paris, octobre 1940. Le jeune et brillant Herr Doktor Helmut Knochen se sent un peu débordé par la multiplicité de ses tâches : chef de la Sipo-SD, il a tendance à se consacrer aux renseignements politiques. C'est là sa véritable vocation. À son échelon, d'ailleurs, il est le seul haut responsable policier dans l'Europe hitlérienne à ne pas être issu de la police secrète d'État, la Gestapo.

À Berlin, Reinhard Heydrich, le chef du RSHA, l'Office central de sécurité du Reich, est préoccupé : Paris ne doit pas être le maillon faible de la chaîne policière qu'il noue autour des conquêtes allemandes. Il convoque Heinrich Müller, le chef de la Gestapo, qui partage son souci. J'imagine que leur entretien s'est passé à peu près ainsi :

— Il me faut à Paris, auprès de Knochen, un homme particulièrement compétent pour s'occuper des tâches spécifiquement policières, et surtout prendre en main le travail de la Gestapo.

Gestapo-Müller passe en revue ses meilleurs cadres. Il lance un nom :

— Le SS-Sturmbannführer [commandant] Kurt Lischka !

— Ne dirige-t-il pas la Gestapo de Cologne ?

Heydrich se souvient de cet officier blond, qui mesure plus de 1,90 mètre, le type parfait du grand Aryen.

— Oui. C'est un excellent organisateur en matière policière, il est *Regierungsrat* [administrateur civil] et l'un de nos tout premiers spécialistes de la question juive. Il a tout juste atteint la trentaine, c'est un homme très dynamique.

Müller sait de quoi il parle : en 1938, à vingt-neuf ans, Lischka dirigeait, entre autres, le service des Affaires juives de la Gestapo. C'est lui qui, le 16 juin, a procédé à la première arrestation en masse des Juifs allemands, de 2 000 à 3 000 hommes qu'il a dirigés vers Buchenwald et Sachsenhausen, et dont 10 % mourront dans les deux premiers mois. Le 28 octobre 1938, c'est encore lui qui a dirigé la tragique déportation de nombreux Juifs vers la frontière polonaise. Ces 20 000 Juifs vivaient depuis longtemps en Allemagne : arrêtés, entassés dans des trains, ils furent laissés à la frontière dans le plus complet dénuement, les autorités polonaises ne laissant pénétrer que les Juifs munis de passeports polonais valides. Nombre de ceux restés en deçà de la frontière moururent, surtout les bébés. C'est cette tragédie, dont furent victimes ses parents, qui inspira au jeune Juif Herschel Grynszpan le projet d'assassiner à Paris un diplomate nazi. Ernst Achenbach et Ernst von Rath étaient de service ce jour-là. Le destin choisit le second. Les représailles furent terribles. En tant que chef du service des Affaires juives de la Gestapo du Reich, Lischka fut particulièrement actif dans les arrestations qui suivirent les pogroms de cette nuit du 9 au 10 novembre 1938, devenue tristement célèbre sous le nom de *Kristallnacht*, la Nuit de Cristal.

Né le 16 août 1909 à Breslau, Kurt Paul Werner Lischka, SS n° 195590, membre du parti nazi n° 4583185, docteur en droit, est entré à la Gestapo de Berlin en 1936. Redoutable travailleur, il monte très vite en grade. En 1961, les Israéliens demandèrent à Adolf Eichmann :

— Qui a créé et dirigé en 1939 le service IV-B4 des Affaires juives du RSHA, Prinz-Albrecht-Strasse 8 ?

— Le Regierungsrat Kurt Lischka. Il était alors le supérieur direct de Theodor Dannecker.

Ce dernier a assuré sous la direction de Lischka la mise en œuvre de la solution finale de la question juive en France, où il était à la tête du service des Affaires juives de la Gestapo. Le 25 mai 1939, un document du service des Affaires juives du SD rapporte le fait suivant : «En présence du SS-Oberscharführer Dannecker, les chefs SS Bolte [Elbe] et Koch [Danube] ont assisté à un tour d'horizon mené par Hagen de la situation dans le domaine de la juiverie, surtout après le changement intervenu consistant à confier la direction de la Centrale du Reich pour l'émigration juive à un fonctionnaire de la Gestapo, le Regierungsrat Lischka. La direction de toutes les questions concernant la juiverie revient à ce chef de la Centrale du Reich. »

Le 1ᵉʳ novembre 1940, Kurt Lischka s'installe à Paris.

Lischka partage son temps entre deux bureaux : celui d'un hôtel particulier du 72 de l'avenue Foch (PASsy 01.50, poste 190), où il assure ses fonctions de policier nazi n° 1 à l'échelle de la zone occupée ; et celui du 11, rue des Saussaies, à l'ex-siège de la Sûreté nationale (ANJou 14.04, poste 320). Lischka règne en maître sur la région parisienne.

Territorialement, la France occupée était découpée, dans l'organisation de la police allemande, en Kommandos extérieurs dont les chefs avaient le titre de KdR (*Kommandeur der Sipo und des SD*). Lischka était le Kommandeur à Paris, avec deux antennes, à Melun et à Versailles.

Nous avions commencé notre travail aux archives du CDJC en identifiant la signature et le paraphe de Lischka. Le problème du paraphe est très important, car les fiches de nombreux documents paraphés ne portent pas le nom du signataire ou bien portent à tort celui du rédacteur du document, dont les initiales sont indiquées en haut et à gauche. Pour identifier celui de Lischka, il a suffi de le repérer à l'endroit où il l'apposa régulièrement, c'est-à-dire à la place qui lui était normalement réservée sur les documents adressés à lui « pour en prendre connaissance ». C'est ainsi que nous avons pu restituer à Lischka des documents dont la signature était cataloguée « illisible » ou bien qui étaient attribués à Dannecker, son collaborateur direct dans le problème juif à Berlin et à Paris, qui avait rédigé ces notes et ces ordres signés par Lischka. Conclusion de nos recherches : la Gestapo parisienne, c'est Lischka ; les interrogatoires de la rue des Saussaies, c'est Lischka ; les grandes rafles de Juifs, c'est Lischka.

Tout l'appareil policier allemand en France est entre les mains de Kurt Lischka. Il ajoute à ses fonctions toutes-puissantes celles de chef du département II de la Sipo-SD à l'échelle nationale, chargé des questions policières et juridiques. Citons parmi les responsabilités de cette très importante section la surveillance générale de la police et de la gendarmerie françaises, le contrôle de la législation française, les demandes de personnel à la police française, la police des camps, les mesures générales d'internement et de détention, la rédaction et la promulgation des ordonnances en matière de police, enfin les mesures d'expiation, les représailles. C'était le bureau II Pol. III qui était chargé de l'exécution des otages. Les fusillés de Romainville, du Mont-Valérien, c'est toujours Lischka, et d'autant plus qu'une fois la décision de représailles prise par le général SS Oberg, assisté de son homme de confiance Hagen, c'était la Gestapo que Lischka supervisait qui désignait les otages à abattre. Lischka était tout-puissant pour les propositions d'exécution des otages, pour le choix des personnes et pour l'exécution elle-même.

Le 1er janvier 1941, Lischka est nommé *Oberregierungsrat* (administrateur de première classe). Sa promotion au grade de SS-*Obersturmbannführer* (lieutenant-colonel) suivit en avril 1942.

En ce qui concerne les tortures, les gestapistes de la rue des Saussaies ont témoigné que, « lorsqu'un détenu semblait en savoir beaucoup et ne voulait rien dire, l'autorisation d'un interrogatoire poussé pouvait être demandée au Kommandeur (Lischka), et c'était ce qui se produisait en pratique ».

Dès le 20 janvier 1941, l'action de Lischka dans le domaine juif s'exerce de façon directe. Ce jour-là a lieu une conférence sur le traitement ultérieur de la question juive, à laquelle prennent part des personnalités représentant l'ambassade, le commandement militaire et la Sipo-SD. Cette dernière est représentée par Lischka et Dannecker. Lischka prend la parole :

*« Le SS-Sturmbannführer Lischka indique que, en ce qui concerne les nouvelles mesures applicables aux Juifs en France, le but consiste à assurer la solution du problème juif en Europe suivant les directives mises en pratique dans le Reich. À cet effet, on projette de créer en France, ou tout d'abord dans la zone occupée, un Office central juif. Ce dernier aura les tâches suivantes :*

*1. Traitement de toutes les questions de police intéressant les Juifs (recensement des Juifs, fichier juif, surveillance des Juifs).*

*2. Service de contrôle économique (élimination des Juifs de la vie économique ; collaboration au retransfert des entreprises juives aux Aryens).*

*3. Service de propagande (propagande antijuive parmi les Français).*

*4. Institut d'études antijuives.*

*Un service juif spécial, précurseur de l'Office central juif, a déjà été mis sur pied à la préfecture de police de Paris. Il convient de laisser aux Français le soin de régler la suite afin d'éviter, dans ce domaine, la réaction du peuple français contre tout ce qui vient des Allemands. Aussi les services allemands s'en tiendront-ils à faire des suggestions. »*

Les rôles respectifs de l'administration militaire, de la Sipo et de l'ambassade sont répartis d'un commun accord.

Lischka craint la « faiblesse allemande » au point de refuser, le 2 avril 1942, une intervention exceptionnelle de l'ambassade allemande qui voudrait faire libérer un notable juif, Roger Gompel. Lischka s'oppose à cette demande : il ne faut faire aucune exception, « sans quoi les Français penseront qu'à part le Führer lui-même, il n'y a pas d'antisémites allemands ».

Le 17 mars 1942, Lischka s'adresse au commandement militaire – le général Speidel :

> *«Autres déportations de Juifs.*
> *Selon notre proposition, le RSHA s'est déclaré prêt à accepter rapidement 5 000 Juifs de France en plus des 1 000 Juifs de Compiègne. Parmi eux, on pourra inclure jusqu'à 5 % de Juives…*
> *Une grande partie des Juifs à déporter pourra être prise dans le camp de Drancy, les camps près d'Orléans, Pithiviers et Beaune-la-Rolande.*
> *Il sera donc possible de procéder à un remplacement de ces Juifs dans les camps et d'entreprendre de nouvelles rafles de Juifs en vue de desserrer les rangs de la juiverie parisienne.*
>
> *LISCHKA »*

Le 15 mai 1942, Lischka câble de nouveau à
Eichmann. Cette fois, il s'agit du problème toujours
aigu de mise à disposition de la Sipo-SD de wagons
pour le transport de Juifs. En dépit des exigences
militaires prioritaires, les responsables de la Gestapo
déployaient toute leur énergie pour obtenir des
trains qui traversaient l'Europe chargés de Juifs...
et ils les obtenaient.

> *« Un contact a été établi avec le lieutenant-général
> Kohl, chef du département de transport ferroviaire
> (ETRA). Le lieutenant-général Kohl, qui est un
> ennemi absolu des Juifs, a donné la garantie qu'il met-
> trait à notre disposition aussi bien les wagons que les
> locomotives nécessaires pour le transport des Juifs. Par
> conséquent, au moins dix trains seront en mesure de
> quitter bientôt la France. Je me rapporte aux conversa-
> tions diverses que le SS-Hauptsturmführer Dannecker
> a eues avec le département concerné et je voudrais être
> informé si et quand un grand nombre de Juifs peut
> être réceptionné et quel est le camp qui sera désigné
> pour les recevoir.*
>
> *Étant donné que d'autres rafles de Juifs sont néces-
> saires et étant donné que la place disponible pour eux
> est limitée ici, je vous serais reconnaissant pour une
> première et immédiate livraison de 5 000 Juifs.*
>
> *Sturmbannführer* LISCHKA »

Le mot « livraison » a été fréquemment utilisé
par Lischka pendant et après la guerre, puisqu'il est
devenu fondé de pouvoir d'une firme de commerce

de céréales et que le mécanisme bureaucratique et logistique de livraison ferroviaire de blé et de Juifs est pratiquement le même.

Le 24 février 1943, Lischka câble au chef de la Gestapo du Reich, Müller : «En application de mesures de représailles que j'ai ordonnées, la police française a entrepris l'arrestation de 2 000 Juifs de seize à soixante-cinq ans. »

Toutes les notes préparées par les responsables du service des Affaires juives, Dannecker puis Röthke, sont soumises à Lischka de même qu'à Knochen ou Hagen. Ils sont minutieusement tenus au courant du déroulement de la solution finale en France, toujours prêts à intervenir quand des obstacles se présentent. Lischka dirige avec un soin méticuleux l'activité de ce service. Il n'y a presque pas de notes et de rapports qui ne soient annotés ou paraphés de son crayon violet.

Comme tous les hauts dirigeants policiers SS, Lischka était au courant de l'extermination des Juifs à l'Est. Lui plus qu'un autre, qui avait été le spécialiste de ce problème pour tout le Reich dans les années 1938-1939, et qui devint après son séjour en France un des plus hauts dirigeants de la Gestapo. Lischka a quitté la France le 23 octobre 1943. De retour à Berlin, il y est promu chef de service à la Gestapo. Il dirige le service IV-B et les sous-sections IV-B1 et IV-B2. Lischka est l'homme de confiance de Gestapo-Müller, dont il assure l'intérim quand le chef de la Gestapo s'absente de Berlin.

Impliqué dans la mise à mort de résistants tchèques et emprisonné à Prague, Lischka est libéré en 1950 et s'installe à Cologne, où il avait dirigé la Gestapo en 1940.

*
* *

Le surlendemain de notre visite à Lischka, nous sommes repartis dans la Mercedes de Harry Dreyfus, notre cameraman, pour le 554, Bergisch-Gladbacher Strasse. Il est 7 heures et il fait très froid. À 7 h 50, Lischka sort. Nous sommes plaqués contre une palissade tout près de la station de métro. Il est vêtu d'un grand manteau ; avec ce manteau, son chapeau, ses lunettes et sa serviette noire, il ressemble à un gestapiste.

Lischka s'approche de la station, mais traverse la rue dès qu'il nous repère. Il s'engouffre dans la rue parallèle à la ligne de tram en hâtant le pas ; puis il accélère vraiment. Nous le filmons à quelques mètres de distance. À ce moment, Lischka s'arrête et repart dans un sens, puis dans l'autre, tandis que nous sommes toujours à côté de lui. Il se met soudain à courir et nous courons à un mètre de lui, tout en le filmant.

Lischka fuyait dans sa propre ville, dans ses propres rues ; il se trouvait confronté tout à coup à son passé. La séquence que nous avons enregistrée ce jour-là provoquera en Israël une réelle émotion lors de sa diffusion, et passe aujourd'hui encore sur les télévisions du monde entier quand il est question du sort des criminels nazis.

À cette mémorable séquence vient s'ajouter celle que nous avons faite sur Herbert Hagen. Au lendemain du jour de mars où nous avons filmé Kurt Lischka, nous sommes partis très tôt, à 6 heures du matin, pour Warstein, qui se trouve à 200 kilomètres au nord-est de Cologne, dans le Sauerland, pour filmer Hagen. Là non plus, nous n'avons pas pris de précautions. Beate avait téléphoné dimanche soir chez lui et demandé à sa femme qui décrochait : «Est-ce que votre mari accepterait un entretien avec un journaliste français ? » Elle est revenue quelques instants plus tard en répondant : «Il n'en est pas question et mon mari ne comprend pas pourquoi vous voudriez l'interviewer. » Beate a arrêté là la conversation, sachant que les gens, lorsqu'ils vivent dans une maison, sont obligés d'en sortir à un moment ou à un autre.

Arrivés à Warstein vers 8 h 30, nous nous sommes dirigés vers la Wilhelmstrasse. C'est une rue toute droite qui surplombe une autre rue qui lui est parallèle. Nous nous sommes installés à une centaine de mètres de sa maison, le capot de la voiture tourné vers son domicile. Seules deux familles habitaient dans la maison.

Nous avons attendu pendant cinq heures. Nous commençons à perdre espoir lorsque, vers 14 heures, la musique du carnaval retentit. Beate avait très faim ; elle est entrée dans un café. Entre-temps, Harry et moi voyons sortir de la maison un homme vêtu d'une veste en tweed se dirigeant vers l'endroit où les gens sont massés, à environ deux cents mètres, pour voir passer le cortège. Croyant que c'est Hagen, nous courons à ses trousses. Erreur, l'homme que nous filons n'a pas cinquante ans. Nous remontons vers la voiture et, au moment où nous passons devant le domicile de Hagen, la porte s'ouvre sur un homme qui, le nez chaussé de lunettes, vêtu d'un chapeau et d'un manteau, dévale les quelques marches et se rue vers le garage attenant. Il monte dans une grosse Opel. Beate, qui nous a rejoints, se jette devant la voiture qui sort du garage et la bloque en se plaçant devant elle : «Monsieur Hagen, c'est bien vous, monsieur Hagen ?» Il lève la tête, fait oui, et remarque à ce moment-là le cameraman en train de le filmer. Il stoppe la voiture, ouvre la portière et se précipite sur nous. Arrivé devant la caméra, il s'arrête et se maîtrise : s'il détruisait la caméra, nous porterions plainte et son nom serait cité dans la presse.

Beate s'est avancée vers lui et lui a dit, en me désignant : «Monsieur est un journaliste français ; il voudrait vous poser quelques questions.» Il a fait le rapprochement avec le coup de téléphone de la veille et est remonté dans la voiture, Beate se tenant toujours devant le capot. Il attendait sa femme. S'adressant à moi dans un meilleur français que celui de Beate, et sur un ton très indigné, il m'a déclaré :

— Monsieur, vous n'avez pas le droit de me filmer dans ma rue, devant ma maison.

— Monsieur Hagen, il y a des Allemands qui ont été condamnés aux travaux à perpétuité en France pour avoir fait plus que filmer dans les rues.

— Mais, monsieur, je ne me cache pas, je suis revenu en France plus de vingt fois après la guerre.

— Il est regrettable que les policiers français n'aient pas remarqué votre nom, sinon vous auriez été arrêté. Ce que je veux, c'est vous poser quelques questions, et notamment savoir si vous reconnaissez avoir été chef de la police de sûreté de Bordeaux, le bras droit du général Oberg, chef des SS et de la police allemande en France, et le chef du service des Affaires juives du SD ?

— Monsieur, je n'ai rien à vous dire. Si vous le voulez, vous pouvez prendre contact avec mon fils, qui est journaliste à Cologne, me répondit-il, un sourire crispé aux lèvres.

Assis dans sa voiture, il fixait son volant et encaissait ce que je lui disais, un sourire plaqué sur le visage. Il s'est à nouveau adressé à moi, outré : «Tout ce que je veux, c'est vivre tranquille. » Sa femme est sortie à ce moment-là avec ses deux filles de dix-sept et quatorze ans. Au lieu de monter dans la voiture, elles s'en sont allées à pied sur la route. Hagen a démarré à leur suite après un glacial : «Au revoir, monsieur. »

Le ton de la conversation était celui d'un affrontement. Cependant, le soir, à Cologne, nous nous sommes rappelé ce qu'il nous avait dit à propos de son fils. Beate a rappelé Warstein. Mme Hagen a répondu : «Nous savons qui vous êtes, madame

Klarsfeld. Téléphonez à mon fils, il vous donnera toutes les explications que vous voulez, il est de gauche comme vous. » Après s'être renseigné sur nous, il a accepté de nous rencontrer.

Jens était un jeune homme grand, maigre, avec une longue barbe et des cheveux longs, habillé dans un style décontracté. Il écrivait pour des revues de gauche. La conversation s'est engagée en anglais : « Je voudrais bien savoir ce que vous pouvez raconter sur mon père. Pour ma part, je ne sais pas grand-chose, parce qu'il ne m'a mis au courant que de certains faits. » J'ai sorti le dossier Hagen et je lui ai exposé les fonctions qu'occupait son père. « Tenez, je lui laisse la parole ; sa parole, ce sont les documents qu'il a rédigés et signés à l'époque nazie. »

Il s'est mis à lire, sans dire un mot, les épaules courbées. Il tournait les pages, bouleversé. À le regarder, il était évident que son père ne lui avait pas dit la vérité.

— Mon père était un idéaliste. Il s'est fourvoyé, mais il n'a pas commis de crimes, il n'a tué personne. Mon père était à ce point antimilitariste que, lorsqu'il s'est retrouvé – après l'occupation de la France – en Yougoslavie, où il était commandant (SS-Sturmbannführer), il ne tenait même pas une arme à la main quand il montait à l'assaut des partisans.

— J'y vois exactement le contraire de ce que vous y voyez, lui a répondu Beate : votre père était tellement militariste qu'il ne prenait pas d'armes pour que, entraînés par son courage, ses hommes le suivent. Désarmé, il était beaucoup plus efficace que s'il tenait un fusil.

Jens s'est replongé dans les documents que nous avions rassemblés. Il était impossible de nier l'évidence. Il a même versé quelques larmes sur cet impitoyable dossier.

# Le dossier Herbert Hagen

Herbert Hagen est né le 20 septembre 1913. À l'âge de vingt-trois ans, en 1936, ce brillant étudiant du professeur Franz Six entre au SD, le Sicherheitsdienst, le service de sécurité de la SS, créé et dirigé de main de maître par Reinhard Heydrich.

Le professeur Six était alors à la tête du département II-1 du SD, dont l'activité, centrée sur les questions idéologiques, était expressément axée contre les Juifs, les francs-maçons et l'Église. SS nº 107480 au SD, Six est le protecteur et le supérieur de Hagen, de Knochen, de Dannecker, de Brunner, d'Eichmann. SS-Oberführer au RSHA, dont il dirigera le département VII, il côtoie Kurt Lischka, qui est un des principaux responsables du département IV ; Six mène l'action du SD en Autriche après l'Anschluss, puis en Tchécoslovaquie ; il enseigne la connaissance des pays étrangers à l'université de Berlin ; il massacre civils juifs et soviétiques à la tête du Kommando spécial d'avant-garde du SD en URSS ; il est le collègue de Kiesinger et le supérieur d'Achenbach aux Affaires étrangères ; condamné à vingt ans de prison à Nuremberg, il sort rapidement de cellule

pour devenir un des chefs des services secrets ouest-
allemands.

Franz Six propose au jeune Hagen, SS n° 124273,
NSDAP n° 4583139, de prendre la direction de la
section II-112, dont l'objet est la lutte contre la juiverie. Hagen accepte. Ses talents journalistiques ser-
viront également à Six, directeur de l'Institut pour
la connaissance de l'étranger. Cet institut dépend du
SD et sa revue publie de nombreux articles signés
Six et élaborés par Hagen. Des ouvrages tels que
*La Juiverie mondiale, son organisation, son pou-*
*voir, sa politique*, ou *Les Francs-maçons*, publiés par
les éditions du parti nazi sous le pseudonyme de
Dieter Schwarz, sont dus à la collaboration de Six
et de Hagen. Les prédécesseurs de Hagen à son
poste de commandement contre les Juifs, Leopold
von Mildenstein et Schröder, avaient recruté un
noyau de fanatiques antijuifs ; les subordonnés de
Hagen s'appellent Dieter Wisliceny, futur liquidateur
des Juifs de Hongrie et de Tchécoslovaquie, Theodor
Dannecker, futur liquidateur des Juifs de France, de
Bulgarie et d'Italie, et Adolf Eichmann, futur responsable en chef de la solution finale.

Hagen avait réussi à bureaucratiser le caractère
idéologique du travail antijuif. Les hommes du SD
se sont d'ailleurs révélés plus tard des adversaires
plus efficaces du peuple juif que les hommes de la
Gestapo, qui avaient une mission moins globale. Au
cours de son interrogatoire à Jérusalem, Eichmann
portera ce jugement : «Hagen était un homme
sensé, aux vues larges et avec une bonne culture
générale. Il assimilait facilement un problème et en

faisait une synthèse ou un article. Six, dont il était l'ami personnel, en avait fait son rédacteur. » Hagen rédige chaque semestre les longs rapports d'activité du II-112 avec une clarté et une minutie remarquables. Il met au point d'innombrables notes sur tous les aspects de la question juive en Allemagne et à l'étranger.

Nous avons été pratiquement seuls à consulter ces notes en raison d'un enchaînement de circonstances : au CDJC, à Paris, se trouve un carton rempli des dossiers personnels de Hagen oubliés par lui lors de la libération de Paris. Ces dossiers n'ont été répertoriés qu'après le procès Eichmann. La fièvre des recherches était tombée. Aucun historien n'avait jamais demandé à lire ces feuillets où s'inscrit une lourde part de la préparation au génocide. Hagen est le maître espion du monde juif, qu'il avait mis en fiches. Il informe les hommes et les institutions du point de vue nazi sur les Juifs pour qu'ils puissent accomplir leurs tâches conformément à la volonté de Hitler.

Pendant le premier semestre 1938, la section II-112 organise vingt-trois conférences : Eichmann parle une fois ; Dannecker, quatre fois ; Hagen prend dix-huit fois la parole sur « la juiverie – son organisation dans le monde » et sur le « traitement pratique de la question juive ». À qui s'adresse-t-il ? Il fait ainsi un cours particulier, le 4 mai 1938, quelques mois avant les accords de Munich, à Conrad Henlein, le Führer des Sudètes ; mais il s'est aussi adressé à d'autres reprises au Tribunal populaire, à la police, aux militants du NSDAP (parti nazi), au service de presse du NSDAP, à l'Académie de guerre, aux sous-officiers SS, aux inspecteurs de district du NSDAP, à l'école de la police frontalière, à l'école de la police de sécurité, aux représentants du Parti à l'étranger, aux avocats stagiaires.

Dix-huit conférences en six mois. Hagen a mis toute sa compétence juridique et policière au service d'une tâche qui ne put aboutir entre 1940 et 1945 qu'en raison du travail de préparation accompli par la poignée d'hommes dont Hagen était un des meneurs. Hagen a installé Eichmann à Vienne et lui a indiqué la méthode à suivre en Autriche. Eichmann et Hagen s'entendaient à merveille : «Lieber (cher) Adolf» écrit à «Lieber Herbert» et signe même «Ady» des lettres manuscrites au ton parfois intime.

L'intimité entre eux datait de cet extraordinaire périple qui a conduit les futurs exterminateurs Hagen et Eichmann en Palestine, où ils voulaient parfaire leur connaissance du monde juif et se rendre compte de ce que pouvait apporter au Reich l'éventuelle création d'un État juif. Eichmann l'a répété en 1961 : «Hagen était mon chef [...], j'étais le subordonné de Hagen.» Ils partirent le 26 septembre 1937 par la Pologne et la Roumanie ; de Constanza, ils s'embarquèrent sur le *Romania*, arrivèrent à Haïfa le 3 octobre et en repartirent le 4 pour Le Caire, où ils eurent des contacts avec leurs agents locaux. Les Britanniques, en éveil, les refoulèrent le 9 octobre. À bord du *Palestina*, ils regagnèrent l'Europe par Brindisi. Le voyage était né de contacts discrets entre le SD et un agent de la Haganah, la force armée des colons juifs de Palestine, qui était sans doute soucieuse de voir les émigrants allemands se diriger vers ce territoire. La Haganah sondait les SS de Heydrich. Étonnant face-à-face que cette rencontre au café Kranzler entre le Juif de Tel-Aviv Feivel Polkes et le duo Eichmann/Hagen. Elle n'eut pas d'autres suites, cependant, que la brève incursion des deux SS au Proche-Orient et leur conclusion sur l'opposition irréductible au Reich des Juifs de Palestine. Les persécutions antijuives de 1938 interrompirent définitivement les contacts.

Le volumineux rapport de voyage daté du 27 novembre 1937 est rédigé pour l'essentiel par Hagen. Il donne des indications intéressantes sur sa mentalité antisémite : «L'incompétence totale des Juifs à diriger l'économie de leur pays est démontrée par la présence, rien qu'à Jérusalem, de quelque quarante banques vivant des escroqueries de leurs propres frères de race. »

Au moyen de méthodes soigneusement élaborées, le II-112 animé par Hagen et Eichmann, qui font souvent des voyages en Europe centrale, étudiait à travers le monde tous les mouvements juifs, toutes les associations, installait des agents de renseignements permanents, les *Vertrauenspersonen*, les *V-Männer*, à Paris, New York, Le Caire, Jérusalem, Prague, Bucarest… Le II-112 constituait des archives et expériences qui seraient utilisées dans l'Europe conquise par le Reich et qui permettraient de s'attaquer aux diverses communautés juives par des méthodes dont l'efficacité surprend encore les historiens de l'Holocauste.

En octobre 1938, Hagen se rend à Vienne et à Prague, où il délivre quelques conseils : « Il serait opportun d'y manigancer [*inszenieren*] une action populaire contre les Juifs. » Il y retourne après l'occupation de la capitale tchèque en mai 1939. Le 30 juin, il expose son programme : « Montrer l'influence des Juifs dans la politique, la culture et l'économie tchèques. Ainsi pourra-t-on citer nommément des dirigeants responsables de la tolérance à l'égard de l'influence juive (un moyen efficace de se débarrasser des politiciens nationaux tchèques encore en place) ; montrer qu'un Juif converti reste le même dans ses caractéristiques. »

Hagen était par ailleurs spécialiste de la France et parlait remarquablement le français.

Dès les premiers jours de la guerre, Himmler regroupe les principaux membres de ses services de police dans l'Office central de sécurité du Reich, à la fois service de gouvernement et service SS. Hagen dirigera le service VI-2 : « Judaïsme et antisémitisme ». En juin 1940, le SS-Standartenführer Helmut Knochen arrive à Paris à la tête d'un Sonderkommando, un commando spécial de vingt hommes, le noyau de la Sipo-SD en France. Interrogé à Nuremberg, Knochen répondit : « C'est Heydrich lui-même qui m'a chargé de cette mission. Il y avait avec moi les SS-Hauptsturmführer [capitaines] Hagen et Dietl. »

Knochen confie bientôt à son bras droit Hagen la tâche essentielle d'implanter la Sipo-SD sur la côte

atlantique. Il est nommé le 1er août Kommandeur
de la Sipo-SD à Bordeaux et emménage provisoi-
rement sur le yacht du roi des Belges, abandonné
lors de la débâcle de juin 1940, avant de s'installer rue du Médoc. Rapidement, Hagen déploie son
zèle antisémite : dans un témoignage judiciaire de
décembre 1944, le grand rabbin de Bordeaux affirma
que, « dès les premiers jours de l'occupation, environ deux cents internés juifs allemands avaient été
amenés on ne sait pour quelle raison des camps de
Gurs et de Saint-Cyprien à Bordeaux ».
Le 8 janvier 1941, le préfet de la Gironde écrit
à Xavier Vallat, commissaire général aux Questions
juives à Paris :

> *« Le commandant Hagen a indiqué son intention
> de procéder dans le courant du mois de janvier à de
> nombreux internements de Juifs ressortissants de pays
> occupés par l'Allemagne.*
> *[…]*
> *Les fonds nécessaires à cet aménagement doivent être
> fournis par les Juifs de la région et leur recouvrement
> sera vraisemblablement prescrit par une ordonnance. »*

Le 8 décembre 1941, Hagen décrète : « En
se référant aux ordonnances côtières, tous les
Juifs sans tenir compte de leur âge doivent être
internés. » D'ailleurs, l'ancien adjoint de Hagen,
Dannecker, devenu entre-temps chef du service
des Affaires juives de la Gestapo en France, note
le 13 janvier 1942 à l'intention du SS-Sturmbannführer Lischka : « Le SS-Sturmbannführer Hagen

m'a informé le 12 janvier 1942 que l'internement
des Juifs des Basses-Pyrénées et des Landes dans
des camps de concentration est nécessaire aussi
bien pour des raisons militaires que pour l'ampli-
fication des mesures antijuives. » Le 14 janvier, le
SS-Obersturmbannführer Lischka avise le commandement militaire de sa décision de suivre le conseil
de Hagen.

Hagen étend sa zone d'action jusqu'à la Bretagne,
implantant le dispositif de la Sipo-SD dans les prin-
cipales villes du secteur atlantique pour prévenir ou
réprimer toute tentative d'opposition française et
pour organiser les arrestations de Juifs.

Le 5 mai 1942, Heydrich installe à Paris un chef
supérieur des SS et de la police allemande en France,
le général Carl Oberg, qui prend en main tous les
pouvoirs de police, et lui donne un bras droit, une
« éminence grise » : Herbert Hagen, qui sera son
référendaire personnel. C'est une promotion éclatante. Hagen, qui n'a pas encore trente ans, est également un temps le chef du département VI de la
Sipo-SD en France. Ce département était spécialisé
dans la recherche de renseignements, soit sur l'étranger, soit sur l'activité du gouvernement français et
des partis politiques. Hagen tirera désormais avec
Knochen les ficelles du jeu politique en France, les
leviers de décision en la matière étant passés progressivement du commandement militaire et de l'ambassade à la SS.

Le service des Affaires juives de la Gestapo, avenue Foch, est tout proche du boulevard Lannes. Hagen ne néglige pas son activisme antisémite. Il est de toutes les conférences au sommet entre Allemands ou entre autorités allemandes et françaises pour mettre sur pied le programme de déportation et abattre les obstacles de tous ordres qui se dressent devant la réalisation de la « solution finale de la question juive en France ». Tous les documents concernant les mesures prises au point de vue de la question juive en France passaient par Hagen comme par Lischka, Oberg et Knochen.

Hagen est l'exemple type de l'« assassin de bureau ». Non, il ne se salit pas les mains, il ne se complaît pas au spectacle de la torture, mais son intelligence fanatique au service du mal définit des lignes directrices et construit des structures au sein desquelles des hommes comme Barbie enfoncent nécessairement leurs bras dans le sang des résistants et des Juifs. Les notes de Hagen, rédigées en de lumineux bureaux donnant sur le bois de Boulogne, tracent pour les Juifs des chemins qui aboutissent à Auschwitz.

Hagen était parfaitement conscient du sort réservé aux Juifs. Il était informé de leurs arrestations et transferts : tout ce que recevait Oberg passait par les mains de Hagen.

Le 2 juillet 1942 se tient une réunion entre Oberg, Knochen, Hagen, Lischka et Bousquet ; Hagen en rédige le procès-verbal : les policiers français opéreront la rafle dite du Vélodrome d'Hiver. Hagen a présidé le 17 juillet 1942 la conférence qui rassemblait plusieurs policiers français et allemands au sujet des enfants juifs arrêtés lors de la rafle du Vél'd'Hiv. Les enfants ont été déportés.

Hagen participe encore jusqu'à la fin de l'occupation à de nombreux entretiens sur la question juive avec les autorités françaises. Il est un des derniers criminels allemands à avoir été condamné par contumace le 18 mars 1955, à Paris, à la réclusion perpétuelle par le Tribunal permanent des forces armées.

*
* *

Jens Hagen s'est ressaisi après l'examen du dossier de son père. Il a commencé par nous expliquer que sa mère était malade, que sa famille était pauvre, qu'il fallait épargner son père, qu'il avait changé.

« Nous voulons bien admettre que votre père a changé : tout le monde peut changer. Seulement, pour cela, il nous faut des preuves ; il est très facile de les fournir. Le mieux, c'est que votre père se constitue prisonnier et vienne en France pour demander à être jugé. Dans ce cas, il apportera beaucoup d'éléments du point de vue de l'histoire, puisqu'il a été à l'origine des persécutions antijuives. C'est lui qui a formé Eichmann, Dannecker et la plupart des membres de l'équipe d'Eichmann. C'est votre père qui, avec Knochen, a dirigé la politique allemande en France sous l'occupation pendant les années 1942-1944 ; il sait beaucoup de choses et, en outre, il a un réel talent de journaliste. Sa comparution en France pourra être très positive.

« Si un homme quitte sa famille pour se constituer prisonnier et pour être jugé dans un autre pays, c'est qu'il a vraiment changé. Il peut aider la société d'aujourd'hui à comprendre comment il a pu devenir le SS Herbert Hagen des années 1940. Nous défendrons alors le cas personnel de Herbert Hagen de 1971, lequel, dans ces conditions, ne s'expose selon toutes probabilités qu'à une condamnation de principe. Mais s'il ne vient pas en France, c'est qu'il n'a pas changé. »

Jens a répondu qu'il transmettrait ma proposition à son père. Dès son départ, nous avons souri : nous n'étions pas naïfs, jamais nous n'obtiendrions de réponse. Mais, toujours légalistes, il nous fallait entreprendre cette démarche avant de nous lancer dans une lutte plus dure.

Il était extrêmement intéressant d'observer comment un journaliste se disant homme de gauche, fils d'un des plus grands criminels nazis, pouvait juger la génération qui l'avait précédé. Ses sentiments filiaux lui faisaient complètement oublier le reste.

Jens nous a confié que, dans l'album de photographies de son père, il a vu la photo d'Eichmann et de Hagen à Haïfa et au Caire en 1937, et que son père était si intéressé par le problème juif qu'il était allé en Israël quelques années auparavant en touriste pour revoir le pays. Un homme comme Hagen pouvait donc se permettre de venir en France pour y négocier des contrats et de faire du tourisme en

Israël alors qu'il avait été l'un des plus grands persécuteurs de Juifs ! Un an plus tard, en 1972, Barbie ne prétendra-t-il pas de son côté être allé rendre hommage au Panthéon, dans les années 1960, à son meilleur ennemi, Jean Moulin ?

En trois jours, nous avions donc filmé Lischka et Hagen. Après un passage à Bruxelles au Congrès mondial pour les Juifs d'URSS, nous sommes revenus le 26 février à Cologne afin de récupérer nos films. Le 4 mars, je suis reparti pour Ludwigsburg, près de Stuttgart. J'y ai interrogé Adalbert Rückerl, procureur général chargé de la direction de l'Office de recherche des criminels de guerre en Allemagne.

Herr Doktor Rückerl a parcouru les dossiers que je lui ai remis sur Lischka et Hagen. Aussitôt après, il a enregistré une déclaration :

> « *Ces déportations de Juifs ont eu lieu pour des raisons raciales. D'après notre législation, il s'agirait de motifs sordides* [niedrige Beweggründe], *ce qui signifie que, en vertu du droit pénal allemand en vigueur, les cas en question peuvent être poursuivis, il n'y a pas de prescription. Parmi les personnes visées sont à nommer en premier lieu Lischka et Hagen, et à juger pour leur responsabilité dans la déportation des Juifs de France. Je suis d'avis qu'il faut se saisir des personnes au sommet de la hiérarchie, responsables ou essentiellement coresponsables de ces événements ; ce sont eux que l'on doit soumettre au jugement équitable des tribunaux allemands.* »

Pour nous appuyer dans notre combat et renforcer notre détermination, nous disposons désormais de la déclaration de l'Allemand le plus compétent sur ce problème, lequel affirme que Lischka figure en tête de liste parmi les criminels nazis. Cette fois-ci, nous sommes prêts à passer à l'acte.

# L'opération Lischka

Le problème, désormais, est de constituer une petite équipe : il nous faut au moins trois hommes de plus pour tenter l'opération Lischka. Comme nous en discutons au restaurant Paul, place Dauphine, deux jeunes gens de la table voisine, juifs l'un et l'autre, qui nous ont reconnus et ont écouté notre conversation, se portent volontaires pour nous prêter main-forte. Ils s'appellent Marco et David : le premier a fait Sciences Po, le second est médecin. De plus, Marco connaît un photographe, Élie Kagan, à l'allure rebelle, qui pourrait bien accepter de participer à l'enlèvement. Il nous met en contact avec lui.

Nous le retrouvons, Beate et moi, dans un troquet du XVIIIe arrondissement. Il pensait que les criminels nazis se cachaient quelque part dans la forêt vierge. Il lui semble extraordinaire ou insensé de s'entendre dire que l'homme qui a signé l'ordre de la rafle du Vél'd'Hiv vit tranquillement à Cologne sous son propre nom, sans se cacher. Pour achever de le convaincre, nous lui montrons les documents que nous avons rassemblés.

Nous avons donc commencé à nous préparer tous les cinq, c'est-à-dire à étudier les plans que Beate avait établis, de véritables plans de professionnel. La topographie des lieux, les horaires et habitudes de Lischka : tout était consigné et pris en compte dans l'élaboration du plan.

Il nous fallait également nous équiper, notamment d'une matraque pour étourdir Lischka. Élie nous montre la sienne. Elle est minuscule, nous en rions. Élie se fâche : «Vous ne connaissez rien aux matraques ; avec une petite matraque comme ça, on descend un mammouth ! » Impressionnés parce que nous n'avons ni les uns ni les autres l'habitude de manier ce genre d'objet, nous acquiesçons. Le matériel d'attaque comprenait deux matraques. L'une devint inutilisable, car à l'hôtel, la veille de l'enlèvement, alors que notre ami Élie s'entraînait à faire de grands moulinets avec la matraque, le bout de son arme s'est décroché et a raté miraculeusement une superbe armoire à glace pour aller frapper avec un bruit assourdissant la porte de sa chambre. Un grand fou rire nous a tous secoués pendant plusieurs minutes.

Nous avions besoin malgré tout d'une arme plus sérieuse. Élie avait un vieux pistolet de je ne sais trop quelle armée ; nous l'avons rendu inoffensif en retirant le percuteur. C'était un moyen, si jamais l'affaire tournait mal, de prouver notre bonne foi. J'ai aussi acheté une paire de menottes et suis parti louer une R16 pour notre expédition.

Nous sommes partis de Paris le samedi 20 mars au soir. Nous avons roulé toute la nuit pour arriver à Cologne vers 3 heures du matin après une halte festive dans un petit village où se déroulait un bal musette. Nous eûmes beaucoup de mal à sortir Élie de ce bal, il dansait avec toutes les filles.

Le dimanche, vers 9 heures du matin, nous étions tous debout. Beate nous avait préparé un bon petit déjeuner pour entretenir le moral des troupes. Avec quelques heures de retard, nous sommes allés chercher la voiture louée à partir de Cologne, une Mercedes 220 avec quatre portes, la voiture la plus banale que l'on puisse trouver en Allemagne. Mais, comme nous n'étions pas arrivés à l'heure, Hertz l'avait louée à quelqu'un d'autre.

Après avoir essuyé un échec chez un autre loueur, nous sommes revenus sur nos pas louer un coupé Mercedes 280, une grande voiture de luxe couleur crème avec embrayage automatique. Ce véhicule était terriblement voyant, n'avait que deux portes et était immatriculé à Francfort. Trois bons moyens de ne pas passer inaperçus. Comment faire pénétrer dans une voiture à deux portes une personne enlevée par cinq autres ? Additionnons, divisons : cela nous donne deux personnes et demie par porte. La commodité de l'opération n'échappait à personne.

Nous avons élaboré un plan bien ficelé et avons commencé à répéter le ballet de voitures qui devait nous permettre d'enlever Lischka. Du lieu de l'enlèvement, nous filerions avec la Mercedes dans un petit bois qui se trouvait tout près de là. Dans ce petit bois, il fallait opérer le transbordement de Lischka dans la R16. Cet endroit était complètement isolé et magnifiquement situé. On pouvait s'y rendre par de petites routes partant dans le sens opposé à celui où l'on nous verrait filer. Il était facile de vérifier que l'on n'était pas suivi. De là, il y avait à peine cinq cents mètres à parcourir pour arriver sur l'autoroute qui faisait le tour de Cologne et nous permettrait de passer du sud, où nous étions, jusqu'au nord de la ville sans la traverser pour rejoindre la Belgique.

Le dimanche, nous repérons les lieux et mettons au point notre plan d'action. Nous quittons l'appartement, les deux voitures se suivant de près. David est au volant de la R16 et Marco à celui de la Mercedes. Immédiatement, nous nous sommes perdus de vue dans la ville. Après une demi-heure de déambulations hasardeuses, nous nous sommes retrouvés à l'appartement. Ce jour-là, nous sautâmes le déjeuner, ce qui mécontenta Élie. Il avait une faculté extraordinaire et assez horripilante de ne penser qu'aux détails futiles, alors que nous autres étions obnubilés par l'opération risquée que nous allions entreprendre. Le minutage de l'action commençait à nous obséder. Nous décidâmes de nous préparer psychologiquement. Chacun devait prévoir, répéter inlassablement les gestes qu'il aurait à faire, gestes qui ne devaient durer que quelques secondes.

Avec le recul, nous pouvons émettre aujourd'hui quelques doutes sur le sérieux de notre préparation, car, lorsque fut venu le moment d'agir, tout se passa exactement à l'inverse de ce que nous avions prévu.

Nous sommes allés repérer soigneusement l'endroit où habitait Lischka. Nous choisîmes le lieu exact de l'action. Nous étions un peu inquiets, car il y avait foule à cet endroit, mais Beate nous rassura en nous expliquant que c'était à cause d'une petite fête et que le lendemain le lieu serait presque désert.

Pour nous entraîner à capturer notre victime et à l'enfourner dans un coffre de voiture, nous nous rendîmes dans la magnifique forêt qui entoure Cologne. Nous cherchâmes dans cette forêt un endroit assez tranquille, car nous préférions évidemment que personne ne nous voie nous livrer à ce genre de distraction. David joua le rôle de Lischka. Il était entendu qu'il faudrait opérer à trois, puisque le chauffeur devait être au volant et protéger le mouvement des autres. L'un devait saisir Lischka sous les bras, les deux autres par les jambes. Chacun tint son rôle à la perfection, et David se retrouva enfermé dans le coffre arrière en quelques secondes. C'est seulement à cet instant que je réalisai que c'était lui qui avait gardé dans sa poche les clefs du coffre où il était prisonnier. Quelque chose qui ressemblait à un hurlement sortit du coffre : «C'est moi qui ai les clefs ! »

Après un moment de panique, nous avons constaté que l'ouverture du coffre était automatique. Nous avons frôlé le ridicule, car rechercher dans Cologne un dimanche un serrurier capable d'ouvrir un coffre dans lequel il aurait trouvé un Juif orthodoxe…

Le soir, nous avons dîné très discrètement dans un restaurant yougoslave. L'ambiance rigolarde dissimulait mal notre angoisse du lendemain.

Une catastrophe nous attendait à notre retour à l'appartement. Le propriétaire allait rentrer plus tôt que prévu. Il nous fallait déguerpir, trouver un hôtel où en aucun cas nous ne devions donner nos noms, afin d'éviter de laisser des traces pour la police. Il y avait sur le Hansaring un hôtel avec des chambres disponibles. Beate y a loué une chambre à trois lits et une chambre à deux lits. Par chance, le jeune portier de l'hôtel connaissait Beate de nom et il était sympathisant de son combat. Pendant qu'ils bavardaient, nous nous sommes glissés comme des conspirateurs – ou des Pieds-Nickelés –, sans remplir nos fiches. Arrivés dans la chambre, nous avons sorti les matraques et recommencé une dernière fois à faire les fous et à nous entraîner. Nous nous étions à peine endormis que Beate donnait le signal du départ. Il était 6 heures du matin. Élie grognait parce qu'il était trop tôt pour avoir un petit déjeuner et qu'il était obligé d'aller à l'assaut le ventre vide.

À 7 heures, arrivés devant le domicile de Lischka, nous commençâmes à nous répartir les places. Il s'agissait de se mettre de part et d'autre d'une rue bordée d'arbres que Lischka empruntait pour prendre son tramway, à la station Maria-Himmelfahrt-Strasse. D'un côté, il y avait une église avec un renfoncement où je pouvais me cacher – j'étais déjà connu de Lischka ; de l'autre, des garages où David allait se camoufler. Nous avions garé la Mercedes sur un des trottoirs. L'attente – Lischka devait sortir à 7 h 25 – fut marquée par une nouvelle inquiétude : un nombre incalculable de personnes prenaient le tram à cet endroit. Dans l'état d'esprit où nous nous trouvions, la présence à quelques mètres de nous de ces passants nous paraissait extrêmement compromettante.

Élie devait le premier surprendre Lischka par-derrière et l'immobiliser ; Marco, qui faisait semblant de farfouiller dans le moteur de la Mercedes, devait lui prêter main-forte pendant que David foncerait face à Lischka en le menaçant, et que je surgirais sur le côté. Beate, elle, devait donner le signal de la sortie de Lischka de son domicile en ôtant son bonnet de fourrure.

Il y avait un va-et-vient incessant de voitures. Des hommes, les mains sur le volant, attendaient leurs femmes et leurs enfants. J'avais laissé tourner le moteur de la Mercedes. Tout à coup, Beate lève son bonnet. Un homme grand que nous avons tout de suite reconnu a passé le coin de la rue et est arrivé à la hauteur de la Mercedes. Marco a été surpris en voyant qu'Élie n'avait pas bougé, et a compris immédiatement que l'occasion était ratée. Lischka avait poursuivi son chemin. Parvenu à la station de tram, il s'est retourné furtivement. Ce fut un moment de découragement total. Pour couronner le tout, il pleuvait. Nous sommes repartis penauds en voiture vers le centre de Cologne. Personne ne disait plus rien, personne n'osait se regarder. Le vent de la défaite avait soufflé sur notre commando. Nous nous sentions coupables.

Après avoir garé la voiture devant la cathédrale, nous avons pris un petit déjeuner copieux dans l'hôtel en face de la gare. Là, j'ai essayé de remonter le moral des troupes. J'ai expliqué que, même en cas d'échec, le but de l'opération était de sensibiliser l'opinion publique sur Lischka, de faire savoir qu'une menace planait toujours sur la tête des criminels nazis ayant sévi en France. Il fallait donc au minimum un commencement d'exécution de l'enlèvement : sans cela, c'était un échec total. Ne pas ramener Lischka, mais faire grand bruit autour d'une tentative réelle de rapt, ce serait déjà un beau succès : cela permettrait d'attirer l'attention sur l'impunité totale dans laquelle il vivait.

Beate avait noté que Lischka revenait chez lui par le tram de 13 h 25. Nous avons décidé de recommencer l'opération dans l'après-midi, en espérant que Lischka ne nous avait pas remarqués le matin.

Nous étions quand même inquiets. Lischka pouvait être méfiant, ne pas revenir ou bien revenir armé, ou avec des amis ou des policiers, et, qui sait, tirer dans un état que la justice qualifierait de « légitime défense ».

Nous revoici donc à 12 h 45 à la sortie du tramway, décidés à agir cette fois sans souci de discrétion ou de précaution. Le moteur de la voiture ronflait, nous nous tenions debout à deux pas de celle-ci et bavardions. Nous nous étions mis dans la peau de quatre policiers venus arrêter un individu – je crois que nous en avions presque la mine.

À l'arrivée des tramways, toutes les dix minutes, les gens sortaient par vagues. Viendra, viendra pas ? Soudain, Lischka apparut. Il était séparé des autres voyageurs descendus avec lui du tram. Nous avions décidé coûte que coûte de faire quelque chose. Marco s'est précipité sur Lischka, qui était arrivé à une trentaine de mètres de la voiture. J'ai surgi deux secondes après lui. Nous l'avons pris chacun par un bras, et Marco a crié : «*Komm, komm !*» (Venez, venez !)

Il a fait deux pas par automatisme vers la voiture, puis a réalisé que quelque chose clochait. David et Élie sont arrivés. Élie l'a frappé. Nous nous rendions compte qu'il y avait peu de chances de le traîner vers la Mercedes. Il était désespérément lourd. Beaucoup de gens s'approchaient. En effet, Lischka, terrorisé, le visage cramoisi, hurlait : «*Hilfe, Leute, Hilfe !* » (Au secours ! Au secours !) Il restait planté comme un pachyderme pendant qu'Élie le frappait. Lischka, qui avait apparemment plus de peur que de mal, finit par tomber par terre. Mais nous étions désormais entourés. Un des Allemands gesticulait en nous mettant sous le nez une carte de police. Il avait dû nous prendre d'abord pour des collègues. Heureusement, il n'était pas armé. Nous lui demandâmes, en français, de s'en aller.

Je commençais à craindre que nous ne soyons bloqués avec la Mercedes, d'autant que des voitures s'arrêtaient et que nous avions laissé la clef sur le contact. Aucun de nous n'était dans la voiture. Il suffisait à l'un des spectateurs de retirer la clef et nous aurions été pris au piège. J'ai crié : «À la voiture ! »

Élie avait conservé le chapeau de Lischka dans la main, et le petit policier courait derrière lui en demandant : «*Den Hut, bitte, den Hut !* » (Le chapeau, s'il vous plaît, le chapeau !) Élie ne comprenait pas ce qu'il lui voulait. Il s'est retourné vers lui, l'autre lui a montré le chapeau. Un peu trop détendu, Élie le lui a rendu tandis que le policier lui disait : «*Danke schön !* » (Merci !)

Lischka gisait par terre. Beate avait désormais la possibilité de déclencher une campagne contre les criminels nazis. J'étais rasséréné. Trois minutes après, nous étions dans le petit bois et avions changé de voiture. Mais, en entendant des sirènes de police, nous avons renoncé à respecter le rendez-vous et avons abandonné Beate à son sort, sûrs qu'elle n'aurait pas de mal à rejoindre la gare. Nous avons jeté les seringues et les ampoules de chloroforme sur les bas-côtés de l'autoroute. Je me suis rendu compte que nous avions repris de nouveau la route de Cologne. Nous ne retrouvâmes la bonne direction que vers Aix-la-Chapelle. À la frontière, personne ne nous a rien demandé. Restée seule, Beate est simplement rentrée à Paris par le train.

BEATE

## Juger Lischka et Hagen,
## ou bien Beate et Serge ?

Nous avions soigneusement étudié l'aspect juridique du transport en France de Lischka. Serge s'était penché sur l'affaire de l'enlèvement du colonel Argoud à Munich, qui faisait jurisprudence.

Les conditions d'un retour en France ne constituent pas un empêchement majeur pour juger de nouveau un contumax, et cette fois contradictoirement : *Male captus, bene detentus* (capturé dans des conditions irrégulières, mais détenu dans des conditions régulières). La Cour de cassation, chambre criminelle, l'avait formellement reconnu dans son arrêt du 4 juin 1964, constatant que « les voies de fait dont se plaint l'accusé et qui ont consisté à s'emparer illégalement de sa personne et à le conduire sous la contrainte au-delà de la frontière […] [ne sont] pas de nature à entraîner la nullité des poursuites ».

L'argent nécessaire à l'opération est venu de la *DVZ*. Après l'interruption de notre collaboration et mon aventure de Prague, j'ai exigé de son directeur politique les trois mois d'indemnités auxquels j'avais droit. Pour les obtenir, je l'ai menacé d'un procès qui aurait montré que la presse d'extrême gauche se conduit moins bien avec ses journalistes que le trust de presse Springer.

À l'issue de la tentative d'enlèvement de Lischka du 22 mars, il me fallait déclencher l'affaire Lischka, que la police allemande allait essayer à coup sûr d'étouffer.

Le lendemain matin, j'ai téléphoné à un journal de Cologne, le *Kölner Stadtanzeiger*, auquel j'ai déclaré m'appeler Mme Schmidt, habiter Bergisch-Gladbacher Strasse et avoir suivi la veille une tentative d'enlèvement :

— Des jeunes gens sont venus pour matraquer un homme. Je suis étonnée : la police est intervenue, et pourtant ce matin il n'y a rien dans les journaux.

Le journaliste m'a répondu :

— Mais si, regardez en deuxième page, en bas ; nous avons publié un petit entrefilet : «Quatre inconnus ont attaqué hier au début de l'après-midi un commerçant et ont pris la fuite. »

J'ai pris de nouveau le téléphone et appelé un autre journal, la *Kölner Rundschau* :

— Allô, je suis Mme Schmidt, j'habite Bergisch-Gladbacher Strasse, 559. Hier, j'ai été témoin d'un incident dans la Maria-Himmelfahrt-Strasse. Il n'y a rien dans votre journal ; dans le *Kölner Stadtanzeiger*, on ne parle que d'un commerçant attaqué par quatre inconnus. Les agresseurs étaient des étrangers et l'homme qui a été attaqué, je le sais parce que j'habite dans ce coin, est l'ancien chef de la police allemande en France.

— C'est très intéressant, me répondit le journaliste. On va se renseigner auprès de la police.

Nous avons appelé de nombreux journaux, en donnant les mêmes indications. Puis Serge a téléphoné à l'agence de presse allemande en disant qu'il était journaliste français, qu'ici le bruit courait que l'ancien chef de la Sipo-SD de Paris avait échappé à une tentative d'enlèvement et que son journal voulait des détails. C'est ainsi que nous avons fait en sorte que les journalistes assiègent la police de Cologne. Vers 13 heures, nous avons appris que la police avait décidé de donner une conférence de presse dans l'après-midi au sujet de cette affaire.

En fin d'après-midi, j'ai appelé de nouveau, cette fois sous mon vrai nom. Les journalistes, qui avaient compris notre manœuvre, m'ont ironiquement appelée « Mme Schmidt ». Mais le tour était joué. La police leur a indiqué que la Mercedes retrouvée avait été louée par un ressortissant français né à Bucarest. Il s'agissait de Serge, dont la police ne voulait pas divulguer le nom, de crainte qu'il ne soit rapproché du mien et que la presse ne s'empare de l'affaire. Les policiers pensaient que nous allions rester silencieux pour ne pas avoir d'ennuis ; ils ne se doutaient pas encore que notre but était, même au prix d'une action judiciaire contre nous, de soulever en Allemagne le problème de l'impunité de Lischka et de ses complices. J'ai donné aux journalistes des détails précis sur l'enlèvement et sur la victime ; le jour même partaient à leur intention des dossiers sur Lischka. Le lendemain et les jours suivants, les gros titres envahissaient la presse allemande : « B.K. essaie de ramener à Paris l'ancien chef SS Lischka. »

La deuxième partie de notre plan consistait à attirer l'attention cette fois-ci sur Hagen. Quarante-huit heures plus tard, alors que l'affaire Lischka remuait encore les rédactions, j'ai publié un communiqué *via* l'Associated Press annonçant qu'il existait encore plusieurs centaines de criminels comme Lischka et que, si le Bundestag ne ratifiait pas notre convention, nous recommencerions avec d'autres criminels dont nous connaissions les noms et adresses. Notre prochaine victime serait Herbert Hagen, de Warstein. Nous avons donné des précisions sur ses activités nazies ; sa photo, distribuée par nos soins, est parue dans la presse allemande avec son *curriculum vitae*. Notre objectif était que les deux têtes de liste, celles pour lesquelles nous avions préparé des dossiers solides, sortent de l'ombre. Hagen fit aussitôt appel à la police.

Si j'avais simplement promené mes dossiers dans les salles de rédaction, je n'aurais obtenu aucun résultat. Pendant plusieurs jours, la presse allemande polémique sur cette menace qui plane sur des citoyens allemands. La police est dans l'incapacité, on le sait, de protéger des centaines de personnes.

Tout le problème, jusque-là resté méconnu, de l'impunité de ces bourreaux est enfin exposé dans la presse. Dans le *Vorwärts*, l'organe du parti social-démocrate, Wolf Scheller, au terme d'une enquête, remarque : « Depuis le 22 mars, plusieurs messieurs d'un certain âge et bénéficiant d'une bonne situation ne peuvent plus dormir tranquillement en République fédérale. Ils s'enferment dans leurs appartements, ne répondent plus au téléphone, ou font dire qu'ils sont absents. Ils ne sont plus là pour personne. » Si un homme comme Simon Wiesenthal admet : « Bien que la République fédérale ne soit pas l'Amérique du Sud, je comprends ces jeunes gens s'ils perdent patience », nombre d'éditorialistes ouest-allemands ne partagent pas son avis. Certains sont irrités de voir une femme prendre de semblables initiatives ; Peter Herold, dans le *Tagesanzeiger*, est catégorique : « La femme qui a giflé le chancelier Kiesinger est devenue une criminelle. Le cas Klarsfeld relève de la pathologie politique. »

J'apprends par des journalistes en contact avec le juge d'instruction, le Dr Bellinghausen, que pour le moment aucun mandat d'arrêt n'est lancé à l'encontre de Serge ou de moi pour notre tentative d'enlèvement. Pourtant, le *Spiegel* vient de publier un très long article sur cette affaire. Pour intensifier notre action, nous communiquons à la justice allemande les dossiers complets de Lischka et de Hagen. Je demande à Ralph Feigelson, résistant français, ancien déporté à Auschwitz, de porter ces dossiers au juge d'instruction à Cologne revêtu de sa veste de déporté, arborant toutes ses décorations sur la poitrine. Avec son physique imposant et sa superbe barbe, il est vraiment photogénique, et je compte là-dessus. Ralph Feigelson devait aller à la Maison de la Presse à Cologne, et les journalistes, prévenus, l'accompagner jusqu'au tribunal.

Mais dans l'après-midi du 31 mars, quelques heures avant le départ, j'apprends que le Dr Bellinghausen, questionné par les journalistes sur l'absence de mandat d'arrêt délivré contre moi, a répondu : «Je ne suis pas obligé de croire ce qu'écrivent les journaux. »

La justice allemande doit hésiter à lancer un mandat d'arrêt qui accroîtrait encore le scandale. Si je me présente au Dr Bellinghausen, ma provocation déclenchera une épreuve de force. S'il me laisse repartir impunément, il acte que la situation réservée aux criminels de guerre en Allemagne fédérale est un tel scandale qu'on ne peut pas sévir contre les gens qui agissent illégalement contre eux. S'il m'enferme, il porte la situation à son paroxysme, puisque non seulement les criminels continueront à bénéficier de l'impunité, mais leur accusatrice, militante antinazie, est emprisonnée… à leur place.

Je préfère ne pas penser à la possibilité d'une arrestation. Ralph et moi avons pris le train de nuit pour l'Allemagne, celui de 23 h 15. À 6 h 15, nous arrivons en gare de Cologne. Rendez-vous fut donné avec l'agence de presse allemande DPA devant le tribunal, un peu avant 11 heures. Ralph, plusieurs journalistes et moi avons quitté la Maison de la Presse et nous sommes dirigés vers le tribunal d'Appellhofplatz, à quelques minutes de là. Devant le tribunal, d'autres journalistes, quelques photographes et cameramen nous attendaient. Ralph a revêtu sa veste de déporté, couverte à moitié par ses décorations.

Je me suis présentée au bureau du procureur.

— Je suis au courant, m'a-t-il dit, je viens d'apprendre que vous étiez arrivée à Cologne.

— Monsieur Bellinghausen, je suis d'abord venue pour vous porter les dossiers, accompagnée par

M. Feigelson. Et vous confirmer que ce qui est écrit dans la presse est tout à fait exact : je suis responsable de l'agression contre Lischka.

— J'ai un mandat d'arrêt contre vous dans le tiroir, vous êtes en état d'arrestation.

Il m'a laissée faire une courte déclaration à la presse.

De retour à Paris, Ralph Feigelson a raconté la scène dans le journal de la LICA, *Le Droit de vivre*, en avril 1971 : «Le procureur Joseph Bellinghausen et son assistant nous reçurent courtoisement, embarrassés et pâles, mais non surpris. Après que Beate a présenté les pièces essentielles du dossier, j'ai demandé l'arrestation immédiate de Lischka. Le procureur, qui m'a dit être trop jeune pour connaître ces faits, s'est déclaré incompétent ! Beate traduisait au fur et à mesure car, n'ayant appris l'allemand qu'à Auschwitz, je le comprends mal et le parle encore moins bien. Aussi, quand il parla de mandat d'arrêt, pendant trente secondes je crus qu'il allait faire arrêter Lischka ! Mais c'était de Beate Klarsfeld qu'il parlait.

«En inculpant B.K. "de tentative grave de séquestration, de tentative de contrainte physique, de complicité de coups et blessures graves et d'organisation d'une association criminelle" (*sic*), la justice allemande se prépare à la condamner à une peine qui peut aller jusqu'à vingt-trois années de prison. »

J'ai été transférée dans la prison d'Ossendorf, à quelques minutes du centre : huit cents femmes et quelques milliers d'hommes y sont enfermés. Ma cellule se trouvait au rez-de-chaussée : elle donnait sur une cour parsemée de gazon et de fleurs. Cellule individuelle de 4 mètres sur 2, un lit sans sommier, une armoire, un lavabo, un W.-C., une fenêtre à barreaux en béton, une table et une chaise. Permission d'écrire, de lire trois livres par semaine, mais pas les journaux, d'écouter la radio de 6 h 30 à 22 heures (il y avait un responsable chargé spécialement de la radio, qui sélectionnait les programmes et qui réalisait des émissions spéciales à notre intention avec des invités ou des disques de son choix). Tout était correct, propre (deux douches par semaine), supportable, sauf la privation de liberté et, pour ma part, j'ajouterai la nourriture, mieux présentée qu'à Prague, mais tout aussi infecte. J'avais droit à deux promenades de trente minutes par jour. Mes camarades étaient pratiquement toutes des condamnées de droit commun, sauf une espionne au service de la RDA, qui se promenait seule. La plupart des femmes étaient des prostituées : le règlement leur permettait même de sortir en jaquette de vison et pantalons collants. On parlait beaucoup pendant les promenades, qui leur permettaient de ne pas perdre la forme en échangeant des conseils sur les techniques et sur les prix. Certaines me faisaient des confidences : « J'ai comme client un juge ; il est vieux, il demande que je le chatouille avant, ça lui donne des forces, et là c'est moi qui aurais bien besoin d'être chatouillée, parce que ce n'est pas gai, mais il paie bien. Il faut que je lui écrive, peut-être me fera-t-il sortir d'ici plus rapidement. »

On me demandait aussi des conseils juridiques. Toutes étaient très gentilles avec moi : j'avais giflé un type de la haute ; je n'avais pas eu peur de m'attaquer aux SS et, en plus, j'étais déjà allée en prison. Ce qui restait impressionnant, c'était cette porte sans poignée dans la cellule. S'il y a un incendie, comment sortir ?

Les premiers jours, j'ai été uniquement en contact avec mon avocat, M<sup>e</sup> Klaus Himmelreich, un jeune membre de la CDU que j'avais choisi au hasard, au moment de mon arrestation. Horst Mahler, mon avocat habituel, ne pouvait me recommander aucun confrère ; il était lui-même détenu depuis six mois à la prison de Berlin-Moabit. Spécialiste des accidents de voiture, toujours tiré à quatre épingles et fort aimable, mon nouvel avocat voyait l'affaire sous un angle uniquement juridique. Son attitude a changé après avoir rencontré Serge en Belgique, d'autant qu'il était régulièrement menacé : « Comment pouvez-vous défendre la Klarsfeld ? »

Je n'avais pas de contact avec Serge et je me sentais perdue. Je n'étais jamais restée loin de Paris sans téléphoner une fois par jour, et là, soudainement, j'étais coupée du monde, sans savoir ce qui se passait, si l'on mettait en place les moyens de me sortir de là. La prison avait paradoxalement sur moi les effets d'une cure de repos : j'ai ressenti une détente physique après tant de semaines de tension ; mais je m'inquiétais pour Arno.

Un jour ou deux après mon arrestation, j'ai été appelée au tribunal pour l'instruction. Face à moi, le D<sup>r</sup> Bellinghausen et son adjoint, M. Wissborn.

Autant le Dr Bellinghausen, âgé de quarante-cinq
ans, était très soigné, autant M. Wissborn était mal
habillé ; il s'occupait le plus souvent de pornogra-
phie, c'est-à-dire qu'il était chargé de lire toutes les
revues pornos qui paraissaient. Quand il me regardait, j'avais toujours l'impression qu'il cherchait dans
quelle revue il avait bien pu m'apercevoir.

L'instruction se déroule dans une atmosphère
détendue. On me fait apporter des cafés, on me
donne des sandwiches, il arrive même que le procureur fasse des plaisanteries. Pourtant, chacun
surveille l'autre ; j'ai l'expérience des procureurs allemands, c'est leur façon de faire parler les détenus. Ils
sont d'une gentillesse extrême ; ils font semblant de
laisser entendre que ce que vous avez fait n'est pas
très grave, justement pour vous faire dire ce qu'on
ne peut obtenir par la dureté.

Mon but était de faire inscrire dans le procès-
verbal toutes les fonctions de Lischka, alors qu'eux
désiraient traiter l'affaire le plus juridiquement possible, dissocier le passé de Lischka de l'homme attaqué aujourd'hui. Quand on me disait « Lischka »,
j'ajoutais : «le chef du service juif de la Gestapo
du Reich », et j'arrêtais de parler si on ne l'inscrivait pas dans le procès-verbal. Si la fonction n'était
pas inscrite, je croisais les bras et restais inerte. Et
ainsi de suite. Au terme de l'instruction, mon dossier
représente deux grands volumes et quatre annexes ;
environ cinq à six kilos de papier.

Pendant ces seize jours de détention, l'avocat
Himmelreich a réclamé à deux reprises qu'on sus-
pende le mandat d'arrêt et que je puisse rester libre

jusqu'au procès prévu pour le mois de juillet. Le tribunal a refusé par deux fois. Le président du tribunal, M. de Somoskeoy, avait déjà fait savoir sa propre opinion : «Un acte comme celui de la Klarsfeld ne s'explique que par une déficience d'esprit. » Pendant la courte séance qui aboutit au refus de me libérer, Somoskeoy annonce : «Mme Klarsfeld devra se faire examiner par un psychiatre. » Je réplique que c'est la société qui réhabilite des assassins comme Lischka qui devrait se faire psychanalyser. Devant mon refus, le président s'accroche : «Alors le psychiatre assistera aux séances de votre procès et fera un rapport sur vous à l'aide de ses observations. »

Le ministre de la Justice SPD du Land de Rhénanie-du-Nord-Westphalie, M. Neuberger, était juif ; il avait même émigré en Israël après la guerre, puis avait préféré rentrer en Allemagne pour y faire carrière. Inutile de préciser que M. Neuberger était le dernier dont je pouvais attendre quelque chose.

Pendant que j'étais emprisonnée, le docteur en biologie et SS Bruno Beger était jugé à Francfort pour avoir sélectionné en 1943 à Auschwitz quatre-vingt-six détenus juifs dont les squelettes présentaient des particularités assez intéressantes pour qu'ils ornent la collection d'anatomie pathologique du professeur Hirt à l'université du Reich de Strasbourg. Ramenés par ses soins à Natzweiler, les quatre-vingt-six êtres humains, Juifs, cobayes, furent mis à mort, bouillis, puis démembrés. Verdict du procès : trois ans de prison.

Pendant ce temps, une campagne de soutien animée par Serge se développe. Grâce à cette mobilisation – notamment des anciens résistants et déportés –, j'obtiens une remise en liberté provisoire et la suspension du mandat d'arrêt. Pour ne pas perdre la face, le tribunal demande le versement d'une caution de 30 000 marks (celle du chef de la Sipo-SD de Varsovie, le SS Ludwig Hahn, s'élevait à 8 000 marks).

Quand je suis sortie, un gardien, âgé d'une cinquantaine d'années, s'est avancé vers moi et m'a serré la main : «Je m'inquiétais de ne pas vous voir libérée. Vous avez bien fait, très bien fait. J'espère que Lischka vous remplacera un jour. »

Serge m'a raconté plus tard ce qui s'était passé pendant mon emprisonnement : «Sous l'impulsion de M. Pierre-Bloch, les différents mouvements de résistants et déportés, communistes ou non, se sont retrouvés pour agir. C'était la première fois qu'ils se retrouvaient depuis très longtemps. À leur troisième réunion, ces mouvements se sont constitués en Comité national de liaison pour la recherche et le châtiment des criminels de guerre. J'avais aussi pris contact avec des mouvements de jeunesse. L'Organisation juive révolutionnaire a décidé, le 16 avril, d'occuper l'ambassade d'Allemagne. Une vingtaine de jeunes se sont rendus à l'ambassade, avenue Franklin-D.-Roosevelt, et y ont collé des papillons autocollants : "Libérez B.K., emprisonnez les criminels nazis." Ensuite, ils ont fermé les grilles de l'ambassade et s'y sont attachés avec des chaînes et des menottes. Un jour, à la maison, nous avons reçu un appel d'un monsieur Lichtenstein. Il nous a dit qu'il s'inquiétait pour toi, qu'il avait quitté l'Allemagne à cause des persécutions nazies et que, en cas de demande de caution, il s'en occuperait. Il a tenu parole. Grâce à lui, tu as été libérée. »

M. Lichtenstein a toujours dit que son geste était normal. Serge et moi savions combien il était exceptionnel.

Enfermée dans ma cellule, j'ai reçu la plus grande récompense, la plus belle justification de l'ensemble de mon action conduite au nom du peuple allemand, à travers un article du philosophe Vladimir Jankélévitch publié dans *Combat* :

*« Donc, c'est B.K. qui est en prison et c'est le Herr Doktor Lischka, Obersturmbannführer-SS, qui continue paisiblement de vaquer à ses affaires. B.K. est en prison, mais le chef de la Gestapo en France, Knochen, docteur en philosophie, continue sans doute de vaquer à ses grandes occupations philosophiques et de mener la vie d'un bon bourgeois sans plus penser aux centaines de milliers de victimes misérables dont les ossements pourrissent sous la terre. Pour l'instant, la mauvaise volonté de la justice allemande l'emporte sur le courage du chancelier Brandt. L'illégalité apparente d'un acte protestataire est utilisée par le procureur de Cologne pour masquer l'écrasante responsabilité d'un criminel de guerre.*

*On comprend l'inquiétude du néo-nazisme allemand et son désir d'étouffer la voix de B.K. B.K. est, à elle*

seule, la conscience d'un pays inconscient. La prospérité et le "miracle économique" ont entretenu ce pays,
ses capitaines d'industrie, ses marchands, ses touristes
et ses militaires dans la stupéfiante inconscience où
nous les voyons plongés. Faut-il dire inconscience ou
bonne conscience ? Ils pensent qu'ils ne nous doivent
rien, qu'ils n'ont aucune explication à nous donner,
pas de comptes à nous rendre ; ils ne comprennent
même pas ce que nous leur voulons. Aussi B.K. nous
est-elle deux fois précieuse...

Elle accomplit la promesse que les juges de Nuremberg nous avaient faite et qu'ils n'ont pas tenue : poursuivre les plus grands criminels du plus grand crime
de l'histoire jusqu'au bout de la terre. Sa cause est
notre cause. Sa lutte exemplaire et persévérante, à
la fois lucide et passionnée, contient en puissance la
réhabilitation de la jeunesse allemande.

Elle a courageusement accepté, comme Allemande,
la responsabilité de crimes horribles qu'elle n'avait pas
commis ; sans être coupable elle-même, elle a endossé
la sanglante responsabilité de son peuple. Ces crimes,
pourtant, n'étaient pas les siens : c'étaient les crimes
des immondes sexagénaires ventrus qui peuplent
actuellement les administrations et l'industrie allemandes.

[...] Et malgré tout B.K. n'a pas jugé que ces crimes
ne la concernaient en rien. Cela est beau... B.K. a
préféré la tribulation et le danger. Aussi est-elle pour
nous un espoir, la possibilité d'une réconciliation, la
première grande chance de pardon. Depuis qu'elle s'est
donné sa mission, depuis que le chancelier Brandt, à
la place des coupables, a demandé pardon aux martyrs,

*nous mettons tout notre espoir dans ce combat de l'élite allemande. Pour la première fois, la parole secourable si longtemps et vainement attendue est venue jusqu'à nous. Que les juges de Cologne libèrent bien vite cette première chance, cette chance unique du pardon. Et de même : gifler un chancelier mal repenti, créer un esclandre au Parlement, s'enchaîner dans les rues de Varsovie et de Prague pour témoigner devant les indifférents et attester l'identité de l'antisionisme et de l'antisémitisme, ce sont là, assurément, des actes "scandaleux". Mais ces actes scandaleux, dérangeant la bonne conscience des passants, mettent en lumière un autre scandale, un scandale infiniment plus grave caché au fond de l'ordre légal, et qui est le scandale du crime impuni dans la prospérité triomphante. Faire éclater scandaleusement le scandale, voilà le rôle difficile dont s'est chargée B.K., non en paroles, mais dans les actes, et dangereusement. Aussi disons-nous, contrairement à l'Évangile, et en méditant l'exemple admirable qu'elle nous donne : Béni soit celui par qui le scandale advient. »*

L'attitude est-allemande me donnait aussi du courage. J'apprenais que Mᵉ Friedrich Kaul, avocat officiel de la RDA, avait demandé à participer à ma défense. Il était juste qu'un avocat communiste soit présent à mes côtés puisque la Gestapo de Lischka avait massacré les résistants communistes. Kaul m'a dit, quand il m'a vue à Cologne : «Si M. Honecker n'avait pas donné par écrit l'ordre de vous défendre, je n'aurais pu affronter tout ce mur de hauts fonctionnaires qui sont tout à fait contre

vous. Je voudrais aussi vous transmettre le salut et
le respect de M. Honecker. » Cette marque d'estime, je l'avais gagnée debout, malgré ou à cause de
Varsovie, de Prague et de mes attaques contre les
antisémites est-allemands. Elle émanait d'un homme
qui n'avait pas passé quinze jours comme moi dans
une gentille cellule, mais dix ans dans les geôles
hitlériennes.

J'ai informé Me Kaul que Serge faisait des
démarches pour obtenir un avocat israélien qui représenterait à ce procès les victimes juives de Lischka.
L'antagonisme entre la RDA et Israël est grand ; mais
Kaul ne s'en est pas formalisé. Peut-être croyait-il
qu'Israël ne bougerait pas. En effet, l'organe de la
communauté juive ouest-allemande, l'*Allgemeine
Wochenzeitung* de Düsseldorf, avait commenté mon
action dans un sens exactement opposé à celui du
Congrès juif mondial et des Juifs de France, qui
m'ont soutenue activement : « Cette situation [l'impunité des criminels] ne donne pas le droit à B.K.
de se sentir appelée à agir comme porte-parole des
Juifs et des persécutés, et de chercher d'une façon
intolérable une publicité personnelle. »

Dans cet affrontement, Serge agissait au nom des
Juifs ; moi, je n'ai jamais agi au nom des Juifs, mais
au nom des Allemands. J'estime normal de penser
que, au moment d'être massacrés, les six millions de
Juifs préféraient que les coupables soient châtiés plutôt que protégés par ceux qui sont en Allemagne les
porte-parole des Juifs allemands. Une communauté
qui se déchaînait contre les sous-fifres qui, en bas

de la machine à exterminer, trempaient leurs mains dans le sang, mais qui restait silencieuse devant les grands « assassins de bureau », surtout ceux qui avaient retrouvé une place importante dans la vie publique.

# Israël

En Israël, la nouvelle de mon arrestation n'avait d'abord pas fait grand bruit. Serge s'est adressé à l'ambassade israélienne à Paris pour qu'un avocat israélien soit à mes côtés ; mais la réponse tardait. Aussi Serge a-t-il envoyé par télex une lettre ouverte aux principaux journaux israéliens. Cette lettre a entraîné des prises de position très engagées en ma faveur. Israël Noiman a été le premier à réagir dans *Davar* :

*« Lettre ouverte à une criminelle endurcie.*
*– Le silence dans l'affaire B.K. est un scandale.*

*Chers Beate et Serge,*
*J'espérais que des personnages bien plus grands et bien plus importants que moi me précéderaient par une action bien plus impressionnante et utile que cette lettre. Mais, à ma grande stupéfaction, j'ai attendu en vain. C'est pourquoi je vous écris cette lettre. Peut-être aidera-t-elle à sortir de leur torpeur ceux qui auraient déjà dû agir, faire appel et pro-tester ? Les jeunes Juifs français se réveillent ; notre*

*silence à nous, ici, en Israël, me stupéfie encore plus.*
*Ce silence ne peut durer. C'est une insulte doulou-*
*reuse aux victimes de l'Holocauste. Il existe chez nous*
*beaucoup d'organisations de rescapés, mais aucune*
*d'entre elles ne s'est donné la peine de révéler au*
*public l'affaire de l'arrestation de Beate pour dénoncer*
*le fait que certains grands criminels se promènent le*
*front haut et s'installent dans des fauteuils profonds*
*et confortables bien qu'ils aient été condamnés par*
*la justice. Ces organisations sont sans doute occupées*
*à préparer des cérémonies qui commémorent l'Holo-*
*causte et ne peuvent pas trouver le temps de s'occuper*
*d'une affaire de si peu d'importance.*

*Que tu sois donc bénie, Beate, pour tes actions.*
*Tu ne seras certainement pas seule au banc des accu-*
*sés. Nous serons avec toi ou par la présence, ou par*
*la pensée. Non pas pour toi, mais pour le respect*
*d'elle-même, l'Allemagne nouvelle sera contrainte, au*
*cours de ce procès, de rendre hommage à l'accusée*
*qui trouble son repos et de recourir à des moyens*
*qui mettront fin à l'absurde situation dans laquelle*
*c'est toi qui es jugée alors que les criminels jouissent*
*de l'impunité.*

*Il ne faut pas que la voix de l'État d'Israël soit*
*absente de la salle du tribunal de Cologne, car ton*
*procès est le nôtre. »*

Ce dialogue que mènent avec moi des Juifs d'Israël
ou de la Diaspora est en réalité un dialogue avec
une certaine Allemagne. Mes actes ont fait de moi
un symbole qui parle aux Juifs.

Dans une interview par téléphone en direct avec Israël Wiener, de la radio militaire, nous apprenons en mai que l'Union nationale des avocats israéliens a décidé de prendre en charge les frais d'un avocat pour ma défense. Serge est parti pour Israël afin d'exposer à l'Union tous les détails de l'affaire.

Il fallait trouver l'argent du billet. Nous étions sans le sou : ma belle-mère nous soutenait de son mieux, mais les notes de téléphone étaient faramineuses ; nous appelions si souvent l'Allemagne ! Serge est allé voir un dirigeant du CRIF et lui a dit :

— Je suis venu parce que je considère normal que la communauté juive de France se charge de ces frais, étant donné que Lischka a été l'homme qui a dirigé la solution finale en France.

— Sur le principe, c'est d'accord, mais du point de vue budgétaire, c'est difficile.

— Savez-vous que nous sommes ici dans un immeuble où venait fréquemment le chef du service des Affaires juives de la Gestapo ? Et je puis vous assurer qu'il rencontrait de grandes difficultés pour trouver des trains pour déporter les Juifs de France, mais il y parvenait quand même. Trois semaines avant la libération de Paris, quand des soldats allemands se repliaient en désordre, lui réussissait à obtenir un train pour déporter plus de mille Juifs, dont des centaines d'enfants.

Le problème du billet fut très vite réglé.

Interviewé à plusieurs reprises à la télévision et à la radio, Serge n'a cessé de répéter : «Ce n'est pas pour défendre Beate qu'il faut un avocat israélien, c'est

pour attaquer Lischka. » M^e Samuel Tamir, député
à la Knesset et ancien commandant de l'Irgoun, s'est
porté volontaire et a été désigné par l'Union.

M^e Tamir avait porté très jeune sur ses épaules
l'affaire Kastner. En 1953, il avait défendu Michael
Greenwald, un Juif autrichien qui avait écrit que
Rudolf Kastner, porte-parole du ministère du
Commerce et de l'Industrie israélien, était un traître,
un collaborateur de l'équipe nazie qui avait fait
appliquer en Hongrie la solution finale de la question
juive et liquidé 430 000 Juifs hongrois. Cela paraissait
invraisemblable, Kastner passant jusqu'alors pour un
héros ayant fait front héroïquement aux exigences
d'Eichmann qui l'avait placé à la tête de la communauté juive hongroise. Or Tamir, qui menait une
campagne extrêmement active, a réuni en Europe et
en Amérique une documentation établissant la responsabilité de Kastner, lequel perdit son procès en
diffamation. Kastner a été abattu en mars 1957 dans
une rue de Tel-Aviv.

Kastner avait été sauvé d'un discrédit définitif par des témoignages de complaisance du
SS-Standartenführer (colonel) Kurt Becher, représentant spécial de Himmler à Budapest et qui avait
activement participé en 1944 à l'extermination de
près d'un demi-million de Juifs hongrois. Ainsi
Kastner était-il quitte avec Becher, qui l'avait protégé en prévision de son procès. Becher savait que
Kastner serait obligé de le couvrir, sinon son rôle
dans la tragédie juive hongroise aurait été dévoilé
par Becher. On aurait alors appris comment Kastner

n'avait cessé de persuader les masses juives de se rendre paisiblement dans le camp « de travail » d'Auschwitz. Kastner pouvait difficilement ignorer ce qui attendait les Juifs à Auschwitz ; il savait aussi que beaucoup de Juifs hongrois pouvaient se sauver s'il donnait l'alarme.

Le 17 février 1958, la Cour suprême d'Israël affirmait solennellement que « Kurt Becher était un criminel de guerre, non seulement dans le sens technique du mot, mais dans ses aspects les plus terrifiants ». Les fonds soustraits aux riches Juifs hongrois ont été placés en Suisse par Becher avant la fin de la guerre. Une fois libéré grâce à Kastner, il les avait récupérés et avait créé en 1950 à Cologne une firme de commerce de céréales. Cette firme s'est développée très rapidement et le SS-Standartenführer Becher était en 1971 à Brême un des hommes les plus riches d'Allemagne. Cela a son importance. En effet, le SS-Obersturmbannführer Kurt Lischka, de retour à Cologne, en 1950, était devenu fondé de pouvoir de la Krücken, une autre firme de commerce de céréales.

Serge avait été licencié de la Continental, ce géant du commerce des céréales, un an avant notre expédition de Cologne. Michel Fribourg, Juif américain d'origine française et propriétaire de ce groupe multinational, tenait alors en main 15 % du commerce mondial des grains. En mai 1971, nous avons appris à peu près simultanément que Kurt Lischka travaillait dans les céréales et que Kurt Becher, le roi allemand des céréales à Brême, avait été l'un des plus efficaces liquidateurs de Juifs. La Continental travaillait activement avec les firmes de Becher et de Lischka. Peu après, Serge communiqua le dossier de ces criminels à l'un des associés de Michel Fribourg, et le pria de demander au propriétaire de la Continental d'interrompre les relations d'affaires qu'il entretenait avec ces firmes allemandes : « Vous connaissez l'état d'esprit de la maison, je suis à peu près le seul à penser comme vous. Il n'y a pas d'espoir », lui répondit cet associé, qui lui confirma plus tard que, en dépit de nos dossiers, la Continental continuerait comme par le passé à commercer avec les firmes de ces criminels nazis. Que faire face à une pareille attitude ? La dénoncer ? Personne n'aurait réagi : « Les affaires sont les affaires », « l'argent n'a pas d'odeur ». Nous avons choisi une tactique différente.

Début novembre 1971, la presse internationale, toutes les grandes firmes céréalières du monde et les principaux cadres de la Continental ont reçu deux dossiers rédigés en anglais et intitulés : « Les criminels nazis de l'action antijuive à la tête de compagnies céréalières allemandes, n° 1 Kurt Lischka, n° 2 Kurt Becher. » Chacun de ces documents consistait en un dossier détaillé et était précédé d'une déclaration de Michel Fribourg : « J'ai été très frappé d'apprendre récemment que certaines firmes avec lesquelles le groupe "Continental Grain" entretient des relations d'affaires sont dirigées par des criminels nazis qui ont mené à l'extermination de la population juive de plusieurs pays européens. J'ai ordonné une enquête. Aujourd'hui, je peux déjà mettre à la disposition de toutes les firmes de la profession et de la presse internationale les dossiers de Kurt Becher et de Kurt Lischka, dont l'impunité est un défi au sentiment de justice que tout homme honnête ressent au fond de son cœur. Par respect pour les innocentes victimes de semblables bourreaux, j'ai aussi décidé de mettre fin à toute affaire avec leurs firmes, et je ne doute pas que le monde du commerce adoptera la même attitude. »

Cette déclaration était suivie de la mienne, rédigée en ces termes : « J'exprime ma reconnaissance à M. Michel Fribourg, qui m'a donné la possibilité d'établir cette documentation. J'honore les décisions qu'il a prises et la pleine conscience qu'il a de ses responsabilités en tant que Juif, en tant qu'Américain et en tant qu'homme. »

Tout le monde crut à la véracité de ces déclarations. Qui aurait pu douter qu'un Juif, un des hommes les plus riches du monde, n'aurait réagi comme nous avions fait réagir Michel Fribourg dans ces brochures ? Pour tous, il n'y a ni oubli ni pardon dans le monde juif vis-à-vis des criminels nazis. Ce n'est pas toujours le cas ! Mais, puisque c'est une de ces convictions contre lesquelles il est difficile de lutter, il valait mieux se laisser porter par elle pour obtenir un résultat.

Celui-ci ne se fit pas attendre : les cadres de la Continental se sont réjouis d'avoir « un patron qui osait rompre avec des criminels nazis » ; Becher s'indignait de ce coup inattendu. N'importe comment, nous jouions gagnants dans cette opération : ou

Fribourg acceptait tous les compliments et rompait avec Becher/Lischka, ou il poursuivait malgré tout ses affaires avec eux. Dans ce dernier cas, on conclurait qu'il s'inclinait par faiblesse ou par lâcheté. Les avocats de Fribourg m'ont demandé de déclarer que leur client n'était pour rien dans cette affaire. Devant mon refus, ils m'ont menacée d'un procès pour faux. La diffamation était impossible : je l'avais couvert de fleurs. Et comment un Juif pouvait-il traduire en justice une Allemande non juive et affirmer ainsi sa volonté de traiter avec des assassins de son propre peuple ? J'aurais eu beau jeu. Michel Fribourg a reculé. Ses représentants ont fait savoir « qu'il n'avait jamais fait cette déclaration à Mme Klarsfeld, que la qualité des dirigeants des deux sociétés allemandes venait d'être portée à sa connaissance, et qu'effectivement sa compagnie entretenait des relations d'affaires avec les sociétés de Brême et de Cologne ».

Et puis il a continué à travailler avec l'Allemagne, en tout cas avec Kurt Becher.

Le président de l'Amicale des anciens déportés juifs de France, Henry Bulawko, a écrit à Michel Fribourg : «Je suis convaincu que vous ignoriez leur passé. Cela étant, à présent que vous êtes informé de la "qualité" de vos partenaires allemands, il vous appartient de rompre tout rapport avec eux – et même de le faire publiquement. J'attends de connaître vos décisions qui seront, je l'espère, conformes à ce qu'attendent les rescapés des camps de la mort. »

Michel Fribourg n'a jamais répondu à Henry Bulawko et aux Juifs d'Auschwitz. Ceux dont les cendres ont servi d'engrais pour les blés de Pologne ne font pas le poids à côté de Becher ou de Lischka.

## Des relais dans l'action

Libérée de ma prison de Cologne, je suis rentrée à Paris le 22 avril. Les retrouvailles avec la famille quand on a échappé à un danger sont des moments difficiles à décrire. Il y avait proportionnellement moins de place pour chacun dans notre petit appartement que dans la cellule de Klingelpütz, mais j'étais tellement heureuse ! Comme à chacune de mes équipées, le linge, la couture, tout un tas de petites choses s'étaient amoncelées, mais je m'y attaquai avec joie.

Le 25 avril, j'étais invitée au congrès de la LICA – aujourd'hui LICRA. Inlassablement, elle dénonçait partout les agissements racistes et les persécutions antisémites. Énergique, insufflant son enthousiasme aux autres et surtout aux jeunes, recherchant une action concrète et efficace plus que de belles phrases sans lendemain, Jean Pierre-Bloch avait su rassembler au sein de la LICA des personnalités fortes et un groupe de jeunes qui m'ont plu très vite. Ils étaient sans prétention, aimant agir et courageux. Ils payaient eux-mêmes les frais engagés pour leurs actions, les plus aisés aidant les autres.

Le congrès m'élisait au Comité central de la LICA aux côtés de Jean Pierre-Bloch, de trois Compagnons de la Libération – Jean-Pierre Lévy, le si chaleureux colonel Romans-Petit, chef des maquis de l'Ain, le médecin général Diagne –, des sénateurs Gaston Monnerville, Pierre Giraud, Henri Caillavet, André Monteil, de mon avocat, Me Gaston Maurice, et de nombreux jeunes.

Le 11 mai 1971, six des jeunes de la LICA partaient pour Bonn munis de tracts ; Élisabeth Hajdenberg, vingt ans, René Lévy, vingt ans, et Claude Pierre-Bloch, vingt-huit ans, ont interrompu les débats du Bundestag en criant : «Châtiez les criminels nazis ! », et en lançant leurs tracts rédigés en allemand et en français : «Parlementaires allemands, ratifiez la convention judiciaire du 2 février 1971 signée par Brandt. Ne laissez pas les criminels nazis comme Lischka vivre libres et respectables. »

Cette protestation spectaculaire a eu un profond retentissement en République fédérale : c'était la première manifestation en Allemagne de Français juifs. « Au Parlement de Bonn, la semaine dernière, trois jeunes Français réussirent ce qu'aucun député n'était parvenu à faire : leur action rappelait des vérités désagréables et d'une brûlante actualité, les anciens crimes impunis, et dénonçait des responsables dont l'influence néfaste n'a pas disparu. C'était tirer dans le mille », écrivait le journaliste de l'*U.Z.* d'Essen.

Le 24 juin 1971, les jeunes de la LICA repartent pour l'Allemagne. Cette fois, je les accompagne. Notre objectif : l'occupation du bureau d'Achenbach, à Essen. Je suis venue repérer les lieux quelques jours auparavant. J'ai prévenu la presse. Il s'agit de montrer qu'Achenbach, porte-parole des criminels de guerre au Bundestag et avocat de Hagen, ne peut porter plainte contre ceux qui l'accusent d'être impliqué dans la déportation des Juifs de France. Ainsi, nous l'empêcherons de venir une fois de plus défendre les criminels nazis lors du débat sur la ratification de la convention judiciaire franco-allemande. C'est le premier contact avec l'Allemagne pour la plupart des sept jeunes qui sont du voyage : Marc Vitkin, dix-huit ans ; Abraham Serfaty, dix-sept ans ; Monique Hajdenberg, dix-huit ans ; Didier Kamioner, dix-neuf ans ; Raphy Marciano, vingt-deux ans ; Francis Lenchener, vingt-deux ans ; Serge Hajdenberg, trente ans. Ils sont nerveux, et je joue le rôle de la mère poule.

Les bureaux d'Achenbach sont situés sur la Goethestrasse, à proximité immédiate du siège de la police d'Essen. Quand nous arrivons, les journalistes sont là. Quel soulagement ! L'action ne sera pas ratée, la télévision couvrira l'incident. Quelques minutes plus tard, deux grands drapeaux nazis flottent aux fenêtres du rez-de-chaussée. Un large panneau, rédigé en allemand, est collé à une vitre : «Occupation par des Français du bureau du nazi-FDP Achenbach. »

Après avoir guidé les jeunes jusque dans les bureaux d'Achenbach, je me suis éclipsée avant l'arrivée de la police. Cette fois, il ne fallait pas que je sois prise. Je suis en liberté sous caution depuis deux mois. Si la police m'appréhende, je ne sortirai pas de cellule de sitôt.

Un avis de recherche est lancé contre moi, mais je file par le premier train en direction de la Belgique. Je change à Aix-la-Chapelle et passe la frontière avec mon passeport français.

Je dois désormais aider mes jeunes amis à sortir de prison. Après une occupation des lieux d'une demi-heure, les sept protestataires étaient emmenés au poste de police central d'Essen. À l'issue de vingt-quatre heures de garde à vue et de deux longs interrogatoires, les quatre mineurs du groupe étaient expulsés d'Allemagne. Les trois adultes étaient jetés en prison jusqu'à l'ouverture de leur procès, six jours plus tard.

Le 25 juin, au lendemain de l'opération, tous les journaux titraient sur l'occupation du bureau d'Achenbach par de jeunes Français. Pourquoi les nombreux journalistes qui ont rédigé des articles à ce sujet n'ont-ils pas critiqué cet « acte illégal » ? Parce que la légitimité morale de cet acte leur a été immédiatement démontrée grâce à la réaction d'Achenbach. Un homme innocent aurait fait appel à l'opinion publique ; il aurait réclamé que le dossier sur ses activités pendant la guerre soit rendu public ; il aurait porté plainte non pour la violation de son bureau, mais pour diffamation ; il aurait porté plainte pour faux à propos des documents sur la question juive où son nom est impliqué. Achenbach n'a rien fait de tout cela. Il a courbé l'échine.

Serge, Francis et Raphy ont été condamnés au choix à vingt jours de prison ou à une amende et

à une interdiction de séjour d'un an en République
fédérale. Ils ont choisi l'amende.

L'opération d'Essen a été efficace. Elle a réduit
au silence le défenseur politique des criminels nazis.
Tout le monde en Allemagne, surtout dans l'appareil politique, a noté l'impuissance d'Achenbach.
L'action d'Essen a permis de faire un pas en avant
vers la ratification de la convention sur les criminels
nazis.

## Le prix du combat

Serge est reparti pour Israël en juillet afin de travailler sur le dossier Achenbach avec Mᵉ Tamir et d'y poursuivre la campagne contre Achenbach à l'occasion de la visite à Jérusalem de Walter Scheel, le ministre des Affaires étrangères allemand. À la télévision, à la radio, dans la presse, Mᵉ Tamir et Serge n'ont cessé de poser à Walter Scheel, documents à l'appui, cette question : «Comment pouvez-vous conserver comme porte-parole parlementaire du FDP un homme avec le passé d'Achenbach ? »

Vingt-cinq ans après, la question du châtiment de ces criminels condamnés en France peut paraître inutile, inspirée par la vengeance, futile même. C'est faux, c'est absolument faux. Il ne s'agit pas d'un problème tourné vers un passé déjà vieux d'un quart de siècle : il s'agit d'une de ces confrontations où peut le mieux s'exprimer la volonté démocratique d'un pays. Entre la France et la République fédérale, entre les Allemands épris de justice et ceux partisans du plus injuste des pardons, cette question du châtiment des criminels nazis est comme ces collines anonymes et numérotées qui deviennent soudain célèbres dans les guerres parce que c'est à cet endroit que le camp le plus résolu à vaincre l'a emporté.

L'affaire Barbie est survenue entre-temps, mais nous n'avons pas voulu arrêter les actions systématiques contre les grands criminels tels que Lischka et Hagen. Il fallait susciter des actions pacifiques, mais qui attirent l'attention sur ces dirigeants SS.

C'est ainsi que le 13 janvier 1972 nous sommes partis pour Warstein, où habite Herbert Hagen, munis de tracts résumant sa carrière, exposant sa photo et donnant son adresse. Au verso, une lettre était adressée aux citoyens de Warstein, leur demandant de se désolidariser de l'ancien chef d'Eichmann. À part André Lévy, ancien déporté, il n'y avait avec moi à Warstein que des jeunes : Élisabeth Lenchener, Jeannot Janower, David Soucot, David Tordjman, Yossi Kuperholc.

Les journalistes – prévenus discrètement – nous accompagnent à la confortable maison de Hagen, que nous recouvrons de tracts. Rapidement, la police arrive sur les lieux, mais n'intervient pas. Elle laisse faire. Le séjour en prison de trois des jeunes d'Essen et leur procès ont permis à la LICA de se faire entendre en Allemagne. Il s'agit, pour la police, de ne pas refaire la même erreur.

Dans l'après-midi, nous avons distribué nos tracts dans la ville et engagé des discussions animées avec les citoyens de Warstein informés du passé de Hagen. Certains approuvaient notre démarche dans son fond et dans sa forme, d'autres regrettaient de voir réveillées de « vieilles histoires » et ne parvenaient pas à imaginer leur respectable concitoyen sous les traits d'un criminel SS. Quoi qu'il en soit, il y avait prise de conscience. Le bourgmestre adjoint de la ville nous a reçus aimablement, tout en évitant de s'engager personnellement. L'action de Warstein a été retransmise le soir même par la télévision allemande, la radio l'a diffusée, les journaux l'ont décrite. Hagen est sorti de l'ombre grâce à ces jeunes qu'on appelait là-bas « *die Klarsfeld-Gruppe* ».

À Toulouse, je provoque certains remous en attaquant René Bousquet, alors notable de la région : « Que penser des collaborateurs français des nazis allemands : ceux qui les ont épaulés vigoureusement dans leur action antijuive et de répression de la Résistance ? »

René Bousquet, secrétaire général de la police sous Vichy, s'est débarrassé entre les mains de la Gestapo des Juifs étrangers, la très grande masse de ceux qui ont été déportés. Il les arrêtait, les internait, les livrait. Le 2 juillet 1942, au cours d'une conférence de Bousquet avec l'état-major policier allemand, c'est-à-dire Oberg, Knochen, Lischka et Hagen, ce dernier a témoigné que l'arrangement suivant avait été conclu : « Bousquet se déclara prêt à faire arrêter les Juifs étrangers dans toute la France par une action réalisée en commun et en quantité souhaitée par nous. Bousquet souligne que c'est une première action du gouvernement français et qu'on se rend compte des difficultés qu'elle suscitera. » Comme le constate un de ses interlocuteurs allemands, Bousquet estime que ces Juifs « ont fait du tort à la France ». Leur tort principal a été d'avoir eu

confiance en la France d'un René Bousquet. Homme
habile, Bousquet a réussi à retomber sur ses pieds
après la Libération.

Mme Baylet, propriétaire de *La Dépêche du Midi*
que dirige en fait à cette époque son ami René
Bousquet, menace de représailles la LICA et nous
envoie quelques avocats nous sommant de nous
rétracter. En vain. Quelques années plus tard,
quand le moment sera venu de faire comprendre
aux Français quel fut le crime de Vichy, nous nous
attaquerons de nouveau à Bousquet.

Avec l'aide de Serge, je poursuis également mon
travail de documentation sur les dirigeants de l'appareil policier nazi : nous avons constitué des dossiers très précis sur une vingtaine des plus hauts
responsables de la Sipo-SD et dressé une liste de cent
cinquante criminels allemands condamnés par contumace en France et vivant en République fédérale.
Nous avons communiqué nos dossiers sur Lischka et
Hagen à la justice militaire française au parquet de
Cologne, qui a dépêché deux procureurs adjoints au
CDJC pour vérifier l'authenticité de ces documents.
Serge s'est rendu à Vienne, où il les a transmis à
Simon Wiesenthal et à Herbert Langbein.

Le contraste est frappant entre les réclamations
passionnées des Français aux monuments aux morts
et leur répugnance à agir en Allemagne même, où se
trouvent précisément ces criminels et le système qui
pourrait les juger. Les survivants de la division SS
Das Reich, responsable d'Oradour, se sont regroupés

le 16 octobre 1971 à Rosenheim, près de Munich.
J'ai demandé à des Français d'aller y manifester, au
moins à deux, avec une banderole. Personne n'y est
allé. Pas même les associations des victimes de la
division Das Reich. En revanche, plus de trois cents
jeunes Allemands se sont heurtés aux anciens SS et
à la police bavaroise aux cris d'« Oradour, Tulle » !
Pour ces Allemands, pour moi, il est inadmissible
que certains des plus grands criminels de l'histoire
allemande continuent à bénéficier d'une scandaleuse
impunité alors que le peuple allemand aura encore à
souffrir longtemps de leurs actes. Quarante-trois ans
après cette réunion de SS à Rosenheim, soixante-dix
ans après le crime d'Oradour, s'ouvrira peut-être à
Cologne le procès d'un des Waffen-SS ayant participé à ce massacre. Si le procès se tient, Serge sera
l'un des avocats des parties civiles.

\*
\* \*

Je souffrais des conditions matérielles dans lesquelles nous vivions : deux pièces pour quatre personnes, partout des dossiers ; un avenir incertain ;
un présent lourd de menaces reçues presque quotidiennement. Mais si je renonce, si Serge renonce,
qui s'opposera en actes à la réhabilitation des criminels ? Moralement, nous sommes solidement armés ;
physiquement, nous sommes jeunes ; techniquement,
nous avons en main l'histoire et la langue allemandes,
l'expérience des médias. Puisqu'il le faut, nous sur-
montons l'épreuve de la pauvreté.

Me Kaul vient me voir à Paris et m'informe qu'à Berlin-Est on reconnaît que ma protestation à Varsovie était justifiée. Le trait est tiré là-dessus. Pour mon action de Prague, il me suffit, si je désire rentrer en grâce et avoir le droit de me rendre à nouveau en RDA comme par le passé, d'écrire à Erich Honecker une lettre exprimant « mes doutes » quant à l'opportunité de cette action. La démarche de Me Kaul était inutile. D'autant que j'avais d'autres préoccupations, puisque c'est à cette époque qu'a commencé l'affaire Barbie.

## Le criminel nazi type : Klaus Barbie

Notre traque a été longue ; elle a duré de juin 1971 à juillet 1987 : seize ans pendant lesquels, même si beaucoup d'autres actions ont été menées, il nous a fallu rester concentrés sur les moyens d'atteindre notre objectif : obliger les justices allemande et française à poursuivre Barbie, le repérer nous-mêmes, le démasquer, l'exposer sur place aux Boliviens comme criminel nazi, tenter de l'enlever, le surveiller de près, aiguillonner l'opinion publique et les autorités françaises, pousser à l'expulsion, retrouver le télex d'Izieu, documenter l'instruction et plaider pour les enfants d'Izieu.

Barbie, c'était le criminel nazi type : celui qui a arrêté et torturé Jean Moulin, qui a envoyé à la mort les quarante-quatre enfants juifs d'Izieu, qui fuit au plus loin pour éviter le châtiment.

*
* *

Notre affrontement avec Klaus Barbie a débuté le 25 juillet 1971. Ce jour-là, je travaillais au Centre de documentation juive contemporaine, rue

Geoffroy-l'Asnier, pour établir un organigramme précis des services allemands de sécurité dans la France occupée. Par-dessus les cartons d'archives originales de la Gestapo, le directeur du Centre, M. Mazor, me tend un document qui vient de lui parvenir : « Ceci vous intéressera sans doute. » Il s'agit de la photocopie de la décision prise le 22 juin 1971 par le procureur Rabl de Munich de classer l'affaire Barbie. Cette décision n'a pas été rendue publique. Grâce à un artifice de procédure, l'Association des victimes allemandes du nazisme (VVN) avait réussi le 23 juin 1960 à faire ouvrir une instruction contre Klaus Barbie pour les crimes qu'il avait commis en France. Au fur et à mesure que je parcours les dix pages de rapport expliquant pourquoi le parquet bavarois a clos l'instruction ouverte il y a plus de dix ans contre le « boucher de Lyon », je prends conscience des conséquences de cet arrêt. Ces pages visent à réhabiliter à travers Barbie, deux fois condamné à mort par contumace le 16 mai 1947 et le 25 novembre 1954 par le tribunal militaire de Lyon, tous les criminels nazis qui ont opéré en France.

La signature de la convention judiciaire franco-allemande du 2 février 1971 a été un coup de semonce pour les criminels et ceux qui, dans l'appareil judiciaire et politique allemand, les protègent. Déjà, en 1967, le ministère des Affaires étrangères à Bonn avait transmis une liste des 1 026 contumax à la Croix-Rouge allemande, et celle-ci s'était empressée de les mettre en garde personnellement : « Vous avez été condamné par contumace en France ; si vous entrez en territoire français, vous serez arrêté et jugé. »

Politiquement, la ratification de cette convention impopulaire en République fédérale a été retardée par un groupe de pression agissant au sein des trois partis siégeant au Bundestag. Mais, sentant se préciser la menace qui plane sur les contumax, la justice allemande a choisi une tactique de force : relaxer l'un des plus connus d'entre eux, Klaus Barbie, afin que son cas fasse jurisprudence ; c'est aussi un moyen de tester la détermination des Français à poursuivre d'anciens criminels nazis.

L'affaire Barbie est une affaire phare, et il nous faut nous battre sans relâche pour faire rouvrir l'instruction à Munich.

Dans la nuit, je traduis les dix pages du procureur Rabl, qui constitueront le premier élément de mon dossier. Serge et moi décidons de lancer notre campagne sur trois axes : réunir et diffuser une documentation aussi complète que possible sur Barbie ; mobiliser l'opinion publique en France et en RFA à partir de ce dossier ; et surtout, à partir des réactions que je susciterai dans la région lyonnaise, affronter le parquet de Munich dans les meilleures conditions d'efficacité.

Nous constituons un premier dossier destiné à montrer qui est Barbie à la presse et aux personnes susceptibles de réagir. Nous rassemblons des documents signés par Barbie concernant la question juive. Peu à peu, à force de recherches, nous en découvrirons d'autres dans les archives de la Gestapo. En quelques jours, je dispose d'un solide dossier de soixante pages. Il me faut maintenant le reproduire. M. Lenchener, père de Francis, qui vient de passer une semaine en prison à Essen à la suite de l'action menée par la LICA contre Achenbach, me permet d'utiliser sa photocopieuse. Au cours des mois qui suivront, nous passerons un temps considérable au bureau du Groupe Lenchener pour faire des copies. Toutes les agences de presse internationales, tous les grands organes de presse allemands et français sans exception reçoivent ce dossier, également diffusé dans les associations de résistants lyonnaises et parmi les autorités compétentes des deux pays.

S'il n'y a pas de vigoureuses protestations contre la décision du parquet de Munich à Lyon, précisément là où Barbie a commis ses crimes, les Allemands pourront penser qu'après tout les Lyonnais sont du même avis que le procureur Rabl.

Nous alertons la presse lyonnaise ; le 27 juillet, je me rends dans les bureaux parisiens du *Progrès* de Lyon. J'informe le journaliste André Severac des divers aspects de l'affaire. Le lendemain paraît un grand article intitulé : « Le procureur allemand abandonne l'accusation contre Klaus Barbie, chef de la Gestapo à Lyon et tortionnaire de Jean Moulin. » Le 29 juillet, *Le Progrès* fait largement place aux réactions suscitées à Lyon par l'annonce de la cessation des poursuites contre Barbie. Le Dr Dugoujon, qui fut arrêté en même temps que Jean Moulin, s'indigne : « Klaus Barbie est un homme que je condamnerais à mort. »

Les jours suivants, *Le Progrès* fera connaître les multiples démarches d'associations ou de personnalités de la région contre l'« inique » décision de relaxe du procureur Rabl. Ce même 29 juillet, je contacte Marcel Rivière, ancien résistant et grand reporter au *Progrès*, travaillant également au bureau de l'ORTF à Lyon.

Le 1er août, me voici à Lyon pour convaincre les Lyonnais non seulement de protester, mais de se battre. Le lendemain, je lance l'initiative d'un déplacement à Munich. *Le Progrès* titre l'article de Marcel Rivière : «Le dossier de Klaus Barbie doit être rouvert, nous dit B.K. », et poursuit :

«*"Vous, Lyonnais, vous ne pouvez pas accepter la décision du procureur général de Munich de suspendre toutes poursuites contre Klaus Barbie, cet ancien chef de la Gestapo qui dans votre ville et votre région a fait couler tant de sang et de larmes. C'est une Allemande qui parle..." Les documents que B.K. nous présente sont éloquents. Ce sont des photocopies d'ordres signés ou contresignés par Klaus Barbie concernant les arrestations et les déportations de centaines d'israélites raflés à Lyon ou dans la région, notamment en Haute-Savoie.*

«*Mais si les témoins allemands ont perdu la mémoire, il y a chez nous des hommes et des femmes qui, dans leur chair et dans leur cœur, conservent de cruels et durables souvenirs. Et qui, eux, peuvent témoigner, non par "ouï-dire". Ils sont, hélas ! peu nombreux, les rescapés des sinistres caves de l'avenue Berthelot ou des camps de déportation. [...] "Ces rescapés, nous a-t-elle dit de ceux qui ont été torturés*

*par Klaus Barbie, doivent se faire connaître. Il faut*
*savoir que les poursuites ne sont que suspendues. Des*
*témoignages précis peuvent faire rouvrir le dossier." »*

L'AFP fait connaître ma démarche sur le plan
national. Je la précise dans une page entière de
*Combat* du 7 août :

«*Barbie est le responsable des déportations de Juifs*
*de la région lyonnaise, arrêtés sur son ordre et dirigés*
*vers Drancy, où on les entassait dans les trains de la*
*mort. Selon le procureur Rabl, la "solution finale" était*
*totalement dissimulée aux dirigeants de la Gestapo*
*régionale, pour qui il s'agissait seulement d'"évacuation*
*dans des camps de travail à l'Est". Mais on a retrouvé*
*un télex signé "Barbie" du 6 avril 1944 dans lequel*
*il fait état de l'arrestation par ses soins de 41 enfants*
*de trois à treize ans de la colonie juive d'Izieu et de*
*leur transfert à Drancy le 7 avril. [...]*

*[...] En relaxant Klaus Barbie, le procureur Rabl*
*condamne de nouveau ces enfants. Innocents, les*
*gestapistes qui faisaient la chasse jusqu'aux nourris-*
*sons juifs ? Si le peuple de France admet aujourd'hui*
*ce déni de justice, alors chacun des criminels nazis que*
*la France a condamnés par contumace sera réhabilité à*
*son tour et le système policier nazi avec eux réinstallé*
*dans la norme.*

*[...] Dans l'affaire Barbie, les milieux de la Résis-*
*tance et de la déportation doivent réagir vite, très*
*vite. Le Comité de liaison pour la recherche et le*
*châtiment des criminels nazis créé en avril dernier*
*a beau regrouper plus de vingt-cinq associations tout*

*à fait représentatives, il n'existe que sur le papier et s'appuie sur l'initiative individuelle au lieu de se donner d'indispensables moyens de travail sans lesquels il serait vain d'espérer quoi que ce soit, sinon la multiplication de l'arrêt des poursuites contre Barbie et ses semblables. À quand la démarche publique à Munich qui s'impose ? Le temps des vacances passe-t-il vraiment avant celui du chagrin et de la pitié, même pour ceux qui se disent les représentants des victimes de la barbarie nazie ? »*

La dépêche de l'AFP a alerté *France-Soir*. Nous documentons Benoît Rayski, que nous reverrons bien souvent et que nous informerons tout au long de cette affaire, comme Philippe Bernert de *L'Aurore* et Manuel Lucbert du *Monde*. L'article de *France-Soir* intitulé : « Un juge allemand innocente le chef de la Gestapo de Lyon », paraît le 9 août.

Philippe Bernert, dans *L'Aurore* du 16 août, mobilise l'opinion autour de la mort de Jean Moulin et conclut : «Le dossier que le procureur Rabl a cru bon de refermer, c'est celui d'un crime historique. »

À Lyon, où je suis appuyée surtout par Marcel Rivière, le Dr Dugoujon et la section de la LICA, mon idée de voyage fait son chemin : le 17 août au matin, je viens discuter avec les responsables des questions allemandes du *Monde*. Dans l'après-midi paraît un article détaillé qui conclut ainsi : «Connue récemment, la relaxe par un procureur de Munich de Klaus Barbie, l'ancien chef de la Gestapo de Lyon, provoque en France de nombreuses protestations. Dans un communiqué, la LICA déclare avoir appris la décision avec une "émotion profonde" et appelle toutes les organisations de Résistance, "sans distinction de tendance", à une grande manifestation de protestation les 3 et 4 septembre à Lyon. Une délégation d'anciens résistants et déportés doit d'autre part se rendre à Munich au début du mois de septembre. »

L'affaire Barbie est déclenchée en France.

Je harcèle les correspondants parisiens des grands quotidiens allemands. Chacun d'eux est en mesure de publier un article détaillé sur le sujet. Une vaste protestation s'organise. Elle s'appuie en RFA sur des articles allemands bien documentés qui légitiment la réaction française, impossible à passer sous silence puisque la presse allemande sait qu'elle aura bientôt des suites à Munich avec la visite de la délégation lyonnaise. Je me mets en relation avec la presse de Munich, que j'informe et documente avec encore plus de soin que les autres journaux allemands. Hans Keppert, de la *Frankfurter Rundschau*, titre son grand article : « La justice allemande se met de nouveau dans une lumière douteuse : la France est indignée par la décision de relaxer Barbie » : «Le parquet du tribunal de Munich doit s'attendre à une période mouvementée. Dans la presse française – celle de gauche ou de droite – apparaît cependant de nouveau un doute quant à la volonté réelle de la justice ouest-allemande de venir à bout honorablement d'un triste chapitre du passé franco-allemand […]. »

Je reviens à Lyon le 21 août pour pousser à la mise sur pied de cette délégation. La date est fixée au 13 septembre. La section de la LICA, grâce à une quête en milieu juif, assurera le déplacement de plusieurs résistants.

J'en profite pour rendre visite à mon fils, en colonie de vacances au Chambon-sur-Lignon. Avec lui, dans le soleil et la campagne verdoyante, au milieu d'une population qui a aidé les Juifs, c'est comme une oasis. Chacune de mes campagnes est une traversée du désert ; j'ignore si elle aboutira, j'ai peur de l'échec et je sais que je souffrirai si je n'obtiens pas de résultats. Il y a tant de démarches inutiles, d'heures passées à la rédaction fastidieuse d'indispensables notes, de coups de téléphone donnés en vain, de dossiers à ranger, de lettres à écrire, de documents à photocopier et à classer ! Et puis il y a la mise au point de l'action : les longues discussions avec Serge, où nous nous disputons souvent avec ardeur, car lui est plus imaginatif, moi plus réaliste.

Le 24 août, Serge découvre au CDJC parmi les listes des convois de déportation celle du 11 août 1944 dressée par le service de recherches de la Croix-Rouge internationale : ce transport a amené directement du « Sammellager Montluc zum KL Auschwitz » les derniers Juifs de Lyon qui avaient échappé à la déportation et aux poteaux d'exécution. Trois cent huit noms figurent sur cette liste, auxquels s'ajoutent quarante-deux noms de Juifs abattus sommairement dans les caves de la Gestapo, et les dates de chacune de ces liquidations. Barbie

était le responsable direct du sort de tous ces Juifs.
*Le Progrès* publie intégralement ces listes.

La délégation prend corps, tant bien que mal, le
3 septembre, au cours d'une réunion à la Maison
des Combattants. La préparation matérielle pose des
problèmes d'organisation et de finances. La volonté
des candidats au voyage se heurte à des réalités
pratiques. Je fais de mon mieux pour récolter des
fonds qui paieront le voyage des participants sur
qui je compte. Je souligne que le retentissement de
cette manifestation peut être d'autant plus grand
qu'elle interviendra à la veille d'un colloque juridique franco-allemand à Bonn auquel participera le
ministre français de la Justice, René Pleven, à qui
je viens d'écrire pour lui demander d'agir auprès de
son homologue allemand.

Pendant mon discours, un des résistants se lève
et, s'adressant aux autres : «C'est une Allemande qui
doit vous dire ce que vous avez à faire ! Réveillez-
vous, voyons ! »

À Munich, à la perspective de l'arrivée de la délégation, le porte-parole du parquet fait savoir que,
si de nouvelles preuves peuvent être recueillies, le
dossier pourra être rouvert. Il faut de quoi permettre
à la justice allemande de rouvrir l'instruction. Serge
et moi sommes attelés à cette tâche fastidieuse. Nous
parcourons au CDJC d'innombrables documents,
cherchant la piste de ceux qui ont pu connaître
Barbie.

Parmi nombre de pistes qui finissent en cul-de-
sac, nous finissons par en trouver une plus sérieuse.

Serge remarque que l'Union générale des israélites de France, l'UGIF – cette institution créée sous l'impulsion de Kurt Lischka pour représenter la population juive auprès des autorités françaises et occupantes –, avait un bureau de liaison avec le service des Affaires juives de la Gestapo. Le bureau était dirigé en 1943 et 1944 par un ancien avocat juif berlinois, Kurt Schendel. La tâche de Kurt Schendel était pénible, car il était en contact direct avec les deux maîtres d'œuvre de la solution finale en France, les SS Heinz Röthke, chef du service des Affaires juives de la Gestapo, et Alois Brunner, adjoint d'Eichmann. Brunner dirigeait un commando spécial chargé d'accélérer les arrestations et déportations, et Röthke se réservait la partie plus administrative du travail.

Alois Brunner a disparu en 1945. Quant à Heinz Röthke, tout aussi responsable et activiste que lui, il s'est éteint de mort naturelle en 1968, ayant fait une carrière de conseiller juridique à Wolfsburg, en République fédérale, alors qu'il était condamné à mort par contumace. Heinz Röthke n'a pas passé une minute de sa vie en prison.

Par ses contacts avec des SS comme Brunner et Röthke, nous pensons que le Dr Kurt Schendel a pu apprendre des choses sur Barbie et sur la connaissance que les chefs régionaux de la Gestapo avaient du sort des Juifs à Auschwitz. Sur ce point, le procureur Rabl n'a-t-il pas conclu qu'il n'y avait pas de preuves permettant d'établir que, subjectivement, Barbie était au courant de la liquidation de ceux qu'il envoyait à Drancy parce qu'ils seraient déportés à Auschwitz ? C'est la thèse officielle qu'avait reprise le procureur Rabl dans ses attendus, celle qui limite à une minorité microscopique le groupe de ceux qui étaient informés du génocide juif, celle qui absout le peuple allemand et lui rend sa bonne conscience.

Sur l'annuaire téléphonique de Paris figure un « K. Schendel ». Personne ne répond à nos appels jusqu'au 6 septembre. Ce soir-là, on décroche. C'est bien le même Kurt Schendel. Il rentre de vacances. Il se souvient de Barbie, bien que ne l'ayant jamais vu.

Nous le rencontrons, et le Dr Schendel nous remet le 8 septembre une déposition en allemand :

> *« Mes observations pendant l'année passée au sein des services IV-B et les nombreuses conversations que j'avais avec tous ces gens ainsi que les sous-entendus des autres services allemands m'ont donné la conviction irréfutable que tous les responsables IV-B, sauf peut-être ceux en bas de l'échelle, donc au moins Röthke, Brunner et les responsables des sections juives dans les Kommandos régionaux de la Sipo-SD, étaient parfaitement au courant du destin qui attendait les déportés.*
>
> *J'avais sous mes yeux des rapports selon lesquels Barbie poursuivait les Juifs avec un zèle tout particulier. Fin 1943 ou début 1944, nous avions à Paris une réunion en commun avec les membres du conseil d'administration de la zone sud à laquelle j'ai été appelé. Au cours de cette réunion, il a beaucoup été question d'exécutions de Juifs arrêtés par Barbie et plus tard fusillés sans procès. Un des délégués a rapporté qu'on*

*avait inlassablement essayé d'intervenir en faveur des Juifs arrêtés pour que, au moins, ils ne soient pas fusillés. Là-dessus, Barbie aurait répondu : "Fusillé ou déporté, il n'y a pas de différence." Cela m'est resté en mémoire : à l'époque, nous ne pouvions pas comprendre ces mots, mais notre angoisse pour le destin des déportés s'est alors accrue. Brunner a envoyé à Lyon pendant quelques mois son assistant, l'Oberscharführer SS Weiszel, qui avait été membre du Kommando spécial de Brunner à Salonique et qui pouvait raconter à Barbie, comme témoin oculaire, ce qui était arrivé aux Juifs déportés à l'Est. »*

Cette déposition nous paraît un élément de poids pour inciter le parquet de Munich à revenir sur la relaxe de Barbie. Mais il nous faudrait retrouver le dirigeant de l'UGIF auquel Barbie a lancé : « Fusillé ou déporté, il n'y a pas de différence. » Dans ce cas précis, le Dr Schendel n'est qu'un témoin par ouï-dire.

Serge a relevé les comptes rendus des conseils d'administration de l'UGIF, vérifié la liste des noms des administrateurs et téléphoné un peu partout pour savoir ce qu'ils étaient devenus. Mais vingt-huit ans avaient passé…

Entre-temps, j'ai appris que les organisateurs lyonnais du déplacement de Munich étaient allés voir le consul allemand de Lyon. Apprenant que j'étais du voyage, le consul leur a recommandé de limiter à douze le nombre de leurs délégués auprès du procureur et de garder leurs distances avec moi pour

ne pas se compromettre avec une femme scandaleuse. À l'embarras perceptible de mes interlocuteurs
lyonnais au téléphone, je devine qu'ils se sont laissé
convaincre et adopteront une attitude très respec-
tueuse vis-à-vis des autorités allemandes.

De mon côté, j'ai tout organisé à Munich, appelé
tous les journaux de la région, la télévision, la radio,
alerté les associations antifascistes pour qu'elles
soient à l'aéroport à notre arrivée. Les Allemands
attendent la « Résistance française », des gens qui
réclament avec fermeté que soit mis fin à un déni de
justice. Ils attendent des drapeaux, des décorations
sur les poitrines, une entrée résolue de tous les délégués au tribunal ; ils attendent des combattants, et
non quelques dizaines de Français que rien ne distin-
guera d'autres touristes. Au vu de l'état d'esprit de la
délégation, les répercussions possibles du voyage me
semblent désormais limitées. Dans un pareil affrontement, seule une épreuve de force peut faire plier
un procureur. Et nous étions loin du compte.

Une fois encore, les archives du CDJC nous sont
d'un précieux secours. Parmi les enfants arrêtés par
Barbie dans la colonie juive d'Izieu figurent trois
frères : Jacques (treize ans), Richard (six ans) et
Jean-Claude (cinq ans) Benguigui. Ils ont aussitôt été
transférés à Drancy, comme l'indique Barbie dans un
télex du 6 avril 1944 au IV-B à Paris : « Dans les
premières heures du matin aujourd'hui, la colonie
d'enfants juive d'Izieu (Ain) a été liquidée. Au total
ont été arrêtés quarante et un enfants de trois à
treize ans. D'autre part, l'arrestation de la totalité du

personnel juif a été réussie ; elle comprend dix têtes, dont cinq femmes. L'argent liquide et autres objets de valeur n'ont pas pu être récupérés. Le transport vers Drancy a lieu le 7 avril 1944. »

Je retrouve les noms des enfants Benguigui dans la liste du convoi du 13 avril 1944 à destination d'Auschwitz, où ils ont été assassinés. Le frère d'autres enfants d'Izieu, déportés par Barbie, Alexandre Halaunbrenner, que nous avons également découvert grâce à ces archives, est inscrit dans l'annuaire téléphonique. Il connaît Fortunée Benguigui, la mère des trois petits garçons. Elle habite rue des Franc-Bourgeois, dans le Marais. Je vais la voir. Mme Benguigui a elle-même été déportée le 31 juillet 1943 à Auschwitz, où elle a été abominablement torturée dans le bloc 10 des expériences médicales. Elle est invalide à 75 % et ne subsiste que grâce à sa pension. Elle gardait au camp l'espoir que ses enfants étaient en sécurité, cachés dans cette colonie clandestine, mais, au printemps 1944, elle reconnaît dans un tas de vêtements appartenant à des personnes qui venaient d'être gazées le pull-over de son fils Jacques tricoté par sa grand-mère en Algérie.

J'explique à Mme Benguigui que le responsable de la mort de ses enfants vient d'être réhabilité en Allemagne, et je lui demande si elle se sent en mesure de partir pour Munich. L'épreuve de force avec la justice de Munich, nous allons l'entamer, Mme Benguigui et moi.

Quelques jours avant notre départ, Laure Moulin, sœur de Jean, m'encourage par une lettre qui me conforte encore dans ma détermination : «Je ne saurais trop vous dire mon admiration pour le courage indéfectible avec lequel vous luttez pour que votre pays prenne conscience des erreurs et des crimes des nazis et qu'il les condamne à tout jamais. »

# Manifestation à Munich

Dimanche 12 septembre, à la veille du départ, le Dr Dugoujon m'accorde l'hospitalité dans sa maison de Caluire, et nous dînons avec Lucie Aubrac, résistante et épouse du résistant Raymond Aubrac qui fut arrêté en même temps que Jean Moulin et malmené par Barbie. Je tombe des nues quand mon hôte m'explique que je ne pourrai faire partie de la délégation du lendemain. Le ministère des Affaires étrangères a prié les délégués de ne troubler en rien les relations franco-allemandes et leur a déclaré qu'ils n'obtiendraient rien sans diplomatie.

Lundi, nous étions quarante-huit au départ, essentiellement des anciens résistants et quelques jeunes de la LICA. Mme Benguigui et Alexandre Halaunbrenner étaient déjà sur place et se sont joints à nous. Lors de notre arrivée en autocar devant le consulat de France, Mühlstrasse, un des chefs de la délégation, me prend à part :

— Je vous demande de ne pas entrer au consulat, c'est prévu comme cela avec le consul.

— Tout ce que j'ai à vous dire, lui ai-je répondu, c'est que j'ai un passeport français, que je n'ai pas d'ordres à recevoir, et que tout autant que vous j'ai le droit d'entrer au consulat français.

Les noms des douze délégués « officiels » ont été annoncés, et ceux-ci se sont levés pour aller au tribunal. Je n'ai pas retenu mon indignation, sachant que les journalistes allemands seraient là et qu'ils attendaient une cinquantaine de personnes : « Ce serait honteux de rester ici, il faut y aller tous ensemble. » Je n'ai convaincu personne. Maxburgstrasse, devant le tribunal, les douze « sages » ont pénétré dans le bâtiment ; les jeunes et moi avons réussi à faire sortir les autres de l'autocar pour qu'ils se massent au moins devant la porte. Tout était planifié avec le consulat et les autorités allemandes. La manifestation ne recueillit que le dixième de l'écho qu'elle aurait pu avoir.

Là-haut, dans le cabinet du procureur général, le Dr Manfred Ludolph, les délégués remettent à ce dernier un mémorandum le « sollicitant instamment » et le « priant solennellement » de rouvrir son enquête.

Pendant ce temps, je pénétrai avec Mme Benguigui dans le tribunal et, ne pouvant accéder au Dr Ludolph, lui fis remettre le dossier contenant des documents signés par Barbie ainsi que le témoignage du Dr Schendel.

La délégation prit le chemin du camp de Dachau, où les organisateurs avaient prévu une visite. J'avais mis sur pied une conférence de presse. Il n'y avait pas assez de temps avant le décollage à 17 h 30 pour faire les deux. Ceux qui voulaient se recueillir à Dachau s'opposèrent à ceux, dont j'étais, pour qui le temps de l'action était prioritaire.

La délégation repartit pour Lyon, où les attendaient, à l'aéroport, le maire, les élus locaux, la télévision régionale et de nombreux Lyonnais.

Mme Benguigui et moi sommes restées seules, prêtes à agir, puisque la situation l'exigeait. Deux femmes, une Juive, une Allemande. Notre matériel : la seule photo de ses trois enfants que possède Mme Benguigui et que j'ai fait reproduire en grand, et deux pancartes que je confectionne dans notre chambre d'hôtel. Notre plan est simple : demain, nous nous installerons sur les marches du tribunal, et Mme Benguigui entamera une grève de la faim illimitée, tenant entre les mains la photo de ses enfants.

Le lendemain, à 9 heures, nous sommes Maxburgstrasse. Il pleut et il fait froid. Nous nous installons sur des cageots que j'ai ramassés dans une épicerie ; j'ai acheté à Mme Benguigui de grosses chaussettes et des pantoufles chaudes. Au-dessus de la tête de Mme Benguigui, cette pancarte en allemand : «Je ferai la grève de la faim aussi longtemps que ne sera pas rouverte l'instruction contre Klaus Barbie, le bourreau de mes trois enfants.» Ma pancarte porte l'inscription suivante : «Le procureur Rabl réhabilite les criminels de guerre.»

À 17 heures, les journalistes sont là. Le lendemain, la presse allemande publiera notre photo accompagnée de longs articles favorables à notre initiative. De jeunes Allemands crient : «C'est une honte pour notre pays que cette pauvre femme en soit ainsi réduite à demander justice. » Des femmes discutent avec Mme Benguigui, des gens vont lui acheter des vêtements chauds. *France-Soir* a dépêché d'urgence une correspondante qui alerte le consulat français. Le vice-consul vient avec une couverture. La police ne s'est montrée que pour nous déclarer que la pancarte concernant le procureur Rabl constitue une infraction passible de poursuites. Mais la pancarte reste là, bien visible. Le procureur général se résout à négocier. La police vient nous chercher, s'adressant à nous avec politesse, et nous escorte dans le bureau du Dr Ludolph.

Le dialogue avec ce magistrat d'environ quarante ans, impeccablement vêtu, d'une amabilité extrême, commence :

— Que voulez-vous ?

— La réouverture de l'instruction contre Barbie.

— J'ai besoin pour cela de preuves concluantes.

— Avez-vous lu le dossier que je vous ai fait remettre hier ?

— Je n'en ai pas encore eu le temps.

— Eh bien, c'est le moment.

Le procureur général en vient au témoignage du Dr Schendel ; il s'exclame :

— Voici un document capital ! Si l'informateur du Dr Schendel, le témoin direct des paroles de Barbie, est retrouvé et confirme ce que Barbie aurait dit, je promets de rouvrir l'instruction.

— Donnez-nous par écrit cet engagement.

— À cette heure, je n'ai plus de dactylo.

— Qu'à cela ne tienne, j'ai été dactylo moi-même.

Je m'installe et tape sous la dictée du Dr Ludolph la lettre officielle dans laquelle il confirme l'engagement pris. Je communique aussitôt cette lettre à la presse allemande, qui la rend publique :

> «*Chère Madame Benguigui,*
>
> «*[...] En ce qui concerne la déclaration du Dr Schendel du 8 septembre, il me paraît nécessaire de trouver le témoin qui a rapporté au Dr Schendel que l'accusé aurait dit : "Fusillé ou déporté, il n'y a pas de différence." S'il est possible de trouver ce témoin auriculaire et que celui-ci confirme le fait, je serai prêt à rouvrir l'instruction, car cela prouverait que l'accusé devait s'attendre à la mort des victimes juives. [...]* »

Pour la première fois depuis la mort de ses enfants, Mme Benguigui a eu l'impression qu'elle venait de faire quelque chose pour eux. Elle a montré qu'elle pouvait agir, mieux que tant d'autres, habiles à discourir.

La chance est toujours avec nous. Serge a retrouvé le témoin capital grâce à l'annuaire téléphonique. Il s'agit de Me Raymond Geissmann, avocat à la cour d'appel, avenue Victor-Hugo, avocat près les ambassades d'Israël et de la République fédérale allemande, ce qui ne fait que renforcer la valeur de son témoignage. C'est bien le même Raymond Geissmann qui était en 1943-1944 directeur général de l'UGIF zone sud à Lyon.

M<sup>e</sup> Geissmann nous reçoit. Se souvient-il de Barbie ? Naturellement, et c'est bien à lui que Barbie a lancé la terrible phrase qui faisait suite à l'exécution sommaire dans les caves de la Gestapo de plusieurs résistants et du père d'Alexandre Halaunbrenner. En outre, M<sup>e</sup> Geissmann figurait bien parmi les participants des conseils d'administration de l'UGIF. Il dicte aussitôt à sa secrétaire le témoignage qui fera rouvrir l'instruction :

> « *Certains de mes collaborateurs et moi-même étions ainsi appelés à la Gestapo ou nous y rendions de nous-mêmes lorsque nous tentions d'arracher aux griffes du Sicherheitsdienst telles ou telles personnes ou familles arrêtées.*
>
> *Nous avons eu affaire ainsi soit à Barbie lui-même, soit plus volontiers à ses subordonnés [...]. Nous avions tous l'intime conviction que ces tortionnaires dont dépendait la vie ou la mort de nos coreligionnaires connaissaient parfaitement le sort redoutable qui attendait ceux qu'ils arrêtaient. Je me souviens d'avoir vu Barbie "écumer" en exhalant sa haine contre les Juifs, et l'expression : "Déporté ou fusillé, c'est la même chose", est bien de lui. Elle est une de celles qu'il a prononcées devant moi et dont j'ai dû me faire l'écho auprès de mes collègues parisiens.* »

Nous prenons rendez-vous pour le 1<sup>er</sup> octobre avec le D<sup>r</sup> Ludolph pour lui remettre ce document. Jean Pierre-Bloch m'accompagne. J'ai alerté la presse allemande, et le témoignage de M<sup>e</sup> Geissmann est publié.

À notre descente d'avion, nous sommes tous deux chaleureusement accueillis par la presse, la VVN et la section locale du Bnai Brith. On nous accompagne chez le Dr Ludolph, qui nous reçoit très gentiment avec son assistant, le procureur Steiner. Le Dr Ludolph prend connaissance de la déposition de $M^e$ Geissmann, que j'ai traduite en allemand ; il dicte immédiatement à sa secrétaire sa décision et nous en remet le double :

*« Munich, le $1^{er}$ octobre 1971*
*$N^o$ de dossier 123 Js 5/71*
*(7 Js 61/65 Sta Augsbourg)*

*Objet : Instruction pénale du parquet auprès du Landgericht d'Augsbourg contre Klaus Barbie pour présomption d'assistance au meurtre.*
*1° L'instruction sera rouverte sur le point qu'il est reproché à l'accusé d'avoir participé à l'homicide de citoyens français d'origine juive en les déportant de France vers l'Est.*
*2° La décision pour la réouverture entière de l'instruction pénale sera repoussée en attendant, mais reste formellement sous réserve. »*

À propos de la répression de la Résistance par Barbie, le Dr Ludolph remarque que les résistants lyonnais ne lui ont point encore envoyé les témoignages qu'ils se sont engagés à lui fournir, mais que, pour lui, « la page devrait être tournée ». Au nom de la Résistance française, Jean Pierre-Bloch lui répond que la page ne sera tournée que lorsque

Barbie sera jugé pour tous les crimes qu'il a commis en France.

Le Dr Ludolph a été contraint de rouvrir l'instruction. J'essaie de deviner son jeu. Quelle sera désormais sa ligne ? Le cas Barbie est très particulier : il est un des rares parmi les criminels à s'être expatrié, c'est un criminel fantôme. En aidant à le découvrir dans le pays où il s'est réfugié, la justice allemande transmet pratiquement l'affaire aux autorités françaises, seules en mesure de réclamer une extradition, puisque la justice allemande n'est pas compétente tant que la convention du 2 février 1971 n'est pas ratifiée. Il vaut mieux d'ailleurs que Barbie soit récupéré par la France avant que cette convention soit ratifiée, car, si elle l'est, la République fédérale, devenue compétente, aura à réclamer elle-même cette extradition au pays où il a trouvé asile. La justice allemande va aussi mettre à l'épreuve la volonté réelle du gouvernement français de poursuivre les criminels allemands. Si cette volonté ne s'affirme pas, si la France ne donne pas l'exemple, pourquoi le Bundestag devrait-il se presser de ratifier la convention et, même quand il la ratifiera, pourquoi la justice allemande devrait-elle se montrer sévère ?

Le Dr Ludolph nous remet deux photographies de face et de profil de Barbie en 1943, et une autre qui représente un groupe d'hommes d'affaires assis autour d'une table. L'un d'eux ressemble effectivement à ce qu'aurait pu devenir Barbie en vingt-cinq ans. « La scène, nous explique le procureur général, se passe à La Paz en 1968. Je ne peux pas vous en dire plus pour le moment. Vous m'avez prouvé que vous étiez efficaces, aidez-moi à identifier cet homme. »

## Barbie *alias* Altmann

Dès notre retour, nous faisons savoir publiquement que Barbie se trouve sans doute en Bolivie. Nous faisons reproduire les photos et les envoyons à Lyon dans l'espoir de susciter des témoignages.

Maurice Schumann reçoit Jean Pierre-Bloch le 8 octobre. Le président de la LICA demande au ministre des Affaires étrangères d'intervenir auprès du gouvernement bolivien pour qu'il retrouve Barbie et qu'il l'extrade. Il lui remet également la photocopie de la nouvelle décision allemande et la fameuse photo de groupe. Il était alors d'une facilité enfantine pour les autorités françaises de repérer Barbie : il suffisait de transmettre par bélinogramme la photo à l'ambassade de La Paz, puis qu'un diplomate, au besoin un simple employé, présente la photo aux portiers ou aux barmen des rares grands hôtels de la capitale bolivienne, et dans la journée Maurice Schumann aurait obtenu le nom de cet homme. Mais rien n'a été fait.

De mon côté, je remets à l'un des rédacteurs en chef de *France-Soir* la photo présumée de Barbie dans l'espoir que sa publication déclenche des témoignages, afin qu'on puisse la voir même en Amérique du Sud, que des gens reconnaissent Barbie et révèlent son identité actuelle. Quelques jours après, *France-Soir* me répond : « Nos conseillers juridiques nous ont recommandé de ne pas publier cette photo, car, si l'homme soupçonné se révèle ne pas être Barbie, il serait en mesure de nous réclamer de forts dommages et intérêts. »

Un matin d'octobre, je me rends sans aucun contact préalable au Quai des Orfèvres, au service anthropométrique. J'explique à l'huissier que j'ai des photos à analyser. Il téléphone. Une femme arrive. Mon récit la surprend : « Je vous emmène au bureau du chef de service. » Celui-ci, en blouse blanche, est très aimable ; il connaît mon nom et a lui-même été résistant. « Je ne peux vous faire qu'une étude assez superficielle, et il m'est impossible de vous la remettre par écrit », me prévient-il d'emblée. C'est déjà beaucoup. Pendant une demi-heure, il examine les trois photographies et me répond, à mon grand soulagement : « Oui, il y a les plus grandes chances qu'il s'agisse du même homme : mêmes oreilles, lobe tourné vers l'extérieur, particulièrement à l'oreille droite, ce qui est rare. Formation de l'os frontal en relief, à gauche, très caractéristique ; et plis extrêmes des lèvres identiques. »

J'adresse au procureur général Ludolph le compte rendu de cet examen.

Entre-temps, René Pleven, le garde des Sceaux, m'a répondu le 29 septembre, m'informant qu'il

transmettait les documents concernant cette affaire à
M. le ministre d'État chargé de la Défense nationale.

Le 29 octobre 1971, Louis Saget, directeur de
cabinet de Michel Debré, ministre d'État chargé de
la Défense nationale, m'écrit avec un aplomb étonnant ce que je pouvais moi-même – et pour cause
– lui faire savoir dès le 1er octobre : «Je suis actuellement en mesure de vous confirmer qu'en réponse
aux démarches qu'il avait entreprises auprès du gouvernement fédéral le gouvernement français a reçu
l'assurance que l'enquête concernant les agissements
de ce criminel de guerre était reprise par les autorités
judiciaires compétentes. »

Le 12 octobre, l'assistant du Dr Ludolph, le procureur Steiner, m'écrit une lettre où se manifeste
précisément la volonté d'une coopération technique : le parquet de Munich voit dans mon action
une cohérence et une impulsion qui lui promettent
des résultats.

À la fin du mois d'octobre, j'adresse au Dr Ludolph
divers témoignages de personnes ayant rencontré
Barbie et qui le reconnaissent plus ou moins formellement dans l'homme de La Paz. Le 2 novembre,
*L'Aurore* publie la photo de Barbie que je lui ai
remise ainsi que le petit examen anthropométrique
et affirme qu'il s'agit là de l'assassin de Jean Moulin.
Philippe Bernert est amusé de voir que « c'est la première fois que B.K. peut poursuivre sa croisade avec
la bénédiction et l'appui d'un haut magistrat ouest-
allemand, alors qu'elle n'est qu'en liberté provisoire.

Paradoxale situation pour la nouvelle auxiliaire du procureur général Ludolph ! »

Quelques semaines plus tard, le procureur me demande si j'accepterais d'entrer en contact avec un Allemand vivant à Lima et qui pense avoir reconnu Barbie en la personne d'un homme d'affaires récemment arrivé à La Paz. Cet Allemand a vu la photo de Barbie de 1943 dans un article récent de la *Süddeutsche Zeitung* de Munich, qu'il reçoit à Lima. Il s'appelle Herbert John et est directeur aux Editoriales Unidas, une maison d'édition dont le propriétaire est le richissime Luis Banchero Rossi, roi de la farine de poisson au Pérou.

Le 16 décembre, le procureur Rabl, celui-là même qui a décidé de relaxer Barbie, m'écrit : « Le parquet est entré en possession de photographies récentes qui représentent probablement Barbie. Je viens de demander à l'Institut d'anthropologie et de génétique humaine de l'université de Munich d'établir un rapport d'expertise sur cette question d'identité. Je serais très heureux si vous pouviez, après la réception de cet avis, venir à Munich pour discuter en détail des mesures à prendre. »

Le procureur Rabl avait passé ces derniers mois en mission en Israël pour y interroger des témoins dans une autre affaire. Il était juif par son père, lequel, fonctionnaire dans le service des brevets à Berlin, avait été révoqué à l'arrivée de Hitler au pouvoir.

Rabl me met en contact avec Peter Nischk, un ami munichois de Herbert John. Ce dernier soupçonnait

l'homme qui nous intéresse sur la photographie
d'être Theodor Dannecker, le premier chef du
service des Affaires juives en France, un des plus
proches auxiliaires d'Eichmann. Si Herbert John a
cru que l'homme de la photo était Dannecker, c'est
que depuis longtemps déjà cet homme est connu
à La Paz et à Lima, où il se rend régulièrement,
comme étant un ancien criminel nazi autrefois actif
en France. Herbert John a réussi à le photographier,
car Barbie s'est installé à Lima au mois d'octobre
dernier.

Le 28 décembre, Peter Nischk nous transmet le
nom et l'adresse actuels de Barbie : « Klaus Altmann,
chez Fritz Schwend, Santa Clara via Lima, Casilla
n° 1, Carretera central, km 14 ». Nous surveillons
depuis quelques jours tout ce qui a trait à la Bolivie
et au Pérou dans la presse. Nous apprenons par un
article du *Monde* que la France essaie d'assouplir
l'hostilité du Pérou aux essais nucléaires français.
La situation n'est guère favorable. Pourtant, Serge
téléphone le 30 décembre au général Bourdis, chef
du cabinet militaire du Premier ministre. Celui-ci a
eu Serge sous ses ordres en 1961 et 1962 au ministère des Armées, au temps de son service militaire.
Serge le rencontre discrètement place Dauphine, et
lui transmet tous les détails dont nous disposons
concernant Barbie.

Serge déclare à un conseiller du cabinet qu'il
constate actuellement l'existence de deux éléments
dont l'un peut jouer en faveur d'une énergique extradition, et l'autre contre. Le premier est l'émotion

critique soulevée par une phrase récemment prononcée par Georges Pompidou au sujet de la Résistance. En réclamant énergiquement et dans les plus brefs délais cette extradition, le président de la République pourrait mettre un terme à cette émotion. Puis Serge en vient à l'élément défavorable, rappelant les démarches françaises entreprises au Pérou sur le plan des essais atomiques. Enfin, il l'informe d'une difficulté particulière dont il a eu connaissance lors d'un entretien téléphonique avec Herbert John : «Fritz Schwend, l'ami de Barbie, est un des hommes de la CIA au Pérou ; arrivé en 1949 sous le nom d'un Yougoslave, Wenceslas Turi, c'est aussi un criminel nazi condamné par contumace en Italie, à Bolzano, à vingt et un ans de prison. Il vient de la section VI du RSHA à Berlin. C'est lui qui a été chargé de la fameuse opération de fabrication des fausses livres sterling par les nazis. Devenu éleveur de poulets, c'est lui en particulier qui a mis au point la censure postale dans ce pays. Il a des antennes partout. Si la France dépose une demande d'extradition de Barbie, dans les cinq minutes Schwend et par conséquent Barbie seront au courant. »

Il est pourtant important que la France affirme sa détermination à poursuivre sans relâche les criminels nazis. De toute façon, même s'il faut tout faire pour l'en empêcher, Barbie réussira probablement à s'enfuir du Pérou.

Plus tard, on nous demandera souvent : «Pourquoi ne l'avez-vous pas abattu ? Il n'était pas sur ses gardes. » Aucun de ceux qui nous ont fait la remarque ne l'aurait fait lui-même.

Notre rôle est d'essayer de pousser les appareils légaux à juger ces criminels et à empêcher la réhabilitation des criminels nazis ayant opéré en France. Pour cela, il est nécessaire de concentrer l'action sur quelques-uns de ces criminels, les plus grands : Lischka, Hagen, Barbie. C'est à travers les débats et la passion suscités autour de leurs noms que sera réglé le problème de l'insolente quiétude de tous ces bourreaux. Si ceux-là parviennent à échapper au châtiment, ce sera pour le camp de la justice une défaite d'autant plus grave que le drame de leur destin aura passionné les opinions publiques. Mais, si Barbie est identifié, alors se renforcera la conviction que les crimes nazis ne doivent pas être prescrits, minimisés, oubliés. Abattre Barbie n'aurait servi à rien ; on aurait écrit à la rigueur : « Un homme soupçonné d'être Klaus Barbie a été retrouvé assassiné. » Ce n'aurait été qu'un règlement de compte.

Quelques jours plus tard, nous apprenons que Luis Banchero Rossi, le patron de Herbert John, a été assassiné dans la nuit de la Saint-Sylvestre dans sa propriété de Chaclacayo. Suspect n° 1 : le fils dégénéré de son jardinier. Mais nous savons qu'Altmann et Schwend sont voisins de Luis Banchero Rossi et qu'Altmann a été vu à plusieurs reprises avec le suspect de ce crime.

Entre-temps, le 8 janvier 1972, Serge et moi sommes allés avec notre ami Élie – celui de l'expédition de Cologne – protester, une étoile jaune sur la poitrine, aux obsèques de Xavier Vallat, premier commissaire général aux Questions juives de Vichy. Ces cérémonies sont l'occasion pour ses amis politiques de célébrer les mérites de Vallat et nous voulons nous opposer à cette falsification de la vérité. À Annonay, dans l'Ardèche, puis dans le village de Pailharès, nous étions les seuls protestataires, mais par notre présence nous marquions que l'action antijuive de Vallat n'avait pas été oubliée de tous. Nous nous sommes tenus devant la morgue, des deux côtés de l'église d'Annonay, silencieux, une étoile jaune sur la poitrine, l'ouvrage de référence du Dr Billig, *Le Commissariat général aux Questions juives*, à la main. Les amis de Vallat nous ont insultés ; on a même craché sur nous. Le commissaire de police a refusé de nous obliger à quitter les lieux.

Le 12 janvier, je reçois une nouvelle lettre du procureur Rabl qui me confie : «Le rapport d'expertise d'identité de l'Institut d'anthropologie et de génétique humaine vient de me parvenir. Sa conclusion est que l'homme d'affaires Klaus Altmann de La Paz, en Bolivie, qui est représenté sur les photos, est avec une très grande probabilité identique à Klaus Barbie. »

Le 15 janvier, Serge rappelle le général Bourdis. Le dossier est au ministère des Armées. Il n'a pas encore atteint la justice militaire. Rien n'a avancé. Le 17 janvier, nous communiquons à *L'Aurore* les nouvelles photos de Barbie que j'ai reçues le 5 janvier du parquet de Munich, et nos renseignements. *L'Aurore* les publie le 19 janvier sous le titre : «La France va-t-elle le réclamer ? » L'article de Philippe Bernert a le retentissement que nous avions envisagé : en France, résistants et déportés multiplient les prises de position, réclamant au gouvernement français de demander l'extradition. À Lima, Altmann nie farouchement être Barbie. Suivent de nombreux articles et dépêches, avec un même point d'interrogation : Altmann est-il Barbie ? La demande d'extradition n'est toujours pas annoncée.

Au matin du 21 janvier, le Dr Ludolph me communique les preuves d'état civil qu'il a découvertes. L'après-midi même, Jean Pierre-Bloch et moi donnons à Lyon une conférence de presse pour faire le point sur l'enquête. Me Geissmann et quelques-uns de ses amis estiment que, s'ils ont eu la chance de survivre aux persécutions de Barbie lui-même, il leur faut faire quelque chose pour que le gestapiste rende des comptes. Ils m'offrent le billet d'avion pour Lima.

Mon départ pour Lima est prévu dans la nuit du jeudi 27 janvier. Mais il me faut emporter des preuves écrites. Or, les renseignements du Dr Ludolph m'ont été communiqués oralement. À 2 heures du matin, il me rappelle enfin et consent à me remettre officiellement un dossier. À 7 heures, la veille du départ pour Lima, je suis à Orly, et à 10 heures je me présente chez le Dr Ludolph. Nous travaillons jusqu'à 19 heures. À ma demande, il recherche dans les traités de droit international tout ce qui peut me documenter sur la question de l'extradition entre la

France et le Pérou, rendue possible par les lois du 23 octobre 1888 et du 28 juillet 1924. Nous mettons au point un dossier signé par le procureur général de Munich, qui établit irréfutablement qu'Altmann et Barbie ne sont qu'une seule et même personne. Quatre preuves essentielles sont avancées dans ce dossier :

1) La fille de Klaus Altmann, Ute, est née le 30 juin 1941 à Kassel. L'état civil de Kassel en 1941 ne porte aucune Ute Altmann. En revanche, le 30 juin 1941 est née à Trèves Ute Barbie, fille de Klaus Barbie.

2) Le fils de Klaus Altmann, Klaus-Georg, est né le 11 décembre 1946 à Kasel, près de Leipzig. Malheureusement pour Altmann, le Dr Ludolph a étudié soigneusement les indications : la commune de Kasel n'existe pas, mais le 11 décembre 1946, à Kassel, dans la clinique du Dr Kuhn, est né Klaus-Jörg, fils de Klaus Barbie.

3) La femme de Klaus Altmann s'appelle Regina, née Wilhelms. La série de coïncidences stupéfiantes continue : la femme de Klaus Barbie s'appelle Regina, née Willms.

Quant à l'examen anthropométrique tout à fait convaincant réalisé par le professeur Ziegelmayer de l'Institut de génétique humaine de l'université de Munich, il est exposé dans un rapport de seize pages très détaillé. Je le traduis dans l'avion qui me ramène à Paris.

Mon avion atterrit mercredi vers 23 heures. La nuit sera agitée. Serge est là, comme toujours. Nous passons une heure à téléphoner à Londres pour

retenir une place sur l'avion Londres-Lima du lendemain matin et à échanger mon billet. Serge a eu
un pressentiment : «Il faut hâter ton voyage pour
disposer dès ton arrivée à Lima d'un jour, le vendredi, où tous les bureaux sont ouverts et où tu
peux agir. »

Puis nous nous rendons à *France-Soir*, où les
preuves d'identité d'Altmann et Barbie n'intéressent
personne. À l'AFP, on photocopie le dossier, mais il
ne suscitera aucune dépêche. De nouveau, les dossiers
seuls n'ont malheureusement pas d'effet. Le lendemain, Serge communiquera ce dossier à la direction
de la justice militaire française.

J'apprends aussi dans les dossiers de Ludolph tout
ce qui concerne le passé de Barbie entre 1945 et
1949, et en particulier ses activités au service des
Américains. Plus tard, je communiquerai mes notes
à Allan Ryan, chargé à Washington d'une enquête
officielle sur les liens entre Barbie et les services
spéciaux américains en Allemagne, afin que les États-
Unis présentent leurs excuses à la France pour leur
comportement vis-à-vis de ce criminel nazi. Un avis
de recherche fut même lancé le 25 avril 1949 à l'encontre de Barbie pour un vol de bijoux. Le texte de
cet avis de recherche est un chef-d'œuvre d'ironie :
«Klaus Barbie, 1,70 mètre, cheveux blond foncé,
lèvres étroites, yeux foncés, type israélite prononcé,
parle un allemand littéraire, manières courtoises. »

À 2 heures du matin, je suis au lit, morte de
fatigue : il est trop tard pour parler avec Arno, et
demain, quand je partirai, il sera trop tôt. À 4 heures
du matin, Serge me réveille après avoir rangé mes

dossiers. La radio annonce que Barbie a quitté Lima par la route en direction de la Bolivie. Nous calculons qu'il ne peut arriver à la frontière avant vendredi dans la journée. D'ici là, je serai à Lima et, s'il le faut, je poursuivrai jusqu'à La Paz.

Dans l'avion, je relis mes notes sur Barbie. Une heure plus tard, je suis à l'aéroport de Londres. Je m'y heurte à mes premiers ennuis. Au contrôle, le policier regarde mon passeport, puis consulte l'épais volume où sont inscrits les noms des personnes recherchées par les autorités britanniques ou dont elles se méfient. Il me demande mon billet, prend mon passeport et s'en va. Je crains de manquer ma correspondance. C'est à ma campagne londonienne contre l'expulsion de Rudi Dutschke que je dois ce traitement. « Mettez à mes côtés un policier en attendant l'heure de l'avion pour Lima, lui dis-je, ainsi vous serez tranquille. » Enfin, il me laisse passer. J'étudie à fond le dossier Barbie ; je dors ; les escales – Trinidad, Caracas – disparaissent derrière l'avion, qui atterrit à Lima à 22 heures le même jour, grâce au décalage horaire. Il fait chaud, humide ; j'ai un manteau d'hiver sur le dos alors qu'ici c'est l'été. Aucun journaliste, car il y a eu erreur dans les dépêches : c'est l'heure de Greenwich qui a été annoncée, et non l'heure locale. Même mon informateur, Herbert John, que j'avais appelé de Paris, n'est pas venu m'attendre.

Je parviens à joindre Albert Brun, le correspondant de l'AFP. Mince, bronzé, la cinquantaine, il vient me chercher en voiture à l'aéroport avec Nicole

Bonnet, correspondante du *Figaro*. Je prends une chambre à l'hôtel Savoy, me douche, me change et descends avec mes dossiers rejoindre au bar les journalistes. J'expose les preuves de l'identité d'Altmann et Barbie. Albert Brun traduit mes explications en espagnol. Inlassablement, je recommence la même histoire, et ce n'est qu'après 2 heures du matin que je peux enfin me coucher. J'apprends que Barbie ne peut encore avoir franchi la frontière bolivienne et qu'il ne pourra le faire avant le lendemain après-midi.

Vers 9 heures, sur le perron de l'hôtel, Herbert John m'aborde. Il n'a pas quarante ans ; très grand, courbé, blond, les yeux bleus toujours en alerte, il ne paraît pas à son aise et semble toujours avoir peur de quelque chose. À force de jeter des regards craintifs autour de lui, il me donne l'impression que nous sommes épiés. Il me promet de me mettre en contact avec la police péruvienne pour que je puisse lui présenter les documents. Au bureau de l'AFP, c'est un va-et-vient incessant de journalistes qui consultent mon dossier. La presse est convaincue. Le jour même, les journaux péruviens – *La Nueva Cronica*, *Tercera*, *La Prensa*, *Expreso*, *Ojo*, *Correo*, *El Comercio* – entament une campagne : «La chasseuse de nazis allemande prouve qu'Altmann est bien Barbie. »

Il ressort de mes conversations que le Pérou ne tient pas à être écartelé entre la France et la Bolivie, et préfère que Barbie revienne en Bolivie. D'ailleurs, grâce à « Don Federico », *alias* Fritz Schwend, Barbie

jouit de solides appuis dans les services spéciaux
péruviens. Vers midi, un émissaire de Herbert John
m'emmène à la police militaire, où je suis reçue
par un général. Je lui explique le cas Barbie et lui
demande de l'arrêter avant qu'il ne franchisse la frontière. Il fait photocopier mon dossier et me promet
d'en référer au ministre compétent. Je me rends
ensuite au palais gouvernemental, chez le chargé de
presse. Chacun de ces fonctionnaires sait que Barbie
doit franchir la frontière ; on regarde avec intérêt
mes documents, on reconnaît qu'Altmann est Barbie,
mais on ne fait pas l'essentiel : lui fermer la frontière.
Le chargé de presse du gouvernement téléphone
aux services de renseignements – l'« Intelligence
Service », comme on l'appelle ici –, juste en face
du palais. Un colonel m'écoute, photocopie le dossier, téléphone à la frontière, demande si la voiture
de Barbie, une VW immatriculée HH CD 360, au
nom de son fils à Hambourg, a franchi la frontière.
La réponse est non. De là je me précipite à l'ambassade, où M. Chambon, l'ambassadeur, m'attend.
Ancien déporté, c'est un diplomate énergique et chaleureux qui me donne l'accolade devant la presse.
Je lui remets un double des documents que j'ai fait
photocopier à l'Intelligence Service. Immédiatement,
l'ambassadeur est convaincu. Le téléphone sonne ;
c'est le consul à Puno qui appelle : « À midi, Barbie
a passé la frontière, accompagné de deux policiers
péruviens qui l'ont remis entre les mains de la police
bolivienne. » La demande que M. Chambon vient de
faire au général Pedro Richter, ministre de l'Intérieur,
d'arrêter Barbie comme mesure conservatoire jusqu'à

ce qu'une requête officielle d'extradition parvienne à Lima, n'aura donc pas de suites.

Je retourne à l'AFP, où je continue à travailler jusqu'à minuit avec la presse et la télévision. Ce travail de documentation est important : la presse péruvienne sera lue en Bolivie. Les journalistes péruviens sont plus sensibles que les journalistes français ou allemands aux preuves que l'on prend la peine d'exposer dans un dossier. Je monte dans un avion le lendemain matin pour suivre Barbie à La Paz.

# À La Paz pour démasquer
## le « boucher de Lyon »

Deux heures de vol à survoler des montagnes, de hauts plateaux désolés et le lac Titicaca. Le petit aéroport de La Paz est à 4 000 mètres d'altitude. Une vingtaine de photographes, de cameramen, de journalistes me poussent vers le hall dans un petit bureau aménagé pour la circonstance et qui se révèle être l'infirmerie. J'y donne une conférence de presse improvisée pendant qu'un médecin soigne une jeune femme qui vient de débarquer.

Après le départ de la presse, je passe dans un bureau où trois policiers en civil m'attendent pour remplir les formalités d'entrée dans le pays. Je n'ai pas de visa et je ne viens pas faire du tourisme. Contrairement à l'usage, on garde mon passeport, me promettant de me le rendre à mon arrivée à l'hôtel. Il ne m'a été restitué que trois jours plus tard.

Je m'attendais à une chaleur estivale, mais il fait frais à La Paz. De la route qui descend vers la capitale, j'aperçois dans la vallée les immeubles modernes du centre et les cabanes des Indiens à flanc de collines. Je ne suis pas trop dépaysée par les ponchos, les jupes larges des femmes aux couleurs criardes, les enfants portés sur le dos, les chiens errants ; j'ai déjà eu un premier contact avec l'Amérique latine en mai 1967, au Guatemala.

Ma chambre, située au rez-de-chaussée, donne sur la rue ; ma fenêtre sert de banc aux passants fatigués. Derrière l'hôtel Sucre retentit en provenance d'un stade une musique bruyante, trompettes et cymbales, au rythme répétitif. Ajouté à l'altitude, ce tintamarre me cause une violente migraine. Je continue malgré tout de recevoir les journalistes qui défilent dans ma chambre. On pourrait presque mettre une lanterne rouge devant ma porte.

Le dimanche, je lis la presse, et tombe sur le titre : « ¡ *No es Altmann, es Barbie !* » Les preuves sont étalées sur plusieurs pages.

Dans la soirée, un fonctionnaire du ministère de l'Intérieur veut que je l'accompagne. Je repousse ma visite au lendemain. La police ne s'attendait pas à ce que, une heure après mon arrivée, la presse fasse de l'affaire Barbie, qui n'existait pratiquement pas à La Paz, une affaire intérieure qui, déjà, met le gouvernement au pied du mur.

Lundi matin, je vais à l'ambassade de France. L'ambassadeur refuse de me recevoir et me renvoie sur les services du Quai d'Orsay. Je me rends au siège du ministère de l'Intérieur, qui jouxte l'ambassade française. Un soldat de garde me retient dans l'entrée et me répète inlassablement : « *Mañana* » (demain). À l'hôtel, des journalistes m'arrangent un rendez-vous avec le secrétaire d'État à l'Immigration, Rodolfo Greminger, et essaient de m'obtenir

Arno Klarsfeld, volontaire étranger, en 1939.

Raïssa Klarsfeld, étudiante à Berlin, en 1925.

Kurt Künzel, soldat de la Wehrmacht stationné en Belgique, en 1940.

Hélène Künzel avec sa fille Beate, en 1943.

I

Arno Klarsfeld et ses enfants au château de Masgelier en mai 1941, peu de temps après son évasion.

Arno, Georgette, Serge et Raïssa sur la Promenade des Anglais, à Nice, en mai 1943.

Le 2 avril 1968, Beate interrompt le chancelier au Bundestag, à Bonn: «Kiesinger, nazi, démissionne!»

Le 8 novembre 1968, au lendemain de la gifle administrée par Beate au chancelier Kiesinger et de sa condamnation à un an de prison ferme, de nombreux journaux allemands, comme ici le *Morgenpost*, consacrent leur une à cet événement.

Décembre 1972. Régis Debray et Serge Klarsfeld avec leurs amis conjurés boliviens. Gustavo Sanchez (2ᵉ en partant de la gauche) arrêtera Klaus Barbie et le mettra dans un avion pour la Guyane.

Février 1980. Le verdict du procès de Cologne tombe : Heinrichsohn, Hagen et Lischka (de gauche à droite) sont condamnés et incarcérés.

Serge présente à la presse des photos de l'ancien officier SS Alois Brunner dont il a retrouvé la trace en Syrie.

Beate montre une reproduction de la carte de colonel des services spéciaux militaires boliviens de Klaus Barbie.

1972. Beate et Serge devant le cimetière de Pailharès le jour de l'enterrement de Xavier Vallat, commissaire général aux questions juives pendant la guerre.

23 octobre 1979. Ouverture du procès Kurt Lischka à Cologne.

Manifestation sur les marches du tribunal de Cologne.

Les FFDJF manifestent à Marseille contre Le Pen.

5 décembre 1976. Serge provoque un esclandre dans la célèbre brasserie d'où partit le putsch de Hitler en 1923 lors d'un rassemblement des néo-nazis de la DVU.

Beate manifeste le 26 janvier 1984 à Santiago du Chili contre l'impunité du criminel nazi Walter Rauff.

5 juin 1986. Beate conduit une manifestation à Vienne contre Kurt Waldheim.

20 juillet 2014. Le président de la République François Hollande élève Beate au rang de Commandeur de la Légion d'honneur et Serge à celui de Grand Officier, en présence de leur famille.
De gauche à droite : Luigi dans les bras de sa mère Lida, Beate, François Hollande, Serge, Arno, Carlo Comporti (époux de Lida) et Emma.

Beate et Serge au Mémorial de la Shoah en 2011, dans la salle des enfants déportés.

un entretien avec le colonel Banzer, le chef d'État (et dictateur) de la Bolivie. Dans l'après-midi, je rencontre Greminger, jeune homme d'une trentaine d'années à l'allure européenne. Son accueil est plutôt réservé. Je lui laisse mon dossier pour qu'il le photocopie.

À l'hôtel Sucre, Ladislas de Hoyos et son équipe de la seconde chaîne de l'ORTF prennent leurs quartiers. Au moins un organe d'information français a envoyé un journaliste là où se trouve ce Barbie qui fait couler tant d'encre en France.

J'ai toujours mal à la tête et peu d'appétit – les plats du restaurant de l'hôtel ne m'encouragent pas non plus. Je me contente d'avocats et de compote.

Je travaille avec les journalistes qui se succèdent dans ma chambre jusque tard dans la nuit. Nos entretiens sont longs ; je leur explique ce que représentaient la Gestapo, le nazisme, la Résistance, les camps de la mort. C'est cette tâche que je remplis à La Paz ; tâche indispensable quelle que soit l'issue d'une demande d'extradition. En outre, je suis bien informée de la nature du régime Banzer et, en dénonçant à La Paz le fascisme passé, j'ai le sentiment d'aider les Boliviens à faire des rapprochements entre ce qui se passe sous Banzer et ce qui se passait sous Hitler.

Je retourne mardi matin chez le secrétaire d'État à l'Immigration, M. Greminger, qui me rend mes documents et mon passeport. Puis il me tend un journal où il a souligné en rouge certaines de mes déclarations. Il me reproche de parler à la presse, alors que je suis entrée en Bolivie avec un visa de touriste. Pourtant, je sens qu'il a plus de sympathie pour moi

que la veille et me confie qu'il est chargé de préparer
le dossier Barbie pour la commission qu'il dirige et
remettra son rapport à la Cour suprême, laquelle
se prononcera sur le sort de Barbie. M. Greminger
sort d'un tiroir le passeport d'Altmann, qui lui a
été confisqué, et me le montre. J'y lis sa date de
naissance : 25 octobre 1913, comme Barbie, et non
15 octobre, ainsi que ce dernier l'a prétendu à Lima.
M. Greminger me demande de retourner à Munich
et d'en rapporter les réponses à différentes questions
d'état civil et de carrière policière concernant Barbie.
Je lui promets de faire le nécessaire.

En sortant de chez Greminger, un policier m'accoste et me conduit au chef de la police de sûreté
bolivienne, le major Dito Vargas, réputé pour sa
cruauté. Il torture lui-même, dit-on, et exécute sommairement les guérilleros après leur avoir tranché
les mains. Il n'a pas atteint la quarantaine et, en sa
présence, je souhaite silencieusement qu'il ne l'at-
teigne jamais. Bien habillé, le visage large et gras,
les cheveux noirs gominés, le physique de l'emploi.
L'entretien se déroule par l'entremise d'un policier
qui parle anglais. Un mauvais sourire ironique et un
ton autoritaire à la bouche, il me fait savoir que,
touriste étrangère, je ne suis pas en droit de me servir
de la presse bolivienne pour mener une campagne.

Je lui réponds sur un ton moqueur : «Je n'ai pas
besoin de les voir, puisque je les ai déjà tous vus et
qu'ils ont informé les Boliviens de l'essentiel de ce
que j'avais à leur dire.» Il met fin à notre entretien.

Il ne doit pas être habitué à discuter sur un ton d'égalité avec une femme.

Dans le hall, on me demande au téléphone. Il s'agit d'un membre de l'ambassade française qui me donne rendez-vous à mon hôtel, mais, par prudence, dans une autre chambre que la mienne. Ce diplomate, qui est juif, a suivi mes actions antérieures. Il me confirme que je n'ai pas été reçue à l'ambassade, car je ne suis pas venue en mission officielle. Pourtant, on y est curieux d'étudier mes documents.

Dans l'après-midi, la radio annonce que l'extradition vient d'être demandée par l'ambassadeur de France. Je suis soulagée. Dans la nuit, le correspondant d'une agence américaine me réveille : je serai expulsée le lendemain pour avoir enfreint la réglementation touristique.

Le lendemain, Greminger me demande de partir le jour même pour Paris *via* Lima. Il me réserve une place et me prie de revenir le voir à 14 heures. Entretemps, Ladislas de Hoyos m'interviewe sur la route qui domine La Paz. J'apprends que le colonel Mario Zamora, ministre de l'Intérieur, vient de déclarer que j'étais expulsée. Mais quand je retrouve Greminger, à 14 heures, il dément la nouvelle : «Vous n'êtes pas expulsée, mais j'ai besoin de ces nouveaux documents ; vous seule pouvez me les apporter ; je suis décidé à travailler avec vous, et d'ailleurs je viens de l'expliquer à la presse. »

Son communiqué diffusé dans l'après-midi précise que «Mme Klarsfeld est partie volontairement ». Deux policiers me prennent en charge. Nous passons à l'ambassade de France, où je récupère mes dossiers. À l'hôtel, j'appelle quelques journalistes et emporte avec moi la bobine de film que Ladislas de Hoyos me confie.

À Lima, en fin d'après-midi, deux inspecteurs de police me conduisent dans un bureau. L'ordre a été donné de ne pas me laisser entrer en ville : « Nous sommes là pour assurer votre sécurité, car vous risquez d'être abattue en ville par des organisations nazies furieuses de la campagne que vous avez déclenchée contre eux en Amérique du Sud. » Herbert John me confirme que Fritz Schwend, chez qui la femme de Barbie est logée, a déclaré que, si je reviens, « on se chargera » de moi. J'ai envie de dormir dans un lit, et non sur une chaise dans une chaleur étouffante à l'aéroport : « Donnez-moi un revolver, dis-je, si vous avez tellement peur pour moi. Je saurai bien me défendre toute seule. » Les policiers refusent. Je passe une mauvaise nuit sur une banquette dans un bureau vitré. Jeudi matin 3 février, accompagnée par mes anges gardiens qui m'offrent le petit déjeuner, j'embarque à bord du Boeing d'Air France *via* Bogota et Pointe-à-Pitre. Informé de ma présence, le commandant de bord me fait monter dans le cockpit et ouvre une bouteille de champagne en mon honneur.

Dans les jours qui suivent, je m'accorde quelques moments de détente avec Serge et Arno ; je bourdonne dans l'appartement comme une abeille – le problème du linge de mes hommes m'obsède toujours pendant mes voyages, d'autant qu'ils sont assez négligents de nature. On se demande sans doute : «À quoi pense-t-elle pendant qu'elle poursuit ces impitoyables SS jusqu'au bout du monde ? » En fait, et c'est peut-être ma force, je m'angoisse sur des problèmes tels que : «Pourvu que je rentre avant huit jours, parce qu'Arno risque de ne pas avoir assez de caleçons ; Serge sortira tous les jours avec des chaussures poussiéreuses parce que je ne suis pas là pour les cirer ; que fera Arno dimanche après-midi ? ; zut ! j'ai oublié le ticket de pressing sous le téléviseur et Raïssa ne le trouvera pas. » Aujourd'hui, je m'en donne à cœur joie et rattrape le retard accumulé.

Je téléphone au Dr Ludolph pour lui annoncer ma venue. Il m'informe peu de temps après que la justice militaire française va me relayer : le ministère des Affaires étrangères à Bonn lui a demandé de recevoir deux magistrats français à partir de lundi. Nous maintenons toutefois notre rendez-vous, car je viens d'apprendre que Barbie a été arrêté pour escroquerie ; l'Agence d'État pour le développement lui réclame une grosse dette. Si une minorité de dirigeants boliviens est hostile à Barbie, il faut en tirer parti et les aider en fournissant au plus tôt à la justice bolivienne le maximum d'éléments susceptibles de confondre Barbie. Or la machine judiciaire française qui vient enfin de se mettre en marche est lourde et relativement lente, parce qu'elle doit fonctionner en liaison avec les diplomates, qu'il faut traduire les documents en espagnol et que l'ambassade à La Paz – je l'ai appris là-bas – ne dispose pas d'un personnel spécialisé pour ce type de travail. Toutes ces

considérations pèsent lourd dans la balance pour que
je revienne bientôt à La Paz avec les documents
que je parviendrai à obtenir du parquet de Munich
et qui achèveront de prouver qu'Altmann est Barbie.
Ce sont des documents officiels que je transmettrai
officieusement.

Pour les Sud-Américains du Pérou et de la Bolivie,
les anciens SS ne sont que des réfugiés politiques
comme les autres. L'œuvre d'extermination de la
Gestapo est pratiquement inconnue là-bas. Il faut
leur montrer de façon éclatante que Barbie n'est
pas, comme il l'affirme, « un soldat qui n'a fait que
son devoir ». « J'ai agi pendant la guerre, dit-il à
l'envoyé du *Pueblo* espagnol, comme tout officier
d'une armée en lutte, comme ont agi les officiers
boliviens qui ont combattu les guérilleros de Che
Guevara. » L'accent doit être porté sur le massacre
de populations civiles et sur la liquidation des Juifs.
Les Boliviens doivent voir autre chose que des documents et des photos ; ceux-là ont déjà servi la dernière fois. Il faut que les Boliviens se heurtent au mal
nazi par l'intermédiaire de quelqu'un ayant souffert
directement à cause de Barbie. Reste à trouver les
billets d'avion, la couverture des frais de séjour et
la personne adéquate que nous devrons convaincre
de m'accompagner.

Je me rends à Strasbourg pour y passer quelques
heures, le temps d'y donner une conférence au Bnai
Brith, puis je prends un train pour Munich. Le
voyage est éprouvant. Les journalistes de l'ORTF qui
m'ont donné rendez-vous à la gare de Munich voient
sortir du train une loque qui n'a qu'une idée en

tête : se terrer dans une chambre d'hôtel. Souffrante, j'achète des médicaments, me précipite dans le premier hôtel venu, me fourre au lit et téléphone à un médecin, qui me confirme pour 40 marks que j'ai une intoxication alimentaire et me prescrit les médicaments que je viens tout juste d'acheter.

L'après-midi, les traits tirés, je me présente chez le Dr Ludolph et lui indique les pièces que m'a demandées M. Greminger, notamment les copies des actes de naissance des quatre Barbie, les preuves que Barbie était administrativement considéré pendant la guerre comme policier en activité et non comme soldat, les spécimens de l'écriture de Barbie. Les magistrats français ne sont toujours pas arrivés. Nous travaillons jusqu'à 19 heures. Malheureusement, le Dr Ludolph n'a plus le droit de me communiquer les photocopies de ces pièces, qu'il doit désormais remettre officiellement à la justice militaire française. Sinon, dès le jeudi 10 février j'aurais été de retour à La Paz avec ces documents ; c'eût été un appui efficace à ceux qui voulaient que Barbie reste en prison. Par la voie officielle, le dossier ne pouvait parvenir à La Paz qu'après un minimum de dix jours. Le 12 février, Barbie était libéré.

Les deux magistrats militaires, l'un en poste à Lyon, l'autre à Paris, ont passé la matinée du lendemain chez le Dr Ludolph, qui leur avait préparé et photocopié en double exemplaire un choix de documents.

À Paris, on parle beaucoup de l'affaire Barbie. Ladislas de Hoyos a réussi à interviewer Barbie dans sa prison : cela lui a coûté beaucoup d'efforts et, à l'ORTF, 2 000 dollars. L'argent a été remis par le consul de France à un haut fonctionnaire du ministère de l'Intérieur, Barbie et ses deux avocats se trouvant dans le bureau voisin. Confrontées à l'image de leur bourreau, les victimes de Barbie le reconnaissent malgré les années passées.

Désormais, pour les Français, Altmann est bien Barbie. J'en suis heureuse et furieuse à la fois : des preuves irrécusables sont à peine prises en considération tandis que des témoignages discutables emportent l'adhésion. Généralement, je ne suis pas capable de reconnaître, à part des visages exceptionnels, quelqu'un que j'ai rencontré pour la première fois la veille. J'ai donc tendance à douter des témoignages de ceux qui sont formels après vingt-sept ans. D'autant que la réaction contraire était tout aussi vraisemblable : en dépit du fait qu'Altmann est bien Barbie et que le procureur général de Munich l'affirme avec « une certitude à 100 % apte à convaincre n'importe quel tribunal allemand », ces témoins auraient très bien pu ne pas l'identifier. Dans ce cas, que se serait-il passé ?

Parmi les témoins qui se manifestent, Mme Simone Lagrange, interrogée par Barbie en juin 1944, quand elle s'appelait Simone Kadousche :

« *J'étais alors âgée de treize ans. À notre arrivée à la Gestapo, place Bellecour, on nous a mis dans une salle du troisième étage, et c'est là que j'ai vu Barbie pour la première fois ! Il s'est avancé vers mes parents et moi, en caressant un gros chat gris avec douceur, et, sans élever la voix, il a demandé à ma mère si j'étais sa seule enfant. Maman lui répondit qu'elle en avait encore deux plus jeunes, mais qu'elle ne savait pas où ils étaient. À ce moment-là, Barbie, ignorant toujours mon père, s'approcha de moi et me demanda gentiment l'adresse de mes petits frères. Comme je lui disais que je ne la connaissais pas, il posa délicatement son chat sur la table et, brutalement, me donna une paire de gifles en me disant qu'il saurait bien les trouver tout seul. Le 7 juin, on est venu me chercher pour aller place Bellecour, où Barbie m'attendait pour me questionner de nouveau. Il me disait gentiment que, si je lui donnais l'adresse des petits, il nous mettrait tous les trois ensemble à l'hôpital de l'Antiquaille, que nous serions très bien soignés et que nous n'irions pas en déportation. Comme je lui répondais encore que je ne savais rien, il s'approcha de moi. J'avais à cette époque de très longs cheveux, qu'il enroula autour de sa main, et il me tira brusquement vers lui, et là, les gifles commencèrent à tomber, durant environ un quart d'heure. J'avais très mal, mais je ne voulais pas pleurer. Il me lâcha enfin, et je me retrouvai sur le plancher, mais, à coups de pied dans le ventre, il me força à me relever et me ramena lui-même en prison. Il dit à ma mère qu'elle n'avait pas de cœur de laisser frapper sa fille et que, si elle voulait parler, les interrogatoires s'arrêteraient là, puis il lui envoya quelques gifles. Nous nous sommes revus le 23 juin 1944, date à laquelle, avec maman, nous avons été transférées à Drancy, avant notre départ pour le camp de concentration d'Auschwitz, où maman a été brûlée*

*le 23 août 1944. Quant à mon père, il a été abattu
le 19 janvier 1945 lors de l'évacuation du camp.* »

Serge a rencontré Mme Lagrange au cours d'une
manifestation d'anciens résistants et déportés devant
l'ambassade de Bolivie. Mme Lagrange est tout de
suite intéressée à l'idée d'aller informer les Boliviens
sur l'action de Barbie et sur le système concentrationnaire.

Le 12 février 1972, Barbie est remis en liberté ; il a
réglé sa dette. Jean Martin-Chauffier, dans *Le Figaro*,
reste optimiste : «Barbie n'est pas près de se trouver en face de son juge d'instruction, mais Altmann
est déjà en face du diable. Pour lui, désormais,
chaque heure de la nuit est cette première heure
de l'aube qu'attendaient avec angoisse les hommes
qu'il envoyait au peloton d'exécution. »

Cet article est une erreur, car en fait il signifie :
«Bon peuple, soyez tranquille, le criminel n'échap-
pera pas, il ne pourra pas profiter encore longtemps
de sa villa, de sa piscine, de sa chaise longue, de son
bonheur familial. Dieu soit loué, les professionnels,
l'inexorable commando de la justice, vont se mettre
en marche. Le compte de Barbie est déjà réglé, si
bien que ce n'est même pas la peine de faire le
moindre effort. » C'est ainsi qu'on démobilise l'opinion, qu'on l'induit en erreur, qu'on lui fait prendre
ses désirs pour des réalités, et qu'on s'attire le mépris
des bourreaux qui ricanent.

En réalité, Klaus Barbie se rendait régulièrement au bar du Crillon, le palace de La Paz, savourer paisiblement quelques whiskies. Des vengeurs, quels vengeurs ? D'où sortiront-ils ? Le cas Eichmann est unique, et sa présence à Buenos Aires était un secret de polichinelle ; depuis des années, tout le monde, nazis ou Juifs d'Argentine, le savait. Il se cachait si bien qu'il donnait des interviews et inscrivait ses fils à l'ambassade allemande sous leur vrai nom. Quand le ministre bolivien des Affaires étrangères, Mario Guttierez, est allé en Israël en mai 1972, aucune autorité israélienne n'a soulevé le cas Barbie. Les réactions internationales défavorables à l'enlèvement d'Eichmann avaient échaudé les Israéliens. Ils ne voulaient ou ne pouvaient s'engager pour un gibier plus mince.

L'affaire Barbie est saine : à travers un criminel, ce sont aussi les crimes de tout un appareil policier haïssable qu'on rappelle, et la nécessité de ne pas oublier que ce qui s'est produit peut toujours recommencer.

Le personnage que j'incarne est bien plus grand que moi, je le sais. En moi il y a du noir de Barbie, ou de Kiesinger ; il y a du gris de ceux qui par indifférence ou par lâcheté se résignent, par exemple, à l'impunité des criminels nazis ou à la répression de Prague. Il y a également le « blanc cassé » de ceux qui ne se résignent pas à tout cela et à bien d'autres excès tout aussi scandaleux, mais qui se contentent de signer des pétitions pour apaiser leurs consciences révoltées. Pourtant, ce qui compte, ce sont les actes, blancs ou noirs, et le choix des principes qui mènent inexorablement à agir blanc ou noir. On peut très bien être un homme de valeur et s'égarer à suivre des principes qui conduisent à des actes noirs. Une fois engagé, le destin de chaque homme est figé par ses actes. Il devient blanc, noir ou gris, peu importe la teinte originelle de l'âme.

Le 15 février, Georges Pompidou écrit à Hugo Banzer : « Le temps efface beaucoup de choses, mais pas tout. Aussi les Français ne pourraient-ils accepter, sans que l'idée de justice en soit ternie, que crimes et sacrifices soient, pêle-mêle, oubliés dans l'indifférence. » Je souscris entièrement à son propos.

Le gouvernement bolivien a laissé à la Cour suprême le soin de juger le cas Barbie. Les membres de cette Cour ont été nommés après le putsch du colonel Banzer en août 1971, et les anciens membres ont été révoqués bien avant la fin du délai prévu. Je viens d'obtenir deux billets d'avion grâce à Francine Lazurick, directrice de *L'Aurore*. Mme Lagrange, en revanche, ne m'accompagne pas : « On m'a demandé de remettre ce départ pour ne pas entraver la marche de la justice, mais il est entendu qu'à la suite de cette affaire, s'il est nécessaire et que l'on puisse organiser une confrontation, je serai toujours prête pour celle-ci. »

J'encaisse le coup et décide de m'adresser à Mme Halaunbrenner. Elle aura bientôt soixante-huit

ans, et sa vie a été douloureuse et éprouvante.
Barbie a endeuillé son existence. Autour d'elle,
Mme Halaunbrenner n'a plus qu'un fils, Alexandre,
et une fille, Monique. Son mari, son fils aîné, ses
deux autres filles, Barbie les a supprimés. J'ai
recueilli le témoignage d'Alexandre :

«*En 1943, notre famille était constituée de mon
père, Jakob, né en 1902 à Drohobiz (Pologne) ;
de ma mère, Itta-Rosa ; de mon frère aîné, Léon
(treize ans) ; de mes trois sœurs, Mina (huit ans),
Claudine (quatre ans) et Monique (trois ans). De
1941 à 1943, nous avons été internés dans plusieurs
camps (Nexon, Rivesaltes, Gurs) de la zone sud.
Nous avons été mis en résidence surveillée à Lyon
le 26 août 1943. Nous habitions 14, rue Pierre-Loti,
à Villeurbanne, quand la Gestapo est venue à notre
domicile le 24 octobre 1943, à 11 heures du matin.
Il s'agissait de trois hommes : deux de taille élevée
et d'une quarantaine d'années ; le troisième, plus
jeune (environ la trentaine à mes yeux d'enfant),
les commandait manifestement. Son visage m'est
resté gravé dans la mémoire depuis ce moment, qui
a hanté mes rêves et mes insomnies. Quand j'ai vu la
photo publiée par* Die Weltwoche *du 10 septembre
1971, je l'ai reconnu aussitôt, ainsi que ma mère qui
était près de moi.*

*Mon frère, Léon, qui était très grand pour son âge,
est rentré vers 18 heures. À l'arrivée de mon frère, ils
l'ont fouillé, puis ont décidé de l'emmener avec mon
père. Ma mère, alors, s'est mise à crier en yiddish
pour qu'ils lâchent mon frère, nous tous pleurions*

*et criions en vain. Barbie a repoussé ma mère qui
tentait de les empêcher de partir ; de nouveau, il a
sorti son revolver et lui a tapé sur la main pour lui
faire lâcher prise. Nous avons attendu le lendemain
dans la rue, mes petites sœurs accrochées à la robe
de notre mère, qui guettait le retour des deux arrêtés. C'est alors que nous avons vu un camion militaire allemand s'arrêter devant notre maison, sans
doute pour nous emmener à notre tour. En faisant
semblant d'être des passants, nous sommes partis,
laissant tout derrière nous. Quelques semaines plus
tard, le 14 décembre, nous avons appris par une amie
juive que mon père était mort "à l'hôpital". Aussitôt,
avec ma mère, j'ai fait le tour des hôpitaux sans
rien trouver. C'est moi qui ai alors eu l'idée d'aller à la morgue, et là nous avons trouvé mon père.
Il avait été fusillé dans une exécution sommaire à
l'École de santé, rue Marcelin-Berthelot, siège de la
Gestapo : dix-sept balles de mitraillette dans le cou
et la poitrine. Mon frère Léon a été déporté. Il a
travaillé jusqu'à l'épuisement complet dans les mines
polonaises. Mes deux sœurs cadettes, Mina et Claudine, ont été placées par l'UGIF et l'OSE dans la
colonie d'enfants juifs d'Izieu (Ain). Nous pensions
qu'elles étaient en sécurité. Malheureusement, Barbie
ne les a pas épargnées, et le 6 avril 1944 il a liquidé
ce home d'enfants. Mes sœurs ont été déportées le
30 juin 1944 et ont été assassinées à leur arrivée à
Auschwitz. »*

En dépit de son âge, de l'altitude de La Paz et
de la perspective d'une éventuelle confrontation,

Mme Halaunbrenner n'a pas peur. Elle sait qu'elle se rendra utile et que, par sa bouche, les Boliviens apprendront comment Barbie persécutait les innocents.

J'ai obtenu du Dr Ludolph qu'il me remette un double des photos de Mme Barbie en 1940 qu'il vient de retrouver. J'ai vu son portrait en 1972 dans la presse et son physique est original. Le matin qui suit la conférence, j'arrive par avion à Munich. Le Dr Ludolph me remet les photos et je rencontre mon informateur, Peter Nischk, qui peu de temps après trouva la mort en se noyant dans un lac en Italie. Herbert John, son ami, est convaincu qu'il ne s'agit pas d'un accident.

Je reprends l'avion pour Paris le soir même. Je scrute les photos de Mme Barbie : elle n'a pas changé en trente ans ; elle a à peine pris quelques rides. La ressemblance ne fait pas de doute. Lorsque je lui montre les photos à Orly, Serge m'entraîne dans un taxi. Il est près de minuit quand nous arrivons à *L'Aurore*. La mise en page est modifiée. Les deux photos sont insérées, suivies d'un long article intitulé : «La dernière preuve». Samedi, je fais tirer par le service photo de *L'Aurore* trente épreuves de ces deux photos et de celle de la famille Halaunbrenner au complet avant le drame.

*
* *

Je retourne à La Paz seulement quelques semaines plus tard, accompagnée cette fois-ci de Mme Halaunbrenner.

Nous quittons Paris le dimanche 20 février 1972. Nous arrivons à Lima, où nous passerons un jour. Je crains qu'on ne nous refoule de Bolivie. Ce risque serait moindre si la presse péruvienne diffusait mes nouvelles preuves et l'histoire de Mme Halaunbrenner. Nous refouler équivaudrait alors à refuser d'entendre ce que nous avons à dire. Changement d'attitude diplomatique : le consul français est là parmi un groupe de journalistes qui m'arrachent presque les photos de Mme Barbie et de la famille Halaunbrenner. Les questions fusent. Mme Halaunbrenner répond avec dignité et simplicité. Le consul nous emmène à l'hôtel Savoy. Il nous apprend que M. Chambon est en Europe. Malgré les menaces de Schwend, je ne crains guère sur place des représailles de la part des nazis ; elles provoqueraient une trop vive campagne contre eux. Le lendemain, la presse de Lima nous consacre une bonne part de ses premières pages.

Mardi matin, à 8 heures, nous sommes à l'aéroport. À l'enregistrement des bagages, on nous fait attendre. Un employé vient nous prévenir qu'une dépêche est arrivée de La Paz : nous n'avons pas le droit de partir et devons prendre contact avec l'ambassade bolivienne. Nous reprenons nos bagages et nous rendons directement en taxi à l'ambassade bolivienne. L'ambassadeur nous informe que nous devons demander au ministère des Affaires étrangères et au ministère de l'Intérieur un visa d'entrée, et cela par nos propres moyens, par télex avec réponse payée.

De retour au Savoy, j'envoie les deux télex et un autre à Greminger en lui rappelant que c'est lui qui m'a demandé de revenir. Maintenant il faut attendre, mais nos espoirs sont faibles. La presse nous soutient : «Les Boliviens protègent Barbie en interdisant à ses accusatrices le droit de venir réclamer justice. »

Je reviens seule au consulat bolivien mercredi à la première heure : toujours pas de réponse. Vers 17 heures, l'AFP me téléphone : coup de théâtre à La Paz. Le ministère de l'Intérieur bolivien a rendu public un communiqué selon lequel le colonel Banzer a lui-même accordé notre visa d'entrée ; le dossier Altmann est actuellement à l'étude au ministère des Affaires étrangères (et non plus au ministère de l'Intérieur), et les autorités judiciaires se prononceront le moment venu. Je me précipite avec le télex de l'AFP de La Paz au consulat bolivien, où l'on m'affirme que rien n'est arrivé. Le consul Ricardo Rios, qui est un grand ami de Barbie, se réjouit fort de me donner une réponse négative. À peine revenue à l'hôtel, il me rappelle : il vient de recevoir notre autorisation. Je fais demi-tour avec joie.

Jeudi, à midi et demi, nous arrivons à La Paz.

Je suis inquiète pour Mme Halaunbrenner à cause de l'altitude, mais elle semble la supporter mieux que moi. Un jeune homme monte dans l'avion qui vient d'atterrir pour me faire jurer de ne pas faire de déclarations à la presse sous peine de repartir sur-le-champ. J'essaie de joindre Greminger, mais il

semble qu'on lui ait tapé sur les doigts : « Je n'ai plus
à m'occuper du cas Barbie ; c'est le vice-ministre des
Affaires étrangères, M. Tapia, qu'il faut voir. » Ce
dernier nous donne rendez-vous vendredi à 15 h 30.

La situation paraît excellente pour Barbie. Le
ministre secrétaire de la présidence, Alfredo Arce,
a fait savoir : « Il n'y a pas lieu de procéder à
l'extradition de Klaus Altmann. Le président Banzer
estime qu'il détient suffisamment d'éléments juridiques pour considérer le problème comme réglé. »
Quelques jours plus tôt, le plus grand spécialiste de
droit privé international de la Bolivie, M^e Constancio
Carrion, conseiller aux Affaires étrangères, a proclamé : « La Bolivie est un asile inviolable, et tous
ceux qui s'y réfugient sont sacrés. Les pires crimes
sont prescrits, en Bolivie, au bout de huit ans. Ceux
d'Altmann-Barbie sont donc de l'histoire ancienne. »
M^e Carrion fait également partie des avocats qui
défendent Barbie.

Vendredi matin, le journaliste du *Los Angeles
Times* me téléphone et nous invite à déjeuner sur
le Prado chez Maxim's, le meilleur restaurant de la
ville. « Au cours de mon entretien mercredi avec le
colonel Banzer, nous raconte-t-il, je lui ai dit la mauvaise impression internationale que produirait le fait
d'empêcher ces deux femmes courageuses d'entrer
en Bolivie. C'est à cet argument que Banzer a réagi.
Il est sensible, n'est-ce pas, à l'opinion américaine ;
la CIA lui verse, paraît-il, 7 dollars par jour et par
prisonnier incarcéré pour des raisons politiques. »

Dans l'après-midi, nous nous rendons chez le vice-ministre, Jaime Tapia, auquel je remets les nouvelles preuves. Mme Halaunbrenner lui parle longuement de sa famille ; il lui tapote cordialement l'épaule et lui promet de tout essayer, mais nous savons à quoi nous en tenir. Nous avons suivi la voie légale et remis un dossier aux autorités compétentes.

La veille, l'ambassadeur, Jean-Louis Mandereau, a rencontré le ministre des Affaires étrangères et la demande officielle d'extradition est parvenue à La Paz. Le même jour, M. Mandereau nous reçoit ; nous le mettons au courant de nos démarches. Une phrase lui échappe qui me laisse douter de sa compréhension du problème :

— À cause de vous, j'ai été obligé de dépassionner cette affaire et de la ramener uniquement sur la voie juridique.

— Monsieur l'Ambassadeur, réponds-je, le supplice de Jean Moulin par Barbie, c'est la passion de la Résistance française.

Dépourvu de traducteurs (c'est l'ambassade allemande qui traduit en espagnol les documents allemands du dossier français), l'ambassade de France à La Paz est-elle en concordance avec la lettre de Georges Pompidou, si mal traduite en espagnol par les soins de l'ambassade de France que les autorités boliviennes en sourient encore ?

Samedi 26 février, j'effectue des sondages discrets auprès de journalistes et apprends qu'ils ont pour instruction de ne pas mentionner notre présence. Ma proposition de tenir une conférence de presse leur plaît. D'autant que je me propose d'y projeter la

confrontation des victimes de Barbie avec l'interview
filmée de Barbie par Ladislas de Hoyos.

Je convoque par téléphone tous les journalistes
lundi matin pour une conférence de presse à
11 heures. Je dois aller vite. À 10 h 15, une demi-
douzaine de policiers en civil pénètrent dans l'hôtel.
Deux d'entre eux m'abordent dans le hall et me
prient de les suivre. Je vais prendre quelques affaires
dans ma chambre, devant laquelle deux autres policiers montent la garde. Je téléphone à nos amis juifs
pour qu'ils viennent calmer Mme Halaunbrenner,
qui s'inquiète. Je préviens aussi Albert Brun afin
qu'il explique la situation aux journalistes si je ne
reviens pas à 11 heures. Le major Dito Vargas, que
je connais depuis mon premier séjour à La Paz, me
met solennellement en garde contre une conférence
de presse, à la suite de laquelle je serais expulsée.

Je suis de retour dans la Jeep de la police à 10 h 50
et, dans une grande salle de l'hôtel, nous tenons notre
conférence devant une trentaine de journalistes. Le
film est projeté. Je distribue les photos et les nombreux dossiers de presse que Serge avait préparés. Je
fais le point sur l'affaire. Mme Halaunbrenner prend
la parole et son calvaire de femme et de mère juive
émeut la presse. Alors qu'elle a tout juste fini de
parler, à 12 h 15, les policiers qui m'avaient escortée plus tôt reviennent et m'emmènent de nouveau.
On m'enferme dans un petit bureau crasseux. Je
moisis jusqu'à 17 heures. Puis le chef de la Policía
Internacional, le señor Hernau Arteaga, me relâche

en me recommandant de me taire : « C'est le dernier avertissement, sinon vous serez arrêtée. »

Mardi, la presse s'en donne à cœur joie. La censure a été percée. Des pages entières sont consacrées non seulement à notre conférence, mais aussi aux camps d'extermination, révélant ainsi aux lecteurs ce que cachait le visage insignifiant d'Altmann-Barbie.

Des Boliviens nous abordent, consolent Mme Halaunbrenner, nous assurent de leur soutien, déclarant que Barbie devrait être extradé.

Ce mardi 29 février, peu après le petit déjeuner, deux visages connus apparaissent. Je me lève, résignée, pour aller faire mon tour dans les locaux de la police. Je passe la journée dans le même bureau. J'insiste en vain pour connaître les raisons de ma détention. Un inspecteur qui parle un peu le français, agacé par mes multiples questions, me répond dans la langue de Descartes : « Vous nous emmerdez, alors on vous emmerde pour que vous fichiez le camp ! » Me voilà donc renseignée, n'ayant plus qu'à attendre patiemment la fin de la journée. Quand les bureaux se vident, on me libère, comme la veille.

Entre-temps, M. Mandereau a demandé officiellement, à notre initiative, qu'ait lieu une confrontation entre Barbie et Mme Halaunbrenner. Bien entendu, Barbie refuse toute confrontation, et M. Tapia confirme mercredi matin à M. Mandereau l'impossibilité d'obliger Barbie à faire face à Mme Halaunbrenner.

Mme Halaunbrenner porte alors plainte individuellement contre lui pour le meurtre de quatre membres de sa famille. Le second avocat contacté, Me Manuel Morales Davila, entame la procédure légale. Nous

enregistrons la plainte de Mme Halaunbrenner chez
un notaire, puis il nous annonce ses honoraires :
7 000 dollars. Comprenant qu'il y a un blocus autour
de nous, je déclare à la presse que « la justice bolivienne est trop chère pour nous ». On m'a d'ailleurs
répété ce proverbe à La Paz : « Méfie-toi des femmes
chiliennes, des amis péruviens et de la justice bolivienne. »

Samedi, nous nous rendons sur les bords du lac
Titicaca pour nous reposer avant d'entreprendre une
manifestation de protestation. Le matin, j'ai acheté
des chaînes et deux cadenas.

Lundi matin 6 mars, je mets en règle nos passeports et le visa de sortie au ministère de l'Intérieur, et réserve pour le jour même deux places
sur le vol La Paz-Lima. Vers midi, nous nous atta-
chons les chaînes autour du ventre et du poignet.
Nous avons deux pancartes en espagnol. Celle de
Mme Halaunbrenner porte la photo de sa famille
et l'inscription suivante : « Boliviens, écoutez ! En
tant que mère, je réclame seulement la justice, que
soit jugé Barbie-Altmann, assassin de mon mari et
de mes trois enfants. » L'autre pancarte demande
l'extradition de Barbie : « Au nom des millions de
victimes du nazisme, que soit permise l'extradition
de Barbie-Altmann. » Nous nous dirigeons vers le
bureau de la Transmaritima Boliviana, dont Barbie
est le gérant, situé sur le Prado, l'artère la plus fréquentée de La Paz. Nous nous enchaînons sur un
banc, juste en face du bureau, et brandissons nos
pancartes. La foule s'amasse, les voitures ralentissent.
C'est l'embouteillage. On n'a pas vu de manifestation

publique en pleine ville depuis longtemps : après le
putsch d'août, le régime policier de Banzer a abattu
son carcan sur La Paz. La radio annonce la nouvelle.
Une Jeep de la police survient ; ses occupants lisent
le texte des pancartes et repartent. À 16 heures, une
camionnette s'arrête, des hommes en civil en sautent
et se mêlent aux spectateurs. Ils arrachent nos pancartes et prennent la fuite. De jeunes Boliviens et
un Israélien de passage à La Paz en fabriquent de
nouvelles qu'ils nous mettent dans les mains.

Au journaliste qui me tend son micro et me
demande la signification des chaînes, je réponds :
«Ce sont celles qui lient le régime bolivien au
national-socialisme.» Il commence à pleuvoir. Voilà
six heures que nous sommes sur notre banc. Nous
avons vu défiler une bonne partie de la population
de La Paz ainsi que le corps diplomatique. Un diplomate de l'ambassade de France s'est arrêté devant
nous pour nous souffler : «Ce que vous faites ne sert
à rien.» Pourtant, le retentissement de cette protestation sera important et positif. Nous avons agi au
grand jour, éveillé les consciences. C'est ainsi qu'on
prépare le terrain, d'autant que le régime Banzer est
instable, et qui sait si ses successeurs n'apprécieront
pas d'un autre œil cette affaire après le travail de
fond que nous avons effectué.

Le soir venu, nous prenons l'avion et nous arrêtons
vingt-quatre heures à Lima, dans un climat chaud et
agréable en comparaison de celui de La Paz. Nous

passons chez le coiffeur, car nous voulons présenter le meilleur visage possible aux caméras de télévision qui vont nous attendre à Orly.

Nous arrivons à Paris jeudi après-midi 9 mars, après dix-huit jours de campagne sud-américaine.

## L'attentat

Nous ne ramenons pas Barbie dans nos bagages, mais nous avons représenté un moment la quête insatiable de la justice. Fait inédit dans ce mythe du criminel fuyant au bout du monde pour échapper au châtiment, deux femmes – l'une du peuple martyr, l'autre du peuple bourreau – sont allées le trouver pour réclamer justice.

Je cherche ardemment Serge du regard : il se tient en retrait, observe la scène et sourit légèrement : «Poétise ta vie, hausse-la au niveau d'une expérience exaltante», écrivait-il à la jeune Allemande qu'il venait de rencontrer au printemps 1960. Sans lui, sans son engagement total et discret à mes côtés, sans sa permanente énergie, qu'aurais-je pu faire ? Un autre homme aurait sans doute exigé de moi que je m'ampute de l'Allemagne ; Serge m'a aidée à vraiment devenir une Allemande.

Une série de brefs voyages outre-Rhin me permet de compléter ma liste des dirigeants de l'appareil policier nazi en France. Peut-être ai-je trop présumé de mes forces ? Au retour de l'un de ces repérages, je suis bloquée à Strasbourg par une grève générale : débarquée de ma couchette à 2 heures du matin dans le froid, j'attends longuement une place assise dans un wagon. À peine rentrée à Paris, je perds le bébé que je porte depuis trois mois.

Le 10 mai, je pars dans l'après-midi donner une conférence à Cannes pour la LICA. Arno m'accompagne ; je prends enfin avec lui trois jours de repos. Un voyage opportun qui nous a permis d'échapper à la mort.

Quelques heures après notre départ, à 17 heures, la concierge apporte un colis déposé par le facteur, adressé à « Mme Beate Klarsfeld ». Ma belle-mère pose le paquet sur la table, intriguée par le fait que le cachet de la poste : « Paris, 9 mai, Av. de Wagram, 12 h 30 », ne concorde pas avec l'adresse de l'expéditeur, un certain Samuel Ségal : « Les Guillerettes, par 34-Gignac ». Sa méfiance est éveillée. Elle préfère attendre le retour de Serge. Celui-ci revient à 18 h 30. Il commence par ouvrir le premier emballage de papier kraft, sous lequel se trouve une boîte de carton souple. À l'intérieur, bien calé par du papier de soie, un second emballage en papier fantaisie avec l'étiquette de la marque du confiseur « Marquis ». Tout cela bien enveloppé. Serge défait également le papier et découvre une boîte cylindrique jaune-orange portant l'indication « Sucre ».

« J'étais surpris, me dit-il le soir même au téléphone. Qui peut nous envoyer du sucre ? Mais tu te souviens de M. Etzold, cet ancien déporté allemand qui est venu à la maison il y a quinze jours apporter en guise de présent du pain noir allemand ? À la rigueur, du sucre, c'était possible. C'est alors que, examinant attentivement le papier, j'ai remarqué de tout petits grains noirs, comme de la poussière. Maman pensait que c'était peut-être du sucre noir. J'ai mis un grain sur ma langue, c'était acide. Puis j'ai promené la flamme d'une allumette sur quelques grains posés sur l'évier. La flamme m'a paru grandir avant de s'éteindre. Mes soupçons étaient confirmés. J'ai demandé aux renseignements téléphoniques s'il y avait un abonné du nom de Samuel Ségal à Gignac. Réponse négative. J'ai obtenu le numéro de la gendarmerie de Gignac. Un gendarme m'a précisé après vérification qu'il ne connaissait ni de "Ségal" ni le lieu-dit "Les Guillerettes". Enfin, j'ai appelé le confiseur "Marquis" : non, il ne vendait pas de boîtes de sucre. J'ai tout rangé dans un sac à provisions et me suis rendu au commissariat d'Auteuil. J'ai prévenu les policiers, au début un peu sceptiques, qu'il pouvait certes s'agir de confitures, mais peut-être bien aussi d'une bombe. Le commissaire a immédiatement fait appel à la brigade pyrotechnique. Celle-ci a radiographié la boîte dans le camion-laboratoire. Constatant qu'il y avait un détonateur, l'ingénieur a fait bloquer pendant un quart d'heure la circulation à l'angle du boulevard Exelmans et de la rue Chardon-Lagache. Le temps de découper la boîte à la scie à métaux afin de la vider. À l'intérieur se trouvaient 300 grammes de clous et assez de substance explosive pour déchiqueter mortellement la personne ouvrant la boîte et celles qui l'entouraient. »

Quelques mois plus tard, le Dr Fully, médecin-chef de l'administration pénitentiaire, ancien déporté à Dachau, recevait le même colis et l'ouvrait. L'explosion l'a tué ainsi que la concierge venue lui apporter le paquet.

SERGE

## Tir à blanc ou tir réel

Pour aller de l'avant en Allemagne, il nous faut des leviers. L'un est l'illégalité de nos interventions, qui doivent être violentes psychologiquement. Cette violence se justifie si elle permet de mettre en lumière la légitimité de notre protestation et de notre appel à la justice. Pour cela, c'est sur nous que doit s'abattre une véritable violence, comme l'arrestation, le jugement et la prison, alors que le grand criminel, lui, reste libre parce que le Parlement allemand se refuse à voter une loi permettant de le juger. Le second levier consiste à retrouver les criminels nazis qui ont opéré en France et à montrer que l'impunité que leur assure la situation leur a permis de se recycler à des postes honorables et respectables.

Nous jouons sur ces deux plans dès octobre 1972. Nos recherches venaient d'aboutir dans le cas du Dr Heinrich Illers, capitaine SS, adjoint de Lischka et chef de la Gestapo de Paris en 1943. En 1942, c'était lui qui procédait au choix des fusillés du Mont-Valérien ; en 1944, c'était lui qui avait organisé le « convoi de la mort » de résistants vers Dachau. En août 1944, il avait fait partir deux convois de déportation de Compiègne, malgré l'intervention de la Croix-Rouge se référant aux accords Nordling-Choltitz passés entre le consul de Suède et le commandant militaire. « Je n'ai d'ordre à recevoir que du chef supérieur des SS », avait-il répondu. Illers avait disparu et la justice militaire française avait mis fin à la procédure par un non-lieu, ne pouvant l'identifier. Voyant dans un document qu'il était qualifié de « Doktor », nous avons épluché les listes d'avocats et de magistrats, et voilà que nous découvrons un « Doktor Heinrich Illers » président de chambre au tribunal des Affaires sociales du Land de Basse-Saxe et... expert des problèmes de victimes de guerre.

Il nous fallait sa photo. Nous avons demandé à une jeune Allemande, Lisa, qui s'était occupée d'Arno deux ans plus tôt et qui vivait à Munich, de se rendre à Celle.

Une fois sur place, elle guette Illers, le voit jardiner, lui demande si elle peut photographier sa jolie maison ; il accepte. Nous reproduisons cette photo à quelques dizaines d'exemplaires.

Pour être sûrs qu'il s'agit bien du même Heinrich Illers, Beate lui téléphone :

— Je fais une thèse d'histoire sur l'administration militaire allemande en France. Vous en faisiez partie ?

— Oui.

— Puis-je vous poser des questions sur la hiérarchie dans la police de sûreté ? Helmut Knochen en était-il le chef ?

— Oui.

— Et Kurt Lischka était bien son adjoint et le Kommandeur à Paris ?

— Oui.

— Et qui était l'adjoint de Lischka et le chef de la Gestapo de Paris ?

— Karl Boemelburg.

— Ce n'est pas ce que dit l'organigramme que j'ai devant moi. Boemelburg était le chef de la Gestapo en France. À Paris, le chef de la Gestapo, c'était le Dr Heinrich Illers.

— Unmöglich ! (Impossible !)

Près de Beate, j'écoutais ses réponses attentivement. Ce cri était tellement fort et sincère que j'en ai été impressionné, même si je ne l'ai pas cru.

Pour dramatiser notre révélation, j'ai décidé de me rendre clandestinement en Allemagne, où j'étais sous mandat d'arrêt pour ma participation à la tentative d'enlèvement de Lischka, et d'y tenir une conférence de presse à Bonn, à l'hôtel Am Tulpenfeld, près du Bundestag, rendez-vous habituel des journalistes. À cette époque, Bonn était la capitale politique de la RFA. Pour ne pas être arrêté à la frontière, j'ai pris le train de nuit en wagon-lit avec le passeport d'un ami de mon âge et accompagné d'un ancien déporté. Je savais que le contrôle des passeports s'y effectuait à la frontière et que la police n'allait pas vérifier si le passager et le passeport ne faisaient qu'un. Beate, de son côté, n'étant plus sous mandat d'arrêt, a distribué à tous les journalistes des invitations qui spécifiaient que, bien que sous mandat d'arrêt, Serge Klarsfeld allait tenir à 14 heures une conférence de presse lors de laquelle il allait faire des révélations.

J'entre théâtralement dans la salle de conférences à l'heure prévue, accompagné par Heinrich Böll, le plus ferme soutien de Beate, et futur lauréat du prix Nobel de littérature. Dès que je parviens au micro, deux hommes, des policiers, me présentent le *Haftbefehl*, le mandat d'arrêt. Tout se passe très courtoisement : la salle veut entendre mes révélations, et les inspecteurs acceptent d'attendre. Ils m'encadrent pendant ma prise de parole et auront droit à leur photo floutée dans toute la presse. Beate distribue le dossier que nous avons préparé sur Illers. Sa photo fera la une le lendemain.

Les inspecteurs me conduisent dans une cellule du tribunal de Cologne. Les magistrats proposent que je sois relâché contre une caution. Je refuse de débourser ne serait-ce qu'un mark. Comme ils ne veulent absolument pas me garder en prison, ils décident d'office que la caution versée il y a un an pour Beate sera divisée en deux : la moitié pour elle, l'autre moitié pour moi. C'est parfaitement irrégulier, puisque la volonté de celui qui avait versé la caution ne s'appliquait qu'à Beate ; mais ainsi on se débarrasse de moi sans plus tarder.

Ce jour-là, Heinrich Illers est mis à la retraite. Une instruction est ouverte contre lui à Paris, puisqu'il est désormais identifié, et une autre en Allemagne. Le grand hebdomadaire *Der Spiegel* a publié la photo d'Illers. Celui-ci se plaint dans ses déclarations à la presse de perdre la moitié de sa pension.

Notre amie Lisa, charmante, intelligente et téméraire, heureuse d'avoir contribué à la cause, constate qu'on peut être efficace sans compétence particulière ;

elle décide de s'engager à nos côtés. Son soutien allait nous être précieux, en Bolivie en particulier.

Le 15 décembre 1972, je suis de retour à Bonn, accompagné cette fois d'une dizaine d'anciens déportés, partisans de la ratification de la convention judiciaire franco-allemande. À leur tête Georges Wellers, président de l'association Monowitz-Auschwitz III, personnalité marquante du Centre de documentation juive contemporaine, où il dirige la revue *Le Monde juif* ; Julien Aubart, ex-Obarjansky, déporté à vingt ans et qui devint mon meilleur ami jusqu'à son décès en 1977 à cinquante-trois ans, et deux de ses compagnons d'Auschwitz, Henri Pudeleau, ex-Pudlowski, et Henri Wolff, qui eux aussi ont été à nos côtés jusqu'à leur dernier souffle prématuré. Ces trois derniers ont été nos garants moraux ; nous avons prolongé leur combat. Ils ont mobilisé des dizaines de survivants des camps pour manifester en Allemagne. Ce jour-là, qui était celui de la présentation au Bundestag du nouveau gouvernement Brandt après les élections législatives, nous avons manifesté dans la zone interdite. Des dizaines de policiers se sont jetés sur nous, mais ils ne pouvaient nous frapper devant une foule de députés et de journalistes. J'en ai profité pour faire virevolter et jeter par terre une dizaine de casquettes de policiers avant d'être maîtrisé. Au poste de police, à la question : « Avez-vous déjà été arrêté ? », les réponses ont fusé, et chacun des déportés a donné la date et le motif de son arrestation et son matricule. Dans la soirée, nous avons été raccompagnés sous escorte policière à la frontière.

Le 11 février 1973, j'étais avec Julien Aubart à Hambourg, dans le quartier de Sankt Pauli, pour y démasquer August Moritz, membre de la Gestapo de Paris, d'Orléans, de Marseille et de Lyon ; il fêtait ce jour-là son soixantième anniversaire. Le sous-lieutenant SS Moritz avait arrêté Victor Basch et son épouse, et les avait livrés aux miliciens qui les ont abattus sommairement. Moritz accepte de nous parler : il se défend en affirmant qu'il fait partie de l'extrême gauche et qu'il a reconstitué les archives de l'association des victimes du nazisme, la VVN ; qu'il est même venu écouter Beate à l'université de Hambourg en 1968 ; qu'il a passé quatre ans en prison pour espionnage en faveur de la RDA ; enfin, qu'il est innocent et ne mérite pas sa condamnation par contumace en France. Je lui propose de se constituer prisonnier en France ; il refuse : il doit d'abord penser à sa famille, à son travail, à sa réputation. Je lui demande alors s'il a eu des responsabilités concernant les Juifs. Il assure que non. Je lui mets en main les photocopies de la douzaine de documents qui portent sa signature ; ils sont adressés au chef du service des Affaires juives de la Gestapo à Paris. Moritz lui demande, par exemple, le 10 janvier 1943 : « Dans quel camp devons-nous envoyer les Juifs que nous avons arrêtés ? » Après un long silence : « Oui, je les ai signés, mais administrativement ; je n'ai jamais tué personne. » Je lui ai répondu que les Juifs étaient envoyés à la chambre à gaz par une machinerie policière et administrative. Ni Hitler, ni Himmler, ni Eichmann n'ont tué un Juif de leurs mains ; mais chacun d'eux, à sa place, a aidé à faire fonctionner la machine de mort. Une information judiciaire a été ouverte à son encontre.

*
* *

Le 7 mai 1973, guidés par une Beate enceinte de six mois, Julien Aubart, Henri Pudeleau et quatre jeunes de la LICA s'approchent du bureau de Lischka, derrière la gare centrale de Cologne. Nos deux amis, revêtus de la veste de déporté, s'attachent aux fenêtres et crient : «*Lischka, Nazi Mörder !* » Les gens s'arrêtent. Les policiers arrivent et brutalisent Julien et Henri. À peine arrivés au poste, un des policiers les frappe. Il en a fallu, du courage, à ceux qui ont connu les camps, pour retomber volontairement entre les mains de policiers allemands ne respectant pas les victimes de leurs prédécesseurs du III^e Reich. Après une nuit en cellule, nos deux amis et leurs quatre complices sont jugés et condamnés à payer à la firme Krücken, qui emploie Lischka, 2 000 marks pour réparer la façade vitrée du bureau. Le magistrat allemand qui juge les deux déportés commente surtout le fait qu'en France ils aient une pension à plus de 100 %, alors que lui en Allemagne, avec un bras en moins, n'a que 75 % ; mais, quatre ans plus tard, le cœur de Julien le lâchera à cinquante-trois ans, et Henri le suivra quelques années après.

Notre arme consiste à démontrer par la répétition de nos manifestations illégales qu'il y a affrontement entre notre volonté d'obtenir la ratification de la convention et la volonté de la société politique allemande de protéger les criminels en ne la ratifiant pas. Le rapport de forces nous est défavorable, mais, manifestation après manifestation, nous renforçons notre cause.

Le 13 juin, Julien et moi sommes à Bonn pour y diffuser cinquante dossiers sur Achenbach, qui vient d'être nommé rapporteur de la convention judiciaire franco-allemande au sein de la commission des Affaires étrangères du Bundestag ; c'est lui qui a la charge de proposer, au nom de cette commission, la ratification ou non de la convention. Nos dossiers distribués à tous les membres de cette commission ne les ont pas empêchés de voter pour Achenbach.

En RFA, la prescription de vingt ans a eu comme point de départ 1949, année de création de la RFA. L'imprescriptibilité des crimes contre l'humanité n'est valable en RFA que pour les crimes commis dans l'avenir, et non pour le passé nazi. En 1969, après un vif débat et sous la pression internationale, la prescription pour les crimes contre l'humanité a été repoussée de dix ans ; ce qui signifie qu'en 1979 une décision devra être prise au Parlement à ce sujet. Le groupe de pression emmené par Achenbach est donc lui aussi en pleine action pour convaincre les parlementaires que « trente ans, c'est assez ».

Pendant que je milite à Bonn, Beate, enceinte de sept mois, fait campagne à la Knesset à Jérusalem pour que les autorités politiques israéliennes fassent pression sur Brandt, en visite officielle en Israël, afin que la convention soit ratifiée. Comme la plupart des déportés de France partaient pour les lieux d'extermination en tant qu'apatrides, notre problème concernait aussi Israël – qui, d'ailleurs, confère la nationalité israélienne à titre posthume aux morts en déportation si la demande en est faite par la famille.

Quand l'avion de Beate atterrit à Lod, elle était attendue par un jeune avocat, collaborateur et souffre-douleur du réputé Samuel Tamir. Il s'appelait Ehud Olmert. Beate représentait plutôt un embarras pendant cette visite officielle, et aucun dirigeant ne souhaitait la recevoir. Le seul qui l'invita fut Menahem Begin, chef du Likoud, alors dans l'opposition. Lui qui n'avait jamais accepté d'avoir de contact avec un Allemand non juif embrassa Beate et la soutint pour réclamer l'intervention diplomatique israélienne. Les victimes de la Shoah rendirent également hommage à Beate. Enceinte jusqu'au cou, elle donna une conférence de presse et prévint les Israéliens que les Allemands ne ressemblaient pas encore à Willy Brandt et que la belle amitié qui semblait régner ne résisterait pas à la prochaine épreuve, quand le pétrole et les marchés arabes seraient en jeu.

Les événements lui donnent bientôt raison : en novembre 1973, pendant la guerre du Kippour, le gouvernement allemand ne laisse pas les avions américains chargés d'armement et de pièces de rechange pour l'armée israélienne faire escale sur leur territoire.

Le 15 août 1973, Lida-Myriam fait son entrée dans la famille Klarsfeld, huit ans après Arno. Certes, c'est une responsabilité de plus, mais qui nous plaît vraiment. Arno, lui, est élève à l'école du Parc des Princes, où son père a fait ses débuts à la maternelle en 1938.

Je consacre désormais tout mon temps à notre combat, car, depuis mai 1972, je suis au chômage et l'un des rares à pointer à la mairie du XVII<sup>e</sup> arrondissement – la France traverse son ultime période de plein emploi. À l'automne 1974, quand je pointe pour la dernière fois, je vois pour la première fois une foule de nouveaux chômeurs prendre ma place.

En Israël, où je me rends avec Jean Pierre-Bloch quelques jours après la fin des opérations militaires, je réalise à quel point Israël est passé près d'une défaite. Les sacrifices des tankistes du Golan et le génie stratégique d'Ariel Sharon ont sauvé le pays. J'apprends aussi que les démarches diplomatiques discrètes d'Israël à Bonn pour hâter la ratification n'ont pas donné de résultat.

Je suis désespéré ; c'est la seule période où j'ai douté. Je décide de donner la preuve aux autorités allemandes que, si elles ne ratifient pas la convention, elles porteront la responsabilité d'une tragédie : nous abattrons Lischka ou Hagen, ou un autre criminel, et le Bundestag en portera la responsabilité. Il faut que je prouve qu'un passage à l'acte est possible. Lischka est armé et dispose d'un port d'arme. C'est donc à lui que je vais m'attaquer.

Le 7 décembre, par un froid glacial, je me trouve à la gare de Cologne, un revolver dans la poche – un Walther, que Julien m'a procuré. Beate et ma mère n'ont pas réussi à me dissuader. J'attends que Lischka sorte de son bureau ; je le suis jusqu'à sa voiture et me précipite sur lui, revolver au poing. Ce colosse porte des gants et n'a pas le temps de sortir son arme. Je pointe mon revolver sur son front ; il s'écroule sur le capot de son véhicule. Son regard trahit son effroi ; il croit sa dernière seconde venue. Je tire, mais mon arme est vide. Je pousse un éclat de rire et repars vers la gare sans qu'il se relève et sans que les passants qui ont vu la scène réagissent. À la gare, je prends un train qui traverse la frontière belge, et m'installe volontairement dans le compartiment des policiers qui doivent vérifier les passeports.

Le lendemain, le président du tribunal de Cologne et le procureur général reçoivent une lettre dans laquelle je les supplie d'avertir les autorités compétentes, soulignant qu'elles ne pourront éviter un gigantesque scandale si la ratification n'est pas votée et si la justice allemande ne se décide pas à organiser les procès de Lischka et de Hagen. La réponse ne tarde pas : un nouveau mandat d'arrêt est lancé contre moi ; mais je sais que ma démonstration est un pas en avant, et mon moral revient à son niveau normal.

Aurais-je tué si nos efforts n'avaient pas abouti à un procès ? Mon intime conviction est que je n'aurais pas laissé notre cause vaincue : je serais revenu à la charge et, poussé par le désespoir, j'aurais pu cette fois-ci tirer pour de bon. Cette détermination inflexible d'aller jusqu'à la perte de moi-même, s'il le fallait, pour que notre cause n'échoue pas, est celle qui animait Beate quand elle a risqué sa vie pour gifler le chancelier surveillé par des gardes du corps prêts à abattre tout agresseur. Quand on s'engage pour une grande et juste cause, lâcher prise sans être allé jusqu'au bout de ce que l'on peut accomplir est un abandon de soi-même, et je ne m'en serais jamais remis ; si l'espoir avait débouché sur une impasse, le désespoir aurait rouvert la voie. Mais à quel prix ? Sans doute la dégradation de ma personnalité, car on ne tue pas impunément, même les coupables.

## L'enlèvement raté de Barbie

Les années 1972 et 1973 sont également riches de nouveaux développements dans l'affaire Barbie. À l'automne 1972, Régis Debray nous approche. Pour lui plus que pour nous, Barbie est un lien entre l'oppression nazie en Europe et celle dont souffrent certains peuples en Amérique latine. Il a été le compagnon de Che Guevara ; il a été condamné à mort en Bolivie, sauvé par l'intervention du général de Gaulle et libéré après cinq années de détention. Nombreux sont les militants de 1968 qui ne l'apprécient guère : il donne le mauvais exemple – un peu comme nous, mais pour des raisons différentes. Il est issu d'une famille aisée ; il est agrégé de philo et il a eu le courage, à la différence de tant d'autres, d'aller risquer sa vie dans une dictature implacable.

Beate, qui a tellement de respect pour Michèle Firk qui, au Guatemala, en 1967, a choisi la mort plutôt que de risquer de parler, et moi, qui estime le parcours de Régis Debray et qui l'admire d'avoir réussi Normale Sup que j'ai renoncé à présenter, rencontrons ce dernier au café de Flore. Nous sympathisons et décidons de coopérer sur la base suivante :

tenter grâce aux relations en Amérique du Sud de
Régis et d'Élisabeth, sa femme vénézuélienne, qu'il a
épousée en prison, d'enlever et de ramener de force
Barbie en France *via* le Chili de Salvador Allende.
Régis nous fait bientôt savoir que l'homme qui lui
paraît le plus qualifié pour monter pareille opération
est un ancien journaliste de gauche qui a couvert son
procès à Camiri et a été nommé gouverneur de la
ville de Cochabamba en 1970 par le gouvernement
progressiste du général Juan Jose Torres, et qui est
exilé au Chili depuis le putsch sanglant du colonel
Hugo Banzer en août 1971.

Son nom est Gustavo Sánchez Salazar. Il a quarante-
cinq ans. Son frère, officier de l'armée bolivienne,
capturé par la guérilla, bien traité et libéré, a empêché l'exécution sommaire de Régis lors de son arrestation. C'est un homme, nous affirme Régis, en qui
nous pouvons avoir toute confiance. Nous proposons d'inviter Gustavo à Paris. Il arrive le 20 octobre
1972. Nous discutons ; un plan s'élabore. Gustavo
connaît de jeunes officiers boliviens opposés à
la dictature. Il suggère que je vienne au Chili et
que j'apporte 5 000 dollars pour que les conjurés
achètent une voiture et enlèvent Barbie sur la route
de La Paz à Cochabamba, où il se rend régulièrement, car il a des intérêts dans une scierie de la
région. Les hommes recrutés par Gustavo sont des
officiers d'origine paysanne favorables à une révolution sociale et politique. Ils bloqueront sa voiture
et le transporteront vers la frontière chilienne. Une
fois au Chili, ce sera à nous de trouver le moyen

de l'amener en France grâce à l'appui de dirigeants chiliens amis du couple Debray.

Je ne pouvais aller en Amérique du Sud avec mon passeport : le nom « Klarsfeld » était trop lié à celui de Barbie. Mon ancien camarade de lycée, Michel Boyer, m'a donc prêté son passeport : quand je l'ai ouvert, j'ai vu que le cachet de la Préfecture apposé sur la photo d'identité de Michel coïncidait à quelques millimètres près au cachet apposé sur ma photo dans mon passeport. Mon ami chirurgien Daniel Marchac, avec ses bistouris, a ôté les photos de nos deux passeports et a remplacé celle de Michel par la mienne. Seul un examen poussé pouvait établir la supercherie. Je suis devenu Michel Boyer et me suis entraîné à imiter sa signature.

Arrivé à Santiago, Régis m'a guidé. Nous avons loué un avion de tourisme qui nous a emmenés au nord du Chili, à la frontière bolivienne. Voyage pittoresque dans la cordillère des Andes, où l'avion s'est posé à plusieurs reprises sur de hauts plateaux pour refaire le plein à des stations essence primitives. Je me retrouvais dans le décor du chef-d'œuvre de Howard Hawks, *Only Angels Have Wings*. Sur une piste à peine tracée, nous attendons Gustavo et un officier bolivien, Carlos, conducteur de la voiture qu'il devait se procurer avec l'argent que j'apportais, résultat d'une collecte au sein du petit groupe qui s'était peu à peu constitué autour de notre couple. Une fois la mallette transmise, nous nous sommes congratulés avant de nous séparer les uns vers le nord, les autres vers le sud.

Je suis rentré en France *via* Buenos Aires, São Paulo et Rio. Il ne nous restait plus qu'à attendre que la date de l'opération soit fixée ; mais trois événements dramatiques survenus successivement ont réduit à néant nos espoirs. D'abord, un accident a détruit la voiture que nous avions achetée : l'officier qui la conduisait a perdu le contrôle du véhicule en essayant d'éviter des lamas égaillés sur la route. Peu après, début mars 1973, Barbie a été arrêté : pendant l'examen de son dossier d'extradition par la Cour suprême bolivienne, il s'en était allé passer quelques jours au Paraguay. Craignant que Barbie ne s'enfuie à Asunción et que la France ne lui reproche sa négligence, le gouvernement bolivien l'a mis sous bonne garde dans des conditions confortables. Enfin, au moment où Barbie est relâché, après que l'extradition a été refusée en septembre 1973, le président chilien Salvador Allende est renversé par le général Pinochet et périt pendant le coup d'État.

Au Brésil, à la lecture d'un *Monde* vieux de plusieurs semaines, j'apprends que le diplôme de Sciences Po permet d'entrer sans examen en troisième année de droit. Cette nouvelle me réconforte : il n'est pas trop tard, à trente-sept ans, pour reprendre des études. Voilà un défi de plus à surmonter ; mais c'est une des rares issues pour m'en sortir et accéder à une profession utile pour remplir notre mission de justice de A à Z.

# BEATE

## Arrêtée à Dachau, jugée à Cologne

Mandats d'arrêt et arrestations volontaires font partie d'une stratégie de harcèlement nécessaire. Demain, le symbole de notre lutte sera mon arrestation à l'intérieur du camp de Dachau. Je suis sous mandat d'arrêt en Allemagne depuis que j'ai emmené notre commando manifester à Cologne en mai 1973. Me laisser pénétrer à l'intérieur de ce camp ne posera pas de problème de conscience aux policiers allemands. Mais l'opération en posera aux Israéliens, pour qui je suis désormais une passerelle fragile entre le peuple allemand et le peuple juif. Pour qu'ils exigent ma libération, ils doivent se sentir concernés non seulement par le fait que c'est moi que les Allemands arrêtent, mais aussi par le lieu même de l'arrestation et par la date : j'ai choisi le jour de Yom Hashoah, le jour de commémoration de la Shoah.

Je quitte Paris le 16 avril 1974 accompagnée de deux fidèles, les deux Henri, Pudeleau et Wolff. Ils seront à mes côtés à Dachau, avec leurs vestes de déportés. À Munich, la police reçoit un appel anonyme : «Beate Klarsfeld, sous mandat d'arrêt, se trouve dans le camp de Dachau. » Quelques minutes plus tard, plusieurs voitures de police arrivent. Trois policiers pénètrent dans le camp et, face aux journalistes qui photographient la scène, ils procèdent à mon arrestation. Je suis conduite à la prison d'État de Bavière. Le lendemain, quatre policiers m'emmènent en voiture de Munich à Cologne, et me voici de nouveau dans la prison d'Ossendorf où j'ai déjà passé trois semaines en 1971.

Le lendemain, à Tel-Aviv, des manifestants amassés devant l'ambassade allemande crient : «*Nazis in, Beate out !* » Des personnalités politiques comme Haika Grossman, députée de gauche, ou Benjamin Halevi, ancien juge d'Eichmann, membre de la Cour suprême et député de droite, militent pour ma cause. Le 23 avril, une manifestation est organisée devant l'ambassade allemande à Paris. Ce remue-ménage ne débloque pas ma situation. Je crains que la justice allemande, qui a fixé mon procès au mois de juin, ne le reporte à octobre. Ainsi aurai-je été enfermée six mois et pourra-t-elle me condamner à six mois de prison réellement effectués, ce qui plaira à l'opinion publique allemande. Cette perspective est loin de m'enthousiasmer, d'autant plus qu'une de mes voisines de cellule, Hermine Braunsteiner, extradée des États-Unis, a été gardienne dans un camp d'extermination. Le 2 mai, cinquante anciens déportés font le voyage en autocar depuis Paris pour manifester devant la prison, bravant l'interdiction. Julien est à leur tête. Avant de se rendre au Bundestag, ils déposent devant la prison cinquante bouquets tricolores.

En prison, tandis que les filles appartenant à la mouvance Baader-Meinhof détruisent tout dans leur cellule et se heurtent aux gardiens, je suis polie avec eux et nettoie méticuleusement ma cellule. Brandt vient de démissionner à cause de l'affaire Guillaume, espion de la RDA proche du chancelier. Christel Guillaume, son épouse et complice, entre à Ossendorf ; on l'enferme dans la cellule la plus propre, la mienne ; il ne me reste plus qu'à récurer ma nouvelle cellule pour mériter ma bonne réputation carcérale.

Le 2 mai 1974, le président de la République par intérim, Alain Poher, exprime sa « profonde émotion » quant à ma détention. En Israël, une pétition en ma faveur récolte plusieurs centaines de milliers de signatures. Chaque jour, une foule se rassemble à l'ambassade allemande, où ont lieu manifestations et enchaînements volontaires. Je reçois en prison des centaines de lettres de soutien en provenance d'Israël. *Le Monde* publie une pétition signée de noms prestigieux, dont Jacques Chirac et François Mitterrand.

L'ambassadeur allemand en Israël, Jesco von Puttkamer, a organisé une conférence de presse à Tel-Aviv à laquelle n'assiste aucun journaliste israélien. Le 6 mai, malgré l'arrivée à Jérusalem de Henry Kissinger, une session spéciale de la Knesset se réunit pour traiter de mon cas. À l'issue de cette session, une résolution est prise à l'unanimité et transmise au Bundestag, réclamant ma libération immédiate ainsi

que la ratification de la convention judiciaire franco-
allemande. Homme politique, mon avocat, Samuel
Tamir, ne peut quitter Israël pour une longue période
et se fait remplacer par un autre avocat de renom,
Arie Marinsky, qui part sur-le-champ pour Paris et
prépare mon procès avec Serge.

Mon avocat israélien et son correspondant allemand, Jürgen Stange, luttent pied à pied avec le
président du tribunal, Victor de Somoskeoy, magistrat intransigeant qui ne veut voir que la violation
de la loi. Au bout de huit heures de discussion,
Marinsky obtient ma mise en liberté provisoire avec
la garantie de Benjamin Halevi que je me présen-
terai à mon procès début juin. Marinsky déclare
au *Jerusalem Post* : «Beate Klarsfeld est vraiment
en danger. La machine légale allemande peut être
inflexible à un point inimaginable. Il peut sembler
impensable qu'une idéaliste comme Beate Klarsfeld
soit emprisonnée alors que certains des plus cruels
criminels au monde, comme Lischka, demeurent
libres et impunis... Qu'une Allemande puisse leur
rappeler tout ce qu'ils veulent oublier est pour eux
inadmissible. Il règne en Allemagne une conspiration
du silence. »

Le 9 mai, après trois semaines de prison, je
retrouve avec joie la famille, notre maison, et le marché de la Porte de Saint-Cloud. On me comparait
alors souvent à Antigone ; mais Antigone était célibataire. Moi, je suis mariée et mère de deux enfants,
dont un bébé de huit mois. Tandis que j'oppose à

la loi les lois non encore votées, la véritable héroïne est ma belle-mère.

Nous préparons le procès méthodiquement. Je pars même en Israël une semaine avec notre petite Lida pour travailler avec Marinsky. Je suis décorée par la Knesset, par Yad Vashem et par la ville de Jérusalem. À Cologne, Victor de Somoskeoy refuse que Marinsky plaide en anglais, ce à quoi ce dernier réplique que je récuserai mes avocats et resterai silencieuse. Somoskeoy s'incline ; mais, de crainte que je n'use du silence si le déroulement du procès ne me convient pas, il adjoint à ma défense un avocat commis d'office.

Serge mène de front la documentation du procès et ses études de droit. Il se démène pour que, cette fois, ce soit de France que vienne la pression qui galvanisera le procès et qui remportera la ratification. Un membre du cabinet de Jacques Chirac – alors nouveau Premier ministre – promet à Serge que l'on fera ce qu'il faut pour que je n'aille pas en prison, mais que la France reste sceptique quant à la ratification.

Mon procès s'ouvre à Cologne le 25 juin 1974. J'en livre les événements marquants :

*25 juin* – Beaucoup de mes partisans sont présents. Le juge, Somoskeoy, n'a pas encore décidé s'il admettra ou non des témoins de la défense. On manifeste à la porte du tribunal.

*27 juin* – Somoskeoy a remarqué que, pendant l'audience, Marinsky a transmis deux notes au consul israélien. Il exige qu'elles soient lues. Marinsky accepte. Première note : « Y a-t-il du courrier pour moi ? » ; deuxième note : «Peux-tu sortir m'acheter de l'aspirine ? » Marinsky poursuit : «S'il s'agit pour moi de demander ou de recevoir des instructions, ce n'est pas de Jérusalem que je les reçois, mais de Bialystok, où toute ma famille a été assassinée par les Allemands. »

Ce même jour, le nouveau président de la République, Valéry Giscard d'Estaing, intervient en ma faveur. Il envoie une lettre au ministre allemand des Affaires étrangères déclarant que ce procès le préoccupe, qu'il demande que les témoins français soient entendus par le juge, et lui rappelle que le Bundestag n'a pas encore ratifié la convention judiciaire franco-allemande du 2 février 1971. Somoskeoy accepte d'entendre les témoins français.

*1ᵉʳ juillet* – La salle est pleine. Jean Pierre-Bloch est présent ainsi que mes fidèles, dont de nombreux étudiants juifs venus de Paris. C'est au tour de Lischka de témoigner. Somoskeoy dénonce la lettre du président de la République comme « une intrusion dans l'indépendance de la Cour ». L'affaire fait scandale en Allemagne.

Interrogé par Marinsky, Lischka ne se souvient de rien ou refuse de répondre. Le public se lève : «Assassin ! nazi ! » C'est le désordre total. Tous les médias se tournent vers Cologne et le tribunal.

*2 juillet* – Somoskeoy est beaucoup plus prudent après avoir lu la presse. Georges Wellers est appelé à la barre pour témoigner de la souffrance des Juifs de France. Joseph Billig évoque devant la Cour la carrière de Lischka. Deux témoignages importants, mais qui intéressent beaucoup moins la presse allemande que les incidents de séance. Un nouveau choc est donc nécessaire.

*3 juillet* – Somoskeoy revient sur l'« intolérable » intervention de Valéry Giscard d'Estaing. L'avocat commis d'office qu'il m'a imposé se lève pour soutenir le juge : « C'est une tactique qui rappelle l'époque nazie. » Je proteste : « Me Jochum n'est pas mon avocat, c'est celui de M. de Somoskeoy. » À la fin de la déposition de mon premier témoin du jour – qui sera aussi le dernier –, René Clavel, ancien résistant, le juge l'accuse d'avoir prêté serment en parodiant le salut nazi. Tumulte dans la salle ; corps à corps entre témoins et policiers, déportés et résistants violemment pris à partie. Achenbach déclare aux médias en allemand et en français : « Nous demandons une amnistie générale pour des raisons humanitaires et chrétiennes. En tant que rapporteur au Bundestag pour ma commission, je vais scruter la proposition de ratification avec soin et cela prendra du temps, beaucoup de temps. » Il a cru que la situation lui était favorable à la suite de l'intervention présidentielle ; mais quelques jours plus tard, quand le verdict est tombé, les médias, la classe politique et l'opinion publique en ont rendu responsable Achenbach, ultime obstacle empêchant la ratification.

*5 juillet* – Somoskeoy décide que, en raison des événements récents, l'audience se tiendra à huis clos. Je me lève : «Ces incidents n'ont eu lieu qu'en raison de l'inhumanité avec laquelle vous dirigez ce procès.» Furieux, Somoskeoy veut m'infliger une peine de prison pour insulte à la Cour. Le juge accepte que le consul général de France reste, alors qu'il fait sortir un diplomate israélien. Le consul français se lève et sort avec son homologue israélien.

Le procureur Gehrling demande que je sois condamnée à six mois avec sursis. Le psychiatre à qui le juge a prescrit de faire un rapport sur mon comportement et qui, sans que j'accepte de lui parler, a suivi le procès, dépose que je suis saine d'esprit et que j'agis pour les raisons que j'ai exposées.

La plaidoirie d'Arie Marinsky est remarquable. Il rappelle pourquoi un avocat israélien devait être là pour me défendre, ce que je représente pour les Israéliens, ce que Lischka représente pour l'Allemagne, les crimes qu'il a commis et la nécessité de mettre fin à son impunité par la ratification. Il termine par ces mots : «Je prie aussi pour qu'une nouvelle Allemagne prenne racine et pour que ce plaidoyer en faveur de la justice soit entendu.»

J'ajoute pour conclure : «Vous avez une occasion unique de montrer au Bundestag que c'est son devoir de ratifier et de renforcer le sens de la justice dans notre pays. Pour mes amis comme pour moi, il n'a pas été facile d'enfreindre la loi pour obtenir la justice. Il ne vous sera pas non plus aisé de m'acquitter alors que vous savez que j'ai commis un acte illégal, mais si vous le faites, vous démontrerez que, à la différence de tant d'autres juges allemands avant vous, il est possible de ne pas obéir à la lettre de la loi. »

*7 juillet* – La Knesset se réunit en session spéciale, approuve à l'unanimité une manifestation contre mon procès et reproche au tribunal les incidents dont ont été victimes d'anciens déportés.

*8 juillet* – La veille du verdict se tient le sommet franco-allemand entre Helmut Schmidt, le nouveau chancelier, et Valéry Giscard d'Estaing. À la surprise générale, Schmidt annonce avoir pris l'engagement envers le président de la République française que la convention sera ratifiée avant la fin de l'année. Le sommet devait être économique ; il fut judiciaire.

*9 juillet* – Jour du verdict. Les Français sont là en force. Nous allons déposer des gerbes au monument élevé en hommage aux Allemands antinazis ainsi qu'à la prison de Cologne où tant de résistants furent guillotinés. Le verdict tombe à 14 heures. Je suis condamnée à deux mois ferme sans obligation de faire les trente-sept jours déjà passés en prison (seize en 1971, vingt et un en 1974) et sans obligation d'aller immédiatement en prison pour les vingt-trois jours restants, puisque mon cas doit être soumis à la Cour fédérale de Karlsruhe. La salle proteste. On chante *La Marseillaise*. Le verdict a encore renforcé l'effet du procès. L'indignation est générale.

La conclusion de l'éditorial de Maurice Delarue, chef du service diplomatique du *Monde*, a été durement ressentie à Bonn par la classe politique allemande : «Ce n'est pas avec l'Allemagne de Lischka et des juges de Cologne que les Français veulent faire l'union européenne, c'est avec l'Allemagne de Willy Brandt et de Beate Klarsfeld. »

Tandis que *Combat* publie sur six colonnes à la une un article titré « Et Beate, monsieur le Président ? », Roger-Gérard Schwartzenberg consacre sa page dans *L'Express* à « Beate et les robots » : «Ceux qui oublient le passé se destinent à le revivre. C'est le sens du cri lancé, avec tant de courage, par Beate Klarsfeld. Pour réveiller l'opinion publique qui dort, en Allemagne et ailleurs. Cette voix témoigne. Et rien ne la fera taire. Car c'est la voix de la vérité et de la morale. Aussi, à l'heure où la justice allemande se condamne en vous condamnant, puissiez-vous, Madame, accepter nos hommages. »

Cette situation kafkaïenne est le produit de la stratégie que Serge et moi avions mise au point. Le 10 juillet, devant l'ambassade d'Allemagne à Paris, avenue Franklin-D.-Roosevelt, plus de deux mille personnes manifestent leur soutien à mon égard. Entourée de policiers, Serge se tenant près de moi, un immense bouquet à la main, je suis au centre de l'attention. Mais je ne suis pas dupe : j'ai connu trop de lendemains de triomphe où Serge et moi nous sommes retrouvés seuls ou presque quand il a fallu prendre des chemins dérangeants.

La ratification va transformer la convention judiciaire franco-allemande en loi ; elle est baptisée « lex
Klarsfeld », ce qui est l'hommage le plus authentique
qui puisse nous être rendu. L'écho international
donné à ma condamnation entraîne un retour de
manivelle : Achenbach est obligé de démissionner
de sa fonction de rapporteur de la commission des
Affaires étrangères du Bundestag. Ce sont les députés et militants de son propre parti qui se montrent
les plus virulents contre lui. Sa carrière politique
entame son déclin. La conférence de presse que je
donne à Bonn le 1ᵉʳ janvier 1975, et au cours de
laquelle je distribue à tous les parlementaires allemands un numéro spécial du *Monde juif* consacré
à Achenbach, l'empêche de prendre part au débat
sur la ratification au Bundestag.

Serge, Julien et moi sommes à nouveau à Bonn
le 30 janvier 1975. On ne me laisse pas entrer au
Bundestag pour y assister au débat sur la ratification.
Quinze policiers m'escortent en permanence et nous
surveillent toute la soirée. La coalition SPD-FDP a
tenu bon, et la CDU-CSU a voté contre.

Tout n'est pas terminé, pourtant : les chrétiens-
démocrates n'ont pas caché qu'ils voteraient de nouveau contre la ratification à la deuxième Chambre,
le Bundesrat, où ils sont majoritaires. Cela renverrait
aux calendes grecques la ratification. Tout ce que
nous pouvons faire, c'est multiplier nos révélations
sur les nazis.

Le 4 février, à Jérusalem, nous tenons une conférence de presse au cours de laquelle je fais savoir

que le haut fonctionnaire en charge aux Affaires étrangères de la préparation des entretiens euro-arabes est Hans Schirmer, prédécesseur de Kiesinger au poste de directeur adjoint de cette propagande radiophonique hitlérienne vers l'étranger qui diffusait vers le Proche-Orient des messages tels que : « Les Juifs sont les ennemis mortels des Arabes […], votre salut ne peut venir que des forces de l'Axe qui sont prêtes à vous délivrer de la peste juive. » Peu après, Schirmer a pris un congé définitif pour raison de santé. Heureusement, le calendrier nous est favorable : le 17 février, je suis à Strasbourg, où le Parlement européen vote une résolution condamnant toute impunité pour les criminels de guerre. Seule la CSU – les chrétiens-sociaux, à droite de la CDU – a voté contre ; ce qui laisse prévoir un changement de position de la CDU au Bundesrat.

Et en effet, le 21 février 1975, les parlementaires du Bundesrat votent à l'unanimité pour la ratification.

## Militer à Damas

19 janvier 1974. L'avion assurant la liaison Damas-Paris se pose sur le tarmac de l'aéroport. La situation au Moyen-Orient est plus délétère que jamais, en Syrie notamment, où le soutien apporté depuis 1948 à la cause palestinienne par le régime baasiste confronte la très ancienne communauté juive syrienne à des pressions de moins en moins supportables. L'atmosphère vient de se dégrader encore davantage après la défaite infligée par Tsahal à la coalition syro-égyptienne au mois d'octobre précédent, lors de la guerre du Kippour. Au Liban voisin, l'afflux de combattants palestiniens chassés de Jordanie par la monarchie menace le fragile équilibre communautaire.

Je débarque à Damas sans être inquiétée, probablement parce que j'ai une fois encore effectué la demande de visa en employant mon nom de jeune fille. Mais, à quelques milliers de kilomètres de là, l'inquiétude tenaille mes proches. Je ne suis pas installée depuis deux heures dans ma chambre à l'hôtel des Omeyyades que je reçois un appel de Serge, très soucieux de me savoir seule au cœur d'un

État où notre combat suscite bien peu de sympathies. Il a raison, je dois agir avec célérité et détermination. Un taxi me conduit au palais présidentiel, où je veux tâcher de remettre directement mon message au président Hafez el-Assad. Mais l'homme fort du pays, parvenu au pouvoir après le coup d'État de 1970, est retenu par des occupations plus graves. Un conseiller m'invite à renouveler ma requête dans quelques jours. De retour à mon hôtel en milieu d'après-midi, je reçois la visite du correspondant palestinien d'une agence de presse américaine, puis celles de ses confrères de l'AFP et de Reuters à Damas. Ma démarche leur inspire des critiques à peine voilées.

Dans la soirée, alors que je tente de m'extraire d'un pesant sentiment de solitude en téléphonant à mes proches, je réalise que la ligne est coupée. Impossible de parler à quiconque. Il faut l'intervention de l'ambassadeur lui-même, venu directement à l'hôtel et qui a exigé de pouvoir me voir, pour qu'enfin je sorte de mon isolement.

Du côté des autorités syriennes, le silence se prolonge, en dépit des promesses du conseiller de la présidence. Je compte toutefois sur l'entregent de Colette Khoury, figure des lettres syriennes issue de la bourgeoisie chrétienne et très proche de certains cercles du pouvoir, pour m'aider dans ma mission. C'est elle qui a fait le premier pas en proposant que nous nous rencontrions peu après mon arrivée. Je lui donne rendez-vous à l'hôtel.

Le ton de la conversation est d'abord affable. La courtoisie tout orientale de cette femme professeur

de français à l'université me change agréablement
de l'atmosphère qui m'enveloppe depuis que je'suis
à Damas. Très vite, pourtant, les propos de mon
interlocutrice se chargent de violentes diatribes
anti-israéliennes. L'entretien vire au dialogue de
sourds. Le soir du deuxième jour, je suis conviée
avec quelques officiels à un dîner donné par Colette
Khoury. Deux visions du monde, deux interpréta-
tions politiques de l'histoire contemporaine et de la
tragédie vécue par les Juifs d'Europe se confrontent
sans pouvoir se rencontrer. Entre elles, sans doute,
comme un fossé infranchissable, le drame palestinien.

Tôt le lendemain, on frappe à la porte de ma
chambre. Ce sont des fonctionnaires du ministère de
l'Intérieur venus m'annoncer que leurs responsables
considéraient que j'avais suffisamment abusé de leur
patience. Une voiture attend. Mes bagages y sont
chargés, ma note est réglée par la présidence, je suis
reconduite à l'aéroport.

En mars de la même année, des proches des prisonniers retenus en Syrie m'accueillent avec des bouquets de fleurs lors du voyage que j'effectue en Israël
avec Serge. Une guerre et deux camps. J'ai choisi le
mien depuis longtemps. Le Premier ministre, Golda
Meir, nous reçoit le 23 mars. Quelque temps plus
tard, elle écrit :

> « *Courage, conviction, compassion, décence, justice
> et sacrifice de soi au point de se mettre en danger, tels
> sont les mots qui viennent à l'esprit quand on entend
> le nom de Beate Klarsfeld. Avec une intégrité farouche*

*et indépassable, cette femme non juive s'est consacrée à rechercher et à éliminer le résidu du nazisme, partout où ces obscènes criminels ont trouvé asile. Son humanité passionnée l'a conduite à s'identifier avec les Juifs partout où, trente ans après la destruction par la machine de mort nazie, ils sont encore victimes de discriminations et de persécutions. Pour Israël et pour le peuple juif, Beate Klarsfeld est une "Femme de Valeur", un titre qui n'a rien au-dessus de lui dans la tradition juive. L'exemple de Beate Klarsfeld sert comme l'affirmation personnelle par une femme de la suprématie du droit et de la justice. »*

Le député et plusieurs fois ministre Victor Shem-Tov me remet quant à lui la médaille de la Révolte du Ghetto.

Après mon procès à Cologne, je suis invitée avec Serge par le maire de Jérusalem à passer quelques jours dans la ville sainte avant de poursuivre mes vacances dans le kibboutz Dalia avec les enfants. Pendant quatre étés consécutifs, je passerai un mois dans divers kibboutzim.

En octobre 1974, je me rends au septième Sommet des pays arabes, qui se déroule à Rabat, au Maroc, où je veux dire mon exaspération face à l'attitude systématiquement belliqueuse, en paroles comme en actes, des gouvernements arabes à l'égard d'Israël. Je distribue des tracts appelant les États de la région à « laisser Israël vivre en paix » :

*« Je suis venue ici parce qu'il doit y avoir au moins une personne pour protester, tandis que se tient ce sommet des pays arabes, contre une politique dont le but est la destruction de l'État d'Israël. Il y a trente ans, l'Allemagne de Hitler exterminait six millions de Juifs dans l'indifférence. En tant qu'Allemande, il est de mon devoir de dire aux pays arabes : ne prenez pas en exemple le crime dont mon pays s'est rendu coupable. Laissez l'État juif vivre en paix. Ce pays est un refuge pour les survivants de l'extermination par les nazis ; pour les Juifs expulsés par les États communistes et opprimés en Union soviétique, et pour les Juifs qui ont été obligés de quitter les pays arabes en plus grand nombre que les Palestiniens exilés en 1948. Dans la Palestine de la Déclaration Balfour, il y a la place pour l'État d'Israël et pour un État palestinien. »*

L'organisation du Sommet a mis les services de sécurité marocains sous pression. Hassan II redoute qu'un grain de sable ne vienne ternir un sommet dont il escompte tirer quelques avantages diplomatiques, au détriment du voisin algérien. Marco, qui a participé avec nous à la tentative avortée d'enlèvement de Kurt Lischka à Cologne en mars 1971, et qui a vécu au Maroc, m'accompagne. L'avion se pose dans la matinée du 26 octobre à l'aéroport de Casablanca. Dans nos bagages, deux cent cinquante exemplaires de mon texte, que nous chargeons dans une voiture de location à bord de laquelle nous traversons sans encombre les multiples check-points qui jalonnent la route de Rabat. Nous nous garons à proximité du ministère de l'Information sans éveiller davantage l'attention des forces de l'ordre. Ça ne dure pas. Mais, entre-temps, nous sommes parvenus au but que nous nous étions fixé. Je distribue les tracts. Marco demeure à l'écart, puis s'esquive lorsque la police prend enfin conscience de ma présence. Des gardes m'entraînent dans le ministère. Un policier de haut rang procède à un long interrogatoire. Il espère une conspiration, des tracts imprimés au Maroc, des complices qui m'attendent. Il examine mon passeport, qui comporte six cachets israéliens plus ceux de Syrie, et s'irrite visiblement du laxisme de la police des frontières qui ne les a même pas remarqués à l'aéroport. Il se met en colère quand il apprend que je suis venue avec Marco, lequel a disparu. Il donne l'ordre de l'arrêter. Je suis emmenée au quartier général de la police : photographies, empreintes digitales, nouvel interrogatoire.

Tandis que Marco regagne la France en passant par Tanger et l'Espagne, je passe la nuit entre deux policiers sur le banc d'un commissariat, avant d'embarquer, le lendemain matin, sur le premier vol à destination de Paris.

*Le Monde*, *L'Aurore* et *Le Figaro* rendent compte de mon arrestation. « Beate Klarsfeld suscite un nouvel incident », titre *Le Figaro* : « Dans ces tracts, rédigés en français et en anglais, elle soulignait le droit à la vie pour Israël et la nécessité pour l'État hébreu d'avoir des frontières sûres. Beate Klarsfeld a été conduite dans les services de la Sûreté. Elle y était toujours détenue en fin de soirée. » Un mois plus tard, à Jérusalem, le ministre des Affaires étrangères, Ygal Allon, offre une réception en notre honneur et déclare au *Jérusalem Post* : «Beate en fait plus que tout mon ministère. »

Le 13 janvier 1975 est organisée une conférence de presse à Bonn afin de rendre publics de nouveaux documents collectés par Serge sur Ernst Achenbach, aujourd'hui encore défenseur acharné de ses anciens amis nazis recherchés par la justice. Je remets le dossier Achenbach à cinq cents parlementaires allemands.

Il s'agit d'obtenir la démission d'Achenbach de sa fonction de président de l'association parlementaire pour la coopération euro-arabe en révélant qu'un des plus proches collaborateurs d'Achenbach dans son cabinet d'avocats est Horst Wagner, ancien responsable des questions juives aux Affaires étrangères du IIIe Reich. Il avait notamment œuvré avec le grand mufti de Jérusalem, exilé à Berlin, pour empêcher le sauvetage de milliers d'enfants juifs. La démission d'Achenbach est bientôt effective.

Je pars pour Le Caire, guidée par des motifs à peu près analogues à ceux qui m'ont conduite à Damas un an auparavant. J'attends de l'Égypte d'Anouar el-Sadate qu'elle prenne ses distances avec Achenbach ; que, sous son autorité, soient impulsées de nouvelles relations avec son voisin israélien ; enfin, qu'elle intervienne auprès de ses homologues syriens et irakiens pour que leurs minorités juives cessent d'être persécutées. Je pars sans visa ; on me

laisse quand même entrer en Égypte. J'ai l'intention
de me rendre dans la foulée à Beyrouth, à Bagdad, et
une nouvelle fois à Damas, pour y porter moi-même
le message. Le ministre de l'Information d'Anouar
el-Sadate me reçoit et m'écoute avec tous les signes
de la plus parfaite courtoisie. Les douanes syriennes
me refusent le droit d'entrer sur leur territoire. Je
prends donc un avion pour Beyrouth, où l'on m'accorde un visa de quarante-huit heures.

Avant la guerre civile, le Saint-Georges était l'un
des hôtels les plus fameux de la capitale libanaise.
J'y retrouve des journalistes du quotidien libanais
francophone *Le Jour* et d'Associated Press. Nous ne
sommes pas en train de discuter depuis cinq minutes
à l'intérieur de ma chambre que cinq agents des
forces de sécurité libanaises font irruption. Les deux
employés qui les accompagnent se jettent sur mes
affaires et les enfournent en vrac dans ma valise. La
scène suivante – j'en ai désormais l'habitude – se
déroule au sein d'un bâtiment des services de sécurité, où un fonctionnaire m'adresse des félicitations
inattendues pour ma campagne contre Barbie…
avant de m'inviter à prendre en considération les
traitements infligés aux Libanais dans le sud du pays
par les Israéliens. Ensuite, c'est le sinistre, le mono-
tone rituel de la nuit au commissariat sur un banc, de
trois voitures fonçant vers l'aéroport, et des policiers
qui ne me lâchent qu'au bas de la passerelle d'un
vol à destination de Rome, d'où je regagne Paris.

SERGE

## À la recherche de preuves irréfutables

En cette année 1974 où notre activisme bat son plein, une partie de mon temps est consacrée au droit. J'emporte partout avec moi mes cours, que j'ouvre dès que je le peux. Il s'agit d'abord de réussir en quatrième année et d'obtenir la maîtrise.

Cette année-là, Jean-Michel Charlier, scénariste de la bande dessinée *Blueberry*, me demande des idées pour une série documentaire télévisée, intitulée « Les dossiers noirs », qui raconte le destin de personnages dont le rôle dans l'histoire a été important, mais qui n'ont pas assumé le pouvoir. Je propose Otto Strasser, qui fut proche de Hitler et qui le combattit ensuite, ainsi que Menahem Begin, que j'admire et qui, l'année précédente, a été le seul homme politique à accueillir si chaleureusement Beate, malgré son hostilité envers les Allemands. Sans Begin à la tête d'une Irgoun qui harcelait les Britanniques, j'ai la conviction que jamais il n'y aurait eu pendant quelques semaines qui se sont révélées décisives une conjonction quasi miraculeuse entre les intérêts pourtant divergents des États-Unis et de l'Union soviétique pour approuver la création de l'État juif.

Je ne fais qu'interviewer Otto Strasser à Munich, vieillard hargneux et amer, dont j'ai peine à penser qu'il a été l'un des dirigeants du parti nazi avec son frère Gregor, assassiné en 1934 lors de la « nuit des longs couteaux » par les hitlériens ; décrépitude de la vieillesse. En revanche, Menahem Begin, que j'ai rencontré avec Beate à Jérusalem en 1974, ne représente pas seulement le passé pour moi, mais l'avenir. J'écris le script de « Begin et l'Irgoun » en traitant trois moments essentiels : l'attentat du King David, l'évasion des membres de l'Irgoun de la forteresse de Saint-Jean-d'Acre, et le massacre de Deir-Yassin. Nous avons tourné en Israël, bien entendu, mais aussi en Angleterre, où nous avons interviewé Sir Alan Cunningham et Sir John Shaw, les ultimes dirigeants britanniques de la Palestine. Cunningham a au moins quatre-vingt-dix ans. C'est un brave homme. Flegmatiquement, il nous montre un album de photos. Elles défilent : « My friend Abdullah, Golda Meir my friend, Glubb Pacha my friend... », et soudain, tournant une page, un sanglot bouleversant : « Oh my dog, my dog ! », devant un basset qu'il avait dû adorer au moins autant que l'Empire britannique. Quant à Sir John Shaw, il s'est refusé à confirmer avoir déclaré en apprenant au téléphone qu'une bombe allait exploser au King David, où il avait installé son QG administratif, alors que son correspondant anonyme lui avait enjoint de faire évacuer l'hôtel : « Je suis ici pour donner des ordres aux Juifs, et non pour en recevoir. »

Après avoir passé ma maîtrise en juin 1974, il me fallait assimiler en quelques semaines quatre années de droit pénal, civil, commercial et administratif pour pouvoir réussir le difficile examen du barreau. Tout cela en militant et en voyageant.

J'ai réussi de justesse l'écrit, grâce à l'épreuve de culture générale. Je me souviens, pour l'oral, d'avoir passé dans un hôtel proche de la faculté de droit une nuit blanche à essayer de comprendre et d'absorber un ouvrage de comptabilité que je n'avais jamais ouvert. Tout s'est bien passé.

Quel bonheur pour moi et pour les miens ! Nous n'avions pas été victimes de mon engagement ; au contraire, grâce à lui, j'avais trouvé la force de me hausser au niveau d'une profession libérale qui me rendait libre, respectable, et en mesure de gagner ma vie et de mieux défendre encore notre cause, puisque les procès de criminels nazis se rapprochaient de nous grâce à la ratification en vue et que nous allions obtenir en février 1975.

Il nous faut désormais définir une stratégie pour la phase d'application de la « lex Klarsfeld » par la justice allemande, qui n'a pas fait d'efforts pour convaincre la classe politique qu'elle était prête à juger les criminels nazis. Le procureur général Gehrling, celui qui vient de requérir contre Beate, sera chargé de requérir contre Lischka et Hagen s'il décide que le dossier mérite un acte d'accusation et s'il est considéré par une chambre d'accusation comme pouvant aboutir à une condamnation. Il nous faut nourrir le dossier de preuves irréfutables

de la connaissance subjective par les accusés du sort
des déportés.

Dans les cas de Lischka et de Hagen, je procède
de la façon suivante : je mets en ordre chronologique en onze volumes de photocopies les milliers
de documents allemands de la solution finale en
France dont je dispose, provenant du CDJC ou de
la justice militaire, et je répertorie tous ceux dont
Lischka et Hagen sont les signataires ou les destinataires, ceux qu'ils paraphent et ceux où ils sont
cités. Nous découvrons ainsi deux documents où il
apparaît clairement que Lischka avait connaissance
du sens véritable de la solution finale.

Le premier document date du 13 mai 1942. C'est
le rapport que rédige à l'intention de Knochen et
de Lischka le chef du service des Affaires juives de
la Gestapo, Dannecker. Il a rencontré le général
Kohl, chef du service des transports ferroviaires en
France : « Dans la conversation, qui dura une heure
et quart, j'ai donné au général une vue d'ensemble
sur la question juive et la politique concernant les
Juifs en France. J'ai pu ainsi constater qu'il [Kohl]
était un adversaire sans compromis des Juifs et qu'il
approuvait à 100 % une solution finale de la question juive ayant pour but l'anéantissement sans reste
de l'adversaire. »

Ainsi le général Kohl a-t-il pu conclure de l'exposé
de Dannecker sur la déportation à l'Est que son
but était un anéantissement des Juifs de France.
Le paraphe de Lischka figure sur ce document. Le
second document, également paraphé par Lischka,
date du 20 juillet 1942. Dannecker rapporte ces

propos à Knochen, Lischka et Oberg : «Le c
du camp "Les Milles" a fourni des indications intéressantes sur ce problème. Il a constaté que, dès
qu'une possibilité d'embarquement se présente, la
société juive d'émigration HICEM paie n'importe
quelle somme pour permettre à des Juifs d'émigrer.
Ce qui prouve bien combien la juiverie mondiale est
consciente de ce que tous les Juifs se trouvant au
pouvoir des Allemands vont à leur anéantissement
total [*restlosen Vernichtung*]. »

Le cas Hagen est plus facile : c'est lui qui a formé
Eichmann et ses principaux agents de l'extermination, et c'est lui qui, en France, aux côtés du général
Oberg, chef des SS et de la police, pousse le plus
aux déportations massives.

Un troisième personnage de l'échelon central des
SS en France vient s'ajouter à Lischka et à Hagen.
Il s'agit d'Ernst Heinrichsohn, que nous venons de
débusquer. À vingt-deux ans, Heinrichsohn était
l'adjoint de Dannecker. Un document nous a appris
qu'il était étudiant en droit. Nous nous procurons
les listes de tous les avocats allemands. Bingo : il est
avocat et notaire à Miltenberg, en Bavière, et maire
de Bürgstadt, une localité voisine.

Julien et moi prenons le train et louons une voiture
à Munich, où nous a rejoints Lisa. Dans le camp
de Drancy, Julien a vu Heinrichsohn ; il pourrait le
reconnaître. C'était en 1942 un beau, grand et élégant
jeune homme blond qui, d'après les témoins, prenait
un plaisir particulier à contrôler lui-même la déportation des enfants en bas âge quand il en est parti 3 000

en six convois entre le 17 et le 28 août. À Miltenberg,
Lisa téléphone au cabinet de Heinrichsohn ; il est au
tribunal. Nous nous y postons. Un homme blond,
bien habillé, en sort. Julien pense qu'il s'agit de lui.
Nous suivons la voiture dans laquelle il est monté. Il
s'arrête pour entrer dans un magasin. Je m'approche
de la voiture. Sur la lunette arrière, le guide Michelin
« Allemagne » : de son expérience en France où il
a persécuté les Juifs, participé à l'organisation du
départ de chaque convoi en 1942, et où, en 1944, il a
abattu sommairement André Rondenay, Compagnon
de la Libération, tout ce que Heinrichsohn a retenu,
c'est l'excellente gastronomie française.

Nous voulons avoir la certitude que l'homme que
nous suivons est Heinrichsohn. Pour en avoir le cœur
net, nous le filons ostensiblement ; il se retourne, voit
un homme de son âge, Julien, le visage dur, et moi. Il
accélère, tourne et tourne encore sans se débarrasser
de nous et, soudain, il stoppe devant un poste de
police où il s'engouffre en courant. Cette fois, plus
de doute. Il a dû craindre que nous ne l'abattions.

Le jugement de ces trois hommes, Lischka, Hagen
et Heinrichsohn, nous suffit pour régler le contentieux judiciaire franco-allemand. Si le procès a lieu,
il sera difficile à la justice allemande de ne pas les
condamner. Si elle se montre réticente, nous agirons
comme nous l'avons toujours fait : par des actions
illégales dont la force symbolique sera évidente. Pour
ce qui est d'autres responsables de la police nazie, il
a fallu retrouver ceux d'entre eux qui étaient encore

vivants pour faire comprendre la nécessité de juger ceux dont ils étaient les subordonnés.

Fritz Merdsche était Kommandeur de la Sipo-SD à Orléans ; son autorité couvrait quatre départements. Dans le territoire qu'il dominait étaient implantés les deux camps du Loiret, Pithiviers et Beaune-la-Rolande, d'où sont partis directement vers Auschwitz huit convois de 1 000 déportés. Dans ces camps, des milliers d'enfants ont été séparés de force de leurs mères et envoyés à Drancy, puis à Auschwitz. En août 1944, quand la Gestapo de Bourges ne peut plus transférer à Drancy 39 Juifs, dont 11 femmes, son chef Erich Hasse téléphone à Merdsche pour lui demander quoi en faire. La réponse ne se fait pas attendre : « Liquidez-les. » Ils sont jetés vivants dans le puits de Guerry. Merdsche a été condamné à mort par contumace deux fois. Nous l'avons retrouvé rédacteur en chef d'une des plus importantes revues juridiques allemandes et ancien magistrat à Francfort. Il mourra dans son lit, mais inculpé par la justice allemande.

Hans-Dietrich Ernst a été condamné à mort quatre fois par contumace. Il était Kommandeur de la Sipo-SD à Angers de 1942 à 1944 et couvrait huit départements. Il avait en 1944 commandé le sinistre Kommando Ernst dans les Vosges. Son bilan : la déportation de 8 463 personnes, dont 3 773 ne sont pas revenues, ainsi que celle de 800 Juifs du convoi n° 8 du 20 juillet 1942 parti d'Angers. Ce convoi rassemblait des Juifs de l'ouest de la France et, pour le remplir, Ernst a court-circuité les directives reçues en y incluant plus de 200 Juifs de nationalité française. Il vivait dans le nord de l'Allemagne, à Leer, où je suis allé l'identifier. Il était avocat et notaire. Je l'ai fait rayer du barreau et inculper, mais il est mort avant son procès d'une chute dans son escalier.

Le comte Modest von Korff a été Kommandeur de la police nazie à Châlons-sur-Marne. En octobre 1942, il a fait déporter les enfants des Juifs qu'il avait arrêtés en juillet 1942. Il sera le seul à comparaître devant la cour d'assises de Bonn. Il a atteint le sommet de la hiérarchie des fonctionnaires : directeur ministériel au ministère de l'Économie à Bonn.

Waldemar Ernst était le chef de la police de l'administration militaire allemande en France. C'est lui qui a dirigé la rafle du 12 décembre 1941 au cours de laquelle furent arrêtés 743 Juifs notables qui, dans le camp de Compiègne, géré par l'administration militaire, subirent un régime de détention inhumain qui en conduisit une quarantaine à la tombe avant la déportation des autres. Quand nous avons repéré Ernst, il était président des aciéries du Bade-Wurtemberg, qui comptaient 1 300 employés et dont son épouse était propriétaire. Il a démissionné de ses fonctions.

Je pourrais multiplier les exemples. À chaque découverte, il fallait constituer des dossiers précis, photocopier tous les documents, rechercher des parties civiles, recueillir les dépositions, transmettre les dossiers aux parquets concernés en Allemagne et communiquer l'information aux médias dans des conditions assurant sa diffusion. Beate traduisait notre argumentation.

Cas un peu différent, celui de Rudolf Greifeld, directeur du centre nucléaire de Karlsruhe, qui venait d'être nommé à la direction administrative de l'Institut nucléaire Laue-Langevin à Grenoble. Un chercheur, M. Grünebaum, qui reprochait à Greifeld son éviction, m'assure que, dans une soirée où il avait bu, Greifeld avait tenu des propos antisémites et que, pendant la guerre, il avait été en poste à Paris. Grünebaum me supplie de chercher l'aiguille dans la botte de foin, et je ne suis même pas sûr qu'il y ait quoi que ce soit à chercher. Sachant que cela changerait la vie de Grünebaum, qui m'a donné un spécimen de la signature de Greifeld, je m'oblige à examiner un à un les milliers de documents du commandement militaire allemand ; et après des heures de recherche apparaît soudain la signature de Greifeld au bas d'un document de 1941 dans lequel il demande à ses supérieurs de mettre fin par des mesures appropriées à la présence de Juifs dans les boîtes de nuit de la capitale. Une pétition est lancée, signée par quatre cents physiciens français de Grenoble qui refusent la nomination de Greifeld, lequel nie l'authenticité du document. Une commission allemande doit venir vérifier au CDJC cette authenticité. À la veille du départ de la commission pour Paris, Greifeld donne sa démission. Nous avons toujours confronté les criminels que nous prenions pour cibles à leur propre signature.

Nous prenons aussi en main avec Maurice Pioro, président de l'Union des déportés juifs de Belgique, le problème de l'impunité des deux principaux responsables de la déportation de 25 000 Juifs de Belgique, Ernst Ehlers et Kurt Asche. Nous sommes allés à Bruxelles faire une conférence et nous avons révélé aux Juifs du centre communautaire que le colonel SS Ehlers était vivant et ses crimes impunis. En 1941, il était chef de la Gestapo de l'Einsatzgruppe B en Russie, les groupes spéciaux d'extermination, puis il est devenu chef de la police nazie en Belgique. Jusqu'en 1975, il était juge au tribunal administratif du Land de Schleswig-Holstein. Son nom figurait sur la liste des criminels recherchés, mais le procureur en charge des recherches, qui travaillait dans le même immeuble qu'Ehlers, affirmait ne s'être jamais douté qu'il s'agissait du même Ehlers. Kurt Asche, lui, était chef du service antijuif de la Gestapo en Belgique et le spécialiste, l'organisateur de la déportation de ces 25 000 Juifs.

Le 8 mai 1975, Beate emmène de Bruxelles sept jeunes Juifs dans le nord de l'Allemagne, à Schleswig. Ils envahissent l'appartement d'Ehlers, absent ce jour-là. La police les arrête tandis que Beate prend la fuite avec le chauffeur de l'une des deux voitures.

Un avis de recherche est lancé contre elle, qui passe par Cologne, au moment même où a lieu un épisode sanglant de l'affrontement entre terroristes et forces de l'ordre. Beate regagne Bruxelles. Les sept jeunes ne sont libérés qu'au bout de quelques jours ; mais l'affaire Ehlers est lancée. Joseph Billig et moi préparons une expertise historique qui sera décisive après de nombreuses péripéties judiciaires pour inculper Ehlers et Asche en mai 1977.

Entre-temps et dans la foulée du commando de Schleswig, nous avons lancé un commando de jeunes le 24 juin 1975 pour briser la façade vitrée du bureau de Lischka à Cologne. Nous voulons faire comprendre à la justice allemande qu'elle doit faire son devoir. Pour éviter que l'action ne fasse du bruit, le juge condamne ces jeunes le jour même à une amende qu'ils n'ont pas à régler pour être libérés et escortés jusqu'à la frontière. Une semaine exactement après la destruction de cette façade vitrée et dès qu'elle est remplacée, un deuxième commando de neuf membres survient le 1er juillet et la détruit de nouveau. Cette fois, la justice ne peut que se fâcher et emprisonne les neuf militants : parmi eux, six étudiants du Front des étudiants juifs et trois membres du comité central de la LICA : le rabbin Daniel Farhi, Élisabeth Hajdenberg et Gertrude Drach, ancienne déportée.

Après trois jours de prison, tous sont libérés en attendant leur procès, qui est annoncé comme un événement judiciaire. Il a lieu en mai 1976, car la justice allemande de l'époque est aussi peu disposée à nous juger qu'à juger les criminels.

Le 4 février 1976, alors que je suis sous mandat d'arrêt depuis 1971, je me rends au parquet de Francfort. J'ai prévenu la presse et j'apporte au procureur général les dossiers de Fritz Merdsche et de Hans-Dietrich Ernst, ainsi que celui d'Ernst

Heinrichsohn que nous venions de repérer en 1975.
Merdsche a dirigé la police nazie d'Orléans ; le commissaire principal d'Orléans, M. Rébillon, ancien résistant, m'accompagne, de même que mon ami Julien. De nouveau, les magistrats sont confrontés à une alternative entre une arrestation retentissante qui fera du bruit ou une légalité violée sans sanction.

Le procureur prend acte avec courtoisie et compréhension des dossiers que je lui remets et applique le mandat d'arrêt. Je fais les déclarations d'usage à la presse et passe la nuit dans la cellule du tribunal. Le lendemain, deux policiers m'emmènent à Cologne ; je suis à l'arrière de la voiture, eux devant. À la prison d'Ossendorf, celle de Beate, c'est un peu l'arrivée d'un nabab au Carlton : le directeur m'accueille sur le pas de la porte, me salue, se réjouit de me voir ici après le séjour de mon épouse, me conduit à la fouille, où l'on me laisse l'essentiel de ce que j'ai dans les poches et où l'on oublie même de vider ma serviette que j'emporte avec moi dans ma cellule, équipée d'une radio et propre comme une chambre d'hôtel. Le lendemain, le consul de France vient m'apporter des biscuits, du chocolat ainsi que des cigarettes que je distribuerai à d'autres détenus. Sachant que je serais arrêté, j'ai pris le premier tome des œuvres de Platon dans la Pléiade. Une lecture attentive et approfondie peut prendre quelques mois. Je sortirai en n'ayant étudié que deux dialogues, dont un, captivant, sur le langage.

À Paris, nos amis réagissent et, comme ils l'ont déjà fait pour Beate, taguent les autocars allemands, l'ambassade allemande et les entreprises allemandes.

Le Conseil de l'Ordre proteste en ma faveur. La date de mon action n'a pas été choisie au hasard, mais à quelques jours du sommet franco-allemand. Le problème posé par ma détention doit être réglé impérativement avant ce sommet : si la justice allemande montre peu d'empressement à juger les criminels, elle fait soudain preuve d'une rare célérité pour me juger au tribunal de Cologne. Je n'ai que le temps de faire connaissance avec les mouettes qui volent du Rhin à la prison pour se ravitailler aux barreaux des fenêtres des prisonniers. Le 9 février, je suis jugé par le tribunal de grande instance. J'explique à mes juges que la pire peine encourue par les criminels serait d'être sanctionnés par un tribunal allemand, et que les orphelins des victimes de la solution finale attendent de moins en moins patiemment ce jugement. Je déclare que, dès que je serai libéré, j'enfreindrai à nouveau la loi pour obtenir justice. Rien n'y fait : malgré ma volonté affichée de récidiver, le juge Liptow ne veut et surtout ne peut me garder en prison. Il exprime sa compréhension pour nos motivations, me condamne à deux mois de prison avec sursis et me libère. À mon retour à Paris, le bâtonnier Pettiti me donne l'accolade.

Le troisième épisode de la façade vitrée du bureau de Lischka se déroule le 19 mai 1976, jour du procès des neuf personnes inculpées pour l'avoir brisée le 24 juin 1975. Les trois membres du comité central de la LICA sont présents ; les six autres prévenus sont absents en raison de leurs études, de la proximité de leurs examens et de la quantité d'audiences prévues : six, réparties sur quinze jours. Un procès

« mammouth », comme l'a qualifié la presse de Cologne. En effet, quel gigantisme pour une cause que l'on voulait ramener à une simple affaire de droit commun : deux avocats d'office par prévenu, soit, au premier jour, dix-huit avocats. En outre, cinq traducteurs. Un coût considérable pour le contribuable allemand. En revanche, la 1$^{re}$ chambre du tribunal de grande instance avait vu petit pour la salle d'audience.

La LICA avait affrété un autocar que les amis du rabbin Farhi, qui officiait alors à la synagogue de la rue Copernic, siège de l'Union libérale israélite, avaient presque entièrement rempli à eux seuls. Un second autocar avait été réservé par nos soins. Ce procès était pour nous l'occasion de faire comprendre à la justice allemande que nous n'acceptions pas l'existence de ce procès, en raison de la non-existence du procès des criminels qui avaient opéré en France, et que de pareils incidents se renouvelleraient tant que Lischka et ses complices ne seraient pas jugés. C'est pourquoi la quinzaine de militants partis par le second car avaient pour objectif de saper les bases mêmes du procès, en renouvelant l'action reprochée au rabbin Farhi et à ses compagnons : détruire la façade vitrée du bureau de Lischka. Action qui devait obliger la justice allemande ou bien à se montrer sous un mauvais jour, ou bien à juger la cause elle-même plutôt que l'incident.

Nous y sommes parvenus, mais ce fut un rude affrontement.

Le commando est passé à l'action, le jour même du procès, à 6 heures du matin. Altenbergerstrasse 23, en plein centre de Cologne, le car déverse nos militants, revêtus de blousons orange et de K-Way à cagoule qui empêchent leur identification. Malgré l'implantation très récente d'un commissariat de police dans la maison qui fait face au bureau de Lischka, le vitrage blindé vole vite en éclats sous les coups des barres de fer.

Au tribunal, à 9 heures, les groupes se rejoignent. Tout le monde arbore une cocarde tricolore et l'étoile jaune. Nos banderoles en allemand et en français se déploient devant les caméras des télévisions : «Jugez Lischka plutôt que les antinazis français» ; «Tant que la justice allemande ne jugera pas les criminels nazis, nous reviendrons».

D'importantes forces de police ont pris position autour du palais de justice et à l'intérieur du bâtiment. La salle d'audience ne peut contenir tous nos amis. Plus de quarante d'entre eux restent dehors. Ils réclament en vain que le tribunal déménage, puisqu'il existe une plus grande salle inoccupée ce jour-là. Ils envahissent l'escalier d'accès sous la conduite du déporté-résistant Julien Aubart, qui fut le premier jugé pour avoir attaqué le bureau de Lischka en 1973. Ils scandent pendant plus d'une heure, d'une voix que rien ne peut couvrir : «Auschwitz, Dachau, Buchenwald !» Dans la salle dominée par cette clameur sinistre, les incidents se multiplient. La police dégage l'escalier *manu militari* à la demande du juge Somoskeoy, qui siégeait à un autre procès ce jour-là. Je me rends au QG de la police et me présente comme l'avocat de Gisèle Guerchon. Un boulanger, amené par la police devant le palais de justice, l'a reconnue comme étant la femme qu'il a entrevue quelques heures plus tôt devant le bureau de Lischka. Gisèle Guerchon nie sa participation effective, tout en se déclarant solidaire de tous les Français venus à Cologne soutenir le rabbin Farhi. Cette mère de famille, qui a perdu son père à Auschwitz, passera la nuit dans une cellule d'une saleté repoussante, sur un bat-flanc de pierre sans paillasse, en compagnie de prostituées. Le lendemain, elle est transférée à la prison d'Ossendorf bien connue de nous.

Entre-temps, au procès, tandis que le tribunal tente d'en rester aux faits, les accusés mettent l'accent sur les raisons de leur action et le rabbin Farhi se signale par une intervention si éloquente et si émouvante que le jeune président Günter Kaumanns en vient à déclarer : «Le tribunal partage votre émotion. »

Nous ne sommes que quelques-uns, le 21 mai, à être restés avec les inculpés. Gisèle Guerchon est jugée aujourd'hui au tribunal des flagrants délits. Ainsi se déroulent parallèlement et simultanément deux procès pour deux épisodes identiques de la même action, et cela dans le même palais de justice. Nous sommes gagnants : ou bien le verdict du procès mammouth sera rendu également dans le petit procès en flagrant délit, ou bien le magistrat responsable du rabbin Farhi et de ses compagnons contredira celui qui juge Gisèle Guerchon et, dans ce dernier cas, la justice allemande démontrera qu'il y a dans ses rangs des magistrats qui voient le règlement de toute cette affaire de deux façons différentes.

Le grand procès fait irruption dans le petit quand Élisabeth Hajdenberg vient pour témoigner que le boulanger qui a soi-disant identifié Gisèle Guerchon est celui-là même qui, le 1er juillet 1975, a arraché et piétiné l'étoile jaune que portait sur sa poitrine le rabbin Farhi. Le boulanger nie faiblement ; il avoue bientôt qu'il ne se souvient plus, mais que c'est possible. Voilà Gisèle Guerchon identifiée seulement par le témoignage d'un antisémite. Le juge, un homme âgé, hésite, mais prononce le verdict scandaleux : il accorde les trois mois de prison avec sursis réclamés par le procureur. C'est le tumulte : Julien Aubart bondit, étreint Gisèle Guerchon et, des sanglots dans la voix, accuse le juge d'avoir condamné une innocente. J'arrache le drapeau français, pièce à conviction, sur la table du juge et, pour ne pas le laisser intact entre les mains des juges allemands, j'en brise la hampe, tandis que les policiers essaient de le récupérer. « Je ne vous laisserai pas le drapeau tricolore ! » En haut, le grand procès risque de s'enliser dans les dépositions des témoins allemands de l'action et des experts appelés à établir la nocivité du fumigène employé lors de l'assaut des bureaux de Lischka.

À Paris, Cologne, Bruxelles ou Tel-Aviv, de nombreux articles sont publiés qui retracent les événements du double procès.

Lundi 24 mai, le consul de France arrive à l'audience : il y assiste de bout en bout, rédigeant son rapport au ministère des Affaires étrangères. Je dépose et revendique l'entière responsabilité de l'instigation et de la préparation des diverses actions contre le bureau de Lischka, actions qui continueront si Lischka n'est pas jugé. J'accuse de mauvaise volonté et d'inertie le parquet chargé depuis quinze mois de l'instruction du procès des responsables de la solution finale en France. Je demande au président un acquittement général, quoi qu'il puisse lui en coûter, pour qu'enfin un juge allemand mette le doigt sur le véritable abcès qu'est l'impunité des criminels. Le procureur Wissborn réclame trois mois de prison avec sursis pour les inculpés du commando de 1975, sauf pour Mme Drach, menacée de deux mois avec sursis. Puis Élisabeth Hajdenberg a la parole : «Pour la première fois depuis 1945, un rabbin est jugé par un tribunal allemand. L'opinion publique internationale a les yeux fixés sur ce procès et attend votre verdict, car il s'agit d'autre chose que de verre brisé et d'un peu de fumée. Cette fumée, c'était pour nous un signal de détresse et d'alarme que nous voulions lancer en Allemagne pour que ces criminels ne restent pas libres, impunis, respectés, pour que cela ne recommence pas. Toutes les rafles de tous les Lischka n'ont pas réussi à nous éliminer. Vous devez nous acquitter. Condamner un rabbin et une survivante d'Auschwitz serait un outrage aux six millions de morts, assassinés parce qu'ils étaient juifs. »

Mme Drach a fait en allemand une déclaration forte, réclamant l'acquittement. Quant au rabbin Farhi, sa déclaration finale est illustrée par de frappantes paraboles : «Si nous sommes venus chez vous et si nous avons agi comme nous l'avons fait, c'est moins pour nous que pour vous ; pour vous aider à sortir de ce terrible accident de l'histoire. Le procureur a dit qu'il ne comprenait pas qu'un rabbin philosophe se soit associé à cette action. Monsieur le Président, vous devez comprendre qu'il a fallu quelque chose de très important pour me faire descendre de la philosophie à l'acte politique et, je l'affirme, nous sommes déterminés à commettre cet acte de nouveau si nous n'obtenons pas bientôt le jugement des criminels. Méditez ce verset de l'Ecclésiaste : "C'est parce que l'on tarde à juger les coupables que le mal se répand sur la terre." »

Le président Kaumanns a suspendu l'audience et s'est réuni avec ses assesseurs avant de rendre son verdict. Trois quarts d'heure plus tard, la Cour est revenue avec un verdict d'acquittement général et de simples peines d'amende pour les dégâts matériels, amendes proportionnées aux revenus de chacun. Dans les attendus de son arrêt, commenté diversement en Allemagne, le président Kaumanns a affirmé qu'il ne mettait pas en doute « la responsabilité de Lischka dans l'assassinat de nombreux Français et la déportation des Juifs de France ».

Pour la première fois, un juge allemand nous a entendus. Nous avons enfin ouvert une brèche dans le mur de la justice allemande.

Après l'épisode mouvementé de Cologne, je reprends un travail de recherche très approfondi au CDJC. Je prépare trois ouvrages. Le premier, en allemand, est constitué de cent trente-six documents pour la plupart rédigés ou signés par nos trois cibles ; nous allons le diffuser à la presse et aux parlementaires allemands. Le deuxième est notre acte d'accusation : je fournis à Joseph Billig tous les documents que j'ai pu rassembler ; nous en discutons et, dans *La Solution finale de la question juive. Essai sur ses principes dans le III^e Reich et en France sous l'occupation*, Billig montre l'importance du rôle joué par Hagen, Lischka et Achenbach. Traduit en allemand, le livre est distribué par nos soins à la presse et aux parlementaires allemands. Le troisième ouvrage est né de ma volonté de voir les victimes des criminels présentes au procès. Non pas quelques parties civiles, mais tous les déportés. Pour réunir les documents nécessaires à son élaboration, je photocopie les listes de déportation du CDJC ; au ministère des Anciens Combattants, on me laisse reproduire des listes mécanographiées de l'immédiat après-guerre, mais qui se révèlent souvent inexactes ; je trouve des copies de listes originales à Bruxelles, au ministère de la Santé et de la Famille ; à Arolsen, en Allemagne, au Service international de recherche du Comité international de la Croix-Rouge (le CICR), à Auschwitz, à Yad Vashem, et enfin à New York, dans les archives de l'Institut juif de recherches, le YIVO. C'est une longue et patiente recherche. Je ne suis pas seulement chasseur de nazis ; je suis surtout chercheur des âmes juives disparues dans la Shoah.

Je donne à chacun de nos amis prêts à nous aider une liste, un millier de cartes bristol, un carton à chaussures. Il s'agit de noter le nom, le prénom, la date et le lieu de naissance ainsi que le numéro de convoi de chacun des déportés, et de classer les fiches par ordre alphabétique. Difficile de déchiffrer les listes – il s'agit souvent de doubles sur papier pelure, peu lisibles. Certains volontaires les transcrivent remarquablement ; d'autres, insuffisamment. Il faut recommencer. Chacun de nous est responsable d'une ou plusieurs listes.

La tâche est ardue : très souvent, les noms, les prénoms et les lieux de naissance sont compliqués. Une partie des listes tapées est inutilisable ; il faut également refaire ce travail nous-mêmes.

Malgré les obstacles, l'œuvre avance. Non seulement les déportés de chaque convoi sont classés alphabétiquement et les convois présentés par ordre chronologique, mais j'ai ouvert un dossier par convoi et j'y insère chaque document qui se rapporte à lui et que j'ai pu trouver. Je m'attache particulièrement à Auschwitz, où a eu lieu la sélection et où, après mon pèlerinage de 1965, je reviens en 1977 et en 1978. Si les communistes tentent alors de gommer l'extermination massive des Juifs à Birkenau, je suis reconnaissant aux Polonais d'avoir sauvegardé le camp. En 1978, j'y emmène mon fils. C'est la rencontre d'Arno, le petit-fils, avec Arno, son grand-père. Cet enfant, qui aime l'histoire et qui la vit avec nous, renforce ainsi ses liens avec ses ascendants.

Outre l'établissement des listes, j'écris l'histoire de chaque convoi et reconstitue le contexte historique dans lequel il est parti. Pour rédiger cette partie de ce monumental ouvrage, je vais, avec de lourds dossiers, passer quelques semaines dans des hôtels de Prague et de Budapest, encore contemporains de la période sur laquelle je travaille, dans des villes majestueuses et décrépites, où la liberté est étouffée et où je me sens comme un oiseau voyageur. Je rédige avec enthousiasme, reconstituant le destin de tant de disparus que je vais le transmettre aux membres survivants de leurs familles.

Nos amis nous épaulent dans nos recherches, et quels amis ! À l'aéroport de Tel-Aviv, en septembre 1975, un homme d'environ trente-cinq ans s'approche de nous et de nos enfants : « Si je peux vous aider... » Nous reprenons contact avec lui à Paris. Son père a été déporté par le convoi n° 4, sa mère par le convoi n° 22 ; celle-ci a juste eu le temps, en descendant l'escalier, de tendre le garçonnet de deux ans à une voisine non juive. En allant en Israël, Henri Golub a repris conscience de son identité juive. Il veut se rendre utile. Il fait appel à ses relations, organise des réunions avec nous, rassemble des fonds. Peu à peu, par l'action et par la préparation du *Mémorial de la déportation*, un groupe d'orphelins de la Shoah se forme autour de notre couple franco-allemand.

Dans les archives du YIVO à New York, en 1977, je découvre une série de onze documents ordonnant l'arrestation et le transfert de Juifs à Drancy par le chef de la Gestapo de Toulouse, Karl Muller, condamné à mort par contumace. Nous parvenons à le localiser : il est commissaire principal, chef de la sûreté criminelle de la ville de Celle en Basse-Saxe. Il nie d'abord farouchement, avant d'être contraint d'avouer qu'il a caché cette facette de son passé. Il fera l'objet d'une inculpation.

*
*  *

Si nous consacrons une grande partie de notre temps à ces travaux de recherche, nous restons actifs sur le terrain. L'extrême droite, les partis qui sont en fait néo-nazis comme la Deutsche Volks Union (DVU), ont le vent en poupe et organisent des réunions au centre des grandes villes. Nous voulons essayer de leur infliger un coup d'arrêt. Comment y parvenir ? Une réunion de la DVU est prévue pour le 4 décembre 1976 à Munich, à la célèbre brasserie Bürgerbräukeller d'où partit la tentative de putsch de Hitler en 1923 et où un attentat manqua de le tuer en 1939. Les orateurs de ce meeting sont Gerhard Frey, le patron de la DVU, et Hans Rudel, l'as des as de l'aviation allemande et hitlérien passionné. Nous décidons de partir pour Munich à une dizaine avec pour but mon intervention à la tribune, qui ne manquera pas d'entraîner mon lynchage. Ainsi, sous les yeux de la presse, pour la première fois depuis la fin de la guerre, on verra un Juif battu publiquement par les nazis et néo-nazis, ce qui mobilisera l'opinion contre les agresseurs. Notre ami, le photographe Élie Kagan, nous accompagne. La salle est vaste, environ 70 mètres sur 30, sillonnée de longues tables perpendiculaires couvertes de pots de bière. Notre groupe s'installe à une table au fond de la salle. Quelque huit cents personnes sont attablées, dont les deux tiers ont plus de cinquante ans : des anciens de la Wehrmacht et de la SS échangent joyeusement des photos du bon vieux temps. Sur les tables sont étalés des exemplaires de la *DNZ*, l'hebdo pronazi, et des tracts avec la carte de l'Allemagne de 1937, « la seule, la vraie ». Des hommes aux chemises noires, des enfants en uniforme des Jeunesses Viking avec le nouveau sigle en forme de losange. Une longue table a été dressée pour les officiels sur l'estrade et, derrière, un orchestre joue des marches militaires.

Élie Kagan, appareil au poing, barbe rousse, cheveux longs, veste de cuir, apparition qui fait inévitablement penser à celle du Juif tel que le décrit le *Stürmer* – hebdomadaire nazi publié jusqu'en 1945 –, saute de table en table, sous l'œil ahuri des militants de la DVU, et je pleure presque de rire en ces instants dramatiques. Je me suis installé au premier rang. On vient de hisser sur l'estrade une gigantesque plaque où sont inscrits ces mots : « À nos héros qui vivent dans nos cœurs ». Mais voici que le colonel Rudel et le Dr Frey, suivis de leurs amis, font une entrée tonitruante dans la salle, précédés des Jeunesses Viking, qui battent du tambour, le poignard passé à la ceinture ; derrière eux, une multitude de drapeaux d'associations nostalgiques de la période hitlérienne. Tout le monde se lève, applaudit. Les visages deviennent extatiques, des bras se tendent. Comme autrefois. Je sors mon brassard à étoile de David bleue et le passe à mon bras droit, tout en le couvrant d'une main.

Les officiels sont sur la tribune derrière la table ; ils répondent aux applaudissements. Profitant de l'inattention de l'un des nombreux membres musclés du service d'ordre nazi, je m'élance, escalade les marches de l'estrade et m'avance droit sur la table, au centre, face à Rudel, qui n'en croit pas ses yeux en voyant l'étoile de David. Il recule d'un pas. D'une voix forte, je m'adresse à lui en anglais. Il a longuement séjourné aux États-Unis. Je déclare : «*Mister Rudel, I ask you the right for a Jew to speak ; my name is Klarsfeld.*» (Monsieur Rudel, je vous demande le droit pour un Juif de parler ; mon nom est Klarsfeld.) Je répète ma question. Il ne me répond pas. Le Dr Frey, à sa gauche, lui fait non de la main. Le service d'ordre se précipite, on me jette au pied de l'escalier. Je me relève et marche calmement vers la foule qui se rue sur moi et se referme. Ils sont si pressés de me frapper et de me cracher au visage qu'ils se bousculent.

Je suis dans une disposition d'esprit telle que, sachant ce qui va m'arriver, je ne sens pas les coups. Au milieu de la salle, deux hommes se jettent sur moi à mon grand soulagement : ce sont deux de mes amis des coups durs. Ils me prennent chacun par un bras, en hurlant : « *Raus ! raus !* », et me sortent de la salle comme s'ils étaient eux-mêmes des nazis. Quant à Beate, dès qu'elle m'a vu ainsi maltraité, elle a hurlé : « *Nazis !* » Aussitôt, un Allemand l'a prise à la gorge, mais on a réussi à la dégager. La police refuse de pénétrer dans la salle pour que je désigne certains de mes agresseurs.

Le soir même, la radio et la télévision allemandes parlent de l'incident. Lundi, en Allemagne, c'est une avalanche d'articles et de photos, où l'on voit la foule en train de me frapper. Nous avons réussi à soulever l'indignation et à la tourner contre les nazis.

Nous poursuivons notre campagne pour que
la DVU n'obtienne plus de salles au centre de
grandes villes. Les maires annulent leurs réunions ;
à Hambourg, la menace de faire sauter un lieu de
réunion permet l'annulation du rassemblement programmé. Partout, la DVU doit tenir ses assemblées
dans des salles de banlieue, et elle ne recueillera pas
les 5 % nécessaires pour entrer au Parlement. La
*National Zeitung*, organe de presse négationniste des
néo-nazis, écume de fureur contre Israël, les Juifs et
notre groupe de terroristes, « *die Klarsfeld-Bande* ».
Conséquence retentissante : une bombe détruit à
Munich, pendant la nuit, quand personne ne se
trouve sur place, toute l'aile droite de l'immeuble
de la *National Zeitung*. Par terre, des tracts avec
pour seul message ces noms : «Auschwitz, Sobibor,
Treblinka ». Quelques heures plus tard, j'arrive à
Munich et déclare à la presse et à la police : «Je ne
suis pour rien dans ce qui est arrivé ; mais je vais
vous expliquer pourquoi c'est arrivé. » On n'insiste
pas, car j'étais à Paris à l'heure de l'attentat et je
peux repartir libre.

En 1976, dans la Haute-Saône, le colonel SS
Joachim Peiper, qui y vivait, a été assassiné. L'enquête
n'aboutit pas, ou ne veut pas aboutir. Quelques
journalistes français et allemands sont invités peu
de temps après à une mystérieuse conférence de
presse dans une chambre du Grand Hôtel à Paris,
place de l'Opéra. Quand ils sont au complet, on
les prie de passer dans une chambre communicante.
Ils s'y trouvent en face de sept hommes cagoulés.

L'un d'eux, avec un léger accent yiddish, déclare : «Peiper, c'est nous. » Plusieurs autres retroussent leurs manches et tendent aux journalistes leurs bras et leurs numéros matricules. La scène est photographiée. Les journalistes conviés reçoivent le dossier de repérage photographique très précis d'un criminel nazi, Christmann, particulièrement odieux, installé en Bavière : son domicile, sa voiture, son lieu de travail, ses horaires de déplacement, sans oublier ses crimes, tout y est. Cette mise en scène vise à convaincre la justice allemande que, si les criminels nazis ne sont pas jugés, on va tout droit vers une tragédie dont elle sera responsable.

BEATE

## Contre les dictatures
## en Argentine et en Uruguay

Le jugement des criminels nazis est la cause prioritaire de Serge, comme l'a été pour moi la campagne contre Kiesinger. J'y participe à 100 %, mais, même si je suis au centre des médias, je sais que c'est Serge qui est à l'avant-garde et qu'il ira jusqu'au bout, quel que soit le prix à payer ; il n'admettra jamais que Lischka et Hagen ne soient pas jugés.

L'accession de Serge au barreau de Paris m'a ôté du cœur un poids énorme. Raïssa, Arno, quelques amis et moi sommes allés assister à sa prestation de serment.

À partir du milieu des années 1970, et ce pendant une quinzaine d'années, j'effectue une ou deux tournées de conférences aux États-Unis par an, qui nous permettent de vivre et d'agir, mais qui sont quelque peu éprouvantes : ainsi, en 1980, entre le 4 novembre et le 10 décembre, je me rends successivement à New York, Washington, Syracuse dans le New Hampshire, Baltimore, Norfolk, Cincinnati, Madison, Bloomington, Los Angeles, San Francisco, Richmond, Winnipeg, Montréal, Houston, Saint-Laurent, Buffalo, New York, Sarasota, Miami et Dayton.

Un jour, en pleine tournée, j'apprends que j'ai été nominée pour le prix Nobel de la paix 1977 par cinquante-sept membres de la Knesset, dont Menahem Begin, futur Premier ministre, et Abba Eban, ainsi que par quarante-quatre professeurs d'université. Je suis la première personne non juive de citoyenneté allemande à être l'objet d'un pareil honneur. Je dois continuer à le mériter.

\*
\* \*

Les dictatures sont encore majoritaires en Amérique du Sud. J'ai déjà fait l'expérience de la Bolivie – et encore, j'ai eu bien de la chance : Monika Ertl, la jeune femme qui a abattu le 1er avril 1971 le consul bolivien à Hambourg, Roberto Quintanilla, un des bourreaux de Che Guevara, et dont le corps a d'ailleurs été ramené à La Paz par le fils de Barbie, a été exécutée d'une balle dans la tête après son arrestation en 1973, un an après mon passage. Elle avait deux passeports, un bolivien et un allemand. La police bolivienne n'a pas voulu d'ennuis diplomatiques, comme dans mon cas ; elle l'a immédiatement abattue.

Je m'envole le 2 mai 1977 vers l'Argentine, au plus fort d'une répression sanglante. Peu de journaux publient mon texte de protestation à l'intention des autorités argentines contre les très graves atteintes à la dignité humaine qui s'y multiplient ; seul M. Timmerman, qui est à la tête du *Buenos Aires*

*Herald* et qui, bientôt, sera arrêté, torturé et longtemps emprisonné, a le courage de le reproduire :

> « *Je suis venue en Argentine pour y protester contre
> un régime politique dont les méthodes répressives et le
> bilan macabre ne peuvent laisser indifférente l'opinion
> publique internationale.*
>
> *Le respect de la dignité humaine exige l'arrêt des
> crimes, des tortures et des séquestrations arbitraires,
> dans les pires conditions, dont sont victimes depuis
> plus d'un an les militants de l'opposition, leurs
> familles et leurs amis, ainsi que de nombreux réfu-
> giés politiques.*
>
> *Il y a cinq ans, je suis allée en Bolivie pour y démas-
> quer l'impunité du SS Barbie, symbole du lien entre
> l'oppression nazie qui a asservi l'Europe et celle qui
> asservit certains peuples d'Amérique du Sud. Depuis
> cette date, hélas ! les chambres de torture, les camps
> de concentration et les exécutions sommaires ont fait
> leur apparition au Chili, en Uruguay et en Argentine.*
>
> *[...] J'assume ainsi, là où sont bafoués les droits de
> l'homme, mes responsabilités d'antifasciste allemande,
> de citoyenne française et de dirigeante de la LICA :
> hier à Varsovie, à Prague, à Damas ; aujourd'hui à
> Buenos Aires ; demain à Montevideo.* »

Je me rends aussi dans l'Uruguay de la junte, où
la même répression s'abat sur les opposants et les
suspects, et j'y diffuse à peu près le même message. Comme à Buenos Aires, la presse est discrète
à mon égard et les autorités m'évitent en me recommandant par le biais de tous mes interlocuteurs de

partir au plus vite pour prévenir tout incident. J'ai
fait connaître sur place ma protestation. Pour cela,
j'ai mis ma vie en jeu. Les deux jeunes religieuses
françaises qui viennent de disparaître à jamais en
Argentine ont elles aussi mis leur vie en jeu. Mais
il m'est difficile de protester devant une ambassade
quand je sais qu'il y a une possibilité de protester sur place pour donner à mon geste sa véritable
signification.

SERGE

# Le document choc

Notre *Mémorial de la déportation des Juifs de France* est prêt à être imprimé, mais, en ce printemps 1978, nous ne disposons pas des moyens pour le faire nous-mêmes. Il nous faut l'aide d'une organisation ou d'un mécène pour sortir ce livre de 656 pages au format comparable à un annuaire téléphonique. À l'époque, le CDJC n'a pas encore de ressources financières suffisantes pour publier notre ouvrage. Quant à la personne la plus indiquée pour nous aider de par sa position dans la communauté juive, elle nous répond qu'elle ne peut entreprendre sa publication parce que « le ministère des Anciens Combattants et la Communauté ont toujours parlé de 100 à 120 000 déportés raciaux, et votre étude aboutit à 76 000 déportés, 3 000 morts dans les camps en France et un millier d'abattus sommairement ; soit 80 000 victimes ». Je réponds : « Vous devriez être soulagé que le nombre des victimes soit inférieur à celui qui circulait. La vérité est indivisible : par exemple, il faut corriger la plaque qui au Vélodrome d'Hiver rappelle l'internement en ce lieu de 30 000 Juifs alors que les rapports allemands et français que j'ai découverts à la préfecture de police indiquent 13 152 arrestations, dont 4 992 célibataires ou couples sans enfants ou avec enfants majeurs internés à Drancy (1 989 hommes et 3 003 femmes) et au Vél'd'Hiv 8 160 internés (1 129 hommes, 2 916 femmes et 4 115 enfants). L'histoire doit être précise et rigoureuse. » Mon argumentation ne convainc pas mon interlocuteur, qui ne veut pas être convaincu.

J'enrage, mais m'efforce d'être réaliste : nous ne pouvons compter que sur la base, les Juifs meurtris directement par les nazis. Beate téléphone à M. Micmacher, créateur de Pronuptia. Il a plusieurs des siens dans cette trop longue liste. Nous le rencontrons ; l'imprimeur de ses catalogues imprime à crédit notre *Mémorial* à 5 000 exemplaires.

Au rassemblement « Les douze heures pour Israël » à la Défense, en mai 1978, l'ouvrage est présent comme la promesse en avait été faite aux « douze heures » de 1977. Des centaines de gens se l'arrachent, pleurent en lisant les noms de leurs parents, s'évanouissent, nous remercient ; ils retrouvent père, mère, frères, sœurs et amis ; ils apprennent leur destin, quand ils sont partis, où ils sont partis, cherchent dans les convois classés par ordre alphabétique. Ils finissent par découvrir le destin de chacun de leurs proches, et c'est un choc prodigieux après des décennies passées à cacher leurs blessures en essayant de se construire une nouvelle vie. Mais au fond d'eux-mêmes était gravée l'ultime vision des êtres chers qu'ils ne reverraient jamais.

Vladimir Jankélévitch a publié dans *Le Nouvel Observateur* du 22 mai 1978 un magnifique article sur le *Mémorial*. Si, de toute notre action, il n'y en avait qu'un à conserver, ce serait celui-là :

> «*Le* Mémorial *de Serge Klarsfeld, perpétuant le souvenir des 75 000 déportés juifs de France, s'impose d'abord à l'historien et aux militants antifascistes par l'énormité du travail qu'il représente et par la rigueur impitoyable, méthodique, minutieuse qui a présidé à son élaboration. Mais aussi par l'immensité des souffrances que ces listes de noms évoquent. Nous avions beau savoir tout cela, nous ne savions rien. Nous avions beau le redire inlassablement, nous n'avions encore rien dit...*
>
> *Serge Klarsfeld a compris que les grands mots resteraient toujours en deçà de l'horreur, que notre indignation, si naturelle pourtant, ne saurait être à la mesure du gigantesque massacre. Il a donc choisi l'objectivité et la terrifiante précision des énumérations et des statistiques, sachant que cette précision et cette objectivité étaient en elles-mêmes le plus implacable des réquisitoires ; et, de fait, on reste confondu d'horreur quand on parcourt ces longues listes monotones ; on frémit en imaginant l'inconcevable entreprise que recouvraient les mots "solution finale du problème juif" ; et l'on a peur de réaliser ce que pouvaient être quatre-vingts convois emportant pêle-mêle vers la plus affreuse des morts ces hommes, ces femmes, ces vieillards et ces milliers d'enfants.*
>
> *On ne saurait concevoir une machinerie plus atroce et plus diabolique démontée dans un ouvrage plus sobre. Cette sobriété reflète très exactement la monstrueuse planification administrative et industrielle qui*

*présidait à l'extermination et réglait méthodiquement ses progrès.*

*Le Mémorial de Serge Klarsfeld établit l'identité de près de 80 000 Juifs, très souvent polonais, avec le maximum de précision et au prix de mille difficultés. Ce travail particulièrement aride revêt une importance morale exceptionnelle. La personne humaine porte un nom, et elle est un être humain par ce nom qui la désigne ; elle ne se perd pas dans l'anonymat de l'espèce, comme les chiens abandonnés. Mais les tortionnaires-bureaucrates, s'acharnant à déshumaniser le plus complètement possible les "sous-hommes", commençaient par anéantir leur état civil. Prélude à l'incinération ! Le déporté n'était plus qu'un numéro impersonnel sur le matricule des sous-hommes interchangeables.*

*Le Mémorial de Serge Klarsfeld fait sortir de la nuit et de la nuée, en les appelant par leur nom, les innombrables fantômes anonymes annihilés par leurs bourreaux. Nommer ces ombres pâles, c'est déjà les convoquer à la lumière du jour...*

*Henry James parle en termes admirables de la fidélité due aux morts. Notre bonne mémoire, c'est le seul lien qui retient hors du néant les voyageurs fantômes des convois de la mort. Une plainte immense monte de la terre mélangée aux cendres des milliers de martyrs, elle nous supplie d'être fidèles, de protester et d'attester jusqu'aux siècles des siècles. Dans "mémorial", il y a avant tout la mémoire. La bonne mémoire, Serge et Beate, mes amis, vous êtes les chevaliers de la bonne mémoire. »*

Pour ne citer qu'une lettre de lecteur, celle d'Annette Zaidman est la plus significative. Elle date du 29 mars 1978 :

*« À Beate et Serge Klarsfeld*

*Merci ! Un million de fois merci pour ce* Mémorial de la déportation des Juifs de France, *ainsi que pour toutes vos actions.*

*Je viens de passer trois nuits à lire une partie seulement de ce "livre". À travers mes larmes, j'y ai retrouvé vingt-cinq personnes, parents, amis et camarades de mon enfance. J'ai fait des découvertes étonnantes et tragiques ; par exemple, un frère à mon père et un frère à ma mère, arrêtés séparément dans des villes différentes, figurent tous deux dans le convoi 50. Une tante arrêtée avec ses deux enfants alors que son mari était prisonnier en Allemagne et dont on avait perdu la trace, eh bien il apparaît que le père figure dans le convoi n° 13 (!!), la mère dans le convoi n° 14 et mes deux cousins, de six et dix ans, dans le convoi n° 21…*

*Grâce à vous, ces dizaines de milliers de noms aujourd'hui survivent.*

*Moi qui suis fille, sœur, nièce, cousine et amie de déportés, je voudrais vous apporter plus que ma gratitude, plus que ma sympathie et plus que mes déchirures.*

*Je vous offre mon adhésion totale.*

*Que puis-je faire pour soutenir vos actions auxquelles je souscris de tout mon cœur ?*

*Sollicitez-moi, c'est de ma part un souhait que je ressens comme un devoir.*

*Dans cette attente, et vous assurant de ma consi-dération, je vous prie d'accepter mes sentiments les plus chaleureux.*

A. Zaidman »

Annette Zaidman, que je suis allé voir avec nos chers amis Henri Golub et Simon Guerchon, dirige alors un magasin de reprographie aux Champs-Élysées. Ses machines vont tourner à plein pour nous pendant des années. Son dévouement sans limite l'entraîne à créer avec nous en 1978 l'Association des fils et filles des déportés juifs de France. Une nouvelle grande aventure va s'écrire et une nouvelle force va impulser la mémoire de la Shoah, celle des orphelins.

L'onde de choc du *Mémorial* est telle qu'en juin 1978, lorsque nous organisons un voyage pour manifester en Bavière, à Miltenberg, contre Heinrichsohn, nous devons louer deux autocars-couchettes qui roulent toute la nuit, pour parvenir à destination. Arno fait partie du voyage ; il milite depuis sa petite enfance ; il s'entend très bien avec Élie Kagan, toujours friand des bêtises les plus puériles.

À Miltenberg, pour attirer l'attention des habi-tants, nous nous regroupons à plus de quatre-vingts devant le bureau de Heinrichsohn, et l'un d'entre nous, l'herculéen Olivier Friedler, frappe à coups redoublés avec une masse sur la plaque d'avocat du

criminel et la fait tomber. Les gens apparaissent aux
fenêtres, descendent dans la rue ; Beate leur raconte
le passé nazi de Heinrichsohn, ce qui n'a pas l'air de
les émouvoir. Il a la réputation d'être un bon avocat
et un bon maire pour Bürgstadt, proche localité. Les
policiers font leur apparition ; ils veulent interroger
le meneur : je sors du rang. L'interrogatoire se passe
dans leur voiture. Ils prennent leurs instructions par
téléphone et nous laissent tous repartir.

Le 9 novembre, pour le quarantième anniversaire
de la Nuit de Cristal, nous allons à Cologne manifester pacifiquement avec de grandes banderoles
réclamant le jugement de Lischka, qui a organisé
l'envoi en camp de concentration des Juifs arrêtés au
lendemain de cette funeste nuit. Le froid est glacial ;
nous allons du domicile de Lischka à son bureau
et devant la synagogue où a lieu l'office. Pas un
des Juifs allemands qui y assistent ne vient à notre
rencontre ; ils passent devant nos banderoles en
détournant les yeux, honteux et chagrinés de notre
présence, craignant d'être mal vus s'ils s'associent à
nos revendications.

*
* *

Ce que nous appelons déjà le « procès de
Cologne » se rapproche. Pendant l'été, le procureur général a rédigé son acte d'accusation contre
les trois inculpés. Il faut encore que cet acte d'accusation soit jugé convaincant par le président de
la 15e chambre criminelle du tribunal de Cologne,

M. Hutmacher. Le 6 juin 1979, nous faisons un ultime effort : d'abord une manifestation au tribunal de Düsseldorf, où se déroule depuis des mois le procès de plusieurs SS du camp de Maidanek. Dans ce procès, certains avocats des accusés se conduisent très mal envers les témoins juifs survivants, qu'ils ne cessent d'agresser ou dont ils se moquent. Beaucoup de jeunes de l'UEJF, de l'Organisation juive de défense (OJD) ou des mouvements de jeunesse juifs nous accompagnent. De Düsseldorf, notre autocar se rend à Cologne, où nos manifestants occupent le rez-de-chaussée du tribunal où aura lieu le procès. Tous les magistrats viennent regarder cette scène inédite chez eux. Beate parlemente. Les médias se mobilisent.

Le 19 juin 1979, je me suis de nouveau rendu à Cologne pour y rencontrer le président du tribunal et le procureur général, et leur apporter toutes nos remarques concernant l'acte d'accusation. Le procès est fixé au 23 octobre. Trente-deux audiences sont prévues jusqu'au 30 janvier 1980. Nous avons rassemblé soigneusement plus de trois cents parties civiles, préparant le travail de l'avocat allemand qui nous représente à Cologne. La présence d'un avocat allemand est obligatoire, et c'est nous qui prenons ses honoraires en charge. À l'issue du procès, Menahem Begin décidera de régler ces honoraires.

Je me suis bien préparé pour ce marathon judiciaire qui sera la course de ma vie, celle que je ne peux pas perdre : j'imagine toutes les éventualités et comment m'y adapter, toutes les manœuvres et comment les parer. Ce procès, je le sais, est le plus important de ceux que nous aurons à affronter : c'est celui des véritables dirigeants de la solution finale en France.

## Offensives contre Bousquet et Leguay

Entre-temps, en octobre 1978, les déclarations scandaleuses – « À Auschwitz, on n'a gazé que des poux » – de l'ancien commissaire général aux Questions juives, Louis Darquier de Pellepoix, ont suscité une multitude de réactions indignées.

En 1972, Darquier avait effectué des démarches pour rendre visite en France à son frère malade. Son adresse à Madrid était connue des autorités françaises, et pourtant la France n'a pas demandé son extradition. Quelques jours avant son assassinat, Pierre Goldman était venu me voir pour me parler d'un éventuel enlèvement de Darquier. Opération bien difficile que le rapt d'un grabataire. Les déclarations de Darquier me décident à intervenir par une autre voie.

Depuis 1975, j'accumule des documents sur le rôle de Vichy. Un travail pédagogique est nécessaire pour mettre en lumière sa complicité dans la solution finale et pour empêcher la réhabilitation de Pétain et de l'État français de Vichy. Si l'on ne démontre pas aux Français la culpabilité du gouvernement de Vichy, de sa police et de son administration préfectorale dans le supplice infligé à des milliers de familles juives, dont plus de 10 000 enfants, à la fin de ce XXe siècle, de Gaulle sera bien considéré comme le glaive, et Pétain comme le bouclier. Pour empêcher ce renversement de l'histoire, le déclenchement d'une affaire judiciaire est nécessaire, visant un de ceux qui portent sur leurs épaules le poids des crimes contre l'humanité auxquels Vichy s'est activement associé. René Bousquet a déjà été jugé et pratiquement acquitté : impossible de juger deux fois pour les mêmes charges, sauf si des faits nouveaux sont exposés ; mais le dossier du jugement de Bousquet est aux Archives nationales, et je n'ai pas de dérogation pour le consulter.

Beate a retrouvé à New York la trace de Jean Leguay, le délégué en zone occupée de René Bousquet. Leguay s'est réinstallé à Paris ; il sera notre cible judiciaire et, en attendant de trouver des faits nouveaux, si c'est possible, nous attaquerons Bousquet.

La collaboration de Vichy avec la police nazie en ce qui concerne les Juifs s'est surtout manifestée en 1942, alors que la victoire allemande paraissait assurée : 42 000 Juifs déportés en six mois en 1942 et 33 000 de janvier 1943 à août 1944. La police régulière et la gendarmerie ont assumé dans les deux zones les opérations d'arrestation pour le compte des Allemands ; c'étaient des agents d'exécution du pouvoir politique, qui confiait l'essentiel des négociations avec les occupants aux dirigeants de la police française, avec l'aiguillon du Commissariat général aux questions juives, organe officiel de Vichy.

Les membres de ce haut personnel politique impliqué dans l'action antijuive sous l'autorité du maréchal Pétain sont Pierre Laval, René Bousquet, secrétaire général à la Police en 1942-1943, son délégué en zone occupée, Jean Leguay, Jacques Schweblin (police aux Questions juives), M. François (directeur à la préfecture de police) et Louis Darquier de Pellepoix (commissaire général). Ce sont eux, quasi exclusivement, que rencontrent les chefs de la police nazie – Oberg, Hagen, Knochen, Lischka, Dannecker, Röthke, Heinrichsohn – quand il s'agit d'organiser l'arrestation des Juifs, leur livraison en provenance de la zone libre et leur déportation vers Auschwitz.

Une note diplomatique allemande relate la visite à Paris de Heydrich, le chef du RSHA, l'Office central de sécurité du Reich, et organisateur n° 1 de la solution finale. Nous sommes en mai 1942. Jusque-là, il n'y a eu qu'un seul convoi de déportation, des hommes, le 27 mars 1942. Heydrich informe Bousquet qu'on disposera prochainement de trains pour déporter les Juifs apatrides internés en zone occupée. Et Bousquet de répondre en substance, au lieu de protester ou de se taire : pouvez-vous prendre aussi les Juifs apatrides que nous avons internés depuis plus d'un an en zone libre ?

Quant à Leguay, le délégué de Bousquet en zone occupée, comme lui âgé alors de trente-trois ans, il a participé aux deux réunions policières franco-allemandes des 7 et 10 juillet 1942 au cours desquelles a été organisée la rafle du Vél'd'Hiv. Il était à la tête de la délégation de hauts policiers français qui ont insisté à plusieurs reprises, le 17 juillet, auprès de Hagen et de Röthke, pour que les milliers d'enfants, presque tous français, des Juifs arrêtés les 16 et 17 juillet soient également déportés, Laval se désintéressant de leur sort. C'est la police française qui les a séparés de leurs parents déportés avant eux, qui les a internés dans des conditions lamentables à Beaune-la-Rolande et à Pithiviers. On comptait déjà des morts parmi les enfants au bout de dix jours de camp. C'est la police régulière qui les a transportés à Drancy, d'où ils ont été rassemblés par des gendarmes, sous le regard réjoui de Heinrichsohn, et déportés dans des conditions qui faisaient prévoir l'issue fatale du voyage. Quelque 4 000 enfants en cet été 1942. Aucun n'est revenu.

Leguay a aussi été l'interlocuteur privilégié des nazis dans l'organisation des convois en provenance de la zone libre : plus de 10 000 Juifs ont ainsi été livrés à l'occupant. Enfin, il a demandé le 8 septembre 1942 au chef de la section antijuive de la Gestapo l'autorisation d'arrêter les Juifs baltes et bulgares. Ce qui fut fait par les agents de police au cours de la rafle du 14 septembre. Déportés le 16 septembre, des dizaines d'entre eux furent assassinés à Auschwitz dès le 18 septembre.

Les partisans de Vichy assurent que, si Laval n'avait pas livré les Juifs apatrides et étrangers, la France aurait été dirigée par un Allemand ou par un gouvernement Doriot/Déat ultra-collaborationniste.

C'est complètement faux. Dans aucun des documents allemands, on ne retrouve trace de pareilles menaces. Bien au contraire : quand Pétain est la cible, en août-septembre 1942, des protestations du haut clergé catholique et protestant ainsi que d'ambassadeurs en poste à Vichy, cela se répercute *via* Laval et Bousquet sur Leguay. Ce dernier annonce en septembre aux policiers nazis que le programme d'octobre ne pourra être rempli, car la police française a d'autres missions à effectuer. La Gestapo ne prend alors aucune mesure de représailles – sinon, en 1943, celle d'arrêter elle-même les Juifs –, et n'en prendra jamais d'autre, bien que la coopération policière française régresse progressivement avec le recul militaire allemand. Knochen rend compte à Berlin du comportement de Vichy. Aucune réaction de Berlin, où l'on attend surtout de la police nazie qu'elle tienne la France dans un tel filet policier que l'économie française continue à tourner avec un minimum d'incidents et de résistance au profit de la machine de guerre hitlérienne.

Sur qui pouvait compter la Gestapo pour arrêter en masse les Juifs en 1942 ? La police militaire allemande ? Oui, elle arrête les 1 000 premiers Juifs français en décembre 1941, mais ils sont considérés comme otages. Il est essentiel de noter que dès août 1942, prenant sans doute conscience du sort réel qui attend les Juifs à Auschwitz, le commandement militaire allemand argumente pour ne pas donner une escorte aux convois qui partent de Drancy en affirmant que ce n'est pas là le rôle des militaires.

Des renforts de Berlin ? Quand Knochen, au printemps 1943, réclame des renforts policiers à Berlin, il ne reçoit qu'un commando spécial d'une dizaine d'hommes au lieu des 250 qu'il a proposé qu'on lui envoie.

En fait, si Pétain et Laval avaient eu le courage de refuser de mettre la police française au service de l'occupant pour l'action antijuive, les nazis auraient dû reculer. Leurs priorités se situaient ailleurs. Les quelques hommes au sommet de la pyramide politico-policière collaborationniste avaient d'ailleurs la possibilité de démissionner. Leguay l'a fait, ce travail, et a reçu pour cela une promotion, devenant rapidement préfet.

À la Libération, Leguay passe devant une commission d'épuration qui ne dispose d'aucune archive sur cette action antijuive. Il prétend qu'il n'a rencontré Dannecker que deux fois, alors que nous avons le compte rendu de six réunions avec lui. Il prétend qu'il a refusé de céder aux exigences de Dannecker quand il lui a demandé, début juillet, d'arrêter « 20 000 Juifs français », effaçant ainsi la rafle du Vél'd'Hiv, dont il ne dit mot. D'un trait, il a rayé des milliers de victimes, dont 4 000 enfants. Son impudence a permis à Leguay de faire carrière : chargé de mission en 1945 aux États-Unis par le ministre de la Production industrielle, il est passé dans le privé et est devenu un grand dirigeant de l'industrie des cosmétiques et des produits pharmaceutiques à New York, à Londres et à Paris.

Quant à Bousquet, son procès, en 1949, effleure la question juive. Il est condamné à une peine

insignifiante, dont il est relevé « pour services rendus à la Résistance » – mais certainement pas aux
dizaines de milliers de Juifs qu'il a contribué à faire
déporter. Il devient par la suite directeur général
adjoint de la Banque de l'Indochine.

*
* *

En 1975, Beate a retrouvé la trace de Leguay
à New York. Nous avons décidé d'attendre que
soient inculpés ceux qui représentaient l'impulsion
homicide, les policiers nazis allemands, avant d'engager l'action contre leurs collaborateurs français.
Lischka, Hagen, Heinrichsohn ont été officiellement
inculpés pendant l'été 1978. L'automne a vu naître
notre offensive contre Bousquet et Leguay. En fait,
Leguay, c'est Bousquet, dont il était le délégué en
zone occupée, et Bousquet, c'est Laval, dont il appliquait policièrement les directives politiques. Nous
avons concentré notre pression judiciaire sur Leguay.

Le 10 novembre 1978, je fais savoir, au cours
d'une conférence de presse où je distribue un dossier détaillé sur Leguay, que j'ai l'intention de porter
plainte contre celui-ci. *Le Monde* rend compte de
cette conférence : « M^e Klarsfeld a condamné la fable
qui voudrait que les Allemands aient procédé tout
seuls à l'arrestation des Juifs de France. "Je considère, a déclaré M^e Klarsfeld, parlant des principaux
responsables de la police française sous l'occupation,
que la classe politique et l'opinion doivent exiger
leur démission des différents postes qu'ils occupent

aujourd'hui. Ils doivent se retirer. Ils ont eu trente-cinq années tranquilles, eh bien ! ils doivent rendre des comptes. Nous n'avons pas de souci de vengeance, mais nous ne voulons pas la dérision et que ces criminels restent impunis. Nous demandons le strict minimum : que l'on juge la politique antijuive de Vichy", a conclu l'avocat. »

Au cours d'une réunion publique de protestation contre Louis Darquier de Pellepoix, je mets en cause René Bousquet, ce qui suscite l'intervention dans cette affaire – qu'il suivra pendant un quart de siècle – d'un jeune journaliste du *Monde*, Laurent Greilsamer. Il obtient l'interview de Jean Leguay qui paraît le 1er novembre 1978 :

«Le Monde – *Vous prétendez toujours que "l'arrestation de vingt mille Juifs par la police parisienne n'eut pas lieu" ?*

J.L. – *À l'origine, avant Röthke, il y avait Dannecker, avec qui on ne pouvait pas parler. Je me suis plaint à Bousquet, qui a transmis à Laval. Ils ont mis Röthke. Il n'y a pas eu de rafle de vingt mille Juifs français. C'étaient des Juifs étrangers.*

Le Monde – *Pour vous, arrêter des Juifs étrangers qui se sont réfugiés en France, et leurs enfants, français, c'est moins grave ?*

J.L. – *Pour moi, entendons-nous, à l'époque, nous étions dans l'obédience allemande. C'étaient des Juifs allemands, polonais. Le gouvernement français défendait ses ressortissants, c'est normal. [...]* »

Au nom de plusieurs membres de familles victimes des opérations de police dans lesquelles Leguay était impliqué, j'ai déposé le 15 novembre 1978 une plainte très détaillée contre Leguay pour crimes contre l'humanité ; procédure qui jusque-là n'avait jamais abouti à une inculpation. Simultanément, j'ai ouvert le dossier Bousquet et l'ai rendu public, documents à l'appui. Nous manifestons devant le domicile de Leguay à Paris, rue de Rémusat, dans le XVIe arrondissement. Cette action connaît un vif retentissement, et c'est sans doute ce soir-là que nous décidons de créer notre association des FFDJF.

La situation évolue rapidement pour Bousquet : les syndicats du groupe bancaire Indo-Suez se mobilisent ; le groupe des jeunes de la LICA manifeste devant le siège social ; nos documents circulent. La presse s'étonne du recyclage de Bousquet. Il devient gênant pour ses pairs ; les syndicats s'émeuvent. Il est contraint à la démission : d'abord de la compagnie aérienne UTA, où il siégeait au conseil d'administration, alors qu'Antoine Veil en était directeur général. Nul doute que M. et Mme Veil ont été actifs pour obtenir cette démission. Bousquet a démissionné ensuite de son poste de censeur de la banque Indo-Suez et de multiples conseils d'administration, soi-disant pour mieux assurer sa défense.

Entre-temps, le parquet ouvre le 15 décembre une information pour crimes contre l'humanité à l'encontre de Leguay et, quelques semaines plus tard, le 11 mars 1979, le voici premier Français inculpé officiellement de crimes contre l'humanité par le juge d'instruction Martine Anzani, qui m'a auditionné. J'apprends la nouvelle devant le 15 de la rue d'Italie, à Nice, où s'est déroulée l'arrestation de mon père. En devanture de la librairie qui se trouvait à quelques mètres de notre immeuble, au coin de la rue d'Angleterre, les gros titres de *France-Soir* me foudroient. Apprendre précisément en ce lieu ce que j'étais un des rares à espérer me conforte pour longtemps, surtout à la veille du procès des criminels nazis à Cologne. À la suite de cette inculpation, la droite antisémite, les partisans de Vichy se mobilisent : *Minute*, sans doute informé par les défenseurs de Leguay, publie les adresses des parties civiles, lesquelles sont l'objet d'appels téléphoniques menaçants et insultants. *Le Monde*, où coexistent deux tendances opposées, laisse un de ses journalistes, Gilbert Comte, publier deux longs articles en faveur de la prescription des crimes nazis. C'est ce même journaliste qui avait donné un compte rendu négatif du colloque du CDJC sur l'attitude des Français à l'égard des persécutions antijuives. J'ai attendu une réaction extérieure à notre groupe. Heureusement, cette réaction est venue du *Monde* lui-même : Jacques Amalric, rédacteur en chef de la politique étrangère, a publié deux semaines plus tard une vigoureuse réponse à Gilbert Comte, accompagnée d'articles de Bertrand Poirot-Delpech, de Mᵉ Robert Badinter, du président Jean Pierre-Bloch.

Le 15 mars 1979, *Le Monde* fait paraître en « point de vue » mon article intitulé « La page la plus noire », premier d'une série d'articles pédagogiques publiée pendant une vingtaine d'années et où je tente de clarifier le rôle de Vichy.

Dans l'affaire Leguay, je reçois le soutien de Charles Libman, grand avocat et ancien résistant. Je n'ai aucune expérience des rouages du Palais, où je ne connais personne. Dans mes contacts directs avec le magistrat instructeur, Martine Anzani, qui a tout de suite saisi l'importance du dossier et qui a eu le courage de le traiter sans tenir compte des pressions, je n'ai pas de problème ; mais quand il s'agit d'entreprendre les indispensables démarches auprès des différents services ou de rédiger dans le jargon du Palais et dans les formes requises, je me sens perdu. Charles Libman me permet de foncer, dégagé du souci de ne pas connaître les voies judiciaires à suivre, les règles et les usages à respecter.

## Au secours des Juifs de Téhéran

J'apprends qu'à Téhéran, où la révolution vient de mettre au pouvoir l'ayatollah Khomeyni, un notable juif, Habib Elghanian, président de la communauté de la capitale, a été fusillé parce qu'il était accusé en particulier de « corruption sur la terre ». Je pars le 22 mai 1979. Le lendemain de mon arrivée, je suis reçu sans m'être fait annoncer par Assadolah Mobasheri, ministre de la Justice. Je lui remets mon message de protestation contre l'exécution de M. Elghanian. Ce message fait état de la profonde émotion des Juifs dans le monde et précise que, lorsqu'un Juif est jugé à huis clos sur un chef d'accusation qui n'existe nulle part et n'a pas de base légale, on ne peut échapper au reproche d'antisémitisme. Le ministre de la Justice m'assure que ce jugement n'est pas le prélude à une série de procès frappant une communauté juive qui a toujours vécu en bonne intelligence avec le peuple iranien, mais qu'Elghanian a été condamné pour son soutien au Shah.

Le jour suivant, je suis reçu par Ibrahim Yazdi, ministre des Affaires étrangères. Je me présente à lui comme combattant pour la cause juive sur plusieurs fronts et lui donne mon message de protestation. Le Dr Yazdi me déclare : «Elghanian n'a pas été jugé et condamné en tant que Juif, mais parce qu'il faisait partie d'un système criminel. Le Shah a été pour le peuple iranien ce que Hitler a été pour le peuple juif : vous pouvez le constater par ces photos de patriotes suppliciés par la Savak que je vous remets. L'accusation de liens avec Israël et de sionisme a été mise en avant par les médias occidentaux que nous ne contrôlons pas, mais elle ne venait, en réalité, qu'en deuxième ligne après l'appartenance au système criminel du Shah. »

Le Dr Yazdi m'assure qu'à l'avenir il n'y aura pas de procès de Juifs ou de non-Juifs seulement en raison de leurs liens avec Israël, mais il est possible que des Juifs ou des non-Juifs, jugés avant tout pour leur appartenance au système criminel du Shah, se voient reprocher, également, leurs liens avec Israël s'ils participent des rapports spéciaux d'Israël et du régime du Shah. D'ailleurs, pour le ministre, Israël doit être considéré sous deux aspects : la question palestinienne d'une part et la coopération policière avec le Shah d'autre part. Selon le Dr Yazdi, qui se fait fort d'en apporter ultérieurement les preuves, l'entraînement des policiers de la Savak par le Mossad ferait d'Israël une partie intégrante du système criminel du Shah.

Au lendemain de violentes manifestations anti-américaines et anti-israéliennes à Téhéran, je vais seul et sans m'annoncer à Qom où siège l'ayatollah Khomeyni. Je remets à l'un de ses proches collaborateurs, l'ayatollah Tavassoli, une déclaration qui est aussitôt transmise à l'ayatollah Khomeyni, qui ne pourra me recevoir que le prochain jour d'audience, samedi 2 juin, si je prolonge mon séjour.

En attendant, je rencontre le procureur général de la Révolution auprès des tribunaux révolutionnaires islamiques, M. Hadavi, qui me reçoit plus d'une heure. C'est un personnage mystérieux, qui ne s'est jamais laissé photographier et ne parle pas aux journalistes.

Il m'explique qu'il est procureur général et qu'il ne s'occupe pas directement de chaque dossier. Au cours de la discussion, il essaie de me convaincre que « tous les mass-media en Occident sont entre les mains des Juifs ». Son garde du corps ouvre un placard et pose sur le bureau de Hadavi la revue pornographique américaine *Hustler*. En la feuilletant lentement, il me montre une page illustrée par la caricature d'un âne dont le derrière est surmonté de la photo de Khomeyni. « C'est un Juif qui a écrit cet article », me dit-il. Je regarde la signature – « Lee Quarstromm » – et lui réponds : « C'est impossible, ce n'est pas un nom juif, mais un nom suédois. Un Juif ne changerait pas son nom aux États-Unis pour un nom suédois. » Hadavi, embarrassé, parcourt l'article et pointe triomphalement son doigt sur le mot « Israël ». Je lis la phrase : « L'Iran a rompu ses relations avec Israël. »

Il m'obtient un rendez-vous avec le procureur du tribunal révolutionnaire islamique de Téhéran, directement responsable de l'accusation contre Elghanian, ainsi qu'un laissez-passer.

En le quittant, je vais voir son adjoint pour lui demander de laisser le fils et la belle-fille d'Elghanian quitter le pays. Amir Husseini semble terrifier son entourage plus encore que Hadavi. Il me répond :

— Pourquoi sont-ils si pressés ?

— Parce que le père a été exécuté, leurs trois enfants sont en Europe, leurs biens ont été confisqués et ils ont été mis à la porte de leur maison.

— Ils partiront quand cela conviendra au pays.

— Alors je peux dire que les Juifs n'ont pas le droit de quitter l'Iran.

— Pas les Juifs, les sionistes !

À ma connaissance, le procureur général et son adjoint ont à leur tour été victimes de la Révolution et ont fini pendus ou fusillés. Quant à la famille d'Elghanian, elle a pu quitter l'Iran.

Le lendemain, je me rends à la prison de Qasr, où se trouve le procureur de Téhéran. Il est 9 heures. Je présente le laissez-passer de Hadavi à l'homme à la mitraillette qui, à l'entrée de la prison, filtre les visiteurs. Des mollahs enturbannés vont et viennent sans cesse dans le bureau du jeune procureur adjoint. Ce sont eux qui procèdent aux interrogatoires. Les dossiers sont d'une minceur à faire trembler, surtout quand on pense que tout se termine souvent pour l'inculpé dans la cour même de cette prison. Le jeune procureur me confie qu'on a fusillé par erreur des gens portant le même nom que ceux que l'on devait fusiller.

Le procureur arrive enfin. L'ayatollah Azari Qomi porte l'habit religieux. Il a la soixantaine et semble connaître bien peu de choses dans le domaine judiciaire. Il me parle pendant dix minutes ; l'interprète

traduit en une minute. Cela n'empêche pas l'ayatollah de repartir pour dix minutes de monologue.
Je demande le dossier Elghanian pour examiner les
charges retenues contre lui. L'ayatollah fait venir le
dossier et, côte à côte, l'interprète entre nous, nous
l'étudions.

En réalité, il n'y a que des documents qui
concernent les relations d'Elghanian avec Israël.
Mais ceux-ci ne prouvent rien. Son activité, telle
qu'elle est établie dans son dossier personnel par
la Savak (la police du Shah), est celle de tout haut
dirigeant communautaire dans le monde : il a invité
trois cents personnes à une bar-mitsva, et parmi
celles-ci le personnel de l'Agence juive ; il a visité
Israël et, au cours d'un dîner avec Moshe Dayan,
il a fait un discours dans lequel il a dit qu'il fallait collecter plus d'argent pour Israël et intensifier
l'Alyah en provenance d'Iran. Voilà les documents
qui ont conduit Elghanian au peloton d'exécution !
Rien d'autre dans le dossier.

L'interprète me traduit l'acte d'accusation. Tout
se rapporte à Israël, il n'y a rien sur une appartenance au système criminel du Shah. Je ne peux
détacher mon regard de cet acte d'accusation ; il
faut que je le rapporte. L'ayatollah accepte de m'en
faire des copies. Il tient le dossier par un bout, moi
par l'autre ; il hésite : « Mais là il y a ma signature. »
Je tire d'un coup sec, et voilà les quatre pages dans
mon sac. À mon retour, ces documents sont publiés
en première page des médias israéliens. La publication de cet acte d'accusation dissipe l'équivoque sur
les raisons de l'exécution d'Elghanian. D'autant que

je n'ai pas trompé mes interlocuteurs iraniens : j'ai défendu la cause des Juifs, celle d'Israël. Il y aura d'autres luttes pour sauvegarder les Juifs d'Iran ; mais, dans l'ensemble, cette communauté ne sera pas une communauté martyre comme l'ont été les Bahaïs. Je suis heureux d'avoir réagi, d'avoir protesté sur place, d'avoir contribué à sauver la mémoire d'Elghanian, et d'avoir aidé sa famille à quitter l'Iran.

# Le procès de Cologne

Vers 1 heure du matin, le 6 juillet 1979, une violente explosion se fait entendre dans l'immeuble. Nous ne dormions pas. Dans le parking souterrain, notre voiture a sauté, complètement détruite, et toutes les voitures voisines ont été endommagées. Après enquête, on trouve un engin explosif muni d'une minuterie et qui devait exploser sans doute dans la matinée, au moment où j'aurais emmené notre fille, Lida, au jardin d'enfants. Nous recevons à cette époque beaucoup de menaces de mort. L'imprescriptibilité des crimes nazis vient d'être votée par le Parlement allemand. Ce vote excite également la fureur de néo-nazis jugés à Bückeburg : six d'entre eux avouent eux aussi avoir projeté notre liquidation parce que nous serions « les meneurs d'une bande de criminels terroristes ». L'organisation ou le groupuscule qui se fait appeler « Odessa » revendique l'attentat contre nous et nous menace : «Nous vous prévenons : nos camarades allemands de l'organisation vous attendront là-bas. Ils seront armés et leur détermination sera à la mesure de la haine qu'ils éprouvent pour vous. Ils ont fait le serment du sang : si Klarsfeld vient à Cologne, on le descend !!! Alors,

monsieur Klarsfeld, avez-vous toujours l'intention
de vous rendre à Cologne ? Oui, eh bien, allez-y !
ALLEZ-Y !!! » Je n'y vais pas, j'y cours.

23 h 15 – 6 h 10 ; 17 h 32 – 22 h 45. Les Fils et filles
vont vivre avec nous sur ce rythme des horaires du
train de nuit pour Cologne et du train de retour de
l'après-midi. Je serai présent à chacune des trente-
deux audiences de ce procès où je suis partie civile
tout en étant revêtu de la robe d'avocat, et où je
peux intervenir dans les débats. Notre jeune avocat
allemand, Me Lahme, accepte notre stratégie et ne
s'opposera pas à nos coups de force qui maltraitent le
cours habituel de la justice. Notre association organise
les voyages en train-couchettes pour chaque audience ;
Charlotte Erman et Annette Zaidman passent tout
leur temps à remplir cette mission. Des milliers de
Juifs français vont se rendre à Cologne. Dans l'affrontement avec la police allemande le jour de l'ouverture du procès ou bien pour respecter le calme le
plus complet, comme lors de la grande manifestation
du 31 janvier 1980, les mouvements de jeunesse juifs
de France et en particulier l'Organisation juive de
défense (OJD) ont fait preuve d'une efficacité, d'une
cohésion et d'une discipline remarquables.

Le procès s'ouvre le 23 octobre 1979.

6 h 45, dans les rues de Cologne : trois cents
déportés et enfants de déportés déploient leurs
banderoles et secouent l'apathie d'une ville qui
vaque à ses activités. Au croisement de deux rues,

un chauffeur de taxi est bloqué quelques instants ;
quelqu'un l'interroge :

— Le procès Lischka, vous trouvez ça normal ?

— Non, il est certainement innocent. S'il avait été
coupable, il aurait déjà été jugé. J'ai confiance en la
justice de mon pays.

Nos militants portent l'« insigne » juif et défilent
déjà dans les rues glacées. Ils brandissent des banderoles : «Acquitter les bourreaux nazis signifierait
que l'on assassine les Juifs une deuxième fois. »
Les slogans qu'ils scandent – «Lischka assassin ! »,
« Auschwitz, Maidanek ! » – retentissent dans les
haut-parleurs. La manifestation reste non violente,
mais l'atmosphère se tend. Dans le bâtiment du
tribunal de Cologne, le chaos s'installe. La salle,
beaucoup trop petite, ne peut recevoir que quelque
soixante-dix journalistes venus du monde entier,
et une cinquantaine de personnes dans le public.
Bientôt, la bousculade fait place à des échanges de
coups entre les manifestants qui veulent entrer et les
nombreux policiers mobilisés par le service d'ordre.

Au cours de cette première journée, nous avons
marqué beaucoup de points. La maladresse des autorités judiciaires allemandes a, d'une part, légitimé la
manifestation du matin, qui était destinée à montrer
que les Juifs de France pouvaient, s'ils étaient mécon-
tents de son déroulement, mettre fin à ce procès né
de leur volonté. D'autre part, la contenance réduite
de la salle nous a permis de la remplir à chaque
audience, mettant en présence, pour la première fois
de l'histoire judiciaire allemande, les victimes juives,
les criminels et leurs juges. Pour la première fois

aussi, les juges étaient ceux que nous avions réclamés, quatre hommes et une femme (le président, ses deux magistrats assesseurs et deux jurés populaires) de moins de quarante-cinq ans, issus de la génération des enfants des criminels. Pour la première fois également, les criminels étaient là, tous les trois, et sont venus à chaque audience.

Constatant que le président était hostile aux manœuvres dilatoires des avocats de la défense, nous avons décidé de lui donner sa chance de montrer un autre visage de la justice allemande. Dès la deuxième audience, le calme a été le fait des Juifs de France, impressionnant les observateurs et l'opinion publique allemande.

Alimentés par nos soins en documents indiscutables, les médias ont consacré avant l'ouverture du procès de longs articles aux activités des trois accusés.

Enseveli dans une robe noire trop grande, la quarantaine, la chevelure abondante, le président Heinz Fassbender exprime l'honnêteté. Il n'hésite pas à bousculer le protocole et à interrompre avec autorité les avocats de la défense.

Le président Fassbender a légèrement blêmi. Depuis l'ouverture de l'audience, les deux avocats de Kurt Lischka ont déroulé une inutile série d'arguments juridiques contre la tenue du procès. Les réactions de l'assistance se font houleuses. Les gardes ont beau fermer soigneusement les fenêtres et tirer les grands rideaux rouges, les cris des manifestants qui ont encerclé le palais de justice troublent le président : « *Lischka Mörder, Hagen Mörder, Heinrichsohn Mörder…* » La même litanie, sans interruption, pendant plus de quatre heures.

Il m'est arrivé de provoquer sciemment des éclats. En effet, tous les témoins, à l'exception des Français convoqués par le tribunal, appartenaient à la police nazie. Le président espérait sans doute obtenir la vérité en les interrogeant. Mais nous savions qu'ils allaient déposer en déclarant qu'eux-mêmes n'avaient rien fait et qu'ils ignoraient tout des activités des trois accusés. C'est pourquoi j'ai confondu plusieurs de ces témoins ; par exemple Söllner, un gestapiste de l'équipe d'Alois Brunner, qui affirmait n'avoir pas vu d'enfants à Drancy alors que j'ai établi que, pendant son passage dans ce camp, plus de 2500 enfants furent déportés.

Dès l'audition de Nährich, dirigeant de la police du commandement militaire allemand, le président a compris qu'il avait fait fausse route. Il n'a rien tiré de ce témoin. Lorsque c'est mon tour de le questionner, je lui demande : « Avez-vous classé les Juifs en catégories au camp de Compiègne ? Avez-vous préparé l'escorte des convois ? Avez-vous élaboré les ordonnances sur le port de l'étoile jaune ? » J'obtiens trois réponses négatives. Je lui présente alors un recueil de documents rédigés et signés par lui-même qui prouvent le contraire. Le président lui enjoint de partir sans prêter serment, sans quoi il serait obligé de l'inculper. Puis il me demande si je dispose de documents concernant les autres témoins. Je les lui donne. Kübler – chargé de liaison avec la police française –, Illers – chef de la Gestapo de Paris en 1943 –, Moritz – gestapiste passé par Paris, Marseille et Orléans –, confrontés à ces documents, refusent de déposer pour ne pas avoir à mentir et à alourdir les charges qui pèsent sur eux. Tandis que Laube, chargé du choix des otages à fusiller, et Knochen, chef de la police de sûreté et des services de sécurité, se font porter malades, Jüngst, l'aide de camp d'Oberg, témoigne en faveur de Hagen. Ses propos font forte impression tant il paraît sincère et sans complaisance à l'égard de Hagen, pour lequel il avoue n'avoir aucune sympathie personnelle. Je lui demande : «Savez-vous si Hagen faisait pression sur Vichy pour dénaturaliser les Juifs ? – Non. – Avez-vous rédigé des rapports sur la question juive et les avez-vous adressés à la Gestapo ? – Non. – Pouvez-vous reconnaître votre propre signature ? », et je lui tends un rapport sur la question juive qu'il a adressé à la Gestapo et où il relate les démarches de Hagen pour dénaturaliser les Juifs. Déroute de Jüngst.

Ce procès présentait deux particularités essentielles qui le distinguaient des autres procès de criminels nazis. Tout d'abord, c'est la première fois depuis 1945 que par centaines des Juifs viennent (et de l'étranger !) pour assister, en Allemagne, au jugement de l'un de leurs bourreaux. Le seul qui connut le privilège d'être jugé parmi les Juifs fut Eichmann, conduit à Jérusalem ! Ainsi, son chef Hagen, qui l'emmena en Palestine en octobre 1937, et son prédécesseur à la tête du service antijuif de la Gestapo, Lischka, sont eux aussi entourés de Juifs. Chacun de ces départs pour Cologne n'est pas un déplacement touristique, mais un impressionnant voyage à travers la mémoire collective du peuple juif.

La deuxième particularité de ce procès est l'existence de nombreux documents sauvés et conservés au CDJC de Paris. Ces documents sont ceux de la section antijuive de la Gestapo en France. Ils sont d'une importance exceptionnelle. Ils constituent la base de ma documentation et permettent de délimiter les responsabilités de chacun des accusés.

L'un des temps forts du procès fut le moment des émouvantes et terrifiantes dépositions de trois témoins français au sujet de la déportation des milliers d'enfants séparés de leurs parents et jetés dans les trains comme des bêtes, dans une détresse physique et morale intolérable. À cette évocation, les yeux de certains avocats de la défense comme ceux des parties civiles se sont embués, mais les criminels sont restés impassibles ; Lischka a continué à protéger sa figure de sa gigantesque main, en griffonnant inlassablement des notes ; Hagen s'est transformé en un courant d'air immobile, et la tête violacée de Heinrichsohn vacillait au-dessus de ses genoux. Mmes Daltroff-Baticle et Husson, qui s'occupaient à Drancy des enfants déportés, ont parfaitement reconnu la photo de Heinrichsohn, prise en 1942, parmi une centaine de photos d'autres gestapistes. Comme ces deux témoins, le professeur Wellers a été formel : c'était bien Heinrichsohn qui supervisait le départ de la plupart des convois pour Auschwitz en 1942.

Lischka a choisi de ne pas dire un mot et de ne coopérer en rien avec la Cour, pas même pour lire ce qu'il avait écrit en 1942 en marge d'un document et que le président peinait à déchiffrer. Hagen refusa quant à lui de répondre sous prétexte qu'il s'agissait d'une affaire de services secrets et qu'il lui fallait une autorisation pour parler, et le président de l'interpeller : « Et de qui cette permission ? Vous dépassez réellement les bornes ! » Hagen a également joué les asthmatiques, lorsqu'une question délicate lui fut posée, et le président de lui glisser : «Vous savez, monsieur Hagen, malade ou pas malade, au terme de ce procès, l'alternative, c'est coupable ou non coupable. »

Le 31 janvier 1980, nous organisons une exceptionnelle manifestation à Cologne : un train spécial part de Paris, des autocars de province. Environ quinze cents Juifs français défilent de la gare au tribunal. On n'a pas vu autant de Juifs dans les rues en Allemagne depuis les arrestations qui ont suivi la Nuit de Cristal !

Le réquisitoire du procureur général Cohnen s'est aligné sur des peines de prison définies dans le Code pénal bismarckien. Elles ont même été un peu plus sévères que prévu : douze ans de prison ferme pour Hagen, dix ans pour Lischka, six ans pour Heinrichsohn. Le verdict du procès de Cologne nous a apporté un immense soulagement, d'autant qu'il a été suivi, à la surprise générale des Allemands, de l'incarcération des trois accusés.

Soulagement est le mot qui s'impose, car on ne peut parler de satisfaction. Il n'y a pas de commune mesure entre une sanction, quelle que soit sa gravité, et l'ampleur des crimes auxquels ont participé Lischka, Hagen et Heinrichsohn. Neuf ans plus tôt, quand nous avons entrepris de mettre fin à l'impunité des criminels nazis responsables de la déportation des Juifs de France, notre but était de les faire juger et de les faire condamner par la justice allemande. Il nous a fallu quatre ans pour obtenir du Parlement de l'Allemagne fédérale le vote de la loi permettant le jugement de ces criminels par un tribunal allemand. Il nous a fallu ensuite quatre autres années pour obtenir l'inculpation de ces chefs SS et la tenue de leur procès.

Trente-cinq ans après la fin de la guerre, c'était un acte difficile pour des juges et des jurés que de condamner la génération de leurs pères. C'est la preuve que les si tardifs procès nazis peuvent donner des résultats positifs sur le plan historique et judiciaire. C'est la preuve que le peuple allemand entend assumer ses responsabilités à l'égard du peuple juif et qu'il s'affirme, de plus en plus, comme opposé au totalitarisme raciste. C'est sur ce point que je conclus ma plaidoirie : «Certes, la route que nous avons été obligés de choisir pour aboutir à ce procès a été difficile pour nous et pour vous ; mais sachez que, tout au long de cette route, jamais les Juifs de France n'ont perdu confiance en la justice allemande. »

À la prison de Cologne-Ossendorf, où plusieurs d'entre nous – jeunes de la LICA, anciens déportés ou Fils et filles des déportés juifs de France – l'ont brièvement précédé afin qu'il y aille lui-même un jour, Heinrichsohn supporte mal d'être passé de la condition de bourgmestre et avocat à celle de détenu, qu'il partage avec Lischka, Hagen étant incarcéré à la prison de Bochum.

*« Oui, cher cousin, moi non plus, je n'aurais jamais pensé possible que l'on me condamne et que l'on m'arrête. Je n'ai vraiment rien fait de mal. Je suis innocent. Mais cela ne me sert à rien du tout. J'ai été condamné et je suis maintenant enfermé. Je dois donc porter mon destin. Je suis une victime de ma génération. Chacun à ma place aurait agi de la même façon. »*

Heinrichsohn mourut peu de temps après sa libération.

# Efforts de justice et de mémoire

Dans la foulée du procès de Cologne, nous avons poursuivi les procédures que nous avions engagées contre Ernst Ehlers et Kurt Asche, bourreaux de 25 000 Juifs de Belgique, contre Arnold Strippel, qui avait pendu vingt enfants juifs dans les sous-sols d'une école au Bullenhuser Damm à Hambourg, contre Jean Leguay, puis contre Maurice Papon et le négationniste Robert Faurisson. Nous continuons à surveiller Klaus Barbie en Bolivie et à guetter le moment propice pour obtenir son extradition.

L'effort de justice se prolonge par l'effort de mémoire : déçu par l'incapacité de Michael Marrus et de Robert Paxton, les auteurs de *Vichy et les Juifs*[1], à maîtriser précisément le développement chronologique de la solution finale en France et à le décrire convenablement faute de documentation nouvelle, je me lance dans la préparation de *Vichy-Auschwitz*. Notre mémoire exige un lien permanent avec Auschwitz ; ce sera à nous, les Fils et filles, d'organiser le premier pèlerinage de groupe d'un

---

1. Michael Marrus et Robert Paxton, *Vichy et les Juifs*, Paris, Calmann-Lévy, 1981.

seul jour à Auschwitz. Nous prenons par ailleurs la résolution d'édifier en Israël un mémorial de pierre pour les 80 000 Juifs français exterminés pendant la guerre, qui sera entouré de 80 000 arbres pour 80 000 vies – la « forêt du Souvenir » –, et d'inscrire sur ce monument l'état civil de toutes les victimes.

Avec l'aide du ministère de la Santé et de la Famille à Bruxelles, j'établis alphabétiquement, avec le remarquable historien Maxime Steinberg, le mémorial de la déportation de 25 124 Juifs de Belgique et de 312 Tziganes. Grâce à l'expertise de notre ami Joseph Billig, les magistrats du Schleswig-Holstein décident le 8 mars 1977 que le procès de l'ancien chef de la police nazie en Belgique, Ernst Ehlers, et de l'ancien chef de la Gestapo antijuive, Kurt Asche, se tiendra à l'automne 1980 à Kiel, dans le nord de l'Allemagne, et la Cour suprême fédérale le confirme en novembre 1979.

Au premier jour du procès, le 26 novembre 1980, nous défilons avec les Juifs de Bruxelles dans la ville de Kiel jusqu'au tribunal. Ehlers, colonel SS du IIIᵉ Reich et magistrat en République fédérale, s'est suicidé à la veille du procès en s'électrocutant dans sa baignoire ; sa femme s'était donné la mort quelque temps auparavant. Le procès d'Asche se tint en trente-six audiences réparties sur sept mois. Je prendrai part à une quinzaine d'audiences. Comme à Cologne, Asche est condamné le 8 juillet 1981 à sept ans de prison.

Arnold Strippel, criminel endurci, avait déjà passé vingt ans en prison pour d'autres forfaits et ne pouvait, selon les lois allemandes, être de nouveau incarcéré à l'issue d'un nouveau procès. Son rôle, qui consistait à exécuter des enfants de Bullenhuser Damm, était pourtant si odieux que nous voulions que la justice allemande l'inculpe, afin que la mort de ces enfants juifs raflés dans toute l'Europe pour des expériences médicales et pendus dans une école ne soit pas effacée.

Pour atteindre ce but, je suis allé à Hambourg, où j'avais porté plainte contre Strippel, et j'ai expliqué aux procureurs que j'étais harcelé à Paris par ceux qui me reprochaient de chercher une issue légale alors qu'eux voulaient liquider Strippel. Pour appuyer ce bluff, il nous a fallu envoyer plusieurs personnes qui, tour à tour, se sont fait remarquer par leurs allées et venues près du domicile de Strippel et qui, pour certaines, ont été interpellées par la police – qui a été obligée de les relâcher, n'ayant rien de concret à leur reprocher, sinon leur présence en ces lieux. Les signes précurseurs d'une action violente ont impressionné le parquet de Hambourg, qui a fini par inculper Strippel. Peu de temps après, celui-ci est mort libre, mais inculpé.

# Le retour forcé de Barbie à Lyon

Le 12 mars 1979, Jean Leguay est le premier en France à être inculpé pour crimes contre l'humanité après notre plainte de novembre 1978. Le 20 juillet 1979, après notre publication le 1er juin dans *Le Monde* l'interpellant – « Le ministère des Affaires étrangères souhaite-t-il protéger Leguay et Touvier ? » –, le ministre des Affaires étrangères déclare que le statut du Tribunal militaire international et la Convention européenne des droits de l'homme confirment la loi constatant l'imprescriptibilité des crimes contre l'humanité. En octobre 1979, l'appel de Leguay contre la compétence du juge d'instruction, Martine Anzani, est rejeté. En novembre 1979, le recours en cassation de Leguay est là encore rejeté. En février 1980, Leguay dépose des conclusions d'irrecevabilité concernant la cinquantaine de parties civiles que nous avons produites.

Le 23 octobre 1980, nous avons acheté un quart de page dans *Le Monde* pour reprocher au ministère de la Justice de bloquer le dossier Leguay depuis le 9 mai 1980, date à laquelle le parquet de Paris avait achevé de rédiger ses réquisitions au sujet de la recevabilité des parties civiles. Le dossier a été débloqué une semaine plus tard. L'ordonnance du 4 décembre 1980 rejette complètement l'argumentation de Leguay. Le juge d'instruction pourra avancer dans son examen des faits et des responsabilités, et, à travers Leguay, c'est la politique antijuive de Vichy qui est en cause. Le 29 avril 1981, une centaine de militants des FFDJF se sont rassemblés au Palais de Justice devant la chambre d'accusation où Leguay faisait appel de l'ordonnance du 4 décembre 1980. L'avocat de Leguay s'est plaint du nombre élevé de parties civiles arpentant le couloir : «Il leur faudra bientôt le Parc des Princes», s'attirant cette réplique de M$^e$ Libman : «Pourquoi pas le Vélodrome d'Hiver ? »

Le 3 juillet, Leguay perd son appel. Il dépose un recours en cassation, rejeté en novembre 1982. Charles Libman et moi-même au tribunal de grande instance ainsi que Charles Choucroy à la Cour de cassation avons fait avancer la jurisprudence en ce domaine. L'instruction de l'affaire Leguay peut enfin reprendre.

Leguay est interrogé à plusieurs reprises par la juge d'instruction. Ayant achevé le premier tome de *Vichy-Auschwitz*, je fournis à l'instruction une quinzaine de nouveaux documents incriminant Leguay. Quant à Bousquet, j'ai découvert dans les archives deux documents qui ont joué un rôle dévastateur contre les Juifs et qui sont accablants pour Bousquet. Je les réserve pour demander que Bousquet soit de nouveau jugé sur la base de ces faits nouveaux, mais je ne veux pas risquer l'échec que représenterait un refus. Bousquet se montre solidaire de Leguay dans ses dépositions comme témoin.

Mon acte d'accusation, c'est *Vichy-Auschwitz*. Il contient 243 documents français cités intégralement et 122 documents allemands. L'édition allemande présentera 118 documents allemands et 66 documents français. Il faut que le niveau de connaissance de ce rôle de l'État français de Vichy soit suffisamment élevé dans le peuple français pour qu'il pénètre dans sa conscience et qu'il condamne à jamais ce régime qui a osé livrer à l'occupant hitlérien au nom de la France des milliers d'enfants juifs. D'ailleurs, dès la rentrée 1983-1984, le rôle de Vichy a fait une entrée en force dans les nouveaux manuels d'histoire de terminale. Pendant l'été 1985, la juge d'instruction Martine Anzani a rendu son ordonnance dans l'affaire Leguay. Le dossier Leguay est entre les mains du procureur de la République, Marc Domingo.

*
* *

Après le projet d'enlèvement avorté de Barbie, nous n'avons cessé de le surveiller de près. Comment ? Grâce à notre amie Lisa. Cette fois, il s'agit d'aller en Bolivie, d'approcher Barbie et d'essayer de savoir s'il a l'intention d'y rester ou non.

Son plan d'action est simple : bien habillée, elle doit se rendre au club allemand à La Paz, où elle nouera conversation avec un des habitués ; elle doit se présenter comme une Allemande de droite, qui vient de visiter le site du Machu Picchu au Pérou, qui a poussé jusqu'en Bolivie pour voir le lac Titicaca, et, au moment opportun, dire qu'elle a entendu parler de Klaus Barbie. Et c'est ce qui se passera ; l'Allemand en question, un industriel, lui dit qu'il connaît bien Barbie et, trois jours après son arrivée à La Paz, elle est accueillie dans la famille Barbie et dîne avec eux. Il se trouve bien en Bolivie et le régime du colonel Banzer lui convient parfaitement. Lisa a gardé le contact avec la famille Barbie. Plus tard, elle reviendra brièvement à La Paz à deux reprises pour s'assurer de nouveau que Barbie n'a pas l'intention de quitter la Bolivie pour quelque autre dictature d'Amérique du Sud.

En août 1982, j'ai publiquement reproché à la justice française de ne pas encore avoir inculpé Barbie, dont la condamnation pour crimes de guerre en 1954 avait été prescrite en 1974. En se fondant sur la loi de 1964 sur l'imprescriptibilité des crimes contre l'humanité, il fallait au plus tôt que l'information ouverte contre lui prenne en compte les faits nouveaux que nous lui avions indiqués et qui n'avaient pas été retenus à charge contre lui en 1954 dans son procès par contumace : le rapt des quarante-quatre enfants d'Izieu, la rafle de la rue Sainte-Catherine et les déportés du convoi du 11 août 1944.

Nous avions porté plainte contre Barbie et très précisément documenté ces faits nouveaux. Cette inculpation pour crimes contre l'humanité était nécessaire pour que la France puisse s'adresser de nouveau à la Bolivie. Notre appel à une mobilisation judiciaire a été entendu et Barbie a été inculpé à Lyon.

Lisa était repartie une dernière fois, début 1982, faire le point sur la situation de Barbie en Bolivie. La dictature vacillait, mais Barbie n'était pas inquiet de l'évolution politique du pays, trop pris par ses problèmes personnels : la mort de sa femme en 1982, et un peu plus tôt celle de son fils, Klaus-Georg, victime d'un accident de deltaplane. Sa fille Ute s'était installée à Munich, où elle assurait le secrétariat de Hans Rudel, auquel nous avions eu affaire en 1976 à la brasserie Bürgerbräukeller.

Barbie était très actif au sein des services spéciaux militaires dans les répressions qui suivaient chaque coup d'État ou changement brutal de dirigeant : le 12 février 1980, le sinistre colonel Arce Gómez lui a délivré une carte de lieutenant-colonel honoraire et un engagement à servir l'armée bolivienne inconditionnellement. Hugo Banzer avait quitté le pouvoir en 1978 ; le général Juan Pereda lui succéda, écarté en 1979 par le général David Padilla Anrancibia. En mai 1979, Walter Guevara Arze devint président ; mais le 2 novembre 1979 eut lieu un nouveau coup d'État militaire qui eut pour conséquence la prise de pouvoir par le colonel Alberto Natusch Busch, vite remplacé par Lidia Gueiler, première femme à devenir présidente. Le pouvoir n'a pas cessé d'être contrôlé par les militaires, qui faisaient même venir d'Allemagne et d'Italie de dangereux néo-nazis, tels Joachim Fiebelkorn, Pierluigi Pagliai et Stefano Delle Chiaie, lesquels se regroupaient autour de Barbie, leur idole. Le 17 juillet 1980, le général Luis García Meza s'emparait du pouvoir et multipliait les assassinats politiques, les tortures et le trafic de drogue,

auxquels coopéraient Barbie et son gang, surnommés
« les fiancés de la mort ». Le 4 août 1981, la 8e division à Santa Cruz se souleva contre García Meza.
Le général Celso Torrelio dirigea le pays jusqu'en
janvier 1982, puis laissa la place au général Guido
Vildoso Calderón, ami personnel de Barbie qu'il tint
à recevoir lors de sa première audience. Mais, le prestige des militaires s'étant effrité, la pression populaire
devint assez puissante pour que le parlement puisse
élire en octobre 1982 Hernán Siles Zuazo.

Cette même année, un exilé bolivien nous a confié
qu'il allait rentrer en Bolivie et tenter d'abattre
Barbie. Nous lui avons souhaité bonne chance.
Quelque temps plus tard, il nous a téléphoné de
La Paz et nous a dit qu'il renonçait à son projet
parce que la dictature se désagrégeait et qu'il y avait
une possibilité légale d'agir. À nous de jouer. J'ai
repris contact avec Régis Debray. Celui-ci et Jacques
Attali étaient alors les deux principaux conseillers de
François Mitterrand à l'Élysée. Jacques Attali, dans
*Verbatim*[1], a raconté mes interventions.

« *3 août 1982. Serge Klarsfeld vient rappeler à
Régis Debray qu'ensemble, en 1973, ils avaient tenté
d'enlever Barbie.*

*5 octobre 1982. Investiture en Bolivie de Hernán
Siles Zuazo, président démocratiquement élu de
l'Union démocratique populaire. Klaus Barbie est peut-
être de nouveau accessible. Régis Debray continue de*

---

1. Jacques Attali, *Verbatim*, Paris, Robert Laffont, 1993.

*négocier avec le ministre bolivien de l'Intérieur, son ami Gustavo Sanchez. Klarsfeld a une idée : les Boliviens livreront Barbie à Cayenne, où nous en prendrons livraison.*

*27 octobre 1982. Régis Debray reçoit Serge Klarsfeld et en informe le président. Klarsfeld pense qu'on peut obtenir l'extradition de Barbie ou que ceux-ci l'expulsent dans une terre française. Le président est d'accord pour mettre la procédure en route.*

*26 janvier 1983. Barbie est arrêté à La Paz comme prévu. Debray travaille à un plan avec Klarsfeld et Sanchez. Les Boliviens nous livreraient leur prisonnier à Cayenne.*

*3 février 1983. Jean-Louis Bianco organise l'envoi de l'appareil militaire français qui va chercher Barbie à Cayenne. Dix années d'efforts de Serge Klarsfeld couronnées de succès. »*

J'avais insisté sur la nécessité de l'expulsion plutôt que de l'extradition, car si le problème, comme il se devait, était présenté à une nouvelle Cour suprême bolivienne, celle-ci aurait probablement considéré que les vingt-cinq ans passés en Bolivie par Barbie, devenu citoyen bolivien, même sous une fausse identité, constituaient selon le droit international une relation personnelle et permanente avec le pays et que, si le nom était faux, l'homme était vrai. En ce cas, l'extradition serait refusée, la Bolivie n'extradant pas ses nationaux.

À La Paz, notre ami Gustavo Sanchez était devenu secrétaire d'État à l'Information et homme de confiance du président bolivien, qui le nomma le

4 février 1983 vice-ministre de l'Intérieur pour qu'il ait autorité à régler le problème Barbie en direction de la France. Barbie, entre-temps, était détenu à la prison de San Pedro, se refusant à payer une vieille dette de 10 000 dollars. Quand il se décida enfin à la régler, il lui manquait l'argent pour payer les intérêts, et Gustavo put encore le tenir sous la main jusqu'au moment où il le sortit de prison pour le conduire à l'Hercule C-130 qui allait l'emmener à Cayenne. Le même jour, le cabinet bolivien avait décidé l'expulsion de Barbie, privé de sa nationalité bolivienne et devenu étranger indésirable. Comme je l'avais prévu, la République fédérale n'a pas voulu de lui en tant qu'expulsé ; elle l'aurait reçu en tant qu'extradé ; mais, au lieu de la prison à vie, c'est tout au plus huit ans de détention qui l'attendaient en Allemagne.

Le 5 février 1983, Barbie était de retour en France.

*
* *

Le 18 juin 1981, Ita-Rosa Halaunbrenner et Fortunée Benguigui, mères martyres et mères courage, ont dévoilé à Roglit en Israël notre monument, le mémorial de la déportation des Juifs de France, et je leur avais promis que nous ferions tout pour que Barbie ait à répondre de ses crimes. C'est au même endroit que, par un coup du sort, Mme Halaunbrenner apprit la nouvelle.

Beate et moi étions heureux et soulagés : douze ans passés sous tension avec la crainte de ne pas aboutir et d'avoir à traîner un lourd regret. Nous savions aussi qu'il nous faudrait préparer minutieusement le procès à venir.

J'avais insisté auprès de la présidence dès 1982 pour qu'un feu vert me soit accordé afin d'essayer de retrouver l'original du télex d'Izieu daté du 6 avril 1944 dans lequel Barbie annonce à la Gestapo la liquidation de ce foyer d'enfants juifs et leur transfert au camp de Drancy le 7 avril. La condamnation de Barbie tenait à cette affaire d'Izieu.

Le télex d'Izieu, sorti des archives du CDJC, avait été produit au procès de Nuremberg par la France comme preuve des crimes perpétrés par les nazis en France contre les Juifs. Il avait été photocopié par l'équipe de reprographie du tribunal, et j'ai pu obtenir trois copies authentifiées par cette équipe en 1946 avant que l'original ne soit restitué à la France : une copie était conservée aux archives de la Cour internationale de justice à La Haye, où se trouvaient les archives du procès de Nuremberg ; une autre aux Archives nationales à Washington, et une troisième aux archives du Land de Bavière à Nuremberg. Le télex original était introuvable au CDJC, comme plusieurs autres documents prêtés par le CDJC pour le procès de Nuremberg et non restitués. J'ai obtenu l'accord de la présidence pour effectuer des recherches dans les archives du service juridique du ministère des Affaires étrangères. En vain. *Idem* au ministère de la Justice.

Aux Archives nationales, le responsable de la section contemporaine, Pierre Cézard, m'a ouvert toutes les archives dont il disposait pour la période 1940-1944. J'étais abasourdi, écrasé par tous ces dossiers que je parcourais et qu'aucun chercheur n'avait encore feuilletés : archives des réunions du Conseil des ministres, du ministère de l'Intérieur, du secrétariat général à la Police et de sa délégation en zone occupée ; procès Bousquet, où je découvrais des faits permettant éventuellement de l'inculper de nouveau ; procès Darquier de Pellepoix ; procès Bussière, le préfet de police de Paris ; procès Hennequin, directeur de la police municipale. Il ne s'agissait pas du déroulement du procès lui-même, mais de l'instruction de l'affaire, souvent très volumineuse, contenant documents, interrogatoires et témoignages. Avec ce matériel documentaire, j'étais en mesure de produire l'ouvrage de référence que j'étais en train de préparer, *Vichy-Auschwitz*, et d'expliquer très précisément le déroulement de la solution finale en France, ce qui n'avait pas été fait jusque-là. Je me suis mis fiévreusement au travail, plongé pendant quelques semaines dans des dossiers porteurs de vérités tragiques et lumineuses, recopiant les documents dans leur totalité.

J'avais aussi fait traduire de l'allemand au français de nombreux documents de la Gestapo conservés au CDJC. D'autres documents importants m'avaient été fournis par la justice militaire, et j'en avais vu bien d'autres jusque-là verrouillés dans les archives de la préfecture de police, ouvertes exceptionnellement pour moi par le ministre de l'Intérieur, Gaston

Defferre. Je redevenais historien avec bonheur, avec intensité, avec la certitude de l'utilité de ma tâche. Le temps n'existait plus ; j'entrais dans ces archives et je me retrouvais toute la journée en 1942.

Quant au télex original, je l'ai retrouvé au début de l'année 1984 en obtenant de la direction du CDJC l'autorisation de fouiller le sous-sol du bâtiment, où étaient entreposés des dizaines de cartons de déménagement remplis d'archives diverses. Au deuxième carton, l'archiviste du CDJC et moi ouvrons un dossier intitulé « Abetz ». Dans ce dossier, le télex d'Izieu en excellent état de conservation. Que s'était-il passé ? En 1949, pour le procès d'Otto Abetz, Léon Poliakov, historien du CDJC, s'était rendu chez le magistrat instructeur avec ce document établissant avec éclat la nature des crimes allemands perpétrés quand Abetz était ambassadeur à Paris. De retour au CDJC, le dossier n'avait pas été rouvert, le télex n'avait pas été remis à sa place et, au cours d'un déménagement, le dossier était passé aux oubliettes. J'ai vraiment cru au miracle, et ai repris un instant mon dialogue avec Dieu, interrompu quarante ans plus tôt.

*Vichy-Auschwitz 1942* est paru au printemps 1983. « Dès la couverture, quel choc », écrit Bertrand Poirot-Delpech dans un grand article intitulé « Holocauste-sur-Seine » et publié dans *Le Monde*. Oui, c'est un choc, parce qu'il contient tous les documents, pour la plupart inédits, concernant la coopération gouvernementale, policière et administrative de Vichy

dans la chasse aux Juifs en 1942. Je reconstitue
méthodiquement, jour après jour, l'enchaînement
des événements qui ont abouti à la mise en œuvre
de la solution finale, rendant compréhensible ce
qui, jusqu'alors, restait encore en grande partie mal
connu. Je cerne minutieusement les responsabilités
des principaux dirigeants – Pétain, Laval, Bousquet,
Leguay, Darquier. Enfin, je mets en évidence l'importance décisive des interventions du haut clergé
et de l'opinion publique française qui contraignirent
Vichy, dès septembre 1942, à freiner considérablement sa coopération policière avec la Gestapo pour
arrêter les Juifs et les lui livrer.

Le second tome, qui traite des années 1943-
1944, paraît en 1985 grâce à la documentation que
j'avais réunie ; il élucide le comportement de Vichy
dans trois affaires capitales : celle de la résistance
des autorités italiennes aux mesures antijuives dans
leur zone d'occupation en France ; celle de la loi
réclamée en vain par les Allemands et prononçant
la déchéance de la nationalité française pour les Juifs
naturalisés après le 10 août 1927 ; enfin, celle de
la défense des Juifs français qui furent lâchés par
Laval en janvier 1944. *Vichy-Auschwitz* a également
été la toile de fond historique des affaires Barbie,
Bousquet, Leguay et Papon en cours au moment de
sa publication.

\*

\* \*

Le 18 juillet 1986, sur ma proposition, soutenue par la commission du souvenir du CRIF, le maire de Paris, Jacques Chirac, a inauguré la « place des Martyrs-Juifs-du-Vélodrome-d'Hiver. Grande rafle des 16 et 17 juillet 1942 ». Dans son discours qui préfigure celui qu'il fera le 16 juillet 1995, Jacques Chirac, Premier ministre, déclare que « les heures les plus sombres doivent aussi être rappelées au souvenir des citoyens » et, quand il évoque « le sort des communautés juives résidant en France », il cite ma conclusion de *Vichy-Auschwitz*, cette phrase à laquelle j'ai si longuement réfléchi et que j'ai ciselée avec soin pour qu'elle porte au loin : « Les Juifs de France garderont toujours en mémoire que, si le régime de Vichy a abouti à une faillite morale et s'est déshonoré en contribuant efficacement à la perte d'un quart de la population juive de ce pays, les trois quarts restants doivent essentiellement leur survie à la sympathie sincère de l'ensemble des Français, ainsi qu'à leur solidarité agissante à partir du moment où ils comprirent que les familles juives tombées entre les mains des Allemands étaient vouées à la mort. »

J'ai eu le sentiment ce jour-là que ce gigantesque travail d'une dizaine d'années s'était condensé en quelques lignes contenant une vérité qui contredisait les versions de nombreux historiens, une vérité qui allait nécessairement s'imposer.

# Le déclenchement de l'affaire Papon

Entre-temps, l'affaire Papon a éclaté. Maurice Papon est ministre du Budget de Raymond Barre depuis cinq ans. Il a été préfet de police entre 1958 et 1967. Beaucoup lui reprochent les morts des ratonnades et ceux du métro Charonne causés par la brutalité policière en 1961 ; mais, jusque-là, qui a conscience que cette répression a été exercée par des policiers dont certains ont participé aux rafles de 1942 et qu'à cette date le préfet de police de Paris était déjà en activité à Bordeaux ?

L'affaire Papon est initiée quand un jeune chercheur, Michel Bergès, récupère une masse de dossiers de la préfecture régionale à Bordeaux qui prenaient le chemin de la décharge. Se rendant compte que les dossiers du service des Affaires juives de la préfecture s'y trouvent et que des documents incriminent Maurice Papon, Bergès les communique à Michel Slitinsky, ancien résistant, fils de déporté juif assassiné et qui milite pour que la vérité soit faite sur le sort des Juifs de Bordeaux. Slitinsky transmet ces documents au *Canard enchaîné* qui, le 7 mai 1981, révèle que Papon a été impliqué dans

l'arrestation et la livraison de Juifs à la Gestapo.
Réponse de Papon : «Tout ça ne m'émeut pas beaucoup. *Le Canard enchaîné* me cherche des poux sur
la tête. Actuellement, il y a des choses pour moi plus
importantes que cela. »

Je demande la démission du ministre dans *Le Monde*
du 8 mai : «Papon a joué à son échelle un rôle qui
n'était pas de premier plan, mais qui était bien réel.
Papon en a sans doute moins fait que le seul Français
à avoir été inculpé pour crimes contre l'humanité,
Jean Leguay ; ce Jean Leguay auquel d'ailleurs Papon,
selon *Le Canard enchaîné*, demande des instructions
le 24 août 1942. Mais Papon en a fait plus que le
policier de base qui arrêtait les Juifs ou que le simple
gendarme qui escortait des convois où se trouvaient
des enfants sans défense, voués à la mort parce que
nés juifs. »

Mon point de vue est resté le même du début de
l'affaire, le 8 mai 1981, jusqu'à la plaidoirie retentissante d'Arno le 10 mars 1998, seul à réclamer
non la perpétuité, mais une peine graduée de dix
années de prison que le jury accorda, sauvant ainsi
le procès d'un acquittement qui aurait été l'issue
probable si le jury n'avait eu à choisir qu'entre la
perpétuité, et l'acquittement. Arno concluait ainsi :
«Pourquoi ce malaise ? Parce qu'on se trouve en
présence d'un homme éduqué, policé, qui n'irait sans
doute jamais brutaliser un enfant en raison de sa religion. Parce que ce n'est pas un monstre sanguinaire,
mais simplement un homme qui a oublié au profit
d'une carrière sans heurts les valeurs républicaines

de compassion et d'humanité. […] Maurice Papon s'est retranché derrière des instructions. Pour lui, l'ordre prime. Il s'est cru spectateur de la tragédie, à l'ombre de ses dossiers. Il en était pourtant acteur, car c'est sans la moindre tempête intérieure qu'il est devenu un instrument efficace au service du crime contre l'humanité. Maurice Papon n'est pas Klaus Barbie ni Paul Touvier. Il n'a pas non plus le rôle politique d'un Leguay, d'un Bousquet. Le condamner à perpétuité ne correspond pas à la vérité historique. Mais il a trahi parce qu'il n'a jamais eu le courage de dire un jour, un seul jour, "non !", à la carrière comme aux honneurs. »

En 1981, Papon, auquel Jacques Chirac a refusé l'investiture du RPR pour les élections, réclame un jury d'honneur de résistants, qui lui est accordé. En font partie le révérend père Riquet, Marie-Madeleine Fourcade, Daniel Mayer, Jean Pierre-Bloch et Charles Verny, qui en est le rapporteur et qui, le 27 juillet 1981, me demande de donner mon avis. Ce que je fais devant le jury d'honneur le 29 septembre 1981. Mon audition se heurte à l'incompréhension des membres du jury, hostiles à ma position ; j'estime en effet que Maurice Papon doit être poursuivi pour crimes contre l'humanité. De tous ceux qui s'opposent à l'impunité de Papon, je suis le seul à avoir pris la décision de constituer un dossier détaillé (9 pages de présentation et 49 documents) et de défendre devant le jury d'honneur la thèse selon laquelle Papon doit répondre de ses actes devant les tribunaux.

Le 15 décembre, le jury d'honneur rend sa sentence en quatre points, présentant une vision de Papon bien ambiguë :

1. Papon est reconnu agent de la Résistance à partir du 1er janvier 1943.

2. « Il a dû concourir à des actes apparemment contraires à la conception que le jury se fait de l'honneur et qui, à juste titre, choquent la sensibilité française, mais qu'il convient de situer dans le contexte de l'époque, d'autant plus que plusieurs d'entre eux n'ont pas eu la portée ou les effets que leur révélation peut laisser croire aujourd'hui [...]. Maurice Papon aurait dû démissionner de ses fonctions au mois de juillet 1942. »

3. Les documents produits par *Le Canard enchaîné* et par Serge Klarsfeld au nom des Fils et filles des déportés juifs de France sont authentiques.

4. Sur les seize témoins entendus, tous à l'exception de Serge Klarsfeld ont estimé que des poursuites judiciaires contre les responsables de la préfecture de Bordeaux seraient injustifiées.

Cette sentence appelle de ma part un communiqué sanglant que reprennent les médias : « Représentant de familles juives, nous pouvons affirmer qu'il valait sans doute mieux être sauvé par des fonctionnaires antisémites de Vichy, qui répugnaient parfois à faire le sale travail de la Gestapo, que d'être arrêté et livré aux nazis par des sympathisants de la Résistance ou résistants actifs tels que M. Papon et ses semblables. En rendant sa décision, le jury d'honneur est, à ma connaissance, le premier organe de la Résistance qui déclare publiquement que des Juifs de France ont été envoyés à la mort par un résistant français. »

Entre-temps, Jean-François Steiner, l'auteur de *Treblinka*, me demande de ne pas porter plainte contre son ami Maurice Papon. Je lui réponds qu'il suffit pour cela que, dans une lettre adressée aux victimes, Papon reconnaisse sa participation à l'organisation des rafles et des transferts de Juifs de Bordeaux à Drancy. Je n'ai pas eu de réponse ; ce à quoi je m'attendais, car pareille confession, si je l'avais produite, aurait entraîné l'inculpation de Papon.

Cinq mois s'étant écoulés depuis le dépôt des plaintes de Mᵉ Boulanger contre Papon, le danger de leur classement sans suite était imminent. J'avais beaucoup travaillé pour recueillir des plaintes de parties civiles concernant la mort d'enfants en bas âge livrés pendant l'été 1942 à la Gestapo par le service des Affaires juives de la préfecture placé sous l'autorité de Papon, et je disposais de documents originaux signés par Papon à ce sujet. J'ai donc déposé le 10 mai 1982 six nouvelles plaintes dont j'étais sûr qu'elles ne seraient pas repoussées par le magistrat instructeur. Nos plaintes ont été acceptées le 29 juillet 1982 et une information a été ouverte à l'encontre de Papon.

Le 19 janvier 1983, Papon est inculpé pour crimes contre l'humanité. À Paris, à Reims, à Lens, à Versailles, je suis allé assister nos parties civiles. J'ai eu une tâche bien douloureuse à remplir quand j'ai dû revenir les aider parce que Papon avait porté plainte en 1985 contre elles pour dénonciation calomnieuse. Ces parties civiles inculpées à leur tour avaient perdu mère, frères ou sœurs, et se sont trouvées en face d'un magistrat instructeur essayant certes de s'approcher de la vérité, mais les plaçant en posture d'accusés. Aucune d'entre elles n'a cédé et renoncé à sa plainte, en dépit du harcèlement qu'elles subissaient sous forme d'appels téléphoniques insultants et menaçants.

À la fin du mois d'octobre 1986, le juge d'instruction de l'affaire Papon, M. Nicod, a convoqué à Bordeaux Jean Leguay et l'a inculpé à son tour pour son rôle dans l'arrestation des Juifs de Bordeaux suivie de leur déportation. J'avais toujours insisté sur le lien existant entre Bousquet-Leguay et Papon, et je l'avais documenté, notamment par un document de Leguay adressé à Papon dans lequel il lui demande d'exécuter les instructions des SS.

L'instruction de l'affaire Papon et de l'affaire Leguay s'est déroulée avec une sage lenteur à partir du moment où Klaus Barbie a été contraint à un retour forcé à Lyon en février 1983, la priorité étant accordée au procès de Barbie. Sans l'occupation allemande, il n'y aurait pas eu de persécution des Juifs par les autorités françaises ; sans Lischka, sans Hagen, sans Barbie, pas de Leguay, de Papon ou de Touvier.

Le juge d'instruction de Bordeaux avait ordonné une expertise concernant la nature des responsabilités de Papon au sein de l'appareil administratif et policier de la région. J'ai fait valoir que deux des trois experts étaient impliqués dans des situations où ils pourraient être à la fois juges et parties : un historien qui, dans son *Histoire de la Gestapo*, a écrit que les Juifs en France ont surtout été arrêtés dans des rafles du Commissariat général aux questions juives, alors qu'en réalité la plupart des Juifs ont été arrêtés par les agents de police ou les gendarmes des forces de police régulière (l'historien en question avait été policier en 1943), et un sous-préfet de Vichy qui avait été secrétaire général de la préfecture d'un département quand, le 26 août 1942, a eu lieu la grande rafle des Juifs apatrides en zone libre, entraînant des dizaines d'arrestations dans ce même département.

Nous n'avons pas obtenu la récusation de ces deux experts, mais l'expertise historique fut refusée après le procès de Barbie à Lyon.

## Face au négationnisme

Le négationnisme fait des ravages en ce début des années 1980.

Dès le début de cette offensive, je l'estime douloureuse, mais en un sens utile si elle suscite dans le domaine historique une recherche précise et rigoureuse. Les ouvrages sur la Shoah ne sont pas nombreux. Ils sont le plus souvent l'œuvre d'historiens amateurs qui ne disposent ni du temps, ni des ressources documentaires nécessaires, ni d'une suffisante objectivité : la plupart d'entre eux sont partisans et exagèrent dans un sens ou dans un autre. Je milite ardemment pour que la tragédie juive entre dans le champ d'action universitaire ; qu'elle soit l'objet de mémoires et de thèses, et que les faits décrits, analysés, discutés, acceptés, deviennent incontournables.

Beate et moi nous engageons dès 1978 dans le processus et créons une Fondation américaine dont le but est de « publier des documents indiscutables et authentifiés sur l'Holocauste ». Nous publions à New York en anglais l'étude de Joseph Billig sur le déclenchement de la solution finale et les travaux de Georges Wellers sur le nombre de Juifs victimes de la solution finale et sur l'existence des chambres à gaz.

Nous sommes même parvenus à repérer en Allemagne
et à interroger Richard Korherr, l'inspecteur de la
statistique des SS, à qui Himmler avait confié la mission secrète d'établir deux rapports sur la liquidation
des Juifs en Europe à la fin de 1942 et au printemps
1943. Richard Korherr nous a confirmé le contenu
de ces rapports que nous publions en allemand et
en anglais dans notre ouvrage *The Holocaust and the
Neo-Nazi Mythomania*.

Nous avons également entrepris de publier un
ouvrage fondamental sur les chambres à gaz écrit
par Jean-Claude Pressac.

Je considérais qu'au XXI<sup>e</sup> siècle les jeunes auraient
parfaitement le droit de se poser la question :
« Qu'est-ce qu'étaient les chambres à gaz ? », et que
si l'on ne commençait pas tout de suite le travail, ce
serait trop tard pour l'entreprendre. Les Allemands
n'avaient pas tué tous les témoins, les ruines étaient
encore là, les plans et documents n'avaient pas tous
été brûlés : il était donc possible de travailler et de
faire des progrès pour comprendre et expliquer ce
qu'avait été ce procédé de mise à mort. Pressac avait
douté de l'existence des chambres à gaz ; mais, scientifique de formation, il était allé à Auschwitz. Sur
place, il avait été convaincu de leur existence par
l'examen des ruines des bâtiments où se trouvaient
les chambres à gaz ainsi que par celui des plans
archivés. À son retour, *Le Monde juif* avait publié
l'importante étude qu'il nous avait présentée sur les
chambres à gaz.

Pressac ne la considérait que comme un début. Beate et moi avons financé la dizaine de voyages qu'il a effectués à Auschwitz ; je suis moi-même allé à Moscou, d'où j'ai pu lui rapporter une documentation inédite sur Auschwitz. Nous avons œuvré ensemble pour aboutir en 1989 à la publication à New York d'un gigantesque ouvrage écrit en français que nous avons fait traduire en anglais. Nous distribuons ce livre gratuitement à plus d'une centaine de bibliothèques ou de centres de documentation dans le monde. Pressac en publia le résumé dans un ouvrage du CNRS qui connut un très grand succès et obligea les négationnistes à se retrancher derrière d'autres lignes de défense.

En août 1980, nous avons publié un ouvrage fondamental qui a fait ultérieurement l'objet de nombreuses éditions en plusieurs langues, en particulier par Yad Vashem à Jérusalem. Il s'agit de *L'Album d'Auschwitz*, dont nous avions retrouvé l'original et que nous faisions publier pour la première fois dans son intégralité.

En effet, pendant l'été 1979, nous avions envoyé un étudiant de dix-huit ans, Emmanuel Lulin, en « sous-marin » à Prague. Il avait pour mission d'entrer au Musée juif d'État de Prague, de s'y faire accepter et de scruter le contenu de cet établissement placé depuis trente ans entre les mains des communistes. À son retour, Emmanuel nous a transmis une masse d'informations et une série de soixante-dix photos montrant l'arrivée d'un transport à Birkenau-Auschwitz II. Toutes semblaient avoir été prises par le même photographe. Certaines d'entre elles m'étaient familières ; je les avais vues reproduites dans de nombreux ouvrages. Mais, à présent, en les examinant ensemble, j'ai eu l'intuition que ces photos provenaient de la même source et qu'il pouvait y en avoir d'autres inédites ; ce que m'a confirmé Emmanuel, pour qui ce lot était constitué au total d'environ deux cents photos. Jamais elles n'avaient été publiées dans leur intégralité, alors qu'elles représentaient le seul témoignage visuel détaillé de ce qu'avait été l'arrivée d'un convoi à Birkenau. C'est au pouvoir évocateur de ces photos que nous devons nous remettre pour concevoir ce que fut le sort de tant de familles juives au moment où le train s'arrêtait sur la rampe de Birkenau. La valeur de ces photos était inestimable pour le peuple juif. Il nous fallait rechercher leur origine et leur provenance afin de pouvoir les publier.

Nous avons renvoyé Emmanuel à Prague, où il a obtenu la totalité des photos en question qui, selon le musée, provenaient d'une copie d'un album tombé entre les mains d'une ancienne déportée ; copie effectuée en 1946 par le Conseil de la communauté juive de Prague, qui avait été obligée de remettre ces négatifs en verre au Musée juif d'État de Prague à sa création en 1949. On doit les premières publications de trente-sept de ces photos en mars 1949 au Centre de documentation de l'Union centrale des communautés religieuses juives de Bratislava en Slovaquie.

L'historien tchèque et israélien Erich Kulka nous a appris que, au procès des gardiens d'Auschwitz à Francfort, il avait été établi que les photographies étaient de Bernhard Walter, qui avait été chef du service d'authentification anthropométrique à Auschwitz, ou bien de son adjoint Ernst Hoffman. La déportée s'appelait Lilli Zelmanovic et était originaire de Berohovo en Ruthénie subcarpatique. Elle était venue de Miami en décembre 1964 pour témoigner à Francfort au procès des gardiens d'Auschwitz. Dans les années 1950, Prague avait communiqué bon nombre de ces photos au musée d'État d'Auschwitz, qui les avait souvent reproduites sans indiquer leur provenance, et tout naturellement, en cette période où les chercheurs ne se rendaient pratiquement jamais ni à Prague ni à Auschwitz, tout le monde a cru que ces photos d'Auschwitz-Birkenau provenaient directement des archives d'Auschwitz.

Le 17 juillet 1980, Beate et moi sommes allés voir les procureurs de Francfort. Ils nous ont confirmé le témoignage de Lilli. Son album n'a pas été photographié au tribunal. Le 25 juillet 1980, après avoir réussi grâce à un détective privé à identifier Lilli Jacob, veuve de Max Zelmanovic et remariée avec Eric Maier, je l'ai rencontrée à Miami. Elle m'a confié son album, qu'un ancien photographe de *Life* a passé la nuit à photographier pour moi. Le lendemain, je la convaincs de le remettre à Yad Vashem, à Jérusalem. Tout ce qu'elle demande, c'est que je prenne en charge tous les frais du voyage à Jérusalem et à Auschwitz qu'elle tient à accomplir avec son mari. J'accepte, bien entendu, et nous publions pour la première fois en août 1980 cet extraordinaire album.

Notre découverte entraîne la publication de très nombreux articles dans la presse internationale et de nouvelles éditions de l'album. Notre titre de gloire : l'ancien procureur général américain à Nuremberg, le général Telford Taylor, estime que « la seule véritable édition est celle de Serge Klarsfeld ». Mon ambition, en effet, avait été de reproduire l'album tel qu'il était, d'expliquer en détail son histoire et de retrouver les quelques photos que Lilli Jacob avait retirées de l'album. Plus tard, Yad Vashem publia d'utiles éditions où de nombreuses victimes étaient individuellement identifiées, et la Fondation pour la mémoire de la Shoah publia également une remarquable édition dirigée par Marcello Pezetti et moi-même. Ce travail de mémoire ne doit toutefois pas nous faire oublier ceux qui essaient de la détruire.

*
* *

Il faut faire condamner le négationniste Robert Faurisson. Les Fils et filles s'associent à la LICRA et au MRAP. Aux côtés de Robert Badinter, je plaide au civil – ce sera l'une des rares fois :

> « *Le fait d'avoir mis en question la mort des déportés a causé à chacun des membres de notre association un très grave préjudice moral direct et personnel ; car il ne s'agit pas, pour nous, de défendre des idées générales, une question théorique, un idéal ou une idéologie. Il s'agit de nous opposer à la mise en question, à*

*la négation de la mort de nos parents, de nos frères, de
nos sœurs, de nos grands-parents, dont nous sommes
non seulement les représentants ou les porte-parole,
mais aussi les héritiers sur tous les plans, matériels
et moraux. En affirmant ce que vous avez osé affirmer, vous avez d'abord atteint chacun des membres de
notre association dans son honneur et dans sa dignité.
Bonne nouvelle, les chambres à gaz n'ont pas existé !
Mais alors où sont nos familles, où sont nos parents
dont le souvenir ne nous quitte jamais et dont nous
rêvons encore la nuit ? Ces parents qui n'ont pas
été à nos côtés pour nous élever, où sont-ils, monsieur Faurisson ? Milliardaires aux États-Unis, dissimulés sous de faux noms, comme les criminels nazis,
quelque part en Amérique du Sud ou bien installés
en Israël où nous leur rendons régulièrement visite en
faisant semblant de les pleurer entre deux voyages ?
[…] À ce préjudice moral s'ajoute le fait qu'en niant
l'existence des chambres à gaz, vous fomentez sciemment contre nous la haine antisémite, car c'est affirmer
que les Juifs ont menti, et bien entendu, parmi les
Juifs, les premiers à mentir, ce sont les FFDJF, qui
ont commis une escroquerie monstrueuse. Une pareille
accusation, si elle est crue par certains, les entraîne
inévitablement à mépriser et à haïr les Juifs. […] Il me
semble que cette haine sournoise envers les Juifs qu'on
devine dans vos écrits a quelque chose de commun,
bien qu'à un niveau subalterne, avec celle qui animait
Hitler. […] Monsieur Faurisson, vous qui incarnez
à nos yeux une haine violente et incompréhensible,
vous qui êtes à nos yeux une espèce de profanateur
de sépultures, sachez que nous ne vous poursuivrons*

*jamais de notre haine, mais par la fidélité de notre*
*mémoire à nos parents et à toutes les victimes du*
*génocide. »*

En juillet 1981, Faurisson est condamné au civil
et au pénal.

*
* *

Le dimanche 29 mars 1981, nous avions affrété
deux avions, l'un de la LOT, l'autre d'Air France, à
destination d'Auschwitz par Katowice. Nous avons
inventé cette formule de voyage en un seul jour à
Auschwitz parce que, pour nous, il s'agissait d'un
pèlerinage ; il nous semblait indécent d'y adjoindre
d'autres activités.

Les deux cents participants ont été au rendez-vous,
alors même que les médias avaient annoncé la veille
que les atterrissages en Pologne seraient interdits
le lendemain parce que l'on attendait l'entrée des
Soviétiques dans le pays. Nous sommes partis malgré
tout, et avons ainsi tenu la promesse que nous nous
étions faite au procès de Cologne.

Nous nous étions également promis d'édifier à
Cologne, pour la Réunion mondiale des survivants
juifs de l'Holocauste qui devait se tenir en juin 1981,
un monument aux victimes de la Shoah en France
portant tous leurs noms. Ce fut une course contre
le temps pour réussir à inaugurer le 18 juin 1981,
une date choisie par nous, ce mémorial en béton

recouvert de pierres de Jérusalem où se sont recueillies depuis tant de personnalités françaises, dont les présidents Valéry Giscard d'Estaing et Jacques Chirac, et qui est un point de rassemblement pour les Juifs de France installés en Israël. Chaque année, le jour du souvenir, celui de Yom Hashoah, l'ambassadeur de France en Israël se rend à Roglit et y prend la parole. Notre Mémorial est entouré de 80 000 arbres, la « Forêt du souvenir », et nos meilleurs militants, Jacques Toros et Régine Lippe, y ont allumé la flamme du souvenir. Il s'élève au-dessus de la vallée des Térébinthes, là où David terrassa Goliath, à une trentaine de kilomètres de Jérusalem.

Il serait fastidieux de décrire les efforts de notre petite équipe, composée de Simon Guerchon, chargé de la conception du monument, d'Annette Zaidman, qui s'occupait de son administration et de la collecte de fonds, et de moi-même, responsable de son contenu et des travaux. Que de voyages pour négocier avec les autorités locales, mettre au point le projet techniquement et réunir les fonds nécessaires !

Je passe plusieurs semaines en Israël dans une situation personnelle très douloureuse. Je viens de perdre ma mère, le 20 avril 1981, jour anniversaire de la naissance de Hitler. Ce décès me bouleverse ; mais il est dans la nature des choses. Il ne me révolte pas et ne me ralentit pas. Je combats le chagrin et la dépression en essayant de ne pas y penser le jour et, peu à peu, je reste en contact avec elle la nuit dans mes rêves où très souvent elle est présente, aujourd'hui encore.

## Sur la piste d'Alois Brunner

Les menaces d'attentat n'ont pas cessé. Un cocktail Molotov est lancé sur la porte de ma sœur. En face de notre appartement avenue de Versailles se trouve un hôtel d'où il est facile de nous tirer dessus. Nous déménageons rue La Boétie, où la police nous protège pendant dix-huit mois en permanence, avant que nous ne regagnions le même immeuble de la Porte de Saint-Cloud, mais sur la place, sans vis-à-vis.

Le 23 juin 1982, je m'attaque à Damas à un autre dossier, comparable à celui de Barbie, celui d'Alois Brunner. Entre le 23 juin 1943 et le 18 août 1944, Brunner a procédé à la déportation de 24 000 Juifs de France, arrêtés pour beaucoup par son commando de SS autrichiens comme le furent les Juifs de Nice, dont mon père. C'est un dossier que nous avons pris en main dès 1977. À Vienne, Lisa et moi nous sommes attachés à surveiller les domiciles d'Anni, l'épouse séparée de corps de Brunner, et de leur fille Irène. L'appartement d'Anni est très grand pour une personne seule. Nous en déduisons que son époux doit l'aider. Quant à Irène, Lisa parvient à pénétrer dans son appartement et à dénicher sous le

nom d'emprunt «Fischer» l'adresse et le téléphone
de son père à Damas. Toutes ces informations n'ont
pu être utilisées entre 1977 et 1982 : nous étions
trop mobilisés par nos autres campagnes. En 1982,
nous reprenons le dossier. Nous sommes en juin.
L'aviation israélienne vient de détruire quelques
dizaines d'avions syriens. La tension est à son plus
haut niveau. C'est le moment que je choisis pour
partir. Je n'ai pas de visa ; en revanche, le dossier
Brunner se trouve dans ma serviette, et ma carte
de donneur de sang à Tsahal, l'armée d'Israël, dans
mon porte-cartes.

Avant mon départ, nous nous étions assuré une
dernière fois que Georg Fischer et Alois Brunner ne
faisaient qu'un. Beate l'a appelé à Damas : «Je vous
téléphone de la part de mon chef de bureau au Palais
de Justice, il est le fils de quelqu'un qui travaillait
avec vous pendant la guerre. Il vous fait dire qu'il
ne faut pas que vous partiez en Suisse pour soigner
vos yeux, car un mandat d'arrêt vous y attend. – Je
n'ai pas l'intention d'aller en Suisse ; mais remerciez
votre chef et dites-lui que je prierai pour lui. »

Beate a appelé Anni Brunner à Vienne et lui a
raconté la même histoire en lui recommandant de prévenir son mari à Damas. Mme Brunner l'a également
remerciée et lui a dit qu'elle allait appeler son mari.

À l'aéroport de Damas, j'explique ma démarche à
la police des frontières. Je leur donne mon dossier
Brunner pour qu'il soit transmis à qui de droit à
Damas. On me laisse toute la nuit assis dans une
salle de l'aéroport. J'assiste à l'arrivée des premiers

volontaires barbus et armés en provenance d'Iran. J'en profite pour travailler à mon livre sur la solution finale en France.

Dans la matinée, la police refuse de me laisser entrer en Syrie et m'annonce que mon dossier a bien été transmis, mais que je suis refoulé. Je ne m'attendais guère à une autre issue ; mais l'affaire Brunner est relancée efficacement sur le plan international. Beate et moi sommes allés à Francfort pour communiquer au procureur compétent, mais qui n'avait jamais ouvert le vieux dossier Brunner, les nouveaux documents que nous avions recueillis. Pour que l'extradition de Brunner soit demandée à la Syrie par la République fédérale, nous allons au service juridique du ministère des Affaires étrangères de Bonn. L'extradition est demandée en 1984, mais seulement verbalement. À la RDA, si influente en Syrie, nous demandons qu'elle propose à la Syrie l'expulsion de Brunner vers Berlin-Est par la compagnie aérienne Interflug, avec pour garantie que le procès qui se tiendrait à Berlin-Est n'aborderait pas la question du séjour de Brunner en Syrie. Aux États-Unis, Beate rallie à sa cause Jesse Jackson, qui écrit à Hafez el-Assad à ce sujet. En vain.

En France, je porte plainte contre Brunner, ce qui me permet de faire saisir pour « manifestation de la vérité » par le magistrat instructeur les fichiers de la préfecture de police et du camp de Drancy qui me sont nécessaires pour la future édition du *Mémorial*. Le 17 mars 1983, le *Times* de Londres rend publique la situation de Brunner. Celui-ci sait que son existence est conditionnée par la volonté de ceux qui insistent

pour qu'il soit jugé. En 1980, il a ouvert un paquet
en provenance d'Autriche. Il ne se méfiait pas de ce
colis apparemment envoyé par une revue d'herbo-
risterie à laquelle il s'était abonné. Il l'a ouvert et a
perdu quatre doigts de la main gauche. En 1960, il
avait déjà perdu un œil en ouvrant une lettre piégée
à la poste centrale de Damas.

En janvier 1987, je rencontre Raymond Kendall,
secrétaire général d'Interpol, et obtiens de lui
qu'un mandat d'arrêt international et une notice
de recherches soient diffusés à tous ses membres,
dont la Syrie. C'est une première pour Interpol qui,
jusque-là, ne se considérait pas comme compétent
pour les criminels nazis. Mais en vain : Brunner,
complice de la police politique comme Barbie en
Bolivie, a participé à beaucoup de turpitudes en
Syrie : le contrôle des Juifs syriens, le trafic d'armes
en direction de la Syrie, l'appui à la montée au pouvoir du clan Assad, qui lui en est reconnaissant et
le protège.

Le 2 mars 1987, Beate est à son tour refoulée à
l'aéroport de Damas, alors qu'elle a reçu son visa à
Berlin-Est. Nous reviendrons à la charge.

*
* *

De 1983 à 1987, les quatre années qui nous
séparent du procès Barbie sont en partie consacrées
à la préparation de ce procès : Barbie est coupable de
beaucoup de massacres et d'exécutions sommaires
pour lesquels il ne pourra être jugé parce qu'il l'a

déjà été par contumace en 1954. Il ne sera jugé en
principe que sur trois faits qui relèvent du sort des
Juifs : la rafle de la rue Sainte-Catherine le 9 février
1943, le rapt des enfants d'Izieu le 6 avril 1944 et
le convoi du 11 août 1944. La tâche de l'accusation
a été facilitée par l'arrêt de la Cour de cassation du
20 décembre 1985 qui définit les crimes contre l'humanité comme « des actes inhumains et des persécutions qui, au nom d'un État pratiquant une politique
d'hégémonie idéologique, ont été commis de façon
systématique non seulement contre des personnes
en raison de leur appartenance à une collectivité
raciale ou religieuse, mais aussi contre les adversaires
de cette politique, quelle que soit la forme de leur
opposition ».

Je critique cette interprétation qui élargit la définition de crime contre l'humanité pour permettre à des
dizaines de résistants déportés de porter plainte individuellement contre Barbie et de s'associer aux victimes
juives. Dans *Le Monde*, j'écris le 15 janvier 1986 :

« *Ce que l'on attendait de la Cour de cassation,
c'était la stricte définition de cette innocence et non
son extension aux combattants armés. Nous vivons
dans un monde où, dans de nombreux pays, les opposants politiques prennent leurs responsabilités quand
ils se décident à agir et savent à quoi ils s'exposent.
À ma connaissance, seuls les Juifs et les Gitans ont
été en France victimes de crime contre l'humanité
tel que le concevaient les rédacteurs de la charte de
Nuremberg, aux travaux préparatoires desquels la*

*Cour de cassation ne s'est même pas référée, proba-
blement faute de temps pour rechercher et étudier les
archives anglo-saxonnes correspondantes. C'est pourquoi je maintiens que l'arrêt de la Cour de cassation
est regrettable, qu'il dilue inefficacement le concept
de crime contre l'humanité et qu'il affaiblit la protection des innocents (Juifs et Gitans ; demain qui
sait ?) telle que l'ont envisagée les rédacteurs de la
charte de Nuremberg. »*

Le procureur général de Lyon, Pierre Truche,
critique aussi publiquement cet arrêt le 20 février
1986 – une mise en cause inhabituelle dans la magis-
trature.

Je prends l'habitude d'emporter avec moi ma robe
d'avocat : je me rends souvent à Lyon pour y rencontrer l'excellent juge d'instruction Christian Riss.
Je représente une, deux, dix, cent parties civiles ;
Charles Libman et Richard Zelmati, jeune et brillant avocat lyonnais, font équipe avec moi : Charles
connaît la procédure et les rouages des tribunaux
sur le bout des doigts – il en a l'expérience depuis
ses débuts en 1945 ; Richard est du sérail lyonnais et
nous représente à Lyon, Charles et moi, avec beaucoup d'efficacité. Le juge Riss rencontre nos parties
civiles, qui lui font connaître de près la souffrance
juive.

Parallèlement, je commence à écrire un ouvrage
consacré aux *Enfants d'Izieu*, sujet central pour le
procès. Pendant l'instruction, tous les membres du

jury l'auront en main. Pour l'écrire, j'ai reconstitué l'itinéraire de chacune des familles de ces quarante-quatre enfants. Je retrouve pour chaque enfant une partie civile, ce qui paraissait impossible. Pourtant, avec Beate, nous l'avons fait, parvenant même à y faire figurer une photographie de chaque enfant. Ces parties civiles, nous les avons repérées non seulement en France, mais en Allemagne, en Autriche, en Belgique, en Israël, aux États-Unis, au Brésil, en Australie. Que de démarches, que de documents il a fallu produire ! Chaque partie civile a été entendue par un magistrat sur commission rogatoire et a dû prouver son lien de parenté avec l'enfant qu'elle voulait représenter.

Grâce au travail de Beate à Munich, qui a épluché les dossiers allemands de Barbie, et au mien dans les archives de l'occupation française en Allemagne, nous publions dans *Le Monde* des articles révélant la collaboration de Barbie avec les services spéciaux américains. Le juge Ryan, qui dirige le bureau américain au département de la Justice chargé des criminels nazis, vient nous voir et repart avec une moisson de documents qu'il intègre dans son fameux rapport sur Barbie qui entraîne les excuses officielles des États-Unis à la France pour avoir recruté, protégé et exfiltré Barbie. Nous révélons aussi dans *Le Monde* qu'Ernst Misselwitz, un des plus hauts responsables de la Gestapo en France, spécialiste de la lutte contre les résistants, accusé d'avoir torturé Pierre Brossolette, avenue Foch, était devenu après la guerre un des meilleurs agents de la France en Allemagne.

Je retrouve à New York dans les archives du
YIVO une liste des victimes de la rafle de la rue
Sainte-Catherine et, aux Archives nationales à Paris,
une autre liste confirmant la première. Je publie alors
un ouvrage sur ce tragique épisode.

Je rends également publique la carte de lieutenant-
colonel honoraire de Barbie dans les services spéciaux militaires de la pire dictature bolivienne, celle
de García Meza et d'Arce Gómez. Elle porte les
empreintes digitales de Barbie et lui donne accès à
tous les locaux militaires jusqu'en 1985. Un transfuge
de son groupe néo-nazi nous l'a communiquée. Je
rends aussi publique la photo que j'ai pu me procurer de Barbie en uniforme parmi un groupe de
militaires allemands. Je participe aux confrontations
de certaines de mes parties civiles avec Barbie, et me
rends compte à quel point ce face-à-face démonte
la victime.

Barbie exprime son souhait de me parler ; je
refuse. Aucun dialogue n'est possible entre lui et
moi. Ce qui m'a le plus frappé dans l'instruction et
le déroulement du procès a été le fait que quelques-
uns des témoins que je savais être les plus crédibles
ont été ceux qui ont été le moins crus parce que
fragiles ou antipathiques, tandis que l'on buvait les
paroles de quelques-uns qui me paraissaient moins
crédibles, mais qui s'imposaient par leur assurance
et leur talent à s'exprimer. Je me souviens d'un rescapé de la déportation ayant perdu son frère, déporté
avec lui, qui, confronté à Barbie et interrogé par lui,
ne pouvait répondre à ses questions : «Comment
étais-je habillé ? En civil, en uniforme ? » « Est-ce

que je portais des bottes ? » « Quelle était la couleur de la voiture ? » La victime affirmait que Barbie avait lâché un chien qui l'avait mordu à la cuisse. Barbie a rétorqué : « Un chien ! Mme Lagrange m'a vu avec un chat dans les bras ; aujourd'hui, c'est un chien ! J'avais une ménagerie à ma disposition... » J'ai senti que le juge d'instruction était ébranlé, tant cette histoire de chien paraissait stéréotypée. Nous avons quitté la prison pour le bureau du juge, où il m'a montré un scellé qu'il n'avait pas encore ouvert. Je lui avais fait savoir quelque temps plus tôt qu'un appel anonyme m'avait donné le nom d'une femme jugée après la Libération par la cour de justice de Lyon et qui aurait été la maîtresse de Barbie. Le juge avait fait venir ce dossier ; il l'a ouvert devant moi. Elle avait en fait été la maîtresse d'un autre agent de la Gestapo, et elle racontait comment, lors d'une séance de torture à laquelle elle avait assisté, elle avait dit à son amant de demander à Barbie de rappeler son chien qui mordait le détenu. Cette déposition datait de 1946. Le juge et moi avons reconnu que, si parfois le criminel pouvait paraître plus crédible que la victime, il fallait toujours vérifier les faits.

Barbie essayait de faire bonne figure ; mais on sentait qu'il considérait son retour forcé à Lyon comme une défaite du nazisme auquel il restait attaché sans toutefois avoir le courage de le proclamer. Quant à Jacques Vergès, son avocat, que je connaissais peu, je discernais trop bien sa tactique : prétendre que Barbie avait été enlevé, ce qui n'était pas complètement faux, mais il s'agissait aussi d'un acte légitime

dépendant de la souveraineté bolivienne, et pour la
France d'un acte légal à partir du moment où Barbie
posait le pied sur un territoire français ; affirmer que
la France n'avait récupéré Barbie qu'à cause de l'affaire Jean Moulin ; dénigrer la Résistance ; menacer
de révéler la vérité sur tel ou tel résistant ; intoxiquer
l'opinion publique en soutenant que le télex d'Izieu
était un faux.

Pour ma part, je faisais savoir que le procès de
Barbie ne serait pas un nouveau procès Eichmann.
L'un était le maître d'œuvre de la solution finale,
l'autre un dirigeant régional de la Gestapo particulièrement cruel et efficace dans sa mission criminelle.
Le procès Barbie serait simplement un acte de justice
nécessaire.

J'avais appris par un transfuge allemand de la
bande néo-nazie qui gravitait autour de Barbie que
sa fille avait mobilisé le néo-nazi Gerhard Frey
et François Genoud, banquier genevois des hauts
dignitaires nazis. Il est très probable que Genoud a
proposé à Vergès de prendre en charge la défense
de Barbie.

J'attendais le procès, le moment de vérité. Ce
procès a été exemplaire. Il s'est déroulé et achevé
comme nous l'avons voulu, et non tel que Vergès et
Barbie l'avaient souhaité. Notre équipe représentait
les trois quarts des parties civiles. La communauté
juive de Lyon, sous l'impulsion de Jean Lévy, devenu
l'un de mes meilleurs amis, a rassemblé un valeureux
comité de coordination qui a puissamment aidé sur
tous les plans les avocats des parties civiles juives à

remplir leur mission avec succès. Les Fils et filles sont venus en nombre de Paris à chaque audience pour nous soutenir. Entre tous les avocats qui représentaient une multiplicité de victimes, nous avons assuré avec Roland Dumas une cohésion jusqu'alors inexistante, puisqu'il n'y avait pas d'unité réelle entre Juifs, résistants, communistes, anticommunistes, sauf celle de la souffrance causée par la Gestapo. Cette cohésion s'est manifestée quand tous les avocats des parties civiles ont décidé que je plaiderais le premier, et Roland Dumas le dernier.

Pour Beate et moi, le procès de Lyon avait moins d'importance que le procès de Cologne où avaient été jugés deux organisateurs exceptionnels de la solution finale, Hagen et Lischka. De plus, le procès de Cologne réglait un problème judiciaire majeur entre la France et l'Allemagne, et nous étions les voisins de l'Allemagne et non de la Bolivie. Pour les médias internationaux, le procès de Lyon était plus sensationnel, car Barbie correspondait au stéréotype du criminel qui fuit le plus loin possible, mais n'échappe pas au châtiment. Les journalistes des médias français et internationaux piaffaient d'impatience à Lyon avant la première audience. La salle d'audience avait été installée, au prix de grands travaux, dans la salle des pas perdus du palais de justice de Lyon.

J'ai passé près de trois mois à Lyon, dans un petit appartement au troisième étage sans ascenseur, mais je pouvais en escalader à toute vitesse les marches pour rapporter au tribunal les documents nécessaires, car cet immeuble était situé en face de la porte d'entrée du tribunal. Au point de vue logistique et en considérant la tonne de documents que j'avais apportée à Lyon, cela valait le cinq étoiles de Vergès, même si le chat de ma logeuse dont elle m'avait confié la garde faisait, la nuit, ses griffes sur ma poitrine.

Lors de la première audience, Barbie a redit ce qu'il n'avait cessé de dire : « Mes ennuis ont commencé quand cette femme [Beate] est venue en Bolivie. » Vergès a plaidé le rapt et a retiré Barbie de la scène. Or, la vedette du procès, c'était Barbie. Vergès l'avait bien compris, mais il voulait occuper le devant de la scène ; donc Barbie *out*, retour dans sa cellule. Le lendemain, les médias internationaux étaient pratiquement tous partis. Ne restaient que les médias français. Si Barbie a accepté de se retirer, sachant que, bien mieux que Vergès, il était en mesure de mettre mal à l'aise tous les témoins, c'est à mon avis parce que Vergès ou ses mandants ont soutenu financièrement sa belle-fille et ses petits-enfants. Même en se défendant personnellement avec opiniâtreté, Barbie ne devait pas avoir de doutes sur l'issue du procès. Au moins pouvait-il rendre service à ce qui lui restait de famille. Les autres avocats étaient furieux que Barbie se déclare forfait à son propre procès. Moi, pas du tout. Cela laissait l'accusation face à Vergès et non à Barbie, et c'était beaucoup plus aisé. Vergès connaissait mal les dossiers ; il ne s'opposait qu'à quelques témoins, tels Raymond Aubrac ou Michel Thomas ; les autres, il les laissait parler et impressionner les jurés par leur dignité et le rappel des tortures physiques et morales infligées. Les témoins furent les vedettes douloureuses du procès et lui ont conféré sa véritable importance. Sans la présence de Barbie, ils ont pu s'exprimer librement pour la postérité : Ita-Rosa Halaunbrenner, Fortunée Benguigui, Léa Feldblum, Sabine Zlatin, Simone Lagrange, Marcel Stourdzé ainsi que toutes ces héroïnes de la Résistance qui ont pris la parole, Lise Lesèvre en tête.

Quand le télex d'Izieu a été présenté à l'audience, je me suis opposé avec véhémence à ce qu'il passe entre les mains de Vergès sans être protégé : un télex est composé de bandes de papier collées ; il lui aurait suffi d'endommager le document pour en discuter ensuite l'authenticité. Avec ce document allemand et d'autres, tous authentifiés par les procureurs de Cologne, que nous avions fait venir comme témoins, le doute n'était pas permis.

Plaider le premier donne le trac. J'ai préparé cette plaidoirie au café des Négociants à Lyon, et c'est Arno qui, parcourant le brouillon, m'a conseillé d'ajouter après le rappel du destin de chaque enfant une formule reprenant le prénom de l'enfant : « Hans n'est pas revenu » ; « Monique n'est pas revenue ». Un article publié dans *Libération* en a rendu compte :

« *Maître Serge Klarsfeld ne plaide pas. Il ne jette pas ses manches vers les moulures du plafond, n'use d'aucun effet de voix, parle avec tristesse, ne semble pas même être avocat. Non, M$^e$ Klarsfeld lit. Et cette*

*lecture, plus que certainement tout ce qui doit être
dit durant huit jours par les trente-neuf avocats de la
partie civile, bouleverse. Klarsfeld l'historien, le militant, le chasseur de nazis, l'auxiliaire de justice hanté
par le souvenir des quarante-quatre enfants d'Izieu.
Klarsfeld, qui se contente de prononcer le nom de ces
enfants, à la manière d'un appel de début de classe.
Quarante-quatre noms l'un après l'autre, récités dans
un silence de mort. Et leurs âges. Et quelques-unes
des lettres qu'ils ont écrites à leurs parents avant le
6 avril 1944. Il va lire leurs mots. Les faire entrer
dans la salle. Redonner le frisson... Me Vergès est
tendu ; il encaisse. Tout le monde encaisse. »*

Au terme de ma plaidoirie, Vergès s'est avancé
vers moi et m'a tendu la main. J'ai refusé de la
lui serrer. Il était notre ennemi et je n'étais pas au
théâtre. Je ne suis pas allé entendre sa plaidoirie ;
je me doutais qu'elle serait aussi odieuse que me
serait intolérable le silence que je devais garder par
respect pour la Cour.

La nuit du verdict, vers 2 heures du matin, je
me suis rendu à pied à la prison Montluc pour m'y
recueillir et remercier le Ciel, Dieu, l'Être suprême,
les hasards bénéfiques de l'Histoire ou les conséquences de la volonté humaine d'avoir surmonté
cette épreuve qui avait duré seize ans.

# BEATE

# Walter Rauff : l'impunité dénoncée
## à Santiago du Chili

Fin 1983, je décide d'aller au Chili pour essayer d'obtenir l'extradition ou l'expulsion de Walter Rauff. C'est l'occasion, une fois de plus, de m'opposer à une dictature, celle de Pinochet, et à l'impunité d'un odieux criminel nazi.

Walter Rauff, soixante-dix-sept ans, vivait à Las Condes, un quartier résidentiel de Santiago. Son extradition avait été demandée par la République fédérale, mais refusée par la Cour suprême chilienne en 1963, les crimes de guerre y étant prescrits au terme de quinze ans après leur exécution. Comment accepter une telle situation ? Ce n'était pas avec la campagne de cartes postales lancée par Simon Wiesenthal que le général Pinochet, dictateur sanglant, allait se séparer de l'auteur d'actes barbares commis au nom d'un régime qui lui servait de modèle dans la répression des opposants.

Depuis le 13 mars 1961, Rauff faisait l'objet d'un mandat d'arrêt du parquet de Hanovre pour le meurtre d'au moins 97 000 Juifs par le moyen de chambres à gaz mobiles, autrement dit des camions à gaz. En 1941-1942, Rauff avait été le chef du groupe II-D de l'Office central de sécurité du Reich.

Ce groupe était responsable de la préparation et de l'équipement technique des commandos spéciaux d'extermination, les *Einsatzgruppen*, ainsi que de la mise au point, du fonctionnement et des réparations des camions à gaz, qui ont surtout opéré en Union soviétique.

Quand les chars de Rommel, pendant l'été 1942, se sont rapprochés d'Alexandrie et du Caire, Himmler a cru que les Allemands allaient mettre la main sur la Palestine : Rauff fut envoyé à Athènes, pour organiser la liquidation des Juifs de Palestine. Ce fut une déception compensée par l'envoi de Rauff en Tunisie en novembre 1942, au moment où l'invasion allemande livrait aux SS des dizaines de milliers de Juifs. Rauff a terrorisé la communauté juive tunisienne : la maîtrise britannique navale de la Méditerranée l'empêchait de déporter les Juifs tunisiens vers l'Europe, comme le furent plus tard les Juifs de Rhodes ou de Corfou, plus proches du continent ; mais il leur infligea des rançons colossales en argent, en or, en bijoux, et mit les hommes aux travaux forcés avec des brutalités, des exécutions sommaires et une alimentation insuffisante. Si sa cruauté ne fit pas plus de victimes, on le doit probablement au respect des règles de la guerre par le commandant militaire allemand en Tunisie, le général von Arnim, qui finit par capituler en mai 1943. Walter Rauff ne resta pas inactif ; après un bref séjour en Corse à la tête de la police nazie, où il ne put se saisir d'aucun Juif, il devint chef de la police de sûreté et des services de sécurité en Italie du Nord, dans la République de Salò où s'exerçait encore l'autorité de Mussolini. Rauff intensifia la lutte contre les résistants et multiplia les arrestations de Juifs, de l'asile de vieillards de Venise aux Juifs de Milan en passant par ceux de Florence. Des milliers d'entre eux furent déportés.

Nous nous sommes efforcés de diffuser sa photo en uniforme et long manteau de cuir au moment de son arrestation par les Américains dans son quartier général, l'hôtel Regina à Milan, le 30 avril 1945. Rauff s'échappa quelque temps après d'un camp américain dans le sud de l'Italie, passa de Naples à Rome, où il trouva refuge pendant plus d'un an dans des établissements religieux. Il enseigna les mathématiques et le français dans un orphelinat. Il s'installa à Damas en 1949 ; un coup d'État le priva de la protection du président Housni al-Zaïm. Il réussit alors à gagner l'Amérique du Sud et, *via* l'Équateur et la Bolivie, parvint au Chili ; le journaliste de *L'Express* Édouard Bailby le repéra dans le sud du pays, à Punta Arenas, où il était gérant d'une conserverie de poissons. D'aucuns prétendent qu'il a été l'un des dirigeants de la police politique de Pinochet ; cela me semble peu probable, même s'il est vraisemblable qu'il a collaboré avec la police politique chilienne après le putsch de 1973. Aucun gouvernement chilien, pas même celui d'Allende, n'a consenti à livrer Rauff.

*
* *

J'obtiens un visa de touriste d'une durée d'un mois au consulat chilien avec mon passeport allemand fin novembre 1983. J'arrive à Santiago le 19 janvier 1984 et fais savoir par un communiqué la raison de mon intervention. J'emporte avec moi une lettre du procureur de Hanovre attestant l'existence d'un mandat d'arrêt lancé en Allemagne contre Rauff. J'ajoute à l'exposé sur les crimes de Rauff cette déclaration : « Ce n'est pas la première fois que je manifeste en Amérique du Sud pour y dénoncer la protection que des dictatures militaires odieuses accordent aux anciens bourreaux du peuple juif. J'ai manifesté il y a douze ans dans la Bolivie du colonel Banzer pour y démasquer Barbie ; j'ai manifesté il y a sept ans à Buenos Aires et à Montevideo contre la répression policière qui s'y exerçait. Demain, dans un Chili qui voudrait tant se débarrasser du régime dictatorial du général Pinochet, je tenterai de mobiliser l'opinion publique pour que Rauff soit expulsé, comme l'a été Barbie en Bolivie à l'avènement d'un régime démocratique. C'est ainsi que j'assumerai mes responsabilités d'Allemande, comme je l'ai toujours fait, et que j'affirmerai sur place, en tant que militante des droits de l'homme, ma solidarité avec le combat du peuple chilien pour le rétablissement de ses libertés. »

Je m'installe à l'hôtel Cordillera et commence par approcher des mouvements de jeunesse juifs par l'intermédiaire d'un étudiant juif bolivien, Salomon.

Le 27 janvier, je conduis une manifestation de jeunes Juifs chiliens qui ont eu le courage de s'opposer à leurs parents inquiets de voir leurs enfants troubler l'ordre public d'une implacable dictature. Notre cible : le domicile de Rauff, Calle Los Pozos 7230. Nous en taguons les murs ; je brandis un poster ; mes amis lisent le nom des camps d'extermination. Des policiers insistent pour que je renonce et, devant mon refus, finissent par me soulever et m'emmener au loin. Le 31 janvier, je récidive. Des opposants à Pinochet ont pris contact avec moi ; nous nous donnons rendez-vous à Constitution Plaza devant le palais de la Moneda, siège de la dictature du général Pinochet. C'était la première manifestation en ce lieu symbolique sous les fenêtres du bureau du dictateur. La police intervient en force, enlève les meneurs et nous conduit en autocar dans un poste de police. Nous sommes rapidement relâchés. La presse chilienne fait ses gros titres de ces événements inédits.

À Paris, Serge et les Fils et filles organisent le 3 février une grande manifestation devant l'ambassade chilienne ; des centaines de nos amis y participent, mobilisés par les images de mon interpellation devant le quartier général de Pinochet. Le 7 février, je suis convoquée à 8 h 30 à la police pour y répondre de l'organisation d'une manifestation illégale à la Moneda.

Entre-temps, je reçois un important appui. J'avais rencontré peu après mon arrivée l'ambassadeur d'Israël au Chili. Le 25 janvier, Moshe Nissim, ministre de la Justice à Jérusalem, a demandé l'extradition de Rauff, et le 1er février David Kimche, directeur général du ministère des Affaires étrangères israélien, a fait une visite inopinée à Santiago. Au cours d'une entrevue avec le chancelier Jaime del Valle, il a demandé l'extradition de Rauff vers Israël et a essuyé un refus immédiat. L'ambassadeur allemand Herman Holzheimer a alors déclaré que si Rauff devait quitter le Chili, c'est en Allemagne qu'il devait être jugé. L'ambassadeur de Grande-Bretagne tente lui aussi une démarche dans la même direction, mais, comme l'écrit le correspondant de l'Associated Press : « Augusto Pinochet n'est pas la personne qui autoriserait une expulsion. »

Je quitte le Chili le 9 février 1984. Certes, Rauff n'en a pas été expulsé ; mais il ne mourra pas sans avoir entendu les jeunes Juifs manifester devant sa porte, arborant des étoiles jaunes. Il meurt le 14 mai 1984. Lors de ses obsèques, les télévisions du monde entier diffusent les images des bras tendus des vieux nazis au-dessus de la tombe de Rauff.

Cette campagne au Chili révèle la protection dont bénéficient les criminels nazis dans les dictatures sud-américaines. Pas question pour autant de me démobiliser. Je repars bientôt dans une autre dictature, au Paraguay, celle du général Alfredo Stroessner, cette fois à la poursuite de Josef Mengele.

## La traque de Josef Mengele

Quand j'arrive à Asunción, le 9 février 1984, le dossier Mengele, que j'emporte avec moi, est volumineux. Nous nous sommes intéressés très tôt à son cas, dont rien ne peut égaler le degré d'inhumanité des soi-disant expériences médicales auxquelles il se livrait sur les Juifs et les Tziganes.

En 1973, notre amie Lisa avait accepté d'enquêter au Paraguay et d'essayer d'y recueillir des informations sur lui. Nous savions qu'il était riche, qu'il avait quitté l'Allemagne pour l'Argentine quelques années après la défaite, et que, peu avant l'enlèvement d'Eichmann en 1960, il avait été prévenu par l'ambassade allemande des démarches entreprises pour demander son extradition d'Argentine, où il vivait sous son propre nom. Mengele avait filé au Paraguay, où le dictateur Alfredo Stroessner lui avait accordé la nationalité paraguayenne en 1959.

Lisa est revenue du Paraguay avec les conclusions suivantes :

*« Je suis partie cet été au Paraguay avec le but de trouver Mengele, mais dès le début il me semblait difficile, dans les vingt-huit jours de temps que*

*j'avais seulement, d'atteindre ce but. La plupart des Allemands du Paraguay vivent dans les colonies à l'intérieur du pays, ce sont des agriculteurs venus au début du siècle dans ce pays. À Asunción, un certain nombre d'Allemands appartiennent à la classe dirigeante et ont un rôle important dans l'économie du pays. C'est surtout cette classe qui paraît intéressante pour obtenir des renseignements à propos de Mengele. La difficulté est d'entrer en contact avec eux, car il n'y a pas de lieu de rencontre officiel à Asunción. J'étais invitée dans une de ces familles ; pour eux et leurs amis, Hitler et le national-socialisme représentaient la cohésion pour les colonies allemandes pendant la guerre. Pour ces gens, ça n'a rien d'incorrect si M. vit vraiment au Paraguay. Mais à ce sujet ils n'en savent pas trop ou ne veulent trop en savoir. La connaissance la plus intéressante qui aurait pu être tellement utile, je l'ai faite peu de temps avant mon départ : un homme d'affaires, propriétaire de plusieurs boîtes et de deux estancias. Il faisait partie de l'entourage du président Stroessner et l'accompagnait pendant son voyage en Allemagne cet été. J'ai passé quelques jours avec lui, mais cette rencontre était trop tardive pour pouvoir en profiter. Je suis sûre que cet homme sait où se trouve Mengele, mais il ne le dirait pas à celui qui pose la question ouvertement. Avoir beaucoup de temps est absolument nécessaire pour pouvoir obtenir un résultat. Il faut fréquenter beaucoup de gens et établir des contacts durables afin d'avoir leur confiance et attendre l'occasion où l'on peut parler de Mengele. J'ai aussi séjourné dans un foyer entretenu par des colonies allemandes. La directrice, une jeune femme de la colonie Hohenau – qui se trouve dans le Sud, tout près de la frontière argentine –, me disait que Mengele avait vécu dans cette colonie après la guerre, mais qu'il en était parti depuis des années, on ne sait pas où, probablement au Brésil. J'en ai eu la confirmation. Un Belge, propriétaire de l'hôtel El Tivol del Paraguay – un hôtel de luxe où les bourgeois passent un ou deux mois de l'été –, m'a confirmé que M. avait vécu à Hohenau sous son vrai nom, mais qu'il avait aussi des papiers argentins. Il venait souvent à son hôtel avant l'enlèvement d'Eichmann, mais depuis il avait disparu. C'est possible qu'il soit dans la région, se cacher ici est facile, me disait cet homme. (J'ai appris plus tard que c'était un nazi condamné à mort en Belgique.) Après de nombreuses discussions avec d'autres gens des colonies pendant ce mois au Paraguay, il me paraît possible que Mengele se trouve dans la région de l'Alto Paraná, à côté de la frontière argentine ou bien au Brésil. »*

Lisa avait vu juste.

Nos engagements prioritaires nous avaient empêchés d'aller plus loin dans ce dossier, mais nous ne l'avions pas perdu de vue. En 1983, nous rencontrons à Francfort le procureur Hans-Eberhard Klein, en charge du dossier Mengele. Nous pensons que la famille Mengele, qui possède une grande entreprise de machines agricoles à Günzburg, l'entretient. Ses liens avec sa famille subsistent : à Buenos Aires, il a dirigé la filiale, constituée en 1957, de la firme Mengele, la Fadro Farm. Après un premier mariage en 1939 avec Irène Schönbein, qui lui a donné un fils, Rolf, né le 16 mars 1944 à Fribourg, Mengele a divorcé en 1954 et s'est remarié le 25 juillet 1958 à Celebrado en Uruguay avec Martha, la veuve de son frère Karl Thaddeus, décédé en 1949 ; le fils de Karl Thaddeus et de Martha, Karl-Heinz Mengele, né en 1944 également, devint patron de la firme avec son cousin, Dieter, fils d'un autre frère de Josef, Alois. Après son mariage avec Josef Mengele, Martha et son fils se sont installés en Argentine jusqu'en 1961, puis sont repartis en Europe, à Zurich. Une situation compliquée, mais qui montre bien que derrière Mengele il y a sa famille.

Une perquisition au siège de la firme et chez les membres de la famille à Günzburg réglerait l'affaire. Mais le procureur a peur de « se planter », et par ailleurs il ne peut suivre Rolf, le fils, dans ses déplacements à l'extérieur de l'Allemagne. Nous allons le faire pour lui grâce à Lisa, qui s'est installée à Berlin où elle termine de brillantes études.

Le matin, à l'heure du courrier, elle passe au domicile de Rolf, juriste qui demeure lui aussi à Berlin ; elle s'empare de son courrier, l'emporte, l'ouvre, photocopie ce qu'elle y voit d'intéressant – surtout les relevés de cartes de crédit –, le remet dans sa boîte à lettres et nous envoie le tout à Paris. Cela tous les matins à partir de 1983, quand nous apprenons que Rolf vit à Berlin. Un jour, Lisa a l'audace de pénétrer dans l'appartement de Rolf, comme elle l'a fait chez la fille de Brunner. Elle a vu Rolf sortir, puis sa femme, Almut, et leurs enfants : elle ne sait pas de combien de temps elle dispose. Une fouille rapide lui permet de découvrir dans un tiroir un passeport : celui d'un homme jeune, Wilfried Busse, né le 26 juillet 1947, à peu près en même temps que Rolf, né en 1944 ; passeport C5479673 délivré en 1970 ; 1,80 mètre, la taille de Rolf, et le tampon « Brésil arrivée 11 août 1977 – départ 23 août 1977 ». Lisa remet le passeport en place. L'information est précieuse. Rolf est allé en 1977 en Amérique du Sud pour y rencontrer son père sous l'identité d'un militant d'extrême droite, Busse, soit au Brésil, soit au Paraguay ou dans un autre pays voisin en partant du Brésil et en y revenant pour rentrer en Allemagne et brouiller les pistes. Nous communiquons ces renseignements au parquet de Francfort, qui reste apathique.

J'espère que ma campagne au Paraguay va décider le procureur à perquisitionner chez les Mengele. Malheureusement, la démission de Menahem Begin de son poste de Premier ministre a mis un terme à l'initiative qu'il avait prise le 28 août 1980 de créer un comité spécial pour étudier les moyens de mettre fin à l'impunité de criminels nazis notoires.

Je suis reçue à Asunción par le ministre de l'Intérieur, Sabino Montanaro, par le ministre de la Justice, Eugenio Jacquet, et par le président de la Cour suprême, Luis María Argaña. Au cours de ces entretiens, ils m'assurent ne pas savoir où se trouve Mengele, qu'il a très probablement quitté le pays après avoir été privé, le 8 août 1979, de la nationalité paraguayenne accordée le 27 novembre 1959. C'est possible ; mais je pense que Stroessner et son efficace police politique savent où Mengele s'est réfugié, que ce soit au Paraguay ou ailleurs. Je poursuis ma pression. Je convaincs mes contacts militants du parti libéral radical d'opposition de me suivre au palais de justice d'Asunción pour une manifestation exceptionnelle au Paraguay, au cours de laquelle nous réclamons l'extradition de Mengele. Sur les marches du tribunal, le 17 février 1984, à 10 h 30, je brandis une pancarte, accompagnée d'une trentaine de vaillants militants peu habitués à manifester devant des policiers. « *General Stroessner, usted ayudo a proteger a Mengele. Ahora ayude a traerlo a la justicia* » ; « *El pueblo paraguayo no quiere a Mengele en su pais* » (« Général Stroessner, vous avez protégé Mengele ; aidez à le traduire en justice » ; « Le peuple paraguayen ne veut plus de Mengele dans son pays »).

La police me surveille étroitement ainsi que ceux qui s'approchent de moi, comme le général Andrés Rodríguez ou l'ancien ministre de l'Intérieur Edgar Ynsfran. Je sais aussi par Serge que les médias occidentaux ont popularisé ma campagne ; on m'a affublée du surnom de « *marathon woman* ».

L'affaire Mengele est relancée. Je repars le 19 février et donne le lendemain à New York une conférence de presse à l'American Jewish Committee, où les journalistes se bousculent pour entrer. Les États-Unis sont impliqués puisqu'il s'avère que Mengele avait été arrêté en 1947 dans la zone d'occupation américaine et qu'il avait été libéré. Une enquête officielle est ouverte. J'en profite pour revenir au Paraguay le 22 novembre 1984, cette fois avec le procureur de Brooklyn, Elizabeth Holzmann, le président des survivants de Bergen-Belsen, Menachem Rosensaft, et le prêtre catholique René Valero de Brooklyn. Notre quartier général : l'hôtel Casino Ita Enramada. Nous nous entretenons quotidiennement avec des personnalités paraguayennes, des ministres, des magistrats que j'ai déjà rencontrés en février. C'est un travail de fond : il s'agit de pousser à bout le Paraguay de Stroessner qui a protégé Mengele pendant une vingtaine d'années.

Quelques jours plus tard, notre délégation quitte Asunción et regagne New York. En Israël, les « jumeaux » de Mengele se mobilisent : un jury international les entend en 1985 au cours de quinze heures d'audition. Souvent, Mengele a dirigé leurs parents vers la chambre à gaz en épargnant les enfants pour leur faire subir ses cauchemardesques expériences médicales.

La mobilisation internationale s'intensifie et fait pression sur la justice allemande. Je repars pour Asunción le 17 mai 1985, cette fois avec un avis de recherche et une prime substantielle pour qui fournira des renseignements. Cet avis sera publié par des journaux paraguayens et par *O Estado de São Paulo*. Je suis passée par Buenos Aires, où m'ont accueillie avec affection les « Madres de la plaza de Mayo », victimes de la junte des colonels et qui n'ont pas oublié que j'étais venue manifester en Argentine en mai 1977, au plus fort de la répression.

À Asunción, je reprends ma chambre à l'hôtel Guarani. Les dirigeants de la Ligue des droits de l'homme et des journalistes m'attendent à l'aéroport. J'ai préparé du matériel documentaire que, après de

longues discussions, la censure interdit à la télévision
de diffuser. *El Diario* m'accuse chaque jour de mener
campagne contre le Paraguay. Le 24 mai, je conduis
une petite manifestation jugée « pacifique » par la
police, qui ordonne aux manifestants de quitter le
palais de justice et de se disperser. Je reste seule avec
mon poster : « *Stroessner, tu mientes al decir que no
sabes donde esta el SS Mengele, no vayas a Alemania
sin el* » (« Stroessner, tu mens quand tu dis que tu
ne sais pas où est le SS Mengele ; ne pars pas pour
l'Allemagne sans lui »). Je veux empêcher la visite
officielle en Allemagne de Stroessner prévue pour
le 3 juillet 1985.

Tous les jours, la presse commente mes interventions. Le 28 mai, Pastor Coronel, chef du département des enquêtes de la police, rapporte à son
supérieur, le général Francisco Borges, que : 1° je
suis venue provoquer l'opinion publique nationale
et internationale contre le Paraguay et son gouvernement légitimement constitué ; 2° je me suis permis
de traiter de « menteur » Son Excellence le président
de la République, général d'armée don Alfredo
Stroessner. La sanction pour cette infraction étant
définie par l'article 6 de la loi n° 209, il suggère
« respectueusement » mon expulsion du Paraguay.

Le 29 mai, un journaliste fait savoir à la police
que je prépare pour le lendemain une manifestation devant l'ambassade allemande contre la visite de
Stroessner en Allemagne. Le 30 mai à 10 h 20, je me
présente seule en face de l'ambassade allemande avec
ma pancarte : « *No a la invitacion a Alemania al pro-
tector de Mengele, El dictator Stroessner* » (« Non à

l'invitation en Allemagne du protecteur de Mengele, le dictateur Stroessner »). L'ambassadeur allemand, Walter Groener, approuve ma démarche. Je suis chassée de mon hôtel par le propriétaire, qui juge mon comportement « offensant et irrespectueux ». On m'accuse d'« une campagne diffamatoire dans laquelle sont impliqués des secteurs d'opposition évidemment manipulés par le communisme international », et la presse reprend en chœur ce refrain.

Mes objectifs seront pourtant atteints à mon retour en Europe : 1° Stroessner a reporté sa visite en Allemagne à une date indéterminée, et il n'y remettra jamais les pieds ; 2° la perquisition que la justice allemande a finalement effectuée le 31 mai 1985 à Günzburg a porté ses fruits : la mort de Mengele le 7 février 1979 au cours d'une baignade a été révélée.

*
* *

Je retourne à nouveau en Argentine le 21 décembre 1987 pour y demander l'extradition de Josef Schwammberger, qui dirigea le ghetto de Przemysl en Pologne. En 1982, Serge avait publié les Mémoires de Markus Wolfshaut, survivant de ce ghetto. Quand Schwammberger fut repéré à Buenos Aires et son extradition réclamée par l'Allemagne, nous avons constitué un dossier de témoignages de Wolfshaut et de Henri Gourarier (ex-Heinz Leibowicz), témoins oculaires de meurtres commis par Schwammberger. Par notre entremise, ils se sont portés parties civiles à Stuttgart pour leurs parents assassinés.

Serge et moi sommes allés à Stuttgart déposer leurs plaintes. Nous avons fait traduire tous ces documents en espagnol et je les ai remis à Buenos Aires au procureur général de la Nation, Jose d'Alessio, et au procureur de la capitale, Jaime Malamud Goti. L'extradition a été accordée en 1988 et, le 12 mai 1992, Schwammberger a été condamné à Stuttgart à la prison à perpétuité. L'occasion pour moi d'embrasser les « Mères de la place de Mai ». Notre dernière rencontre avec Hebe de Bonafini à Buenos Aires date de septembre 2010, quand je fus l'invitée d'honneur de la présidente de l'Argentine, Cristina Kirchner, pour parler du combat pour la justice et pour la mémoire à un colloque international sur la Shoah.

# L'affaire Kurt Waldheim (1986-1987)

Ayant appris par des révélations du milieu politique autrichien publiées à Vienne que Kurt Waldheim avait menti sur son passé militaire, le Congrès juif mondial réuni à New York en 1986 a constitué un remarquable et volumineux dossier. Secrétaire général des Nations unies pendant dix ans au sommet du gratte-ciel de l'ONU à New York, Waldheim était dans les archives du sous-sol de ce même bâtiment un criminel de guerre catalogué dans la même catégorie que Barbie, et cela à la suite du dépôt par la Yougoslavie en 1948 d'un dossier détaillé rendant compte de ses crimes.

Si Israël n'a pas vérifié le passé de Waldheim en 1972, c'est probablement parce que Simon Wiesenthal, lui-même autrichien et vivant à Vienne, ne s'est curieusement pas exprimé à l'époque. Israël pouvait croire que Waldheim était blanc. Pourquoi Wiesenthal n'a-t-il rien dit ? Soit son enquête a été un échec, soit il n'a pas fait d'enquête par sympathie pour Waldheim ou pour le parti politique qu'il soutient.

Serge et moi avons révélé que, après la déportation de 42 000 Juifs de Salonique, occupée par les

Allemands, le général Löhr et son état-major, dont faisait partie Waldheim, avaient fait pression sur les militaires italiens en Grèce pour qu'ils déportent, eux aussi, les Juifs grecs de leur zone d'occupation.

Coopérant avec le Congrès juif mondial, nous participons à la recherche de documents montrant l'implication de Waldheim dans la répression en Yougoslavie et dans les déportations en Grèce. Je m'emploie surtout à empêcher son élection, qui semblait ne pas poser de problème.

Je pars pour Vienne en mai 1986 et, avec de jeunes Autrichiens, j'organise plusieurs manifestations dans la capitale et en province, à Graz ou à Amstetten. Je suis parfois rudoyée, souvent insultée ; mais j'aide à faire entendre l'opposition à Waldheim.

Le 25 juin 1987, alors que Serge participe à la trentième audience du procès Barbie, je m'efforce de mobiliser l'opinion à Rome pour qu'elle prenne conscience du scandale que représente la rencontre au Vatican d'un président autrichien discrédité par ses mensonges sur son passé et d'un pape polonais soucieux d'améliorer les relations de l'Église catholique avec les Juifs. Si cette rencontre avait eu lieu, c'était bien pour afficher le soutien de la papauté à Waldheim, dont les voyages officiels dans les pays occidentaux étaient boycottés. Il ne pouvait se rendre que hors des pays de l'Union européenne et des États-Unis – ces derniers venaient de le placer sur une *watch-list* lui interdisant l'accès au territoire américain.

Il fallait marquer cette visite du sceau de la honte. Pour cela, j'avais quelques soutiens, notamment celui du rabbin Avi Weiss de Riverdale, qui militait déjà à mes côtés à Vienne et qui est venu exprès de New York avec trois autres rabbins, Robert Frauenglas, Chik Rïkto et Bernard Glickman. De nombreux jeunes de la communauté juive de Rome étaient également décidés à exprimer leur désapprobation envers Waldheim, mais aussi envers ce pape qui avait été le premier à se rendre à la synagogue de Rome. Cette visite déboussolait beaucoup de catholiques : les cardinaux Decourtray et Lustiger ont déclaré dans un communiqué commun « ne pas comprendre le sens de cette visite ».

Arrivée à Rome avant Waldheim, le 24 juin, j'ai apporté de quoi réaliser mon plan. Puisque c'est avec une fumée blanche qu'on annonce une élection pontificale, je vais déclencher au passage de Waldheim devant le Vatican un panache de six fumées noires symbolisant les six millions de Juifs assassinés. J'ai apporté des bombes fumigènes, mais je ne sais pas les manier. J'ai réservé une chambre, la 418, à l'hôtel Colombus, donnant sur la Via della Conciliazione qui mène à Saint-Pierre de Rome. Nous décidons vers 16 heures de faire un essai et d'étudier le dégoupillage de ces fumigènes. C'est un désastre : le fumigène se déclenche dans la chambre, qui s'emplit de fumée et prend feu. Nous lançons l'alarme et prenons la fuite. Notre échec sera une réussite totale : les pompiers accourent, la police aussi ; on croit d'abord à un attentat ; les médias s'affolent :

cet incident fera les gros titres du lendemain, et moi, je suis celle par qui le scandale arrive.

L'incendie éteint, je me précipite à l'aéroport de Fiumicino avec mes quatre rabbins afin d'accueillir Waldheim comme il le mérite ; mais la menace d'attentat, renforcée par l'épisode des fumigènes, entraîne notre interpellation vers 20 h 30. Nous sommes très vite relâchés, et je finis la nuit dans l'hôtel des rabbins.

À la lumière des événements de la veille, le gouvernement italien, qui s'est bien gardé de recevoir Waldheim et qui n'a délégué à l'aéroport que le chef du protocole, a pris ses précautions : l'immense place Saint-Pierre est vide et l'accès au Vatican est interdit par des cordons de police ; Waldheim et son cortège ne peuvent s'y rendre que par un parcours latéral beaucoup moins prestigieux. Le Vatican est un camp retranché. La manifestation ne rassemble que des Juifs et des journalistes – presque aussi nombreux ; mais les photos de Juifs revêtus des défroques de déportés entourés de policiers devant la basilique Saint-Pierre font le tour du monde, montrant une visite contestable et contestée. Les ambassadeurs américain, anglais, allemand se sont abstenus de participer à la réception de Waldheim. Nous avons réussi à lui faire obstacle, mais ce n'est que partie remise, car il se rend en visite officielle en Jordanie du 1er au 4 juillet. Il y va ; j'y vais aussi.

Le roi Hussein de Jordanie appelle Waldheim « *dear friend* », « cher ami » : secrétaire des Nations unies pendant dix ans, Waldheim a plutôt rendu service à la cause des Arabes. Je suis arrivée à Amman par la Royal Jordanian Airline sous mon nom de jeune fille et j'ai réservé une chambre à l'Intercontinental. Le 2 juillet, je me rends au ministère des Affaires étrangères avec un grand volume blanc : le dossier Waldheim constitué par Israël Singer et Ilan Steinberg. Je suis reçue chaleureusement par un officiel jordanien, jusqu'à ce qu'il prenne connaissance du contenu du document que je veux lui remettre ; il refuse que je lui laisse le dossier et me raccompagne courtoisement à la sortie. Sous ma veste que je retire au moment opportun – c'est-à-dire devant les photos gigantesques de Waldheim et du roi Hussein –, un tee-shirt noir avec ces trois mots : « *Waldheim muss weg* », « Waldheim doit partir ». Bien entendu, je suis interpellée par la police, emmenée dans un commissariat, puis relâchée et placée sous surveillance dans ma chambre d'hôtel. Le porte-parole jordanien des Affaires étrangères rappelle à la presse que je suis un grand défenseur de la cause juive, que les manifestations publiques sont interdites depuis 1967, que je dois laisser Waldheim en paix et que je suis invitée à quitter la Jordanie – invitation pressante à laquelle je me plie sans regret. J'étais seule, mais, par la grâce d'une photo réussie, j'ai été dans le monde occidental l'invitée vedette de la rencontre Waldheim-Hussein, parvenant à faire passer mon message.

Je suis revenue à Vienne le 9 décembre 1987, le 5 et le 12 mars 1988, chaque fois pour y manifester. Au printemps 1988, nous apprenons que le pape va

rendre en juin à Vienne la visite que Waldheim lui
a faite au Vatican. Serge, Arno et moi imaginons
que l'un de nous – ce sera Arno – endossera l'uniforme que revêtait Waldheim pendant la guerre, et
qu'un autre – ce sera tour à tour nos amis Benjamin
Asenhejm et Willy Gruska – portera la robe immacu-
lée du pape. Nous projetons de prendre une chambre
avec balcon dans l'hôtel qui fait face à la cathédrale
Saint-Étienne : les badauds rassemblés pour fêter
Waldheim et Jean-Paul II verront au balcon un autre
Waldheim, aussi authentique que l'autre. Cette partie
du scénario se déroule comme prévu.

Au même moment, de jeunes Juifs américains
manifestent sur la place.

Le lendemain. La scène se passe dans la rue. Notre
groupe s'est rendu à la Nonciature tôt le matin ; je
m'avance en tête, suivie d'Arno en uniforme allemand avec les décorations de Waldheim et la croix
gammée, ainsi que de Willy qui porte le costume
papal ; les autres brandissent des pancartes. Des policiers se ruent sur nous. Arno est jeté dans une voiture de police, Willy également. Le reste du groupe
est embarqué. Nous voici tous dans un poste de
police de la Taubstummengasse ; un policier décoche
des coups de pied à Arno. Je me lève et gifle le policier, qui n'ose pas riposter. On prend les empreintes
digitales de chaque doigt d'Arno ; il s'exécute, puis,
posément, essuie ses doigts sur la chemise blanche
du policier qui hurle, mais se retient de frapper.
Pendant plus de six heures, nous sommes enfermés
dans des cellules avant d'être libérés.

C'est en Turquie que j'ai mené avec le rabbin Weiss ma dernière manifestation contre Waldheim. Nous atterrissons à Ankara le 1er novembre 1988, mais devons repartir pour Istanbul parce qu'il s'agit d'une visite privée de Waldheim qui souhaite, après un passage en Syrie et au Koweït, visiter la ville. Je déclare que « la Turquie partage le même passé que Waldheim », faisant référence au génocide des Arméniens. Nous nous présentons avec nos posters devant une école que le président turc, Kenan Evren, doit visiter avant de rencontrer Waldheim. Une nuée de policiers se jette sur nous. La suite est routinière en de pareilles occasions : le poste de police, l'interrogatoire, quelques heures au poste avant d'être libérés, déjà soulagés par la présence de la presse. Le lendemain, les gros titres et la photo de première page sont consacrés à notre manifestation, qui a jeté plus qu'une ombre sur cette visite de Waldheim dans un pays de l'OTAN. Confronté à la perte de prestige que Waldheim inflige à l'Autriche, le parti conservateur l'oblige à renoncer à se présenter.

Il nous faudra encore revenir en Autriche en 2000 pour y manifester contre l'entrée au gouvernement conservateur de l'extrême droite FPÖ, le parti libéral autrichien populiste et xénophobe de Jörg Haider, lequel avait vanté les mérites de la politique de l'emploi de Hitler et lancé des appels à la reconnaissance pour les Waffen-SS. Les partenaires de l'Autriche au sein de l'Union européenne protestent également contre cette nouvelle coalition et prônent une vigilance absolue.

C'est à la conférence de Stockholm, consacrée à la Shoah – où Serge était invité et qui a réuni du 26 au 28 janvier 2000 les représentants de quarante-six États –, qu'a été confirmée la formation en Autriche d'une nouvelle coalition gouvernementale entre les conservateurs et le parti de Haider. Pour l'ensemble des participants, plongés psychologiquement dans le génocide perpétré par le III$^e$ Reich, l'accession démocratique au pouvoir dans un pays de l'Union européenne d'un parti xénophobe et raciste, et d'un homme qui n'a cessé de se référer positivement à certaines valeurs du III$^e$ Reich, représentait une dérision, un défi, une humiliation historique, et la négation péremptoire de tout ce pour quoi ils s'étaient réunis. C'est ainsi que s'est décidée à Stockholm la réaction du noyau des quatorze qui, sous l'impulsion de la France, a déclaré que l'âme de l'Europe était incompatible avec les valeurs portées par un personnage comme Haider. Le boycott de l'Autriche a fini par être efficace et le parti de Haider s'est débarrassé de lui avant que les partis politiques « classiques » se débarrassent du parti de Haider. Toutefois, l'attachement des Autrichiens à leur identité nationale est si intense que l'extrême droite semble destinée à un éternel retour.

## À Beyrouth en secteur musulman

Quelques dizaines de Juifs libanais étaient restés à Beyrouth et n'avaient pas répondu à l'appel des forces israéliennes à quitter le pays quand elles se sont retirées du centre du Liban. Les Juifs libanais se croyaient à l'abri des violences de la guerre civile en raison de leur neutralité politique et de leur attachement au pays de leur naissance ou de leur choix. Pour une dizaine d'entre eux, enlevés en 1984 et en 1985, cette décision de ne pas déserter le Liban s'est révélée fatale. Haim Cohen et Isaac Tarrab ont été exécutés par l'Organisation des opprimés sur la Terre, qui exigeait la libération de tous les détenus de la prison de Khiam, au Sud-Liban, aux mains de milices contrôlées par Israël. Pas de protestation internationale, sinon celle des communautés juives ; la France ne bouge pas. Pourtant, Isaac Tarrab a obtenu son doctorat en mathématiques à la Sorbonne en 1939. Ce professeur respecté a formé des générations d'enseignants libanais. Nous ne pouvons admettre sans réagir ces assassinats et ceux qui menacent de suivre, même si nous savons que notre démarche a peu de chances de réussir.

Lequel de nous deux va partir ? Moi, puisqu'une solution semble dépendre en partie d'Israël et que ma présence au Liban après ce que j'ai déjà entrepris pour les Juifs en péril peut être utile. Je ne me sépare pas facilement de la famille, surtout quand il s'agit de plonger dans une ville où règne la violence ; mais comment pouvons-nous défendre la mémoire des Juifs assassinés il y a plus de quarante ans si nous ne défendons pas la vie de Juifs en danger ? Le message que je laisse en partant aux médias le 17 janvier 1986 est explicite : «Je vais à Beyrouth pour deux raisons. D'une part, pour y dénoncer sur place les assassinats de deux otages juifs. Ces crimes, commis contre des Juifs libanais uniquement parce qu'ils étaient juifs, rabaissent leurs auteurs au rang des criminels nazis. D'autre part, en tant qu'Allemande, consciente de mes responsabilités après l'Holocauste, je me sens toujours et partout solidaire des Juifs persécutés parce qu'ils sont juifs. C'est pourquoi je tiens à essayer de sauver la vie des cinq otages juifs libanais qui seraient encore en vie, et je vais proposer à leurs ravisseurs de libérer ces otages et de me prendre comme otage à leur place. »

À Paris – et c'est souvent le cas –, les militants juifs qui se dévouent pour une cause tout à fait légitime, comme celle des otages juifs libanais, acceptent difficilement que quelqu'un d'autre intervienne, et par un engagement plus visible parce que plus périlleux. Ils nous reprochent un manque de concertation. Mais, si la concertation avait eu lieu, elle n'aurait eu qu'un but : m'empêcher de partir.

J'ai pris un avion pour Chypre, puis le navire qui assure la liaison avec le Liban. Je n'ai pas de visa. Il me paraît plus facile d'entrer illégalement dans le pays par la mer. Quand le bateau accoste dans le port de Jounie, au nord de Beyrouth, je laisse tous les passagers débarquer. J'attends le bon moment et, puisque personne ne contrôle plus rien, je débarque avec ma valise. Je suis en secteur chrétien et cherche à gagner le secteur musulman à Beyrouth-Ouest, mais, quand je parviens en taxi à la frontière, la « ligne verte » entre les deux secteurs, la sûreté côté chrétien m'intercepte, contrôle mes papiers et me conduit dans un poste de police où je passe la nuit. Au matin, l'ambassadeur allemand, Ambrosius Eitel, m'obtient un permis de séjour de deux mois tout en me recommandant de repartir en raison des risques encourus. Je le remercie et vais en secteur musulman m'installer à l'hôtel Cavalier, celui des médias étrangers.

La presse libanaise rapporte l'objectif de ma venue. Le 3 février, Himat, un chiite, m'emmène en voiture dans la banlieue de Beyrouth. Il s'arrête ; une autre voiture stoppe à côté ; un homme jeune en sort. Nous parlons en anglais. Il me dit que les otages ne seront libérés que si tous les prisonniers de la prison de Khiam sont libérés avant eux. « Pourquoi vous en prenez-vous à des innocents ? – Parce que de toute façon tous les Juifs sont frères et tous les Juifs sont responsables. » Il doit reprendre contact avec moi s'il y a du nouveau.

J'informe Serge de ce premier contact. Il part pour Israël après avoir déclaré que je ne serais pas intervenue si deux otages n'avaient pas été exécutés, si quelque chose de concret avait été entrepris à leur sujet, et qu'il allait faire suivre à qui de droit les exigences des ravisseurs. Ses interlocuteurs en Israël l'assurent que tous les Juifs libanais ont été avertis en temps utile qu'il leur fallait partir, et qu'il n'était pas question de faire libérer par les milices du général Haddad des centaines de prisonniers.

Serge est prêt à me relayer à Beyrouth, où la presse occidentale m'évite. Roger Auque, qui veut me rencontrer, sera enlevé. À son retour, s'interrogeant sur la cause de son enlèvement, il écrivit :

> «*Alors, quel pouvait être cet obstacle qui empêchait ma libération ? Lors du séjour de Beate Klarsfeld à Beyrouth, les correspondants libanais de la presse française, ou encore les correspondants occidentaux, avaient en majorité fait l'impasse sur sa venue pour deux raisons. La première est que la plupart des correspondants de presse à Beyrouth sont plutôt anti-israéliens. La deuxième est qu'il y a toujours danger à interviewer une femme qui a des relations très étroites avec Israël, même si ses objectifs sont humanitaires. Pour moi, juifs ou pas juifs, ces otages sont d'abord des otages et le fait que Beate Klarsfeld prenne elle-même de grands risques en venant à Beyrouth était en soi un événement.*
>
> *Alors, est-ce précisément à cause de cette interview que je suis aujourd'hui dans un cachot ? Certaines organisations de Beyrouth ont-elles appris que j'avais*

*interviewé Beate Klarsfeld ? Il se révélait donc dan-
gereux de l'avoir interviewée[1]. »*

Le 10 février, je suis repartie bredouille pour
Paris, mais j'avais fait de mon mieux pendant plus
de trois semaines dans une ville où retentissaient
tirs, explosions et attentats. Deux jours plus tard,
Serge a pris le relais.

1. Roger Auque, avec Patrick Forestier, *Un otage à Beyrouth*,
Paris, Filipacchi, 1988.

SERGE

## Dans la gueule du loup

Je suis arrivé à Beyrouth le 20 février 1986 avec un visa de touriste. Beate était rentrée à Paris depuis deux jours. Elie Hallak, médecin juif réputé, notamment auprès des pauvres, vient d'être assassiné. À l'aéroport, en secteur musulman, les médias m'attendent. Je récite le communiqué que j'ai rendu public à mon départ : «Je viens protester publiquement contre les assassinats d'otages juifs libanais et lancer un appel aux dirigeants spirituels musulmans, lesquels ne se sont pas manifestés jusqu'ici, afin qu'ils condamnent les crimes antijuifs et qu'ils demandent que les otages survivants soient libérés [...]. Il faut essayer de raisonner les ravisseurs des malheureux otages juifs libanais, qui n'ont pas d'État pour les défendre, et leur répéter : votre affrontement avec Israël ne doit pas passer par la solution finale des derniers Juifs libanais qui ont choisi de rester au Liban parce qu'ils aiment leur pays et qui sont innocents de tout acte hostile envers les diverses factions qui se déchirent au Liban. »

Quand je descends du taxi à l'entrée de l'hôtel, on s'étonne de me voir arriver. Je savais que je risquais d'être enlevé entre l'aéroport et l'hôtel Cavalier. La voix allemande de Beate s'est fait entendre ; moi, je ne suis pas venu négocier, mais condamner les meurtres odieux et peut-être aider à ce qu'il n'y ait plus de rapts de Juifs. C'est une étrange sensation de sortir de l'hôtel, à peine ma valise déposée, pour me rendre au siège d'un journal musulman, de marcher dans des rues où tout peut arriver. La dernière fois que j'ai éprouvé ce sentiment, c'était dans les rues de Nice, quand nous essayions d'échapper aux rafles.

Tôt le matin, le téléphone sonne : c'est l'ambassadeur de France, Christian Graeff : « Si vous restez dans ce secteur, vous ne passerez pas la journée, après vos déclarations. Restez à l'hôtel, dans le hall, prêt à partir. » Je suis ce conseil. Deux véhicules blindés s'immobilisent devant l'hôtel ; des gendarmes français lourdement armés font irruption, m'entraînent dans une des voitures. Nous nous arrêtons devant un couvent et y pénétrons en courant, presque à quatre pattes à cause des *snipers*. Les gendarmes déposent des cartons ; nous repartons et franchissons en trombe la ligne verte. Je les remercie chaleureusement ainsi que l'ambassadeur et l'attaché militaire, avec lequel je déjeune et qui fut assassiné peu après.

Je suis rentré par la liaison maritime Beyrouth-Chypre, puis ai pris l'avion pour Paris. Aucun des malheureux otages n'a survécu.

Quelle leçon en tirer, sinon que, lorsqu'une immense vague antijuive déferle, les Juifs n'ont qu'une chose à faire : prendre la fuite à temps s'ils le peuvent ? Combien de Juifs allemands, patriotes, la Croix de fer au cou, ont été tués par les nazis ? Combien de Juifs français, la Légion d'honneur militaire à la boutonnière, ont été livrés à la Gestapo par Vichy ? Raoul Mizrahi, Haim Cohen, Isaac Tarrab, Elie Hallak, Elie Srour, Henri Mann, Ibrahim Youssef, Yehouda Benesti, Isaac Sasson, Selim Jammous : ces noms sont inscrits dans le grand mémorial de tous les Juifs mis à mort parce qu'ils étaient juifs. Beate et moi avions relevé avec patience et obstination les 80 000 noms des victimes de la Shoah en France ; les dix noms des otages juifs libanais exécutés, nous les avons inscrits à notre manière, nous jetant l'un après l'autre dans la gueule d'un loup qui ne se rend même pas compte de son absurde férocité.

\*
\* \*

Arno a suivi notre exemple l'année suivante, se jetant avec courage dans les griffes des sbires de Jean-Marie Le Pen. Après que ce dernier a lancé son « point de détail » en 1987, nous l'attaquons en justice, avec d'autres.

Arno veut l'affronter et se rendre au congrès du Front national, au Bourget, pour y protester. Alors que tous les camarades de la veille se défilent les uns après les autres, il décide d'y aller seul. Nous voudrions le dissuader, et ne pouvons le faire puisque nous lui avons montré la voie. En cette circonstance, Arno et nous savons qu'il ne peut pas ne pas être battu. Il a revêtu sous son blouson un tee-shirt où il a inscrit : « Le Pen nazi ». Quand il saute

sur la tribune près de Le Pen et que la foule voit
son tee-shirt, il est roué de coups par les gardes
du corps de Le Pen. La police le transportera à
l'hôpital Rothschild ; il perdit dans cet affrontement
solitaire quelques dixièmes de vision à l'œil droit. Il
a franchi l'épreuve d'initiation militante qu'il s'est
fixée ; jamais il ne reculera devant un danger qui
l'empêcherait de remplir ce qu'il considère être sa
mission.

## Péripéties dans les affaires
## Leguay, Bousquet, Papon

Le 3 novembre 1987, Jacques Chirac et Yitzhak Shamir, tous deux Premiers ministres, se rendent à Roglit, où je les accueille avec Annette Zaidman, notre secrétaire générale. Dans mon allocution, je souligne : « Cette volonté de nous souvenir de ce que fut le sort des Juifs de France, vous la partagez activement avec nous, monsieur le Premier ministre, et récemment encore vous avez pris l'initiative d'informer spécialement les élèves des lycées et collèges du contenu des lois antijuives de Vichy. Quel chemin parcouru depuis 1954, quand la censure frappait le film d'Alain Resnais, *Nuit et Brouillard*, parce qu'on pouvait y apercevoir le képi d'un gendarme devant le camp de Pithiviers ! » Jacques Chirac répond : « C'est avec une profonde émotion que je reviens ici, aujourd'hui, dans ce sanctuaire du souvenir pour saluer la mémoire de ces 80 000 victimes de la barbarie et de la folie des hommes, ces 80 000 martyrs de la Shoah dont les noms sont à jamais gravés dans nos cœurs. Voici leurs noms, voici leurs visages, témoignage vivant qui nous atteint dans notre mémoire collective. »

Aucun autre homme politique n'a témoigné une telle sensibilité à notre égard et une telle compréhension historique. Il savait comme moi que deux France s'opposaient pendant ces années sombres, celle de De Gaulle et celle de Pétain, mais que chacune d'elles était la France et qu'il fallait que la France d'aujourd'hui assume aussi la France de Vichy.

*
* *

L'affaire Papon connaît une fâcheuse péripétie : le juge d'instruction s'apprête à inculper le préfet de l'époque, Maurice Sabatier ; mais, pour juger un préfet, il faut passer par la Cour de cassation, et celle-ci a considéré le 11 février 1987 que le juge d'instruction aurait dû se rendre compte dès le début de son instruction de la possibilité de l'inculpation du préfet Sabatier. Seules les plaintes de nos parties civiles n'ont pas été annulées.

L'instruction recommence donc avec un nouveau juge, François Braud. Le 15 décembre 1987, je participe à l'audience de la chambre d'accusation où, avec les autres avocats, nous contestons la récente décision du parquet de procéder à une expertise historique. Un magistrat doit se fonder sur les faits, et non pas se réfugier derrière un historien. Le 5 janvier 1988, la chambre d'accusation de Bordeaux rejette cette demande du parquet.

Je publie un long document où, convoi par convoi, j'indique les noms des 1500 Juifs transférés de Bordeaux à Drancy avec leurs adresses, ainsi que les nombreux documents signés par Papon prouvant son implication. Nous l'envoyons à tous les parlementaires, à toute la presse et à des centaines de personnes dans la région de Bordeaux.

Papon est discrètement inculpé de nouveau en juillet 1988, et le préfet Sabatier l'est à son tour en octobre. Je réponds alors à de nombreuses interviews : «Parce que Papon est français et qu'il a occupé des fonctions respectables dans la France de l'après-guerre, la justice hésite à s'attaquer à lui. Prenons garde aux conclusions que pourraient en tirer les observateurs étrangers : la France aurait-elle d'un côté du chagrin pour les victimes de Barbie, de l'autre de la pitié pour les complices de Vichy ? »

À Paris, le nouveau procureur général est Pierre Truche, celui-là même qui a requis contre Barbie à Lyon. Je le rencontre ainsi que le procureur de la République, Marc Domingo, qui vient d'achever la rédaction de son réquisitoire contre Leguay. Avant l'été 1989, Leguay pourrait être renvoyé aux assises ; mais, le 2 juillet, Leguay meurt, et le préfet Sabatier le suit peu après. Nous obtenons du parquet de Paris que l'ordonnance du 11 septembre 1989 qui met fin à la procédure engagée contre Leguay ne soit pas réduite à une ligne, mais accompagnée des réquisitions très détaillées du procureur Marc Domingo, ce qui est exceptionnel et totalement inédit. Le juge d'instruction Jean-Pierre Getti retient contre Leguay sans la moindre atténuation sa « participation à des crimes contre l'humanité. Sa présence active aux réunions de la commission franco-allemande, les dépêches dont il est l'auteur, les instructions transmises par lui au nom de sa hiérarchie sont autant d'actes positifs volontairement accomplis dans le dessein (et avec le résultat) de faciliter l'exécution des opérations criminelles alors en cours à Paris et sur l'ensemble du territoire français [...]. Il convient de noter que les arrestations et déportations d'enfants, dont beaucoup âgés de moins de douze ans, ne pouvaient avoir aucune justification légale ni juridique ».

Cette ordonnance et ce réquisitoire remarquables font date dans l'histoire de la justice et marquent le chemin parcouru par la société française depuis l'immédiat après-guerre, quand la Haute Cour de justice de la France de la Résistance absolvait Bousquet, chef de la police de Vichy.

Dès le lendemain du jour où ont été rendus publics cette ordonnance et ce réquisitoire contre Leguay, le 13 septembre 1989, je porte plainte avec Charles Libman contre Bousquet pour crimes contre l'humanité au nom des FFDJF.

Déjà jugé (et acquitté) en 1949, Bousquet ne peut être jugé, comme ce fut le cas de Barbie, que sur la base de faits nouveaux. J'en ai soumis deux particulièrement importants à l'appréciation de la justice. Le premier concerne la suppression par Bousquet lui-même, le 18 août 1942, d'exemptions protégeant des enfants, ceux de deux à cinq ans, qui pouvaient être visés lors de la grande rafle du 26 août 1942 en zone libre. Le second concerne le rôle de Bousquet dans la décision d'apporter le concours de la police française lors de la rafle du Vél'd'Hiv. Le procès-verbal allemand rédigé par Herbert Hagen de la rencontre du 2 juillet 1942 entre les chefs SS et Bousquet ne faisait pas partie des documents que la Haute Cour avait examinés.

La Cour de cassation désigne la chambre d'accusation de Paris pour étudier le dossier de 1949 et décider si les faits que nous avons soumis sont réellement des faits nouveaux. Ils sont certainement aussi nouveaux que le télex d'Izieu, qui figurait dans le dossier des gestapistes de Lyon jugés en 1954. La justice française apprécie-t-elle de la même façon la nouveauté des faits concernant les agissements des chefs de la police de Vichy et ceux du chef de la Gestapo de Lyon ? C'est la question que nous posons. Je suis confiant, même s'il restera à la chambre criminelle de la Cour de cassation à déterminer si Bousquet doit être jugé par une Haute Cour de justice (qui n'existe plus) ou bien par la cour d'assises, comme je le souhaite.

Dans l'affaire Papon, il est absolument certain que des pressions s'exercent en très haut lieu pour retarder la procédure : après deux années d'instruction à plein temps de l'affaire, soudainement le juge Braud est promu et doit abandonner le dossier. Un nouveau juge est désigné, Mme Léotin ; combien de temps lui faudra-t-il pour absorber cet immense dossier ?

*
* *

Le 13 mai 1990, deux autocars emmènent les Fils et filles comme chaque année pour leur pèlerinage à Pithiviers et à Beaune-la-Rolande, où étaient implantés les deux camps qui ont accueilli les familles internées au Vél'd'Hiv, et qui ont vu la séparation forcée des parents de leurs 3 000 enfants en bas âge. Ce dimanche matin, nos autocars s'arrêtent avenue Raphaël et nous y manifestons sous les fenêtres de René Bousquet avec des banderoles : « La cour d'assises pour Bousquet », « Les enfants du Vél'd'Hiv réclament justice ». Le grand article d'Éric Conan dans *L'Express*, « Enquête sur un crime oublié », a profondément sensibilisé l'opinion publique. Celui de *Paris-Match* a suivi, avec en couverture une fillette en pèlerinage dans les camps du Loiret portant le badge de notre association des Fils et filles.

BEATE

## Contre Brunner, de New York à Berlin-Est

En novembre 1987 à New York, je rencontre Jesse Jackson, alors candidat à la présidence, pour lui parler de Brunner, et le convaincs d'écrire au président syrien, qu'il avait rencontré en 1984 et auprès de qui il avait obtenu la libération d'un aviateur américain dont l'avion avait été abattu au Liban. Nous sympathisons ; je l'accompagne dans une journée de sa campagne présidentielle, et Jackson rend publique la lettre qu'il a adressée à Assad le 10 décembre 1987, dans laquelle il lui demande l'extradition de Brunner « au nom de la paix et de la morale ». Pas de réponse. J'insiste auprès de Jackson, qui envoie le 14 avril 1988 une lettre de rappel insistante. « L'extradition de Brunner serait juste, l'acte d'un véritable homme d'État. » Toujours pas de réponse. En revanche, Brunner déclare au téléphone à un journaliste du *Chicago Sun Tribune* qui a réussi à le joindre : «Tous les Juifs méritaient de mourir parce qu'ils sont les agents du démon et des ordures humaines. Je n'ai pas de regrets et je le ferais de nouveau… »

Je me tourne vers la RDA, m'entretenant à l'Élysée avec Erich Honecker, président du Conseil d'État de la RDA, lors de sa visite officielle en France. François Mitterrand nous a invités, Serge et moi, et j'en profite. Honecker acquiesce à ma demande et met en branle les autorités compétentes est-allemandes.

Les démarches est-allemandes à Damas n'obtiennent pas plus de résultat que celles entreprises par la France. Le 16 janvier 1989, Oskar Fischer, ministre des Affaires étrangères, écrit à Honecker. Il lui montre les avantages de la solution expéditive que nous proposons – l'expulsion – ainsi que ceux d'un procès en RDA. Le 19 février 1989, le procureur général de la RDA écrit à Fischer que, après une rencontre avec moi le 12 février, une demande officielle d'extradition a été présentée à la Syrie. Mais le régime d'Assad est plus solide que celui de Honecker. Le clan Assad doit être reconnaissant à Brunner pour les services rendus dans les années 1960, et apprécier son comportement à l'égard des Juifs.

J'organise à New York une manifestation d'organisations juives devant le consulat syrien, sur la 2e Avenue, le 6 novembre 1988. J'ai sympathisé avec un membre du Congrès, Michael R. McNulty, qui a introduit une résolution à la Chambre des représentants demandant au président Bush d'intervenir personnellement auprès du président Assad pour obtenir l'extradition de Brunner. Ce sera la résolution 129 de la 1re session du 102e Congrès des États-Unis. Elle n'aura pas de suite concrète.

Le 10 juin 1988, le juge Claude Grellier, avec lequel Serge coopère étroitement, a lancé un mandat d'arrêt international et, le 27 décembre 1988, la France demande à la Syrie l'extradition de Brunner. La Syrie répond qu'elle n'a pas connaissance de la présence de Brunner sur son territoire.

SERGE

## À Damas, contre Brunner

En janvier 1990, je me rends à l'ambassade de Syrie à Paris et y obtiens, ô surprise, un visa d'affaires ; ce qui signifie pour moi que l'ambassade souhaite, avec l'accord de Damas, que l'affaire soit traitée sur place entre les autorités compétentes et l'aiguillon que Beate et moi représentons. J'écris et fais traduire en arabe une lettre au président Assad lui demandant sa coopération, et je la rends publique à mon départ le 10 janvier 1990.

À l'ambassade de France, on me confirme que je serai reçu en fin de matinée par le vice-ministre syrien des Affaires étrangères. Puis j'apprends que le rendez-vous a été annulé. Je vais à l'ambassade allemande, où l'ambassadeur me confirme son impuissance. Tout ce qu'il peut me promettre, c'est une note à Bonn. Quel comportement adopter face à cette fin de non-recevoir ? Je me rends au siège du Conseil de l'Ordre des avocats local : on m'écoute, on note, mais je sens que mon propos ne mobilise pas mes interlocuteurs, qui acceptent quand même de remettre ma lettre à la présidence.

Je suis suivi depuis le matin par un policier en civil. En désespoir de cause, je choisis la carte de l'humour : je rentre à l'hôtel et demande à louer une salle publique, un théâtre pour y tenir le lendemain soir une conférence dont je donne le thème : « Les criminels nazis de Klaus Barbie en Bolivie à Alois Brunner en Syrie ». On me répond qu'on m'a trouvé une petite salle. Je ressors pour aller à l'AFP et prends un taxi. Le policier qui me suit s'avance et parle au chauffeur. Je m'adresse à lui et lui propose de monter dans mon taxi ; il accepte. Son français est excellent ; il l'a appris avec des religieux français. Au bureau de l'AFP, où officie un collaborateur syrien, le policier est comme chez lui. À mon retour à l'hôtel, on m'informe que la salle que j'ai réservée n'est plus disponible.

Le lendemain, vers 7 heures du matin, on frappe à ma porte : deux militaires en grande tenue et un civil habillé en gentleman me notifient avec courtoisie un arrêté d'expulsion. J'ai à peine le temps de me raser et de m'habiller, une voiture m'attend, qui tombe en panne sur la route de l'aéroport. On répare. Au lieu de m'envoyer vers Paris, on me dirige vers l'avion qui va décoller pour Vienne. C'est donc moi, et non Brunner l'Autrichien, qui serai expulsé vers l'Autriche. L'avion est en bout de piste, notre voiture l'y rejoint ; une échelle est amenée tout contre l'avion ; je la gravis et repars pour l'Europe.

Nouvel échec ; mais la mémoire fonctionne grâce au besoin de justice exprimé par nos démarches. L'affaire Brunner fait vivre la mémoire de ses victimes. Comment renoncer quand Brunner, qui remplissait d'enfants son ultime train de déportation de France, restait impuni ?

Le 20 août 1990, ma proposition d'une démarche conjointe de la France et de l'Allemagne obtient l'accord de notre ministre des Affaires étrangères, Roland Dumas. Mais elle se heurte, là encore, à la même réponse absurde des Syriens. Faut-il rompre les relations diplomatiques avec la Syrie ? Je ne suis pas homme d'État pour en juger. Je fais personnel- lement ce que je dois, mais je sais que le départ des Juifs de Syrie est en jeu. Leur vie a plus de prix que le procès de Brunner. Jacques Chirac ne m'avait-il pas écrit, le 7 août, avec un post-scriptum de sa main :

> *« Je suis très conscient de l'importance de cette affaire au regard de notre sensibilité commune et des crimes qui ont été commis. Je me trouve saisi pour le moment d'un certain nombre de cas humanitaires concernant des familles juives séjournant en Syrie. Je me suis attaché à les évoquer avec les autorités syriennes, soit directement, soit par l'intermédiaire de l'ambassade de France à Damas. Vous comprendrez sans peine que pour des raisons tenant au succès de ces demandes qui revêtent une grande signification, notamment aux yeux de la communauté juive fran- çaise, je me voie obligé pour le moment de m'y tenir.*
>
> *P.S. : Je me donne beaucoup de mal pour les Juifs de Syrie, notamment les jeunes filles, et je dois tenir compte des contraintes qu'implique cet effort. »*

Le 9 juillet 1991, le juge d'instruction Jean-Pierre Getti délivre une commission rogatoire internationale qui sera traduite en arabe et remise aux autorités diplomatiques syriennes, leur demandant de recevoir des gendarmes de la section de recherches de Paris dont la mission est notamment de « vérifier si le mandat d'arrêt délivré le 10.06.1988 est bien applicable à Alois Brunner *alias* Georg Fischer *alias* Fescoer [...] » et de « signifier à la dernière adresse connue le mandat d'arrêt international délivré le 10.06.1988 et dresser un procès-verbal de perquisition ».

Conséquence de cette démarche : nous apprenons par un Syrien vivant à l'étranger et dont la famille est voisine de Brunner que celui-ci a déménagé le 15 octobre 1991. Le chef de la garde personnelle de Hafez el-Assad a récupéré son appartement. Brunner a quitté son domicile en ambulance, soutenu par deux infirmiers. Il n'en a plus pour longtemps.

Le 12 septembre 1991, à la suite de mon intervention auprès de Birgit Cramon Daiber, eurodéputée verte, une résolution a été adoptée par le Parlement européen, inquiet de la présence de Brunner en Syrie, à l'unanimité moins les voix des eurodéputés FN qui se sont abstenus.

Roland Dumas, ministre des Affaires étrangères, devait se rendre en visite officielle à Damas le 18 décembre 1991. Nous allons le prendre de vitesse.

# BEATE

# Derniers rebondissements
## dans l'affaire Brunner

C'est mon tour de repartir pour Damas ; il me faut un visa sous un autre nom que le mien. Seule solution possible : me faire le visage d'une amie plus âgée que moi d'une dizaine d'années, Trudy Baer. Son père a été fusillé à Brantôme ; sa mère et sa sœur ont été déportées. Elle était alors juive et allemande. Elle n'a pas eu de mal à obtenir un visa de tourisme que l'on m'aurait refusé.

Le jeudi 5 décembre 1991, une maquilleuse professionnelle me fait le visage de Trudy à l'aide d'une perruque et de son talent. Notre ami journaliste américain Peter Hellman, arrivé à Damas la veille pour couvrir l'épisode dans le *New York Magazine*, ne me reconnaîtra pas à l'aéroport de Damas où il m'attend. Je passe deux contrôles de police sur la route de Damas, mais sans incident. Je m'installe au Cham Palace, où était descendu Serge l'an passé.

Pendant la nuit, je rédige avec un marqueur noir sur une grande feuille bristol le message que je porterai à bout de bras le lendemain : « Président Assad, 99,98 % des voix, ce n'est pas assez. Extradez le criminel nazi Alois Brunner et libérez les Juifs de Syrie ! » Aucun taxi n'a accepté de me conduire près du bâtiment présidentiel. Ce quartier est bouclé par des chaînes et des gardiens armés de mitraillettes. Je veux déployer ma banderole devant un endroit symbolique gardé par des militaires syriens en uniforme ; un bâtiment orné de drapeaux. Ce sera le ministère de l'Intérieur, sur l'avenue Al Malek Farouk, que je repère du onzième étage de la tour Al Faradis qui le domine.

Samedi, je me dirige vers l'entrée principale du bâtiment. Malgré les militaires qui me font signe de m'arrêter, j'avance et je déroule mon affiche face à la rue. Des militaires se ruent sur moi, m'arrachent mon affiche, me jettent dans une voiture et découvrent dans mon sac à main le seul document que j'aie pris à l'hôtel, mon vrai passeport au nom de Beate Klarsfeld. Les policiers cherchent mon visa et, bien entendu, ne le trouvent pas. Après mon interrogatoire, d'abord par un policier parlant français, puis par un haut gradé de la police, un général, j'avoue résider à l'hôtel Cham ; on m'y conduit et on me cloître dans ma chambre. Un policier me tient compagnie ; c'est celui qui a surveillé Serge quelques mois plus tôt. Il se plaint que je sois moins communicative que lui.

Lundi, sous forte escorte, je suis emmenée à l'aéroport et embarquée vers Paris, où les médias m'attendent. L'incident provoque un chahut sur le plan international.

Mardi 10 décembre, Serge et moi sommes reçus par Roland Dumas qui, lui aussi fils d'un fusillé de Brantôme, réaffirme publiquement la volonté de la

France d'obtenir l'extradition de Brunner et son intention d'aborder le sujet lors de sa rencontre avec Assad. Conséquence : sa visite officielle à Damas est reportée à la dernière minute avec, pour prétexte insultant, l'emploi du temps trop chargé du président Assad.

Le 14 janvier 1992, nous nous rendons à Strasbourg, où doit être votée une aide financière de 200 millions de dollars à la Syrie. Nous avons préparé un argumentaire pour chaque parlementaire avec un dossier de soixante-trois pages sur Brunner. Nous donnons une conférence de presse au Parlement à la demande du groupe des Verts et, le lendemain, une nouvelle résolution du Parlement est votée, critiquant le fait que « ce pays héberge et protège le criminel nazi Alois Brunner ». Quant aux protocoles financiers CEE-Syrie, ils n'obtiennent que 207 et 209 voix, n'atteignant pas les 280 voix nécessaires. *Le Monde* commente ce résultat surprenant : « Ceux qui ont voté contre ont estimé que les droits de l'homme n'étaient pas respectés en Syrie et ont été sensibles au réquisitoire de Beate et Serge Klarsfeld accusant les Syriens de protéger le criminel nazi Alois Brunner. »

À notre connaissance, Brunner serait mort en 1992. Les autorités syriennes deviennent prisonnières de leur mensonge : elles ne peuvent prouver qu'il est mort sans révéler la tromperie. Brunner continuera donc à vivre, et la Syrie à être critiquée. En 1998, Hafez el-Assad se rend en visite officielle à

Paris, alors que nous allons bientôt obtenir le procès de Brunner par contumace. Apprenant que les
dates choisies pour la rencontre Chirac-Assad sont
les 16 et 17 juillet, jour anniversaire de la rafle du
Vél'd'Hiv, je déclare : «Le président Assad a-t-il été
conseillé pour ce choix si lourd de symboles par son
protégé de marque, le criminel nazi Alois Brunner,
commandant du camp de Drancy ? »

Dans un entretien réalisé à Damas pour TF1 avant
de gagner la France, le président Assad affirme :
«Cet homme est un étranger. S'il avait été ici, je
le saurais. Si vous savez où il se trouve, j'envoie
quelqu'un vous accompagner chez lui. »

Je ne peux me résoudre à ce tapis rouge déroulé le
16 juillet 1998 devant le protecteur de Brunner par
l'homme du discours du 16 juillet 1995. Notre association manifeste, après notre rassemblement annuel
devant le Vél'd'Hiv, quai d'Orsay ; à la hauteur du
pont Alexandre-III, nos deux autocars croisent le
cortège officiel d'Assad qui file vers l'Élysée. Nous
déployons nos banderoles et nos posters boulevard
des Invalides, au coin de la rue de Varenne : «En
ce jour anniversaire des terribles rafles des 16 et
17 juillet 1942, le dictateur Assad, protecteur du
criminel SS Brunner, est l'invité de marque de la
République française. Honte ! »

Jacques Chirac a évoqué le cas Brunner avec
Assad lors de leur entretien, mais n'a pas obtenu
de « réponse précise ». Le 1er septembre 1999, le juge
d'instruction Hervé Stephan a décidé de renvoyer

Brunner devant la cour d'assises. Il appartenait à la chambre d'accusation de la cour d'appel de donner son aval à ce procès par contumace ; ce fut fait.

Le 2 mars 2001 s'est ouvert devant la cour d'assises de Paris le procès par contumace de Brunner. Charles Korman a plaidé pour la LICRA, Alain Jakubowicz pour le Consistoire. Pour les Fils et filles, trois avocats : Serge, Arno et Lida, plaidant pour la première et dernière fois ensemble. Arno s'est attaché à étudier la personnalité de Brunner, tandis que Lida a lu des extraits de témoignages de déportés des vingt-trois convois de déportation de Brunner, comme le rapporte un journaliste de *L'Est républicain* : « La jeune femme saura combler l'absence de témoins, exclus de ce procès de pure forme, et remémorer la lente découverte de l'horreur, les folles illusions des déportés qui croient retrouver leurs familles, puis le cauchemar des voyages, les tinettes qui débordent, les blessés qui geignent, les vieillards ahuris et les femmes en détresse, la séparation des familles dès la descente des wagons, le triage, l'effroi, les fumées des crématoires, et, sous les plafonds en caissons peuplés de chérubins de la salle d'audience, elle saura faire entendre les cris et les pleurs des enfants. »

La même année, le fils de Hafez el-Assad, Bachar, successeur de son père, est invité à Paris en visite officielle. Après les déclarations antisémites de Bachar, nous achetons un quart de page dans *Le Monde* du 19 mai 2001 et l'intitulons « Non à la visite d'Assad à Paris » :

« *La France, qui a tant fait ces dernières années pour réparer le mal commis à l'encontre des Juifs de France par l'État français de Vichy, se déconsidérerait en recevant officiellement le président de la Syrie, Bachar el-Assad, que ses récentes déclarations antisémites devraient rendre infréquentable par les chefs d'État et de gouvernement démocratiques. Comment prendre la responsabilité d'accueillir à l'Élysée et à Matignon celui qui, devant le pape Jean-Paul II, a osé proférer qu'Israël et les Juifs voulaient "assassiner tous les principes de toutes les religions, de la même manière qu'ils avaient trahi Jésus et essayé de tuer le prophète Mahomet" ? [...] Les Fils et filles des déportés juifs de France rappellent ces faits pour inciter tous ceux qui réprouvent l'antisémitisme, même s'ils se résignent devant la soi-disant raison d'État, à exprimer directement à Jacques Chirac et à Lionel Jospin leur désapprobation de cette visite qui cautionnerait les déclarations du président syrien, et dont l'impact serait désastreux dans notre pays où l'incitation à la haine raciale est passible de condamnation par les tribunaux.* »

À l'appel du CRIF, près de 8 000 personnes se sont rassemblées sur l'esplanade des Martyrs juifs du Vél' d'Hiv au métro Bir-Hakeim le 25 juin 2001 pour dénoncer cette visite. Auparavant, le 9 juin, toujours dans *Le Monde*, j'avais réservé un nouveau quart de page afin de publier une tribune qui avait pour titre provocateur « Comme un petit Montoire » :

«*Monsieur le Président de la République,*

*Nous vous devons beaucoup ; plus même peut-être que vous ne le pensez. Nous vous devons d'avoir entendu d'un président de la République, le 16 juillet 1995, les paroles justes et vraies que nous attendions, que nous espérions depuis notre enfance. Votre discours nous a réconciliés définitivement avec une République reconnaissant enfin les responsabilités de la France dans la tragédie qui a frappé les Juifs dans notre pays, il y a soixante ans. Pourquoi perdre en un jour le crédit personnel que vous avez acquis avec tant de courage, vous qui – autre titre éminent à notre reconnaissance – avez été, depuis quinze ans, le principal et permanent barrage à une alliance de la droite avec le Front national ? Si la visite de Bachar el-Assad n'est pas annulée ou reportée, ou s'il ne se rétracte pas d'ici au 25 juin, ou si, ce jour-là, vous ne dénoncez pas publiquement son point de vue sur les Juifs, votre poignée de main avec Bachar el-Assad sera considérée comme un petit Montoire.*»

J'ai eu beaucoup de mal à écrire ces lignes, parce qu'il m'était pénible de faire souffrir un homme que je respectais et qui ne prenait pas la mesure de la véritable nature de ses interlocuteurs syriens, comme ce sera le cas de son successeur.

Jacques Chirac ne m'en a pas longtemps tenu rancune ; il m'a faite officier de la Légion d'honneur et m'a décorée à l'Élysée. Quant à Bachar el-Assad, il a entamé à Berlin le 10 juillet une nouvelle visite officielle et sur son chemin, de nouveau, il a rencontré les Fils et filles venus de Paris en délégation et manifestant ardemment contre le dictateur syrien.

L'avenir montrera, hélas, que notre jugement sur le fils comme sur le père avait de bonnes raisons d'être.

SERGE

# Aux côtés des Roms à Rostock en 1992

Été 1992. Des milliers de Tziganes roumains et ex-yougoslaves risquent d'être expulsés par les Allemands vers la Roumanie, où ils sont alors persécutés, et vers la Serbie, qui est ravagée par la guerre. Trois années nous séparent de Srebrenica, mais nous savons que, dans le déferlement des haines ethniques, les Tziganes feront partie des victimes. Le droit d'asile politique, auquel les Tziganes peuvent prétendre plus légitimement que d'autres en Europe, leur est injustement dénié.

À nos yeux, cette situation exige de s'engager. C'est ce que d'aucuns ne nous pardonnent pas, qui, à la tribune ou devant les micros, dénoncent démagogiquement des situations où ils évitent bien soigneusement de s'engager eux-mêmes. Ceux-là nous ont toujours suivis à contrecœur, et seulement quand le succès de nos entreprises ne faisait plus de doutes.

Un affrontement vient de s'engager avec un appareil d'État allemand et une opinion publique xénophobe, à l'est de l'Allemagne, qui s'apprêtent à frapper leurs anciennes victimes, lesquelles, il y a un demi-siècle, ont partagé le sort du peuple juif.

Le succès n'est pas obligatoirement au rendez-vous de l'histoire, mais si nous ne participons pas nous-mêmes, Juifs, enfants de déportés, à ce combat, ce serait une désertion sur le champ de bataille de la mémoire.

Fils et filles, nous faisons connaître notre intention de manifester à Rostock, où les attaques meurtrières de foyers d'immigrés se sont multipliées en août et en septembre 1992. Les agresseurs mettent le feu à des centres d'accueil. La police, à l'Est, intervient à reculons, et la population dans sa majorité reste indifférente.

Nous expliquons les raisons de notre mobilisation dans un communiqué diffusé dans la presse : « Solidaires des Tziganes menacés, nous demandons au gouvernement allemand de solennellement renoncer à l'application de l'accord signé avec la Roumanie le 24 septembre 1992 (cinquante ans jour pour jour après la terrible rafle des Juifs roumains en France occupée). Nous demandons à l'Allemagne de prendre en considération le sort de ces Tziganes roms descendants des victimes des persécutions hitlériennes. Nous demandons aux Allemands de reprendre leur sang-froid, de se mobiliser contre les pulsions d'extrême droite et de mettre fin aux exactions xénophobes qui discréditent leur pays. »

Nous nous sommes rendus avec les FFDJF, des jeunes du Betar et quelques-uns de l'UEJF à Rostock, où nous avons été accueillis le 19 octobre

1992 par une délégation de Roms. Ensemble, nous avons apposé sur la façade de l'imposant hôtel de ville la plaque commémorant le calvaire des Tziganes et appelant l'Allemagne à mettre fin aux brutalités envers les étrangers. Nos jeunes, Arno en tête, ont investi le premier étage de l'hôtel de ville pour faire flotter à la fenêtre du bureau de la CDU une banderole : «*Kein Answeisung der Roma aus Deutschland*» («Non à la déportation d'Allemagne des Tziganes»).

Il s'agit du premier rassemblement juif à Rostock depuis la Nuit de Cristal, le 9 novembre 1938. Non plus des Juifs regroupés par la police pour marcher vers les KZ, mais des Juifs montrant sans complexe aux Allemands le chemin à prendre pour ne pas remettre les pieds dans les empreintes des bottes des nazis.

J'ai vu à Rostock la police s'emparer avec violence de quatre jeunes entraînés dans des voitures et d'autres Juifs, dont moi-même, se précipiter sur ces voitures, affronter une dizaine de policiers qui se servaient avec rage de lourdes matraques. Nous avons libéré nos camarades, alors que les policiers étaient paniqués au point de tenter de tirer leurs revolvers de leurs étuis. Une fois le calme revenu, j'ai vu à Rostock des dizaines de voitures de police encercler notre autocar et une centaine de policiers équipés comme des gladiateurs nous prendre en main comme si nous étions des criminels d'extrême droite, qu'ils évitent d'affronter quand ils attaquent des foyers de réfugiés.

J'ai vu dans un gymnase de Rostock une parodie de procédure judiciaire fédérale imbibée encore de national-communisme, où une armée de policiers multipliait les brimades, se livrant à des identifications absolument irrégulières, où trois procureurs affolés ne cessaient de se contredire et de consulter un code de procédure pénale qu'ils n'avaient pas encore assimilé. Seule l'intervention du consul de France à Hambourg a redressé le cap et permis que des gens âgés et souffrants puissent quitter une salle de sports glacée une nouvelle fois attribuée à des Juifs en situation irrégulière.

La plaque que nous avons apposée sur l'Hôtel de Ville de Rostock a été enlevée peu après, mais vingt ans plus tard, en 2012, elle y a été réinstallée, officiellement cette fois, à un emplacement moins en vue et en présence de Beate et d'une délégation des Fils et filles. Elle porte le texte suivant (l'original est en allemand) :

> *« Dans cette ville, des hommes ont de nouveau procédé au mois d'août 1992 à des actes de violence raciste contre des familles innocentes, des enfants, des femmes et des hommes.*
>
> *Nous nous souvenons des millions d'enfants, de femmes et d'hommes qui, parce qu'ils étaient des Juifs, des Sintis ou des Roms, furent victimes du génocide national-socialiste.*
>
> *En une seule nuit d'horreur inoubliable, le 2 août 1944, les derniers 3 000 gitans survivants du camp d'Auschwitz-Birkenau furent gazés.*

Ces expériences vécues et ces engagements historiques doivent rester présents à la mémoire du peuple
allemand pour empêcher que le mépris de l'homme et
la violence se reproduisent jamais. »

Beate, Arno et moi avons été mis en cause
comme meneurs, et trois jeunes ont été inculpés
pour « coups et blessures graves, rébellion contre
la force publique et libération de détenus », et faits
prisonniers pendant quelques jours. Aucune de ces
procédures n'a abouti. Le parquet de Rostock y a
mis fin rapidement.

Les organisations juives dans leur ensemble n'ont
pas réagi avec sympathie à notre initiative et n'ont pas
voulu voir le lien entre les Roms de 1942 et les Juifs
de 1942. Mais nous avons reçu de nombreux témoignages de solidarité et de remerciements, notamment
en provenance d'Allemagne et d'Israël. Notre manifestation de Rostock a donné le coup d'envoi à une
campagne ardente contre l'expulsion des Tziganes.
Les Roms qui étaient présents à nos côtés à Rostock
étaient heureux de voir des Juifs défendre leurs
droits.

# Polémiques avec François Mitterrand

J'aimais bien François Mitterrand. Nos routes s'étaient croisées à Montmaur, en février 1943, quand il avait fait le choix décisif de la Résistance là où ma famille a joué brièvement le rôle de couverture pour l'impression de faux papiers du réseau « La Chaîne » d'Antoine Mauduit. Des années après, quand la radio retransmettait des séances de l'Assemblée nationale, j'étais impressionné par son talent d'orateur, sa capacité à provoquer, répliquer, polémiquer, et son humour. Nous avions appelé à voter pour lui en 1974 ; pas en 1981, parce qu'il avait été le seul des candidats républicains à avoir répondu favorablement à la demande de l'association pour le maréchal Pétain qui réclamait le transfert de son corps à Douaumont.

Mitterrand avait passé près d'une année à Vichy après son évasion d'un stalag, et l'année 1942 avait marqué le début de sa carrière politique et de la constitution de son réseau autour du problème des prisonniers de guerre. Il avait donné l'impulsion au développement des Maisons du Prisonnier à travers la zone libre. À Nice, la Maison du Prisonnier était sous l'influence des rescapés des régiments de marche des volontaires étrangers, presque tous des Juifs. Mon père en faisait partie ; c'est là qu'il a retrouvé Antoine Mauduit. Représentant des mouvements de prisonniers de guerre, Mitterrand a pu partir pour Londres et Alger, et a eu le courage de revenir en France occupée militer activement et courir le risque d'être arrêté par les Allemands, torturé, fusillé ou déporté. Vichy ne représentait pas une véritable menace pour lui : il y avait des relations et beaucoup de hauts fonctionnaires présents à Vichy, s'ils étaient hostiles aux Juifs et contribuaient à les persécuter, n'aimaient pas pour autant les Allemands et cherchaient à les tromper.

Pour Mitterrand, Vichy représentait le point de départ d'une brillante carrière. Il conservait envers le vieux maréchal, idole de sa famille, un respect qui s'était exprimé à la Libération par d'indulgents articles écrits et publiés à l'occasion de son procès, auquel il assista. Plus tard, il s'est même révélé qu'il avait eu un bref interlude lavaliste. Il avait toutefois pris la précaution de faire croire à l'opinion publique, grâce à ses biographes complaisants, que c'était à la demande de la Résistance qu'il avait travaillé à Vichy pour Vichy. J'avais lu ce qu'il y avait publié en tant que maréchaliste.

Quand il s'est rendu en Israël, en 1982, j'ai assisté à ses discours à la Knesset et à Yad Vashem, où il a inauguré le hall consacré à la Résistance juive. Pas un mot sur Vichy. Et quand il a inauguré le jardin Marianne-Kohn, jeune Juive allemande exilée en France et assassinée par la Gestapo alors qu'elle faisait passer des enfants juifs en Suisse, il l'a qualifiée de « vaillante fille de France ».

J'étais quand même heureux lorsque Mitterrand a été élu en 1981. Réaliste, il n'a pas tenu son engagement quant au transfert de Pétain de l'île d'Yeu à Douaumont, et il a été sensible aux arguments de Régis Debray et aux miens au sujet du transfert de Barbie de La Paz à Lyon. Il nous a fait entrer, Beate et moi, dans l'ordre de la Légion d'honneur en 1984, pour Beate « à titre exceptionnel ».

Je n'ignorais pas non plus le soutien que René Bousquet avait apporté en 1965 à Mitterrand dans sa campagne contre de Gaulle, quand Bousquet dirigeait *La Dépêche du Midi*, en raison de ses liens personnels avec la propriétaire du journal, Évelyne Baylet. Bousquet avait aidé Mitterrand pendant sa traversée du désert ; il méritait sans doute sa reconnaissance, d'autant que Mitterrand prolongeait en quelque sorte la carrière qu'aurait connue Bousquet sans son jugement en Haute Cour de justice. Pour Mitterrand, Bousquet représentait certainement le meilleur des auditoires, l'homme le plus à même d'apprécier ce parcours exceptionnel dont le départ fut donné en 1942 à l'hôtel du Parc à Vichy, siège de l'État français, et qui aboutit au palais de l'Élysée en 1981 par une victoire à l'arraché du « socialiste » Mitterrand sur le conservateur Giscard d'Estaing.

Il est évident que la gerbe que Mitterrand faisait déposer chaque 11 novembre sur la tombe de Pétain depuis 1987 me révulsait. De Gaulle en avait fait déposer une en 1968 pour le cinquantième anniversaire de Verdun ; Giscard, une autre pour le soixantième anniversaire ; mais une avant le soixante-dixième anniversaire et une après, et une de plus... pour les Fils et filles, pour moi, c'était trop.

Nous étions révoltés par ce geste symbolique qui équivalait à une réhabilitation. Le rapport de forces n'était pas en notre faveur, et il ne fallait pas livrer des batailles que nous étions sûrs de perdre. C'est en octobre 1990 qu'a eu lieu le tournant, et que je me suis vu dans l'obligation de m'opposer ouvertement à Mitterrand. Il protégeait Papon, c'était clair : une inutile expertise historique avait été décidée en 1987 et le magistrat chargé à plein temps de l'instruction avait été promu en 1989, avant de clore l'instruction, de façon à faire gagner à Papon quelques années de répit. Quand Pierre Arpaillange fut débarqué de son poste de ministre de la Justice au profit de Henri Nallet et de Georges Kiejman, et que le dossier de Bousquet fut dirigé sur une voie de garage, nous avons engagé le combat frontalement.

Le 23 octobre 1990, *Le Monde* titre : « Mᵉ Klarsfeld et la jeunesse de M. Mitterrand ». À l'époque, les médias ont réagi plutôt discrètement ; il a fallu attendre la parution en 1994 du livre de Pierre Péan, *Une jeunesse française*[1], et l'entretien du 27 septembre 1994 de François Mitterrand avec Jean-Pierre Elkabbach pour que l'on admette que j'avais vu juste quatre ans plus tôt.

Entre-temps, le 17 juin 1992, *Le Monde* publie un appel au président de la République pour qu'il

---

1. Pierre Péan, *Une jeunesse française : François Mitterrand 1943-1947*, Paris, Fayard, 1994.

reconnaisse que «l'État français de Vichy est responsable des persécutions et des crimes contre les Juifs de France». Onze personnes sont à l'origine de l'appel rédigé par Anna Senik et auquel se sont joints plus de deux cents signataires. J'ai signé cet appel, mais avec réticence car, s'ils ne l'avaient pas fait solennellement, tous les présidents de la République avaient du moins condamné dans tel ou tel propos la politique antijuive de Vichy ou du gouvernement de l'État français. Pareille reconnaissance de la part de François Mitterrand ne ferait pas progresser notre cause. La réponse de Mitterrand le 14 juillet 1992 fut la suivante : «En 1940, il y eut un État français, c'était le régime de Vichy, ce n'était pas la République. Et c'est à cet État français qu'on doit demander des comptes. Ne demandez pas de comptes à cette République, elle a fait ce qu'elle devait. »

Il était entêté ; il aurait pu, au nom de la République, reconnaître les fautes et les crimes de l'État français. Mais il n'avait pas tout à fait tort : la République n'était pas en cause, elle avait été mise à bas par une forme d'État autoritaire ayant épuré l'appareil d'État régalien des républicains fidèles et ayant exigé des autres un serment au chef de l'État. Les Français, pour moi, n'étaient pas en cause : si Vichy a participé à l'extermination d'un quart des Juifs en France, la population française a contribué au sauvetage des trois quarts d'entre eux, soit 240 000 personnes. Il y eut en France un grand mouvement de solidarité, notamment envers les enfants.

À mon sens, ce qui avait été perpétré par le gouvernement de l'État français de Pétain l'avait été au nom de la France ; de même que ce qui avait été accompli par la France libre de De Gaulle. Bir Hakeim, en juin 1942, c'était la France ; la rafle du Vél'd'Hiv, en juillet 1942, c'était aussi la France. Simultanément, deux formes de gouvernement et deux hommes ont incarné la France. Le chef d'état-major de De Gaulle, le général Pierre Billotte[1], a rapporté ce propos du Général : «Pendant les deux premiers mois de notre collaboration, pendant la débâcle soviétique de 1941, de Gaulle s'interrogeait souvent devant moi sur le bien-fondé de l'action qu'il s'était tracée. Il me disait : "Si les Allemands l'emportent, ce seront Pétain, Laval, Déat qui auront eu raison et j'aurai nui à la France." »

Ce n'était ni à la République, ni aux Français, ni à l'État français disparu qu'il fallait demander des comptes, mais à la France. Il fallait aller encore plus loin. Cette argumentation, je l'ai soumise à Jacques Chirac bien avant son discours du 16 juillet 1995 au Vél'd'Hiv et, dans son discours rédigé par Christine Albanel, il l'a formulée en affirmant : «Ce jour-là, la France accomplissait l'irréparable… »

Trois ans plus tôt, au plus fort de la polémique, nous avions pris nos responsabilités : malgré le geste symbolique du président Mitterrand, qui était le premier président de la République à se rendre au Vél'd'Hiv, prenant en considération le fait qu'il était homme à pouvoir aller dîner ensuite sans état

---

1. Pierre Billotte, *Le Temps des armes*, Paris, Plon, 1972.

d'âme avec Bousquet, nous avons décidé de créer des mouvements de foule lors de la cérémonie.

Prévoyant, Roland Dumas, alors ministre des Affaires étrangères, m'avait téléphoné dans l'après-midi pour me dire : « Serge, peux-tu venir m'attendre au pont de Bir-Hakeim et venir avec moi au Vél'd'Hiv ? Je n'ai pas envie d'être sifflé. » Chemin faisant, je lui ai confié : « Dis-lui bien de ne plus déposer de gerbe pour Pétain ; s'il le fait, ce sera un gigantesque scandale. » Les nôtres et les jeunes ont sifflé le président, scandé « Mitterrand à Vichy », excitant l'ire de Robert Badinter, dont le discours flétrissait remarquablement Vichy, mais dont l'improvisation coléreuse a fait le bonheur des médias, diatribe lui imposant plus tard le silence sur ses relations avec le président, quand celui-ci dévoila son véritable jeu et ses relations avec Bousquet.

À l'issue de ces incidents, Arno et moi avons échafaudé un plan pour obtenir ce « gigantesque scandale » dont j'avais menacé le président. La solution passait par un mensonge vraisemblable qui placerait Mitterrand dans un dilemme aux conséquences obligatoirement négatives pour lui : faire savoir qu'un de ses proches, Danielle Mitterrand par exemple, m'a confié un message du président selon lequel il n'allait plus fleurir la tombe de Pétain. Cela contraindrait Mitterrand soit à endosser ce message et à s'y plier, soit à le contredire en déposant de nouveau une gerbe, mais, cette fois, en déclenchant ce « grand scandale », puisqu'il irait à l'encontre de ce qu'attendent l'opinion publique et les médias. Le

21 juillet, j'annonce donc « avec satisfaction » que Mitterrand renonce à ce dépôt de gerbe.

Georges-Marc Benamou avait remarqué que la mise en lumière de ce dépôt annuel de gerbe inquiétait le président :

> « *Un communiqué de l'Élysée, rapporté par l'AFP, était venu annoncer qu'il serait mis fin désormais à ce dépôt de gerbe. Je m'en réjouissais. Mais François Mitterrand précisa aussitôt que c'était un faux communiqué, inventé de toutes pièces par Serge Klarsfeld : "Il est incroyable, ce Serge Klarsfeld. Il ne manque pas de culot. Il me fait déclarer, par une dépêche qu'il envoie à l'AFP, que je lui aurais promis de ne plus déposer de gerbe sur la tombe de Pétain à l'île d'Yeu. Je n'ai jamais assuré ça et, j'ai fait vérifier à l'Élysée, aucun de mes collaborateurs n'a pris une telle initiative comme il le prétend, c'est un fou…" Son œil s'alluma : "Un fou… ou un manipulateur."*
>
> *Il marqua une pause, puis réfléchit à haute voix comme s'il prêtait à Klarsfeld des stratagèmes insoupçonnés – et ce n'était pas faux : "Ce Klarsfeld, avec qui j'ai entretenu des relations courtoises, a décidé de me mener là où il l'entend. Il a un plan, il est prêt à tout, et même à ce genre de mensonges. Je n'ai rien décidé quant à cette gerbe. Et si j'avais eu à annoncer quelque chose, je ne me serais pas adressé à lui, qui me mène ouvertement la guerre. C'est curieux, d'ailleurs…"*
>
> *J'observai une grimace de mécontentement sur son visage. Il était à la fois exaspéré de se retrouver*

*dans cette situation et cherchait à tout prix une échappatoire. Il était coincé par la ruse de Serge Klarsfeld[1]. »*

Le 26 août 1992, les Fils et filles arrivent à Vichy par le train de Paris. Nous avons annoncé une cérémonie commémorative devant l'hôtel du Parc. Le nombre de personnes présentes est considérable. Le maire de la ville, le Dr Malhuret, se trouve en tête du cortège. Ce à quoi il ne s'attendait pas, c'est à la pose sauvage de deux plaques de part et d'autre de la porte d'entrée de cet immeuble historique :

*« Le 26 août 1942, le gouvernement de l'État français, installé dans cet immeuble à Vichy, a déclenché sur tous les territoires de la zone libre une gigantesque rafle de Juifs étrangers.*

*Plus de 6 500 d'entre eux, dont des centaines d'enfants, ont été arrêtés ce jour-là et livrés aux nazis en zone occupée, d'où ils ont été aussitôt déportés sans retour vers le camp d'extermination d'Auschwitz.*

*Au total, ce fut le sort tragique de plus de 11 000 Juifs étrangers vivant en zone libre.*

*Dans leur ensemble, la population française et les clergés catholiques et protestants se sont immédiatement opposés à ces mesures qui violaient les traditions et l'honneur de la France.*

*Qu'ils en soient remerciés.*

*N'oublions jamais. »*

---

1. Georges-Marc Benamou, « *Jeune homme, vous ne savez pas de quoi vous parlez.* », Paris, Plon, 2001.

Le texte de ces plaques est maintenant gravé sur une stèle officielle dressée face à l'ancien hôtel du Parc.

Dans le discours que je prononce à cette occasion, je déclare en particulier : «Pétain est, avec Bazaine, le seul récent maréchal de France à assumer totalement une honte nationale : Bazaine à titre militaire et Pétain à titre politique. Dès le lendemain de la grande rafle de la zone libre, c'est ce que discernent avec lucidité beaucoup de Français. [...] Le droit des gens, le droit international d'asile ont été violés et la remise aux Allemands d'israélites étrangers est considérée comme une "honte nationale". »

Le 11 novembre, mes amis Claude Bochurberg, Jacques Toros, Benjamin Asenhejm et moi-même sommes à l'île d'Yeu avec les militants de l'Union des étudiants juifs de France. Il nous faut faire obstacle à la vénération des pétainistes et surtout montrer notre vigilance quant au dépôt de gerbe de Mitterrand. Pour nous, contrairement à ce que pense le reste des Français, il est évident que Mitterrand la fera déposer puisqu'il n'a pas annoncé qu'il ne le ferait pas. Nous sommes une quarantaine à veiller à l'entrée du cimetière. La traversée vers l'île d'Yeu par très gros temps a été une terrible épreuve : partisans et adversaires de Pétain ont vomi leurs tripes dans une répugnante unanimité. En fin d'après-midi, un seul bateau repart ; si nous ne le prenons pas, nous serons bloqués. Nous nous résignons à embarquer. La tempête fait rage. Dès que nous tournons le dos à l'île d'Yeu, le préfet de la Vendée descend d'un hélicoptère et dépose ostensiblement la gerbe de François Mitterrand à côté de celle déposée au nom de Jean-Marie Le Pen.

Nous lançons avec l'UEJF un appel à manifester le 12 novembre à 18 heures à l'emplacement du Vél'd'Hiv, et je fais confectionner par le meilleur fleuriste parisien une gerbe de très grande taille représentant une francisque de roses blanches sur fond de roses rouges avec la mention : « À François Mitterrand avec toute ma reconnaissance, signé Philippe Pétain ». C'était insolent, mais pertinent. À l'issue de la manifestation du 12 novembre au Vél'd'Hiv, nos militantes Annette, Françoise et Charlotte sont allées porter notre gerbe à l'Élysée. Au carrefour de l'avenue Matignon et de la rue du Faubourg-Saint-Honoré, elles furent interceptées par des policiers, et la gerbe provocante confisquée.

Le 15 novembre, le président de la République annonce qu'il entend à l'avenir « gérer autrement la contradiction » dans laquelle le met ce dépôt annuel de gerbe. Il y renonce tout en affirmant que « la nation française n'a pas été engagée dans cette affaire ». Quelques jours plus tard, en visite officielle en Israël, Mitterrand aurait déclaré : « Vous savez, il est souvent bien plus difficile de sortir d'une connerie que d'en commettre une. » L'affaire de la gerbe lui gâche le voyage ; le président israélien le prévient : « Il y a eu beaucoup d'émotion ici après votre geste en faveur de Pétain. Et, de vous, les Juifs de France attendaient autre chose. »

Nous écrivons à chaque parlementaire pour lui demander de mettre très vite à l'ordre du jour la proposition de loi de Jean Le Garrec. Le 3 février 1993, François Mitterrand transforme en décret cette proposition de loi. Ce décret institue une Journée nationale de commémoration des persécutions racistes et antisémites commises par l'autorité de fait dite « gouvernement de l'État français » (1940-1944). Cette journée est fixée au dimanche suivant le 16 juillet et une cérémonie doit avoir lieu chaque année au chef-lieu de chaque département.

Grâce à l'intense polémique soulevée par l'appel du Comité Vél'd'Hiv 1942 dans une période marquée par les péripéties judiciaires des affaires Bousquet, Touvier, Papon ; grâce aux incidents qui ont bouleversé la cérémonie du 16 juillet 1992 en présence de François Mitterrand ; grâce à notre subterfuge pour que la gerbe de Pétain devienne enfin un enjeu décisif ; grâce au scandale qu'elle a provoqué, François Mitterrand a concédé une avancée considérable de la mémoire. Le 12 septembre 1994, je publie dans *Libération* une « lettre à François Mitterrand » :

« *Monsieur le Président, quand nous nous sommes trouvés face à face dans la Maison d'Izieu, le 27 avril dernier, après un long silence vous avez renoncé à vous exprimer sinon par un grand geste des deux bras traduisant l'inutilité d'un dialogue et le reproche de mon comportement à votre égard. Vous saviez pourtant que je n'étais jamais intervenu à votre encontre jusqu'à ce triste jour de 1990 où vous avez voulu*

*faire obstacle au cours de la justice dans l'affaire
Bousquet.*

*Je connaissais pourtant de longue date vos liens
avec l'ancien chef de la police de Vichy, mais les relations amicales que François Mitterrand avait nouées
avec cet homme d'une carrure exceptionnelle n'enga-
geaient que l'homme et non le président.*

*J'ai alors fait savoir haut et clair que si votre par-
cours de la droite maréchaliste vers une active résistance antiallemande était tout à fait honorable, votre
adhésion à Vichy en 1942 sans tenir compte de l'antisémitisme d'État de ce régime et de son concours efficace à la réalisation de la solution finale de la question
juive par le III<sup>e</sup> Reich ne vous autorisait pas à essayer
d'empêcher le jugement de Bousquet sur son activité
antijuive escamotée lors de son procès en 1949. [...]*

*En 1992, j'ai également décidé d'essayer de mettre
fin à cette tentative de réhabilitation rampante de
Philippe Pétain consistant à faire déposer systématiquement sur sa tombe une gerbe chaque 11 novembre.
[...]*

*Vous avez ainsi institué une commémoration natio-
nale de l'ignominieuse rafle du Vél' d'Hiv opérée par
la police de la préfecture sur demande allemande, mais
avec le nécessaire accord de Bousquet, Laval et Pétain.
Ce que vous avez accompli, Monsieur le Président,
pour la mémoire juive tant meurtrie est impressionnant. Vous avez accepté, à mon insistante demande,
que soit organisé le retour forcé de Klaus Barbie en
France ; vous êtes venu et revenu, le premier des
présidents, à l'emplacement du Vél' d'Hiv ; vous avez
créé la Maison des enfants d'Izieu. [...] Vous avez*

*accompli cela sous pression, mais vous l'avez accompli et, en mon âme et conscience, je pense qu'un autre président de la République en votre temps ne l'aurait pas accompli.*

*Cette insolence, elle se justifie aussi parce que, le 12 février 1943, quand vous avez fait partie de cette réunion décisive au château de Montmaur dans les Hautes-Alpes, où vous entrez ouvertement en Résistance sous l'influence d'Antoine Mauduit, j'étais moi aussi à Montmaur, j'avais sept ans... »*

Le 16 juillet 1995, François Mitterrand a mal supporté le discours de Jacques Chirac. Georges-Marc Benamou rapporte ses réactions :

« *Il reprit en pointant la fenêtre, et derrière la tour Eiffel et le Vél'd'Hiv :*

*"Et Klarsfeld... Ce devait être aussi son jour de gloire... Il triomphe. Chirac lui devait bien ça, depuis le temps qu'il fait campagne pour lui. Il paie sa dette...*

*— Vous pensez que ce soit la seule explication à la position de Chirac, monsieur le Président ?*

*— Et comment ! Je ne vois pas pourquoi la France devrait s'excuser de crimes dans lesquels elle n'a rien à voir collectivement, des crimes commis par des minorités activistes complices des Allemands... La France de l'époque, c'était des millions de braves gens paumés, patriotes et antiallemands... Pas des antisémites... Moi, je suis sur la ligne de tous les présidents de la République : de Gaulle, Pompidou, Giscard. Nous sommes tous d'accord sur l'impossible confusion entre la France et Vichy [...]. Voilà pourquoi je suis opposé*

*à la thèse exprimée par Chirac. Lui est en rupture avec cette position[1]."* »

Nous devons être conscients que le constat de Mitterrand peut être remis en question. Il suffirait que le candidat de l'extrême droite devenu honorablement « populiste » ou « droite nationale » accède au pouvoir pour que très vite le discours de Chirac soit relégué aux oubliettes et que les voix officielles réhabilitent Pétain tout en ne répudiant pas de Gaulle.

---

1. Georges-Marc Benamou, « *Jeune homme, vous ne savez pas de quoi vous parlez.* », *ibid.*

## Le destin du fichier des Juifs

À cette longue polémique avec Mitterrand est venue s'en greffer une autre à laquelle ont été également mêlés les deux présidents de la République qui se sont succédé en 1995 : celle du « fichier des Juifs ».

En septembre 1991, je mets la main sur le fichier des Juifs. Je l'ai découvert par hasard, mais ce n'était pas par hasard que je m'étais mis en situation de le découvrir : j'avais à plusieurs reprises demandé – en vain – aux ministres des Anciens Combattants et Victimes de guerre qui se sont succédé un double du fichier de Drancy, précieux outil de travail historique et humain, pour le CDJC. C'est le rôle du CDJC, aujourd'hui mémorial de la Shoah, que de pouvoir expliquer le destin de chaque Juif de France disparu, en prodiguant des traces écrites, en réintégrant la tragédie individuelle dans le drame collectif, en permettant à la mémoire de se perpétuer : les petits-enfants des déportés et leurs descendants peuvent et pourront recevoir les preuves documentaires du passage de leur famille à travers ce cataclysme de l'histoire que fut la Shoah.

Le refus de communiquer en microfilms ou en photocopies le fichier de Drancy au CDJC a été une erreur aussi bien vis-à-vis de la communauté juive que compte tenu des nécessités de la recherche historique. L'action du CDJC et celle des Anciens Combattants étaient complémentaires par nature. Ce ne sont pas les Anciens Combattants qui écrivent l'histoire, mais les historiens du CDJC et ceux qui viennent y travailler. Cela a eu pour résultat d'empêcher longtemps l'écriture tout à fait précise du martyre des Juifs. Ce n'était pas seulement le fichier des Juifs de la préfecture de police que conservaient jalousement les Anciens Combattants, mais des documents historiquement tout aussi importants : le fichier de Drancy, les carnets d'entrées quotidiennes à Drancy jusqu'en août 1944, permettant de poursuivre la tâche entreprise d'établir la provenance des Juifs déportés, et des listes de transfert des camps de zone libre vers Drancy en août-septembre 1942 ou de Juifs rassemblés dans des centres départementaux en direction de centres de regroupement régionaux avant d'être livrés aux nazis à Drancy.

Ces documents permettaient de compléter l'état civil de déportés ne consistant jusqu'alors qu'en leur nom et leur prénom. Quelle différence entre un nom et un prénom privés de leurs date et lieu de naissance et un état civil complet ! Ajoutez la date de naissance et vous avez l'âge : la silhouette s'arrache au néant et prend forme. Avec le lieu de naissance, elle existe tout à fait, contre la volonté de tous les faussaires de l'histoire ; vous obtenez trace de son passage sur la terre : un extrait d'acte de naissance, une déclaration de décès.

Il s'agit d'un pieux devoir de mémoire que des chercheurs volontaires peuvent accomplir minutieusement. Au CDJC, on aurait inlassablement comparé les listes et restitué à chacun le maximum de son identité. Les Anciens Combattants ne disposaient pas seulement du fichier de la préfecture de police, mais de plus de cinquante listes de déportation en très bon état de lisibilité, alors que celles du CDJC sont carbone pour au moins un cinquième et qu'il nous a fallu pour établir le mémorial déchiffrer des milliers de noms à la loupe, avec les risques d'erreur que ce genre d'exercice comporte.

À Val-de-Fontenay, en septembre 1991, j'ai pu pénétrer sans entraves dans les locaux de la Direction des statuts du ministère des Anciens Combattants : j'avais été nommé membre de la commission officielle chargée d'étudier comment la mention « mort en déportation » pouvait figurer sur les actes de décès. J'ai consulté des documents dont j'ignorais l'existence. Quelle émotion de découvrir, dans un des registres d'entrées à Drancy, le 7 avril 1944, les noms des quarante-quatre enfants d'Izieu ! Si son double avait fait partie des archives du CDJC, nul doute que ce document aurait fait partie des pièces du procès et qu'il aurait fait le tour du monde, raccourci documentaire du destin de ces enfants.

Au milieu de mes recherches, j'ai constaté que l'inventaire de service du personnel des archives

comportait les indications suivantes : « Grand fichier
établi par la préfecture de police en octobre 1940 »
et « Petit fichier préfecture ». J'ai demandé à voir
une fiche : celle que l'on m'a présentée correspondait
exactement aux modèles du fichier de zone libre que
j'avais découverts dans une circulaire du ministre de
l'Intérieur en date du 29 juillet 1941. Ce document
se trouvait au YIVO, à New York, dans les archives
de l'Union générale des israélites de France.

Depuis plus de dix ans, je suivais de près la question du fichier des Juifs. En 1980, le magistrat Louis
Joinet, chargé par la Commission nationale de l'informatique et des libertés (CNIL) de la recherche
de ce document, était venu me consulter. Je lui avais
déclaré que j'étais certain qu'il n'avait pas été détruit,
car, en ce cas, quelques fiches auraient été préservées
et seraient parvenues au CDJC. Je croyais donc qu'il
était conservé en ballot dans quelque cave ou grenier d'un bâtiment officiel, ignoré par ses détenteurs
eux-mêmes.

Quant à la CNIL, elle avait reçu la réponse suivante :
« Ni le secrétariat d'État aux Anciens Combattants ni
l'Office national des anciens combattants ne disposent
de fichiers dans lesquels seraient mentionnées les
origines raciales… des personnes. » Le 5 mars 1980,
*Le Canard enchaîné* rapportait que ce fameux fichier
des Juifs était conservé dans un coffre-fort par la gendarmerie. L'enquête de Louis Joinet, mandaté par la
CNIL, n'avait pas abouti.

En sortant des archives des Anciens Combattants, je fais immédiatement part de ma découverte à l'inspecteur général du ministère, qui me répond : « Je m'en doutais. » J'informe également Louis Joinet, devenu conseiller juridique du gouvernement à l'hôtel Matignon, et lui demande d'aller vérifier lui-même à Val-de-Fontenay si c'est bien le fichier en question. Je m'adresse aussi au magistrat chargé de l'instruction de l'affaire Brunner, Jean-Pierre Getti, et lui suggère de saisir ce fichier qui nous est indispensable pour savoir qui a été déporté par le dernier grand convoi de Drancy qui emportait des centaines d'enfants raflés par Brunner. Enfin, je révèle cette découverte à Laurent Greilsamer, spécialiste de Vichy au *Monde*. Ce dernier contacte le directeur de cabinet du ministre Louis Mexandeau : « Non, ce fichier n'est pas chez nous ; je suis formel. »

Le juge Getti prend rendez-vous à Fontenay pour examiner les documents le 12 novembre avec un gradé de la section de recherches de la gendarmerie, Philippe Mathy, avec lequel je coopérerai efficacement dans les années à venir. Laurent Greilsamer prévoit la publication de son article pour le 12 novembre. La veille, Louis Joinet, de retour de Val-de-Fontenay, m'appelle et confirme : « Oui, c'est bien ce fichier-là. » Philippe Mathy prend ses quartiers aux archives pour faire ses recherches sur les enfants du convoi 77 du 31 juillet 1944. Le 26 novembre, le juge revient à Val-de-Fontenay et saisit sur place le fichier. L'article de Laurent Greilsamer, « Fichier des Juifs : la fin d'une énigme », et la conférence de presse que j'organise le même jour lancent l'affaire. Après une courte période au cours de laquelle le destin du fichier a été discuté dans l'opinion – faut-il le détruire ou non ? –, sa survie a été assurée.

La CNIL préconisait que le fichier soit remis au mémorial du Martyr juif inconnu-CDJC. Cette proposition allait à l'encontre de l'opinion de François Mitterrand qui, le 16 décembre 1991, écrivit au président du CDJC : «Vous comprendrez vous-même que leur conservation ne peut être confiée qu'aux organismes et services qui en ont légalement la charge. Il me semble difficile que les services compétents puissent s'en dessaisir. » Pour qu'ils ne s'en dessaisissent point, il fallait que le fichier ne fût plus le fichier. Sous la pression de nombreux archivistes et historiens, le gouvernement a nommé une commission, du nom de son président, René Rémond. Au bout de quelques années, la commission Rémond a produit un rapport qui suit mes développements historiques, mais affirme que c'est une méprise de ma part et qu'il ne s'agit pas du fichier des Juifs. Cette persistance, devant l'évidence, à nier qu'il s'agissait du fichier des Juifs m'a paru à la fois exaspérante et amusante.

Il ne fallait pas laisser l'opinion publique croire que les fiches avaient été rédigées après la guerre pour indemniser les victimes. Les fiches faisaient partie du fichier des Juifs de la préfecture de police, et elles ont été utilisées après la guerre par le ministère des Anciens Combattants et Victimes de guerre pour vérifier les déclarations de ceux qui demandaient des indemnisations pour leur déportation ou leur internement. Instrument de vérification, cet important reliquat du fichier des Juifs initial était resté secret.

Le fichier des Juifs, établi par la préfecture de police après l'ordonnance allemande du 27 septembre 1940 exigeant le recensement par l'administration française des Juifs en zone occupée – le recensement des Juifs en zone libre fut, lui, prévu par la loi française du 2 juillet 1941–, était un ensemble de déclarations : chaque Juif devait remplir en octobre 1940 un formulaire à condition qu'il fût chef de famille ; c'est-à-dire que le mari se déclarait et déclarait sa femme et ses enfants mineurs. Chaque Juif de plus de vingt et un ans et célibataire était considéré comme chef de famille. Il y eut ainsi environ 70 000 formulaires remplis. Ces formulaires impliquaient 149 734 personnes dans le département de la Seine.

À partir de ces formulaires furent établies par des agents de la préfecture de police des fiches classées de quatre façons : par ordre alphabétique des patronymes, par nationalité, par domicile et par profession. On pourrait ainsi arrêter au choix les Juifs dont le nom commençait par la lettre « D », les Juifs de nationalité hollandaise, les Juifs de la rue Réaumur ou les coiffeurs juifs. Ces fiches virent le jour à partir de novembre 1940 – elles portent les références d'imprimeur 233 E-6376-40 ; 263 E-6379-40 ; 235 E6357-41, etc. Ce sont des fiches individuelles adultes. Quant aux fiches familiales, elles ont été établies en 1941. Comme le fichier familial a été tenu à jour pendant l'occupation, certaines fiches familiales ont été imprimées, selon les besoins, en 1942.

L'ensemble des fiches conservées dans les archives du ministère proviennent de l'ensemble initial. Dans l'esprit de ceux qui ont fait rédiger ces fiches criminelles, il ne s'agit pas d'un fichier de victimes que l'on cherche à indemniser, mais d'un fichier d'une catégorie de personnes que l'on cherche à persécuter.

Pour nous, ces fiches devaient être préservées, car elles étaient les traces et les preuves des persécutions ; instrument de mort, mais aussi véhicule de la mémoire. Trop de ces documents ont été dissimulés pendant des décennies ; ce qui n'avait pas permis, par exemple, d'écrire l'histoire de la spoliation des biens juifs ou l'histoire des rafles, région par région. On s'est étonné aussi que soient retrouvés des fichiers juifs dans chacune des archives départementales, alors que nous savions depuis longtemps qu'ils existaient ; mais les dossiers concernant les Juifs n'étaient ni inventoriés, ni accessibles.

Par ailleurs, il me paraissait clair que certains historiens « officiels » tenaient à récupérer le pouvoir sur l'histoire de l'action antijuive de Vichy. Ils n'avaient jamais apprécié l'indépendance du CDJC et le fait qu'il avait ouvert libéralement dès 1945 ses précieuses archives aux chercheurs.

Il est possible que, pendant l'occupation, à la préfecture, on ait sorti des fichiers juifs les fiches des personnes arrêtées et qu'ainsi se soit constitué progressivement non pas un fichier des victimes, mais un fichier des personnes arrêtées. Le reste – les procès-verbaux des arrestations et probablement tout ce qui pouvait mettre en cause les agents d'exécution des arrestations ainsi que les dénonciations plus les fiches improductives du fichier des Juifs, celles qui n'avaient pas fait l'objet d'un traitement à la suite d'une arrestation – a été détruit après la Libération.

Sur la base du projet que Jean Favier, directeur général des Archives de France, l'historien Denis Peschanski et moi-même avions élaboré le 6 janvier 1992, Jacques Chirac a imposé une solution raisonnable quant au devenir du fichier : l'installation le 4 décembre 1997 au mémorial de la Shoah d'une enclave des Archives nationales réservée à ce qui reste du fichier de la préfecture de police, du fichier de Drancy, des fichiers des camps de Beaune-la-Rolande et de Pithiviers, des registres des entrées à Drancy.

J'ai également retrouvé au cours de mes recherches les archives du personnel du Commissariat général aux questions juives dans les caves de plusieurs sous-sols d'un immeuble des Domaines, rue Scribe ; je l'ai fait savoir au directeur des Archives nationales, qui les a fait saisir et qui a découvert dans les mêmes caves les archives des congrégations. J'ai fourni aux Archives nationales le contenu d'une armoire coffre-fort renfermant une masse de télégrammes officiels codés et chiffrés se trouvant dans un sous-sol de la Poste centrale de Vichy.

En France, la tenue des archives nationales ou départementales est organisée de façon exemplaire. Grâce aux différents centres intelligemment agencés, il est extraordinaire de voir que la France offre aux citoyens une lisibilité gratuite et exceptionnelle. Beaucoup d'argent a été investi dans la conservation et la mise à disposition des archives. Leur personnel est d'une remarquable compétence. Cela représente une incontestable réussite de notre pays sur le front de la mémoire.

## Touvier arrêté, Bousquet inculpé

L'arrestation de Paul Touvier fin mai 1989 met fin à une cavale de quinze ans, précédée par une autre cavale de plus de vingt ans. Il y a déjà longtemps que nous sommes mobilisés contre l'immunité du milicien Touvier. En juin 1972, Beate et moi, avec Arno alors âgé de six ans, avions emmené les jeunes de la LICA manifester à Chambéry devant la maison de Touvier pour protester contre la grâce qui lui avait été accordée par le président Pompidou. Vingt-deux ans plus tard, Arno allait représenter les Fils et filles au procès Touvier.

En 1989, les FFDJF sont parties civiles contre Touvier, et je collabore aux recherches documentaires du juge d'instruction, Jean-Pierre Getti. C'est à lui et à son prédécesseur, Claude Grellier, que l'on doit l'impulsion qui a décidé de l'arrestation. Les gendarmes ont perquisitionné le 23 mai l'abbaye carmélite de Saint-Michel-en-Brenne. Ils ont interrogé l'abbé Buron après avoir découvert des valises marquées « Lacroix », un des noms de couverture de Touvier. Les gendarmes ont déclaré à l'abbé que Serge Klarsfeld et son organisation étaient sur la piste de Touvier, que la gendarmerie n'avait que très peu d'avance sur nous et qu'il valait mieux pour Touvier que ce soient eux, les gendarmes, qui mettent la main sur lui. Touvier a été arrêté ce jour-là.

Certains ont accusé l'Église de France tout entière d'avoir protégé Touvier. Nous savions qu'une fraction de cette Église, celle qui a effectivement protégé Touvier, ne se sentait pas proche de Mgr Saliège. Or l'Église de France a joué un rôle si bénéfique à partir du moment où a été déclenchée la chasse aux familles juives que je me suis efforcé de rappeler certains faits à la mémoire des oublieux ; ce que j'ai fait en publiant dans *Le Monde* une tribune libre intitulée « Une dette immense à l'égard de l'Église » : «Dès le 2 septembre 1942, les chefs SS en France ont noté que "le président Laval a expliqué que les exigences que nous avons formulées concernant la question juive s'étaient heurtées ces derniers temps à une résistance sans pareille de la part de l'Église". Grâce à l'opposition de l'Église fut obtenue l'annulation d'un programme de cinquante convois de déportation de mille Juifs chacun. De nouveau, à un autre moment décisif pour les Juifs de France, le 21 août 1943, l'Église est intervenue fermement et a réussi à faire barrage à la mesure prévue par Vichy de retirer en bloc la nationalité française aux dizaines de milliers de Juifs nationalisés après 1927. »

*
* *

À la demande du garde des Sceaux, Pierre Arpaillange, le parquet général de Paris ouvre le 26 septembre 1990 une information pour « crime contre l'humanité » à l'encontre de René Bousquet. La chambre d'accusation se réunit le 22 octobre pour statuer sur la recevabilité de ma plainte.

Le 1ᵉʳ octobre 1990, Henri Hajdenberg et moi organisions au Sénat le colloque « Il y a cinquante ans, le statut des Juifs de Vichy ». La réunion est déjà commencée quand un monsieur distingué d'un certain âge se présente timidement à l'entrée de la salle où officie Beate : «Je suis le garde des Sceaux. » Il s'agit bien de Pierre Arpaillange, venu à l'improviste, que Beate conduit à la tribune. Avant d'entamer le colloque, je m'étais entretenu dans la cour du Sénat avec le procureur général de Paris, Pierre Truche, et celui-ci partageait mon avis sur le fait que la procédure engagée contre Bousquet menait à la cour d'assises, et non à l'inexistante Haute Cour de justice. La prise de parole du ministre de la Justice sonnait étrangement : il a évoqué son aversion spontanée pour le pétainisme, son adhésion à la Résistance et son attachement permanent à ses valeurs. Puis il est parti et, dans l'après-midi, a donné sa démission du gouvernement. Nous comprenons qu'il y a été contraint quand nous apprenons le 8 octobre que le procureur général a changé de position et défend la compétence de la Haute Cour de justice. Henri Nallet est nommé ministre de la Justice ; Georges Kiejman, ministre délégué.

En colère, je rédige le texte d'un communiqué destiné à faire sortir de ses gonds Georges Kiejman en le mettant en première ligne devant François Mitterrand :

> « *Ce revirement ne s'explique sur le fond que par une volonté politique au sommet de ne pas voir jugée l'action antijuive du gouvernement de Vichy, de sa police et de son administration. Ce comportement, le même depuis 1945, va à l'encontre des intérêts de la France. Le revirement du parquet général qui prend ses instructions à la chancellerie dans une pareille affaire s'explique dans la chronologie par le changement intervenu le 2 octobre à la tête du ministère de la Justice. Un fils de déporté était ministre de la Justice quand le chef de la Gestapo de Lyon a été ramené en France pour y être jugé. Un fils de déporté a été nommé ministre délégué à la Justice pour assurer l'impunité du chef de la police de Vichy. Si l'Association des fils et filles des déportés juifs de France se trompe, elle qui dans son argumentation à l'égard du personnel politique de Vichy explique toujours qu'il était possible par la démission de ne pas participer à des actions déshonorantes, elle souhaiterait que M. Kiejman démissionne pour que son nom ne soit pas mêlé à l'enterrement du dossier Bousquet.* »

Mis en cause, Georges Kiejman réagit maladroitement dans l'heure qui suit : «Mon engagement au sein du gouvernement est un engagement général qui va bien au-delà de ma condition de fils de déporté. J'estime donc que, malgré toute mon estime pour Serge Klarsfeld, je n'ai pas de leçon à recevoir de lui. Sur un plan technique, il peut sembler souhaitable que ce soit cette Haute Cour de justice ou son équivalent qui juge aujourd'hui Bousquet. » La phrase qui clôt la déclaration est ô combien révélatrice de la nature des instructions qu'il a reçues : « Si l'on dépasse le problème technique, il faut prendre conscience qu'au-delà de la nécessaire lutte contre l'oubli, il peut paraître important de préserver la paix civile. Il y a d'autres moyens qu'un procès pour dénoncer la lâcheté du régime de Vichy. »

Le 22 octobre, pendant les deux heures d'audience à huis clos de la chambre d'accusation présidée par Albert Moatty, les couloirs du Palais de Justice sont envahis par les Fils et filles. J'attaque directement le président de la République devant les médias en évoquant sa jeunesse heureuse à Vichy pendant l'année 1942.

L'enterrement de première classe de l'affaire Bousquet n'a finalement pas eu lieu. Le 18 novembre 1990, au Palais de Justice, la chambre d'accusation a eu le courage de rendre un arrêt dans lequel elle se déclare compétente pour instruire les faits de crime contre l'humanité reprochés à Bousquet. Une instruction va être réalisée ; si un non-lieu n'est pas décidé, Bousquet sera jugé. Pris à contre-pied, le parquet renonce à se pourvoir en cassation. L'avocat de René Bousquet, son frère Louis, a déposé un recours en cassation qui sera rapidement rejeté.

*
* *

Le 8 octobre 1990, je soutiens oralement à Nice pendant cinq heures mes travaux sur « La solution finale de la question juive en France ». Cette soutenance de thèse se déroule à l'université de Nice en présence de ma famille et des Fils et filles, qui sont aussi ma famille. Mon jury était constitué par les professeurs d'université André Nouschi, directeur de la thèse, Ralph Schor, Jacques Basso, Jean-Paul Brunet et Michèle Cointet-Labrousse. Me voici finalement docteur ès lettres, titulaire du diplôme d'habilitation à diriger des recherches en histoire. Un seul poste m'intéresserait vraiment : celui d'enseignant à l'université de Lyon-III, où l'influence de l'extrême droite est encore très forte. Je ne connais pas les ficelles universitaires : un poste universitaire a été créé, mais consacré à... l'histoire sociale du XIXᵉ siècle. Rebuffade qui me donne le temps nécessaire pour préparer et publier en 1993 une somme historique, *Le Calendrier de la persécution des Juifs de France* – 1 264 pages, avec un index alphabétique, un index thématique, un index par département et par commune. L'ouvrage se présente comme un code civil ou pénal, de couleur jaune. Tous les chercheurs le connaissent et l'utilisent, parce qu'il leur permet de comprendre le contexte dans lequel se déroule leur étude régionale, départementale ou locale, et d'éviter les erreurs.

Le 19 novembre 1990, la chambre d'accusation de la cour d'appel de Paris a confié à son président, Albert Moatty, « la continuation de l'information visant Bousquet pour accomplir tous actes d'instruction utiles ». Elle a pris acte de l'impossibilité d'appliquer l'ordonnance du 18 novembre 1944, rendue caduque : « Dans ces conditions, aucune juridiction de substitution n'étant susceptible d'être saisie, la cour d'appel de Paris ne saurait décliner sa compétence, une telle décision pouvant être considérée par les parties civiles comme un déni de justice et une violation de l'article 8 de la Convention européenne de sauvegarde des droits de l'homme et des libertés fondamentales, qui dispose que toute personne a droit à ce que sa cause soit entendue équitablement, publiquement et dans un délai raisonnable par un tribunal indépendant et impartial. »

Le procureur général, rebuté, ne forme pas de pourvoi en cassation – Bousquet, oui. Mal lui en prend : le 1er février 1991, la chambre criminelle de la Cour de cassation rejette son pourvoi et donne le feu vert au président de la chambre d'accusation pour commencer l'instruction de l'information ouverte contre Bousquet, qui se verra bientôt officiellement notifier son inculpation. Surtout, la Cour de cassation met fin au débat sur la juridiction compétente : elle constate que la Haute Cour de justice n'avait été maintenue que pour les affaires dont elle était déjà saisie à l'époque et que, aujourd'hui, en son absence, ce type d'affaires ne pouvait relever que de la seule juridiction de droit commun, la cour d'assises.

Le 24 mai 1991, j'écris au président Moatty en lui transmettant les éditions française et allemande de mon *Vichy-Auschwitz*, qui établissent le fait que la conférence du 2 juillet 1942 n'est nulle part évoquée dans l'instruction et le procès de 1949 ; que cette conférence a été décisive pour le sort des Juifs de France ; que Bousquet, constatant que cette conférence était passée sous silence, l'a escamotée, rejetant sur le seul Laval la part d'initiative plus qu'importante prise par lui-même. Je transmets également les listes de 498 enfants arrêtés et transférés de la zone libre au camp de Drancy après le télégramme secret de Bousquet aux préfets supprimant certaines exemptions qui protégeaient les enfants. Parmi eux, 52 enfants âgés de deux à cinq ans et directement victimes du télégramme de Bousquet. Le 18 juin, je suggère au président Moatty de saisir au CDJC le procès-verbal rédigé par Herbert Hagen de la conférence du 2 juillet 1942 et d'en faire faire deux traductions officielles par des experts afin d'éliminer les possibles différences d'interprétation.

Le juge Getti, qui instruit parallèlement l'affaire Touvier, a été chargé par la chambre d'accusation de rendre un rapport répondant à une question de droit : les pièces que j'ai fournies présentent-elles des éléments nouveaux qui n'ont pas été jugés au cours du procès de Bousquet en 1949 ? La réponse, donnée en juin 1991, est positive : oui, ces faits sont nouveaux. Bousquet est inculpé. C'est maintenant à Albert Moatty, président de la chambre d'accusation, de mener l'instruction. Nous lui avons apporté notre participation active.

Bousquet a donc été entendu à plusieurs reprises. Le procès-verbal de la conférence du 2 juillet 1942 réunissant Bousquet et les chefs SS a été authentifié par Hagen, qui l'avait rédigé et que nous avions fait condamner à Cologne en 1980. Le réquisitoire contre Bousquet a été signé par l'avocat général Marc Domingo, qui avait déjà été l'auteur du remarquable réquisitoire contre Leguay, qu'il avait eu l'audace de rendre public. Le réquisitoire contre Bousquet a été transmis à la chambre d'accusation, qui doit se prononcer rapidement. Si elle confirme le réquisitoire, Bousquet n'aura plus comme recours que la Cour de cassation.

Le 8 juin 1993, alors que l'accusation est prête, Bousquet, le « Fouché de Laval », est assassiné.

# Le procès Touvier

Novembre 1989. Imbroglio judiciaire dans l'affaire Touvier : deux juges instruisent simultanément le dossier Paul Touvier : l'un à Paris, Jean-Pierre Getti ; l'autre à Lyon, Jacques Hamy. Nous souhaitons, Me Charles Libman et moi-même, que l'affaire soit seulement instruite à Lyon, et nous nous y rendons le 13 novembre pour y déposer deux nouvelles plaintes et faire un point avec la presse. Peu de temps après, le procureur général près la cour d'appel de Paris, Pierre Truche, et le procureur général de la Cour de cassation souhaitent eux aussi que l'instruction soit conduite exclusivement à Lyon.

L'ancien chef du 2e Bureau de la Milice a demandé sa liberté provisoire. La chambre d'accusation de Paris a rejeté sa demande, mais avec des attendus qui nous ont inquiétés et qui pourraient laisser préjuger une libération prochaine. La chambre criminelle de la Cour de cassation, elle, décide de désigner le juge parisien pour continuer à mener l'instruction, ce qui conduit le juge lyonnais à se désister de sa part de dossiers.

Le 13 avril 1992, la chambre d'accusation de la cour d'appel de Paris libère Touvier et le disculpe en expliquant que seuls sont imprescriptibles les crimes contre l'humanité commis au nom d'un État « pratiquant une politique d'hégémonie idéologique ». Selon elle, ce n'était pas le cas de l'État vichyssois, « quelles qu'aient pu être ses faiblesses, ses lâchetés et ses ignominies ». Il est pourtant évident que, dans la question juive, Vichy a pratiqué une politique hégémonique. La Cour de cassation est saisie, et nous lui faisons confiance pour mettre fin à ce scandale. Elle ne peut absoudre Touvier.

Le 22 novembre 1992, la Cour de cassation se prononce sur notre recours et casse l'arrêt de la chambre d'accusation de Paris, qui a négligé de prendre en considération la complicité de Touvier avec la Gestapo dans le cas de l'exécution sommaire de Rillieux-la-Pape où sept Juifs furent abattus par les miliciens de Touvier. Cependant, la Cour de cassation est restée frileuse ; elle aurait pu aller plus loin en définissant ce qu'était « un État pratiquant une politique d'hégémonie idéologique » et constater, à l'opposé de la chambre d'accusation de Paris, que Vichy en avait bien mené une à l'encontre des Juifs. Cet arrêt permit aux affaires Papon et Bousquet d'aller elles aussi de l'avant, sous l'angle de la complicité.

Le sort de Touvier est désormais entre les mains des conseillers de la chambre d'accusation de Versailles, qui décident le 2 juin 1993 qu'il doit être traduit en cour d'assises. Mais ils l'y envoient par la petite porte, comme un complice falot qui a suivi les directives des Allemands.

Notre tâche est lourde : si le procureur et les parties civiles s'en tiennent à la définition tronquée du crime contre l'humanité, et s'ils fondent leur accusation sur une complicité avec la Sipo-SD, instigatrice directe du massacre, alors le risque est grand de voir Touvier bénéficier de circonstances atténuantes, ainsi que le prévoit insidieusement l'arrêt de la chambre d'accusation de Versailles, car l'intervention supposée de Touvier et de son supérieur de Bourmont ne pourrait alors s'expliquer que par une pression de la Milice auprès des Allemands afin de réduire le nombre des otages. Une telle stratégie serait, de plus, dangereuse d'un point de vue historique. Elle irait dans le sens que Touvier et son défenseur veulent donner à cette période tragique en faisant le parallèle avec le régime de Vichy en son entier : « Les nazis souhaitaient tuer tous les Juifs de France, Vichy obtint que seule une partie en soit sacrifiée » – position identique à celle de la Haute Cour de justice chargée de juger Bousquet en 1945 et qui l'acquitta : « Bousquet obtint que l'arrestation des Juifs soit faite par la seule police française. »

Je n'aime ni l'ambiance des procès ni les relations toujours difficiles avec les autres avocats. Surtout, Arno et moi sommes déterminés à plaider la vérité historique, et non à l'accommoder à la sauce de la complicité avec la Gestapo. Personnellement, je n'ai aucune envie de me plonger dans le très volumineux dossier de la Milice et de faire l'effort de le retenir. Ce sera donc à Arno de prendre ma place aux côtés de Charles Libman. Je suis pleinement confiant en l'intelligence de mon fils, en sa mémoire et en sa fermeté.

L'accusation officielle est malheureusement sur la même ligne que la défense, même si leurs points de vue diffèrent. L'accusation accepte les aveux de Touvier, qui s'est donné à lui-même un beau rôle en prétendant que, en représailles de la mort de Philippe Henriot, la Gestapo de Lyon avait exigé cent victimes à fusiller ; que le chef de la Milice avait réussi à réduire ce nombre à trente, et que lui, Touvier, en choisissant des Juifs, était parvenu à ne faire fusiller que sept personnes. Rien, pourtant, ni dans le dossier ni dans la logique des événements, n'établit que les Allemands avaient demandé des représailles. Nous n'allons pas laisser naître une image de la Milice protectrice de la vie des Français contre les exigences de la Gestapo. Et comment, dans ces conditions, compter sur les jurés pour condamner Touvier à la peine la plus lourde, la réclusion à perpétuité ? Nous allons défendre la vérité : l'État français de Vichy était complice du Reich hitlérien en ce qui concerne la persécution des Juifs ; la Milice était la complice intime de la Gestapo et, dans le cadre de cette évidente complicité, la Milice a engagé ses propres représailles pour la mort de son dirigeant, Philippe Henriot, et Paul Touvier a été l'instigateur du massacre de Rillieux-la-Pape.

Lors de notre première réunion avec les autres avocats des parties civiles, le fossé se creuse ; ils craignent tous que notre point de vue ne contredise l'interprétation du crime contre l'humanité par la Cour de cassation et qu'il n'entraîne l'acquittement de Touvier. Notre opposition à quelques dizaines d'avocats des parties civiles est flagrante : Arno plaidera la vérité historique et la complicité par nature entre Milice et Gestapo. C'est clair, et pourtant les médias ont du mal à admettre notre point de vue. Pour Éric Conan, dans *L'Express* : « Les avocats des parties civiles sont désormais divisés, Arno Klarsfeld soutenant que Touvier a agi de sa propre initiative. Il choisit la vérité historique. Au risque d'un acquittement. »

Si Arno faiblissait et collait à la logique judiciaire, Touvier bénéficierait de circonstances atténuantes (7 victimes au lieu de 100) et ne serait condamné qu'à une peine intermédiaire, qui ne serait pas celle qui lui convient, puisque l'impulsion meurtrière, la volonté de tuer, de venger Henriot, était en lui.

Personnellement, je n'entrerai pas dans la salle de la cour d'assises des Yvelines ; ma place est à l'extérieur, où je militerai dès la première audience avec les Fils et filles venus en nombre à Versailles dès le premier jour et avec nos banderoles, dont le rôle émotionnel sera important. Comme à Lyon pour le procès Barbie, mon ami Jean Lévy a loué et installé à Versailles un local pour les parties civiles et leurs avocats. Je serai le chauffeur d'Arno à chaque audience entre le 17 mars et le 20 avril 1994. Il connaît à fond le dossier et sa personnalité me paraît beaucoup mieux à même que la mienne de résister à la pression de ses confrères, déjà très irrités par la thèse qu'il défend et par son allure juvénile et provocante. Ils voudraient qu'il soit futile, superficiel et paresseux, alors qu'il est brillant, sérieux et travailleur. Ils se préparent à bien des déconvenues.

Vif incident d'audience le 1ᵉʳ avril, quand Arno affirme que Touvier a agi de son propre chef. L'intervention d'Arno s'oppose au témoignage du commissaire Jacques Delarue qui contredit le rapport d'enquête accablant qu'il avait rédigé lui-même en 1970 et où il écrivait qu'il n'existait aucune trace d'une intervention des Allemands dans cette affaire. Pour justifier sa volte-face, Delarue s'appuie sur un interrogatoire du chef de la Milice, Joseph Darnand, en date du 6 août 1945 ; mais Arno présente à la Cour un procès-verbal d'audition de Delarue en date du 11 avril 1990 dans lequel ce dernier déclare qu'il ne faut ajouter aucun crédit aux mensonges de Darnand dans cet interrogatoire. Delarue tente de noyer le poisson ; Arno lui demande alors s'il est soumis à des pressions pour avoir, en tant que policier, participé à la grande rafle de Marseille de janvier 1943. Le tumulte éclate dans la salle : les avocats des parties civiles se désolidarisent d'Arno ; mais le témoignage du commissaire Delarue s'effondre.

L'antisémitisme immonde et constant de Touvier est établi à la lecture de ses cahiers ; son rôle dans l'exécution sommaire de Rillieux-la-Pape est démontré par les témoins, par le résistant mis de côté parce que non juif, par la secrétaire de Touvier, par son chauffeur. Vient le temps des plaidoiries. Celle d'Arno se tient le 14 avril. Elle est retentissante dès les premiers mots : «Paul Touvier est le responsable, l'instigateur, le commanditaire de l'assassinat de Rillieux. Et ceci sans la moindre demande allemande. »

Pour Arno, Touvier est entré dans la cour d'assises par la porte de service. On a fait plier la vérité pour la faire passer sous les fourches caudines des arrêts incohérents de la Cour de cassation. Touvier a agi de sa propre initiative dans le cadre d'une complicité générale avec l'Allemagne nazie. Tous les miliciens étaient impliqués par le serment à Hitler de Joseph Darnand, leur chef. Leurs compatriotes voyaient en eux des hitlériens français totalement alignés sur l'idéologie nazie. Un hitlérien français, voilà ce qu'était Touvier quand il fit massacrer sept Juifs à Rillieux-la-Pape. Arno s'adresse aux jurés pour qu'ils négligent les termes dans lesquels la cour d'assises a été saisie par la chambre d'accusation de Versailles le 2 juin 1993. La conclusion d'Arno est très forte ; elle place les jurés en face de leurs hautes responsabilités et réclame la réclusion à perpétuité : «En acceptant la thèse de l'intervention allemande, vous ne feriez pas seulement de la Milice l'exécutant des basses œuvres de la Gestapo, vous en feriez un salutaire bouclier ayant protégé les Français contre les exigences allemandes en matière de représailles, un complice entre deux feux, enclin à diminuer le nombre des victimes de la Gestapo. C'est à la hauteur de la peine que vous infligerez à Touvier que l'on mesurera si le peuple français porte un regard plus indulgent sur les crimes commis par un Français de la Milice que sur les crimes commis par un Allemand de la Gestapo. »

Le procureur Hubert de Touzalin prononce un réquisitoire qui cerne la personnalité de Touvier, l'étendue de son pouvoir, sa volonté d'exécuter ses sept victimes juives. Il en vient au point central : Touvier est poursuivi selon la Cour de cassation et la chambre d'accusation de Versailles pour complicité de crimes contre l'humanité avec les Allemands, alors que toute l'instruction s'appuie sur son autonomie dans le massacre de Rillieux. Mais le procureur se rallie à Arno quand il déclare que la définition de la Cour de cassation peut être entendue de façon suffisamment large pour englober le crime de Touvier : «Je suis convaincu qu'il n'y a pas eu d'ordre, mais une intervention allemande.» La nuance permet au procureur de s'opposer aux arguments de Touvier : «Sept Juifs ont été assassinés. Voilà un fait bien avéré. C'est le seul.»

En définitive, le procureur s'est aligné sur nous : ordre ou pas ordre, Touvier est coupable, il n'a fait que mentir en inventant une pression.

L'historien Henry Rousso déclare dans *Libération* : « Arno Klarsfeld a eu raison de plaider la vérité. Pour l'Histoire, pour la Mémoire et contre un droit dont la géométrie est aussi variable qu'étriquée. »

Dans *Le Monde*, Bertrand Poirot-Delpech écrit : « M. Arno Klarsfeld préféra à ce revirement utilitaire la fidélité à l'évidence de représailles spontanées et au rôle pédagogique prêté au procès. Si le jury n'avait pas infligé la réclusion perpétuelle, on n'aurait pas manqué de s'en prendre à M. Arno Klarsfeld ; grâce à lui seul, vérité et justice ont fait un bon ménage, qui ne leur est pas habituel. »

Un des enseignements du procès Touvier est que nous prévoyons que, lorsque le procès Papon se tiendra, l'affrontement le plus pénible sera celui que nous aurons avec les autres avocats des parties civiles pour qui justice et vérité ne vont pas de pair : ils ont plaidé la thèse d'un exécutant des instructions de la Gestapo alors qu'il s'agissait d'un décideur ; ne vont-ils pas voir en Papon un décideur au lieu d'un exécutant des directives de Vichy ? L'expérience de Versailles me convainc qu'à Bordeaux la place d'Arno sera de nouveau dans le tribunal, et la mienne dehors.

# À Palé contre Karadžić et Mladić

À la mi-février 1996, j'entre en relation avec le ministère de la Défense à Paris. Je demande une place à mes frais dans l'avion militaire du 22 février pour Sarajevo afin d'éviter un long trajet par la route à partir de Belgrade. J'ai l'intention d'effectuer une démarche auprès des Serbes de Bosnie pour leur expliquer les avantages que constituerait non seulement pour la communauté internationale, mais aussi pour eux-mêmes, le jugement de leurs responsables politiques et militaires.

Ma demande est acceptée. Je pars d'une base près d'Orléans ; une escale à Istres ; un vol en basse altitude dans la région de Sarajevo pour éviter des tirs éventuels. Je passe une nuit dans un hôtel privé de sa façade par les bombes. Je rencontre des journalistes :

*« Je me suis rendu à Palé pour tenter de convaincre Karadžić et Mladić de se mettre d'eux-mêmes à la disposition du Tribunal pénal international. S'ils s'estiment innocents, ce sera le meilleur moyen d'établir publiquement cette innocence. S'ils s'estiment coupables ou*

*responsables – ce qui nous paraît évident, puisque des crimes de guerre et un génocide ont été commis par les forces armées des Serbes de Bosnie placées sous leur autorité politique et militaire –, Karadžić et Mladić doivent prendre en considération que la communauté internationale n'admettra pas longtemps leur impunité. Un jour ou l'autre, ils seront ignominieusement traduits de force en justice comme l'ont été certains criminels nazis des décennies après leurs forfaits. Seule une démarche volontaire de leur part en direction de La Haye serait un acte susceptible de les arracher à leur indignité internationale, de créer une dynamique de paix, de rendre service aux Serbes de Bosnie ; à la justice et à une communauté internationale dont la volonté est de voir disparaître à jamais crimes de guerre et génocides. »*

S'ils se livraient immédiatement, Karadžić et Mladić amélioreraient la situation des Serbes de Bosnie, et je n'ai pas oublié l'aide apportée aux Juifs par les Serbes pendant la Shoah, alors que des Croates et des Bosniaques participaient activement aux persécutions.

Depuis trois jours, les Serbes fuient en masse la ville qui tombe aux mains des musulmans de Bosnie. La banlieue, encore sous contrôle serbe, se vide, et des milliers de Serbes terrifiés connaissent l'exode de Sarajevo à Palé, sur une petite route de terre et sous une forte neige. Pour me joindre à eux, j'ai tout simplement traversé à pied le pont de Bratsva, de la Fraternité ; aucun des militaires en poste ne m'a demandé mes papiers.

J'ai fait comprendre en russe à un civil serbe que je cherchais une voiture pour suivre l'exode jusqu'à Palé. Il avait un chien avec lui ; je lui ai montré la photo des miens ; nous avons sympathisé. Il m'a conduit à travers la ville jusqu'à un taxi, qui a accepté de prendre le risque. La route de montagne était très difficile : neige très forte, verglas et d'innombrables et lamentables voitures, camions et carrioles. Il nous a fallu six heures pour parcourir les quelque vingt-cinq kilomètres nous séparant de Palé, petite villégiature située à l'est de Sarajevo, devenue le quartier général des forces serbes de Bosnie.

Je suis allé directement au centre de presse dirigé par Sonia, la fille de Radovan Karadžić, le président des Serbes de Bosnie, assuré ainsi que mon message parviendrait rapidement à son destinataire. Sonia était absente, mais son adjoint a lu le message, qui était rédigé également en anglais et en allemand. Très hostile, il s'est violemment opposé à son contenu et m'a demandé d'aller attendre dans un motel à trois kilomètres de là.

Il m'a vu partir à pied avec ma petite valise et mon sac, dans le froid, sur la route verglacée.

Ce n'est pas facile de se retrouver isolé dans un environnement hostile à se demander si l'on a vraiment raison de tenter de raisonner ceux qui ont perdu la raison. J'ai fini par arriver au motel Olympic, qui était à peu près désert. Je buvais un thé dans la salle vers 20 heures quand trois hommes en civil, que j'ai tout de suite reconnus comme des policiers, sont entrés, accompagnés d'une jeune femme.

Ils ont parlé au patron du motel, se sont dirigés vers moi et, par l'intermédiaire de la femme qui parlait l'anglais, m'ont prié de les suivre. À force de les entendre me répéter : «Vous ne devez pas avoir peur », j'aurais pu être effrayé. Coincé entre deux policiers dans la voiture, je me demandais quand même si nous nous dirigions vers un bureau ou dans la forêt… Ce fut le bureau, où pendant plus de deux heures je fus interrogé. Les policiers voulaient surtout savoir si j'avais eu des contacts avec des Bosniaques et au nom de qui j'agissais. Puis ils ont essayé de réfuter mes arguments. De temps à autre, ils téléphonaient à l'un de leurs supérieurs et, en fin de compte, ils m'ont déclaré que je ne pourrais être reçu par personne ni me rendre à Banja-Luka, leur capitale, ou à Belgrade, et que l'ordre m'était intimé de repartir pour Sarajevo. Ils m'ont raccompagné au motel.

Le lendemain matin, des journalistes de Reuters, ne m'ayant pas trouvé la veille au soir, se sont inquiétés et sont revenus me voir. Deux policiers étaient dans la salle, tendant l'oreille. Les journalistes anglais m'ont ramené à Sarajevo par la route directe et rapide réservée aux militaires de l'IFOR et aux journalistes. J'ai pu quitter Sarajevo pour Split en Croatie par un Herkulès de l'IFOR – un avion de la Luftwaffe. Drôle de sensation que de se trouver dans un avion frappé de la même croix noire que celle des avions que je souhaitais voir abattus quand j'étais enfant !

Mardi 27 février, je me suis rendu à l'improviste à Zagreb chez le vice-Premier ministre en charge du problème des criminels de guerre croates (six d'entre eux, dont le général Blaškić, étaient inculpés par le TPI de La Haye). Le conseiller du vice-Premier ministre, M. Göttlicher, m'a longuement reçu. Je lui ai demandé de transmettre mon souhait de voir le général Tihomir Blaškić – dont l'extradition, m'a-t-il dit, ne pouvait être obtenue tant que le Parlement croate ne modifierait pas la loi sur l'extradition – mis aux arrêts. J'ai aussi insisté sur la solution pratique qu'offre la démarche volontaire de l'inculpé, se rendant de lui-même (ou sous pression) à La Haye. J'ai souligné la nécessité pour les Croates de montrer l'exemple du respect pour le Tribunal de La Haye.

Le 12 mars, soit quinze jours plus tard, Blaškić a été transféré et arrêté à La Haye.

Ma démarche était moins aventureuse qu'il n'y paraît et s'inscrivait consciemment dans le contexte d'une campagne pour la création d'un Tribunal pénal international permanent. À ce tribunal, il fallait à mon sens que soit associée une « légion » planétaire dont le rôle serait de protéger les populations civiles pendant les conflits. Les éléments de cette « légion » ne seraient recrutés que par les Nations unies, dont ils deviendraient citoyens et dont ils dépendraient. L'importance et la noblesse

de leur mission humanitaire de protection préventive permettraient de forger chez ces légionnaires des
Nations unies un esprit de corps et un idéal assez
puissants pour qu'ils soient prêts à se sacrifier pour
cette mission. Cette utopie n'est-elle pas toujours
d'actualité aujourd'hui ?

## L'affaire Papon

En 1993, l'affaire Papon était encore en pleine instruction et limitée à l'année 1942, puisque seules les
plaintes de nos parties civiles n'avaient pas été annulées. Je m'étais borné à cette année 1942, car c'était
l'année du maximum de déportation – 43 000 personnes, dont 33 000 en onze semaines –, et celle où
les rapports entre la Sipo-SD, la police et la haute
administration française avaient été les plus fluides,
où la pression allemande s'était le moins exercée
sur les partenaires français. Des trois coïnculpés de
Papon – le préfet régional Maurice Sabatier, Jean
Leguay, délégué en zone occupée de René Bousquet,
et Bousquet lui-même, chef de la police de Vichy –,
Papon restait seul en scène, et nous ne savions pas
encore si la pièce allait se jouer au grand théâtre du
palais de justice de Bordeaux.

De nombreuses parties civiles s'étaient constituées
entre-temps pour 1943 et 1944. Mme Annie Léotin,
la juge d'instruction, procédait à leur audition et
devait décider si le dossier allait ou non être transmis
au parquet de Bordeaux. Je lui faisais confiance par
principe, même si je savais que François Mitterrand
essayait d'influer sur le cours des événements, comme

il l'avait fait dans l'affaire Bousquet. Il avouera d'ailleurs plus tard avoir tenté de ralentir les procédures de crimes contre l'humanité.

Contrairement aux autres avocats des parties civiles, Arno et moi ne voyons pas d'inertie dans l'enquête menée par Annie Léotin, et nous la laissons œuvrer avec sérénité. Presque tous les avocats viennent de débarquer dans ce dossier où je suis plongé depuis quatorze ans, depuis le 7 mai 1981 précisément. Confronté à l'exaspération de nos confrères qui envisagent de porter plainte devant la Cour européenne des droits de l'homme ou de faire usage de l'article 434-7-1 du Code pénal, qui prévoit de lourdes peines pour les magistrats qui entravent le cours de la justice, je leur affirme qu'aucun magistrat ne peut en son âme et conscience accorder à Papon un non-lieu, que le dossier est pris très au sérieux et que le parquet travaille en toute indépendance.

Le 10 février 1996, Arno et moi publions un grand article dans *Le Monde* révélant notre stratégie : tout faire pour obtenir la peine graduée que méritait Papon. « Il fallait faire œuvre pédagogique. Nous nous y sommes efforcés. Notre but consistait à faire entrer la vérité historique dans la conscience de nos compatriotes. [...] Le 29 septembre 1981, devant le jury d'honneur [...], nous fûmes les seuls, de tous ceux entendus, à soutenir devant des jurés incrédules et parfois hostiles que M. Papon était passible de la cour d'assises. [...] M. Papon est coupable de complicité de crimes contre l'humanité. Cela ne fait aucun doute. [...] Le pouvoir décisionnel de

Maurice Papon ne se compare cependant pas à celui de Bousquet [...] ; les responsabilités de Maurice Papon ne sont pas non plus celles de Jean Leguay [...], on ne trouve pas non plus en Maurice Papon l'impulsion meurtrière antijuive évidente chez un Touvier [...] ; ce qu'on découvre en revanche chez Papon, c'est une froide volonté de ne pas contrecarrer la mission qui lui a été confiée par ses supérieurs et qu'il accomplit dans un souci de carrière et de promotion personnelle, tout en sachant qu'elle allait à l'encontre de la dignité humaine et des principes républicains. »

En août 1995, comme nous l'avions prévu, la clôture de l'instruction est prononcée. Le dossier, qui comporte vingt-six tomes très volumineux, est entre les mains du parquet général, qui doit écrire son réquisitoire définitif et le faire connaître en décembre : non-lieu ou cour d'assises ? Nous ne doutons pas de la direction finale, malgré le scepticisme des autres avocats. Si notre confiance est justifiée, la chambre d'accusation réunira toutes les parties, les entendra et décidera alors de suivre ou non le réquisitoire du procureur. Si elle les suit, il ne restera plus à Papon qu'à se pourvoir en cassation.

Toutes les affaires judiciaires dont nous nous sommes occupés ont atteint des résultats imprévisibles au début. Le parquet dirige Papon vers la cour d'assises.

Certes, ce réquisitoire exprime une différence d'appréciation entre l'avocat général et le procureur général : l'un, Marc Robert, très, trop prudent ; l'autre, Henri Desclaux, offensif contre Papon. Mais c'est le procureur général qui est venu requérir avec force et conviction contre Papon devant la chambre d'accusation le 5 mars 1996, et je ne redoute plus du tout l'arrêt de cette chambre ; j'espère même qu'il ajoutera des charges contre Papon.

C'est Arno qui a plaidé pour nos parties civiles. Pour ma part, je me suis présenté à Bordeaux en tant que partie civile. Ce ne sont pas les avocats qui ont déclenché l'affaire Papon, ce sont les parties civiles. Les magistrats, avant l'audience, ont reçu les mémoires écrits des avocats et peuvent juger sur pièces, et non après un concours d'éloquence.

Acculé à la cour d'assises, Papon s'estime victime d'un complot politique mené à travers moi par des Juifs américains d'origine allemande pour atténuer la culpabilité de l'Allemagne en la faisant partager par la France.

L'arrêt de la chambre d'accusation en octobre 1996 a justifié notre attente et la confiance que nous avons manifestée publiquement aux magistrats. Il ne nous restait plus qu'à souhaiter que la chambre criminelle de la Cour de cassation saisie par Papon puisse statuer le plus vite possible. Le 21 octobre, Arno demande au procureur général Desclaux le retrait du passeport de Papon et son assignation à résidence sous surveillance policière permanente extérieure.

Le 23 janvier 1997, la Cour de cassation rejette le pourvoi de Papon, qui a tout intérêt à suivre le conseil implicite que nous lui donnons d'esquiver le procès en prenant tranquillement la fuite. Il néglige notre avertissement. Il a dû faire confiance à son avocat. Il valait certes mieux pour M$^e$ Varaut qu'ait lieu un grand procès où il pourrait exprimer son grand talent ; mais son intérêt était contraire à celui de son client qui, lui, risquait davantage d'être condamné que d'être acquitté, surtout après l'annonce de notre préconisation d'une peine graduée, allant à l'encontre des autres avocats des parties civiles qui réclamaient la prison à perpétuité.

Le 21 juillet 1997, le parquet général précise dans un premier réquisitoire que notre demande est irrecevable au motif qu'une partie civile n'est pas fondée à saisir la juridiction à cette fin ; mais, dans le cadre d'un deuxième réquisitoire, il prend lui-même l'initiative de demander à la chambre d'accusation de placer Papon sous contrôle judiciaire. La réponse est positive. Arno savait que la demande était irrecevable sur le fond et il l'a même envoyée par fax pour qu'elle soit également irrecevable sur la forme ; il fallait simplement permettre au parquet de saisir la balle au bond.

Contraint de rendre son passeport et de limiter ses déplacements, Papon parle d'une humiliation infligée à l'ancien préfet de police qu'il est, alors que lui a osé déposer une plainte pour dénonciation calomnieuse contre les enfants de déportés qui avaient porté plainte contre lui.

Dans *Le Monde* du 9 février 1997, Laurent Greilsamer, qui suit pas à pas ces affaires depuis 1978, explique dans son article intitulé « Les ressacs de la mémoire nationale » : « À chaque fois, l'historien a enquêté, fouillé les archives, constitué des dossiers. À chaque fois, l'avocat s'est porté partie civile. À chaque fois, son action est révélation d'un passé caché et inédit pour l'opinion. Serge Klarsfeld agit au nom de la mission qu'il s'est donnée, selon la stratégie qu'il s'est fixée. Il voulait que soient tout d'abord punis les responsables allemands, dont l'intention criminelle était patente. Ensuite seulement, il s'attaqua aux responsabilités françaises. Par souci de cohérence et de pédagogie. Le travail d'un seul, parfois, peut éveiller ou réveiller la mémoire de tous. »

Nous savons que ce procès sera difficile puisqu'il y a d'emblée désaccord entre les nombreux avocats des parties civiles et nous-mêmes. Arno a absorbé tous les tomes de l'instruction et les archives historiques que j'ai rassemblées ; c'est lui qui bataillera et qui plaidera. Partie civile, je décide de rester à l'extérieur du palais de justice avec Beate et les Fils et filles, et de faire de l'agit-prop, afin de diriger le procès vers notre objectif et d'en corriger éventuellement le cours.

Nous voulons une condamnation graduée et, officieusement mais de façon répétitive, nous la fixons à dix ans. Si Papon n'est pas condamné, ce sera une tragédie pour les Fils et filles des déportés juifs de France : cela signifierait un verdict identique à celui de l'immédiat après-guerre. Du préfet au gendarme, tous les exécutants de la politique antijuive de Vichy seraient exonérés et se retrouveraient blanchis. Nous sommes prêts à l'affrontement avec la défense de Papon et avec tous les autres avocats des parties civiles, parce que l'enjeu en est essentiel ; nous savons que le jury populaire sera notre meilleur allié – cela a toujours été le cas. À l'issue du procès Barbie, un membre du jury m'avait confié à propos de Vergès et du télex d'Izieu dont il contestait l'authenticité : « Avec son affaire de télex, il a voulu nous prendre pour des cons. » Les jurés populaires pourraient-ils voir dans l'affaire Papon autre chose que ce que nous, qui étions plongés dans le dossier, y avions vu ? Non. Ils ne pourraient voir en Papon un homme animé de la haine antijuive et d'une volonté criminelle ; ils le verraient tel que nous l'avons décrit, et ils ne pourraient le condamner à la peine la plus lourde, la prison à perpétuité.

Nous savions aussi que, parmi ceux qui allaient se dresser contre nous, nous allions trouver le président de la cour d'assises. La France n'est pas, comme les États-Unis ou l'Allemagne, un pays où le magistrat qui préside la cour d'assises est choisi par tirage au sort. En France, c'est le premier président de la cour d'appel qui désigne le président de la cour d'assises. Des amis bordelais nous avaient fait savoir que, au cours d'une soirée entre quelques convives, le magistrat qui devait faire le choix avait exprimé son hostilité à un procès Papon, avant même qu'il ne soit décidé. Alors pourquoi choisirait-il quelqu'un ne partageant pas son point de vue ? Il y avait toutes les chances pour que le président de la cour soit un partisan de l'acquittement.

Nous avons préparé une documentation très détaillée, rassemblant chaque fiche de Drancy des 1 645 déportés en provenance de Bordeaux, toutes les photos que nous avions découvertes des enfants arrêtés dans la région préfectorale de Bordeaux et déportés, ainsi que les documents signés par Papon. Avec notre ami Jean Lévy, qui, à Lyon et à Versailles, avait mis en place les comités « Action procès Barbie » puis Touvier, qui avaient fonctionné avec tant d'efficacité, nous avons créé le comité « Action procès Papon », présidé par le président du CRIF-Aquitaine, David Berdugo. Un local spacieux est disponible pour les parties civiles, leurs avocats et les militants juifs à dix mètres du palais de justice, au-dessus du café de la Concorde.

Nous nous heurtons immédiatement au président, dont un assesseur est réputé être d'extrême droite. L'autre assesseur ne partage certainement pas ses opinions. Depuis que Pétain a supprimé le jury de douze jurés populaires, trois magistrats délibèrent avec les neuf jurés populaires.

Dès le début du procès, nos appréhensions se vérifient : le président empêche Arno de s'exprimer quand il s'agit d'examiner l'état de santé de Papon. Or, Arno se préparait à faire savoir que le cardiologue qui le suivait avait refusé de confirmer que sa santé s'était dégradée, ce qui avait conduit Papon à se tourner vers un autre cardiologue plus souple. La mise en liberté de Papon, décidée par le président Jean-Louis Castagnède, signifie que, même condamné, Papon n'ira en prison que la veille du jour où la Cour de cassation, dans un délai imprévisible, se prononcera sur son recours. Si ce recours est accepté, il aura passé une nuit en prison ; si ce recours est rejeté, il restera en prison.

Papon a quatre-vingt-six ans. Le président Castagnède a remis à Papon les clefs du procès : il peut décider s'il doit y aller ou non. S'il considère que sa condamnation est au bout du procès, il n'a plus intérêt à y aller et s'alitera définitivement. En ce cas, le président ne pourra que remettre le procès à une session ultérieure de la cour d'assises, c'est-à-dire à jamais. En revanche, si Papon estime qu'il conserve des chances d'être acquitté, il fera l'effort de venir et il ne sera condamné que s'il a fait une erreur de pronostic.

Dès l'annonce de la décision de libérer Papon le 10 octobre, Arno a protesté : «Au nom des victimes que je représente, nous nous retirons d'un procès qui a perdu son sens. Vous avez la responsabilité de cette décision ; maintenant, vous l'assumerez.» Le président s'adresse alors aux autres avocats : «Je vous sais gré de ne pas avoir réagi.» En réalité, ils ne veulent pas comprendre l'enjeu de ce procès. Certaines de leurs parties civiles parlent de les récuser pour la faiblesse de leurs interventions et leur rappel de la présomption d'innocence.

Je fais une déclaration dehors, où manifestent les Fils et filles : «Jean-Louis Castagnède n'a jamais libéré en cour d'assises des accusés contre lesquels pesaient moins de charges que contre Papon. Il a été remis en liberté. Maurice Papon, moribond la veille, mais de nouveau fringant, se mettait publiquement à table dans le plus luxueux des Relais & Châteaux de la région de Bordeaux pour boire et manger à la santé d'une inconcevable liberté et d'une inconcevable coalition à laquelle il la devait. La justice a mis seize ans pour envoyer Maurice Papon en prison, le président Castagnède a mis trois jours pour le libérer. »

Une grande manifestation est organisée au Trocadéro par les Fils et filles le dimanche 12 octobre, et une autre devant le palais de justice de Bordeaux le lendemain. Entre-temps, le procureur général nous a demandé instamment et à plusieurs reprises de reprendre place au procès et s'est décidé à rendre publique, lui aussi, son opposition à la décision du président Castagnède, en se pourvoyant en cassation, initiative sans précédent ! Dans ces conditions, nous pouvions effectivement reprendre notre place dans ce procès.

Arno est revenu dans la salle d'audience un temps vidée par la « maladie » de Papon. Nous manifestons en permanence devant le palais de justice en brandissant le discours de Jacques Chirac du 16 juillet 1995 que nous avons imprimé en poster tricolore, comme le discours de l'Appel du 18 juin 1940. Ce discours, nous l'avons diffusé par haut-parleur pendant toute une audience devant le palais de justice. La voix de Jacques Chirac se faisait entendre distinctement par-dessus les voix des témoins gaullistes qui défendaient Papon.

Lors des manifestations des 14 et 20 novembre devant le palais de justice, nos militants ont tenu à bout de bras les 1 645 fiches du camp de Drancy des 1 645 Juifs transférés de Bordeaux ; ces fiches sont également épinglées sur les murs de la synagogue de Bordeaux.

Le 5 novembre, quand nous avons exposé devant les grilles du palais de justice les 1 645 fiches des victimes, nous avons poliment demandé par écrit au président de venir rendre hommage à leur mémoire. Il a refusé en nous expliquant que ce geste pouvait être interprété comme de la sympathie à l'égard des parties civiles. Nous avons répondu qu'il s'agissait de sympathie à l'égard des 1 645 victimes à qui l'on doit ce procès qu'il a l'honneur de présider. Il ne s'est pas déplacé.

Au tribunal, Arno est isolé. Ce n'est pas la première fois : nous avions été seuls à réclamer un contrôle judiciaire, alors que Papon avait passé la plus grande partie de l'été à Marbella – ce que le public a ignoré – et qu'il hésitait entre l'exil ou le retour en France. Les autres avocats ne voulaient pas de contrôle, et certains sont allés jusqu'à plaider la libération de Papon au début du procès, ou à féliciter le président pour l'avoir libéré !

Le 28 janvier, nous déclenchons un coup de théâtre en révélant que Jean-Louis Castagnède a accepté de présider la cour d'assises alors qu'il est le neveu d'une victime de Papon et qu'il pouvait lui-même se porter partie civile contre Papon.

Micheline Castagnède est en effet la fille du seul oncle paternel du président de la cour d'assises et d'Esterina Benaïm, son épouse, la seule survivante de sa famille déportée de Bordeaux à Auschwitz *via* Drancy en trois transferts, tous imputés à Papon (le père, Sadia, par le transfert de Bordeaux à Drancy du 26 août 1942 et le convoi n° 34 ; la mère, Luna, et les deux filles, Paulette et Georgette, par le transfert du 30 décembre 1943 et le convoi n° 66 ; le frère, Gaston, par le transfert du 13 mai 1944 et le convoi n° 74).

Nous ignorions l'existence de Micheline Castagnède jusqu'à ce qu'elle prenne contact avec le bureau du CRIF-Aquitaine. Elle s'y est rendue le 28 janvier et a demandé des renseignements sur la déportation de la famille Benaïm. Le secrétariat m'a transmis cette demande au matin du 27 janvier à Bordeaux, et je n'ai prêté attention qu'aux noms des personnes dont il me fallait rechercher les convois de déportation ; ce que j'ai fait à Paris, le 28 janvier au matin, en extrayant du fichier de Drancy les fiches de Sadia, Luna, Paulette, Georgette et Gaston Benaïm. L'après-midi du 28, je téléphone au bureau du CRIF à Bordeaux et la secrétaire me passe Micheline Castagnède, qui vient d'y monter à la suspension de l'audience à laquelle elle a assisté. Elle m'explique qu'elle est bouleversée : elle a entendu le président, son cousin, conduisant l'examen du convoi vers Drancy du 30 décembre 1943, lire les noms de sa mère et de ses deux sœurs. À la secrétaire du CRIF, elle avait déclaré qu'elle avait vu régulièrement le président jusqu'à l'âge de seize ou dix-sept ans, qu'il savait qui était sa tante, que leurs relations distendues étaient dues à la mère du président, qui dédaignait cette branche de la famille.

Micheline Castagnède était également bouleversée parce qu'elle venait de voir les fiches de ses sœurs.

À ma suggestion, Micheline Castagnède est allée voir Arno, qui ne lui a pas demandé ou suggéré de se porter partie civile, ce qu'elle aurait probablement accepté de faire. Arno ne voulait pas que l'on prétende que cette décision lui avait été extorquée. Elle devait prendre sa résolution à froid, et non alors qu'elle était bouleversée. Je n'ai rien demandé à Micheline Castagnède ; Arno non plus. Elle nous a donné spontanément des informations que nous étions en droit d'utiliser. Il fallait le faire pour la vérité ; pour empêcher la défense de Papon d'user de ces informations, si elles lui parvenaient, soit pour récuser le président, soit comme argument percutant de plaidoirie, soit comme moyen de cassation ; enfin, pour que le président prenne ses responsabilités et décide lui-même de se récuser. Nous lui offrions une porte de sortie qu'il n'a pas voulu prendre. Si nous avions demandé à Micheline Castagnède de se porter partie civile, nous aurions mis à la porte le président immédiatement, automatiquement et sans recours. Nous souhaitions qu'il parte, mais de lui-même, ce qu'il n'a pas fait.

Le président Castagnède a prétendu « tomber des nues ». Nous ne l'avons pas cru. Pourquoi accepter la présidence d'un procès aussi important quand lui-même pouvait se porter partie civile contre Papon ? Sa cousine pouvait le faire récuser en se constituant partie civile. S'il l'a fait, ce n'est pas afin, comme certains pourraient naïvement le penser, d'être partial vis-à-vis de Papon, puisqu'il préside cette cour qui a pris la mesure de libérer Papon. S'il n'a pas fait état de cette parenté, c'est pour aider Papon. La révélation de ces liens ne l'a pas obligé à quitter le procès, mais elle l'a mis sous haute surveillance, surtout de la part des jurés populaires, qu'il ne pourrait plus désormais manipuler, et surtout au moment de la délibération où le rôle du président est souvent primordial. À Bordeaux, dans le monde judiciaire, on sait que l'un des assesseurs du président Castagnède est un homme marqué à droite. Il deviendrait président en cas de récusation de ce dernier ; mais il vaut mieux un président en opposition avec le jury qu'un assesseur en faveur de l'acquittement et un président que nous soupçonnons de l'être également.

La révélation de la vérité n'est pas la cause du charivari qui a suivi : le communiqué d'Arno n'avait rien d'agressif. Après avoir rappelé les liens de parenté entre le président Castagnède et la famille Benaïm, il se terminait par : « À notre connaissance, le président de la cour d'assises de Bordeaux, Jean-Louis Castagnède, a évité de mentionner cette parenté. » Le scandale est venu de la solidarité immédiate envers le président manifestée bruyamment par des avocats des parties civiles, ainsi que par les avocats de Papon. Pourtant, nous avons obtenu que la défense de Papon décide solennellement de ne jamais utiliser cette parenté comme moyen de recours contre le verdict, quel qu'il soit ; ce qui n'aurait sans doute pas été le cas si les avocats de Papon avaient appris eux-mêmes qu'existait cette parenté.

Le bureau exécutif du CRIF national, dont je fais partie depuis près de vingt ans, nous a proposé en geste d'apaisement de ne pas demander formellement la récusation du président Castagnède. Nous avons accepté, faisant savoir que c'était au président Castagnède de décider lui-même ce qu'il convenait de faire pour assurer aux débats une nécessaire sérénité. Mais nous avons maintenu notre point de vue. Ce qui a entraîné l'ire des magistrats de Bordeaux, qui ont rendu public un communiqué virulent :

*« L'assemblée générale des magistrats du siège et du parquet général de la cour d'appel de Bordeaux, après avoir examiné les propos tenus par Me Serge et Me Arno Klarsfeld contre M. Castagnède, président de la cour d'assises de la Gironde saisie de l'affaire Maurice Papon,*

*Considère que ces deux avocats ont gravement diffamé M. Castagnède en l'accusant publiquement à la radio, à la télévision et dans la presse écrite d'avoir volontairement dissimulé une situation de famille susceptible de l'exposer à une récusation pour obtenir la présidence de l'affaire et l'acquittement de l'accusé, après l'avoir précédemment violemment mis en cause lorsque la cour d'assises a ordonné la mise en liberté de Maurice Papon,*

*Constate que, comme précédemment lors de la mise en cause diffamatoire des membres de la chambre d'accusation par un témoin cité dans l'affaire Papon, le ministre de la Justice, légalement chargé de la défense des magistrats, a manifesté publiquement l'intention de n'engager aucune poursuite pénale,*

*S'indigne de cette prise de position, qui laisse sans protection les magistrats diffamés dans l'exercice de leurs fonctions, et légitime l'utilisation de tous les moyens, même les plus odieux, pour faire pression sur le cours de la justice et déstabiliser l'institution judiciaire,*

*Demande que le premier président et le procureur général provoquent des poursuites disciplinaires et pénales contre M<sup>e</sup> Serge et M<sup>e</sup> Arno Klarsfeld. »*

Alors que tant d'avocats des parties civiles s'associent aux demandes de poursuites disciplinaires et pénales formulées à notre encontre par les magistrats bordelais, M<sup>e</sup> Thierry Lévy, dans *Le Monde*, met le doigt sur l'avantage qu'Arno vient de prendre sur la défense de Papon : «Un autre résultat, non négligeable du point de vue des parties civiles, a été atteint. Les avocats de l'accusé ont été amenés à proclamer publiquement leur confiance dans l'impartialité du président et, par voie de conséquence, à se priver par avance de la possibilité d'attaquer sur ce terrain un éventuel jugement de condamnation. Ils en ont pris conscience, mais c'était trop tard. Ils avaient déjà pris position. On le voit, ce "fou de mémoire" n'a manqué ni de prudence ni de discernement, et il a, d'ores et déjà, atteint au moins l'un de ses objectifs : mettre en difficulté la défense de Maurice Papon. C'était son rôle. Dans un procès aussi difficile que celui-là, c'est un mérite à saluer autrement que par des poursuites disciplinaires. »

Nous avons tenu bon, exprimant notre position avec fermeté et intransigeance. Rapidement, d'ailleurs, le président, déstabilisé, a modifié son comportement, devenant sévère envers Papon et son défenseur, furieux d'être si mal récompensés d'avoir apporté leur soutien au président, et d'avoir solennellement promis de ne pas user du fameux lien de parenté pour un éventuel pourvoi en cassation.

Lida, dans ce tumulte, rejoint son frère comme avocate d'une partie civile. Les enfants sont au tribunal, les parents dehors avec les Fils et filles, toujours fidèles et toujours plus nombreux puisque, à chaque audience, il en vient de Paris et de province.

Je ne pourrai jamais assez remercier ceux qui, la soixantaine ou plus, n'avaient pas que la rue à traverser pour venir manifester à six reprises et être présents à de nombreuses audiences pour soutenir leur avocat, Arno, et qui devaient prendre le train à leurs frais à 7 heures du matin pour rentrer épuisés à Paris, la nuit tombée, après des heures passées debout, parfois dans la pluie et le froid, avec les affiches portant le discours de Jacques Chirac au Vél' d'Hiv accrochées au cou, avec les listes des noms des déportés de Bordeaux, en lisant au mégaphone les noms de ces martyrs, en jetant à plusieurs reprises des fleurs à la mémoire de chacun d'eux. Je les revois avec leurs banderoles, telle celle portant une citation de Jacques Chirac, qui était tenue à bout de bras devant le tribunal le jour du verdict : « Oui, la folie criminelle de l'occupant a été secondée par des Français, par l'État français », qui indiquait aux jurés la voie à suivre, celle qu'ils ont suivie.

Sans eux, ce procès aurait été sec, et seuls les 84 déportés pour lesquels des parties civiles s'étaient constituées auraient été présents. Grâce aux FFDJF, les 1 690 déportés de Bordeaux étaient là. Les pancartes jaunes que notre ami Jean Lévy avait fait confectionner par l'ORT de Lyon pour chacun des 220 enfants, portant son nom, son prénom, son âge, son convoi et sa fiche de Drancy, ont été présentes du premier au dernier jour du procès. Donc merci à vous qui formez le noyau des FFDJF, qui, depuis Cologne, agissez à nos côtés, vous battant avec nous avec acharnement pour la mémoire, certes, mais aussi pour une justice véritable ; vous qui préférez, à notre exemple, intervenir sur le destin pour le modifier à notre convenance, plutôt que de nous voir imposer un destin façonné par d'autres et qui pourrait nous être hostile.

Trois syndicats de magistrats, ceux de gauche, les modérés et ceux de droite, réclament encore des poursuites à notre encontre. La garde des Sceaux, Élisabeth Guigou, refuse. Le bâtonnier de l'Ordre de Paris engage pour sa part des poursuites disciplinaires contre Arno et moi. Ce sera à un ancien bâtonnier, Jean-René Farthouat, que reviendra la mission de formuler ses observations avant de prononcer d'éventuelles sanctions. M$^e$ Varaut dépose plainte contre moi pour avoir exercé « une pression sur la justice sans précédent dans l'histoire judiciaire ». La plupart des avocats ont joué le jeu de la confraternité, se félicitant les uns les autres, se souriant, conversant et devisant comme si rien n'était. M$^e$ Varaut était pourtant un avocat militant, et son ouvrage sur Vichy tentait de réhabiliter ce régime. Notre conception du rôle d'avocat dans un pareil procès ne pouvait se satisfaire de cette confraternité qui nous a profondément choqués. Ce fut déjà le cas dans le procès Barbie, où nous n'eûmes également aucun contact avec Mᵉ Vergès, pas plus qu'Arno à Versailles avec Mᵉ Trémollet de Villiers, défenseur de Touvier.

Arno, qui vient de passer quelques mois à Bordeaux, prépare sa plaidoirie. Au journaliste de *Paris-Match* qui fait état des reproches qu'on adresse à Arno de venir au tribunal en rollers, ce dernier réplique : « Qu'est-ce que cela peut bien faire que je vienne en rollers ou en trottinette ? En revanche, personne ne s'est demandé si c'était normal que Papon vienne à son procès en limousine avec chauffeur et garde du corps, et tout cela aux frais du contribuable. »

La plaidoirie vibrante d'Arno marque les esprits. Pierre Bois en a rendu compte dans *Le Figaro* :

« *La plaidoirie très attendue de l'avocat – les assises ont fait le plein – va lui donner raison. Car la causticité des propos d'Arno Klarsfeld – qui, soit dit au passage, n'a jamais manqué une audience, ce qui est loin d'être le cas de tous ses confrères – n'a rien de gratuit. Le ton est donné. Plaidoyer pour ceux qui, "cinquante ans après, ont encore le visage de leur enfance pour n'avoir pas vécu", réquisitoire sans concession contre Maurice Papon qui ferme les yeux, mais reste sur ses gardes. Chaque chapitre se réfère d'ailleurs aux phrases prononcées par l'ex-secrétaire général de la préfecture de Gironde tout au long de seize années d'instruction et six mois de procès.*

*"'Tout cela ne m'émeut pas beaucoup !' Voilà ce que déclarait Maurice Papon le 7 mai 1981, au moment où l'on révélait son implication personnelle, entre 1942 et 1944, dans la déportation de plus de 1500 Juifs, hommes, femmes et enfants, note M<sup>e</sup> Klarsfeld. Et lorsque, au cours d'une audience, je lui demande : 'Si c'était à refaire, le referiez-vous ?', il rétorque rageusement : 'Je le referais !' Il dira plus tard qu'il a pleuré sur un convoi de déportés à Noël. Mais j'ai vérifié. Il a choisi comme réceptacle de ses larmes, avec habileté, l'unique convoi où les familles juives ont été arrêtées directement par les Allemands." […] Maurice Papon "n'est jamais allé à Drancy, rappelle M<sup>e</sup> Klarsfeld, il y a envoyé son adjoint, Pierre Garat. Il n'est pas même allé au camp de Mérignac, il n'a pas assisté à une seule rafle, à un seul départ de convoi. Mais il a accompli, sans enthousiasme mais avec une redoutable efficacité, les instructions des nazis, tout en prenant soin de se couvrir auprès des autorités de Vichy. L'important, c'est le résultat de cette bureaucratie froide et feutrée, aux portes fermées, aux rideaux tirés. Quant à l'"imperium allemand', il a été mis en avant à la fois par Bousquet et par Papon, qui emploie, lui, des images telles que 'fusil dans le dos', 'revolver sur la tempe', 'mitraillette dans les reins'. Rares sont les parties du corps de Maurice Papon à avoir échappé aux redoutables armes nazies…"*

*[…] "On sait, poursuit-il, les 1300 hommes et femmes envoyés à l'anéantissement. On sait les 200 enfants exterminés. On sait les responsabilités*

*du secrétaire général, la douleur des survivants, on sait tout cela et on ne peut que ressentir pourtant un certain malaise. Pourquoi ?"*

*C'est le moment clé. Là où Serge et Arno Klarsfeld divergent des autres parties civiles, partisanes de la condamnation à perpétuité. Les Klarsfeld ont une vision médiane : entre sept et dix ans de prison, ont-ils souvent laissé entendre, le juste degré, pour eux, de l'indignité. […] "Maurice Papon n'est pas Klaus Barbie ni Paul Touvier. Il n'a pas non plus le rôle politique d'un Leguay, d'un Bousquet. Le condamner à perpétuité ne correspond pas à la vérité historique. Mais il a trahi parce qu'il n'a jamais eu le courage de dire un jour, un seul jour, 'non !', à la carrière comme aux honneurs. Ces enfants qui m'ont accompagné pendant la durée du procès, termine l'avocat d'un ton uni, volontairement sans grandiloquence, vous font confiance, mesdames et messieurs les jurés, pour que vous condamniez Maurice Papon à la peine qui vous semblera équitable et qui deviendra, de ce fait, une peine exemplaire." »*

Mᵉ Alain Jakubowicz a suscité l'enthousiasme dans la salle en lançant à la Cour : «Vous jugez pour l'humanité. Votre verdict doit aller au-delà de la perpétuité, il doit s'inscrire dans l'éternité. » Les autres avocats réclament aussi la perpétuité. Il est facile de se faire applaudir par la salle ; il est moins facile de se faire approuver par les jurés.

Le procureur général, dont le réquisitoire est particulièrement attendu, se range à nos côtés, même si la peine de vingt ans qu'il demande représente le double de celle que nous avons proposée. À la suite de ses propos, le procureur Henri Desclaux précise : « Maurice Papon était un rouage indispensable, qui a eu un rôle essentiel, mais il n'était pas instigateur, il n'était pas le seul complice. » Il demande qu'on juge « en raison de la responsabilité de chacun [...]. C'est pourquoi le ministère public vous demande de prononcer contre Maurice Papon une peine de vingt ans de réclusion criminelle, ainsi que la privation de ses droits civiques, civils et de famille ».

La défense de Papon a plaidé l'acquittement, jouant le « tout ou rien ».

Les principaux avocats des parties civiles ont déclaré publiquement qu'ils préféraient un acquittement à une peine intermédiaire. Prendre ce risque, c'était trahir la volonté des familles victimes qui, elles, souhaitaient que Papon soit condamné, et qui savaient que l'acquittement serait une catastrophe.

Face aux quatre choix possibles – perpétuité, vingt ans, dix ans ou acquittement –, le 2 avril 1998, les jurés ont choisi. Papon est condamné, comme nous le demandions, à dix ans de réclusion criminelle. Mais Papon reste libre et le restera jusqu'à la veille de l'examen de son recours par la Cour de cassation. Il bénéficie, en effet, de sa remise en liberté accordée par le président Castagnède au début de son procès, et s'est pourvu en cassation.

En attendant, nous tentons vainement de priver Papon de sa Légion d'honneur. L'Ordre nous répond que le président de la cour d'assises n'ayant pas prononcé la formule suivante après la lecture du jugement : « Vous avez manqué à l'honneur ; je déclare au nom de la Légion d'honneur que vous avez cessé d'en être membre », il ne peut constater formellement l'exclusion de Papon, et que ce sera seulement le cas quand l'arrêt aura acquis un caractère définitif... Or l'article R 105 du Code de la Légion d'honneur permet au grand chancelier de proposer au grand maître, après avis du Conseil de l'Ordre et en raison de la gravité des fautes reprochées au légionnaire, la suspension provisoire immédiate. Une condamnation pour complicité de crime contre l'humanité nous semble particulièrement grave. Le 16 juillet 1998, nous manifestons devant le palais de la Légion d'honneur.

Arno et moi sommes poursuivis disciplinairement par le Conseil de l'Ordre des avocats de Paris à la demande de l'Assemblée générale des magistrats de Bordeaux, qui réclament la procédure pénale que la garde des Sceaux leur a refusée. Nous avons été convoqués le 30 mars 1999 devant une formation du Conseil de l'Ordre. Nous avons obtenu qu'exceptionnellement l'audience fût publique. Plus de trois cents de nos militants étaient présents. Ceux qui n'ont pu entrer se sont entassés devant les portes.

Arno et moi avons assumé nous-mêmes notre défense après le rapport des faits exposé remarquablement par le bâtonnier Farthouat. J'ai rappelé que, dans chacune de mes positions publiques au cours du procès Papon, j'avais pris la précaution de m'exprimer en tant que partie civile et non en tant qu'avocat. Des débats vifs et passionnés suivent, au terme desquels je suis relevé de toutes poursuites. Le Conseil de l'Ordre approuve mon comportement. Quant à Arno, la sanction est insignifiante : un simple avertissement parce qu'il aurait dû faire sa révélation au procès même, et non à son hôtel. Nous avons envoyé le texte complet de cette décision à chacun des trente-cinq magistrats de Bordeaux.

Le 2 septembre 1999, Arno écrit à la garde des Sceaux, Élisabeth Guigou : « Aujourd'hui, M. Papon peut choisir aussi bien de se soumettre à l'obligation de se constituer prisonnier à la veille de l'examen de son pourvoi que de prendre la fuite, d'autant qu'il n'est soumis à aucun contrôle judiciaire. [...] Le gouvernement, et en tout cas l'appareil judiciaire, porterait publiquement le poids d'une fuite éventuelle de M. Papon. » Notre demande est destinée à provoquer le parquet à reprendre à son compte la demande que nous venons de faire, comme cela a été le cas en septembre 1997. Si le parquet a seul procéduralement la possibilité de demander un contrôle judiciaire, Papon peut aussi demander à la cour d'assises de Bordeaux de l'exempter de la nécessité de se constituer prisonnier le 20 octobre, à la veille de l'examen de son pourvoi. On ne voit pas pourquoi il se priverait de cette possibilité.

Papon demande effectivement à être dispensé de la nécessité de se constituer prisonnier. Le 20 septembre, le président de la cour d'assises de la Gironde se déclare incompétent aussi bien à l'égard de la demande de Papon qu'à l'égard de la nôtre. Immédiatement, les avocats de Papon présentent la même requête à la chambre d'accusation de la cour d'appel de Bordeaux. Nous répliquons le 21 septembre : «En prévision de cette demande, nous avons demandé le 15 septembre que soit constitué un contrôle judiciaire sur la personne de Maurice Papon. Mais, les parties civiles n'étant pas compétentes en la circonstance, c'est au parquet que revient l'exclusivité de cette demande. Si cette mesure n'était pas proposée et décidée, et si, le jour du rejet de son pourvoi, M. Papon avait quitté la France, qui en porterait alors la responsabilité ? »

L'acte suivant s'est déroulé devant la chambre d'accusation de Bordeaux, où la défense de Papon s'est présentée avec des certificats médicaux prétendant que l'état de santé de leur client était incompatible avec quelque détention que ce soit, même la plus éphémère. L'avocat général, représentant le ministère public, a demandé une expertise médicale, ce qui signifiait en réalité qu'il épaulait la requête des défenseurs de Papon : aucun médecin, en effet, n'allait risquer de saboter sa carrière en s'opposant à des confrères réputés et en affirmant que Papon pouvait aller en prison, alors qu'un accident de santé est toujours possible chez un homme de quatre-vingt-neuf ans ayant déjà été opéré du cœur. La défense et le parquet faisaient cause commune !

Qui plus est, certains des avocats des parties civiles, et non des moindres, Me Boulanger et Me Lévy, ne se sont pas opposés à cette demande d'expertise. Notre avocat a été le seul à plaider contre, rallié par Me Jakubowicz.

Le 12 octobre, la chambre d'accusation a refusé l'expertise médicale. Papon était donc obligé de se constituer prisonnier le 20 octobre ou de refuser de le faire soit en attendant les gendarmes, soit en prenant la fuite.

Nous allions bientôt savoir quelle serait l'issue de ce feuilleton judiciaire et si notre tactique de harcèlement allait pousser Papon à bout et le projeter hors de cette image du haut fonctionnaire paré de tous les attributs de la légalité.

Mais déjà se dessinait un piège politique tendu au président de la République, dont l'article de Pascale Nivelle dans *Libération* du 12 octobre 1999 traçait le schéma en s'appuyant sur les déclarations de l'avocat général devant la chambre d'accusation. Il avait soutenu que, en cas de dispense médicale et en cas de rejet du pourvoi de Papon, ce dernier n'irait probablement pas en prison, parce que lui, avocat général, aurait à lui écrire dans les quinze jours pour qu'il se présente, mais que, en cas de demande de recours en grâce de Papon au président de la République, ce serait à Jacques Chirac de décider de mettre ou non Papon en prison en attendant d'accorder ou de refuser la grâce.

Immédiatement, nous avons alerté le cabinet du garde des Sceaux et celui du président de la République contre une telle manœuvre.

Le 19 octobre, dans une lettre adressée à *Sud-Ouest*, Papon expliquait pourquoi il ne se présentait pas. Dans un passage, il s'en prenait au président de la République, dont il ne pouvait attendre aucune grâce : «Il ne faut pas s'y tromper : au-delà de ma personne, et à travers elle, ma condamnation est bien l'authentification judiciaire d'une inacceptable culpabilité de la France. J'ajouterai que, depuis que les Klarsfeld parlent au nom du président de la République, il y a peu d'espoir d'obtenir justice... »

Le 20 octobre, au lieu de se présenter à la porte d'une prison, Papon disparaît avec sa petite-fille.

Les réactions indignées ne se font pas attendre. Certains avocats qualifient ce comportement de « crapule ». Nous voyons plutôt en Papon un homme effaré, bouleversé de voir le ministre, le chef de la police du général de Gaulle qu'il a été, être contraint d'aller en prison, suprême humiliation, et d'être dégradé.

Voilà Papon obligé de s'enfuir à la dernière minute, sans préparation, à un âge avancé et qu'il ne peut dissimuler, avec pour seul défenseur et complice sa petite-fille. Sans doute voyons-nous là une grave punition : celle de se trouver dans la situation d'un Juif de son âge, quasi nonagénaire, qui se retrouve seul, dans l'illégalité, tout en ayant la subjective certitude de son innocence.

Évoquant notre demande du 2 septembre, Élisabeth Guigou, garde des Sceaux, a expliqué que « la cour d'assises de la Gironde a décidé de mettre

M. Papon en liberté, ce qui interdit juridiquement
qu'il puisse y avoir ultérieurement un contrôle judiciaire ». Le point de vue du parquet général de
Bordeaux est identique.

La cavale de Touvier avait duré cinq décennies, celle
de Papon s'est achevée au bout de quarante-huit heures.
Le 21 octobre à 16 heures, dans l'allégresse générale,
la Cour rejetait le pourvoi de Papon. Le lendemain
était annoncée l'arrestation de Papon en Suisse et, le
soir même, il était incarcéré à Fresnes.

Son incarcération montre que, pour des faits vieux
de près de soixante ans, un homme tout-puissant
peut être rattrapé pour les crimes dont il s'est rendu
complice. Malgré tous ses efforts pour éviter la prison, malgré ses avocats, tous les recours possibles,
toutes les protections dont il a bénéficié, dont celle
du président Mitterrand, cet homme a fini par être
emprisonné. Si Papon s'était suicidé après le verdict, il n'aurait pas été condamné définitivement, il
aurait gardé ses décorations et ses partisans auraient
toujours pu dire que son pourvoi avait toutes les
chances d'aboutir. Mais il n'a pas eu le courage de
s'évader par la mort – et entre finalement en prison.
Pétain y est resté jusqu'à quatre-vingt-seize ans.

Le portrait le plus perspicace qu'on ait tracé de
Papon est à mon sens celui d'Arno dans *La Cour,
les Nains et le Bouffon*[1] :

1. Arno Klarsfeld, *La Cour, les Nains et le Bouffon*, Paris,
Robert Laffont, 1999.

« *Durant les six mois du procès de Bordeaux, j'aurais pu surprendre chez Papon un indice quelconque de regret ; je n'ai rien perçu. Une telle insensibilité paraît tenir du phénomène, elle est logique. Imperméable au repentir, il subordonnait ses crimes à quelque chose de plus vaste : la préservation de sa propre personne. Pour la conscience, c'est chose aisée : on n'a pas souhaité la réalisation du crime, on a "seulement" accompli les actes indispensables pour qu'il soit perpétré [...].*

*Papon est plus qu'un menteur, c'est un maître ès mensonges.*

*Le fichier juif ?*

*"Nous le gardions comme le Saint Sacrement. Il valait mieux ficher les Juifs que les laisser dans l'illégalité ; ils auraient couru le risque de se faire ramasser par les Allemands et envoyer dans les camps."*

*L'aryanisation des biens juifs ?*

*"C'était pour les mettre en sécurité, mais je ne m'en occupais guère, préférant concentrer mes activités sur les êtres humains."*

*En juillet 1942, que signifiait pour vous la déportation ?*

*"Cela signifiait un transfert à l'intérieur du territoire."*

*[...]*

*L'intelligence de Papon était organisée, précise et efficace. [...] Têtu plus qu'orgueilleux, grinçant plus qu'ironique, Papon avait la colère facile et le regard méfiant. Il s'intéressait parfois aux hommes, rarement à leurs souffrances. Lorsque au terme d'une déposition d'une partie civile il déclarait la voix chevrotante :*

"Je m'incline avec respect et j'exprime l'émotion que j'ai ressentie à ce récit poignant et sobre", je souriais de l'intérieur, l'ayant observé qui dessinait sur son bloc-notes. Ne pas écouter ne faisait pas de lui un être insensible ; nul ne peut demander à un homme d'entendre six mois durant les souffrances qu'il a contribué à infliger, mais ses formules aseptisées trahissaient la fausseté. Papon préférait s'émouvoir sur lui-même, sur ses pertes de poids durant l'occupation à la table du préfet, sur les conditions de sa fugitive détention, la mettant en parallèle avec celle des Juifs internés à Drancy.

Maurice Papon entretenait avant tout avec la morale des relations de vocabulaire : la route de ses intérêts, il la baptisait route du devoir. Il ne montrait pas ses faiblesses, confondant pudeur et crainte. Il avait refusé l'expertise psychiatrique, décision peu fréquente aux dires des experts, ses "hautes fonctions" étant "incompatibles avec un désordre mental" ; cela n'était pourtant pas le but unique de l'expertise. Lors de l'évocation de son curriculum vitae, peu de mots sur lui-même, rien sur sa mère et sur son père deux alexandrins, "homme ardent vis-à-vis des devoirs de la vie", "vieillard affamé que les temps ne servaient point", douze pieds et peu de sincérité.

Papon déclarait qu'il lisait Platon le soir après l'audience, mais il refusait de se connaître. Peut-être au hasard d'un convoi, celui de décembre 1943, sur lequel il avait affirmé avoir "pleuré", était-il tombé sur lui-même, mais il s'était alors aussitôt enfui comme un animal qui aperçoit son reflet dans un miroir déformant.

*Papon, homme d'ordre et d'organisation, rappe-*
*lait au parquet, avec une rapidité et une précision*
*qui tenaient du picorement, les contradictions de ses*
*diverses positions au cours de l'affaire, mais jamais il*
*ne cherchait à s'interroger sur les siennes entre 1942*
*et 1998. Se sentant trahi par l'État, il vouait au minis-*
*tère public un mépris froid, amer et remâché. Parfois,*
*il était gagné par l'ennui, la fatigue ou la lassitude,*
*sa joue s'affaissait sur son épaule et il s'assoupissait,*
*mais il s'éveillait aussitôt comme si un mauvais vent*
*avait soufflé dans ses rêves. En fin d'audience, il se*
*levait et, de son box, s'adressait à la Cour comme sur*
*le balcon d'un hôtel de ville pour quelques minutes*
*de contre-vérités et d'omissions, repoussant toujours*
*au lendemain les "preuves irréfutables" de ses "sau-*
*vetages" et de ses "sabotages".*

*Aux interruptions d'audience, il demeurait dans la*
*salle à l'étude, et souvent nous nous trouvions seuls,*
*ou presque, lui isolé dans son box et moi sur les*
*traverses désertes des avocats des parties civiles. Sans*
*échanger de regards, nous étions conscients de la pré-*
*sence de l'autre. […]*

*On décelait aussi dans ce visage de la parcimonie.*
*Habitué à être nourri, logé et blanchi par l'État, ayant*
*touché toute sa vie un confortable salaire, doublé des*
*intérêts de la prospère entreprise familiale, il finissait*
*sa vie ruiné sur le papier sans avoir beaucoup dépensé*
*et sans doute rien perdu.*

*Papon est aussi le produit d'un milieu. Issu d'une*
*bourgeoisie au cœur endurci et au ventre engraissé par*
*les prébendes de la III<sup>e</sup> République, tantôt conserva-*
*trice, tantôt radicale, mais unie dans la préservation*

*des intérêts de la classe dominante, elle se donnait des dirigeants aux petites aspirations tandis que les ennemis de la démocratie construisaient avec ferveur un monde nouveau où chaque homme était en théorie l'égal de l'autre pourvu qu'il fût du même sang ou du même parti.*

*Varaut disait souvent aux journalistes : "Ah, si seulement Papon pouvait paraître sympathique !" Comment pouvait-il l'être ? On dispose seulement des sentiments dont on s'est servi au cours de sa vie. »*

La punition de Papon en prison n'a pas duré dix ans, mais trois ans. Le 10 janvier 2001, Robert Badinter s'est déclaré favorable à une libération : « C'est un vieillard, le maintenir en prison à cet âge-là n'a, à mes yeux, plus de portée. » Nous nous y opposons. Nous rappelons que l'ex-maréchal Pétain n'a quitté sa prison républicaine que peu de temps avant son décès, et il avait plus de quatre-vingt-quinze ans ; mais aussi que, si Papon n'avait pas retardé son procès par des manœuvres dilatoires et par un soutien au plus haut sommet de l'État, il aurait été jugé et condamné dans les années 1980 et il serait libéré depuis longtemps.

Maurice Papon, qui se compare volontiers au capitaine Dreyfus, ne subit pas les conditions de l'île du Diable, mais celles de la prison de la Santé, où il est médicalement suivi chaque jour. Une grâce médicale ne devrait intervenir que dans la certitude d'une fin prochaine ; grâce médicale qui ne fut à juste titre accordée ni à Barbie ni à Touvier. Papon sera libéré en bénéficiant des remises de peine des prisonniers modèles ; mais pas avant la moitié de la peine. Quel serait l'effet sur les membres des familles de victimes de Papon si, libéré par anticipation, il allait fêter son centième anniversaire ?

Saisie par les avocats de Papon pour « traitement inhumain et dégradant » de leur client, la Cour européenne des droits de l'homme se voit interdire par le président Chirac l'accès aux expertises médicales de Papon. Chirac a déjà refusé par deux fois la grâce de Papon. Il fait répondre par le Quai d'Orsay que « le droit de grâce est une prérogative du président de la République, qu'il exerce personnellement, sans qu'un quelconque recours soit ouvert contre sa décision. [...] En conséquence, les rapports ne peuvent lui être communiqués, sous peine de dévoiler certains des éléments qui ont pu déterminer l'exercice de cette prérogative régalienne que constitue l'examen d'une demande de grâce ».

Le gouvernement demande que soit rejetée la requête de Papon. Il y a quelque temps, on nous disait, à nous qui nous battions contre la respectabilité et contre l'impunité de Papon : « Il ne sera pas inculpé » ; il l'a été. « Il ne sera pas jugé » ; il l'a été. « Il ne sera pas condamné » ; il l'a été. « Il ne sera pas emprisonné » ; il l'a été. « Il ne restera pas en prison » ; il y est depuis deux ans et il a quatre-vingt-onze ans ! L'offensive lancée pour le libérer par ses amis haut placés de la Résistance, renforcés par quelques grandes consciences, dont plusieurs juives, a fait long feu : Chirac n'a pas gracié Papon en juin 2001 et la Cour européenne des droits de l'homme a rejeté en octobre la requête de Papon visant à faire condamner la France pour « traitement dégradant ». Le 9 octobre 2001, le troisième recours en grâce déposé par les avocats de Papon est rejeté par le président de la République.

Un projet de loi est alors déposé concernant la suspension de peine des personnes âgées ou malades. Nous prenons la position suivante en nous adressant le 8 octobre 2001 à Marylise Lebranchu, nouvelle garde des Sceaux : «Par principe, nous ne sommes pas hostiles à un tel projet de loi à condition qu'il exclue de son champ d'application les coupables de crime contre l'humanité ou de complicité de crime contre l'humanité. Alois Brunner vient, par exemple, d'être condamné par contumace le 3 mars 2001 à la réclusion perpétuelle ; si sa comparution contradictoire devenait une réalité, il serait exonéré de toute exécution de peine en application de cette loi. »

La loi sur le droit des malades du 4 mars 2002 « quelle que soit la nature de la peine » connaît pratiquement sa première application avec la libération de Papon par le juge de l'application des peines à la suite de deux rapports médicaux distincts faisant état du délabrement physique de Papon. Pourtant, le 4 septembre 2002, Papon ne sort pas de la Santé alité et impotent, mais bien sur ses deux jambes.

Ultime péripétie de cette affaire qui, sur le plan judiciaire, a duré plus de vingt-trois ans : la mort de Papon le 17 février 2007. Quelle distance parcourue entre le milieu et la fin du siècle : à la Libération,

en octobre 1944, Papon à Bordeaux prononçant
le discours en hommage aux patriotes et aux Juifs
déportés, et la société politique française considérant que les Français qui avaient arrêté des Juifs
et les avaient livrés aux Allemands n'avaient rien
à se reprocher, qu'ils n'avaient fait que leur devoir
et qu'il avait mieux valu que ce fussent eux plutôt
que les Allemands. En 1998, à Bordeaux, le peuple
français a décidé que le concours de l'appareil d'État
de la France de Vichy avait été une complicité réelle
et indispensable apportée aux Allemands dans leur
plan d'extermination des Juifs.

Cette affaire Papon fut difficile, désagréable et
exemplaire. Il nous a fallu nous battre opiniâtre-
ment contre presque tous, incompris de beaucoup,
avec pour seule base solide la volonté collective des
Fils et filles.

BEATE

## Candidate à la présidence
## de la République fédérale allemande

Depuis plus de trente ans, j'assume le secrétariat de notre association des Fils et filles : je tiens le fichier informatique d'environ mille cinq cents adhérents ainsi que le fichier papier, par souci de sauvegarde. J'ai la main pour faire les envois de livres que nous stockons dans les caves, car, apprentie chez Woolworth à Berlin au milieu des années 1950, j'ai été à bonne école pour les emballages. Je porte tous ces livres à la poste voisine dans mon Caddie. Je tire les étiquettes de nos adhérents pour leur envoyer notre bulletin de liaison trimestriel. J'ai dû écrire des millions d'adresses sur des enveloppes. Tout cela se passe entre 13 heures et 19 heures au bureau, et très souvent le soir à la maison.

Le matin, je m'occupe de la famille, de nos animaux, je fais les courses et le ménage. Chaque jour, je passe voir ma fille et mes petits-enfants. Notre vie de famille a toujours été simple : nous ne sortons pratiquement jamais quand nous sommes à Paris, sauf pour des réunions associatives. Au fil du temps, nous passons nos soirées avec nos enfants ou avec les animaux que nous avons toujours eus autour de nous. Notre relation à tous deux avec les animaux est intense : nous les aimons d'un amour total qui est un mélange de celui que l'on porte à ses parents, à son conjoint et à ses enfants ; un sentiment que rien ne peut altérer et qui remplit le cœur. Avec nos animaux, pas de dépression possible. Parmi les grands amours d'Arno, trois chats, dont deux issus des poubelles de Jérusalem. Quant à Lida, elle a été chargée du service juridique de la SPA, c'est tout dire.

Arno et Lida ont eu une enfance peu commune. Nous étions souvent absents, mais Raïssa s'est beaucoup occupée d'eux, et en particulier d'Arno ; elle lui parlait en russe comme elle l'avait fait pour Serge. Elle l'a emmené voir ses sœurs à Bucarest et à Leningrad, et il allait chaque année voir son autre grand-mère, « Omi », à Berlin. Il a appris l'allemand à Berlin-Est, il a vu Auschwitz-Birkenau avec Serge à douze ans. Il a visité l'Italie avec la sœur de Serge ; il a fait le tour du monde à onze ans, s'étant rendu à San Diego chez une de mes amies d'école, puis visitant avec moi l'Australie, où je donnais une série de conférences, et le Japon. Arno était attiré par les États-Unis. Il est allé dans les centres de vacances juifs de la côte Est. Lida aussi a suivi ces itinéraires ; elle a connu l'Union soviétique avec la sœur de Serge, les États-Unis, Berlin et l'Italie, qui l'a attirée plus que tout autre pays et où elle a appris l'italien.

Arno a passé sa maîtrise de droit en quatre ans et l'examen d'entrée au barreau de Paris sans incident de parcours. Il est alors devenu avocat et a entamé ses études de droit à l'université de New York pour passer le master et le barreau de New York. En sept mois, il a absorbé tout le programme, obtenu son master et, à l'examen national du barreau, décroché la meilleure note sur une dizaine de milliers de candidats. Il s'est présenté aussitôt au barreau de l'État de Californie et l'a réussi également. À vingt-cinq ans, il est entré dans un des meilleurs cabinets de New York, Skadden and Arps, mais a préféré revenir en France. Serge et moi avons tout partagé avec lui de nos soucis et de nos actions ; il a toujours été notre meilleur militant et notre conseiller le plus proche. Lida, elle aussi brillante élève, a préparé l'examen du barreau de Paris à Venise à la si belle bibliothèque Marciana et l'a réussi, devenant à son tour avocate.

Nous sommes si proches de nos enfants que nous les voyons encore tous les jours. En ce moment même, Lida saisit sur son ordinateur nos Mémoires que Serge et moi rédigeons sur papier. Nos amis du noyau des Fils et filles mènent généralement, comme nous, une intense vie de famille : des couples unis, soudés jusqu'à la mort, et un profond attachement entre parents et enfants, renforcé par l'enfance tragique des parents.

Nous avons toujours beaucoup voyagé : je suis allée à plusieurs reprises dans toutes les grandes villes américaines, et nous aussi avons parcouru

presque toutes les métropoles européennes – Berlin,
Vienne, Rome, Venise, Florence, Madrid, Moscou,
Saint-Pétersbourg, Munich, Londres, Amsterdam…
Parfois ensemble, parfois séparément.

Nous sommes très amateurs d'opéra. Mon réper-
toire est vaste : je m'applique à prendre un billet
quand il y a un opéra qui se joue là où je me trouve
et que je dispose d'une soirée libre. Celui de Serge
est moins éclectique, davantage lié à un goût qui
répond à un besoin d'enthousiasme et de réconfort
psychologique : Mozart, Verdi et Rossini sont ses
bienfaiteurs.

Quant à la peinture, nous avons écumé presque
tous les grands musées du monde, et nous avons
parcouru plus de cinquante fois le Metropolitan et
la Frick Collection à New York ou Dahlem à Berlin.
Notre goût est le même, peut-être parce que Serge
m'a initiée à la peinture. Sans Bruegel, Rembrandt,
Velazquez, Botticelli, Rubens, Dürer, Masaccio,
Vermeer, Van Gogh… l'homme ne se serait pas élevé
moralement comme il a pu le faire, par contraste
avec les sommets de l'horreur qu'il a pu atteindre.
Nous admirons par-dessus tout Michel-Ange, ce
génie universel, si orgueilleux mais si modeste qu'il
a demandé qu'on attribue à son tombeau à Santa
Croce un emplacement qui lui permettrait, chaque
fois que la porte s'ouvrirait, d'« admirer le dôme de
Brunelleschi ».

*
* *

Je n'ai jamais cessé d'être active : on continue de me demander par-ci, par-là un discours, une conférence. En mai, à Berlin, je suis celle qui, traditionnellement, prend la parole pour rappeler l'autodafé de livres que les étudiants nazis ont organisé le 10 mai 1933 à côté de l'Opéra. En 2012, j'ai pris pour thème un livre de Stefan Zweig retiré légèrement brûlé du bûcher et que son meilleur étudiant avait remis au lecteur de français de l'université de Göttingen, M. Larrose. Quelques années plus tard, en 1940, interprète du ministre de l'Intérieur, M. Larrose retrouvera son meilleur étudiant, Helmut Knochen, chef de la police nazie en France occupée et responsable de la mise au bûcher de 75 000 déportés juifs de France. En 2013, pour accompagner mon discours, j'ai conçu un gigantesque poster avec cent cinquante photos d'enfants juifs déportés de France, tenant un livre entre les mains, le peuple du Livre. En 2014, j'ai choisi d'évoquer Denise Bardet, institutrice de vingt-trois ans, éprise de littérature allemande, qui a eu le courage, en pleine guerre, de confier à son journal intime à la fois son admiration pour la culture allemande humaniste et sa détestation pour la barbarie nationale-socialiste. Institutrice à Oradour-sur-Glane, elle y fut brûlée dans l'église avec ses élèves. « Quand on brûle les livres, on finit tôt ou tard par brûler aussi les hommes », écrivait son cher Heine.

Je fais aussi des conférences – mais beaucoup plus rarement qu'avant – aux États-Unis ou à Buenos Aires, invitée par la présidente en souvenir de ma protestation dans l'Argentine des colonels en mai 1977 ;

j'ai parlé en Italie, en Belgique, en Hollande, en Israël. Toujours des voyages très rapides. C'est surtout en Allemagne et en Autriche que je suis présente. J'ai continué à y être active, à y militer pour différentes causes : contre l'extradition des Roms vers l'ex-Yougoslavie en 1993, par exemple, ou pour l'interdiction du parti néo-nazi, le NPD. J'ai soutenu des initiatives comme celle de Léa Rosh pour que soit édifié le mémorial de l'Holocauste, le Holocaust-Denkmal, à Berlin, au pied du Reichstag.

En janvier 2012, les jeux sont faits pour la présidence de la République en Allemagne. L'élection doit avoir lieu le 18 mars. La candidature du pasteur Joachim Gauck, défenseur des droits de l'homme en RDA, est soutenue par la CDU, les conservateurs, par le SPD, les sociaux-démocrates, par le FDP, les libéraux, et par les Verts.

Die Linke, le parti de la gauche, fidèle à la mémoire des victimes du nazisme, tient à présenter une candidature symbolique. Les dirigeants sont partagés entre deux courants : celui de l'ancien candidat à la chancellerie, Oskar Lafontaine, et celui de Gregor Gysi, qui fut un des derniers dirigeants de la RDA et qui est à la tête du groupe parlementaire au Bundestag. La coprésidente de Die Linke, Gesine Lötzsche, proche de Gysi, déclare que si elle pouvait souhaiter une présidente, ce serait une femme comme Beate Klarsfeld, dont elle admire le courage personnel et l'engagement. Un journaliste du *Spiegel* me demande si j'accepterais de me présenter au cas où Die Linke me le proposerait. Spontanément, instinctivement, je réponds « oui », parce que je me souviens de ma condamnation à un an de prison et que je vois, d'un trait, le chemin parcouru par l'Allemagne et par moi depuis 1968, enfin parce que je représente la volonté d'épuration du nazisme et du crime nazi en République fédérale, alors que Joachim Gauck personnifie le militant des libertés civiques en RDA et le chasseur des forfaits de la Stasi. Ce serait l'affrontement d'un homme et d'une femme incarnant chacun un versant de l'histoire allemande de l'après-guerre.

Les médias ayant fait savoir que je serais volontaire en tant que « personne morale » et non comme « femme politique », Die Linke décide le 27 février 2012 de me désigner comme candidate. Ce sera Beate Klarsfeld contre Joachim Gauck, un affrontement inégal mais qui a fait honneur à l'Allemagne. Il n'y avait aucune animosité entre nous ; au contraire, beaucoup de sympathie.

Le 17 mars 2012, nous sommes tous les quatre à Berlin, Serge, Arno, Lida et moi, accompagnés par notre groupe d'amis des Fils et filles. Le soir, une grande réunion est organisée par Die Linke. Dimanche matin, une gigantesque limousine nous embarque, Serge et moi, avec protection policière à l'église œcuménique de Friedrichstadt, où s'est réunie toute la classe politique allemande. Serge et moi sommes les premiers qu'Angela Merkel vient saluer. Au Reichstag/Bundestag, les députés et les délégués des Länder se sont assemblés. Un salon avait été réservé à notre groupe, qui savourait ce moment, car chacun d'entre nous avait eu à subir une arrestation en Allemagne au cours de nos manifestations et actions illégales, et chacun d'entre nous, sauf moi, avait perdu un père ou une mère à Auschwitz.

Pour les Fils et filles, cette candidature était un grand moment. Gauck a été élu avec plus de 900 voix, tandis que j'en ai recueilli 126, mais l'essentiel avait été atteint. Pour moi, c'était un aboutissement personnel et la justification officielle – si besoin était – de l'itinéraire que j'avais choisi et qui m'avait conduite de la prison à une sorte de consécration des valeurs que je n'avais cessé de défendre.

SERGE

## La question des spoliations
## et de la réparation due aux orphelins

L'aryanisation et la spoliation des biens juifs avaient été d'une si grande ampleur, la restitution et la réparation si compliquées et incomplètes que, à la fin des années 1970, il me paraissait impossible de faire entendre des revendications, si justifiées soient-elles. Le plus frappant à mes yeux était que les orphelins de parents déportés, qui étaient les victimes les plus jeunes et les plus dignes d'attention, n'avaient pas fait l'objet de véritables mesures d'indemnisation : la France les avait laissés démunis.

Mon point de vue était clair : nous ne pourrions rien obtenir tant que la connaissance des Français sur le sort des Juifs pendant l'occupation allemande et sous le régime de Vichy n'atteindrait pas un niveau convenable. Cela impliquait la réussite de l'action de justice et de mémoire que nous menions. Cela prendrait de nombreuses années ; ces années ont passé. Étant informé de ce que Jacques Chirac allait dire au Vél'd'Hiv le 16 juillet 1995, comprenant qu'il allait reconnaître non pas la seule responsabilité de l'État français de Vichy, mais celle de la France, j'ai voulu que, la veille même de ce discours, nos revendications soient exposées avec d'autant plus d'éclat que, le lendemain, le président de la République les légitimerait par le contenu de son allocution.

L'aryanisation des biens juifs était si compliquée à étudier que, cinquante ans après les faits, ce ne pouvait être que le travail d'une commission. Je détenais un document inédit que j'avais déniché lors de mes recherches dans les archives de la préfecture de police en 1982 : le rapport de liquidation des comptes du camp de Drancy établi par le fonctionnaire de la préfecture de police chargé de la gestion financière du camp, Maurice Kiffer. Tout interné devait verser à la caisse de Kiffer les sommes et valeurs qu'il détenait. Au total, 24 millions de francs furent saisis, sans compter les fouilles sauvages effectuées pendant l'été 1942 – lors de l'afflux des Juifs en provenance de la zone libre – par la cupide police aux Questions juives, qui ne tenait pas de comptabilité et menait des fouilles essentiellement pour le compte personnel de ses agents. Kiffer avait transféré plus de 12 millions de francs à la Caisse des dépôts et consignations, et les objets de valeur et bijoux saisis sur les Juifs furent déposés à la Banque de France.

En 1994, j'ai relaté les faits à la direction de la Banque de France, qui n'a pas retrouvé trace d'un quelconque dépôt, mais seulement de la location de trois coffres par la préfecture de police. Quant à la préfecture de police, elle m'a indiqué que le contenu des coffres-forts avait été transféré « avant 1950 » à l'administration des Domaines. J'avais alerté la Caisse des dépôts et consignations dès 1990, et son directeur avait chargé son conseiller, Pierre Saragoussi,

orphelin de déportés, futur premier directeur de
la Fondation pour la mémoire de la Shoah, d'une
enquête approfondie à laquelle il m'avait associé
et qui établissait le non-remboursement de la plus
grande part des dépôts provenant des biens de Juifs
spoliés à Drancy ou de biens mobiliers ou immobi-
liers beaucoup plus importants captés en application
des mesures antisémites prises par l'État français.

Samedi 15 juillet 1995, à la veille même du discours
du Vélodrome d'Hiver de Jacques Chirac, Annette
Lévy-Willard publie dans *Libération* une page entière
intitulée « Le vol oublié des biens juifs des déportés »
qui s'appuie sur les révélations issues du rapport de
Maurice Kiffer affirmant que les bijoux et valeurs
confisqués ont été versés au Trésor public après
guerre. Elle indique que « Serge Klarsfeld a pensé
qu'il était temps d'ouvrir une autre page noire de
l'État français ». Cette page, ce sera celle des biens
juifs spoliés qui me permettra plus tard d'obtenir
pour tous les orphelins des déportés juifs menacés
dans leur vieillesse par la pauvreté d'échapper à la
misère grâce à une modeste rente.

En mars 1996, j'adresse une longue lettre au président de la République :

> « *Ces enfants orphelins de père ou de mère, dépor-
> tés juifs de France, et qui avaient été déclarés français
> après leur naissance par leurs parents étrangers, n'ont
> pas seulement souffert affectivement et matériellement
> de la perte brutale de leur père ou de leur mère, qui*

*les a lourdement handicapés sur tous les plans existen-
tiels, mais eux-mêmes ont également été victimes des
persécutions conjuguées de l'Allemagne hitlérienne et
de Vichy : traqués et pourchassés par la Gestapo, les
agents de police et les gendarmes ; la poitrine ou les
papiers d'identité et la carte d'alimentation frappés au
sceau de l'étoile jaune ou du tampon "Juif", essayant
de survivre dans la peur, l'angoisse et le chagrin
d'avoir perdu leurs parents en ayant échappé miraculeusement aux arrestations, pour finalement être délibérément mis à l'écart de toute réparation par une
Allemagne qui souhaitait les indemniser directement
et qui ne l'a pas pu, et par une France qui ne s'est
pas souciée d'eux, peut-être parce qu'ils étaient encore
trop faibles pour faire valoir leurs droits.*

*Président d'une association qui regroupe un certain
nombre de ces anciens enfants qui ont aujourd'hui
entre cinquante et soixante et onze ans, je peux assurer qu'il existe parmi eux de nombreuses détresses
matérielles. Beaucoup ne se sont pas relevés des coups
qui leur ont été portés et n'ont pu faire de leur vie ce
qu'elle aurait été si les nazis et Vichy ne les avaient
privés de leur père, de leur mère et, souvent aussi, de
frères et de sœurs [...]. C'est pourquoi, Monsieur le
Président de la République, nous avons décidé d'agir
afin que cette catégorie de victimes, qui aurait dû être
indemnisée en son enfance ou en son adolescence, le
soit enfin dans son troisième âge.*

*[...] J'ai fait part aux principaux dirigeants d'insti-
tutions ou d'organisations juives de notre souci de voir
cette catégorie d'anciens enfants juifs non indemnisés
percevoir une modeste pension équivalant au moins*

*à celle d'interné politique. Une pareille mesure permettrait à ces personnes de vieillir dans la dignité et avec le réconfort moral de savoir qu'elles ne sont plus négligées par la France, à partir du moment où les Français ont pris conscience, grâce au courage de leur président de la République, que ce qui avait été accompli par Vichy l'avait été aussi au nom d'une certaine France qu'une autre France récuse : la vôtre, la nôtre. »*

Jacques Chirac me répond : «S'agissant de l'indemnisation que vous sollicitez en faveur des enfants déclarés français qui survécurent, mais eurent à déplorer la perte d'un de leurs parents, ou trop souvent des deux, j'ai noté vos arguments et je les transmets au gouvernement. » Cette réponse ne préjuge pas de la décision qui sera prise par le gouvernement d'Alain Juppé d'appuyer ou non notre demande.

Nous nous battons pour le plus grand nombre et pour l'intérêt général, et non pour une aumône réservée à une étroite catégorie. Nous sommes face à une administration intolérante et à des commissions inflexibles, qui n'ont pas hésité, par exemple, dans le cas de deux anciennes fillettes internées à Drancy quatre-vingt-quatre jours et remises ensuite à l'UGIF après avoir été séparées de leurs parents envoyés en déportation, à leur refuser une pension parce qu'il leur manquait six jours d'internement !

Face aux interrogations sur la situation de biens dont les Juifs ont été spoliés, Alain Juppé confie le 5 février 1997 à Jean Mattéoli, président du Conseil économique et social, ancien résistant et déporté, la mission d'étudier les conditions dans lesquelles les biens ont été spoliés, d'évaluer l'ampleur des spoliations, d'établir le sort qui a été réservé à ces biens et leur inventaire, et de formuler des propositions en ce qui concerne le devenir des biens détenus par des personnes publiques de droit français.

Nous étions sept au sein de la commission présidée souplement par Jean Mattéoli, dont la bonne volonté ne faisait pas de doute, mais qui avait l'habitude de qualifier les magasins juifs d'« échoppes » et qui, au procès de Maurice Papon, témoigna en sa faveur. Jean Mattéoli fit preuve d'efficacité pour obtenir un personnel compétent, en particulier notre responsable des Archives, Caroline Piketty, qui savait où chercher et où trouver les documents que nombre d'institutions étaient réticentes à découvrir ou à transmettre. Nous étions donc sept à nous partager le travail. Le professeur Ady Steg, dont on rappelle toujours qu'il opéra de la prostate le général de Gaulle, fut incontestablement l'âme, le moteur et le cerveau de cette commission. Il fut épaulé dans cette tâche par Claire Andrieu, qui remplaça l'historien François Furet très tôt décédé et qui, alors que cela paraissait impossible, réussit à maîtriser le secteur financier de la spoliation. Annette Wieviorka parvint à démêler avec clarté et précision l'imbroglio des biens soustraits aux déportés dans le camp de Drancy et le pillage des appartements. Ancien ambassadeur de France en Israël, ferme partisan de l'État juif, fils du capitaine des pompiers qui, malgré l'interdiction de la police, étancha la soif des internés du Vél'd'Hiv, Alain Pierret se chargea des relations internationales de la commission. Jean Favier assista quelquefois à nos réunions et nous fit part de son point de vue. Le professeur Antoine Prost prit courageusement en main le gros dossier de l'aryanisation économique et sut le dominer avec l'abnégation de quelqu'un à qui des restitutions éloignées dans le temps déplaisaient souverainement : «Pourquoi pas les Vendéens ou les protestants ? » Jean Kahn fut, hélas, rapidement frappé par un accident cérébral qui nous priva tous de son influente personnalité et moi, en particulier, d'un ami fidèle et d'un soutien pour la pension des orphelins. Je me retrouvais isolé, seul porteur de cette revendication qui, à dire vrai, n'intéressait aucun des membres de la commission, sauf le professeur Steg sur qui reposaient déjà tant de responsabilités. J'avais choisi comme champ d'action inexploré la question des biens spoliés aux dizaines de milliers de Juifs internés dans les nombreux camps en province. Ce choix me permettait d'aller dans les archives départementales, d'y obtenir tous les dossiers non encore « consultables » concernant les arrestations et transferts de Juifs, de les photocopier et de nourrir ainsi la nouvelle édition du *Mémorial de la déportation* publiée en 2012. Ne serait-ce que pour combler les milliers de lacunes d'état civil des déportés livrés depuis la zone libre par Vichy aux Allemands, il me fallait des listes, encore des listes, confronter ces listes à des patronymes de déportés, souvent sans date et lieu de naissance et même sans prénom. Il fallait donc pouvoir compiler et compiler – le tonneau des Danaïdes.

J'étais enthousiaste : je pouvais apporter une contribution à la commission et je l'ai fait avec rigueur. J'étais en mesure de découvrir et de rassembler des documents pour moi inestimables et qui me permettaient d'édifier une œuvre irremplaçable puisque, à l'état civil complet et exact de chacune des près de 80 000 victimes, je pourrai ajouter son adresse d'arrestation et le lieu de transit par lequel il était passé avant d'être déporté, et rassembler enfin, malgré les difficultés liées aux homonymes, tant de familles dont les membres avaient été dispersés par les différents convois. Que d'heures passées comme des minutes à Agen, à Lille, à Carcassonne, à Perpignan, à Montpellier, à Arras, à Grenoble, à Limoges, à Tulle, à Foix, à Nice, à Guéret, à Marseille, à Périgueux, à Melun, à Gap, à Toulouse, à Pau, à Montauban, à Moulins, à Vesoul, à Châlons... Parcourir tous ces dossiers le plus vite possible sans rien omettre d'important ; extirper également de ces documents les processus de spoliation des biens de ces malheureux Juifs internés et le plus souvent voués à la mort : les dépôts, les fouilles, les confiscations, l'argent dépensé dans les camps, les biens laissés derrière eux lors de leur arrestation et vendus aux enchères publiques, attribués au Secours national ou captés par des policiers ou des civils cupides.

Les trois années durant lesquelles fonctionna la commission furent accaparantes. En décembre 1997 et en février 1999 furent publiés des rapports d'étape, suivis par le rapport final au printemps 2000. Au total, neuf ouvrages ont été publiés par La Documentation française, qui constituent un apport

précieux à la connaissance des conditions de vie des
Juifs pendant cette tragique période.

J'ai participé à la conférence de Washington en
1998. Je me suis aussi rendu à New York avec le
président du CRIF pour exprimer notre point de vue
d'une solution « française » aux grandes organisations
juives américaines. Nous leur avons fait comprendre
que la communauté juive française ne souhaitait pas
d'ingérence extérieure dans ce domaine.

J'ai analysé ainsi la situation dans une note rédigée
fin 1998 et adressée à la commission :

> *« Aujourd'hui, la commission est placée devant
> trois groupes de pression. Le premier est représenté
> par la communauté juive française organisée, souhai-
> tant une fondation française (avec dirigeants de la
> communauté en tête) qui disposerait du pouvoir de
> distribuer la manne provenant des biens non restitués.
> Le deuxième est représenté par le CJM (Congrès juif
> mondial), souhaitant des fonds internationaux ou une
> fondation internationale (avec dirigeants de grandes
> organisations juives en tête) qui disposerait du pouvoir
> et distribuerait à sa guise tout ou partie de la manne.
> Enfin le dernier, représenté par les véritables victimes
> de la Shoah qui n'ont jamais été "prises en compte" et
> qui souhaitent que ce soit l'État, et seulement l'État,
> qui leur règle directement la dette morale et matérielle
> sous forme d'indemnisation viagère. Ils attendent ce
> règlement depuis quarante ans et espèrent ardemment
> un peu de mieux-être pour ne pas achever leurs jours
> dans la précarité. Il me paraît difficile que la mission*

> *décide d'attendre une année de plus sans faire de proposition concrète et raisonnable au gouvernement. »*

Comme sur la question de la réparation des orphelins, je me trouve isolé quant au problème de l'interdiction du travail pour les Juifs édictée par le gouvernement vichyste. Sur 320 000 Juifs, il ne devait pas y avoir moins de 80 000 chefs de famille, bien plus de 100 000 si l'on tient compte du travail des conjoints. La très grande majorité des Juifs ont subi non seulement l'aryanisation de leurs biens, la saisie de leur mobilier et de leurs effets s'ils étaient arrêtés ou en fuite, mais aussi l'interdiction de travailler pendant deux, trois ou quatre ans, et le préjudice causé par leur absence de cotisation à la sécurité sociale et d'années de travail prises en compte par la retraite. En prenant pour base un revenu de 3 000 francs mensuels 1940 par chef de famille, soit 36 000 francs par an, et en multipliant par trois ans d'interdiction de travail, le résultat dépasse les 10 milliards de francs 1940. Cette spoliation aurait pu également être prise en compte. Par ailleurs, plusieurs milliers d'hommes juifs étrangers furent astreints sous contrôle policier à des travaux forcés non rémunérés, souvent très pénibles (mineurs, bûcherons, métallurgistes, agriculteurs), dans la zone libre (puis zone sud) ainsi qu'en certains cas en zone occupée. Environ 10 000 Juifs sont passés par les Groupes de travailleurs étrangers (GTE), où au moins 3 000 d'entre eux ont été arrêtés en août 1942 et en février 1943 par la police de Vichy et livrés à la Gestapo pour être déportés.

Cette indemnisation de l'interdiction aux Juifs de travailler n'a pas été prise en compte malgré mes efforts ; mais elle a pesé en notre faveur sur la légitimité de nos revendications quant à la pension des orphelins.

Avant le second rapport d'étape, je ne peux envisager que la question des orphelins n'y soit pas traitée et je mets en avant mon argumentation.

Je présente à la commission le texte suivant pour qu'elle le propose comme une de ses recommandations au gouvernement : «Dans ces conditions, la Mission demande que la situation des enfants de déportés de France assassinés soit prise en compte, quels que soient leur nationalité et leur lieu de résidence, et fasse l'objet de mesures appropriées, notamment par le versement d'une indemnisation viagère pour ceux d'entre eux qui ne bénéficieraient pas déjà d'une indemnisation répondant au même objet. »

Début janvier 1999, je demande un rendez-vous à Jean Mattéoli. Il me reçoit place Iéna dans son bureau du Conseil économique et social, qu'il préside. Je lui ai remis au préalable une lettre brève et nette où je le prie de soutenir ma proposition. À l'issue de notre entretien, le président Mattéoli, confronté à ma volonté de démissionner de la commission et même d'entamer une campagne contre elle, m'assure de son soutien. La quatrième et dernière recommandation du rapport du 12 janvier 1999 concerne la situation des orphelins. Elle ne diffère de ma proposition que de quelques mots.

Dans mon éditorial de la revue de notre association, en février 1999, je demande aux Fils et filles « d'écrire individuellement au Premier ministre une lettre exposant ce qu'ont été votre enfance, votre jeunesse et votre existence d'orphelin de la déportation juive, dont les parents ont été le plus souvent arrêtés par la police française. Des orphelins ayant subi un terrible drame, dont l'onde de choc se propagera jusqu'à votre dernier souffle et qui vous a fait subir un immense handicap affectif et matériel qui n'a cessé de peser sur vous durant toute votre vie. Il faut expliquer que vous êtes des victimes, et non des survivants à qui il suffisait de dire : "Vous avez eu bien de la chance de vous en sortir." Ce n'était pas de la chance que de se retrouver sans père, sans mère ou sans parents du tout ! Et avec cette "chance", combien d'orphelins ont été culpabilisés d'avoir survécu alors que leurs parents n'avaient pu s'en sortir ! Écrivez tout cela, décrivez simplement mais avec force, chacun avec ses mots et sa sensibilité, ce que vous avez subi et ce que représenterait pour vous, dans votre troisième âge, cette "indemnité viagère", réparation matérielle mais aussi morale ; puisque le tort qui en est à la base, vous le devez non seulement aux nazis allemands, mais aussi à leur complice, l'État français de Philippe Pétain ».

Quelques jours plus tard, le président Mattéoli accorde un entretien au journal *Le Temps*. À la lecture de cet article, j'écris à Jean Mattéoli :

«*Monsieur le Président,*

*Je me permets de vous adresser cette lettre en souhaitant qu'elle soit conservée dans les archives de la Mission. Je regrette de me trouver dans la situation de devoir vous exprimer mon profond désaccord avec quelques points forts de l'entretien que vous avez accordé au* Temps *le 3 mars.*

*Vous avez déclaré : "Faire un distinguo pour des dommages rigoureusement comparables entre Français juifs et Français catholiques ou tout ce que vous voulez, ce serait vraiment créer un précédent très fâcheux dont finalement pourraient être victimes les Juifs eux-mêmes." Les dommages subis par les Juifs ont été spécifiques et leur situation de persécutés l'a été également, hélas. Onze mille enfants juifs ont été déportés de France et assassinés, aucun autre enfant n'a été déporté de France ; c'est le seul exemple que je retiendrai.*

*À la question : "Il y a pourtant une distinction puisque les Juifs ont été déportés sur le seul critère d'être juif", vous avez répondu : "Ce sont les Allemands qui ont fait cette distinction." Cette déclaration est fausse : les autorités allemandes ont donné leur définition du Juif en deux ordonnances, celle du 27 septembre 1940 et celle du 26 avril 1941, tandis que le gouvernement de l'État français a donné spontanément et sans pression allemande sa propre définition du Juif le 3 octobre 1940 et le 2 juin 1941. C'est la définition française, la plus large, qui a été retenue par la Gestapo pour les arrestations par la police française des familles juives destinées à être déportées.*

*Vous avez déclaré :* "Serge Klarsfeld a demandé qu'on regarde avec attention la situation de Juifs de certaines nationalités qui n'ont été indemnisés à l'époque ni par les Allemands ni par les Français." *Cette déclaration sous-estime et diminue la portée de l'importante recommandation de votre commission que tous les orphelins de la déportation juive, qui n'ont pas été jusqu'ici indemnisés, bénéficient d'une indemnité viagère. Au lieu de mettre en lumière cette recommandation, acceptée à contrecœur par certains membres de la commission, votre déclaration la repousse dans l'ombre...*

*Vous avez déclaré :* "Les Juifs ont considéré à ce moment-là [dans le milieu des années 1950] que tout avait été réglé comme il convenait." *C'est inexact : beaucoup de Juifs étaient résignés à ne plus rien récupérer, cela paraissait impossible : ils avaient déjà eu d'innombrables difficultés, ne serait-ce que pour obtenir de pouvoir occuper à nouveau les logements dont ils avaient été les locataires en 1940. Vous avez ajouté :* "C'est vrai que la plupart des 2 500 Juifs revenus de déportation sont morts aujourd'hui, mais ils ont des héritiers, des ayants droit. Ils ne se sont pas exprimés." *Il ne s'agit pas de 2 500 victimes* "revenues", *mais de 72 500 victimes* "non revenues", *qui ne pouvaient s'exprimer et qui, souvent, ont fait le voyage vers Auschwitz avec leurs ayants droit et héritiers.*

[...]

*Vous avez déclaré que c'était éventuellement à l'Allemagne de réparer le tort moral. Ce point de vue est discutable : les Juifs étrangers pourchassés par la police française en zone libre ne sont-ils pas en droit de réclamer à la France de réparer le tort qui leur a été fait ? Vous avez posé la question : "Mais jusqu'où l'Allemagne pourrait tenir le coup ?" L'Allemagne règle à juste titre ses dettes imprescriptibles et tient très bien le coup moralement et matériellement sans que le président de la Mission d'études sur la spoliation des biens juifs ait besoin de s'inquiéter de sa situation.*

*Puis-je ajouter que si, à la récente conférence de presse de la Mission, un journaliste de Reuters ne s'était pas élevé contre votre déclaration au sujet des Juifs poussés "comme des moutons à l'abattoir", j'aurais réagi en évoquant le nombre de Juifs fusillés au Mont-Valérien, haut lieu de la Résistance et de ses martyrs : 182 Juifs sur un total de 1 020 fusillés, soit 18 % alors qu'il n'y avait que 0,7 % de Juifs en France.*

*Depuis notre première réunion, je n'ai cessé d'expliquer avec insistance que je représente des victimes non indemnisées qui réclament à la France la réparation spécifique à laquelle ils ont droit. Certes ils ont été victimes des nazis, mais grâce au concours efficace du gouvernement de Vichy, de son administration et de sa police qui les ont livrés à la Gestapo pour être déportés.*

*Si la communauté juive fait votre "admiration", Monsieur le Président, parce qu'elle ne parle pas de "réparation pécuniaire" et que ce qui lui importe, c'est le "maintien de la mémoire", je vous rappelle qu'elle souhaite quand même des "fonds" qu'elle pourrait contrôler ; quant à la mémoire, tout ce que nous, Fils et filles des déportés juifs de France, avons accompli pour cette mémoire que nous avons rendue aux Juifs de France a été accompli sans le soutien de la communauté juive organisée. »*

En mai 1999, je m'adresse au directeur de cabinet du Premier ministre, Lionel Jospin, qui, comme son prédécesseur, Alain Juppé, a accordé tout le soutien nécessaire à la commission : «Ignorant encore la position du gouvernement par rapport à cette recommandation – position qui, probablement, n'a pas encore été définie –, mais sachant quelle est la position (réservée) dans ce domaine du secrétariat d'État aux Anciens Combattants, je voudrais vous exposer personnellement comment l'issue de l'ensemble du problème des spoliations des biens juifs dépend avant tout de l'indemnisation ou non des orphelins de la déportation juive. »

Entre-temps, des centaines de lettres d'orphelins de la déportation juive nous parviennent, toutes émouvantes, et confirmant la terrible frustration qui est la leur de ne pas avoir vu leur situation dramatique prise en compte, alors qu'une différence abyssale existe entre ceux qui ont retrouvé leurs parents à la Libération et ceux qui, pourchassés encore plus que les autres, puisque leurs parents ont été arrêtés, les ont attendus en vain pendant des mois, des années et, jusqu'aujourd'hui, dans leurs rêves. Je constitue un recueil rassemblant tout ou partie de 277 des lettres les plus significatives. Nous le publions et le diffusons en septembre à tous les députés ainsi qu'au gouvernement.

Dans une note remise au gouvernement le 4 janvier 1999 à Matignon, je récapitulai les avantages de la mise en application de cette recommandation sur les orphelins et conclus : « Il s'agit de la part du gouvernement, et sans avoir besoin d'avoir recours à une procédure législative, d'une mesure digne, généreuse, aisément compréhensible et acceptable par tous, indiscutable en raison du critère tragique qui la détermine, facilement applicable, dont on peut être assuré qu'elle désamorcera les contestations, qu'elle sera saluée en France et à l'étranger, et qu'elle aplanira la route devant la commission Drai tout en créant un climat favorable pour le règlement des litiges judiciaires aux États-Unis. »

La commission Drai, dont il est question, est devenue la Commission d'indemnisation des victimes des spoliations antisémites – la CIVS –, dont la création était recommandée par la commission Mattéoli pour se charger de toute réclamation matérielle. L'autre volet mis au point par notre commission était la création d'une Fondation pour la mémoire de la Shoah, dont le capital serait constitué par les fonds non restituables à des personnes ou à des familles entièrement disparues. Je restais extrêmement vigilant : le 16 juin 1999, dans un entretien au cours d'une réception avec Dominique Strauss-Kahn, alors ministre des Finances, je lui ai demandé son indispensable soutien. Il m'a répondu : « Vous n'y pensez pas ; ensuite, ce seraient les harkis et les orphelins de la Résistance... » J'ai rendu publique sa déclaration, ce qui lui a profondément déplu ;

mais, coup de chance, l'affaire de la MNEF l'a obligé
à démissionner. Son successeur, Laurent Fabius, a
immédiatement accepté, le 6 octobre 1999, le principe de l'indemnisation des orphelins.

Le 23 septembre 1999, le Premier ministre, Lionel
Jospin, m'écrit :

> *« Avec un digne courage, chacune de ces lettres*
> *porte un fragment de l'horreur vécue par des enfants*
> *– enfants miraculés, enfants sauvés, mais enfants tou-*
> *jours brisés.*
>
> *Vous me savez très attentif à la situation des orphe-*
> *lins de la déportation. J'ai demandé à une mission*
> *d'inspection d'évaluer la recommandation qui a été*
> *faite au gouvernement par la commission Mattéoli,*
> *dans son deuxième rapport d'étape. Dès que ces résul-*
> *tats me seront présentés, je me prononcerai sur la*
> *mesure d'indemnité viagère. Je sais combien le temps*
> *presse. Je souhaite que la question soit tranchée dès*
> *cet automne.*
>
> *En saluant votre travail de mémoire et de justice*
> *que vous accomplissez, je vous prie de croire, Maître,*
> *en l'assurance de ma considération. »*

Le 25 octobre 1999, le rapport d'étude sur « l'indemnisation des veuves et orphelins des déportés
juifs partis de France » est rendu public.

Ce rapport est très long (près de 200 pages) et très
confus ; il dégage cependant une synthèse des prises
de position recueillies auprès des responsables associa-
tifs ainsi qu'auprès des personnalités représentatives.

Ces points de vue, même émanant d'organisations ou de personnalités juives, sont en général assez partagés sur la recommandation de la commission Mattéoli et sur ma note du 4 juin 1999, à l'exception du CRIF qui soutient fermement notre position. Quant à la conclusion des conclusions, si elle était suivie par Lionel Jospin, elle constituerait un enterrement de première classe de l'indemnisation : «Il convient néanmoins de souligner des difficultés pratiques que soulève la recommandation du rapport Mattéoli… »

À la veille de la décision du Premier ministre, je publie mon éditorial dans notre bulletin du 7 novembre 1999. En voici des extraits qui reflètent mon état d'esprit :

*«J'ai décidé d'écrire cet éditorial à l'heure du plus grand stress : à la veille d'apprendre la décision du Premier ministre d'accorder ou non une indemnité viagère aux orphelins de la déportation juive. En ce moment, je suis terriblement déchiré entre l'espoir et l'angoisse. Depuis quatre ans, je me bats pour cette indispensable réparation envers les dernières victimes non indemnisées encore et qui souffrent encore chaque jour du malheur qui leur a été infligé par les nazis allemands avec le concours de l'État français de Vichy. La commission Mattéoli a fini par se rendre à mes arguments et a recommandé cette indemnisation. Le gouvernement a créé une petite commission pour l'éclairer sur les possibilités d'appliquer ou non cette recommandation de la commission Mattéoli. Cette petite commission constituée de trois*

*inspecteurs généraux, l'un des Anciens Combattants, l'autre de l'Intérieur, le troisième des Affaires étrangères, a rendu son rapport le 25 octobre. Depuis, un conseiller technique du Premier ministre planche sur le problème et me tiendra informé dans la soirée du 8 novembre. Je serai alors fixé sur le sort d'un combat pour notre dignité, pour notre apaisement et pour la sécurité matérielle de beaucoup d'entre vous.*

*Demain, je saurai si notre vieillesse sera apaisée. Elle ne le sera que si je sais que chaque orphelin sera assuré de recevoir de quoi ne pas sombrer dans la misère et le désespoir. Je n'ose pas penser que le Premier ministre opposera un refus cruel à une demande juste, légitime et ô combien modeste. Si c'était le cas, nous saurions réagir avec énergie, comme nous l'avons fait dans chacune des péripéties de toutes ces affaires que nous avons eu à régler. Par contre, si le gouvernement règle cette dette, nous prendrons acte de ce que la France, en la personne de son président de la République le 16 juillet 1995 et en celle de son Premier ministre le 13 novembre 1999, a eu le courage de dire ce qui devait être dit et de faire ce qui devait être fait.*

*Soulagement ou déception, nous serons fixés dans quelques heures, mais l'angoisse en moi reste plus forte que l'espoir. »*

Le 13 novembre 1999, au dîner du CRIF, Lionel Jospin, dont la sensibilité et la force de caractère ont surmonté les objections et les réticences des inspecteurs, annonce sa décision. Je sais à qui nous la devons : à lui, à son directeur de cabinet Olivier Schrameck et à son conseiller David Kessler.

« *J'ai confié à une mission d'inspection le soin d'examiner les conditions dans lesquelles les veuves et orphelins des déportés juifs partis de France ont été indemnisés.* [...] *Je voudrais vous dire ce soir la conclusion que le gouvernement entend en tirer. Ma conviction est que la situation particulière des enfants, orphelins de la déportation, qui ont connu la douleur de la perte d'un de leurs parents et très souvent de deux parents, et aussi la difficulté d'être juif dans un pays où existait pour eux la menace des rafles et de la déportation, appelle, cinquante ans après, une réponse digne de la République. C'est pourquoi j'ai décidé que les orphelins des déportés juifs de France pourront bénéficier sous forme soit d'un capital, soit d'une rente mensuelle, d'un geste de reconnaissance du devoir que nous avons envers eux. Les mesures nécessaires à la mise en place de ce mécanisme de réparation seront préparées par le gouvernement dans les semaines à venir* [...]. »

D'autres victimes, les orphelins des résistants morts en déportation, protestent contre la mesure qui doit être prise en notre faveur ou réclament qu'elle leur soit appliquée également. Je leur explique patiemment que si notre cas est prioritaire, puisque nous avons été nous aussi, comme nos parents, les cibles de la Gestapo et de Vichy, les orphelins des résistants ne pourront bénéficier d'une telle mesure que si nous en sommes d'abord les bénéficiaires. Ce sera effectivement le cas.

Au fil des mois, mon anxiété s'accroît quand je constate que la promesse solennelle du Premier ministre d'indemniser les orphelins de la déportation juive n'a pas encore été suivie d'effet. Les semaines et les mois ont passé. Aucun décret n'a encore été publié. Le 30 juin, toujours rien. J'ai la conviction que, si le décret qui nous concerne n'est pas publié avant le 16 juillet 2000, il ne paraîtra jamais. Le conseiller chargé du décret est Robert Gelli. Le 30 juin, j'écris à David Kessler, conseiller de Lionel Jospin :

> « *Hier, au cours de la réception dans les salons de l'hôtel Matignon, je me suis entretenu avec M. Gelli. J'en ai retiré l'impression qu'on ne se rend pas compte que le 16 juillet, date de la cérémonie nationale du Vél'd'Hiv, est une date butoir en ce qui concerne la publication du décret. Si le 13 juillet cette publication n'a pas eu lieu, je serai obligé de protester publiquement sur le thème : "Le Premier ministre a parlé de quelques semaines à la mi-novembre ; neuf mois plus tard, cette promesse solennelle n'est toujours pas tenue." C'est vraiment la dernière chose que je souhaite faire ! Et pourtant... ne peut-on régler les dernières aspérités ? Je suis à votre disposition pour indiquer les voies les plus sûres en ce qui concerne les ultimes dispositions à prendre.* »

Le 4 juillet, encore rien. Cette fois, j'écris au directeur de cabinet du Premier ministre, Olivier Schrameck. Mon courrier est encore plus pressant et précis quant à mon éventuelle réaction à une absence de décret.

Le 13 juillet, le décret est publié au *JO* avec mon libellé, qui avait pourtant été refusé par la mission interministérielle. Celui-ci prévoit une rente viagère de 3 000 francs par mois ou un versement global de 180 000 francs pour chaque orphelin de déporté.

J'organise méthodiquement, en coopération avec l'administration des Anciens Combattants, maintenant très coopérative, la façon dont les orphelins vont établir leurs droits avec notre concours bénévole. Dès le 21 juillet 2000, je demande l'extension par l'administration du décret du 13 juillet à d'autres catégories : les orphelins des Juifs morts dans les camps en France ; les orphelins des fusillés juifs ; les orphelins des Juifs exécutés sommairement parce que découverts comme Juifs ; les orphelins des Juifs abattus en tentant de passer en Suisse et en Espagne ; les orphelins qui ont eu vingt et un ans entre l'arrestation de leurs parents et leur déportation ; les orphelins de Juifs arrêtés comme Juifs, mais déportés comme résistants ; les orphelins de Juifs arrêtés dans le Nord et le Pas-de-Calais et déportés de Malines en Belgique ainsi que de ceux ayant fui en Italie et abattus en Italie ou déportés d'Italie. Toutes ces demandes ont été acceptées. La liste totale des bénéficiaires du décret du 13 juillet a dépassé les 14 000 personnes, dont un tiers vivant à l'étranger. À l'automne 2001, plus de 11 500 dossiers avaient déjà été traités par l'Office national des anciens combattants, une réussite administrative exceptionnelle due à la simplicité de la procédure. Dès novembre 2001, je pose la question de l'indexation de la rente. La présence de notre fils au cabinet de François Fillon, Premier ministre, à partir de 2008, a permis de faciliter l'obtention de cette indexation permanente, alors que je n'avais pu l'obtenir de Jean-Pierre Raffarin et de Dominique de Villepin, qui s'étaient succédé à Matignon.

Grâce à cette mesure, la rente versée à vie à chaque orphelin s'élève aujourd'hui mensuellement à 540 euros et ne se réduira pas chaque année comme peau de chagrin. Nous devons beaucoup à Arno, et je l'ai dit aux Fils et filles en leur annonçant la bonne nouvelle :

«*Mission difficile, sinon impossible, et, pourtant, mission réussie. Nous le devons beaucoup plus à Arno qu'à moi-même. Souvenez-vous : il fut le premier militant associé à notre couple ; en 1969, à trois ans, il lançait des tomates au chancelier Kiesinger et mordait les anciens nazis qui lui tendaient la main. À six ans, il aurait dû mourir en ouvrant le colis piégé de "bonbons" qui nous était destiné. Il était à Miltenberg, au procès de Cologne, à Auschwitz dès 1978, à Rostock, à Vienne où il fut arrêté, jouant le rôle de Waldheim en officier nazi. Combien de fois l'ai-je envoyé faire des démarches ou retrouver des photos de la Shoah à Auschwitz, à Coblence, à Budapest ! Combien de judicieux conseils m'a-t-il prodigués à des moments décisifs pour ma plaidoirie dans le procès Barbie, pour mettre fin au dépôt de gerbe de François Mitterrand à Philippe Pétain, ou pour saper l'autorité du président de la cour d'assises de Bordeaux ! Combien de fois est-il allé en Israël où, citoyen israélien, il a fait son service armé ! Combien de fois a-t-il affronté magistrats, avocats de la défense et même ceux des parties civiles dans les procès Touvier et Papon, que nous avons remportés et où c'était lui qui, dans la salle d'audience, nous représentait face à une meute de robes noires exaspérées par nos prises de position intransigeantes ! Combien a-t-il travaillé aussi pour ne jamais échouer à un examen et pour précéder les milliers d'avocats américains de sa promotion à leur concours national ! Un fils toujours disponible, quelle que soit sa charge de travail, pour transcrire et saisir mes textes si mal écrits de nos bulletins ou pour faire telle ou telle démarche. En 1993, je lui avais dédié ainsi mon* Calendrier de la persécution des Juifs en France, *celui de mes ouvrages que je préfère :*

*"À mon père Arno Klarsfeld et à mon fils Arno Klarsfeld*

*L'un m'a donné la vie,*

*A sacrifié sa vie pour la mienne et a donné un sens à ma vie ;*

*L'autre, à qui j'ai donné la vie,*

*Est si vaillant qu'il maintiendra le cap." »*

Beate et moi avons poursuivi en Allemagne cette action sociale en faveur des orphelins. Je voulais trouver pour tout ou partie de ces milliers de personnes les moyens financiers qui leur éviteraient d'être des cas sociaux. En avril 2009, Beate et moi avons rencontré à Bonn les responsables du ministère allemand des Finances compétents pour les négociations avec la Claims. Nous nous étions armés d'un argumentaire bien détaillé pour leur faire comprendre qu'en France chaque enfant juif pouvait être arrêté à n'importe quel moment et déporté ; que tous vivaient dans l'angoisse, même s'ils allaient à l'école et semblaient mener une vie presque normale ; que le ciel pouvait leur tomber sur la tête à chaque instant ; que, en rentrant à la maison, ils pouvaient n'y point trouver leurs parents et que, même en classe, il arrivait que des policiers allemands vinssent se saisir d'eux. En conséquence, l'administration allemande devait, surtout pour les orphelins, cibles prioritaires, cesser de réclamer la preuve qu'ils avaient passé dix-huit mois « dans des conditions inhumaines » comme en Europe de l'Est. De l'été 1942 à l'été 1944, ce furent aussi deux années de conditions inhumaines pour les enfants juifs en France.

Nos interlocuteurs ont très vite accepté la levée du veto qui empêchait les enfants ayant perçu un dédommagement en vertu de l'accord franco-allemand du 15 juillet 1960 de prétendre à une pension de la Claims. Chaque année, nous sommes revenus plaider le même dossier à Bonn face à des administrateurs compréhensifs, mais souvent ligotés par des textes intangibles. Nous avons persévéré, et aujourd'hui nombreux sont les Fils et filles qui à la rente des orphelins voient s'ajouter la pension de la Claims. Sans oublier que des organismes sociaux de la communauté juive, mis en place et financés généreusement par la Fondation pour la mémoire de la Shoah, où j'assume mes responsabilités depuis quatorze ans, assistent les survivants de la Shoah dans les dernières étapes de leur parcours de vie.

Enfin, la Commission d'indemnisation des victimes des spoliations antisémites (CIVS), instaurée par le gouvernement à la suite des recommandations de la commission Mattéoli, a également apporté une réparation financière non négligeable à tous nos orphelins qui se sont adressés à elle pour les biens matériels saisis lors de l'arrestation de leurs parents, du pillage de leurs appartements ou de leurs outils de travail.

Ce combat de longue haleine qui nous tenait tant à cœur nous a apporté l'immense satisfaction et l'apaisement de savoir qu'aucun des descendants de déportés ne tombera dans la misère.

# Chevaliers de la bonne mémoire

Si, pour le cinquantième anniversaire du statut des Juifs adopté par le gouvernement de l'État français de Vichy le 3 octobre 1940, j'avais organisé au Sénat un mémorable colloque, pour le soixante-dixième anniversaire j'ai rendu publique la mise à jour du projet de ce statut des Juifs remanié et aggravé de la main même de Philippe Pétain. Il s'agit d'un document établissant le rôle déterminant de Pétain dans la rédaction de ce statut, découvrant le profond antisémitisme du Maréchal, dont on considérait jusque-là qu'il n'avait pas pris part personnellement à la mise au point de ce statut.

L'historien américain Robert Paxton a réagi ainsi : «C'est une découverte très importante, une découverte qui change le regard sur cette période. [...] Pétain ne s'affichait pas comme antisémite en public, dans ses discours. La plupart des historiens, et c'est aussi mon cas, pensaient jusque-là que Pétain faisait preuve, sur la question du traitement des Juifs, d'indifférence, qu'il laissait les antisémites radicaux de son entourage préparer les mesures. Pétain, pensait-on, n'était pas lui-même directement actif. »

Ce document a été déposé par un généreux anonyme au mémorial de la Shoah. Il a été authentifié par les deux experts auprès des tribunaux les plus compétents, Alain Nicolas et Thierry Bodin. La part prise par le Maréchal à cet infâme statut ne fait aucun doute :

1° Pétain complète la liste des tribunaux et juridictions d'où sont exclus les Juifs par les « justices de paix » et ajoute aux mandats interdits aux Juifs « toutes les assemblées issues de l'élection », ce qui les prive en particulier de pouvoir être élus députés, sénateurs, conseillers généraux ou municipaux et maires.

2° Pétain élargit à « tous les membres du corps enseignant » l'interdiction pour les Juifs d'exercer, alors que les rédacteurs du statut n'avaient prévu cette interdiction que pour les recteurs, inspecteurs, proviseurs et directeurs d'établissements primaires et secondaires.

3° Pétain supprime une exception capitale prévue pour les Juifs : «être descendant de Juifs nés français ou naturalisés avant 1860 ». Ceux qui soutiennent encore que Pétain voulait protéger les Juifs français devront prendre en considération cette suppression faite par Pétain lui-même, alors que les Allemands n'exerçaient aucune pression pour qu'un statut des Juifs fût mis en place par Vichy et que les mesures qu'ils avaient prises eux-mêmes le 27 septembre 1940 concernaient le recensement des Juifs et des entreprises juives en zone occupée.

4° Pétain conclut ces mesures antijuives en édictant également de sa main que seront publiés au

*Journal officiel* « les motifs qui les justifient ». C'est dire qu'il adhère totalement à la note gouvernementale extrêmement antisémite rendue publique les 17 et 18 octobre 1940 lors de la promulgation de ce statut des Juifs et faisant des Juifs les boucs émissaires de sa défaite : « Le gouvernement, dans son œuvre de reconstruction nationale, a dû, dès les premiers jours, étudier le problème des Juifs et celui de certains étrangers qui, ayant abusé de notre hospitalité, n'ont pas peu contribué à la défaite. Partout, et spécialement dans les services publics, si réelles que soient d'honorables exceptions dont chacun pourrait fournir un exemple, l'influence des Juifs s'est fait sentir insinuante et finalement décomposante. »

Ainsi l'antisémitisme, doctrine partisane, est devenu en octobre 1940, spontanément et sans pression allemande, doctrine officielle du gouvernement français ; un antisémitisme d'État accusant les Juifs de tous les maux, les rendant responsables de la crise, de la guerre et de la défaite, s'appliquant à discriminer les Juifs, à les transformer en citoyens de troisième catégorie, à en faire des parias politiques, sociaux et économiques, les privant de travail et de ressources, sans oublier de les dépouiller soigneusement de tous leurs biens ; un antisémitisme d'exclusion et d'appropriation qui, malgré quelques hésitations, ne se considérera pas en mesure de refuser son concours actif à l'antisémitisme d'extermination allemand quand, en juin 1942, la Gestapo déclenchera la solution finale par la déportation à l'Est.

Après avoir révélé l'antisémitisme de Pétain en 2010, il m'a fallu réagir en 2011 contre la volonté du Haut Comité des célébrations nationales d'inscrire le nom de Céline, à l'occasion du cinquantième anniversaire de sa mort, dans le recueil des célébrations.

J'en appelle au président Nicolas Sarkozy et, en quarante-huit heures, l'édition 2011 du recueil des célébrations est mise au pilon. Aussitôt, les mots « lobby juif » ressurgissent.

Pourtant, le génie littéraire de Céline ne l'a pas empêché d'être abject en politique ; de même, la gloire militaire de Pétain ne l'a pas empêché d'entraîner la France dans la collaboration. Ni le génie littéraire de Céline ni la compétence militaire de Pétain ne sont en cause ; c'est l'usage qu'ils en ont fait qui l'est.

Si l'on devait ne célébrer que le génie, ne faudrait-il pas alors reconnaître le génie oratoire d'Adolf Hitler ? Ne faudrait-il pas reconnaître le génie de mémorialiste de Goebbels ? Quel autre acteur important de l'histoire a pu écrire au jour le jour pendant dix-sept ans le compte rendu de son activité et, l'ultime jour, liquider femme et enfants, et nous laisser cinquante volumes de son Journal ? Ne faudrait-il pas reconnaître et célébrer le talent de manager d'Albert Speer qui, pendant deux ans, a si efficacement réorganisé l'industrie de guerre allemande que l'Allemagne hitlérienne a tenu tête à Roosevelt, Churchill et Staline ? Reconnaître, peut-être ; célébrer, certainement pas.

Claude Lanzmann ne s'est pas trompé dans son analyse : « Célébrer Céline, c'est tuer une seconde fois les victimes de la Shoah. [...] Sartre disait : "L'antisémitisme n'est pas une opinion. C'est un crime." Il n'y a pas à sortir de cela. La tendance aujourd'hui, c'est d'oublier qu'il a conduit à un massacre sans mesure. Cela redevient une opinion comme une autre. [...] Dans ce pays, les postures antijuives, ces temps-ci, s'aggravent[1] [...]. » C'était en 2011 ; en 2012, des enfants juifs furent assassinés de sang-froid dans leur école. Ma vigilance indignée n'est quand même pas exempte de sérénité historique et j'ai conscience que, avec le passage des siècles, on célèbre en même temps les victimes et les bourreaux.

\*
\* \*

Je n'ai connu qu'une polémique littéraire, mais elle a été pacifique : dans le numéro de *L'Herne* consacré au lauréat du prix Nobel de littérature Patrick Modiano, publié en 2012, Maryline Heck rappelle mon rôle d'enquêteur dans l'élaboration d'un des chefs-d'œuvre de l'écrivain :

> « *La genèse de* Dora Bruder, *l'un des livres les plus remarquables de l'œuvre de Modiano, fut tout à fait singulière : on sait que l'écrivain découvrit l'entrefilet de* Paris-Soir, *point de départ de sa quête des traces de la jeune fille juive morte en déportation,*

---

1. Entretien avec Violaine de Montclos pour *Le Point*, 27 janvier 2011.

*dès 1988. Ce n'est pourtant qu'en 1997, près de dix ans plus tard, que l'ouvrage qu'il lui consacre paraît en librairie. Modiano mène pendant ces années une patiente et minutieuse enquête, tentant, sinon de reconstituer le puzzle de la disparition de Dora, du moins d'en retrouver quelques pièces. Il trouve alors un allié précieux en la personne de Serge Klarsfeld, l'avocat qui a fait paraître, avec sa femme Beate, les différents volumes du* Mémorial *de la déportation des Juifs de France et du* Mémorial *des enfants juifs déportés de France. Une correspondance se noue entre les deux hommes, dont nous livrons ici une grande partie. Ces lettres témoignent de l'apport décisif de Klarsfeld, auquel Modiano rend hommage dans un article publié dans le quotidien* Libération *en 1994 […]. Grâce à la double enquête qu'ils ont menée, chacun de leur côté, des traces de Dora ont pu émerger au fil du temps, telles ces photographies de famille que Serge Klarsfeld retrouve alors que l'écrivain a déjà entamé la rédaction du livre. Celle qui était pour lui jusqu'alors sans visage se voit soudain dotée d'un corps. »*

« Grâce à Serge Klarsfeld, je saurai peut-être quelque chose de Dora Bruder », écrivait Modiano en 1994. Modiano a su. Le 27 mars 1995, il m'a écrit : « J'ai été bouleversé par votre lettre et les photos de Dora Bruder. Vous étiez le seul à pouvoir les sortir du néant. » Puis, le 25 avril 1995 : « Tout ce que vous avez reconstitué sur ce qui s'est passé pour Dora Bruder et ses parents m'a de nouveau bouleversé. »

Patrick Modiano avait écrit de magnifiques articles sur notre travail de mémoire. Quand il a reçu le *Mémorial des enfants*, il m'a écrit le 20 juin 1995 :

> « *Pour moi, ce livre où vous avez rassemblé tous ces destins brisés, et où vous avez témoigné pour toute cette innocence que l'on a saccagée, est le plus important de ma vie. Nous en parlerons bientôt, j'espère.*
>
> *Votre ami,*
>
> *Patrick Modiano* »

*Dora Bruder* a été publié en mars 1997, sans aucune référence au soutien documentaire que j'avais apporté. Je me suis permis de lui écrire le 3 avril 1997 pour lui en faire la remarque :

> « *Cher Patrick Modiano,*
> *J'ai bien reçu* Dora Bruder*, qui est un beau livre sur elle et sur vous aussi. Permettez-moi cependant de remarquer que l'enquête, telle que vous la narrez, tient plus du roman que de la réalité, puisque vous m'effacez, et pourtant Dieu sait que j'ai œuvré pour découvrir et rassembler des informations sur Dora et vous les communiquer. Je ne sais si cette disparition que j'évoque dans ma lettre à Philippe Lepape[1] est significative d'une trop grande présence de ma part dans cette recherche ou si c'est un procédé littéraire permettant à l'auteur d'être le seul démiurge.*

---

1. Il s'agit en réalité de Pierre Lepape, critique au *Monde des livres*.

> *En tout état de cause, après l'appel que vous m'avez publiquement lancé dans* Libération *pour savoir quelque chose sur Dora Bruder, comment avez-vous pu me faire disparaître de votre enquête-roman, alors que j'avais répondu à cet appel, et très précisément ? Ce n'est pas une plainte que je pousse, mais une espèce de constat irritant. Peut-être êtes-vous amoureux de Dora ou de son ombre et, comme nous l'avons cherchée ensemble, vous tenez à la garder pour vous-même, tout en la faisant aimer par un large public. Je resterai donc avec les milliers de visages que j'ai pu retrouver, dont celui de Dora, sans trop chercher à comprendre.*
>
> *Cordialement,*
>
> *Serge Klarsfeld »*

Je n'ai pas cessé d'apprécier l'œuvre de Modiano, mais notre amitié a pris fin en 1997.

*
* *

À l'automne 2014, une polémique s'est élevée en France, suscitée par la publication d'un ouvrage d'Éric Zemmour, *Le Suicide français*, où il était affirmé que l'on devait à Pétain le sauvetage des Juifs français. Une thèse avancée dès les procès des dirigeants de Vichy par leurs partisans. À l'aide de nombreux documents, souvent inédits, auxquels j'ai eu accès, j'ai pu explorer un territoire inconnu de ceux qui ne s'y étaient aventurés que superficiellement.

Le gouvernement de Vichy avait la charge de la survie des 190 000 Juifs français et des 130 000 Juifs étrangers qui vivaient sur le territoire français. Le statut des Juifs d'octobre 1940 était la manifestation spontanée d'un antisémitisme profond et dangereusement xénophobe au sein du nouveau régime, entrant ainsi en concurrence avec les Allemands dans ce domaine. Les rafles menées à Paris en 1941 n'ont pas ému les Parisiens, encore apathiques sous le poids de la défaite militaire.

Le 11 juin 1942, les Allemands décident de l'application de la solution finale à l'Ouest de l'Europe. Le 16 juin, Bousquet, secrétaire général de la Police, accepte une première livraison en provenance de la zone libre de 10 000 Juifs étrangers considérés comme apatrides. Le 25 juin, Dannecker, chef du service des affaires juives de la Gestapo, entame avec Leguay, délégué de Bousquet en zone occupée, le processus nécessaire à l'arrestation en zone occupée du contingent qui doit alimenter trois trains par semaine à partir du 13 juillet. Dannecker est conscient de l'insuffisance des effectifs policiers allemands pour mener des rafles qui braqueraient, qui plus est, l'opinion publique française contre les Allemands. Dannecker attend de Leguay une proposition concrète pour l'arrestation dans Paris et sa banlieue de 22 000 Juifs âgés de 16 à 14 ans, dont 40 % de nationalité française.

Au Conseil des ministres du 26 juin, Laval évoque la question juive en soulignant qu'elle a été réglée de façon extrêmement sévère en Allemagne et que « l'opinion française accepterait difficilement que des mesures identiques soient prises en France, où cette question n'a jamais eu la même acuité ». Il annonce qu'il fera procéder à un recensement afin de discriminer les Juifs français des étrangers. Le 2 juillet a lieu en France une rencontre entre les chefs SS Oberg, Knochen, Lischka et Hagen, et Bousquet, lequel, dans un premier temps, explique que Laval, à la suite d'une intervention du Maréchal, soutient que c'est aux forces d'occupation et non à la police française de procéder aux rafles en zone occupée, et que la police française procéderait à l'arrestation des seuls Juifs étrangers en zone non occupée. Mais, au terme de la discussion, Bousquet accepte que la police française procède aux rafles sur tout le territoire et livre le contingent de Juifs réclamé par les Allemands. Cette décision est entérinée par Pétain et Laval le 3 juillet au Conseil des ministres.

Le 4 juillet, quand Bousquet et Darquier rencontrent Knochen et Dannecker, Bousquet déclare que le Maréchal Pétain comme le président Laval ont exprimé leur accord pour l'évacuation, dans un premier temps, de tous les Juifs apatrides séjournant en zone occupée et non occupée. Bousquet a donc surmonté les réticences de Pétain et de Laval et engagé la police française dans la zone occupée et dans la zone libre contre les Juifs apatrides. Certes, il plaçait en dernière ligne les Juifs français, et avant tout ceux nés français. Mais la meilleure défense des Juifs français aurait consisté dans le refus d'arrêter en vue de leur déportation les Juifs étrangers.

Ce même jour, à Paris, Laval garantit cette décision auprès d'Oberg et Knochen. Il propose également la déportation des familles étrangères de zone libre sans limitation d'âge et laisse aux Allemands décider de la déportation des enfants dont les parents ont été arrêtés et déportés, enfants qui sont pour la plupart Français par déclaration. Trois mille enfants en bas âge seront ainsi déportés sans leurs parents partis deux ou trois semaines avant eux.

En onze semaines, entre le 17 juillet et le 30 septembre, 33 000 Juifs arrêtés par des policiers français seront déportés, et à la fin de l'année 1942, plus de 42 000 Juifs auront été déportés, dont 6 500 de nationalité française.

Le frein à la coopération massive dans la question juive entre les autorités françaises et allemandes est dû à la pression exercée sur Vichy par les Églises et la population française, notamment à la suite des rafles et de la déportation de familles en provenance de la zone libre.

Les Juifs français ont donc été arrêtés soit par les Allemands eux-mêmes et leurs séides français, soit par la police française, comme à Marseille en janvier 1943, lors de la rafle de février 1943 dans une trentaine de départements de l'ancienne zone libre, ou encore à Bordeaux, en janvier 1944.

Au total, environ 25 000 Juifs français ont été victimes de la Shoah : un tiers d'enfants français de parents étrangers, un tiers de naturalisés français, et un tiers de Juifs nés français, dont un quart nés en Afrique du Nord et trois quarts nés en France.

L'État français a commis un crime en s'associant au III<sup>e</sup> Reich dans le déroulement de la solution finale. Le fait que, parmi les victimes, la proportion de Juifs français soit moins importante que celle de Juifs étrangers n'est ni une excuse ni une justification.

## La traque des nazis : le combat continue

Ultime étape judiciaire à l'encontre des criminels nazis : l'offensive que des procureurs allemands ont lancée contre les jeunes exécutants de la solution finale ou de massacres de civils. Tous les décideurs de l'extermination des Juifs sont morts. Seuls vivent encore les exécutants d'environ vingt ans, âgés aujourd'hui d'environ quatre-vingt-dix ans ou plus. La société allemande, comprenant mieux, enfin, le crime nazi qu'il y a un demi-siècle, voudrait juger les criminels jusqu'à leur dernier souffle ; mais c'est extrêmement difficile : il faut qu'ils soient physiquement et intellectuellement en état de se défendre et que les charges retenues contre eux soient établies, ce qui est rare pour les exécutants, dont les crimes de base ne font pas l'objet de rapports ou de documents.

Dans le cas de John « Ivan » Demjanjuk, dont il fut prouvé qu'il avait été gardien au camp d'extermination de Sobibor, le parquet allemand a conçu une extension nouvelle de la notion de culpabilité : celle où l'accusé ne peut avoir fait partie d'une structure dont les crimes ont été établis sans avoir été criminel lui-même. Demjanjuk, condamné à cinq ans de prison, est mort peu de temps après sa condamnation et son recours à la Cour suprême fédérale n'a pu être examiné.

Cette Cour n'a pu se prononcer encore sur cette extension, à laquelle je suis hostile : ce n'est pas à l'accusé de prouver son innocence, mais à l'accusation de prouver la culpabilité de celui-ci. Toutefois, chaque cas doit être examiné scrupuleusement pour savoir si les preuves d'une implication personnelle existent. Dans le cas de Demjanjuk, nous voulions que nos parties civiles, enfants de déportés des convois des 23 et 25 mars 1943 qui ont abouti à Sobibor, soient retenues par le tribunal de Munich. Cela nous a été refusé parce qu'il n'était pas certain que Demjanjuk, qui avait pris son poste de gardien le 25 mars 1943, ait participé à la mise à mort des déportés arrivés à Sobibor le 26 et le 28 mars.

Dans le cas de Hans Lipschis, gardien à Birkenau pendant la période où est arrivé de France le convoi du 23 juin 1943, le procureur de Stuttgart nous a refusé en 2013 l'accès au dossier si nous ne présentions pas de parties civiles. Nous avons attendu. La décision de la cour d'assises a été que Lipschis était incapable de se défendre.

Nouveau cas en 2014 : celui de Werner Christukat, ancien Waffen-SS accusé par le parquet de Dortmund d'avoir participé au massacre d'Oradour-sur-Glane le 10 juin 1944, quand 642 habitants du village avaient été assassinés par une unité de la division Das

Reich. La France a jugé et condamné une partie des participants, allemands et alsaciens. L'Allemagne de l'Est a jugé et condamné un officier de l'unité SS en question ; seule l'Allemagne fédérale n'a jugé aucun des militaires impliqués, même si elle disposait des archives de leur unité, même si le chef de la division, le général Lammerding, dirigeait une grande entreprise de transports. L'inculpé est intervenu à la télévision française pour exprimer l'horreur qui avait été sienne en découvrant qu'un massacre était en train d'avoir lieu, pour affirmer qu'il avait réussi à se tenir à l'écart, à ne participer en rien à la tuerie, et que cette abomination avait gâché toute sa vie. Il était très convaincant et j'étais disposé à le croire, mais j'ai dit à Beate : «Je le crois à une restriction près : il faut savoir si, avant de venir à Oradour, il était en Union soviétique. Si ce n'est pas le cas, je le croirai ; mais s'il y était, j'interviendrai contre lui, car ce qu'il a déclaré est un mensonge.» En Union soviétique, les massacres de civils par les SS étaient en effet courants.

En avril 2014, j'ai appris que Werner Christukat avait passé l'année 1943 en Ukraine et qu'il avait effectué en 1942 un stage à Riga. J'ai demandé ma réinscription au barreau de Paris et j'ai présenté à la cour d'assises de Cologne, où doit avoir lieu le procès – s'il en est décidé ainsi par la cour –, deux parties civiles. Dans le cas d'une réponse positive, les Fils et filles repartiront, trente-cinq ans après le «procès de Cologne», pour un nouveau et dernier procès de Cologne. Une réponse négative est beaucoup plus probable.

## On ne transige pas avec la vérité historique

Une fois la vérité retrouvée, l'imposer auprès du cercle des historiens, puis d'un large public, n'est pas chose facile. Le cas des fusillés du Mont-Valérien le montre puisqu'il a fallu largement plus de vingt ans pour aboutir. En 1987, après de minutieuses recherches, mon ami Léon Tsevery, ancien FFI, et moi-même avions affirmé qu'il y avait eu « 1 007 fusillés au lieu des 4 500 inscrits depuis 1960 dans la dalle de granit au milieu de la clairière des fusillés ». Le 23 février 2008, dans la clairière des fusillés et devant la fameuse dalle, le président Sarkozy a déclaré : « Entre février 1941 et août 1944, ils furent plus de mille à tomber ici sous les balles de l'ennemi. » Et le 21 février 2014, sur l'esplanade du Mont-Valérien, le président Hollande retenait le même nombre.

Les officiels en charge de cette mémoire ne se sont résignés qu'à contrecœur et très progressivement à admettre et à corriger ce dénombrement délibérément faussé en 1960 afin de correspondre à l'impression ressentie par l'opinion publique et aux incantations des politiques. Les déclarations officielles sont restées ambiguës, laissant planer le doute là où il ne subsiste plus : face à la Cloche, le monument installé en face de la chapelle des Fusillés et inauguré en 2003, il est indiqué : « Après la guerre, le nombre des fusillés avait été estimé à 4 500. Les recherches menées dans les archives en France et en Allemagne ont permis de retrouver un peu plus de 1 000 noms qui sont gravés sur l'œuvre de Pascal Convert. » Sous-entendu : on n'a pas encore retrouvé les 3 500 autres noms. Les exemples abondent de cette ambiguïté qui tend à préserver ce bilan de 4 500 victimes, et qui fausse la compréhension de la politique de répression allemande. J'ai exposé l'évolution de cette politique de répression en 1979 dans *Le Livre des otages* : le commandement militaire allemand et le chef supérieur des SS et de la police allemande en France ont constaté tour à tour, en décembre 1941 et en octobre 1942, l'inefficacité de représailles massives par exécutions en France et ont décidé la déportation criminelle en Allemagne des résistants et opposants plutôt que leur mise à mort en France.

Jusqu'en décembre 2009, il n'existait aucune photo d'exécution au Mont-Valérien. Un dossier contenant trois photos se trouvait pourtant depuis des années, au moins depuis 2003, à l'Établissement photographique et cinématographique des archives de la Défense (EPCAD) au fort d'Ivry. Une de ces trois photos a été présentée dans un ouvrage coédité par le ministère de la Défense en 2003 avec la légende suivante : « Reconstitution d'une exécution dans la clairière du Mont-Valérien, probablement pour les besoins de la propagande allemande. » Or, ces photos avaient été prises clandestinement par un sous-officier de la Feldgendarmerie, Clemens Rüther, le 21 février 1944, après avoir escorté les condamnés à mort de l'Affiche Rouge jusqu'au Mont-Valérien. En 1985, Rüther, lors d'un pèlerinage à Rome, les avait confiées à un ami, Karl Forster, qui les avait transmises au comité Franz Stock. À l'EPCAD, le chercheur ayant consulté ce dossier, et ayant connaissance de notre ouvrage de 1995 sur les 1 007 fusillés, a constaté que nous avions donné l'horaire précis des exécutions et que l'on pouvait donc reconstituer les salves qui, ce jour-là, avaient abattu vingt-cinq résistants, dont les vingt-trois résistants de l'Affiche Rouge. Le 8 décembre 2009, je les ai communiquées à l'AFP, quelques jours avant notre cérémonie annuelle du 13 décembre en hommage aux Juifs fusillés au Mont-Valérien.

Dans la note explicative accompagnant les photos, j'indiquai : «Le 21 février 1944, il y eut sept salves. Seules, les 3ᵉ, 4ᵉ et 5ᵉ salves ont concerné quatre fusillés, comme sur chacune des trois photos : la 3ᵉ à 15 h 29 (Georges Cloarec, Rino Della Negra, Cesare Lucarini et Antonio Salvadori) ; la 4ᵉ à 15 h 40 (Celestino Alfonso, Joseph Boczow Wolf, Emeric Glasz et Marcel Rajman) ; la 5ᵉ à 15 h 47 (Thomas Elek, Mojsze Fingercweig, Jonas Geduldig "Martiniuk" et Wolf Wajsbrot). » Ainsi ai-je entré dans l'histoire de la répression allemande sa ligne d'action, le nombre des fusillés au Mont-Valérien et la vision authentique des exécutions.

J'ai eu à livrer ce combat pour la vérité sur d'autres champs de bataille. Par exemple, celui de la Suisse.

En contredisant depuis quinze ans les chiffres officiellement donnés et retenus par l'opinion publique au sujet des Juifs refoulés de Suisse, je me suis exposé à bien des critiques. La vérité s'imposera aussi dans ce domaine grâce à des recherches et à des thèses extrêmement précises, telle celle de l'historienne Ruth Fivaz-Silbermann. La Suisse a été accusée non seulement d'avoir volé les Juifs qui y disposaient de comptes en banque, mais aussi d'avoir provoqué la mort de beaucoup d'entre eux en les refoulant à la frontière.

Le 10 décembre 1999, la commission indépendante d'experts dite « commission Bergier » avait rendu son rapport intitulé « La Suisse et les réfugiés à l'époque du national-socialisme ». Deux nombres auraient dû être au centre de cette investigation historique : celui des Juifs ayant franchi illégalement la frontière suisse et accueillis comme réfugiés, et celui des Juifs qui furent refoulés de Suisse. Le premier nombre, 21 214, ne portait pas à contestation puisque les personnes en question furent enregistrées comme juives. Quant au second nombre, il reste indéterminé : selon le rapport, « pour la période de janvier 1940 à mai 1945, on a la preuve que 24 500 refoulements ont été opérés à la frontière, mais ce chiffre doit être considéré comme la limite inférieure, bien qu'il soit difficile de procéder à un calcul exact en l'état des sources... L'évaluation la plus précise indique un total de 24 398 cas attestés de réfugiés refoulés pendant la guerre ». Ce résultat ne donne donc pas d'une part le nombre de refoulements et d'autre part le nombre de personnes refoulées, qui est loin de coïncider puisque des personnes ont tenté à plusieurs reprises de franchir la frontière. Il ne donne pas non plus le nombre de Juifs qui furent refoulés parmi le nombre réel total et encore inconnu de personnes refoulées. Il n'en demeure pas moins que c'est le nombre de 24 000 qui a été retenu et assimilé au nombre de Juifs refoulés. Ainsi, de ce rapport, le monde a retenu que la Suisse a accueilli, entre 1939 et 1945, 21 000 réfugiés juifs « illégaux », mais en a refoulé 24 000.

Dès l'entrée en guerre du III<sup>e</sup> Reich, la vigilance des policiers allemands ou autrichiens qui gardaient les voies d'accès à la Suisse était telle que la possibilité pour des Juifs du Reich de franchir cette frontière ou même de l'approcher était très faible. Le rapport Bergier fait très peu mention des tentatives de franchissement de la frontière dans cette zone et pendant cette période, et il s'agit dans la plupart de ces cas d'arrestations avant même d'atteindre la frontière suisse. D'Italie, d'où environ 6 000 Juifs parvinrent à entrer en Suisse, moins de 500 Juifs furent refoulés, et parmi eux au maximum la moitié furent déportés.

En récapitulant ce que nous savons sur le très faible nombre de Juifs pouvant avoir été refoulés entre septembre 1939 et mai 1945 aux frontières du III<sup>e</sup> Reich et de la Suisse et à la frontière italo-suisse, et qui ne pouvaient pas atteindre le millier de personnes, on doit admettre que la très grande majorité des Juifs refoulés de Suisse provenaient de France.

Si tel est le cas, les chiffres que j'ai indiqués sur la provenance des 76 000 déportés de France seraient erronés. L'historienne Ruth Fivaz-Silbermann et les archives d'État de Genève ont établi que la moitié environ des 21 500 Juifs entrés en Suisse sont passés par la frontière genevoise ; sur un total officiel de 10 661, 884 ont été refoulés et, parmi les 884, le nombre de ceux qui ont été victimes de la déportation ou d'exécutions sommaires s'élève à 127. Quant au total des Juifs arrêtés dans le Territoire de Belfort, le Doubs et le Jura, il est loin d'atteindre le millier de personnes et beaucoup d'entre eux sont des Juifs locaux arrêtés à leur domicile et non en tentant de passer en Suisse. En définitive, le nombre total de Juifs refoulés de Suisse est à mon avis certainement inférieur à 3 000.

La différence entre le chiffre mythique et le chiffre réel est très importante, au détriment de la réputation de la Suisse – même si l'on doit plaindre les refoulés qui parfois ont été arrêtés dans la rue à Genève par la police suisse et se sont retrouvés quelques jours plus tard à Auschwitz, et blâmer certains douaniers pour leur manque de compassion et pour avoir outrepassé les consignes reçues.

Pendant la guerre, la Suisse représentait pour les Juifs une des rares oasis européennes de liberté et de courage, puisque l'armée suisse a veillé aux frontières, que le Reich n'a pas osé envahir la Confédération, et que très peu de Suisses ont voté pour l'extrême droite pronazie.

Les clichés qui ont prévalu contre la Suisse – neutralité assimilée à un lâche égoïsme, argent qui afflue et abondance quand les privations frappent les populations en guerre – ont été utilisés également contre la principauté monégasque, où le prince Louis II et le ministre d'État (toujours un Français, désigné par la France) Émile Roblot ont été accusés d'avoir livré à la police de Vichy des centaines de Juifs. La réalité a été tout autre, comme l'a démontré l'enquête minutieuse commandée par le prince Albert II, qui a créé en 2006 une commission d'assistance aux victimes de spoliations.

Les spoliations voulues par Vichy n'ayant pas existé à Monaco, le prince et les membres du Conseil national s'y étant refusés, la commission a indemnisé les victimes de déportations entraînées par une arrestation dans la principauté. En 1993, sur une plaque commémorative apposée à ma demande par le prince Rainier dans le cimetière israélite de Monaco, j'avais estimé le nombre des déportés à 87. Une nouvelle enquête menée par notre commission d'experts en 2014 a abouti à 92 déportés au total, dont 16 arrêtés hors de la principauté. Sur les 250 Juifs recensés officiellement comme résidents ou détenteurs d'un permis de séjour en 1941, 10 ont été déportés, dont 5 arrêtés à Monaco. Les ayants droit qui se sont signalés ou que nous avons découverts ont été indemnisés. Quant à la rafle de Juifs étrangers du 28 août 1942 voulue par le gouvernement de Vichy, elle a été le résultat d'une décision du ministre d'État par intérim, M. Bernard, sous forte pression du consul de France, M. Jeannequin, et en l'absence du prince Louis II et du ministre d'État Roblot, qui n'avaient pas été consultés.

Autre personnage qui ne mérite pas d'être discrédité comme il l'est très souvent : Pie XII. Le pape avait à l'époque une considérable autorité morale et la responsabilité de tenir ce qui était la seule force d'opposition dans une Europe aux mains des nazis. L'Église avait ses propres réseaux de communication. En Allemagne, il faut le souligner, l'Église et les catholiques ont été la véritable force d'opposition à Hitler, même après sa prise de pouvoir, alors que les protestants se sont ralliés en masse au Führer.

Goebbels a noté dans son Journal : « Le pape a parlé à Noël [1939]. Discours plein d'attaques très sévères et dissimulées contre nous, contre le Reich et contre le nationalisme. » Goebbels considérait le pape comme un ennemi. D'ailleurs, dans l'Allemagne de Hitler, on parlait du « *Judenpapst* », le « pape des Juifs ».

Les travaux des historiens, les archives déjà mises au jour en grand nombre – et qui continueront à être complétées –, montreront ce que le pape a réellement fait. Rome en est un exemple précis : si 1 200 Juifs ont été arrêtés dans la rafle soudaine et brutale du 16 octobre 1943, 7 000 autres ont pu trouver refuge dans les établissements religieux de la capitale. C'est un bilan terrible pour ceux qui sont partis sans retour ; mais le pape, ayant agi plutôt que parlé, a contribué à sauver une partie importante de la population juive de Rome.

La lutte du pape Pie XII a été d'affirmer le christianisme face aux totalitarismes athées, que ce soit le paganisme, le communisme ou le nazisme. Après la guerre, il a aidé à construire l'Europe. J'ai été très conscient de profiter du rôle du pape, à qui l'on doit la démocratie chrétienne qui a donné à des hommes comme Alcide De Gasperi en Italie, Konrad Adenauer en Allemagne, Robert Schuman en France, la possibilité, la force, l'impulsion morale pour surmonter les nationalismes et créer une nouvelle Europe. Et j'ai eu la chance de faire partie de cette Europe de liberté.

Malheureusement, à partir du moment où Hitler a pris le pouvoir et l'a assumé d'une façon absolue, avec ses idées fixes, ses obsessions – et le pape était conscient de la personnalité du dictateur –, on ne pouvait plus le contrer. Il aurait fallu l'arrêter bien avant, quand les dirigeants des grands pays démocratiques pouvaient encore agir, lorsque la rive gauche du Rhin a été réoccupée, remilitarisée, lorsque Hitler a violé les traités, lors de l'Anschluss... C'est à ce moment-là qu'il aurait fallu intervenir.

À cette époque, personne n'est intervenu efficacement, pas même nous, les Juifs. Les Juifs d'Europe ne sont pas venus en Allemagne pour manifester et pour aider les Juifs d'Allemagne.

Les jeux étaient faits à partir du moment où la guerre a été déclenchée, alors que Hitler n'était pas encore assuré de l'issue de cette guerre. Il ne voulait pas que son ennemi idéologique et passionnel y survive. Il a donc donné la priorité quand il le fallait aux trains de Juifs sur les convois militaires qui circulaient dans toute l'Europe, parce que son but ultime, son obsession, la conclusion même de son testament, était de « lutter contre la juiverie internationale ».

Autre polémique, celle du rôle de la SNCF dans la déportation, qui n'a pas encore cessé, et dans laquelle Arno et moi avons défendu devant l'opinion publique la SNCF, à qui des plaignants réclamaient des indemnisations en France et les réclament encore aux États-Unis. Ces plaignants ne se sont jamais manifestés lors de nos campagnes à l'encontre des principaux coupables. Les faits peuvent toujours être interprétés, mais, en modifiant les faits pour atteindre un but, on nie l'évidence et on travestit le passé. Jamais la SNCF n'a démarché les autorités allemandes ou françaises pour proposer ses services afin de transporter les personnes arrêtées. Et de nombreux cheminots se sont distingués dans la Résistance.

Une plainte a été déposée en décembre 2001 aux États-Unis contre la SNCF par des ayants droit de victimes de la solution finale en France, développant l'argumentaire suivant : la SNCF, sous « contrôle privé » tout au long de la guerre, aurait « collaboré de sa propre volonté » avec le « régime nazi allemand » en « fournissant les trains de déportation dans un but de profits », et aurait « transporté les déportés jusqu'aux camps d'extermination » ; ses cheminots auraient « dépouillé les déportés sur le quai de la gare » avant « d'entasser le maximum possible de familles juives dans des wagons à bestiaux » ; les cheminots auraient ainsi veillé à ce que les « déportés demeurent, durant le terrible trajet jusqu'à Auschwitz, sans eau, nourriture et facilités sanitaires ». Au retour des convois de la mort, « les cheminots [auraient] nettoyé les wagons, les débarrassant de ceux qui avaient péri en raison des exécrables conditions du trajet ». La SNCF se serait ainsi « rendue coupable de crimes contre l'humanité ».

Ces plaintes sont contraires à la vérité historique. Elles souillent la mémoire des 1 647 cheminots fusillés ou déportés sans retour ; elles effacent le rôle des autorités allemandes, celui de l'État français de Vichy, et diluent la responsabilité de ceux qui furent chargés de la déportation des Juifs de France.

La SNCF était indiscutablement une entreprise publique sous contrôle de l'État français et des autorités allemandes. Elle était réquisitionnée pour chaque transfert d'internés juifs, comme l'ont été d'ailleurs beaucoup d'individus ou de sociétés dont le préfet a réquisitionné les véhicules pour le transfert des Juifs arrêtés vers un centre de rassemblement départemental ou régional avant le départ pour Drancy, dans des wagons de marchandises, comme ce fut le cas, par exemple, pendant l'été 1942, pour 10 000 Juifs en provenance de la zone libre, ou dans des wagons de voyageurs, comme ce fut le plus souvent le cas en 1943 et 1944. La réquisition était un acte d'autorité de l'État auquel la SNCF ne pouvait se soustraire ni soustraire les wagons, la locomotive, le chauffeur et son mécanicien.

Pour les déportations, les trains étaient considérés comme allemands, ainsi que le montre une note en

date du 28 juillet 1942 de Heinz Röthke, responsable du service des Affaires juives de la Gestapo
de juillet 1942 à août 1944 : «Il est nécessaire de
faire changer de train les Juifs de zone non occupée
parce que les Juifs devront partir de Drancy dans des
wagons de marchandises allemands tenus prêts par la
direction des transports de la Wehrmacht.» Dans les
nombreux documents échangés entre le service des
Affaires juives de la Gestapo à Berlin et le service
des Affaires juives de la Gestapo à Paris, il n'est
jamais question de la SNCF : c'est toujours le ministère des Transports du Reich qui fournit les trains.
Aucun des déportés survivants qui ont relaté leur
départ n'a accusé la SNCF ou les cheminots. Ce ne
sont pas eux qui procédaient à l'embarquement, ni
pour les transferts ni pour la déportation. Il s'agissait
pour les premiers de gendarmes, de gardes mobiles
ou de policiers municipaux ; pour les autres, de SS,
de soldats ou de policiers allemands. Prétendre que
la fouille des déportés incombait aux agents de la
SNCF est mensonger. La note de Röthke à ce sujet
est limpide : «De plus, tous les Juifs devront subir
une inspection corporelle minutieuse par la police
antijuive française. »

Dans les témoignages des survivants, les cheminots apparaissent comme ceux qui transmettaient les
messages des déportés aux familles. Parfois aussi,
ils réussirent à intervenir et à sauver des déportés.
Peut-on reprocher aux cheminots de n'avoir point
saboté les voies ? C'était courir le risque d'une catastrophe et, pour sacrifier délibérément des vies afin
d'en sauver d'autres, encore fallait-il être absolument

certain qu'au terminus c'était la mort qui attendait les Juifs déportés. Or, les cheminots français ne dépassaient jamais la frontière franco-allemande.

Contrairement à ce qu'affirment les plaignants, la SNCF n'a pas été payée par les Allemands pour participer à la déportation. Déjà, le 15 juin 1942 à Berlin, quand il est décidé à l'Office central de sécurité du Reich de déporter les Juifs de France, il est entendu que « l'État français prendra à sa charge les frais de déportation ». On accuse la SNCF d'avoir accumulé des bénéfices grâce à la déportation. Si c'était le cas, il serait naturel, légitime et juste que la SNCF les restitue. Mais il n'y a pas eu de bénéfice, puisqu'il n'y a pas eu de paiement. Les seuls paiements connus à ce jour sont ceux de la Gestapo à l'agence de voyages allemande Deutsche Reisebüro, place de l'Opéra, sur la base du nombre de wagons du convoi de déportation multiplié par 336 kilomètres (la distance de Drancy à la frontière) multiplié par 18 francs le kilomètre.

Au fond, la question que pose cette affaire est la suivante : qu'est-ce que le crime contre l'humanité ? Si la participation suffit, alors la secrétaire qui tapait les listes, le gendarme qui procédait aux arrestations, le cheminot qui aiguillait les trains sont coupables de crimes contre l'humanité ; tous sont les maillons d'une chaîne. Mais cette image de la chaîne, valable pour décrire le processus criminel, ne l'est pas pour établir la responsabilité pénale. Pour en juger, il faut considérer le degré de participation, l'adhésion au plan concerté, le degré d'autonomie, la connaissance du sort des victimes. Ceux qui ont des rôles décisifs portent une responsabilité que ne partagent pas ceux dont le rôle est certes indispensable, mais impersonnel, et qui sont assujettis aux maillons forts. La SNCF était assujettie à l'État ; entreprise publique réquisitionnée, sa participation était automatique.

La spécificité de ceux qui ont été jugés et condamnés pour crimes contre l'humanité ou complicité de crimes contre l'humanité est le pouvoir dont ils disposaient afin de déclencher l'action criminelle. Action criminelle dont ils avaient l'initiative à des postes où l'action antijuive constituait le but primordial (Kurt Lischka, Herbert Hagen, Ernst Heinrichsohn, Klaus Barbie, Paul Touvier) ou dont ils avaient, sur instructions de leur gouvernement, la charge opérationnelle (Maurice Papon). Quant aux organisations qui ont été déclarées criminelles au procès de Nuremberg – le NSDAP, le SD, la Gestapo et les SS –, leur but énoncé dans les documents était de régler d'une manière définitive la question juive. Leurs forces, leur énergie, une partie de leur raison d'être étaient dirigées vers ce but.

Les moyens de transport sont neutres : ils servent pour le bien, ils servent pour le mal ; leur finalité dépend de ceux qui les contrôlent. Un wagon n'est pas la chambre à gaz. Le poète Isaac Katznelson a décrit en octobre 1943 le rôle des trains de déportation dans une œuvre sublime, *Le Chant du peuple juif assassiné*, alors que son épouse et deux de ses fils venaient d'être déportés de Varsovie aux chambres à gaz de Treblinka, et que lui-même et son dernier fils allaient connaître le même sort un peu plus tard à

Auschwitz : «Les wagons sont là, de nouveau, partis hier soir et de retour aujourd'hui, ils sont là, de nouveau là sur le quai [...]. Wagons vides, vous étiez pleins et vous voici vides à nouveau. Où vous êtes-vous débarrassés de vos Juifs ? Que leur est-il arrivé ? Ils étaient dix mille, comptés et enregistrés, et vous voilà revenus. Oh dites-moi, dites-moi, wagons vides, où avez-vous été ? Vous venez de l'autre monde – je sais, il ne doit plus être loin. Hier à peine, vous êtes partis tout chargés, et aujourd'hui vous êtes déjà là. Pourquoi tant de hâte, wagons ? [...] Dites-moi, ô wagons, où menez-vous ce peuple, ces Juifs emmenés à la mort ? Ce n'est pas votre faute, on vous charge, on vous dit "va", on vous envoie chargés, on vous ramène vides. Wagons qui revenez de l'autre monde, parlez ! Dites un mot, faites parler vos roues, afin que moi, que moi je pleure. »

En France, le Conseil d'État a mis fin aux réclamations visant la SNCF. Aux États-Unis, la question n'a été réglée que très récemment. La France et les États-Unis ont signé à Washington, le 8 décembre 2014, un accord réparant une injustice pour les anciens déportés juifs de France devenus américains et leurs familles, et empêchant une autre injustice en mettant la SNCF à l'abri de poursuites judiciaires aux États-Unis. Arno et moi, qui nous sommes beaucoup investis dans ce combat, avons été invités à Washington à l'occasion de la signature de cet accord bilatéral.

# Militer encore et jusqu'à la fin

Notre association intente très peu de procès ; mais il nous a toujours paru essentiel de démontrer par voie judiciaire que Jean-Marie Le Pen et le noyau de ceux qui l'entourent étaient viscéralement antijuifs. Nous avons été de ceux qui l'ont fait condamner sur le « point de détail ». Récemment encore, le 19 juin 2013, nous avons fait condamner définitivement Le Pen grâce à un arrêt de la Cour de cassation à propos d'une déclaration de 2005 : «En France, du moins, l'occupation allemande n'a pas été particulièrement inhumaine. » J'avais produit au tribunal notre *Mémorial de la déportation des Juifs* et celui des *Résistants* pour établir qu'au moins 150 000 crimes contre l'humanité avaient été perpétrés par l'occupant. Dans cette affaire qui a duré plus de dix ans, le procureur avait requis à l'origine contre Le Pen pour apologie de crime de guerre – Le Pen ayant déclaré dans cette même interview que la Gestapo avait fait cesser le massacre d'Ascq –, et notre association avait été la seule, grâce à Arno, à porter plainte pour contestation de crime contre l'humanité.

L'apologie de crime de guerre n'a pas été retenue par la cour d'appel de Paris. Notre argumentation l'a été, permettant de poursuivre et de condamner Le Pen et *Rivarol*. Au terme de l'une des audiences où Le Pen et moi avions eu à déposer, Le Pen m'a dit les yeux dans les yeux : «Je ne suis pas votre ennemi.» Je lui ai répondu : «Faites-le savoir publiquement.» Il ne l'a pas fait.

\*
\* \*

J'essaie toujours de m'adresser à l'intelligence et à la volonté de ceux qui agissent avec moi ou de ceux qui m'écoutent quand je suis amené à prendre la parole. En mars 2014, quand j'ai rédigé l'éditorial de notre bulletin des FFDJF, j'ai malheureusement été catégorique : «Nous sommes confrontés désormais, comme l'a démontré la manifestation "Jour de colère", à un antisémitisme français qui rassemble une partie de l'extrême droite, de l'extrême gauche, des anti-Israéliens et de la jeune population issue de l'immigration maghrébine. Le meurtre d'enfants juifs de Toulouse en 2012, la libération dans la rue et sur Internet de la parole et de la gestuelle anti-juives créent un climat délétère qui nous ramène, Fils et filles des déportés juifs de France, aux années sombres de notre enfance, même si l'ensemble de la population française n'est pas du tout atteint par cette infection et si les pouvoirs publics tentent de l'enrayer. [...] Jamais nous n'avons été alarmistes et nous avons toujours fait confiance à la République. Aujourd'hui, la situation nouvelle nous oblige à sonner l'alarme [...].»

Dans l'affaire Dieudonné, nous avons donné le signal de la mobilisation et nous ne nous sommes pas limités aux commentaires. Le 2 janvier 2014, j'apprends qu'une tournée du spectacle de Dieudonné va débuter le 9 à Nantes et que ce show antijuif tournera ensuite dans les plus grandes villes de France. Mon sang ne fait qu'un tour : ces meetings se dérouleraient dans les mêmes villes où nous avons présenté dans les gares, entre 2002 et 2004, notre exposition sur les 11 400 enfants juifs déportés de France. Dieudonné, nous connaissons : en 2002, Arno avait déjà dénoncé la menace qu'il représentait par son antisémitisme et sa capacité à séduire et à rassembler des auditoires captivés par son humour populaire.

En octobre 2013, notre délégué Rhône-Alpes, Jean Lévy, et moi-même avions obtenu du préfet de région à Lyon qu'il interdise la représentation du groupe britannique « Death in June » qui avait l'intention d'entonner une chanson sur Klaus Barbie intitulée « C'est un rêve ». L'arrêté du 25 octobre du préfet Carenco correspondait à notre argumentation :

> *« Considérant que les troubles à l'ordre public ne se limitent pas à des démonstrations de rue, mais peuvent être définis, aussi, comme un choc intellectuel et moral très fort pour une partie de la population, dès lors que les survivants d'un drame historique et tous ceux qui ont souffert dans leur chair du fait des personnages évoqués par le groupe dont il s'agit se sentent légitimement et directement agressés ;*

*Considérant que la ville de Lyon, de par son his-*
*toire au cours de la Seconde Guerre mondiale, a été*
*un haut lieu de la Résistance, mais aussi de barbaries*
*nazies ; que cette même ville a été le lieu du procès*
*de Klaus Barbie, auquel une chanson de ce groupe fait*
*référence, et qu'une action de maintien de la mémoire*
*y est perpétuellement suivie par les survivants de la*
*déportation ;*

*Considérant que les survivants de la déportation,*
*les survivants du fort Montluc, torturés par le même*
*Barbie, ont droit au respect qui est constitutif à Lyon*
*de l'ordre public [...]. »*

Pour obtenir du préfet de la Loire-Atlantique un
arrêté identique, Arno lui envoie le 4 janvier celui
du préfet Carenco accompagné d'autres arguments
juridiques :

*« Le but de notre manifestation est de demander*
*aux autorités de l'État, dont vous êtes le représentant*
*dans le département, l'interdiction du spectacle qui*
*cause un trouble à l'ordre public évident. En effet,*
*les troubles à l'ordre public ne se limitent pas à des*
*démonstrations de rue, mais peuvent aussi être définis*
*comme un choc moral considérable. Ce choc moral*
*considérable existe. Outre le caractère odieusement*
*antisémite du spectacle, M. Dieudonné nie l'existence*
*des chambres à gaz tout en regrettant paradoxalement*
*que celles-ci n'aient pas gazé tel ou tel journaliste*
*juif (en l'occurrence M. Cohen de France Inter). Les*
*survivants de la Shoah, tout comme leurs descen-*
*dants, en sont profondément meurtris. Ils ont droit*

*au respect de leur dignité qui est, lui aussi, constitutif de l'ordre public, et se sentent légitimement et directement agressés. Dans ce spectacle, il existe un double délit : l'un d'incitation à la haine raciale, l'autre de négation du génocide réprimé par la loi Gayssot. [...] Les défenseurs de Dieudonné rétorqueront que les spectateurs sont nombreux, nous répondons que* La France juive *de Drumont fut jadis un best-seller tout comme* Bagatelles *pour un massacre ou* Les Protocoles *des sages de Sion et que les meetings antijuifs du farouche antisémite Streicher affichaient eux aussi complet à Nuremberg. Quant à la liberté d'expression, elle connaît une frontière : l'interdiction de l'incitation à la haine raciale, fondement de notre démocratie et de notre République. »*

Le 6 janvier, Manuel Valls envoie ses instructions à tous les préfets en demandant que le préfet de Nantes interdise la représentation du 9 janvier. Le ministre de l'Intérieur ayant pris notre parti, nous annulons notre manifestation du 8 janvier. Le préfet de la Loire-Atlantique rend un arrêté préfectoral interdisant le spectacle de Dieudonné. Aussitôt, celui-ci dépose un recours devant le tribunal administratif de Nantes, qui annule le 9 janvier à 14 h 30 l'arrêté préfectoral, ne voyant aucune malice antisémite dans le spectacle de Dieudonné. À 15 heures, le ministre de l'Intérieur saisit le Conseil d'État en appel, qui, en urgence, fixe l'audience de référé liberté le jour même à 17 heures. À l'issue de l'audience, à 18 heures, le Conseil d'État rend sa décision : la plus haute instance administrative invalide

le jugement du tribunal administratif de Nantes. Le
spectacle est à nouveau interdit. D'autres préfets,
d'autres maires suivront jusqu'à ce que Dieudonné
cède finalement et retire de son spectacle les pas-
sages incriminés.

Nous avons également demandé l'interdiction de
la diffusion parallèle de sa vidéo non expurgée (la
plainte de l'Union des étudiants juifs de France
aboutira en février à ce résultat), et appelé à une
manifestation le 16 janvier, jour de la présentation
du nouveau spectacle de Dieudonné dans son théâtre
de la Main d'Or. Au moment où j'allais prendre la
parole à la Bastille, un des organisateurs a lancé le
slogan : «Dieudonné, t'es foutu ; les Français sont
dans la rue ! » Mes premiers mots ont été : «Non,
Dieudonné n'est pas foutu, et les Français ne sont
pas dans la rue. »

Lors de la grande manifestation républicaine
au Trocadéro du 19 mars, répondant à l'appel du
CRIF, il en a été de même : seules la base juive et les
organisations juives se sont mobilisées, avec la participation à la tribune de nombreuses personnalités
représentant les pouvoirs publics. Mais pas un mot
dans la presse écrite ; pas une image sur les chaînes
de télévision. Non, la France ne s'est pas mobilisée
comme pour Copernic, Carpentras ou Ilan Halimi.
Beaucoup de Juifs, ces dernières années, ont retiré
leurs enfants de l'école publique de peur de les voir
frappés et humiliés parce que juifs. Ils ne lisent plus
les journaux, dont le point de vue partial à l'encontre d'Israël les agace douloureusement. Ils savent
que de nombreux sites sur Internet répandent une

propagande antijuive comparable à celle des années 1930, et ils ont été choqués d'apprendre que, lors de la manifestation « Jour de colère » du 26 janvier qui avait rassemblé de 15 000 à 20 000 manifestants, les slogans antijuifs les plus odieux s'étaient fait entendre. La banalisation de la détestation d'Israël a conduit à nouveau à la détestation des Juifs. En mai 2014, au Musée juif de Bruxelles, Dominique Sabrier, membre de notre groupe et fidèle de nos cérémonies de lecture des noms de déportés au Mémorial de la Shoah, a été assassinée ainsi que trois autres personnes par un jeune terroriste antijuif franco-algérien.

La collusion de tous ceux qui, de droite ou de gauche, se proclament antijuifs et antisionistes, et l'apathie d'une population qui ne parvient pas encore à croire à l'émergence d'un nouvel antisémitisme français me préoccupent beaucoup.

Pour combattre cet antisémitisme, il faut des moyens : ceux de l'État, mais aussi ceux de la communauté juive. Il s'agit d'une action à long terme, essentiellement d'instruction, d'éducation, de formation des enseignants et du personnel scolaire, de surveillance et de contrôle des milieux extrémistes et des réseaux dits sociaux, qui sont souvent asociaux.

Heureusement, à notre appel, les principaux concernés paraissent réagir positivement et rassemblent leur énergie et leurs ressources. Sinon, face à une vague massive antijuive, l'expérience enseigne qu'il n'y a pas d'autre issue que le départ de ceux qui ne veulent plus être à leur tour des victimes. Si, en France et en

Europe, les peuples se choisissent un destin populiste xénophobe et antisémite, les Juifs continueront à quitter l'Europe. En 1939, les Amériques comptaient six millions de Juifs, l'Europe neuf millions, le reste du monde deux millions. Aujourd'hui, Israël compte près de six millions de Juifs, les Amériques sept millions, et l'Europe deux millions. Nous devons lutter quotidiennement pour défendre les valeurs qui nous sont chères sans savoir quel sera leur avenir lointain.

# Faire œuvre de mémoire

Militants de la mémoire de la Shoah, nous, Fils et filles des déportés juifs de France, avons été combatifs sur tous les fronts. Nous avons organisé en 1981 le premier pèlerinage de groupe en avion à Auschwitz-Birkenau en un seul jour ; nous avons édifié en Israël, à Roglit, en 1981, le monument qui porte les noms des 80 000 victimes de la Shoah en France ; nous avons amené au procès de Cologne des milliers de jeunes Juifs de France ; nous avons conduit à Auschwitz-Birkenau en 1992 un millier de Fils et filles par le « train de la Mémoire » en suivant le même itinéraire que les trains de la déportation ; en 1993, nous sommes allés de Tallin à Kaunas, à Sobibor, à Maidanek et à Auschwitz-Birkenau, sur tous les lieux de mise à mort où furent acheminés les Juifs de France ; les milliers de photos d'enfants juifs que nous avons pu retrouver sont exposées au mémorial de la Shoah à Paris, au mémorial du camp des Milles, au mémorial de l'Holocauste à New York, au pavillon français à Auschwitz, au CERCIL-mémorial des enfants du Vél'd'Hiv à Orléans. Combien de documents originaux avons-nous fourni au mémorial de la Shoah à Paris, à Yad Vashem à Jérusalem, au

Museum of Jewish Heritage à New York ! Avec le
rabbin Farhi, nous sommes à l'origine de la lecture
des noms des déportés le jour de Yom Hashoah ;
nous avons posé et fait poser des plaques et des
stèles en de nombreux lieux de tragédies juives en
France : dans les gares d'Austerlitz et de l'Est à
Paris, de Toulouse, de Clermont, de Lyon-Perrache,
de Saint-Priest, de Saint-Roch à Nice ; à l'hôtel du
Parc à Vichy ; à Paris, rue Lamblardie, à l'orphelinat Rothschild et au 72, rue Claude-Decaen, au 5-7,
rue Corbeau, d'où furent déportés 37 Juifs ; à Neuilly,
au 67, boulevard Édouard-Nortier, d'où partirent
17 enfants de moins de cinq ans ; à Louveciennes, au
centre où la Gestapo a arrêté et déporté 33 enfants ;
à la gare de Compiègne pour les convois 1 et 2 ; aux
gares de Vierzon et de Chalon, où 10 000 Juifs « apatrides » de zone libre ont franchi la ligne de démarcation avant d'être livrés par Vichy à la Gestapo à
Drancy ; à l'École militaire pour les Juifs arrêtés lors
de la troisième rafle de 1941, celle du 12 décembre ;
à l'hôpital Necker pour le Dr René Bloch, frère de
Marcel Dassault, qui eut la fierté d'arborer le 6 juin
1942, jour de l'introduction de l'étoile jaune, un très
large insigne sur lequel il avait accroché toutes ses
décorations de 1914-1918, et qui fut arrêté en salle
d'opération le lendemain par Dannecker, déporté par
le troisième convoi et mis à mort par une piqûre de
phénol dans le cœur ; au lycée Hélène-Boucher pour
Louise Jacobson et ses camarades ; à Nice, devant l'hôtel Excelsior, le Drancy de la Côte d'Azur ; à l'hôtel
du Parc, siège de l'État français, à Vichy ; à Mulsanne,
à l'entrée du circuit du Mans où, en octobre 1942,

142 Juifs dont 58 enfants furent regroupés avant d'être dirigés sur Drancy ; au cimetière de Monaco ; à Rosans, dans les Hautes-Alpes, où fut liquidé en août 1942 un centre d'une vingtaine de jeunes Juifs étrangers ; à la caserne Auvare, à Nice, où 560 Juifs furent rassemblés fin août 1942 avant d'être déportés à Auschwitz ; à Saint-Martin-Vésubie, d'où plus de 500 Juifs s'enfuirent vers l'Italie par la montagne en septembre 1943 dans un exode biblique. Et combien de plaques posées par nos militants qui créent leurs associations au sein des départements, tels Simon Massbaum dans l'Aveyron ou Frank Marché en Maine-et-Loire, que nous documentons et dont nous soutenons les démarches, sans oublier le grand mémorial d'Arbit Blatas que nous avons installé en 2003 à l'entrée du fort IX à Kaunas, en hommage au convoi n° 73. À cela s'ajoutent des centaines de conférences, d'interventions dans des colloques, et la vice-présidence du nécessaire projet Aladin qui m'a amené à parler de la Shoah en 2010 à Tunis, au Caire, à Amman, à Bagdad et jusqu'au Kurdistan, à Erbil.

En 1978, nous avons préparé et présenté à la mairie du XIe arrondissement, puis à celle du Xe, la première exposition consacrée à la déportation des Juifs de France ; nous avons organisé pour le CDJC et présenté à l'Hôtel de Ville la grande exposition « Le Temps des rafles ». Quant à notre exposition sur les 11 400 enfants juifs déportés de France, des centaines de milliers de personnes l'ont visitée dans vingt des plus grandes gares de France, et dans les grands salons de l'Hôtel de Ville, à l'Assemblée nationale et au mémorial du camp des Milles. Grâce à notre ami Claude Bochurberg, qui a tous les talents et est le mémorialiste de tous nos braves militants de la mémoire, de précieux films ont pu être réalisés, tel celui sur l'école primaire publique des hospitalières Saint-Gervais dans le Marais, la seule en France où il n'y avait pas cours le samedi avant la guerre ; tel *Une famille en héritage*, qui raconte la saga de la famille Halaunbrenner, sept personnes dont quatre mises à mort par Klaus Barbie et passées par Nexon, Rivesaltes, Gurs, Lyon, Izieu, Montluc et Drancy ; tel *Le Dernier Survivant*, consacré à Maurice Jablonski, qui est aujourd'hui le seul survivant de son convoi, le numéro 51 du 6 mars 1943 ; tel *La Confrontation*, qui présente la visite de Berlin par un important groupe de Fils et filles ; tel *Le Témoin impossible*, où Claude Bochurberg et moi fûmes confrontés à un rescapé d'Auschwitz âgé de cent deux ans et qui se refusait avec causticité à répondre à nos questions.

Militant de la mémoire, je l'ai été au comité exécutif du Conseil représentatif des institutions juives de France pendant vingt-trois ans, de 1983 à 2006, attentif à ce que l'institution soutienne nos initiatives qui indisposaient les uns parce qu'ils ne les comprenaient pas encore, les autres parce que nous agissions à un rythme intense qui ne leur convenait pas, d'autres encore parce que nous étions trop médiatiques.

Dans combien de villes allemandes – Cologne, Hambourg, Düsseldorf, Munich, Berlin, Miltenberg, Bergen-Belsen, Rostock, Francfort, Stuttgart, Warstein... – sommes-nous allés manifester en car ou en train ? Nous avons également manifesté à Vienne, et à plusieurs reprises, contre Waldheim et contre Haider. Nous sommes même allés en groupe inaugurer le mémorial de New York en 1997.

Que d'ouvrages de référence nous avons écrits ou publiés : du *Mémorial de la déportation* de 1978 à celui de 2012 ; du *Calendrier de 1940-1944* au *Mémorial des enfants juifs déportés de France* et du *Mémorial des enfants d'Izieu* à *Vichy-Auschwitz* ; de l'œuvre de David Olère à celle de Noël Calef sur Drancy ; du *Livre des otages* à *L'Étoile des Juifs* ; de *Georgy* à *Adieu les enfants* ; de la publication de 120 000 noms de Juifs hongrois aux milliers de documents sur les Juifs de Roumanie ; de l'immense ouvrage de Jean-Claude Pressac sur *Les Chambres à gaz à Auschwitz-Birkenau* au *Mémorial des Juifs déportés de Belgique*. Plus de cent préfaces et de nombreux articles de fond dans *Combat*, *Le Monde*, *Libération*, *Le Quotidien de Paris*, *Le Matin*… et combien de participations à des émissions de radio et de télévision !

La Fondation pour la mémoire de la Shoah a été créée en 2000 par le gouvernement Jospin sur proposition de la commission Mattéoli, dont j'étais l'un des membres. Je suis maintenant membre du conseil d'administration de la FMS. Depuis l'an 2000, je constate l'excellence de l'œuvre de la FMS, présidée successivement par Simone Veil et par David de Rothschild, et dirigée successivement par Pierre Sargoussi, Anne-Marie Revcolevschi, et Philippe Allouche. La rigueur opérationnelle et la compétence de la direction générale et des chargés de mission ainsi que la qualité des membres de ses commissions, tous bénévoles, ne méritent que des éloges.

Je suis président de la commission « Mémoire et transmission ». Des centaines de projets examinés par la FMS passent par moi ; en particulier ceux qui se trouvent dans la compétence de la commission que je préside : les projets de films de fiction, de documentaires, de création de lieux de mémoire, de programmes liés à ces mêmes lieux, les projets théâtraux et les expositions. Je préside le comité de lecture de la collection « Témoignages » créée à l'initiative de Simone Veil, première présidente de la FMS, et de moi-même. En douze ans, une soixantaine de volumes ont été publiés grâce à Philippe Weyl, qui dirige la collection, et chacun d'entre eux apporte sa contribution à la connaissance de la Shoah par l'expérience vécue et irremplaçable d'un témoin. Deux exemples de leur intérêt : le premier concerne le camp juif de Royallieu à Compiègne, qui a été rasé. Comment le faire revivre dans les mémoires ? J'ai entrepris de rassembler au fur et à mesure tous les textes déjà publiés et les manuscrits inédits que les internés (des israélites de l'élite de la société française mêlés à des Juifs étrangers) avaient rédigés et que nous avons pu récupérer. Dans ce camp, dirigé par les Allemands, les conditions de vie étaient par certains aspects comparables à celles des camps de l'Est et, en même temps, l'absence de travaux forcés permettait à ces hommes de lutter par l'esprit en organisant des conférences. Le camp juif de Compiègne continuera à être virtuellement visité grâce à la demi-dizaine d'ouvrages qui lui ont été consacrés dans la collection « Témoignages ». Le second exemple se rapporte à l'occupation allemande en Tunisie. Là aussi, j'ai voulu que ne disparaisse pas le souvenir précis d'une occupation allemande où la volonté d'extermination nazie a été contrecarrée pendant les quelques mois où elle aurait pu s'exercer par la capacité subtile de réaction des dirigeants de la communauté juive, par le comportement amical des musulmans et par l'évolution rapide de la situation militaire. Dans ce cas également, j'ai voulu que tous les témoignages déjà publiés et les manuscrits inédits soient rassemblés. Ils l'ont été en quatre volumes, dont l'édition a été assumée par Claude Nataf avec une érudition savante et douloureuse. En se plongeant dans ces livres, on parviendra toujours à remonter le temps, à revenir en Tunisie entre décembre 1942 et mai 1943, et à partager les angoisses des Juifs tunisiens qui ont échappé de justesse à l'annihilation.

Si la Shoah avait été accomplie jusqu'à l'objectif absolu voulu par ses décideurs, si les neuf millions de Juifs européens tombés au pouvoir du IIIe Reich avaient été mis à mort, c'eût été pour les nazis la « page de gloire » qu'évoquait Heinrich Himmler en 1943 à Poznan. Trois millions de Juifs ont survécu et ont écrit la page de souffrance vécue par le peuple juif. Sans ceux qui ont parlé, qui ont raconté, qui ont écrit, qui ont dessiné, qui ont composé, c'est-à-dire les rescapés de la déportation et des camps d'extermination, les échappés des rafles, les orphelins et les enfants cachés, les quelques-uns sortis des ghettos et des fosses communes, on ne saurait rien ou presque de cette immense tragédie qui eut pour cadre tout un continent et jusqu'aux sables de la Libye et aux monts du Caucase. Le récit authentique de la Shoah exigerait six millions de témoignages. Tous ces morts assassinés ne peuvent témoigner que par les dépositions que sont les journaux intimes et lettres manuscrites rédigés avant que leurs bourreaux ne se soient emparés d'eux, les documents enfouis dans une terre ensanglantée par certains membres des Sonderkommandos juifs des crématoires d'Auschwitz ou cachés, comme ceux d'Emanuel Ringelblum et de son équipe d'historiens à Varsovie. Ils peuvent aussi témoigner par ceux qui les ont vus périr et qui ont eu la volonté de témoigner. Chaque récit d'une victime ou d'un survivant est une pierre d'un édifice qui restera inachevé, un fragment d'une fresque inaboutie qui exprime ce que fut la Shoah. Cette œuvre, les Juifs assassinés et les Juifs qui étaient encore vivants, mais si meurtris, nous l'ont léguée. Elle constitue un immense mémorial, une gigantesque médiathèque, une énorme bibliothèque où chaque page, chaque image, chaque objet représente ces millions de Juifs de la Shoah qui sonnent l'alarme pour notre humanité.

Les historiens de la Shoah, les centres de documentation sur la Shoah, le CDJC depuis 1943, Yad Vashem depuis 1953, Auschwitz, Milan, Varsovie, Washington, Berlin, Malines, Amsterdam, Oslo et bien d'autres jouent face à l'océan de l'oubli le rôle de phares de la Shoah et de sauveteurs de la mémoire des victimes.

Simone Veil et moi souhaitions qu'un mémorial soit créé à Drancy ; ce fut chose faite en 2012. Ce grand bâtiment moderne, situé en face de l'ancien camp, est dirigé de main de maître par le directeur du mémorial de la Shoah à Paris, Jacques Fredj, qui, en une vingtaine d'années, a développé l'institution avec énergie et compétence, et a réussi à en faire le plus remarquable centre européen de la Shoah du point de vue des archives et de la formation nationale et internationale des enseignants, des scolaires et catégories de la société civile (police, gendarmerie, pompiers, magistrats...). Membre du conseil d'administration du mémorial de la Shoah, je le suis également de lieux de mémoire tels que la Fondation mémoire du camp des Milles – ce camp rénové par Alain Chouraqui, qui y mène une expérience pédagogique formidable –, le CERCIL-mémorial des enfants du Vél'd'Hiv, à Orléans, qui n'existerait pas sans Hélène Mouchard-Zay, la Maison des enfants juifs exterminés d'Izieu, que l'on doit à Sabine Zlatin et à François Mitterrand. Je fais partie du bureau ou du comité scientifique de chacun d'entre eux. J'appartiens au conseil d'administration de la Claims Conference et à la commission d'assistance aux victimes des spoliations antisémites à Monaco. Je suis membre du Comité international du musée d'Auschwitz-Birkenau, et le seul Français désigné par le gouvernement polonais au sein de la fondation Auschwitz-Birkenau qui désormais assume financièrement la conservation de cet indispensable site de la mémoire. Il faut aller en tous ces lieux, et souvent y travailler.

C'est beaucoup, c'est même beaucoup trop, et j'envisage de réduire cette activité qui me prive de quelques joies de l'existence. Plus nous vieillissons, plus Beate et moi avons du travail. Ce n'était pas notre vocation, mais nous sommes devenus des bourreaux de travail.

Aujourd'hui, presque tous les établissements scolaires parisiens et certains de la banlieue portent les noms des élèves des écoles, des collèges et des lycées victimes de la Shoah. Une plaque à l'entrée de l'établissement posée par la Ville de Paris grâce aux recherches des AMEJD (Associations pour la mémoire des enfants juifs déportés) signale le nombre d'élèves victimes des nazis et du gouvernement de Vichy. À l'intérieur, une plaque indique les noms et âges de ces enfants. Pour le moment, l'usage en France est de se concentrer sur le sort des enfants, car l'enfance est l'âge de l'innocence. Tous les Juifs étaient innocents, mais les enfants encore plus que les autres.

Le pavé de cuivre (*Stolpersteine*, littéralement « pierre d'achoppement ») inscrit dans la pierre du trottoir face au domicile de la victime en Allemagne ne convient pas aux Français, qui ne sont pas habitués à marcher sur ce qu'ils respectent. Si l'insigne de cuivre est aussi parfois inscrit dans la pierre de l'immeuble lui-même, il n'y a rien à redire, mais, en France, il faut l'accord du propriétaire ou de tous les copropriétaires, ce qui, en pratique, est très difficile à obtenir. Voilà pourquoi j'ai pensé à une autre formule qui permettra à toutes les victimes d'être immédiatement répertoriées là où elles vivaient : la cartographie. Déjà, le professeur Jean-Luc Pinol de l'École normale supérieure de Lyon et moi-même avons cartographié tous les enfants juifs déportés de France (11 458) pour Paris, Marseille, Lyon et Nice. Il suffit de taper leurs noms ou celui d'une rue pour voir, par rue et par numéro, quel enfant juif mis à mort pendant la Shoah y a vécu et où il a vécu. Cette cartographie est disponible pour tous les départements. Demain, après-demain, ce sera peut-être le cas pour tous les déportés juifs, morts dans les camps, exécutés ou abattus sommairement. Avec un smartphone, il sera possible immédiatement, où que l'on se trouve, de savoir ce qui s'y est passé en lien avec la Shoah.

Grâce à la FMS, j'ai pu faire réhabiliter la Juden-rampe, la rampe ferroviaire recouverte par la terre et la végétation qui était celle où, jusqu'en mai 1944, sont arrivés à Auschwitz-Birkenau tous les convois de déportés entre Auschwitz I et Auschwitz II-Birkenau. Combien de fois me suis-je rendu en Pologne pour mener à bien ce projet auquel je tenais depuis vingt ans !

Pendant soixante ans, en effet, un des lieux qui dans le site d'Auschwitz-Birkenau aurait dû être le plus respecté a été au contraire complètement négligé au point de disparaître entièrement sous la végétation. Sur la Judenrampe sont arrivés plus de 500 000 Juifs, ce qui correspond à la moitié des Juifs arrivés dans ce camp d'extermination. Cette rampe a fonctionné effectivement pendant deux ans, entre juin 1942 et mai 1944, comme le lieu de débarquement des trains chargés des Juifs venus de l'Europe entière : plus de 200 000 Juifs de Pologne, 63 000 de France, 58 000 des Pays-Bas, 50 000 de Grèce, 20 000 de Bohême-Moravie, 16 000 de Slovaquie, 24 000 de Belgique, 9 000 de Yougoslavie, 3 300 d'Italie, 22 000 d'Allemagne et d'Autriche, 690 de Norvège...

C'est là que des dizaines de milliers de familles ont subi la sélection criminelle, quand les plus nombreux, ceux que les SS voulaient immédiatement assassiner, qui ne sont pas entrés dans le camp et qui n'y ont pas été enregistrés, étaient aussitôt dirigés vers les chambres à gaz et séparés de ceux que les SS allaient exploiter jusqu'à ce qu'ils n'aient plus la force de travailler, et qu'ils soient à leur tour mis à mort par les coups ou par le gaz.

Non seulement les rails de cette Judenrampe avaient disparu, mais la Judenrampe elle-même avait été gommée de l'histoire. Aucune photo des victimes sur la Judenrampe n'a été découverte, alors que l'existence des photos de l'Album d'Auschwitz a permis dès l'immédiat après-guerre de visualiser précisément ce que furent à l'intérieur même du camp de Birkenau l'arrivée des convois et la sélection des « inaptes » et des « aptes ». À la mi-mai 1944, en effet, en prévision de l'arrivée massive dans une brève période de centaines de milliers de Juifs, les SS ont construit à partir de la Judenrampe un nouvel embranchement ferroviaire, la Bahnrampe, passant sous la grande porte du camp de Birkenau et se divisant ensuite en trois voies permettant à trois trains de débarquer quasi simultanément leur cargaison humaine à proximité immédiate des chambres à gaz homicides. C'est ainsi qu'un demi-million de Juifs, en particulier 430 000 de Hongrie, ceux du ghetto de Lodz, et 5 000 Juifs de France, ont été sacrifiés à la haine raciale.

Pendant des décennies, le souvenir de la Judenrampe a été effacé par celui de la Bahnrampe. Il était bien plus commode d'aller d'Auschwitz I à Auschwitz II-Birkenau sans avoir à passer par la Judenrampe. La direction du musée d'État polonais, à l'époque communiste, n'avait plus à s'occuper de cet emplacement si tragique pour les Juifs, d'autant que cela se passait en un temps où la présence de Juifs à Auschwitz tendait à être gommée, où l'on ne répertoriait que les nationalités sans tenir compte du fait qu'il s'agissait presque exclusivement d'êtres humains détruits non parce qu'ils étaient polonais, ou belges, ou grecs, mais parce qu'ils étaient juifs.

Pour le cinquantenaire de la déportation des Juifs de France en 1992, les FFDJF ont pris l'initiative d'un « train de la Mémoire ». Ce train spécial a emporté un millier d'enfants de déportés de la gare de l'Est à Auschwitz par le même itinéraire que les convois de 1942. Dès notre arrivée à Auschwitz, nous avons procédé à une cérémonie et fait poser une plaque à la Judenrampe. Nous avons alors donné financièrement la possibilité au musée d'État d'Auschwitz de mettre au point un projet de rénovation de la rampe ; mais nous n'avions pas les moyens de financer ce projet, auquel nulle organisation ne s'est intéressée. Heureusement, Simone Veil et la FMS ont été

convaincues de la nécessité de rétablir la vérité historique et de permettre aux sentiments des visiteurs de
s'exprimer sur les lieux mêmes où les événements se
sont déroulés. Chargé de contrôler le développement
de ce projet, j'étais aux côtés de Jacques Chirac et de
Simone Veil quand ils ont inauguré ce site réhabilité
le 27 janvier 2005, pour le soixantième anniversaire
de la libération du camp.

## Des voix qui toujours portent

Ma fidélité aux victimes consiste à élucider et à expliquer leur sort en restituant leur état civil, en reconstituant les circonstances de leur arrestation et les conditions de leur déportation, en leur rendant leur visage en retrouvant leur photographie, en faisant entendre leur voix. Mais qu'est-ce qu'une voix ? Une lettre particulièrement poignante, rédigée avant ou après l'arrestation et qui révèle une personnalité ou la force d'un destin. Un regard sur une photo qu'on ne pourra oublier. Un simple nom d'enfant dans une liste d'adultes déportés et qui part seul, isolé, sans ses parents, qu'il vous faut garder dans votre mémoire, car vous ne pouvez l'abandonner à votre tour. Un dessin qui exprime les espoirs ou trahit les angoisses et le chagrin. Ces voix individuelles peuvent être aussi, sinon une clameur, du moins une rumeur collective comme le *Mémorial des enfants*, un puissant grondement souterrain émanant de ces milliers de vies trop brèves, qui supplient qu'on ne laisse pas l'horreur se répéter et qu'on ne les oublie pas.

Je pense à **Louise Jacobson**, morte à dix-sept ans, aux vingt-six lettres de Fresnes et aux six de

Drancy qu'elle écrivit. En 1988, je les ai lues pour la première fois. Je devais être le premier à les lire depuis que leurs destinataires les avaient reçues, à l'exception de sa sœur, Nadia, qui m'avait demandé d'intervenir pour qu'une plaque fût apposée au lycée Hélène-Boucher où Louise avait fait ses études, ce qui fut fait le 28 avril 1989, époque à laquelle j'ai publié ses lettres.

En tête à tête avec cette adolescente courageuse et sensible, joyeuse et réfléchie, intelligente et curieuse, qui, même en cellule, se réveillait chaque matin déterminée à ne pas céder dans l'épreuve, on est confronté à tout le charme, à toute la grâce et à toute la générosité de la jeunesse. En assassinant Louise, on a assassiné la jeunesse.

Louise Jacobson est notre Anne Frank. Sa voix est devenue si présente en moi que, lorsque Alain Ginzburger est venu me voir en me demandant un sujet sur la Shoah adaptable au théâtre, je lui ai proposé ses lettres. Depuis, son épouse, Juliette Battle, a incarné Louise, ou plutôt elle l'a réincarnée, et ce pendant des centaines de représentations. La pièce a été traduite et jouée dans de nombreux pays, surtout en Allemagne. En Italie, l'*Unita* a publié et diffusé 300 000 exemplaires des lettres.

Je me suis penché sur les cartes que, faute de papier, Louise couvrait d'une écriture minuscule pour y écrire le plus de choses possible ; j'ai lu et j'ai été captivé par tant de vie et de personnalité. Avec la publication de ces lettres, Louise est sortie de ce long sommeil de quarante-cinq ans. La prisonnière de Fresnes et de Drancy, la suppliciée d'Auschwitz a pris son envol pour toujours ; elle dialogue avec chacun de ses innombrables lecteurs ; elle est montée sur scène ; elle parle couramment le finnois, le suédois, l'allemand, l'anglais... On entend Louise à la radio ; on l'a vue à la télévision. Ses contemporains vieillissent ; ses amies ont depuis longtemps la carte Vermeil. Louise, assassinée, est restée jeune pour toujours, exemplaire et représentative de tous ceux qui avaient son âge et qui ont été assassinés comme elle.

Je pense à Georgy, **Georg Halpern**, ce gamin toujours souriant qui avait mon âge, que j'ai pu croiser en 1941 à l'OSE dans la Creuse, au château de Masgelier, arrêté par Barbie en 1944 alors que j'avais échappé à l'arrestation par Brunner en 1943, et dont j'ai publié l'histoire, les dessins et les photos.

Je pense à **Youri Riskine**, ce génie de quinze ans, à la mémoire duquel j'ai fait publier un livre de souvenirs écrit par un de ses camarades du lycée Louis-le-Grand. Son ami, Bertrand Poirot-Delpech, n'a cessé toute sa vie de dialoguer avec lui.

Je pense à **Noël (Nissim) Calef**, auteur de *Drancy 1941. Drancy la Faim*, livre saisissant qui, mieux que tout autre, explique ce que fut le premier Drancy, la psychologie des internés, l'inhumanité de leurs gardiens gendarmes, la création des structures du camp. Un ouvrage dont Arno a retrouvé le manuscrit écrit en français et publié en italien en 1944, et que j'ai publié en français en 1991. Le 20 août

1991, cinquante ans après la rafle du 20 août 1941, j'ai déposé un exemplaire du livre, sorti la veille, au pied du monument de Drancy.

Je pense à **Benjamin Schatzmann**, dont j'ai publié dans la collection « Témoignages » de la Fondation pour la mémoire de la Shoah le journal qu'il a tenu dans le camp de Compiègne avant de le republier chez Fayard grâce à Claude Durand, ce grand et amical éditeur. Le cas de Benjamin Schatzmann m'a confirmé que, si un homme exceptionnel est le plus souvent un être doué de qualités et de talents exceptionnels qui s'expriment en permanence, il y a aussi des hommes apparemment normaux, mais dont le parcours particulier les rend originaux et qui, soudainement plongés dans une situation exceptionnelle, sont capables de créer des œuvres d'exception. Il s'agit d'un texte tout à fait extraordinaire écrit sur des morceaux de papier épars ou sur du papier d'emballage – le seul de son espèce à rassembler des spécificités aussi incomparables : un homme d'une haute élévation intellectuelle et morale, un scientifique éclectique doté d'une grande culture générale, qui se voit supplicié et qui décrit minutieusement les étapes de son supplice, ballotté entre le désespoir et l'espoir, tout en contraignant son esprit à réfléchir intensément, à analyser avec lucidité les raisons des persécutions que subissent les internés de Compiègne : l'antisémitisme, la désorganisation de l'Europe. Il s'agit d'un immense texte qui impose le respect pour cet homme de soixante-cinq ans qui sera déporté et qui s'autopsie vivant corps et âme.

L'invraisemblable cocktail humain constitué par Benjamin Schatzmann, né en Roumanie, élevé dans la Palestine turque, étudiant en France, agronome en Nouvelle-Zélande, dentiste dans les beaux quartiers de Paris, homme d'une intelligence pénétrante et d'un caractère original, difficile et réservé, a pour résultat que ce journal est le sien et seulement le sien, que c'est un texte unique, celui de la résistance victorieuse d'un homme âgé confronté à la violence et à la souffrance, et qui, par l'approfondissement de la connaissance de soi-même dans cette épreuve, par son élévation et par son apaisement, apporte aux hommes de bonne volonté un matériel de haute valeur pour comprendre et pour défendre la dignité humaine.

Le 2 mars 1943, un convoi de 1 000 Juifs a quitté le camp de Drancy en direction du camp d'Auschwitz : 100 hommes et 19 femmes furent sélectionnés pour travailler ; les 881 autres déportés furent immédiatement gazés. En 1945, il ne restait plus que six survivants, dont deux femmes.

Un des survivants s'appelait **David Olère**. Il reçut le matricule 106 144. Fossoyeur au bunker 2, il fut bientôt affecté au commando spécial de Juifs, le Sonderkommando, du crématoire III, bâtiment réunissant chambre à gaz et fours crématoires. David Olère aurait pu être rapidement liquidé, comme le furent presque tous les autres membres de ces Sonderkommandos. Un témoin rescapé, Dow Paisikovic, a relaté après la guerre : «Un Juif de Paris, dénommé "Olère", était depuis longtemps au

Sonderkommando. Il était artiste peintre et, pendant tout le temps que je connus le Kommando, il avait l'unique tâche de peindre des tableaux pour les SS. Il était dispensé de tout autre travail pour le Sonderkommando. Nous savions que, à part les exceptions mentionnées, les détenus de l'ancien Sonderkommando étaient gazés. »

David Olère est le seul peintre au monde à avoir pénétré dans les crématoires de Birkenau et à en être ressorti vivant, avec la volonté de témoigner visuellement et précisément. Il était né en 1902 à Varsovie. À peine âgé de seize ans, il quitte la Pologne pour Dantzig et Berlin, où il expose des bois gravés sur la Kantstrasse. En 1921 et 1922, il est engagé par l'Europäische Film Allianz comme assistant architecte, peintre et sculpteur. Il travaille avec Ernst Lubitsch et peint les décors du film *La Femme du Pharaon*, avec Emil Jannings dans le rôle principal. En 1923, il s'installe à Paris, à Montparnasse. Décorateur de cinéma, il réalise également des costumes de film et des affiches de publicité, en particulier pour la Paramount Pictures, dont le président pour l'Europe, Henri Klarsfeld, cousin germain de mon père, devient son ami. À Auschwitz, David Olère fut sauvé parce qu'il était un artiste qui parlait plusieurs langues : le polonais, le russe, le yiddish, le français, l'anglais et l'allemand. C'est la connaissance de cette dernière langue et son don d'illustrateur qui le rendent intéressant aux yeux des SS. Il écrit pour eux à leurs familles des lettres calligraphiées et décorées de fleurs. Parfois, cependant, il est affecté au four à ordures, ou bien il doit participer au « vidage » des chambres à gaz. Parfois aussi, il assiste aux paroxysmes d'horreur qui se déroulent dans le crématoire : le déshabillage au vestiaire, le gazage, le travail de récupération des dentistes et des coiffeurs, l'incinération des corps, les sévices sexuels imposés par des SS à des jeunes filles juives, les soi-disant expériences médicales, la terreur des victimes, la cruauté des bourreaux. Quand il raconte à sa femme ce qu'il a vu, elle le croit devenu fou. Il dessine alors *Memento* : plus de cinquante dessins qui sont l'inspiration précise de sa future œuvre.

Il est mort le 21 août 1985. Sa veuve et son fils, Alexandre, m'ont confié le soin de disposer des toiles et des dessins en leur possession de sorte que, comme il le souhaitait, son œuvre contribue à entretenir la mémoire du sort des Juifs à Auschwitz. Mission difficile, car l'œuvre de David Olère semblait repousser le spectateur. La raison en est facile à comprendre : le spectateur détourne le regard et refuse de contempler ce que David Olère a vu de ses yeux et qui n'a cessé de le hanter. Nous avons placé ses dessins au musée d'art de Yad Vashem à Jérusalem ; certains d'entre eux avaient déjà été déposés au musée du Kibboutz des Combattants du Ghetto. L'ensemble de ses tableaux sont au mémorial de New York à Battery Park. Nous avons par ailleurs rassemblé ses œuvres dans un catalogue, *L'Œil du témoin*, publié en 1989. David Olère puisait dans sa seule mémoire et ne recherchait que le vrai. Ce qui, chez d'autres artistes, relevait d'une démarche esthétique, était pour lui obligation morale.

La valeur documentaire des dessins et tableaux de David Olère est précieuse. Il n'y a pas eu de photographies de ce qui s'est passé à l'intérieur des crématoires. Seuls ses yeux et sa main restituent la terrible vérité. Dans ses tableaux, il est souvent présent, lui, le témoin, et son visage fantomatique observe avec douleur les scènes inhumaines qui ne pourront se détacher de sa mémoire presque photographique.

Je pense à **Young Perez**, dont mon ami Jacques Toros et moi avons fait revivre la mémoire en menant campagne avec les Fils et filles à partir de 1993 pour que l'INSEP lui consacre sa salle de boxe, et qu'une plaque y soit apposée :

*À la mémoire de Young (Victor) Perez*
*Grand sportif français*
*Champion du monde de poids mouche de boxe en 1931*
*à l'âge de vingt ans*
*Victime des lois raciales du gouvernement de Vichy*
*Juif déporté le 7 octobre 1943 à Auschwitz*
*Assassiné par les nazis le 22 janvier 1945*

Ce fut chose faite en 1997. En 2013, Brahim Asloum, champion olympique de confession musulmane, a incarné Young Perez dans un excellent film. Pratiquant la boxe à l'INSEP, Brahim a toujours été inspiré par l'exemple de Young Perez, enfant juif de Tunis transplanté à Marseille, puis à Paris, et qui devint, à l'âge de vingt ans, champion du monde de boxe à l'âge d'or de ce sport – exploit que, en plus d'un demi-siècle, seuls cinq Français accomplirent.

Du toit du monde, Young Perez est passé treize ans plus tard à l'*anus mundi* que fut Auschwitz. Nous l'avons ramené à la lumière, ce champion qui combattait une étoile de David à son short, même le 11 novembre 1938 à Berlin, au lendemain de la Nuit de Cristal, et qui connut une fin héroïque dans la marche de la mort.

Je pense à **Chana Morgenstern**. J'ai édité les lettres que son fiancé, Isaac Schönberg, échangeait avec elle tandis qu'il était interné au camp de Pithiviers. Il était peintre. Il a été déporté sans retour. Elle était ouvrière. Par amour pour lui, elle a épousé son meilleur ami afin de pouvoir évoquer quotidiennement le souvenir d'Isaac ; elle est devenue peintre dans le style « naïf » et a connu la notoriété. L'argent qu'elle gagnait, elle en faisait don à l'hôpital Hadassah en Israël.

Ces voix, ces milliers de voix qui bruissent dans ma mémoire, je continuerai à œuvrer de mon mieux pour qu'elles puissent se faire entendre, après elles et après moi.

# ÉPILOGUE

Quel message général pouvons-nous transmettre, Beate et moi, à nos lecteurs et à nos descendants, quelle mise en garde à partir de ce qui s'est passé pendant notre enfance et de nos expériences d'adultes engagés dans le militantisme ? D'abord, que l'histoire est imprévisible : on ne peut ni concevoir ni prévoir les événements politiques. Ils surviennent pour des raisons impénétrables que l'on ne peut reconstituer qu'*a posteriori*. Nous avançons à tâtons, comme des malvoyants ; même s'il y a parmi nous des prophètes – comme Theodor Herzl, qui, en 1900, craignait la menace de destruction des Juifs européens et militait pour la création d'un État juif.

Certains considèrent que, en changeant de siècle et de millésime, l'histoire est définitivement derrière nous et qu'il vaut mieux ne pas se retourner sur cette immense page noire du XXᵉ siècle, ultime page du grand livre de la persécution des Juifs entre l'an mil et l'an deux mille.

Ce siècle s'est révélé cruel, plus qu'un autre. Le premier conflit à l'échelle mondiale a engendré en 1917 un génocide, celui des Arméniens, géographiquement limité à un seul territoire, l'Empire ottoman, mais qui a causé l'annihilation systématique par les Turcs de dizaines de milliers de familles arméniennes. S'il avait fait l'objet d'une répression, comme la communauté internationale en a eu quelque temps la velléité, ce premier génocide n'aurait peut-être pas été suivi d'un autre au cours de la Seconde Guerre mondiale.

Le génocide des Juifs se distingue toutefois des autres tragédies du XX$^e$ siècle par plusieurs éléments. Il s'agit d'un drame de la civilisation européenne. Le génocide juif a été exécuté par une opération essentiellement policière qui s'est déroulée sur tout le continent européen sous l'impulsion nazie, et partout avec des complicités locales – à l'exception des pays neutres : l'Espagne, le Portugal, la Suisse, la Suède. De Westerbock, en Hollande, de Malines, en Belgique, de Drancy, en France, de Fossoli di Carpi, en Italie, de Copenhague, d'Oslo, de Berlin, de Vienne, du Luxembourg, des pays baltes, de Pologne, de Hongrie, de Bohême, de Moravie, de Slovaquie, de Grèce, de Corfou, de Rhodes, de Macédoine, de Thrace, de Croatie, de Serbie, d'Ukraine partaient des convois chargés de familles juives et qui se dirigeaient vers le centre de l'Europe. Là étaient implantés d'immenses abattoirs créés pour liquider les êtres humains, qui avaient pour nom Auschwitz, Birkenau, Treblinka, Sobibor, Maidanek, Belzec, Chelmno, Stutthof. D'autres Juifs, qui se comptent par millions, ont été assassinés par la faim, le froid, la misère qui régnaient dans de nombreux ghettos, tels ceux de Varsovie ou de Lodz, dans de nombreux camps, comme ceux de Transnistrie, de Dachau, de Buchenwald ou même de Gurs en « zone libre » ; massacrés dans des fosses communes, telles celles de Babi Yar ou de Ponar, asphyxiés dans les camions à gaz qui ont opéré de la Baltique à l'Adriatique, abattus au bord des routes dans les marches de la mort qui ont précédé la libération de si peu de survivants.

Il s'agit d'un drame de la civilisation chrétienne. Le génocide juif s'est déroulé sur un continent où, à l'exception des Juifs et du peu de musulmans de Bosnie et du Kossovo, tous les Européens étaient des chrétiens, catholiques, protestants ou orthodoxes. Dans sa prière à Yad Vashem en mai 2014, le pape François a admonesté l'« Homme » coupable de tels crimes ; mais il n'a pas précisé l'« Homme chrétien », ce qui était pourtant le cas. L'enseignement du mépris dispensé si longtemps par la chrétienté a facilité la tâche des organisateurs de la solution finale de la question juive par l'indifférence de ceux qui n'y prenaient pas part, mais qui ne s'y opposaient point.

La mise à mort des Juifs européens au cours de la Seconde Guerre mondiale rappelle le massacre des Juifs rendus responsables de la Grande Peste du XIV$^e$ siècle et assassinés partout où se propageait l'épidémie. En ces deux circonstances, le milieu du XIV$^e$ siècle et le milieu du XX$^e$, une longue et puissante campagne antijuive menée autrefois par les excès de la chrétienté, et plus près de nous par les excès du nationalisme et de l'idéologie raciale, a conduit dans une période de crise et d'angoisse pour les masses populaires à l'assassinat collectif des Juifs européens.

Il s'agit d'un drame de la civilisation occidentale. Le génocide a été conçu et organisé en Europe par un État d'Occident, l'État allemand, un des plus avancés du monde aux points de vue économique, social, administratif, technique, militaire, culturel et intellectuel.

Les grands Alliés sont également concernés, même s'ils ont courageusement lutté contre les pays de l'Axe : l'Angleterre, qui, soucieuse de ne pas s'aliéner le monde arabe, a fermé les portes de la Palestine et a laissé couler les bateaux chargés de Juifs ; les États-Unis, qui n'ont qu'imperceptiblement entrebâillé leurs propres portes et n'ont rien fait en 1938 pour que la conférence d'Évian trouvât une solution pour l'accueil massif des Juifs européens. Les Anglo-Saxons n'ont d'ailleurs pris aucune véritable initiative politique ou militaire pendant le conflit pour tenter de sauver les populations juives.

Statistiquement, il s'agit d'un massacre sans précédent : en cinq ans, la destruction des Juifs européens a été réalisée aux deux tiers puisque, sur environ neuf millions de Juifs, six millions ont péri. Et, si le Reich avait pu s'étendre à d'autres continents, des millions d'autres Juifs auraient été supprimés.

Il s'agit d'une tragédie de la modernité. Confrontés aux difficultés techniques de la mise à mort simultanée de milliers d'êtres humains, les nazis ont fini par concevoir une machinerie industrielle leur permettant de supprimer leurs victimes dans de vastes chambres à gaz camouflées et munies de fours crématoires. Le transport ferroviaire ponctuel vers les lieux d'extermination, précédé d'une puissante et rationnelle organisation administrative, policière et diplomatique de la solution finale, fondée sur la division du travail et sur les moyens de communication les plus rapides – télex, télégrammes, dépêches, téléphone –, tout cela ajoute encore à la menace que fait peser sur l'humanité la technologie la plus moderne mise éventuellement au service de totalitarismes racistes.

Il s'agit d'un drame de la nature humaine ouvrant de terribles perspectives sur l'infinie capacité de l'homme « civilisé » à faire le mal. L'univers concentrationnaire nazi qui a causé tant de souffrances et de crimes massifs n'a admis aucun « pourquoi ». La cruauté n'y a connu aucune limite, dépassant tout ce qu'on pouvait jusque-là redouter, affaiblissant la confiance de l'homme envers lui-même, et révélant la bestialité enfouie au fond de lui. Cet univers est l'aboutissement naturel de l'idéologie raciste du national-socialisme. L'existence parallèle du Goulag soviétique ne peut que rendre les défenseurs des droits de l'homme vigilants envers tous les extrémistes. Éviter les crises politiques, économiques, sociales ; éduquer les jeunes dans l'absolu respect de la dignité humaine, tels sont les devoirs prioritaires des dirigeants de nos démocraties.

Il s'agit d'un génocide qui a frappé le peuple juif ; celui qui a révélé au monde le monothéisme et donné naissance au christianisme. Les valeurs morales véhiculées par le judaïsme depuis des millénaires sont devenues les valeurs morales des démocraties occidentales. Depuis Pharaon jusqu'à Hitler, Mussolini et Staline, les régimes totalitaires et autocratiques ont plus ou moins persécuté les Juifs et les ont tenus dans des conditions inférieures. Les révolutions républicaines – aux États-Unis ou en France, par exemple – ont libéré les Juifs ; les démocraties leur ont donné la possibilité de s'épanouir pleinement. Par leur culture et par leur mémoire des persécutions si longtemps subies, les Juifs portent également en eux l'amour de la liberté et le respect de la personne humaine.

Il s'agit d'une immense tragédie que les négationnistes veulent effacer de l'histoire et dont il faut défendre la mémoire. Après la guerre, la Shoah n'a pas porté de nom ; « génocide juif » a été la formule utilisée à Nuremberg ; les mots anglais *Holocaust* et hébreu *Shoah* ont émergé et se sont imposés aux États-Unis et en Israël, les premiers pays qui ont pris la mesure de l'événement dans l'histoire de l'humanité, où des thèses ont été produites, où des professeurs d'université ont occupé des chaires consacrées au sort des Juifs pendant cette période. À partir des années 1980, l'intérêt des autres pays s'est considérablement renforcé.

Dans l'immédiat après-guerre, la Shoah n'a pas occupé à Nuremberg la place qu'elle aurait dû tenir dans le jugement des criminels nazis, parce qu'il n'existait pas encore d'État juif pour être le porte-parole des victimes. Le silence historique et judiciaire est retombé sur la Shoah avec la guerre froide, et c'est seulement avec la décision ferme et lucide du gouvernement d'Israël de se saisir d'Adolf Eichmann et de lui faire un procès historique, celui de la solution finale de la question juive, que la Shoah a émergé de la nuit et du brouillard.

Depuis, la lumière s'est faite sur chaque page de cette catastrophe, qui est entrée dans le III<sup>e</sup> millénaire documentée comme peu d'événements le furent. La génération des rescapés, celle des enfants des déportés et des survivants, des volontaires comme le père Patrick Desbois et son équipe, a rassemblé et continue à rassembler documents et témoignages de toute nature, remplissant ainsi une mission scientifique et morale avec une ambition à la hauteur de la tragédie : écrire le nom et le parcours de chaque victime ainsi que l'histoire de chaque épisode de la Shoah.

La Shoah ne doit pas représenter seulement des millions de victimes, mais une victime, plus une victime, plus une victime, afin que soient restitués à chacune d'entre elles son état civil, son itinéraire, sa dignité ; qu'elles soient extraites de l'oubli et de l'anonymat pour que, d'objets de l'histoire, ces noms redeviennent des sujets de l'histoire.

Aujourd'hui, la mémoire de la Shoah a été paradoxalement renforcée par l'offensive des négationnistes et falsificateurs de l'histoire. Horrifiés par cette contestation infâme, les rescapés et leurs descendants ont su élaborer la riposte : rassembler l'indispensable documentation sur chaque aspect de la Shoah, susciter des témoignages et les enregistrer, favoriser les études universitaires et les thèses en ce domaine ;

développer, consolider, remettre à neuf les centres de documentation sur la Shoah qui existaient déjà, tels Yad Vashem à Jérusalem, le mémorial de la Shoah à Paris, celui de Milan, le YIVO et le Leo Baeck à New York, la Wiener Library à Londres, mais aussi créer de nouveaux centres, tel le United States Holocaust Memorial Museum élevé à Washington sous l'égide du gouvernement américain, tel le Museum of Jewish Heritage – A Living Memorial to the Holocaust à New York, tel le Simon Wiesenthal Center à Los Angeles, tels des dizaines de *Holocaust Centers* dans les grandes villes des États-Unis, telle la nouvelle aile consacrée à la Shoah inaugurée en 2000 à l'Imperial War Museum à Londres, telle la villa de la conférence de Wannsee à Berlin devenue centre de documentation, tel le Holocaust Denkmal élevé à Berlin près du Reichstag, ou le musée du judaïsme polonais à Varsovie.

Dans chaque pays où a eu lieu la Shoah existe au moins un endroit où l'on peut se documenter. Dans chaque pays occidental se sont multipliés les études, les publications, les associations de descendants des victimes, les plaques commémoratives, les cérémonies, les films, les émissions de télévision. Chaque pays s'est confronté ou essaie de se confronter à son passé, c'est-à-dire à ses responsabilités ou à sa culpabilité dans l'accomplissement de la Shoah.

Le génocide juif interpelle la conscience universelle en raison de son ampleur, de ce qu'il a révélé d'inquiétant sur l'homme et de l'impuissance de sa seule exemplarité à empêcher d'autres massacres et génocides en d'autres régions du monde que le monde occidental. Ce dernier n'a pas eu besoin d'une pédagogie de la Shoah pour tirer les leçons des deux guerres mondiales. L'Europe des Six d'hier, l'Union européenne des Vingt-huit aujourd'hui ont non seulement banni la guerre en leur sein, mais aussi créé une solidarité entre tous les États membres et entre leurs populations.

La réalité, malgré les affrontements passés dans l'ex-Yougoslavie, dépasse toutes les espérances. C'est la première fois depuis la *pax romana* que les Européens jouissent d'une aussi longue période de paix et de prospérité.

Pour la première fois, les Européens du noyau de l'Union européenne vivent tous en démocratie. Ils sont libres, soignés, mangent à leur faim, ont une espérance de vie de trente ans plus longue qu'au début du siècle, ont accès à l'éducation, voyagent. Ils ont du pain et aussi des jeux, grâce à la télévision, ils peuvent se reposer deux jours par semaine et, s'ils ne peuvent trouver du travail, ils ne sont pas pour autant condamnés à crever de faim et de misère comme cela fut le cas en 1930.

Cette Europe-là, constituée de nations réconciliées et où, malgré la crise, aucune tempête de fanatisme religieux ou de nationalisme chauvin ne fait rage, cultive le souvenir de la Shoah, a retenu les leçons des tragiques expériences hitlériennes et staliniennes, et répudie les totalitarismes de droite et de gauche, même si le populisme gagne du terrain, même si, à l'hiver 2014, le canon tonne à nouveau en Ukraine. Même si, surtout, l'islamisme radical ravive

un antisémitisme qui s'appuie sur le conflit israélo-
palestinien et sur les anciens clichés, ceux qui réunissent antijuifs de l'extrême droite et de l'extrême
gauche. Les murs des ghettos et celui de Berlin ont
été abattus et le monde occidental cherche obsti-
nément à éviter les crises économiques et tous les
bouleversements sociaux et politiques qui déchaînent
les grandes peurs, les instincts, les passions, la violence, la cruauté, la guerre et la mort.

Il faudra toujours défendre le souvenir de la
Shoah, et en empêcher le renouvellement sous
quelque forme que ce soit en défendant les valeurs
d'une véritable démocratie politique et sociale et en
essayant de l'étendre aux limites de notre planète.

J'ai eu la chance de suivre le conseil d'Edmond
Fleg sur la façade du mémorial de la Shoah, où je
suis entré si souvent depuis 1956 en levant les yeux
pour lire encore et encore : « Devant le mémorial
du Martyr juif inconnu, incline ton respect, ta piété
pour tous les martyrs. Chemine avec eux le long de
la voix douloureuse. Elle te conduira au plus haut
sommet de justice et de vérité. »

La justice, je l'ai recherchée intensément ; la
vérité historique, j'ai contribué à l'établir. Comme
avocat, mon rôle a été plutôt celui d'investigateur
et de procureur dans les affaires de crime contre
l'humanité. Comme avocat militant, j'ai défendu une
seule cause : celle de chaque victime, de toutes les
victimes de la Shoah et de leurs ayants droit de voir
condamnés leurs bourreaux jusque-là protégés par
les sociétés politiques où ils évoluaient, et j'ai milité

pour une justice pénale internationale. Je n'ai jamais défendu les coupables, ce qui implique que ma vocation n'a jamais été celle d'un véritable avocat – ou bien que je n'aurais pu l'être que dans un régime d'oppression où l'avocat joue son rôle le plus noble en prenant les risques les plus grands.

Comme historien, au lieu d'une mémoire floue, tronquée, mutilée, abîmée, dénaturée, bafouée, j'ai pu imposer une mémoire authentique, restituée, réhabilitée, précise et fidèle.

Dans mes travaux historiques pionniers, j'ai pu montrer que, dans leur ensemble, les Français et leurs Églises ont contrecarré la politique antijuive de l'État français de Vichy et les recherches de la Gestapo ; qu'ils ont soutenu le combat des familles et des organisations juives pour échapper aux arrestations et sauver leurs enfants, et que les Justes, à titre individuel, expriment surtout le comportement général d'une population française chrétienne et républicaine qui s'est révélée spontanément humaine vis-à-vis des Juifs persécutés.

Comme militant de la mémoire, j'aide à ordonner le paysage mémoriel du pays et à façonner l'environnement social des survivants de la Shoah dans les dernières étapes de leur parcours.

À notre âge, soixante-dix-neuf et soixante-seize ans, Beate et moi restons très actifs. Nous profitons de notre petite famille, Lida, Carlo et leurs enfants de cinq et six ans, Luigi et Emma. De balcon à balcon, nous les voyons de part et d'autre de la place de la Porte de Saint-Cloud. Arno, qui est aujourd'hui conseiller d'État, est à nos côtés quotidiennement, dévoué sans limite pour ses parents, aussi charmant qu'intelligent. Le chef de l'État, François Hollande, a promu Beate au grade de commandeur de la Légion d'honneur en janvier 2014, et m'a accordé la distinction de grand officier. Il a choisi de nous élever à ces grades lors d'une réception à l'Élysée le 20 juillet 2014, le jour de la cérémonie du Vél'd'Hiv, et en présence du Premier ministre et du maire de Paris. Le président nous a rendu hommage ainsi qu'à notre association. Nous étions entourés par beaucoup d'amis, et notamment par les Fils et filles qui nous ont aidés à accomplir notre devoir et à devenir ce que nous sommes.

Cette autobiographie, pendant longtemps, nous n'avons pas souhaité la faire. Le 28 décembre 2012, nous avions écrit à notre éditrice, après avoir rappelé les responsabilités qui pèsent sur nous et le manque de temps à consacrer à pareille tâche :

« À cela s'ajoutent les réticences dont je vous ai fait part dès le début et qui nous ont poussés, Beate et moi, à ne pas prendre une décision définitive : l'absence de besoin et de désir d'être connus intimement ; la conviction qu'il vaut mieux être jugés par la postérité pour ce que nous avons accompli et non pour ce que nous sommes ; notre désintérêt à nous retourner sur notre passé, qui nous prive de la possibilité de nous retourner sur notre psychologie et nos états d'âme lors des péripéties que nous avons connues ; notre manque de talent de conteur, qui ramène notre expression au simple résumé de l'action ; j'en passe et des pires. En conséquence, nous préférons mettre fin, en cette fin d'année 2012, à ce contrat qui pèse sur nous puisque nous sentons bien que nous ne pourrons l'assumer. Si le temps passe et nous met à la retraite définitivement, ou si l'enthousiasme revient pour revivre la vie après l'avoir vécue, nous reviendrons vers vous. »

Nous avons, malgré tout, fini par remplir le contrat. Nous ne le regrettons pas. Nos petits-enfants et leurs descendants sauront ainsi, sinon qui nous fûmes, du moins ce que nous fîmes.

Nous avons appris par l'expérience vécue que nous étions capables de nous hisser au-dessus de nous-mêmes. Nos lecteurs le constateront et se rendront compte qu'ils en seraient tout aussi capables que nous si les circonstances le réclamaient.

## REMERCIEMENTS

Le temps investi, la volonté, l'obstination, le travail patient et rationnel, une ligne simple et raisonnable à la fois dans l'étude et dans l'action, le soutien précieux de nos enfants et de cette grande famille des Fils et filles des déportés juifs de France, ce groupe incomparable d'amis chers qui sont encore debout et de ceux, aujourd'hui disparus, dont le souvenir nous pousse à ne jamais céder et à rester intransigeants sur l'essentiel – défendre et perpétuer la mémoire de la Shoah –, voilà les forces vives de notre engagement. Nous ne voulons citer aucun de nos amis ; tous nous sont très chers, eux dont l'unité s'est faite autour de notre couple, le Français juif et l'Allemande non juive, Beate et Serge.

\*

L'éditeur tient à remercier particulièrement Alexandre Duyck pour son travail et sa contribution précieuse à cet ouvrage.

# CRÉDITS DES ILLUSTRATIONS

Beate montre une reproduction de la carte de colonel des services spéciaux militaires boliviens de Klaus Barbie. © Peter Turnley/Rapho.

VI. 1972. Beate et Serge devant le cimetière de Pailharès le jour de l'enterrement de Xavier Vallat. © Élie Kagan/BDIC.

23 octobre 1979. Ouverture du procès Kurt Lischka à Cologne. © Élie Kagan/BDIC.

Manifestation sur les marches du tribunal de Cologne. © Élie Kagan/BDIC.

Les FFDJF manifestent à Marseille contre Le Pen. © Élie Kagan/BDIC.

VII. 5 décembre 1976. Serge provoque un esclandre dans la célèbre brasserie d'où partit le putsch de Hitler © Élie Kagan/BDIC.

Beate manifeste à Santiago du Chili contre Walter Rauff. © Jose Arguto/AFP.

Beate conduit une manifestation à Vienne contre Kurt Waldheim. © Rudolf Brandstatter/AFP.

VIII. Le président de la République François Hollande élève Beate au rang de Commandeur de la Légion d'honneur et Serge à celui de Grand Officier. © Philippe Wojazer/AFP.

Beate et Serge au Mémorial de la Shoah en 2011. © Joël Saget/AFP.

# INDEX

# TABLE

*Table* 1013

*Des mêmes auteurs :*

Serge Klarsfeld

LE MÉMORIAL DE LA DÉPORTATION DES JUIFS DE FRANCE, Paris, éd. FFDJF, 1978. Seconde édition revue et augmentée, 2012.

LE LIVRE DES OTAGES, Paris, Les Éditeurs français réunis, 1978.

L'ALBUM D'AUSCHWITZ, New York, The Beate Klarsfeld Foundation, 1980.

LE MÉMORIAL DE LA DÉPORTATION DES JUIFS DE BELGIQUE, avec Maxime Steinberg, Bruxelles, Union des déportés juifs, 1981.

VICHY-AUSCHWITZ. LE RÔLE DE VICHY DANS LA « SOLUTION FINALE » DE LA QUESTION JUIVE EN FRANCE, VOL. I : 1942, VOL. II : 1943-1944, Paris, Fayard, 1983 et 1985. Rééd. in LA SHOAH EN FRANCE, vol. I, Paris, Fayard, 2001.

LES ENFANTS D'IZIEU, Paris, A.Z. Repro, 1984.

LA RAFLE DE LA RUE SAINTE-CATHERINE À LYON, Paris, éd. FFDJF, 1985.

A PAINTER IN THE SONDERKOMMANDO AT AUSCHWITZ-BIRKENAU, catalogue des œuvres de David Olère, New York, The Beate Klarsfeld Foundation, 1989.

1941. LES JUIFS EN FRANCE : PRÉLUDES À LA SOLUTION FINALE, Paris, éd. FFDJF, 1991.

LES TRANSFERTS DE JUIFS DE LA RÉGION DE MARSEILLE VERS LES CAMPS DE DRANCY OU DE COMPIÈGNE EN VUE DE LEUR DÉPORTATION, Paris, éd. FFDJF, 1992.

LES TRANSFERTS DE JUIFS DU CAMP DE RIVESALTES ET DE LA RÉGION DE MONTPELLIER VERS LE CAMP DE DRANCY EN VUE DE LEUR DÉPORTATION, Paris, éd. FFDJF, 1993.

LE CALENDRIER DE LA PERSÉCUTION DES JUIFS DE FRANCE, 1940-1944, Paris, éd. FFDJF, 1993. Rééd. in LA SHOAH EN FRANCE, vol. II et vol. III, Paris, Fayard, 2001.

NICE-CASERNE AUVARE, 1942 ; NICE-HÔTEL EXCELSIOR, 1943-1944, Paris, éd. FFDJF, 1993.

LE MÉMORIAL DES ENFANTS JUIFS DÉPORTÉS DE FRANCE, Paris, éd. FFDJF, 1994. Rééd. in *La Shoah en France*, vol. IV, Paris, Fayard, 2001.

GEORGY, UN DES QUARANTE-QUATRE ENFANTS DE LA MAISON D'IZIEU, Paris, éd. FFDJF, 1997.

HOMMAGE À TROIS SCIENTIFIQUES JUIFS DÉPORTÉS DE FRANCE, Paris, éd. FFDJF, 1999.

L'ÉTOILE DES JUIFS, Paris, L'Archipel, 2002.

ADIEU LES ENFANTS (1942-1944), Paris, Fayard, coll. « Mille et une nuits », 2005.

## Beate Klarsfeld

KIESINGER, Darmstadt, Melzer Verlag, 1969. Préface de Heinrich Böll.

PARTOUT OÙ ILS SERONT, Paris, Édition spéciale, 1972.

ENDSTATION AUSCHWITZ : DIE DEPORTATION DEUTSCHER
UND ÖSTERREICHISCHER JÜDISCHER KINDER AUS FRANK-
REICH, Cologne, Böhlau Verlag, 2008.

Le Livre de Poche s'engage pour
l'environnement en réduisant
l'empreinte carbone de ses livres.
Celle de cet exemplaire est de :
850 g éq. $CO_2$
Rendez-vous sur
www.livredepoche-durable.fr

PAPIER À BASE DE
FIBRES CERTIFIÉES

Composition réalisée par PCA

Achevé d'imprimer en septembre 2016, en France sur Presse Offset par
Maury Imprimeur – 45330 Malesherbes
N° d'imprimeur : 211984
Dépôt légal 1ʳᵉ publication : octobre 2016
LIBRAIRIE GÉNÉRALE FRANÇAISE – 21, rue du Montparnasse – 75298 Paris Cedex 06